계명대학교 동산도서관 소장

善本 古書 해제집 2

계명대학교 한국학연구원 편

啓明大學校出版部

이 책은 2008년도 교육과학기술부 학술연구조성비에 의하여 출판되었음.

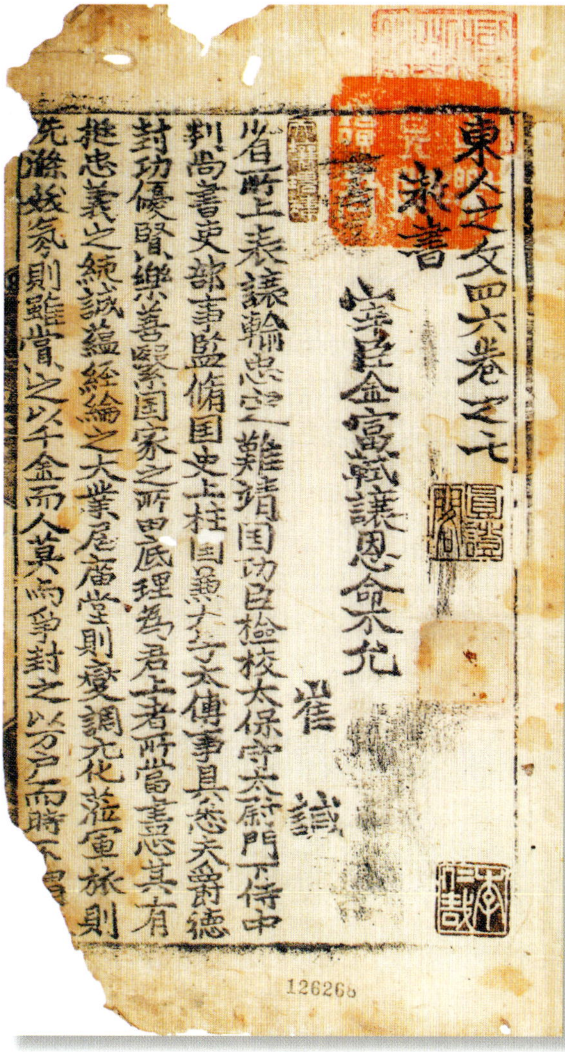

東人之文四六卷之七

崔宰臣金富軾讓恩命不允

崔　瀣

省所上表讓輸忠定難靖國功臣檢校太保守太尉門下侍中判尚書吏部事監脩國史上柱國兼太子太傅事具悉夫爵德封功優賢樂善繫國家之所由底理爲君上者所當盡心其有推忠義之純誠蘊經綸之大業居廟堂則燮調元化莅軍旅則先殄姦氛則雖賞之以千金而人莫爲爭封之以万戶而時

126268

『東人之文四六』 보물 제710-6호.
崔瀣(1287~1340) 編

木板本, 1冊(零本), 권7-9, 晉州牧 開板, 1354年 무렵.
四周單邊, 半郭 26.3~27×16.0~16.6cm, 無界.
9行 16~25字, 註雙行, 下向黑魚尾: 33.5×20.4cm.

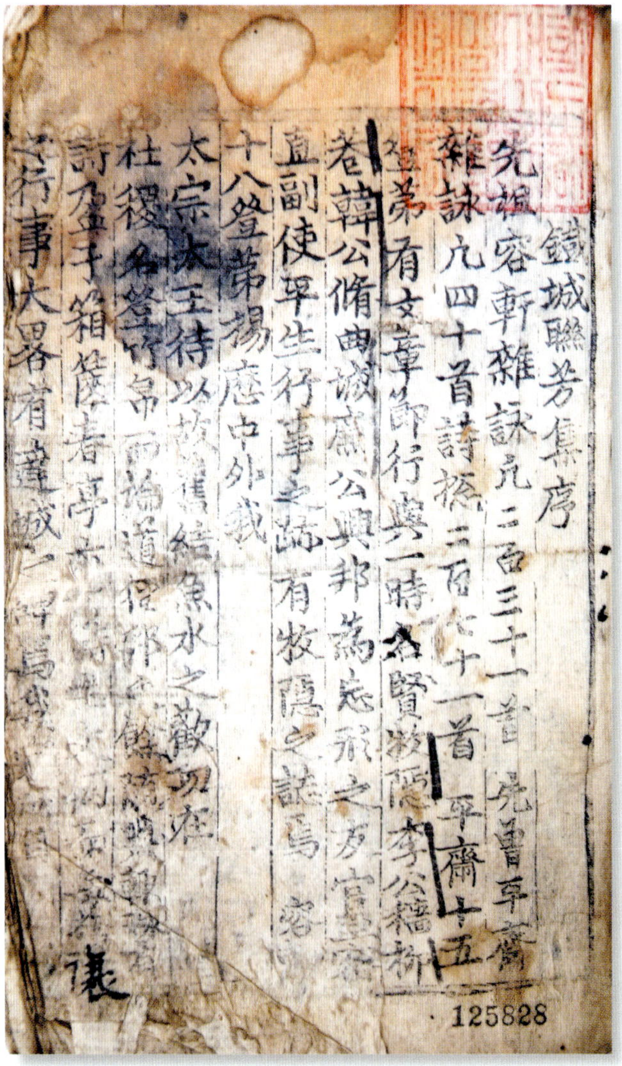

『鐵城聯芳集』 초간본

李陸(1438~1498) 編, 1476년(成宗 7) 간행.

木板本, 2卷 1冊, 24.5×16.3cm.
四周單邊, 半郭 18.5×13.5cm, 有界, 11行14字

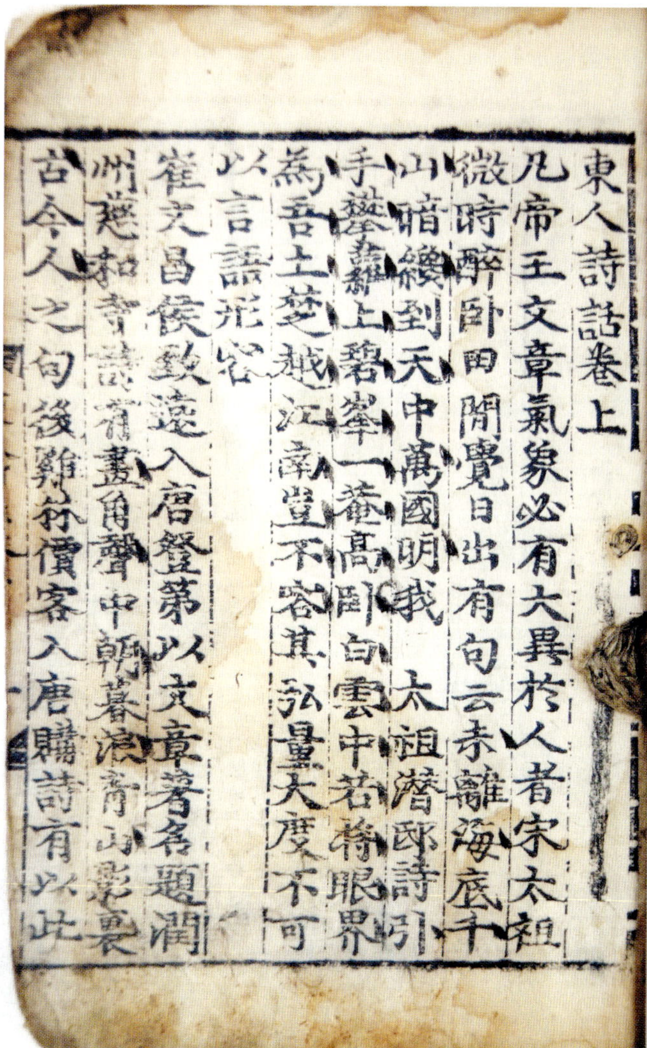
東人詩話卷上
凡帝王文章氣象必有大異於人者宋太祖
微時醉臥田間覺日出有句云未離海底千
山暗纔到天中萬國明我 太祖潛邸詩引
手攀蘿上碧峯一菴高臥白雲中若將眼界
爲吾土楚越江南豈不容其弘量大度不可
以言語形容
崔文昌侯致遠入唐登第以文章著名題潤
州慈和寺詩有畫角聲中朝暮浪靑山影裏
古今人之句後雞林賈客入唐購詩有以此

『東人詩話』 초간본, 1477년
徐居正(1420~1488) 著
木版本, 2卷1冊

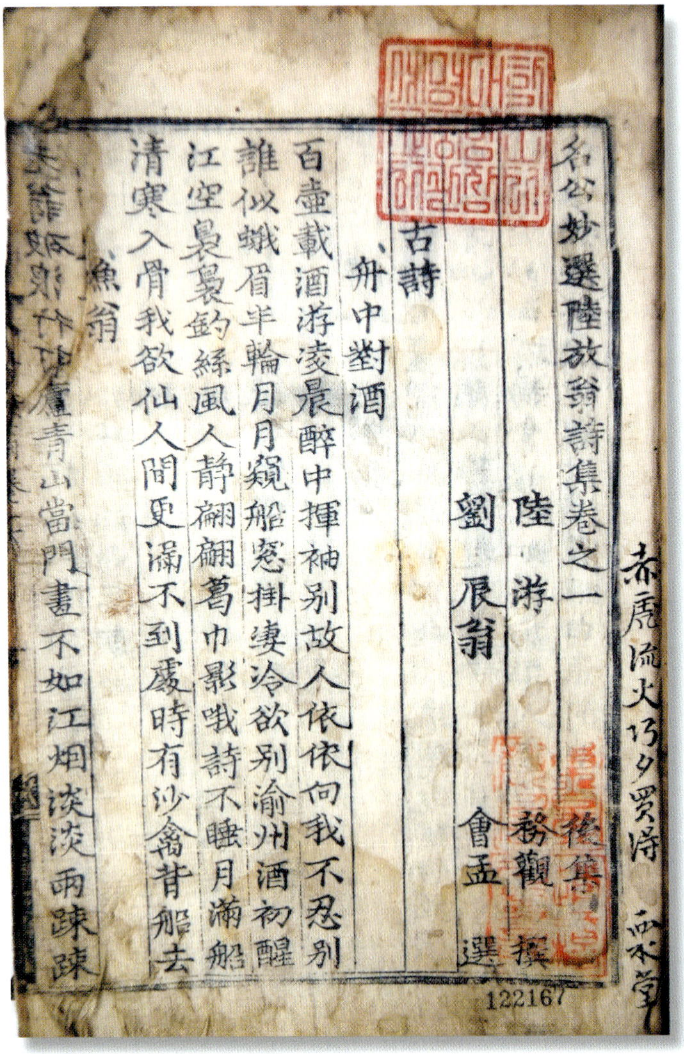

『名公妙選陸放翁詩集』
陸游(宋) 著
木板本, 後集 8卷 1冊, 28.5×19.8cm.
四周雙邊, 半郭 22.5×15.8cm, 有界, 11行21字
1465년 成任 跋

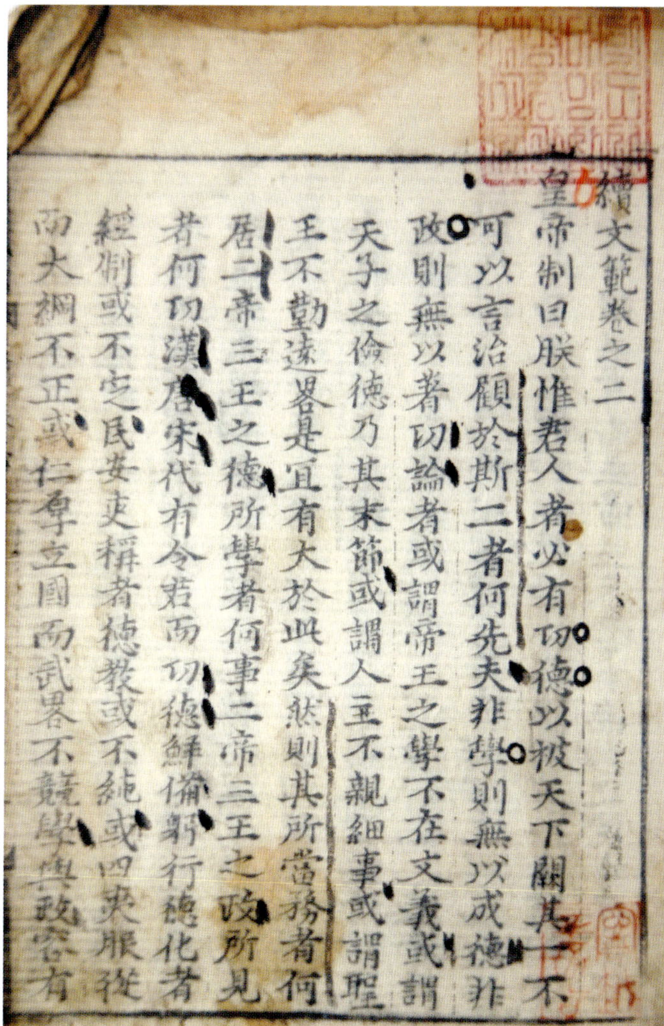

續文範卷之二
皇帝制曰朕惟君人者必有功德以被天下闕其一不
可以言治顧於斯二者何先夫非學則無以成德非
政則無以著功論者或謂帝王之學不在文義或謂
天子之儉德乃其末節或謂人主不親細事或謂聖
王不勤遠畧是宜有大於此矣然則其所當務者何
居二帝三王之德所學者何事二帝三王之政所見
者何功漢唐宋代有令君而功德鮮備躬行德化者
經制或不定民安吏稱者德教或不純或四夷服從
而大綱不正或仁厚立國而武畧不競學與政容有

『續文範』 첫면
安瑺 編.
木版本 1冊(零本, 卷2), 1565년 평안도 中和 刊

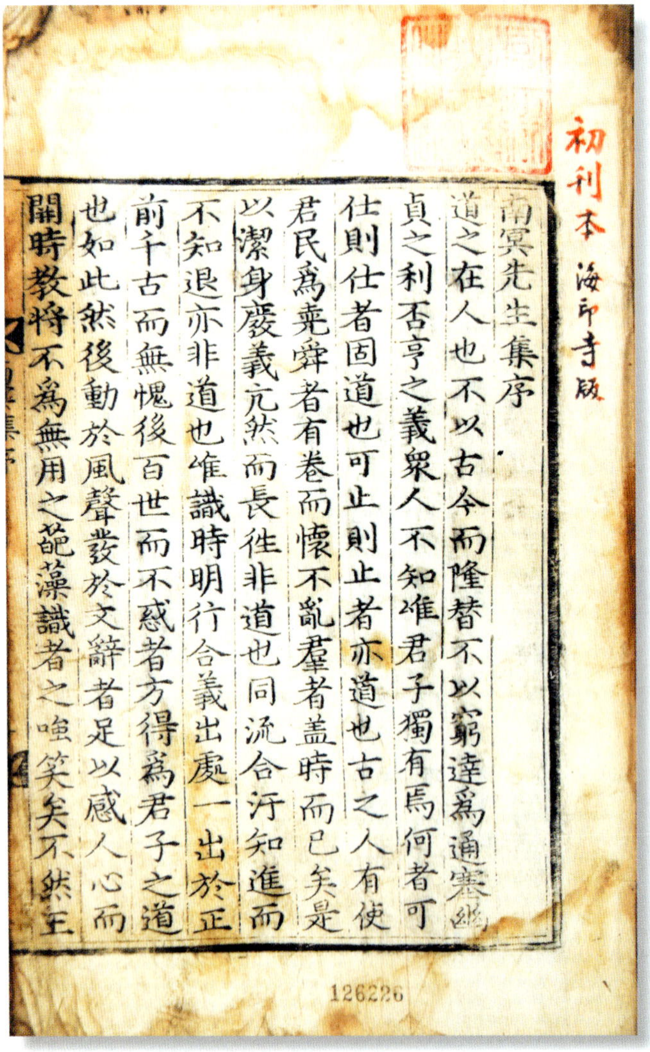

『南冥集』 丙午本(1606年)
曺植(1501~1572) 著
木版本, 2卷(卷1, 卷3) 1冊, 32.3×21cm

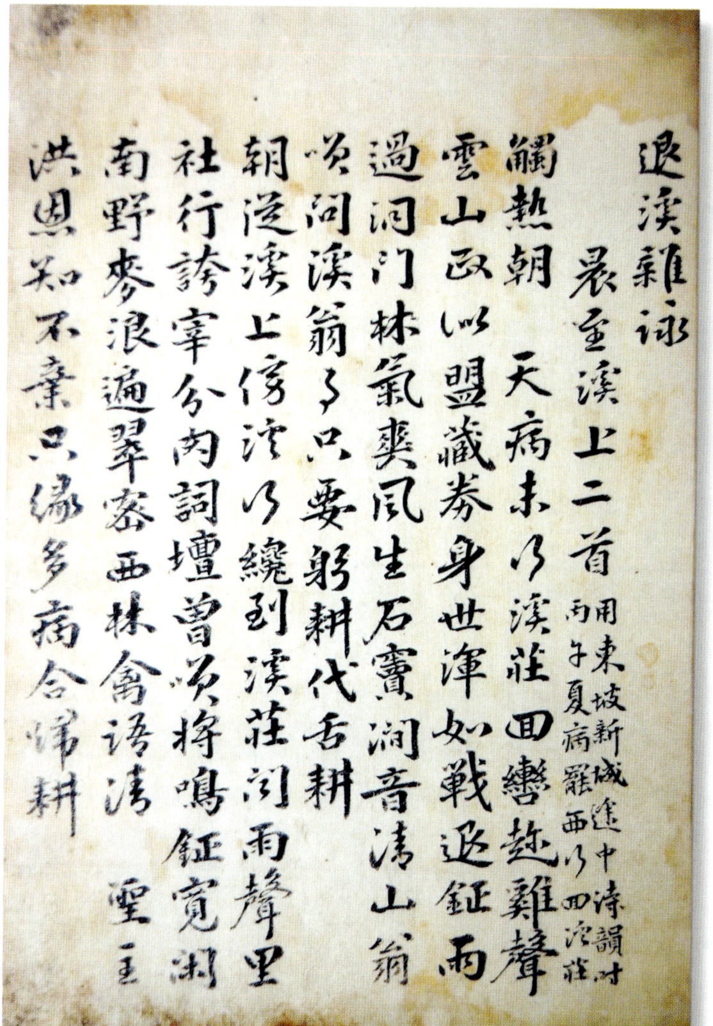

『退溪雜詠』
李滉(1501~1570) 著
筆寫本(退溪手筆本), 1冊 ; 42×29.7cm

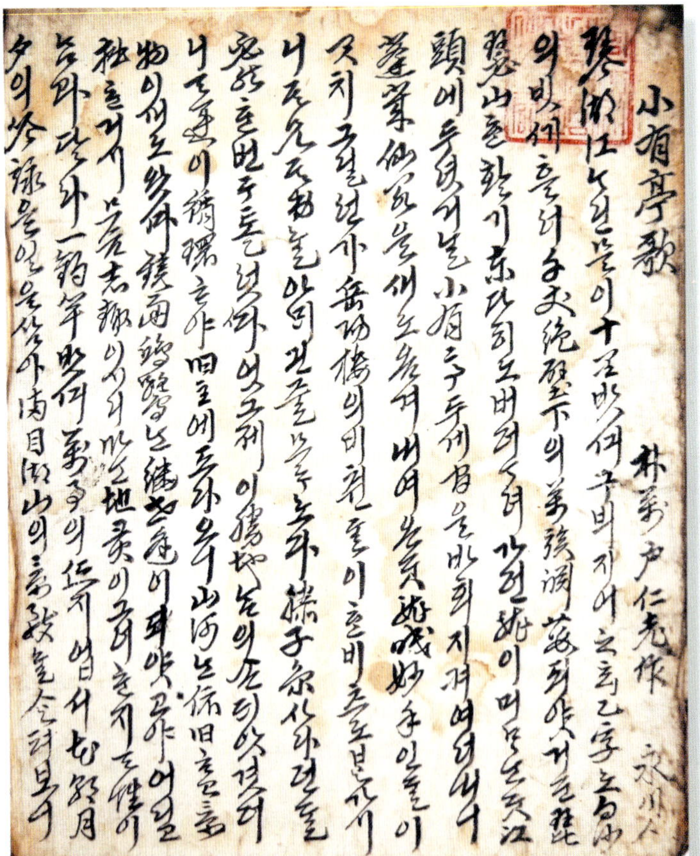

『小有亭歌』
朴仁老(1561~1642) 著
筆寫本(國漢混用), 31.7cm×24.6cm

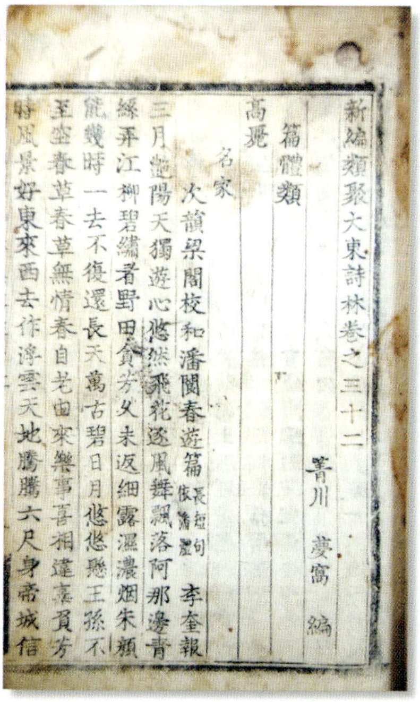

『新編類聚大東詩林』 첫면
柳希齡(1480~1552) 編 中宗연간
金屬活字(丙子字), 1冊(零本) 24.0×15.6㎝

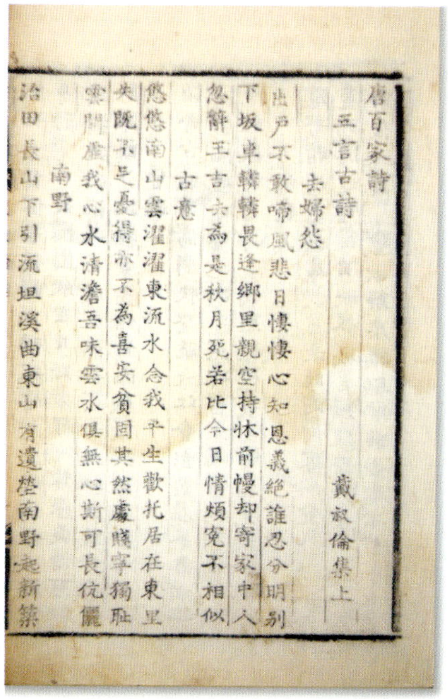

『唐百家詩』 첫면
王安石(1021~1086) 編選
金屬活字本(甲辰字), 1冊(零本) 22.3×15.4㎝

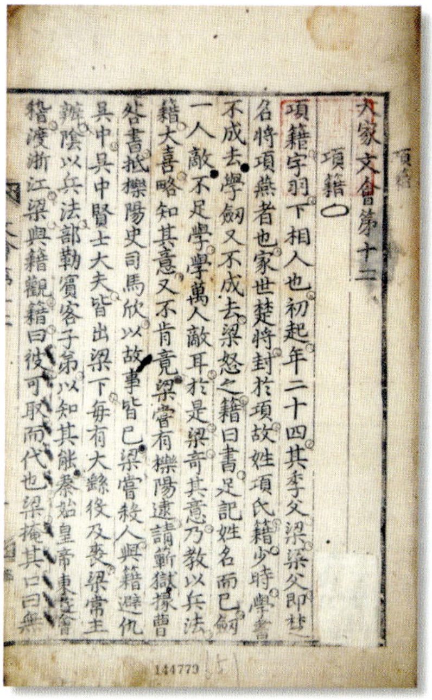

『大家文會』 첫면
柳夢寅(1559~1623) 編
木版本 1606年 刊.

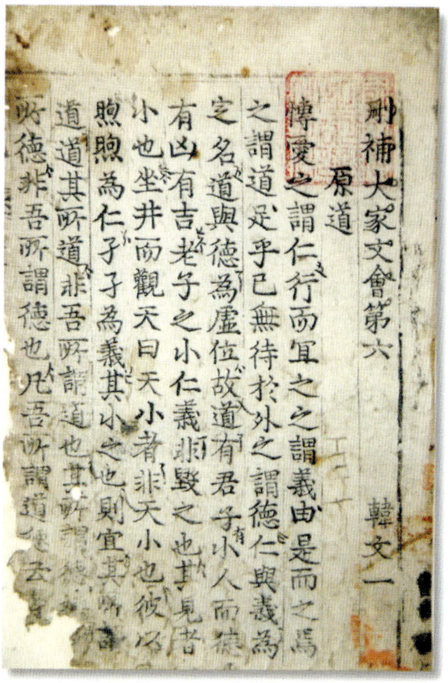

『刪補大家文會』 첫면
李進(1582~?) 刪補
木活字本(훈련도감자) 1책(零本), 17세기

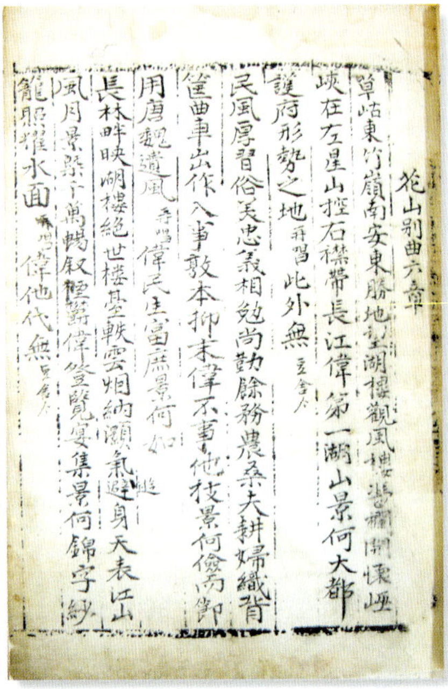

『龜村文稿』 중 경기체가 『花山別曲』 부분
李福老(1469~1533) 著
筆寫本 1冊

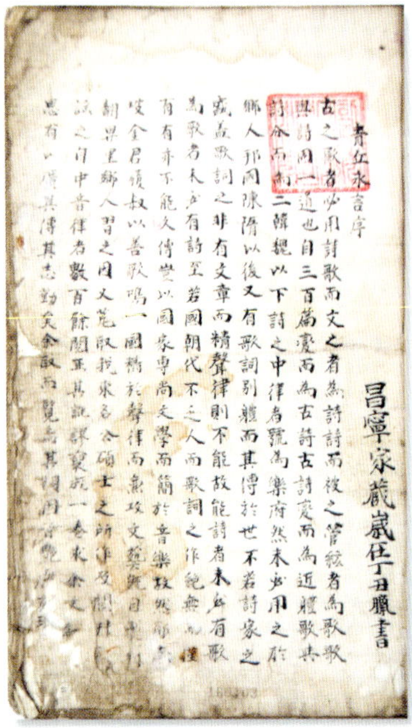

『青丘永言』 첫면
朴良佐(생몰년 미상) 編
筆寫本 1冊, 12行24字, 33.4×20.2cm.

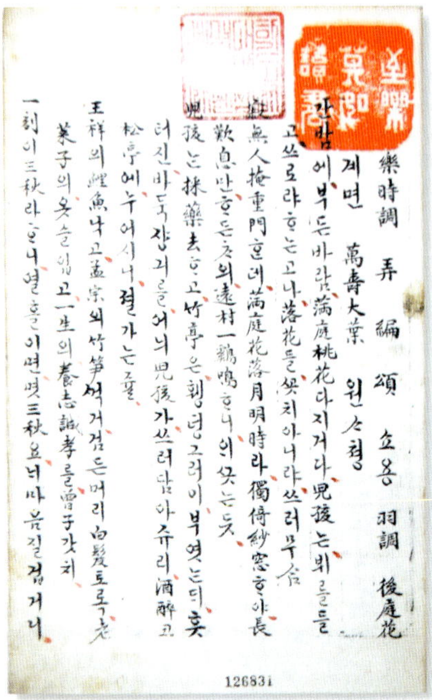

『詩餘』
筆寫本, 1冊, 半郭 24.0×17.7cm,
有界, 12行24字, 無魚尾 ; 31.5×21.5cm.

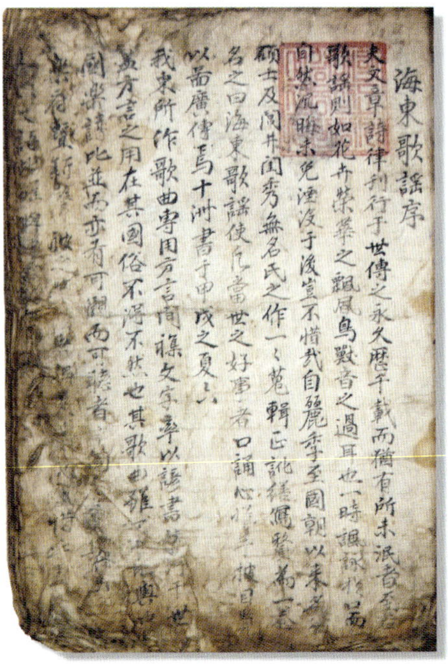

『海東歌謠』(구 해동가요 박씨본)
筆寫本, 1冊,
有界, 12行25字, 27.3×20.8cm.

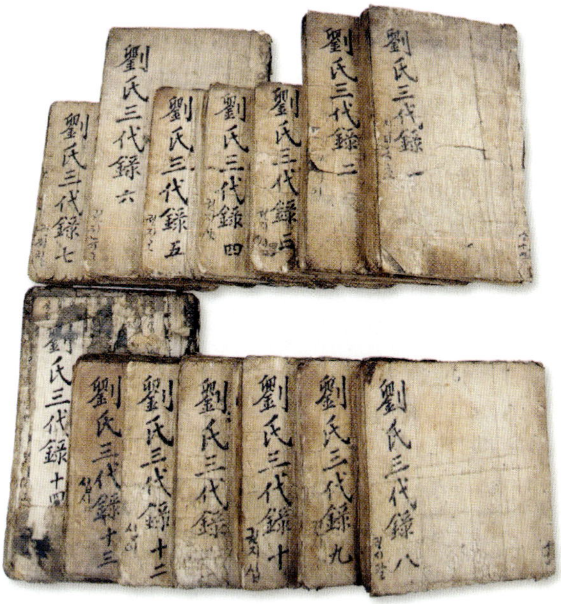

『劉氏三代錄』 전체

14권 14책, 크기 23.3×23.2cm,
四周白邊, 無界, 無魚尾, 13行 18字

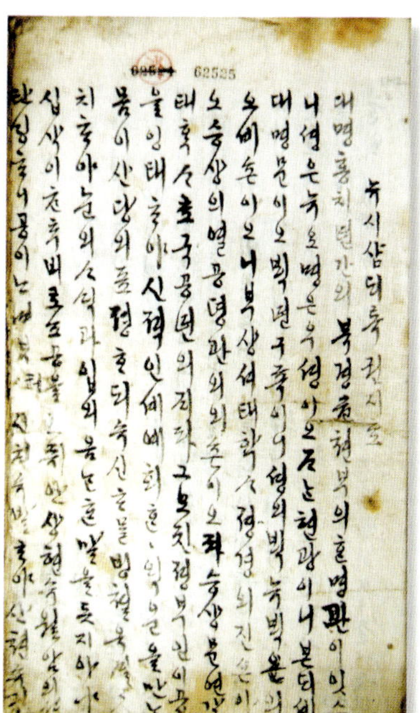

『劉氏三代錄』 본문

『劉氏三代錄』 전체

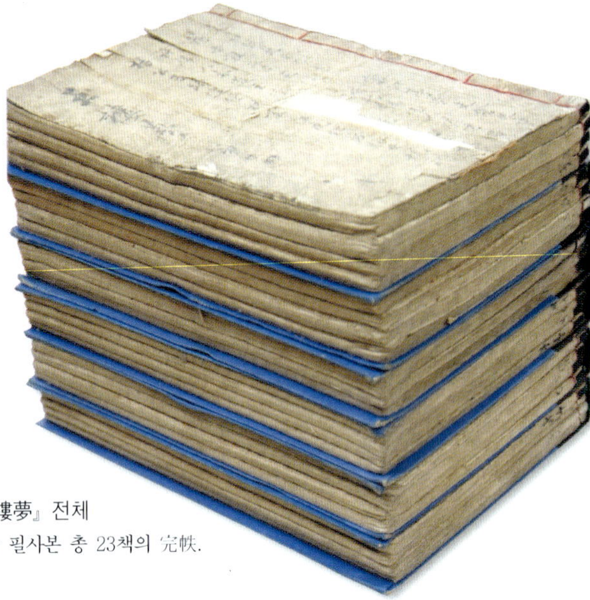

『玉樓夢』 전체
한글 필사본 총 23책의 完帙.

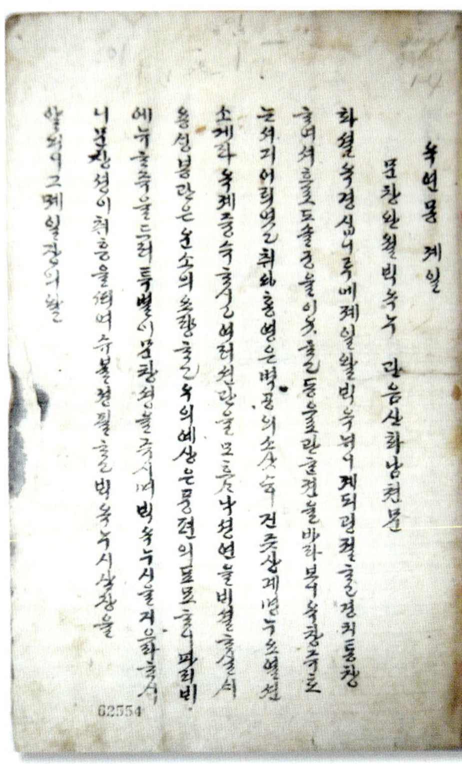

『玉樓夢』 첫면

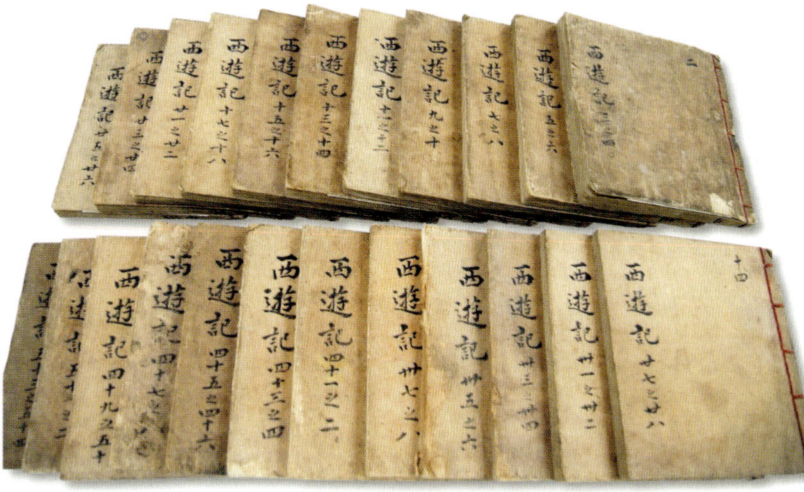

『西遊記』 전체

한글 筆寫本, 19세기말~20세기초
24冊[零本], 四周無邊, 無界, 無魚尾 ; 20.9×20.2cm.

『西遊記』 전체

『西遊記』 첫면

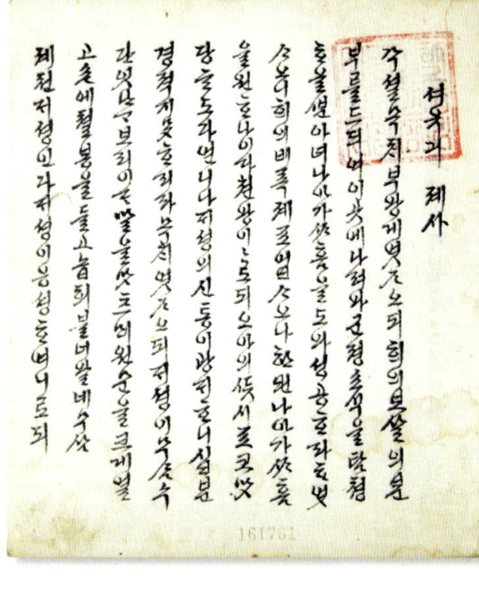

刊行辭

계명대학교(啓明大學校) 한국학연구원(韓國學硏究院)에서는 교육과학기술부 및 계명대학교의 지원과 계명대 동산도서관(童山圖書館)의 협조로 2007년 6월부터 '선본고서(善本古書) 해제 및 자료공개화 사업'을 시작하여 현재 2년차 사업을 종료하였다.

계명대 동산도서관은 현재 70,000여책의 고서를 수장(收藏)하고 있고, 총 11종20책의 보물(寶物)을 보유하고 있는 우수한 고서 콜렉션으로 족보전시회 등 여러 차례의 기획전시회를 비롯하여 『고서종합목록(古書綜合目錄)』(2004), '계명대학교 동산도서관 고문헌총서' 1-2집(1999, 2000) 등을 간행하여 학계에 제공하여 왔으나 한국학 연구의 저변 확대와 연구 심화 등에 비추어보면 자료공개와 활용의 측면에서는 다소 미미했던 감도 있다. 국학 및 고전 분야에서 고전적(古典籍) 같은 기초 자료에 대한 체계적이고도 면밀한 장악은 연구자에게는 필수적 조건이요, 또 이런 자료에 대한 공공적 정보의 제공 및 자료의 공개는 사회적으로도 시급한 과제라는 점에 공감하여 우리 연구원에서는 위의 사업을 적극 추진했던 것이다.

이 사업은 두 가지로 나뉜다. 하나는 상세한 해제를 통하여 어떤 책이 어떤 면에서 중요하고 의미 있는 것인지 정보를 제공하는 것이고, 다른 하나는 고급영인본 제작과 도서관 홈페이지에 화상이미지 탑재의 방법으로 자료 공개를 하는 것이다. 후자(後者)의 경우, 해제된 책 가운데 더욱 정선(精選)하여 학계에 원전을 전면 제공하는 것이다.

본 해제집은 제2차년도(2008.6 ~ 2008.12) 사업 수행의 결과물이다. 1차년도의 문집류에 이어 금번에는 문집류, 시문선집류, 시화류, 국문시가류, 소설류 등 총 76종을 해제하였다. 해제 과정에서 저자가 새롭게 밝혀진 것도 있고, 현존 유일본으로 확인된 것도 있으며, 새로운 경기체가가 발굴되기도 하는 등 국문학, 한문학, 서지학계에 공헌할 자료들이 대거 포함되었다. 자료공개화 역시 『귀촌문고(龜村文稿)』, 『김태백전』 등 18종의 선본서가 화상 이미지로 탑재 완료되었고, 『동인지문사륙』, 『남명선생집(병오본)』 등 6종의 귀중본은 고급 영인본으로 제작되었다. 사계(斯界)의 반향을 기대해 본다.

고전적(古典籍)은 역사적 가치와 미래적 가치를 동시에 지닌 인류의 소중한 문화 자산이다. 이러한 자료가 국내외에 정확히 인식되고, 널리 공유되어 '세계 속의 한국학'이 명실상부하게 자리 잡아 가기를 희망해 본다.

이 사업을 처음 기획하고 실무를 총괄해주신 한문교육과 김영진(金榮鎭) 교수님을 비롯한 실무진 여러분, 번거로움을 마다 않으시고 정성스레 해제를 작성해주신 해제위원님, 또 여러 도움을 주신 자문·교열위원님들께 심심(甚深)한 감사의 말씀 올리며, 아울러 의미있는 사업을 진행할 수 있도록 길을 열어준 교육과학기술부와 계명대학교, 계명대 동산도서관측에 깊은 감사를 드린다.

2009년 2월

계명대학교 한국학연구원장 이 윤 갑

일러두기

1. 본 해제집은 교육과학기술부 국학 진흥 사업의 일환으로 계명대 동산도서관 소장 고서(古書) 중 서지적, 내용적으로 가치가 있다고 판단되는 것을 선정하여 우선 해제한 것이다.

2. 제2차년도(2008년) 해제집은 1차년도에 이어 '문학' 자료를 해제하였다. 세부 항목으로는 문집류, 시문선집류, 시화류·시학류, 기타류, 국문시가류, 소설류로 구분하였다.

3. 자료명은 권수제(卷首題)를 원칙으로 하였고, 2번 항의 세부 항목으로 분류하여 가나다순 배열을 하였다. 단, 『산보대가문회』와 『사가시초』의 경우 자료의 상호연관성 때문에 『대가문회』, 『한객건연집』의 아래에 배치하였다.

4. 해제는 서지사항을 실물 사진과 함께 붙이고, 기본구성은 저자, 편찬경위, 구성, 내용, 가치, 기타, 해제자명, 색인어, 참고문헌 순으로 하였다. 편찬경위는 자료 성격에 따라 생략할 수 있다. 소설류의 경우 개요를 별도로 둔 것도 있다.

5. 구성에는 작품 목차를 실었는데 산문(散文) 및 잡저의 경우 전체를 싣는 것을 원칙으로, 한시(漢詩)의 경우는 수록된 작품량에 따라 해제자 임의로 하도록 하였다.

6. 해제 내에 자료를 인용할 경우 번역문만 싣고 원문은 싣지 않았다. 단, 한시는 원문을 함께 실었다.

7. 충실한 기존 해제가 있는 자료이지만 본서에 꼭 포함되어야 할 희귀본일 경우에는 가급적 해제 분량을 간략히 하였다. 여타서의 경우 해제 분량은 작게는 200자 원고지 25매 내외, 많게는 50매 내외로 자료 성격에 따라 분량을 지정, 의뢰하였다.

8. 1종 1해제를 원칙으로 하였으나 동일 작가의 유사 성격의 자료가 함께 있는 경우는 같이 해제하였다. 李相奭의 『聾巖遺稿』와 『聾巖漫錄』이 그런 경우이다.

9. 해제집의 앞에 총목차와 끝에 해제·교열·자문위원의 명단과 소속을 수록하였다.

차례

◉ 文集類

刊本

筆寫本

◉ 詩文選集類

◉ 詩話類·詩學類

◉ 其他類

◉ 國文詩歌類

◉ 小說類

◉ 文集類(刊本)

嘉林四稿

李德胄(朝鮮) 等著

1794년(正祖 18) 木活字本. 9冊 : 四周單邊, 半郭 21.6×14.3cm,
有界, 10行20字, 內向三葉花紋魚尾 ; 30.9×19.0cm.
印記: 默軒, 廣陵世家, 李萬運.

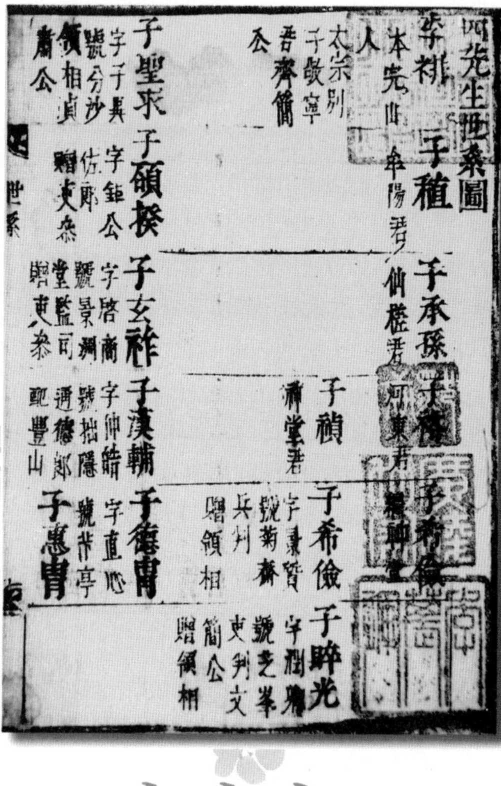

가림사고

1. 저자

이 책의 저자는 李德冑(1695~1751), 李惠冑(1698~1751), 李憲冑(1701~1739) 삼형제와 이들의 從兄 李瑞冑(1663~1733)이다. 이 책의 권두에 실린 「四先生世系圖」를 참조하여 이들의 가계를 도식화하면 다음과 같다.

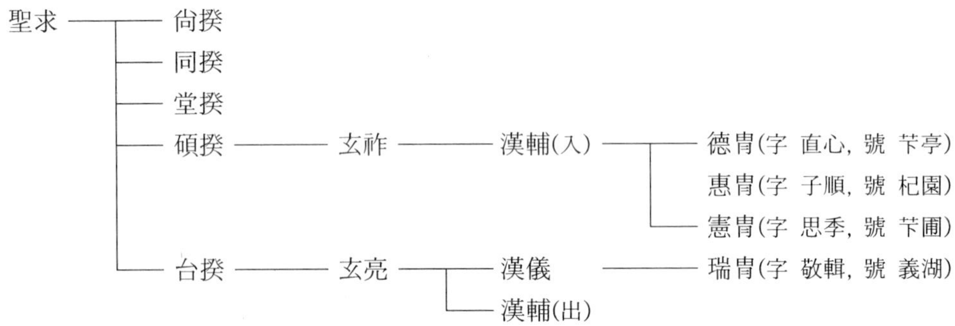

이 책은 이들 4인이 嘉林(현재 忠南 扶餘 林川)에서 지은 시문을 모은 것이다. 저자 4인이 가림으로 낙향하게 된 까닭은, 이들의 증조 李碩揆의 장인 민성복의 田庄이 이곳에 있기 때문이었다. 이 책의 권4에 실린 「松亭記」에 따르면, 이석규는 낙향하여 가림의 南塘에 거주하였으며, 그 뒤 아들 李玄祚가 관직에서 물러난 뒤 가림 남쪽 10리에 있는 松亭에 집을 정하고 1698년부터 1700년까지 景淵堂, 歸來軒, 成聚園, 盤桓亭 등을 조성하였다고 한다. 이들 4인은 모두 生祖인 懶隱 李玄亮에게 수학하였으며, 龍湖 朴涎의 문하에 나아가기도 하였다. 이들은 일찍 과거공부를 그만두고 박정의 아들 朴趾文, 李漢輔의 外弟이자 尹鑴의 손자인 尹相靖(字 汝吉), 尹相德(字 汝咸), 尹相憲(字 箕敍) 및 內弟인 金汴光(字 景實), 姊壻 鄭熙佐(字 仲宣), 이서주의 內兄 權聖擧(字 舜彦), 沈遠(字 士毅), 洪濟輔(字 茂弘) 등과 교유하였다. 특히 이덕주는 古心齋 朴履文의 사위로서 文名이 높았는데, 근기 남인들 사이에서는 문학으로 매우 높은 칭도를 받았다. 丁範祖, 申光洙, 睦萬中 등이 그의 推許를 입어 聲價를 높였다는 기록이 곳곳에 보인다. 1727년 귀래헌과 藏書가 불타고, 이듬해 戊申亂이 일어나자 이들은 타격을 받고 뿔뿔이 흩어지게 되었다. 이덕주는 1729년 堤川으로 이거하고, 이혜주는 1726년 文義로 이거하였으며, 이서주는 1726년 제천으로 갔다가 癘疫으로 죽었다. 이헌주는 계속 송정에 남아 있었던 것으로 보인다.

2. 구성

이 책은 9권, 拾遺 7권, 합 9책으로 되어 있다. 권1은 저자 4인이 가림에서 지은 시문을 모은 것으로 原篇에 해당한다. 권2와 권3은 續錄으로, 이서주가 가림을 떠난 뒤 그의 장자 李礐이 편집한 것이다. 이 책의 권4에 실린 「嘉林四稿序」에 따르면, 처음 『가림사고』를 편찬한 이는 이서주이다. 이서주는 편찬을 마치고 이덕주에게 서문을 맡겼으나 완성을 보지 못한 채 세상을 떠났다. 그러자 이각이 뒤를 이어 속록을 편찬한 것이다. 이각은 병이 위중해지자 죽기 전에 서문을 보고자 하였으며, 이에 1734년 이덕주가 서문을 쓰게 되었다.

권4부터 권9까지는 後錄으로, 속록이 편찬된 이후에 창작된 시문을 엮은 것이다. 후록의 편찬은 이덕주의 아들 李磐과 이헌주의 아들 李矼, 李磺이 담당하였다. 이들은 후록을 편찬한 뒤, 저자 4인의 시문 중 미처 실리지 못한 것을 찾아내어 따로 拾遺로 엮었는데, 이반의 아들 李正夏가 이를 간행하려 하였으나 이루지 못하였다. 결국 이강과 이광 형제가 습유의 편차를 담당하여 추가로 간행하였다. 「拾遺後識」에 따르면 간행연도는 1794년이다.

권1부터 권9까지는 저자 4인의 시문이 작자와 형식의 구분 없이 연대순으로 실려 있다. 작자의 호를 각 편의 제목 앞에 陰刻으로 새겨 구분하였다.(아래의 목차에는 []로 구분하였다.) 습유는 이서주, 이덕주, 이혜주, 이헌주의 순으로 시와 문이 구분되어 정연하게 편차되어 있다. 각 권의 목차는 다음과 같다.

권1 : [芐亭]古別離(1713), 春江(1714), 與貫一上人書(1715), 龍淵寺石窟記, 山中遊賞, 慾戒, 史論序, 一人貴一心, 月桂, 讀慾戒, 閔得亮傳, 舜問(1717), [杞園]送朴世能詩序, [芐亭]李先生文哲哀悼文(1718), [義湖]南塘(1719), [芐亭]詠菊候朴世能, 寄道橋, [芐圃]養鳩者說, [義湖]花鳥(1720), 在堤上寄直心, 次李伯崇韻, 南行道中次思季韻, [芐亭]落花, 白翎, 鐩辭, 送從兄, 憶從兄, 六歌, 蓮生, 蓮萎弱, 黃駁駒, 傾明歌, 傾明歌送道橋, 逝風與飛雨送道橋, 次道橋路中見寄, 賦雪送人, [杞園]上家大人書, 在普光寺上伯氏, 贈尹長公, 又, 送舍弟謁外王父, [芐圃]贈人, 出門行, [義湖]呈沙田金公(1721), [芐亭]盆梅, 枯竹, 沈家亭竹, 大風, [芐圃]蓮萍歌, [義湖]龍淵(1722), 牧隱讀書石窟, 燈次直心韶, 次直心韻, 客懷, 贈伶人全萬齊, [芐亭]有懷古心齋, 園巾二古墓, 泛舟黃山有懷世能, 皐蘭寺, 釣龍臺, 獨坐賦燈, 春至無鶯今日忽聞, 別鄭仲宣, 別鄭兄, 暮, 霧中月, [杞園]遊百濟古墟, 次伯氏鸚賦韻, 次伯氏燈韻, 重過百濟, 立春日拈韻, 過百濟憶舊遊, 君家路, [芐圃]賦瞑供韻, 世能舊宅餞道橋, 船遊, 我心如君車, 雨中花, 葡萄架連簷蔽陽, 月中影, 屋上雪, 松亭, 獨夜, [義湖]送順思之京(1723), 孤閣, 小院, 夕坐, 夜吟,

月夜, 不寐, 道中, 歸林次諸君酬唱, [芐亭]咬郊賦墨, 聯句, 葛嶺, 可憐江上月, 翳翳雲間月, 瀛洲路, [芐圃]金祖遺墟述感, 海上夜望, 每夜, 馬鳴, 君馬歌, 潮水日再返, 除夜, [義湖]戱爲時體(1724), [芐亭]遊南臺記, 謁外王父行有期不遂, 尹箕敍來卜東隣, 贈尹長公, 同尹長李公次杜韻, 簡箕敍, 得醉, 晨步, 雨中有懷箕敍, 柴門, 春祝, [芐圃]幽事, 共箕敍次東州韻, 示箕敍, 箕敍宅從氏習琴就賦, 暖日, 雲間之薄照歌, [義湖]偶題(1725), 感懷寄堤上, 郡南樓, 寄世能, 有感, 次東州集嘉林錄韻, 次獨坐韻, 次客舍韻, 次夕坐韻, 樂臼, 秋江褉感(五), 荷潭道中, [芐亭]春祝(三), 畵虎, 高飛, [芐圃]琅玕, 睫蕭蕭, 不寐, 病寓邑村肩輿返第, 遣興, 竹園, 景淵堂, 落花巖, 釣龍臺, 送仲氏入文.

권2 續錄 : [義湖]夢林湖覺成四絶(1726), 鷹, [芐圃]祭龍湖先生文, 朱溪行, 擬挽龍湖先生, 滿月臺, 贈權受甫歌, [義湖]蕩春臺送直心(1727), 松都懷古(七), 次杜韻賦幽懷(三), 謝金正字饋栗, 雪後有懷林湖, [芐亭]過沙田, 牛谷, 壽春訪黃俊耉(五), 我行于山下, 歸夢, 遊八瀑兩池(六), 又二解, 又三解, 塘宇, 行次東郊宿, 暮抵芙江, 萬事, 黃昏, [杞園]我家竹林下(二), 次秦州雜詩韻(三), [芐圃]次秦州褉詩韻(九), 瘞老馬(三), 鼠, 山茱萸, 鷹, 蒲英歌(二), 勞歌(五), 過車嶺, 過南漢東門, 題畵屛八絶, 八瀑洞(九), 遊子謠, 一日復一日, [芐亭]遣興(1728), 入圍, 物理, 初月, 怪犬聯句, 咏水, [芐圃]局歌(六), 八月朔夜在道, 秋夜(二), 詰屈, 聞從兄移家于堤, 三子, 南溟, 喜與世能合因憶三子, 荊上, 擬金祖遷窆挽, 霽夜, 晩潮, [義湖]堤上寄林湖諸人(1729), 敬次舅氏韻, [芐亭]晩歸, 春興(三), 遊義湖, 擬答茂弘書, 識私稿, 荷葉復荷葉曲, 除夜, [杞園]祭伯父文, 祭五兄文, [芐圃]園林(四), 賞梅有懷, 暮思(二), 將雨, 雨, 驟雨在世能宅, 明定, 强少年戒, 李子端居, 祭伯父文, 祭五兄文, 乘船出遊歌(五), 周行, 登皐蘭寺, 夜放歸舟, 月生, 月.

권3 續錄 : [芐亭]登崑崙山, 日西入, 此夜吟呈從氏, [芐圃]驟雨, 淫霖, 承世能計, 挽(二), 重陽獨酌序, 次金務安仲綏韻(1731), 疊韻(二), 仲綏詩來次寄, 鶴皐贈詩盛推東州詩, 內兄宅漫興, 睡起, 敬次舅氏韻, 次忠甫韻, 送忠甫鍮嶺, 次鶴皐喜雨韻, 謾咏(二), 奉獻舅氏, 次仲綏候仙閣韻, 玄琴曲贈金仲綏, 次仲綏韻, 夜吟, 秋懷, 次鶴皐見贈韻, 次仲綏土谷酒席韻, 次仲綏三圃堂小集韻, [杞園]贈洪茂弘(三), 拈次杜韻, [芐圃]大旱, 祭外舅睦公文, [義湖]偶吟(1732), [芐亭]祭朴世能文, 祭姨祖母金氏文, 祭黃俊耉文, 松窩記, 觀稼軒記, [芐圃]藥名詩(二), 春晝讀書(二), 幽居, 三異(三), 雜詩(四), 絶句(二), 絶句, 憶茂弘, 贈茂弘(六), 擬哭士毅對燈遣懷, 文峽仲氏洛行未還, 對酒憶仲氏, 且歸林嘆仲氏不至, 遊陶谷, 仲氏期過不至, 悼尹女篇, 山有石, 相同歌(五), 芐圃雜詩, 芐圃雜詩, 芐圃雜詩, 春帖(四), 日炎, 夜, 守歲, [義湖]次仲綏見贈韻(二)(1733), 簡鶴皐谷口, 次鶴皐疊前韻(二), 次鶴老節山韻, 疊韻屬松窩, 又疊自述, 次權令公韻, [芐亭]獨樂亭記, 漫錄序, 同諸公煮花更期食蕨, [芐圃]元朝, 元日夜, 大江, 石窟, 松亭, 雨, 晩知堂記, 醫者

權尙綸傳.

권4 後錄 : [芐亭]代叔父祭從子文(1733), 祭從兒義湖先生文, [芐圃]松亭記, 與陽甫書, [芐亭]祭沈士毅文(1734), 祭從兄文, 代家大人與儒林書, 代家大人與尹判書書, 祭庶叔母鄭氏文, 代人祭洪校理遷葬文, 卷蕉贈砉, 嘉林四稿序, 義湖遺稿序, 祭從兄文, 釋魂, [芐圃]祭亡妻文, 又, 贈德珪(六), 寄德珪, 贈李宙, 鄕長老設碁酒慰病, 解嘲詩, 寒雨.

권5 後錄 : [芐亭]原謗(1735), 父母喩, 鑿井喩, 祭季嫂睦氏文, 贈德珪, [杞園]祭從兄義湖文, 擬祭堂侄砉文, 除服辨, 書除服辨後, 上伯氏及季, 答伯氏, [芐圃]月夜, 夢義湖, 呈松西新齋, 松西次韻要復次, 夜共松西得寒字, [芐亭]祭從侄文(1736), 祭權進士文, 巖泉精舍記, 伯夷傳解, 登水嶺, 望遼海, [芐圃]呈伯氏山棲, 李氏焚黃宴爲詩求次, 剪盆梅, [芐亭]慶壽錄序(1737), 芐亭記, 本宗從侄行錄, [芐圃]旱, 杜冲子自號說(1738), 皐蘭寺記, 釣龍臺記, 苟完堂記, [芐亭]贈睦童子古事二條(1739), [杞園]祭滄浪李公文.

권6 後錄 : [芐亭]祭亡弟芐圃文(1740), 代從弟祭芐圃文, [杞園]祭舍弟芐圃文, 爲權妹祭芐圃文, 代庶叔祭芐圃文, 代甥鄭垛祭芐圃文, 亡弟生日慈闈祭告文, 代閔益鎭祭人文, 代閔泰鎭祭人文, [芐亭]砳硯銘(1741), 研硯銘, 書木枕, 又, 又, [杞園]硯銘, 次伯氏書木枕韻, 又, 又, 又祭芐圃文, 代尹德珪祭芐圃文, 答洪韓山書(二)(1742), 又, 又, 答洪正言孝直書, 又, 又.

권7 後錄 : [芐亭]擬祭亡侄文(1743), [芐圃]耕讀軒記, 贈申汝成, 代朴采亮祭山文, [芐亭]書耕讀軒記後(1744), 追遠堂記, 祭大功叔父文, 祭外舅古心齋文, [杞園]祭叔父文, 代季父祭申郞文, 祭洪茂弘文, 次叔氏暮韻(三), [芐亭]祭仲母文(1745), 祭洪茂弘文, [杞園]答李生龜鎭書, 祭悅卿文.

권8 後錄 : [芐亭]曾伯祖遺事(1746), 家藏二小紙跋, 家傳舊聞, 題眉叟東州集序後, 梅南處士墓碣銘, 進士權公墓碣銘, 恭人尹氏墓碣銘, 金孝子遺事, 答子順(1747), [杞園]答伯氏.

권9 後錄 : [杞園]祭道橋尹長公文, 與李羅州書, 代申萬河祭人文, 祭亡室文(1749), 移舊墓祔新葬儀, [芐亭]祭宗叔文(1750), 寄得甥, 祭亡室文, [杞園]邁齋記, [芐亭]家乘.

拾遺 권1 : [義湖]詩 - 送尹汝吉(1722). 書 - 與長子砉(1728), 上樑文. [芐亭]詩 - 白蓮池(1720), 君帶歌(1721), 飮水曲, 再遊西施浦, 暮(1722), 東峽道中, 發漢京(1737),

與砡聯句賦硯滴(1738), 木枕(1741). 書 - 與姊壻鄭進士(1725), 寄鄭甥兄弟, 與鄭進士, 答寄兩甥(1734), 與梅南, 與金進士, 與梅南, 仲季同見, 與梅南(1735), 答鄭進士別紙, 與盧伯春, 與梅南(1738), 與沈子田(1739), 答梅南(1740), 又(1741), 又(1742), 與本郡太守洪允輔, 上洪韓山, 又, 上家大人, 與梅南昆季(1743), 上家大人(1744), 與仲, 答磐, 又, 與洪致堯, 與鄭進士, 上洪韓山, 與鄭進士(1745), 寄磐, 寄磐礦, 答磐, 又, 又, 寄磐, 與尹長公, 答李子明, 又(1746), 與仲, 上家大人.

拾遺 권2 : 上家大人, 又, 與仲, 又, 又, 又, 寄磐, 又, 又, 又, 又, 又, 與申堪輿, 答磐(丁卯), 又, 又, 又, 寄砡礦, 與李參奉和彦, 上洪韓山, 與仲(1748), 又, 答閔進士, 寄礦(1749), 又, 與仲, 又, 又(1750), 寄砡硿, 寄砡, 又, 答仲, 又, 答硾磬, 與仲, 又, 又, 又, 又.

拾遺 권3 : 與仲, 又, 又, 又, 與朴耳新, 答甥鄭埰問疑禮, 奇砡礦硿, 寄硾硿砒(1751), 答申汝成, 寄硿, 答硿. 雜著 - 雜識(1734), 又, 雜識(1735), 記行(1736), 書翠羽帖(1738), 雜識, 祭權敬甫文(1742), 雜識, 雜識, 三契憲(1743), 代家親祭敬甫文(1745), 雜識, 書小學諺解, 雜識, 書剪板, 記前後疑禮(1749), 書芐圃遺稿(1750), 雜識, 書帖後識, 寫贈梅南, 書與一鷹, 書與礦, 朱溪沈公墓文.

拾遺 권4 : 訟誌 - 長湍山訟京兆原情(1739), 呈京兆單子, 公州山訟日記(1750), 演血訴狀, 呈巡營狀, 附世道陳稅狀, 呈本官狀(1746), 又, 又(1747), 呈巡營狀(1749), 又, 又.

拾遺 권5 : [杞園]詩 - 次李聃叟韻(1737), 和姜子章, 懸寺, 元日朝(1738), 贈從妹(1742), 追次芐圃賦壺(1748). 書 - 答滄浪李公(1717), 與梅南(1724), 答梅南(1727), 與梅南(1729), 答梅南, 又, 又, 與梅南(1730), 又, 又, 又(1735), 又(1737), 答梅南(1741), 上伯氏論追遠堂記(1743), 寄砡硿(1747), 答砡(1749), 上伯氏, 答伯氏(1750), 上伯氏, 寄兒輩, 答伯氏, 又, 又, 又, 又, 又, 答庶叔, 答砡礦, 答砡. 雜著 - 硯銘(1745) 代家親祭權敬甫文, 代從弟告季父墓文(1750), 代庶叔祭外舅文.

拾遺 권6 : [芐圃]詩 - 粧畵(1717), 步夜口占, 望夜, 東津舟中, 我昔(以上四首 年條未詳), 蓮萍歌(1721), 贈鄭東龜(1738), 次或人賦臘梅韻(十一), 春帖(1739), 拈字排初中終賦壺, 用前法賦南草烟, 用前法賦山茱萸, 戲令孫生呼韻. 書 - 與梅南(1727), 上伯氏(1729), 又, 又, 又, 又(1730), 與梅南, 與姊壻鄭進士(1731), 又(1733), 答鄭甥, 與儒林(1734), 與梅南(附答書), 答鄭甥, 與朴進士, 又, 答兩甥, 與梅南, 上仲氏(1738), 上伯氏, 又, 與梅南(1739), 上伯氏, 又. 雜著 - 代趙丈祭姜尚書文(1733), 與尹德珪詩後識(1734).

拾遺 권7 : 附癸甲遺事 - 七山書院任徵狀書, 答書(1734), 送狀草書, 儒林通諭一鄕文, 儒林呈本官書, 儒林通諭列邑文, 列邑儒林呈營門書, 本官報狀, 附辭米書(1738). 附錄上 - 祭芊亭文, 祭杞園文, 祭芊圃文, 誄辭. 附錄下 - 言行錄.

3. 내용

이 책에는 700여 편이 넘는 시문이 실려 있다. 지면상 이를 일일이 살펴볼 수는 없으므로, 詩, 書, 祭文 등은 가급적 제외하고, 주요 작품을 권별로 일별하고자 한다.

권1의 「龍淵寺石窟記」는 南塘江 인근의 용연사 서쪽에 있는 석굴에 관한 기문이다. 이곳은 牧隱 李穡의 讀書處이다. 「慾戒」는 욕망이 생기는 원인과 이를 막는 방법에 대한 글이다. 「史論序」는 이덕주의 저술인 宋論, 元論, 明論, 總論의 서문이다. 「閔得亮傳」은 嘉林 출신의 가야금 명인 민득량의 전기이다. 「舜問」은 『孟子』와 『書經』에 실린 순임금에 대한 기록의 의문점을 논하는 내용이다. 「養鳩者說」은 비둘기를 사육하는 풍조에 대해 쓴 글이다. 당시 비둘기 한 마리의 가격은 수백 전에 달하였으며, 비둘기 집은 금은과 단청으로 꾸몄는데, 비둘기 때문에 싸우거나 송사하는 일도 있었다고 한다. 「遊南臺記」는 젊은 시절 독서하던 普光寺의 南臺를 다시 찾은 기록이다.

권2의 「識私稿」는 1729년 이덕주가 소싯적에 지은 시를 생질과 조카에게 적어주면서 쓴 글이다. 「明定」은 하늘이 정한 것을 사람이 바꿀 수 없다는 내용이며, 「强少年戒」는 혈기왕성한 젊은이라도 작은 병 때문에 죽음에 이를 수 있으니, 몸과 마음의 병통을 근절해야 한다는 글이다. 「李子端居」는 3년동안 마음을 안정시켜 외물에 흔들리지 않게 되었다는 내용이다.

권3의 「重陽獨酌序」는 가을을 맞이한 감회를 적은 글이다. 「松窩記」는 堤川의 節山에 있는 權聖三의 집에 써준 기문이다. 그가 세거하던 鑄字洞을 떠나 제천으로 낙향한 사연이 자세하다. 「觀稼軒記」는 李漢儀의 집 기문이다. 집이 밭을 내려다보고 있어 관가헌이라 하였다. 「獨樂亭記」는 橫城 草塘洞에 있는 鄭熙佐의 정자에 써준 기문이다. 「漫錄序」는 甥 鄭垿가 남긴 공책에 써준 서문이다. 「醫者權尙綸傳」은 호남의 의원 權尙綸의 전기이다. 권상륜은 柳馨遠에게 醫書를 배워 의술에 뛰어났다.

권4의 「松亭記」는 이 집안이 가림으로 낙향한 경위와 주변 인물들에 대해 기록한 글이다. 「與陽甫書」는 死生의 義理와 利害에 대해 논하는 내용이다. 「代家大人與儒林書」는 亡婦와 손자 一鷹의 정려를 청하고자 하는 유생들을 만류하는 글이며, 이어서 수록된 「代家大人與尹判書書」는 윤순에게 보낸 편지로 역시 같은 내용이다. 「嘉林四稿序」는

1734년 이덕주가 쓴 이 책의 서문이며, 「義湖遺稿序」는 이서주의 문집 서문이다. 그는 처음에 東人의 근체시를 배우고 중간에 王維, 李頎, 杜甫를 배웠으며 明人의 시를 참고하였는데, 말년에 이르자 독자적인 시세계를 이룩하였다.

권5의 권두에 실린 「原謗」, 「父母喩」, 「鑿井喩」는 모두 이덕주의 글로, 이헌주의 아내 사천목씨가 스스로 목숨을 끊은 일에 대한 기록이다. 「除服辨」은 상복을 벗는 시기에 관해 논한 글이다. 「巖泉精舍記」은 長湍의 燕子巖에 있는 成汝敬의 거처에 지어준 기문이다. 「伯夷傳解」는 『사기』 「백이열전」에 내포된 사마천의 의도를 밝힌 글이다. 「慶壽錄序」는 樂匡 金公이 壽職을 받은 일을 기념하여 그의 장자 雲谷이 집안의 장수한 사람 14인의 행적을 기록한 『경수록』에 써준 서문이다. 「苄亭記」는 이덕주의 호를 설명한 글이다. 苄은 아래라는 뜻으로, 겸손의 덕을 지켜야 한다는 내용이다. 「本宗從侄行錄」은 21세로 요절한 李碧의 행적을 기록한 글이다. 「杜冲子自號說」은 杜冲子라는 호를 짓게 된 내력을 기록한 글이다. 생명력이 강한 두충과 같이 어떠한 역경에도 굴하지 않겠다는 의지를 피력하였다. 「皇蘭寺記」는 洪濟輔와 함께 고란사를 유람한 기문, 「釣龍臺記」는 蘇定方의 설화가 깃든 바위에 대한 기문, 「苟完堂記」는 이덕주의 집에 써준 기문이다. 구완당은 잡목을 사용하여 검소하게 지은 집이다.

권6의 「爲權妹祭苄圃文」, 「亡弟生日代慈闈祭文」는 누이와 모친을 대신하여 지은 제문이다. 「答洪韓山書」와 「答洪正言孝直書」는 洪重寅과 洪正輔과 성리설에 대해 논한 편지이다. 권7의 「耕讀軒記」는 홍정보의 집에 써준 기문이다. 「代朴采亮祭山文」은 산에 제사지내려는 賤人 朴采亮을 위해 지어준 글이다. 「追遠堂記」는 花隱 洪公의 齋室 기문이다.

권8의 「曾伯祖遺事」는 李尙揆의 사적을 기록한 글이다. 그는 19세에 모친과 함께 강화도로 피난하였다가 성이 함락되어 적이 머리카락을 자르려 하자 항거하다 죽었다. 「家藏二小紙跋」 및 「家傳舊聞」은 강화도에서 순절한 친족들에 대한 기록이다. 「題眉叟東州集序後」는 허목이 지은 이민구의 문집 서문을 이현석의 집에서 찾아낸 전말을 기록한 글이다. 「梅南處士墓碣銘」은 洪濟輔의 묘갈명, 「進士權公墓碣銘」은 權世鼎의 묘갈명, 「恭人尹氏墓碣銘」은 權聖三의 아내 해남윤씨의 묘갈명이다. 「金孝子遺事」는 효자 金栻의 전기이다. 김식의 모친은 저자의 외조부 洪重鉉의 누이이다.

권9의 「與李羅州書」는 이웃 고을의 수령 李衡坤에게 山訟에 관한 다툼을 해결해 달라고 부탁하는 내용이다. 「移舊墓祔新葬儀」는 이장의 절차를 기록한 13조목의 글이다. 「邁齋記」는 從子 李砥의 서재에 써준 기문이다. 「家乘」은 선조들의 행적을 기록한 70여 조의 짤막한 글이다. 이민구가 집안의 서적을 배에 싣고 가다가 牙山에 이르러 배가 침몰하였다는 일화, 『芝峯類說』 草本과 『芝峯集』 批評의 소장처 등에 관한 정보가 있다.

拾遺 권3의 「書小學諺解」는 이덕주가 며느리와 딸을 위해 손수 『소학언해』를 써주고 지은 글이다. 이덕주의 장인 朴履文이 세상의 부녀자들이 언문소설 읽기를 좋아하는 것을 병통으로 여기고, 손수 『소학언해』를 써서 딸을 가르쳤다는 일화가 실려 있다. 권4의 訟誌는 山訟에 관련된 문서를 모은 것이며, 권7의 癸甲遺事는 烈婦 泗川睦氏와 孝子 一鷹에 관한 글이다. 附錄 上에는 李學中과 申光洙가 지은 이덕주의 제문, 이학중이 지은 이혜주의 제문, 그리고 權啓彦, 洪濟輔, 洪正輔가 지은 이헌주의 제문, 그리고 洪澤輔, 尹弼重이 이헌주를 애도하며 지은 誄辭가 실려 있다. 이어 洪濟輔가 이헌주를 만나 마지막으로 나눈 이야기를 적은 「木溪問答」이 있다. 하권은 李砥, 李礦이 편집한 저자들의 言行錄이다. 이덕주에 관한 내용이 가장 많으며, 모두 200여 조가 넘는다.

4. 가치

현전하는 『가림사고』는 대부분 8책본이며, 이 책과 같은 9책본은 희귀한 편이다. 두 판본의 구성은 대체로 유사하나, 목차를 비교해보면 수록된 시문에 다소 차이가 있음을 발견할 수 있다. 특히 拾遺의 구성이 상이한데, 8책본은 拾遺와 拾遺補의 목차가 각각 존재하며, 목차의 위치는 제6책, 즉 습유의 권두에 있다. 그러나 9책본은 拾遺補가 따로 존재하지 않고 拾遺로 통합되어 있으며, 습유의 목차 또한 제1책에 있는 전체 목차에 통합되어 있다. 두 판본의 차이에 대해서는 별도의 연구가 필요할 것으로 생각된다.

5. 기타

이 책은 각 권에 '默軒', '廣陵世家', '李萬運' 등의 印記가 있는 것으로 보아 경상도 칠곡에 세거한 李萬運(1736~1820 본관 廣州)의 手澤本으로 여겨진다. 이만운은 저자들과 친밀한 교유가 있었던 李學中(1704~1755)의 從孫이다. 이학중의 누이가 이서주의 內兄 洪齊輔의 妻이므로, 두 집안은 인척 관계로 맺어진 것으로 보인다.

【장유승】

[색인어]

『嘉林四稿』, 近畿南人, 芊亭 李德胄, 杞園 李惠胄, 芋圃 李憲胄, 義湖 李瑞胄

[참고문헌]

· 부유섭, 「東州 李敏求와 南人詩脈의 전개」, 『한국한시연구』 제8집, 한국한시학회, 2000.

南冥先生集

曺植(1501~1572) 著, 鄭仁弘(1535~1623) 編,

木版本, 2권(권1, 권3) 1책, 1606년, 海印寺, 32.3×21cm
四周雙邊, 半郭 22.3×16.1cm, 有界, 10行20字
序 : 萬曆 甲辰(1604) 八月 鄭仁弘

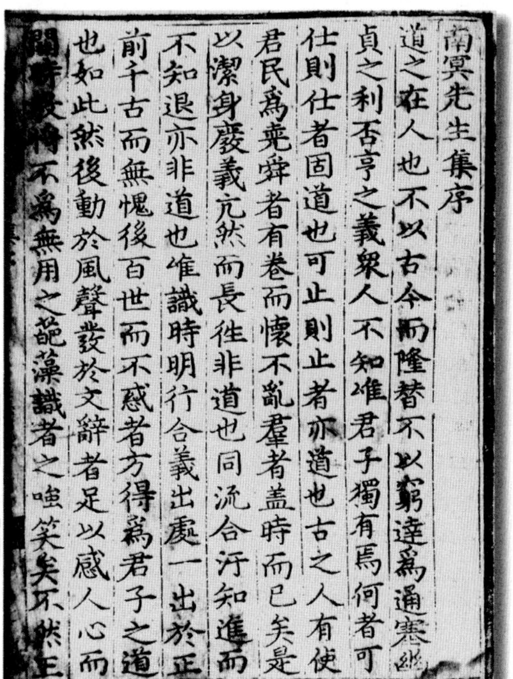
南冥先生集序
道之在人也不以古今而隆替不以窮達爲通塞幽
貞之利否亨之義衆人不知惟君子獨有焉何者可
仕則仕者固道也可止則止者亦道也古之人有使
君民爲堯舜者有卷而懷不亂羣者蓋時而已矣是
以潔身廢義亢然而長往非道也同流合汙知進而
不知退亦非道也惟識時明行合義出處一出於正
前千古而無愧後百世而不惑者方得爲君子之道
也如此然後動於風聲發於文辭者足以感人心而
關[illegible][illegible][illegible]不爲無用之葩藻識者之嗤笑矣不然王

남명선생집

1. 저자

저자는 曺植이다. 그의 자는 楗仲, 호는 南冥이며 본관은 昌寧이다. 그는 1501년 경상도 三嘉縣 兎洞 외가에서 태어났다. 네 살 때 부친 曺彦亨이 문과에 급제하여 仕宦함으로 인해 어릴 적부터 서울에서 생활하였다. 東皐 李浚慶 및 그의 종형제들, 聽松 成守琛 및 大谷 成運의 형제들도 모두 어릴 적부터 알고 지내던 사람들이었다.

20세 때부터 과거에 응시하여 31세 때에 이르도록 初試에서는 壯元도 하는 등 여러 차례 합격하였으나 覆試에서는 사마시와 문과 시험에서 모두 계속 낙방하였다. 남명은 이를 자신의 문체가 『左傳』과 柳宗元을 본받아 奇崛하고 古雅하였기 때문이라 판단하고, 簡實한 것의 典範으로 『性理大全』을 구해 읽게 되었다. 이 책에서 원나라 학자 魯齋 許衡(1209~1281)의 글을 접하고 크게 깨달아 爲己之學에 전념하게 되었다.

33세 때부터 서울 생활을 청산하고 처가가 있는 金海의 炭洞에 山海亭을 지어두고 성리학에 침잠하였다. 이 시기에 松溪 申季誠, 三足堂 金大有, 黃江 李希顔 등과 교유하며 학문을 강론하여 경상우도의 학풍을 크게 진작시켰다.

45세 때 어머니의 상을 당하여 先山에 返葬하고 삼년 廬墓를 산 뒤 三嘉의 兎洞에 鷄伏堂과 雷龍舍를 지어두고 학문에 전념하였다. 이 시기는 을사사화와 정미사화가 일어나 정계에 일대 회오리바람이 일던 시기였고, 그 와중에 친한 벗들을 상당수 잃기도 하였다. 남명은 出處에 더욱 엄격한 생각을 가지면서 한편으로는 목숨을 건 직언도 서슴지 않았으니, '丹城疏'로 알려진 「乙卯辭職疏」 같은 것이 그 하나의 예라 할 만하다.

61세 때에는 다시 거처를 두류산 밑 깊숙한 산골인 진주의 德山으로 옮겨 더욱 학문을 크게 온축하겠다는 뜻으로 공부하는 집의 이름을 '山天齋'라 내걸었다. 이에 명성이 전국에 알려져서 이 깊숙한 곳으로 전국의 학자들이 몰려들어 일대 학문의 성시가 이루어지게 되었다.

72세 되는 1572년 봄에 산천재에서 일생을 마쳤다. 그의 문인들은 그의 敬義에 입각한 실천적 학풍과 엄격한 출처관 및 현실비판 의식 등을 크게 계승함으로써 이른바 남명학파를 형성하게 된다. 남명학파는 선조대와 광해군대에 전성기를 이루다가 인조반정으로 인해 쇠퇴기에 접어든다. 그러나 조선 말기는 물론 오늘에 이르기까지 진주를 중심으로 하는 경상우도 지역 전역에 그의 정신이 끊임없이 이어내려 오고 있다.

2. 구성

본 계명대본은 특이하게 제2권은 빠진 채 제1권과 제3권이 한 책으로 裝冊되어 있다.

제1권의 앞부분에는 서문 3판과 행장 9판, 묘비문 6판 등 18판이 있다. 제1권은 詩와 賦, 銘 등으로 되어 있으며 모두 37판이다. 제3권은 부록으로 모두 36판인데, 敎旨·祭文·常享祝文·挽章·跋南冥集說 등으로 구성되어 있다.

『남명집』의 구성 및 각 작품에 대한 간단한 해제는 필자가 이미 『남명학 관련 문집 해제 (Ⅰ)』에서 상세히 한 바 있으므로, 여기서는 이 판본만의 특징을 상론하고자 한다.

3. 내용: 간행 경위 및 己酉本과의 비교

1) 『남명집』 간행의 전체 경과

『남명집』의 간행은 우리나라 문집 간행사에서 그 유래를 찾기 어려울 정도로 여러 차례 이루어졌다. 그 첫째 이유는, 퇴계가 글의 원본을 잘 남겨둔 것과는 달리 남명의 경우는 글의 원본이 거의 남아 있지 않은 데 기인한다. 또 다른 이유는 남명의 글이 갖고 있는 老莊的 측면으로 인한 수정 문제와, 仁祖反正으로 인한 來庵 鄭仁弘의 정치적 패퇴로 인해 그 이름을 삭제하는 문제 등 문집 내용의 釐正 작업 때문이다.

이들을 큰 얼개 중심으로 정리하면, ①『南冥先生集』 초간본과 동일 계열의 판본들과 ② 學記와 師友錄의 統合本 등 두 가지로 대별할 수 있다. ①에 속하는 것으로는 초간본인 갑진본(1604)과 재간본인 병오본(1606) 및 그 속간본인 기유본(1609)과 임술본(1622) 등이 있다. 인조반정 이후 정인홍이 賊臣으로 처형됨에 따라 그와 관련되는 문자를 삭제하려는 문제로 『남명집』 판목에 대한 훼판(1651)과 복판 및 재복판(1671)이 일어남으로써, 판을 다시 짜게 되었다. 이것이 이른바 경진본(1700) 『南冥先生合集』이니, 여기에는 문집과 學記 및 부록이 함께 들어 있다. 이 때 필사본으로 있던 『山海師友淵源錄』이 처음으로 간행되었다. 이를 포함하여 이후에 나오는 판본이 모두 ②에 속한다.

이후 이 판본을 바탕으로 갑신본(1764년)·무오본(1798년)·기미본(1799년)·을유본(1825년) 등 다섯 차례의 교정본 간행이 있었다. 그러다가 1894년에 이르러 다시 완전히 새로운 판으로 문집을 간행하기 시작하여 1897년 무렵에 이를 완성하였는데, 이를 갑오본(1894) 『南冥先生全集』이라 한다. 이 책은 文集·續集·學記·附錄 등 4부로 이루어져 있다. 여기에는 이전까지 남명의 문집에 들지 못했던 남명의 시문이 상당히 수습되었으나, 老莊 관련 문자 등 남명에게 누가 된다고 판단한 모든 문자가 삭제되거나 변조되어 있다. 그래서 1899년에 다시 문집을 편간하자는 논의가 일어나, 1910년에 이르러 다시 새로운 판으로 간행하게 되었으니, 이를 경술본이라 한다. 이후 1915년(을묘본)·1931년(신미본)·1967년(신활자본)에도 간행이 있었다.

요컨대 『남명집』은 『남명선생집』·『남명선생합집』·『남명선생전집』 등 크게 세 차례의 책판이 만들어졌고 그 사이 보판 또는 삭제되면서 변형되어 간행된 것은 위에 든 것 이외에도 그 수를 다 枚擧하기 어려울 정도다.

2) 본 해제 문집[丙午本]의 간행 경위

『남명집』은 初刊年度부터 학자에 따라 견해가 다르다. 吳二煥은 1602년이라 하였고, 그 뒤 金侖秀가 1604년이라 하였다. 이렇게 다른 주장을 하게 된 것은 다른 근거가 있어서가 아니라 같은 글을 달리 이해한 데서 온 것이다. 『南冥集』 己酉本(1609)의 嶧陽 文景虎 跋文이 그것이다.

> 지난 壬寅 年間에 우리 來庵 선생이 한두 동지들과 함께 先師께서 남기신 글이 전해지지 않을까 염려하셔서 시문 약간 편을 수습하여 伽倻山 海印寺에서 간행하셨다. 인쇄하여 아직 널리 배포하지 못한 상태에서 藏板閣이 갑자기 불에 탔다. 아아, 불행함이 심하도다! 그 뒤 數年에 다시 문집 간행의 일을 일으켰다. 許從善이 刊本을 寫出하고 관찰사 柳永洵이 또 工役을 도와주어서, 일이 일 년 만에 끝났다. 이렇게 되자 종이를 가져와서 인쇄를 요구하는 자가 문득 백 명이나 되곤 하였다. 이 또한 크게 다행한 일이다.
>
> 다만 이 책이 선생의 手澤本을 바탕으로 한 것이 아니고, 후배들이 선생의 글을 搜輯한 것이 모두 전쟁으로 인한 병화 이후 외어 전하는 데서 나온 것이었기 때문에, 문자 사이에 어긋나거나 잘못됨을 면하지 못했고 시문 가운데 빠뜨린 것이 자못 많이 있게 된 것이다. 그래서 더욱 蒐輯하고 聚合하여 얻는 대로 기록하니, 그것이 또한 모두 수십 개의 板이다. 작년 10월부터 추가 간행을 시작하여 책 말미에 이어서 보충하고, 舊本 가운데 잘못된 글자나 빠진 글자는 또한 고찰하고 비교하여 고치고 바로잡았다. ……
>
> 己酉年 봄 正月에 후학 烏山 文景虎가 삼가 기록한다.

이 글을 근거로 하며 오이환은 임인년(1602)을 문집이 처음 간행된 해라 하였고, 김윤수는 문집 서문을 쓴 시기가 갑진년(1604) 8월이므로 임인년부터 문집 간행을 준비하여 갑진년 8월에 문집 간행이 처음으로 이루어졌다고 보았다. 인용문이 "지난 임인 연간에"로 시작하니 오이환은 이 해를 문집이 처음 간행된 해로 보았던 것이니, 이는 갑진년 8월에 이루어진 문집 서문이 없다면 그렇게 볼 수 있는 것이다. 갑진년 8월에 이루어진 서문이 있더라도, 그 서문 내용 가운데 '이전에 문집이 간행되었다가 목판이 불탔기 때문에 다시 간행한다'는 내용이 있다면, 물론 임인년에 문집이 처음 간행된 것으로 볼 수 있다. 그러나 갑진년 8월의 서문에는 그 이전에 문집이 간행된 적이 있었다는 어떠한 단서도 보이지 않는다. 刊記가 없을 경우 문집 서문을 쓴 해를 간행 연도로 보는 것이 일반적이므로, 갑진년 8월에 문집이 처음 간행되었다고 보는 것이 순리다.

그 다음 문제는 문집 목판이 불탄 뒤 다시 간행한 시기에 대한 견해차다. 오이환은 서문이 쓰여진 갑진년(1604) 8월에 재간되었다고 보았지만, 김윤수는 유영순이 을사년(1605) 9월에서 정미년(1607) 3월까지 관찰사를 역임했다는 『慶尙道先生案』의 기록에 따라 을사년과 정미년 사이인 병오년(1606)에 재간된 것으로 파악하고 있는 것이다. 김윤수의 이와 같은 견해에 대해 오이환은 관찰사 유영순에 관한 문경호의 기록이 착각에서 비롯된 것이라고 주장하고 있으나 그와 같은 주장을 뒷받침 할 수 있는 근거가 전혀 없다.

요컨대 『남명집』은 임인년(1602)부터 수집과 편집이 시작되어 갑진년(1604)에 초간본이 간행되었으며, 책이 널리 배포되지 못한 상황에서 장판각에 불이 나서 관찰사 유영순의 협조로 병오년(1606) 무렵에 재간되었고, 기유년(1609) 정월 제4권에 해당하는 32판의 補遺를 追刻하여 다시 간행하게 되었던 것이다.

3) 기유본과의 대조 결과

본 문집이 병오본이라는 판단은 기유본과의 대조에서 나온 것이다. 이 책의 제1권과 제3권은 기유본과 글자의 형태는 물론 版心의 魚尾나 匡郭의 세부적인 모양까지 모두 같아서 같은 판이라고 하지 않을 수 없다. 그런데 기유본에는 병오본에 없는 제4권이 추가되어 있고 그 끝에 예의 문경호 발문이 그 동안의 간행 경위를 알려 주고 있다. 이러한 자료를 바탕으로 하고 이러한 외형을 세밀히 관찰해 보건대, 이 책이 바로 慶尙監司 柳永詢이 도와서 이루어진 병오본인 것이다.

혹시 갑진본일 수도 있지 않을까 하여 여러 모로 세세히 조사해 보았다. "許生從善寫出刊本"이란 말을 갑진본의 글씨를 쓴 이가 허종선이라는 말로 본다 하더라도, 그리고 병오본은 그 판본을 그대로 번각한 것이라 하더라도, 글자의 모양이나 어미 및 광곽의 구부정한 모습까지 판마다 이처럼 꼭 같을 수는 없다.

행장 3판의 우측 상단 '餅'자 부근의 모서리 부분이 이 책 판본에는 아슬아슬하게 달려 있음이 확인되는데, 기유본에 이르러서는 이 부분이 없어진 것을 보아도 이 병오본과 기유본은 같은 판임을 알 수 있다.

기유본보다 앞서는 병오본 계통 가운데 이 책과 약간 차이를 보이는 것이 있으나, 이는 이 책보다는 나중에 나온 이른바 丙午後板本이다. 대조 결과 이 판본은 단 한 군데 개각한 흔적이 보일 뿐 다른 데는 개각 또는 보판의 흔적이 전혀 없다. 개각의 흔적이 보이는 1권 26판의 「江樓」 시 부분이 개각되지 않은 채 남아 전하는 병오본이 있는지, 아니면 갑진본을 개판하면서 다른 것은 그대로 두고 이 부분만 고쳤는지 지금으로는 알기 어렵다.

대조 결과 이 병오본의 글자를 기유본에서 고친 부분이 모두 40곳이다. 행장과 묘비문 부분이 4곳이고, 1권이 30곳이며, 3권이 6곳이다. 대부분 오자를 바로잡은 것이고, 「神明舍銘」의 경우는 附註 부분이 모두 제거되어 있다. 이는 아마 老莊 문자라는 비판을 의식한 데에서 온 반응으로 보인다. 다음 표가 그 구체적 대조 결과다.

位　置	丙午本 (1606)	己酉本 (1609)	備　考
행장 1판 전2행	曹氏	曺氏	己酉本 縱劃削除
행장 3판 전9행	爲斯文動	爲斯文慟	己酉本 '忄' 追刻
행장 4판 후1행	居十焉	居一焉	己酉本 縱劃削除
묘비문 1판 전1행	大谷先生撰	成大谷撰	己酉本 4字改
1권 4판 후2행	河公名宗岳字君礪	河公名天瑞	己酉本 2字改3字削
1권 11판 전9행	妹兄	姊兄	己酉本 1字改
1권 11판 후3행	地籟	地雷	己酉本 1字改
1권 11판 후7행	江燕	飛燕	己酉本 1字改
1권 12판 전5행	不爲貪	不是貪	己酉本 1字改
1권 17판 후10행	先承靄日	先乘靄日	己酉本 1字改
1권 18판 전3행	五十年	四十年	己酉本 1字改
1권 18판 전6행	白首	白手	己酉本 1字改
1권 18판 전7행	喫有餘	喫猶餘	己酉本 1字改
1권 18판 후3행	劉郎	孫郎	己酉本 1字改
1권 19판 후6행	皮蟠	皮蟠蟠	己酉本 1字改 蟠蟠小字雙行
1권 19판 후8행	無題	和淸香堂詩	己酉本 5字改
1권 20판 후7행	號樹風	樹號風	己酉本 2字改
1권 21판 전6행	山納	山衲	己酉本 1字改
1권 21판 전6행	從泉出	從川出	己酉本 1字改
1권 21판 후2행	'一樣靑'下 註釋無	右一絶贈尹大連	己酉本 小字雙行
1권 21판 후9행	打麥聲	聞打麥聲	己酉本 4字改
1권 25판 후2행	客裡管歌咽王母池邊河漢凉	舘裡笙歌咽王母池邊河漢凉	己酉本 12字改
1권 25판 후6행	頭白	頭面	己酉本 1字改
1권 26판 전6행-9행			補刻, 兩本同
1권 26판 후2행	雞鳴	溪聞	己酉本 2字改
1권 26판 후5행	千年	萬年	己酉本 1字改
1권 26판 후6행	樹竹	水樹	己酉本 2字改
1권 27판 후1행	遍生絲	遍生孫	己酉本 1字改
1권 28판 전2행		鄭宗榮	己酉本 小字單行, 3字追刻
1권 28판 전4행	遺魂	餘魂	己酉本 1字改
1권 28판 전5행	念留	身留	己酉本 1字改
1권 35판 후10행	泂泂		己酉本 2字削除

位　　置	丙午本 (1606)	己酉本 (1609)	備　　考
1권 36판 전1행	流轉		己酉本 2字削除
1권 36판 전6행			己酉本 以下17行皆削除
1권 37판 전9행	南冥先生集卷之一	南冥先生集卷之一	기유본 36판 전10행에 改刻
3권 6판 전2행	十片	一片	己酉本 縱劃 削去
3권 19판 전8행	洪水	洪流	己酉本 一字改
3권 23판 전4행	受符	手符	己酉本 一字改
3권 27판 전2행	丹宵	丹霄	己酉本 一字改
3권 31판 후5행	但今	秖今	己酉本 一字改
3권 36판 후10행	南冥集卷之三	南冥先生集卷之三	己酉本 8字皆改

4. 가치

본서는 『남명집』 병오본이다. 지금까지 알려진 『남명집』 판본 가운데 가장 오래 된 것이다. 이는 초간본인 갑진본(1604)이 아직 한 책도 학계에 알려진 것이 없고, 병오본 계통 가운데서도 이 책이 1권 26장의 「江樓」 시 이외에는 한 곳도 개각된 곳이 없기 때문이다. 이 책과 같은 판본으로 현재 경상대 남명학연구소에 소장된 것이 있는데, 이는 제2권 46판 「遊頭流錄」에서부터 88판까지와 제3권이 한 책으로 裝冊된 것이다. 제3권이 이 책과 한 곳도 다르지 않아 제2권도 같은 판본이라 판단하는 것이다. 그러므로 지금 이 책과 같은 병오본은 제2권의 1판부터 45판까지가 아직 알려져 있지 않고, 나머지는 계명대학교와 경상대학교에 흩어져 전해지고 있다.

이 책으로 인해 이후 수정된 글자의 모습이 드러나는데, 예를 들면 그 가운데서도 「浴川」 시의 "全身四十年前累"가 이 판본에 "全身五十年前累"로 되어 있음은 새로운 사실을 알게 해주는 자료라 할 수 있다. 그 시의 轉句에 '五內'가 있어서 오십년을 사십년으로 고친 것이겠지만, 당시 남명의 나이가 49세니, 남명이 처음 쓴 시에는 오십년으로 했을 법하다. 그러므로 이 책은 남명의 원래 시의 모습을 알아 연구하는 데 있어서 매우 중요한 자료라 하지 않을 수 없다.

병오본에는 李公亮을 지칭하는 곳마다 '妹兄'이라 되어 있는데, 기유본 이후에는 이것이 모두 '姊兄'으로 고쳐져 있다. 한 곳이 아니고 여러 곳에 그리 되어 있다면 남명 또한 원래 매형이라 쓴 것이 아닌가 짐작이 된다. 그렇다면 이는 남명이 젊은 시절 서울에서 살아 서울 말을 쓴 흔적이 아닌가 한다. 오늘날 서울 지역에서 자형을 매형이라 부르는 것이 그 유래가 오래 되었음도 이를 통해 짐작할 수 있다.

또한 「神明舍銘」의 附註 가운데 기유본 이후에 삭제된 17행이 그대로 남아 있어서,

남명의 사상을 이해하고 연구하는 데에 있어서도 매우 중요한 자료라 하지 않을 수 없다.

요컨대 이 책은 완질이 아니긴 하나, 현존 『남명집』 가운데 最古本이면서 기유본 이후 변개되기 이전의 모습을 확인할 수 있는 것이어서, 남명의 사상이나 문학을 연구하는 데 크게 기여할 수 있는 자료라 할 수 있다.

【이상필】

[색인어]

南冥 曺植, 來庵 鄭仁弘, 嶧陽 文景虎, 『南冥集』 甲辰本, 『南冥集』 丙午本, 『南冥集』 己酉本, 柳永詢

[참고문헌]

· 曺植, 『南冥集』(丙午本, 己酉本, 壬戌本)

· 金侖秀, 「南冥集의 冊版과 印本의 系統」, 『南冥學硏究』 제2집, 경상대 南冥學硏究所, 1992.

· 金侖秀, 「南冥集 板本 硏究上의 爭點」, 『南冥學硏究』 제6집, 경상대 南冥學硏究所, 1996.

· 吳二煥, 『南冥學派硏究』, 南冥學硏究院出版部, 2000.

· 李相弼, 「南冥集 解題」, 『南冥關聯文集解題(Ⅰ)』, 경상대 南冥學硏究院, 2006.

陶淵明集

陶潛(365~427) 著,

목판본 1책(권6-권8). 1579년 刊
四周雙邊, 半廓 23.2×17.9cm, 有界, 10行 20字, 上下內向3葉華文魚尾

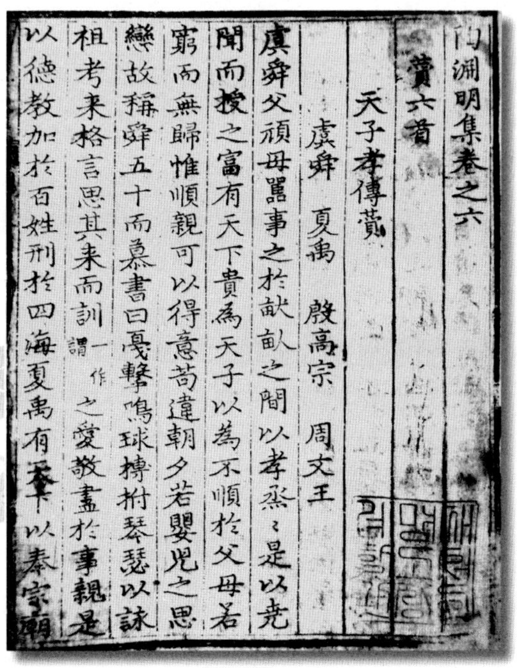
陶淵明集卷之六
贊六首
天子孝傳贊
虞舜 夏禹 殷高宗 周文王
虞舜父頑母嚚事之於畎畝之間以孝烝烝是以堯
聞而授之富有天下貴爲天子以爲不順於父母若
窮而無歸惟順親可以得意苟違朝夕若嬰兒之思
戀故稱舜五十而慕書曰戛擊鳴球搏拊琴瑟以詠
祖考來格言思其來而訓 一作謂 之愛敬盡於事親是
以德教加於百姓刑於四海夏禹有天下以奉宗廟

도연명집

1. 편저자

陶潛(365~427)은 晉나라 사람이다. 그의 이름은 일명 淵明이며 자는 元亮이다. 일찍이 江州祭酒, 鎭軍參軍, 彭澤令 등을 역임했다. 탐관오리의 부정부패에 염증을 느껴 전원에 은거했는데, 중국 최고의 田園詩人이 되었다. 그가 죽자 그의 친구들이 '靖節徵士'라는 私謚를 부여했다. 이로 인해 사람들은 도잠을 '靖節先生'이라 부르게 되었고, 그의 문집도 시호로 이름을 붙여 『陶靖節集』이라고 하였다.

이 책을 간행한 李濟臣(1536~1583)의 자는 夢應, 호는 淸江이다. 본관은 全義로 경상도병마사 李文誠의 아들로 태어났다. 영의정 尙震은 어린 이제신의 재능을 높이 사 손녀사위로 삼았다. 22세 되던 1557년에 「淸江居士對」를 짓고 이 때부터 淸江이라는 호를 썼다. 1558년에는 생원시에 합격하였으며, 1564년에는 식년 문과에 을과로 합격하였다. 1578년에는 晉州牧使가 되었는데 토호의 폐단을 혁파하고 선정을 펴서 공이 많았지만 土豪들이 兵符를 훔치고 모함하여 벼슬을 사임하고 향리에 은거하였다. 1583년 함경북도병마절도사가 있을 때 죄를 지어 義州 麟山鎭에 유배되었다가 그 해 10월 48세의 나이에 유배지에서 죽었다. 시문과 글씨에 뛰어났으며, 사후 신원되어 병조판서에 추증되었고, 저서로 『청강선생집』, 『淸江小說』, 『淸江笑囮』 등이 있다.

2. 편찬 및 간행 경위

계명대학교 소장 『陶淵明集』의 간행 경위는 발문의 기록에 자세히 나와 있다. 어느 날 尹晳(1435~1505)은 자신이 가지고 있던 도연명의 시집을 晉州牧使로 있던 李時珤(1433~?)에게 가지고 가 간행을 요청하였다. 그 책은 윤석의 부친이 일찍이 眞珠(지금의 三陟)의 수령으로 나갔을 때 간행하여 유통시키려 했지만 뜻을 이루지 못했던 책이었다. 윤석의 뜻을 가상히 여긴 이시보는 공인들을 모아 책을 간행하도록 하였다. 이 책이 진주에서 처음으로 간행된 『도연명집』이다. 아울러 현재까지 확인된 조선 최초의 『도연명집』이기도 하다. 이 내용은 윤석이 成化 癸卯(1483)년에 쓴 「新刊靖節先生集跋」에 자세히 나타나 있다. 이 책은 개인 소장본으로 현전하고 있는데, 『須溪批點陶淵明詩集』이다. 즉, 須溪 劉辰翁(1234~1297)이 批點을 찍은 중국본을 가져다가 간행한 것인데, 상중하 3권으로 이루어진 詩集이다. 이후 이시보의 후손인 淸江 李濟臣(1536~1584) 또한 晉州牧使가 되었는데 『陶淵明集』의 책판은 이미 漫缺이 심각하였다. 이에 이제신은 이 책을 중간하리라 마음먹었다. 부임하는 길에 商山(지금의 尙州)에서 鄭崑壽(1538~1602)에게 자신의 생각을 이야기 하자, 정곤수는 이제신에게 중국본을 내주었다. 이 책을 진주에서 간행한 책과 비교해보니 반이나 더 많았다. 이제신은 진주에서 간행한 舊版과 중국본을 합하여 새롭게 책을 만들었다. 이제신은 진주에 도착하자 재료를 모으고 松溪 權應仁에게 부탁하여 淨寫하도록 한 다음, 匠人에게 바로 출판하도록 하였다. 그러나 일을 막 시작했는데 이제신은 관직을 버리게 되었고, 책을 간행하는 일은 경상도관찰사 鄭芝衍(1527~1583)에게 부탁하고 떠났다. 이 내용은 이제신이 쓴 발문에 나타나 있는데, 바로 만력 7년(1579)의 일이다. 끝에는 당시 重刊에 참여한 인물의 官銜과 성명이 나열되어 있고, 뒤로는 初刊 당시의 官銜이 열거되어 있다. 列啣은 다음과 같다.

行判官 尹景祺
○○大夫守晉州牧使李濟臣
都事 金僩
嘉善大夫慶尙道觀察使鄭芝衍
重刊
行判官 尹晳
通政大夫行晉州牧使李時琺
初刊

3. 구성과 내용

도잠의 문집이 만들어진 시기는 아주 빠르다. 『隋書』「經籍志」나 『唐書』「藝文志」에 올라 있는 기록들을 살펴보면 문집의 분량도 5권본, 6권본, 7권본, 8권본, 10권본 등 아주 다양한 판본들이 존재했다. 그 중에서도 梁나라 昭明太子 蕭統(501~531)이 편찬한 8권본이 최고의 선본으로 알려져 왔다. 그러나 소명태자의 8권본은 전하지 않고 이후로도 수많은 종류의 판본들이 만들어지면서 도연명의 문집은 수록된 시문의 진위문제 뿐만이 아니라, 판본상으로도 아주 복잡한 양상을 보여주고 있다. 郭紹虞의 「陶集考辨」에 수록된 것만 해도 149종이나 되는데 실제로는 200여종이 될 것으로 추산된다. 계명대학교 소장 『陶淵明集』은 상권이 남아 있지 않고 하권만 남아 있어 정확히 어떤 판본을 기본으로 했는지 확인이 어렵다. 하권의 내용을 보면 다음과 같다.

권6　贊6首, 疏1首, 文3首,
권7　四八目(集聖賢群輔錄 上)
권8　四八目(集聖賢群輔錄 下)

附錄 「書陶栗里譜」, 「靖節陶徵士耒」, 「陶淵明傳」, 「宋朝宋丞相私記」, 「書靖節先生集後」, 「集總論」

「八儒」, 「三墨」

「新刊靖節先生集跋」 成化癸卯六月三日坡平尹晳希點謹誌

「重刊靖節先生集跋」 萬曆七年春全城李濟臣謹跋

이 중 「集總論」은 역대 인물들의 도연명에 대한 평설을 모아 놓은 것인데, '李公煥箋註本'에만 존재한다. 이를 통해 보면 계명대학교 소장 『陶淵明集』은 『須溪批點陶淵明詩集』과 '이공환전주본' 계열의 중국본을 합하여 만든 것으로 보인다. 그러나 이 책과 마찬가지로 '이공환전주본'을 기본으로 편차하여 1583년에 경진자로 인출한 『箋註靖節先生集』과는 편차 순서가 다르다.

4. 서지적 특성

임란 이전의 도연명 문집으로는 嘉靖 원년(1522) 朴祥昌의 발문이 있는 『도연명집』이 발간되었다는 사실이 알려져 있기는 하지만 傳本은 확인할 길이 없고, 활자본으로는 임란 이전의 간본으로 가장 널리 알려져 있는 『箋註靖節先生集』이 있는데, 이 책은 10권 2책이다. 물론 도연명집의 최초 간본인 『須溪批點陶淵明詩集』이 전하고 있긴 하지만, 이것은 詩集으로 文은 포함되어 있지 않다. 따라서 1579년에 간행된 계명대학교 소장본은 현전하는 가장 빠른 도연명의 문집이라 할 수 있다. 더욱 특이한 것은 1483년에 간행된 초간본이 詩集인데 반해, 중간본은 詩文集의 형태를 지니고 있다는 점이다. 더욱이 이 중간본의 판본 글씨는 당시 書法으로 이름이 있던 권응인이 쓴 것을 판각한 寫刻本이다. 權應仁(1521~1570직후)의 본관은 安東, 자는 士元, 호는 松溪이다. 李滉의 문인으로 漢吏學官을 지냈다. 宋나라의 詩風이 유행하던 文壇에 晩唐의 시풍을 받아들여 시단에 큰 전환을 가져왔으며, 詩評에도 훌륭한 업적을 남겼다. 더욱이 이 책이 간행된 얼마 뒤에 『箋註靖節先生集』이 庚辰字로 간행되는데, 이는 진주 중간본 『陶淵明集』이 『전주정절선생집』의 간행에 어느 정도 영향을 주었을 것이라는 추론을 가능케 한다.

5. 가치

계명대학교 소장 『陶淵明集』은 陶潛(365~427)의 시문집을 모아 간행한 것이다. 중국에서는 수많은 간행이 이루어졌고 많은 판본들이 현전하고 있지만, 우리나라의 경우 임란 이전의 간본은 그 전본이 매우 드물다. 계명대학교 소장본 『도연명집』은 임란 이전으로 판본으로 1579년에 간행된 사실이 확인되는 귀중본이다. 2책으로 간행되었지만 상권은 전하지 않고 하권만 전하고 있다. 더욱이 이 책은 1483년에 초간된 책을 중간한 것으로 의미가 있다. 현전하는 최고의 도연명 시문집이다. 또한 판본을 쓴 사람이 權應仁으로 확인되어 그 가치가 더욱 크다고 할 수 있다.

【박철상】

[색인어]

도연명, 이제신, 권응인, 『도연명집』, 『수계비점도연명시집』

[참고문헌]

· 郭紹虞, 「陶集考辨」, 『照隅室古典文學論集』(上編), 上海古籍出版社. 1983.
· 박철상, 「반계 유형원이 엮은 『도정절집』과 그의 일민의식」, 『한국실학연구』 제11호, 한국실학학회, 2006.6.
· 강성숙, 「청강소와」, 『이화여자대학교 중앙도서관소장 고서해제2』, 이화여자대학교 한국문화연구원, 2008.4.

晩洲先生集

鄭昌胄(1606~1664) 著.

木板本 零本 2권1책(全4권2책) 1717년(肅宗 43) 刊.
四周雙邊, 半郭 20.8×15.2cm, 有界, 10行20字,
內向二葉花紋魚尾 ; 30.6×20cm.

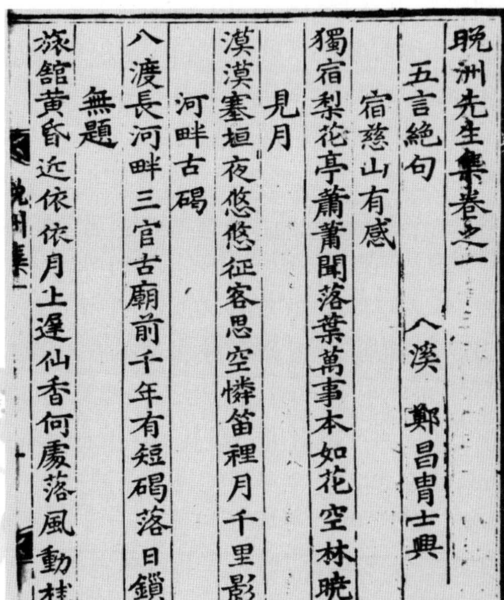
晩洲先生集卷之一

五言絶句　八溪 鄭昌胄士典 著

宿慈山有感

獨宿梨花亭蕭蕭聞落葉萬事本如花空林曉露泣

見月

漠漠塞垣夜悠悠征客思空憐笛裡月千里影相隨

河畔古碣

八渡長河畔三官古廟前千年有短碣落日鎖寒烟

無題

旅館黃昏近依依月上遲仙香何處落風動桂花枝

만주선생집

1. 저자

鄭昌胄(1606~1664)는 본관은 草溪, 자 士興, 호는 晩洲·默軒·竹軒이다. 한성부 서윤을 지낸 高祖 鄭景倫이 華城에 정착하면서 조부 鄭文明 이후 화성시 송산면 마산리에 세거하였다. 부친은 鄭時望이며, 어머니는 李山海의 첫째사위였던 春洲 李尙弘(少陵 李尙毅 형)의 따님이다. 이상홍의 첫째 사위가 任叔英이며, 셋째사위가 정시망이다. 저자의 집안은 소북계의 명문으로 家婚도 대체로 북인계 집안과 맺어지고 있음을 볼 수 있다.

1630년 생원진사시에 합격하였으며, 「河溍年譜」에 의하면, 1632년에 河溍(1597~1658)이 성균관에서 鄭昌胄, 趙壽益, 閔應協, 睦性善 등과 교유하였다는 기록이 있어 이들과 친하게 지낸 듯하다. 이 해 부친 鄭時望이 문과에 합격하였다.

1637년(인조 15) 정시문과에 「漢求賢良方正直言極諫之士詔」(권4)로 병과로 급제하였다. 承文院 正字에서 司憲府 持平이 되어 兵曹正郞, 知製敎 등을 역임하였다. 1640년에 獻陵에 差祭官으로 다녀왔다. 1642년 9월에 聖節冬至兼年貢行으로 정사 南以雄, 부사 金著國과 함께 서장관의 임무를 수행하였다. 11월에 慶尙都事가 되었다. 1644년(인조 22)에는 平壤庶尹 직을 맡아 요역을 줄이고, 송사를 공정하게 처리하여 관리 성적이 높았으며, 백성들이 송덕비를 세워주었다 한다. 1646년(인조 24) 9월에 문과 重試에서 「擬漢諫議大夫夏侯勝論以無懲前事表」(『만주선생집』 권3)로 姜柏年, 沈廣, 李行進, 鄭昌胄, 吳挺一, 洪命夏, 洪處亮, 金佐明 등과 급제하여 侍講院 弼善에 배수 되었다가 司諫院 獻納으로 옮겼다. 1648년(인조 26) 鳳山縣監로 부임하여 얼마 안되어 사직하였다. 이해 接慰官으로 東萊에 가서 差倭 平成春을 접대하고 關市를 열어 교역을 편하게 하였다. 이때 東萊 인근 지역을 유람하면서 자신의 출처관을 피력하였다(권4 「遊仙說」). 復命 이후에 潭陽府使를 지냈다. 1652년(효종 3) 同副承旨에 승자되고 弘文館 副提學에 선임되었다. 1653년(효종 4) 密陽郡守, 1655년(효종 5)에 金川郡守에 옮겼다가 다시 東萊府使로 부임하였다. 1658년(효종 9) 가을에 병 때문에 승지 벼슬을 사직하고 얼마 있다가 金浦郡守로 부임하여 바다와 강이 만나는 김포의 변화무쌍한 정경을 묘사하는 한편, 고향인 南陽으로 귀거래의 의지를 표명하였다(권4 「金陵述事」). 1660년 경 迎慰使로 安州에 다녀왔다. 1661년(현종 2)에 전라도 관찰사에 제수되어 全州府尹을 겸임하였으나 부모님 늙어 부임하지 않고 바로 황해도 관찰사를 제수 받았으나 圖遞하였다.

저자의 친우인 姜栢年의 아들 姜鋧은 「만주집서」에서 정창주와 막역지교를 나누었다는 雪峰 姜栢年(1603~1681), 滄溟 南翧(1609~1656), 竹堂 申濡(1610~1665), 草亭 朴守玄(1605~1671), 南谷 任翰伯(1605~1664), 沙川 沈廣(1597~1660), 庥庵 李休徵 1607~1677) 등 소북 8문장을 언급하였다. 이들은 17세기 이름을 날린 소북의 대표적 문인들이다. 이들 후손들도 역시 세교로 이어지며 17~18세기 문단에 풍성한 성취를 보여준다는 점에서 중요한 문단교유의 의미를 담고 있다. 이외에도 市南 兪棨(1607~1664), 晩沙 沈之源(1593~1662), 白軒 李景奭(1595~1671), 雪蓑 南以恭(1565~1640), 龜村 李溟(1570~1648), 東溟 金蓍國(1577~1655), 春湖(南嶽) 鄭晳(1619~1677), 大瓠 朴篖(1584~1643), 道溪 柳淰(1608~1667), 任善伯(1596~1656), 龍洲 趙絅(1586~1669), 湖洲 蔡裕後(1599~1660), 竹南 吳竣(1587~1666), 芷潭 申得洪(1608~1653), 松谷 趙復陽(1609~1671), 容齋 睦兼善(1609~1665), 東沙 吳挺緯(1616~1692) 등과 시를 수창하거나 교유하였다.

2. 구성

『만주집』의 간행 경위는 손자인 鄭維의 발문(1748년)을 통해 확인할 수 있다. 저자의 아들 鄭元祥이 부친의 문집을 간행하려고 姜鋧의 서문(1717년)을 받았는데, 간행의 뜻을 이루지 못하고 다시 유업을 이어 정유가 간행하게 되었으며, 저자의 원고를 모두 간행하지 못하고 上下 양권으로 나누어 간행하게 되었다는 내력을 밝히고 있다. 강현의 서문에는 저자의 글이 태반이 유실되었다고 언급하고 있다. 다만 자손의 한결같은 염원으로 손자대에 와서 간행되었음을 알 수 있다. 계명대 소장본은 영본 1책으로 권1-2까지만 남아 있다.

체재를 보면 강현의 서문, 『만주집』 목록, 본문, 정유의 발문 순으로 실려 있다. 『만주집』 목록은 간략목록으로 1권-4권까지의 체제와 작품 수를 밝혀 놓고 있다.

卷1 : 五言絶句 23首, 六言 1首, 歌詞 6首, 七言絶句 125首, 五言四韻 40首(元韻 2首附). 五言挽詞 5首.

卷2 : 七言四韻 242首(次韻 1首附)

卷3 : 七言四韻 9首, 七言挽詞 24首, 五言長律 5首, 七言長律 1首, 七言長律挽詞 2首, 五言古詩 11首, 五言古詩挽詞 1首, 七言古詩 22首, 賦 3首, 表 10首.

卷4 : 詔 3首, 制 1首, 箴 4首, 銘 2首, 頌 4首, 表箋 8首, 狀 1首, 疏章 2首, 序文 3首, 雜說 7首[各文 合 670首]

3. 내용

내용 소개는 계명대 소장본 『晩洲集』 영본 1책(권1-2)에만 한정하도록 하겠다. 詩體

別로 엮어 놓았으며, 간혹 타인의 元韻이나 次韻詩가 부기된 경우가 있다. 해당 시체 안에 수록된 시들은 編年으로 정리하려 한 듯하나 연도가 착종된 경우도 보여 꼭 그렇지만은 않은 듯하다. 시체는 칠언절구, 칠언율시를 애호하여 다수의 작품을 남겨 놓았다.

五言絶句에는「見月」,「梅月對酌口號」,「月」,「低月」,「落月」등 달을 소재로 한 작품이 다수 보이며, 7세 때 창작하여 천재성을 드러낸「詠雪」등이 실려 있다.「詠雪」은 강현이 序文에서 文辭가 富贍하여 말이 사람을 놀래킨다고 하고 10살이 되지 않은 나이에 제작하여 재주를 보여주는 작품으로 전재한 시이다.

六言絶句로는「途中卽事」, 歌詞로「效古體, 示沈伯涵」6수가 실려 있다.

七言絶句는「江都懷古」로 시작하고 있다. 소개해본다.

천고의 강산에 달 떠올라	千古江山月一痕
아득한 지난날 물어도 말이 없어라	悠悠往事問無言
가여워라, 연미정 앞길에	可憐燕尾亭前路
다만 밤마다 흐느껴 우는 혼이 있구나	惟有啾啾夜哭魂

강화도에 있었던 전란에 희생된 혼령의 곡소리를 섬세한 감수성으로 시인은 듣고 있다.

이어 遂安의 化鶴樓, 平壤의 浮碧樓, 山陰, 東萊, 永嘉臺, 沒雲臺, 長湍 赤壁, 海印寺 등 다수의 제영시가 수록된 것은 그의 외직 생활 중에 지어진 작품들이다.「詠雪」은 1648년 태학사 趙絅 등과 試院에서 눈을 소재로 시를 수창하였는데, 다시 눈이 내리자 예전의 韻을 사용하여 지은 작품이다. 또한 여행 중에 李滉이 행초로 쓴 朱熹의「武夷九曲詩」를 보고 차운하였다.

五言律詩에는 차운시를 비롯, 수창시들이 눈에 많이 띈다. 주로 외직 생활 동안에 만난 사람과 경유지를 소재로 남긴 시들이다. 평양의 永明寺 우물에서 숟가락, 젓가락, 그릇 등의 古器를 얻고 시를 짓기도 하였다.「湯站」,「分水嶺」,「太子河」등은 중국 연행 기간에 지어진 작품들이다.「十踰鳥嶺」은 鳥嶺를 열 번이나 넘어 다녀 고단함을 피력한 작품이다. 오언율시 뒤에는 오언율시로 창작된 李周鎭, 申埈, 鄭公達, 李惇實 등의 만사를 따로 실었다.

권2에는 七言律詩가 실려 있다. 春湖 鄭晳과 시를 수창하면서 정석의 차운시를 부기하고 있는데, 이 시 주석에 저자의 '晩洲'의 뜻은 강호로 은거하고자하는 계획을 담은 것이라 설명하고 있다.「百祥樓」에서는 연행길에 정사 남이웅, 부사 김시국과 함께 올랐던 누대를 20년이 지난 홀로 누대에 올라선 감회를 읊었다. 관직 생활에서 次韻, 寄贈, 送別詩 등이 차지하는 비중이 많은 만큼 교유에서 나온 시와 외직 부임지를 오가며 지은 시가 많다.

4. 가치

현전『만주집』은 계명대(권1-2), 이화여대(권1-2) 등에 零本이 소장되어 있고, 정창주의 10대손 鄭載吉 소장 완질본을 영인하면서 조기대의 <만주선생집 해제>와 7세손 后山 鄭胤永(1833~1898)이 찬한 발문(『后山集』 권7 「敬書晩洲先祖文集後」), 묘갈명 등과 함께 영인하였다. 이를 한국고전번역원에서 다시 정재길 소장을 영인, 표점하여 ‘한국문집총간속집30으로 간행하여 연구자들의 이용에 편의를 도모하였다. 이와 별도로 필사본『만주집』이 가문에 전한다. 다만, 간본『만주집』傳本이 희소하다는 점에서 계명대 소장본의 가치 역시 적지 않다.

【부유섭】

[색인어]

『晩洲先生集』, 鄭昌胄, 小北八文章

[참고문헌]

- 鄭昌胄,『晩洲集』, 보고사.
- 鄭昌胄,『晩洲集』, 한국고전번역원 한국문집총간속집 30.
- 鄭胤永,『后山集』, 보고사.
- 권오영, 「1881년의 경기척사론-정윤영의 척사론을 중심으로」,『조선 후기 유림의 사상과 활동』, 돌베개, 2003.

名公妙選陸放翁詩集

陸游(宋) 著 ; 劉辰翁(宋) 選

16세기 중엽 간행.
木板本, 後集 8卷 1冊, 28.5×19.8cm.
四周雙邊, 半郭 22.5×15.8cm, 有界, 11行21字, 黑口, 上下內向三葉花紋魚尾.
跋 : 成化乙酉(1465) 成任
印記 : '東皐散人', '趙氏穆士敬章'

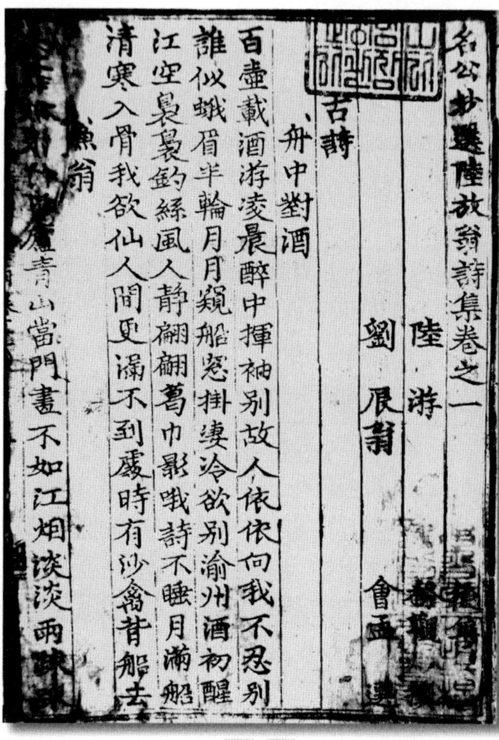

명공묘선육방옹시집

1. 저자

陸游(1125~1209)의 字는 務觀, 號는 放翁이며 山陰人이다. 그 어머니 唐氏가 秦觀(字: 少游)의 꿈을 꾸고 그를 낳았으므로 秦觀의 이름으로서 字를 삼고, 字로서 이름을 삼았다고 한다.[1)]

방옹의 선대에 두드러지는 인물로는 楚人 陸通을 비롯하여 漢初의 名士 陸賈와 唐의 丞相인 陸贄를 들 수 있다. 당나라 말기에 그 선조가 錢塘으로 천거하였다가 宋初에 다시 山陰으로 옮겨와서 농업을 위주로 하며 살았다. 그러다가 고조 陸軫이 進士가 되어 吏部郞中에 이르게 되자 다시 집안을 일으키게 된 것이다. 그 증조 陸珪는 國子博士를 지냈으며, 조부 陸佃은 호가 陶山인데 王安石 門人으로 吏部尙書, 尙書左丞을 지냈고 저술로 『陶山集』을 남겼다. 아버지 陸宰는 朝請大夫 直秘閣을 지냈으며, 어머니 唐氏는 少卿 唐翊의 딸이다.

방옹은 송나라 徽宗 宣和 7년(1125)에 태어났는데, 이때는 송나라가 金의 침공을 받고 臨安으로 遷都(南宋)하기 2년 전이므로, 전쟁의 고통을 체험하면서 성장하게 된다. 후일 그가 抗金救國의 사상을 표방하게 된 것도 이로부터 말미암은 것이다.

「宋史列傳」에 의하면 어릴 때부터 文才가 뛰어나 12세에 門蔭으로 登仕郞의 품계를 받았으며, 29세에 浙江의 漕擧試와 그 이듬해 禮部試 각각 第1人에 들었으나 相臣 秦檜의 시기를 받아 낙방하였다. 秦檜가 죽은 후에 비로소 寧德縣의 主簿가 되었으니 이때가 그의 나이 34세였다. 37세에 樞密院 編修官을 지냈고 그 이듬해 檢討官에 발탁되었으며, 그 후 豫章, 夔州通判을 역임하였다.

방옹은 官人으로서 구국적인 포부를 펴고자 했으나 微官으로 전전하여 뜻을 펼 수 없었으며, 중앙에 발탁되어서도 豪放한 성격으로 인해 탄핵을 받고 파면되기 여러 차례였다. 范成大가 蜀의 장관으로 왔을 때는 방옹이 그의 지우를 받고 參議官이 되었다. 그러나 文字로만 교제하고 禮法에는 구애받지 않았으므로 당시 사람들이 방옹에게 頹放함을 나무라게 되니 그는 스스로 放翁이라 호를 하였다.

만년에 방옹은 고향 山陰으로 돌아와서 주로 전원생활을 하였으며, 1203년에 寶謨閣待制가 되어 渭南伯의 封號를 받았고, 85세가 되던 1209년에 졸하였다.

방옹의 저술로는 長男 陸子虡가 편한 「劒南詩稿」 85卷, 六男 陸子遹이 편한 「渭南文集」 50卷, 그리고「放翁逸稾」 2卷, 「南唐書」 18卷 등이 『陸放翁全集』으로 묶여져서 『四部備要』의 集部에 수록되어 전하며, 이밖에 「老學庵筆記」 1책이 따로 전한다.[2)]

---

1) 李德懋, 『靑莊館全書』「盎葉記」 一, "陸游字務觀 母夢秦少游而生 故名其字 而字其名."

2) 『欽定四庫全書』(臺北, 臺灣商務印書館 1983년 영인본 『文淵閣四庫全書』 1162~1163에 수록)에는 「劒南詩稿」 85卷, 「渭南文集」 50卷, 「放翁逸稾」 2卷, 「放翁詩選」 前集 10권, 後集 8권, 別集 1권 등이 수록되어 있다.

2. 구성

육유의 『명공묘선육방옹시집』은 前集 10권, 後集 8권, 총 18권 1책으로 구성되어 있다. 전집은 澗谷 羅椅(宋)가 選定하였고, 후집은 須溪 劉辰翁(宋: 1234~1297)이 選定[3] 하였다. 계명대학교 동산도서관 소장본은 후집 8권을 1책으로 묶은 것이다.

후집 8권에는 詩 216篇(219首)이 실려 있는데, 전체 작품의 제목을 살펴보면 다음과 같다.

권1 : 〈古詩〉; 「舟中對酒」, 「漁翁」, 「泊公安縣」, 「游合江園戲題」, 「題醉中所作草書卷後」, 「晚過五門」, 「春愁」, 「梅花」, 「和范舍人永康青城道中作」, 「浣溪女」, 「八月十四日夜三叉市觀月」, 「豊橋旅舍作」, 「大雪歌」, 「大風登城」, 「過筰橋道中龍祠小留」, 「遊諸葛武侯書臺」, 「玻瓈江」, 「冬夜聞鴈有感」, 「前有樽酒行」, 「夏夜不寐」

권2 : 〈古詩〉; 「成都行」, 「十月九日與客飮忽記 去年此時 自錦屛歸山南道中小獵今又將去此矣」, 「銅雀妓」, 「得韓無咎書 寄使虜時 宴東都驛中所作小闋」, 「春愁曲」, 「曉歎」, 「苦笋」, 「同何元立賞荷花 懷鏡湖舊遊」, 「秋聲」, 「觀小孤山圖」, 「飮酒」, 「龍眠畵馬」, 「眉州郡讌大醉 中間(道)馳出城 宿石佛寺」, 「樓上醉歌」, 「弋陽縣江上」, 「步虛」, 「草書歌」, 「短歌行」, 「夜聞湖中漁歌」, 「石首縣雨中繫舟短歌」, 「陶山遇雪覺林遷菴主見招不果往赴」

권3 : 〈古詩〉; 「明河篇」, 「對酒」, 「飮酒近村」, 「黃山塔」, 「送三兄赴秦邸」, 「吳娘曲」, 「題少陵畵像」, 「荊州歌」, 「東吳女兒曲」, 「芳草曲」, 「古別離」, 「夜聞松聲有感」, 「滄灘」, 「瞿塘歌」, 「蹋磧」, 「風雨中望峽口諸山奇甚」, 「岳池農家」, 「驛路海棠已過有感」, 「夜登江樓」, 「東山」

권4 : 〈古詩〉; 「西郊尋梅」, 「綿州錄參軍廳 觀楚公畵鷹 少陵爲作詩者」, 「山南行」, 「龍掛」, 「羅趐峽江小酌」, 「雙淸堂夜賦」, 「風月」, 「游東都趙氏園」, 「對酒」, 「郊飮村酒大醉」, 「寒夜遣懷」, 「長門怨」, 「月夕」, 「次韻何元立贈行」, 「醉中懷眉山舊」, 「南軒」, 「舟中聞姑惡」, 「歲暮」, 「五鼓自簇橋入府」, 「古意」

권5 : 〈古詩〉; 「衡門感舊」, 「種桑」,「離家示妻子」, 「夏夜」, 「月夕」, 「夜聞櫓聲」, 「對

3) 위의 책 「放翁詩選」의 後集 8권은 劉辰翁이 選定한 것이다. 그런데 이 책의 각권 卷首題 하단에는 羅椅가 選定한 것으로 잘못 표기되어 있다.

酒」,「夜讀兵書」,「朱子雲園中觀花」,「酒無獨飮理」,「靑山白雲歌」,「聞婆餠焦」

〈七言八句〉;「初發夷陵」,「春殘」,「登于城新樓遍至西園池亭」,「感秋」[4],「絶勝亭」,「謁凌雲大像」,「得梅一枝戱成」,「宿杜氏莊晨起遇雨」,「西樓夕望」,「上元」,「吳體寄張季良」,「醉中登避俗臺」,「自述」,「雨夜」,「秋雨」,「舟中曉賦」,「寄子虛子遵」

권6:〈七言八句〉;「恩除秘書監」,「醉中夜自村市歸」,「病起」,「臨安雨晴」,「初寒」,「馬上」,「黃州」,「哀郢」,「水亭有懷」,「江上」,「聞猿」,「南鄭馬山」,「夜抵葭萌惠照寺寓榻小閣」,「歸次漢中」,「赴成都泛舟 自三泉至益昌 謀以明年下三峽」,「七月一日夜坐舍北水涯」,「新秋感事」,「風雨中過龍洞閣」,「獨游城西諸僧舍」,「過野人家」,「晩興」,「芳華樓夜飮」,「秋思」,「月下」,「書懷」,「舜廟懷古」

권7:〈七言四句〉;「籌筆樓」,「小雨極凉 舟中熟睡至夕」,「冬夜聽雨戱作」(2),「寺樓月夜醉中」,「觀華嚴閣僧齋」,「讀書」,「雜詠」(2),「夜坐」,「文君井」,「記夢」,「江上尋梅」,「看梅歸馬上」,「迎詔書」,「見螢」,「秋夜池上作」,「花時遍遊諸園」,「又」,「春晩感事」,「梅」,「沈園」,「又」,「白樂天詩倦倚繡床 云云」,「鷺」,「湖村月夕」,「軍中雜歌」,「又」,「又」,「無題」,「看梅」(2),「次韻魯山新居」,「宿楓橋」,「重陽」,「霽夜觀月」

권8:〈七言四句〉;「仙魚鋪得仲高書」,「追憶征西幕中事」,「夢中作」,「天竺曉行」,「示兒」,「吳娃曲」,「又」,「又」,「又」,「過江至蕭山縣驛東軒海棠已謝」,「感舊」,「又」,「又」,「過杜浦橋」,「舟中感懷 云云」,「又」,「飮張功父園 戱題扇上」,「春晩」,「卽事」,「園中」,「冬夜聞角聲」,「何家客亭」,「荔枝樓小酌」,「老君洞」,「仙遊閣」,「采蓮」

〈五言八句〉;「舟上夜坐」,「欲行雨未止」,「池亭夜坐」,「小舟過吉澤效王右丞」,「雪霽過千秋觀」,「晨起」,「幽居」,「聞角」,「寄楊濟伯」,「小雨」,「寄張眞父舍人」,「送仲高兄宮學秩滿赴行在」,「夜夢從數客 雨中載酒出遊之長安也」,「統分稻晩歸」,「題江陵村店壁」,「移船」,「鹿門關 過龐士元祠」,「上元前一日」

〈五言四句〉;「早梅」,「病中」,「採菊」

跋: 乙酉(1465)端午後三日… 成任

---

4) 위의 책「放翁詩選」, 後集 卷5에는 이 詩 다음에「早起至江原」이 실려 있는데 이 책에서는 누락되어 있다. 한편 1465년에 전라감영에서 刊行한 木板本에는 이「早起至江原」이 실려 있다.

3. 판본의 성립과 내용

임진왜란 이전에 간행된『명공묘선육방옹시집』의 판본을 조사해보면 지금까지 4종으로 확인되고 있다.

초간본은 전라감영 간본인데, 1465년(세조 11)에 전라도관찰사 成任이 그 僚佐였던 許諆과 함께 간행을 추진하였으나 완성하지 못하고 체직되었으므로, 후임 관찰사 金吉通과 經歷 黃從兄이 간행을 마쳤다. 1465년에 전라감영본을 간행할 당시에 쓴 成任의 발문을 본다.

> 歷代 詩家의 氣格은 한결같지 않다. 豪放한 자는 法度가 적고 刻琢한 자는 綺麗가 乏하니, 스스로 이백과 두보가 아니라면 이 같은 병폐를 면하기가 어렵다. 옛 사람이 육무관(육유)의 시를 논하기를 "검남(육유)의 학은 증다산으로부터 나왔고, 다산의 학은 또한 한자창으로부터 나왔다. 이 三家의 句律은 대개 비슷하나, 방옹에 이르게 되면 호방함이 더해지므로, 육방옹의 시는 대개 호방한 가운데 호방한 것이다."라 하였다. 그러나 그의 시를 보면 流動 發越한 가운데 森嚴 精絶한 工이 있으니 어찌 호방한 자는 법도가 적다고 한 것에 비교하겠는가. 나의 벗 서강중(서거정)은 이 육방옹의 시를 매우 사랑하였다.[5]

이 책으로 추정되는 것이 현재 동국대학교 중앙도서관에 소장되어 있는데, 전·후집 18권 1책으로 구성된 소형본이다.[6] 비슷한 시기에 금속활자인 乙亥字 小字로 찍은 것이 있는데, 전·후집 18권 1책으로 구성된 소형본이다. 현재 성균관대학교 존경각에 소장되어 있다.[7]

목판본의 중간본으로는 16세기 초·중엽에 간행된 것으로 추정되는 판본인데, 현재 계명대 동산도서관과 국립중앙도서관에 각 1종 소장되어 있다. 계명대본은 후집 8권으로 구성된 1책이고 국중본은 당초 전·후집 18권 1책으로 구성되어 있던 것이 낙질이 되어서 남아 있는 것은 전집 1-2권, 후집 1-5권 등 7권 1책의 영본이다.

---

5) 육유,『명공묘선육방옹시집』, 후집, 권말, 成任의 跋文

6) 동국대학교 중앙도서관에 소장(819.14 육67ㅁ)되어 있는 이 책을 살펴보면 序文은 방옹의 손자 陸槩이 지었는데 落張되어 후대에 補寫하였고, 발문은 落張되어 있으며, 板本의 글씨는 趙孟頫의 松雪體이다. 서지사항을 살펴보면 18권 1책에 "四周雙邊, 半郭 19.0×13.0cm, 有界 11行20字, 黑口, 上下內向黑魚尾."로 되어 있다. 1465년에 이 책을 간행한 成任은 2년 뒤에 동생 成侃의 문집인『眞逸遺藁』를 간행하였는데, 판본을 보면 동일한 松雪體에 서지사항도 이 책과 비슷한 "左右雙邊, 半郭 19.4×13.3cm, 有界 11行20字, 黑口, 上下內向黑魚尾."로 되어 있다. 따라서 필자는 동국대 소장본을 成任이 간행한 초간본으로 본다. 한편 이 책과 동일한 판본이 성균관대학교 존경각에도 1책 소장되어 있다.(貴 D03C-0055a) 그러나 훼손이 심하고 낙장이 많아서 전체 18권 가운데 4권 1책만 남아 있다.

7) 이 책의 서지사항을 살펴보면 18권 1책에 "四周單邊, 半郭 20.2×12.2 0cm, 有界 14行16字, 上下內向黑魚尾."로 되어 있고, 청구기호는 貴 D03C-0055 이다.

다음으로 1592년 임진왜란 직전에 간행된 목활자본이 있는데, 후집 8권으로 구성된 1책이며, 현재 계명대 동산도서관에 소장되어 있다. 이 책은 전라감영에서 간행한 것임을 이 책을 찍은 종이의 뒷면에 쓰인 글의 내용에서 확인할 수 있다.[8)]

계명대 동산도서관에 소장되어 있는 중간본과 목활자본은 비록 후집 8권 1책으로 구성된 것이지만 모두가 1465년에 쓴 成任의 발문이 들어 있다.[9)]

魚叔權의 『고사촬요』(1576년)의 전라도 淳昌 '冊板' 條에 의하면 『육방옹시집』의 목판은 전라도 淳昌 한 곳에 藏板된 것으로 기록되어 있다. 『육방옹시집』 목판본이 현재 2종이나 확인되므로 전라감영 초간본이 『고사촬요』에 누락된 것이 분명하다. 따라서 중간본은 순창에서 간행한 것이라고 본다.

한편 후집 8권 1책으로 간행한 계명대 소장본 2종을 살펴보면 초간본에 실려 있는 시 가운데 1수가 누락되어 있고, 시문에 표기된 批點도 생략되어 있다. 또 초간본에 수록된 劉辰翁의 批評語의 경우, 중간본에서는 생략되어 있으나 전라감영의 목활자본에는 그대로 수록되어 있다. 따라서 전라감영 목활자본은 전라감영에서 간행한 초간본의 체재를 따른 것 같다.

육유의 學詩 대상은 杜甫, 陶潛, 李白, 岑參, 白居易 蘇軾 등으로 나타난다. 그리고 직접적인 學詩 연원을 살펴보면 成任이 쓴 발문에서 "韓子蒼(駒) - 曾茶山(幾) - 陸游"로 계승됨을 알 수 있다. 한자창의 스승이 山谷 黃庭堅임을 감안하면 육방옹은 당시 奇想·奇句를 숭상하여 唐詩의 정통을 일탈하였던 江西派의 시풍을 이었다. 그러나 方回의 『瀛奎律髓』를 보면 曾茶山은 "專祖山谷"이라 하였으나, 육방옹은 "出於曾茶山 而不專用江西格"이라 하여 이를 탈피한 사실을 살펴볼 수 있다.[10)]

육방옹의 『검남시고』에 9,195수의 시가 실려 있다. 동시대에 살았던 朱熹는 육방옹의 시에 대하여 방옹은 筆力이 愈健하며, 「柳州」, 「南澗」 등 詩는 氣格이 高遠하고 旨趣가 幽深하며, 「冬日泛舟」의 詩는 句法이 높다고 하였다. 육방옹의 대개의 작품은 그의 學詩 영향에 따라 忠君愛國한 두보의 사상, 豪放한 이백·소식의 풍치, 平淡自然한 도잠·백거이의 풍격이 투영된 것이 많다고 하겠다.

계명대학교 동산도서관에 소장된 『명공묘선육방옹시집』을 중심으로 애국적 志士詩 몇 句를 살펴본다.

死去元知萬事空　죽게 되면 만사가 헛된 것임을 알겠는데
但悲不見九州同　다만 중원 땅의 수복 보지 못함을 슬퍼하노라. -「示兒」

---

8) 인쇄한 종이 이면을 보면 求禮縣監, 海南縣監, 光陽縣監(鄭○) 등 地方官이 전라감영에 보낸 것으로, 시기는 隆慶 5년(1571) ~ 萬曆 3년(1575)의 관문서임을 알 수 있다.(만력 원년의 문서가 대부분임)

9) 成任의 발문의 경우, 목판본에는 卷末에 들어있으나 목활자본에는 卷首에 들어 있다.

10) 方回 編, 『瀛奎律髓』(上海, 掃葉山房, 1922, 石版本), 권4, 5頁 및 권23, 15頁 참조.

放臣萬里憂國淚　쫓겨난 신하는 만리 밖에서 나라걱정에 눈물 흘리고
戍客白首懷鄕情　수자리 사는 이는 백두로서 고향 그리는 정경이네. -「夜聞湖中漁歌」

醉中拂劒光射月　취중에 칼 잡으니 달빛에 비쳐 번득이는데
往往悲歌獨流涕　이따금 들려오는 슬픈 노래 소리에 홀로 눈물 흘리네. -「樓上醉歌」

容身有祿媿滿顔　일신을 용납할 녹봉을 두니 온 얼굴에 부끄럽고
滅賊無期淚橫臆　적을 멸할 기약이 없어 눈물만 줄줄 흘리네. -「曉歎」

平生萬里心　평생 만리에 뻗쳐있는 마음은
執戈王前驅　창을 잡고 임금님 앞에서 적 몰아내는 것이로다. -「夜讀兵書」

諸公可歎善謀身　諸公에게 탄식할만한 것은 제 한 몸 도모하길 잘함이었으니
誤國當時豈一秦　당시에 나라 그르친 사람이 秦檜 한 사람 뿐이겠는가.[11)]

이처럼 비분강개한 모습이 시 작품에 투영되어 있어서 그의 門人인 鄭師尹은 육방옹의 시에 대하여 "忠憤感激 憂思深遠 一念不忘君"[12)]이라 평하였다.

4. 가치

成任은 방옹의 시가 매우 호방하였다고 하였다. "그의 시를 보면 流動 發越한 가운데 森嚴 精絶한 工이 있으니 어찌 호방한 자는 법도가 적다고 한 것에 비교하겠는가."라고 평하면서 나의 벗 徐剛中(徐居正)이 육방옹의 시를 매우 사랑했다고 하였다. 서거정은 조선전기의 詩壇을 대표하는 시인이었으므로, 당시 四佳를 주축으로 한 문인들이 육방옹시에 대해 주목한 것이라고 하겠다. 이러한 영향에 힘입어 『명공묘선육방옹시집』이 이미 임진왜란 이전에 목판본 2종, 을해자본, 목활자본 등 4종이 간행되었다.

조선시대 문인들을 중심으로 육방옹시를 수용한 자를 살펴보면 전기에는 위에서 언급한 서거정, 성임, 김길통, 허선, 황종형 외에 金時習, 李陸, 曺偉, 沈守慶, 安瀚 등을 들 수 있고, 중기에는 申之悌, 任相元, 金昌協, 金昌翕, 金昌業, 李宜顯, 申維翰, 李秉淵, 崔天翼 등을 들 수 있다. 후기에 오면 正祖 命編의 『御定杜陸千選』(丁酉字本) 8권 4책, 考文館 奉敎彙編의 『陸律分韻』 39권 13책(生生字本) 등이 간행되었으므로 육방옹의 시를 두보의 시와 함께 學詩의 正則으로 삼게 된 것이다. 이 점은 『육방옹시집』의 필사

11) 이 시는 陸游의 「劒南詩稿」(『文淵閣四庫全書』), 권45, 14頁, 「追感往事」에 나오는 句節이다.
12) 위의 책 卷首의 鄭師尹 撰 序文 참조.

본이 지금까지 많이 전해지고 있는 사실에서도 알 수 있다. 이러한 영향에 힘입어 후기에 육방옹 시를 수용한 문인을 살펴보면 李彦瑱, 申緯, 洪奭周, 丁若鏞, 李明五, 朴齊家, 李德懋, 李書九, 趙秀三, 李學逵, 黃玹, 朴文逵 등을 들 수 있다. 이처럼 육방옹의 詩가 조선 시대 문인들에게 끼친 영향은 실로 컸던 것이다.

동산도서관 소장본은 임란 이전에 순창에서 간행한 것으로 추정되는 목판본이며, 卷首題 하단에 '東皐散人'과 '趙氏穆士敬章'이 날인되어 있다.[13] 따라서 이 책은 東皐散人 趙穆(1524~1606)의 수택본이라 하겠다. 이처럼 육방옹의 시집은 조선 중기의 유학자들 사이에서도 많이 읽혀졌던 것으로 짐작할 수 있다.

육유의 『명공묘선육방옹시집』은 조선시대의 문인, 학자들이 주목하였으므로, 육방옹 시풍 전반을 구명하는 데 일조할 수 있는 가치 있는 자료라 할 것이다.

【張仁鎭】

[색인어]

陸游, 『名公妙選陸放翁詩集』, 後集 8卷 1冊, 劉辰翁 選, 成任 跋, 壬亂 以前 刊, 異本 4種, 東皐散人 趙穆 手澤本.

[참고문헌]

· 羅椅·劉辰翁 選, 『名公妙選陸放翁詩集』(목판본, 전라감영), 前·後集 18권1책, 동국대학교 중앙도서관 소장본.
· 劉辰翁 選, 『名公妙選陸放翁詩集』(목활자본, 전라감영), 후집 8권1책, 계명대학교 동산도서관 소장본
· 陸游, 「劒南詩稿」(『文淵閣四庫全書』 1162~1163, 臺灣商務印書館, 1983, 영인본)
· 方回 編, 『瀛奎律髓』(上海, 掃葉山房, 1922, 石版本)
· 張仁鎭, 「朝鮮朝 文人의 陸放翁詩 受容에 대하여」(『한문학연구』, 6집 계명한문학회, 1990.4)

13) 이 책 표지 뒷면에 원형의 도장이 찍혀 있던 것을 후대 사람이 칼로 도려낸 흔적이 남아있다. 도려낸 자국에는 '月川書堂'이란 인장이 찍혀 있었다고 본다.(月川 手澤本의 他書에서 참조함)

西原世稿

鄭誧, 鄭樞 等 著, 鄭逑(1543~1620) 編.

목판본 8권 2책. 1607년경 刊.
四周雙邊, 有界, 半葉 11行19字. 註雙行.
上下二葉花紋魚尾. 半郭 21.5×17.2cm.

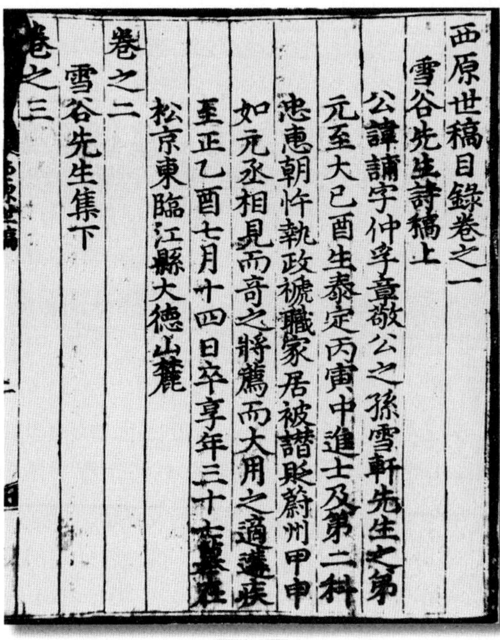

西原世稿目錄卷之一
雪谷先生詩稿上
公諱誧字仲孚章敬公之孫雪軒先生之第
元至大己酉生泰定丙寅中進士及第二科
忠惠朝忤執政褫職家居被譖貶蔚州甲申
如元丞相見而奇之將薦而大用之適遘疾
至正乙酉七月廿四日卒享年三十七葬在
松京東臨江縣大德山麓

卷之二
雪谷先生集下
卷之三

서원세고

1. 저자

鄭誧(1309~1345)의 字는 仲孚이고 號는 雪谷이며 본관은 淸州이다. 都僉議贊成事 鄭瑎의 손자이며 淸河君 鄭憤의 아들이다. 1326년(충숙왕 13) 과거에 급제하였고, 얼마 뒤 예문수찬으로 원나라에 表를 올리러 가다가 마침 원나라에서 귀국 중이던 충숙왕을 배알하게 되어 총애를 받게 되었다. 충혜왕 때 典理摠郎에서 左司諫大夫가 되었으나, 당시의 잘못된 정치를 바로잡고자 상소하였다가 도리어 파면 당하였다. 이때 어떤 이가 정포가 원나라로 망명하려 한다는 참언을 하여 끝내 蔚州로 유배당하였다. 유배 중에도 오히려 태연자약하여 활달한 장부의 기질을 잊지 않고 풍류생활을 즐겼다. 유배에서 풀려나자 다시 출세의 의지를 가지고 원나라에 건너갔으며, 원나라 승상인 別哥不花가 그를 한 번 보고 호감을 가지게 되어 원나라 임금에게 추천하였으나, 그 뒤 얼마 안 되어 37세의 나이로 죽었다. 崔瀣의 문인으로 李穀 등과 사귀며 시문과 글씨에 뛰어난 재능을 보였다.

鄭樞(1333~1382)의 字는 公權이고 號는 圓齋이며 본관은 淸州이다. 조부는 淸河君 鄭憤이고 아버지는 雪谷 鄭誧이다. 1353년(공민왕 2) 益齋 李齊賢을 知貢擧로 한 과거에 급제한 이후 藝文檢閱 및 여러 관직을 거쳐 左司議大夫에 올랐다. 1366년(공민왕 15)에 인척인 李存吾와 함께 辛旽의 죄를 탄핵하다가 도리어 큰 고초를 당하였다. 신돈은 반대파 숙청을 위한 무고의 기회로 삼으려 거짓 자백을 강요했으나 정추는 폭압적 문초에도 굴하지 않았다. 다행히 李穡의 구원으로 죽음을 면하고 東萊縣令으로 좌천되었다가 1371년(공민왕 20) 신돈이 제거된 후 다시 左諫議大夫로 발탁되었다. 이어 成均館大司成을 거쳐 政堂文學에 임명되었다가 고려 멸망 10년 전인 1382년에 病死하였다. 정추의 학문적 연원은 李齊賢에 잇닿아 있다. 그는 문생으로서 "어릴 때부터 櫟翁을 공경하며 섬겼다"고 하였는데, 당대의 병폐를 바로잡고 새로운 문풍을 진작시키려 했던 益齋의 사상과 문학은 그에게 큰 영향을 미쳤다. 그는 李穡과 돈독한 교유관계를 유지하였는데, 이러한 관계는 선대의 인연을 이은 것으로 鄭誧와 李穀 역시 돈독한 교류가 있었다. 그들은 정치적 신뢰를 바탕으로 수십 년간을 교류하였는데, 시적 교류 역시 왕성하여 그들의 시문집에는 서로 화운한 시편이 상당수에 이른다. 『高麗史列傳』에 "항상 권간들이 나라의 정치를 좌우하는 것을 미워하고 분개하여 마음에 불평을 가지고 있다가 등창이 나서 죽었다."고 기술되어 있듯이, 정추는 당시 국권을 전횡하며 사회악을 빚어내던 권문세족 및 附元輩와 대립하던 전형적인 여말 사대부였다. 저서로 『圓齋集』이 전한다. 『圓齋集』이라는 書名은 변화를 이치상 당연한 것으로 간주하여 이를 실현하고자 한 정추의 세계관이 반영된 것이다. 그는 고착화된 상태를 부정해야만 변화가 가능하며, 마치 수레바퀴처럼 둥글어야 장애를 돌파하며 전진할 수 있다고 여겼다.

鄭摠(1358~1397)의 字는 曼碩이고 號는 復齋이며 본관은 淸州이다. 政堂文學 鄭樞의 아들이며 조선개국공신 鄭擢의 형이다. 1376년(우왕 2) 문과에 장원급제하여 19세로 춘추관검열이 되었다가, 대간·응교·사예를 거쳐 대호군에 이르렀고, 1389년(공양왕 1) 병조판서에 승진되었으며, 1391년 이조판서를 거쳐 정당문학에 이르렀다. 당시 중국에 보낸 表箋文은 대부분 그가 지었다. 1394년(태조 3) 정당문학이 되었다가, 다시 예문춘추관태학사가 되어 鄭道傳과 같이 『高麗史』를 편찬하고 그 서문을 썼다. 1395년 태조 이성계의 誥命 및 印信을 줄 것을 청하러 명나라에 사신으로 파견되었다가, 때마침 명나라에 보낸 表箋文이 불손하다 하여 명나라 황제에게 트집잡혀 大理衛에 유배 도중 죽었다. 저서로 『復齋集』이 있다. 『復齋集』이라는 書名은 『周易』 復卦에 근거한 그의 齋號에서 비롯한 것으로 당대의 정세에서 儒者로서의 올바른 처신에 대한 고민을 반영한 것이라고 추측해 볼 수 있다. 시호는 文愍이다.

鄭瑎(1254~1305)의 字는 晦之이고 初名은 玄繼이며 본관은 淸州이다. 大將軍 鄭顗의 손자이다. 외유내강의 성품으로 "마음은 너그럽고 조용하나 일에는 민첩하고 용감하다"는 평을 들었다. 시호는 章敬이다.

鄭頫(?~1359)의 字는 思謙이고 號는 雪軒이며 본관은 淸州이다. 都僉議贊成事 鄭瑎의 손자이며 淸河君 憤의 아들이고 鄭誧의 형이다. 시호는 文克이다.

鄭擢(1363~1423)의 字는 汝魁·榮隱이고 號는 春谷이며 본관은 淸州이다. 政堂文學 樞의 셋째 아들이다. 시호는 翼景이다.

鄭孝文은 文愍公 摠의 長子로 관직은 判黃州牧事에 이르렀다.

鄭柑은 政堂文學 樞의 손자로 관직은 奉常少尹에 이르렀다.

鄭永通은 文愍公 摠의 증손자이다.

2. 구성

乾·坤 8권 2책으로 구성되어 있다. 乾冊은 권1~권5이고 坤冊은 권6~권8이다. 맨 앞에는 西原世稿譜系之圖와 西原世稿目錄이 실려 있다.

1) 西原世稿卷之一

卷1은 『雪谷先生集』上이다. 전체 19장이고, 卷首에 李齊賢과 李穡의 序文이 있다. 가장 먼저 실린 작품은 「舟行」이고, 그 뒤에는 창작 시기 순서에 따라 모두 61題가 실려 있다.

2) 西原世稿卷之二

卷2는 『雪谷先生集』下이다. 전체 18장이고, 맨 앞에 실린 「西江雜興」을 비롯하여 모두 44題가 창작 시기 순서에 따라 실려 있다. 卷尾에 李邦翰이 쓴 初刊 跋文이 붙어 있다.

3) 西原世稿卷之三

卷3은 『圓齋先生集』上이다. 전체 30장이고, 卷首에 權近이 쓴 文集 序文과 河崙이 쓴 詩集 序文이 실려 있다. 「遣懷用先大夫集中韻」을 비롯하여 123題가 창작 시기 순서에 따라 실려 있다.

4) 西原世稿卷之四

卷4는 『圓齋先生集』中이다. 전체 28장이고, 맨 앞에 실린 「東萊卽事」를 비롯하여 116題가 창작 시기 순서에 따라 실려 있다.

5) 西原世稿卷之五

卷5는 『圓齋先生集』下이며, 전체 9장이다. 銘箴 5편, 賦 1편, 冊文 4편, 牋 3편, 疏 6편이 실려 있다. 卷尾에 1418년에 쓴 寧越郡事 許衡의 跋이 실려 있다.

6) 西原世稿卷之六

卷6은 『復齋集』上이다. 전체 33장이고, 卷首에 安崇善의 序文이 있다. 가장 먼저 실린 작품은 「應製」이고, 대략 시체별로 모두 150題가 실려 있다.

7) 西原世稿卷之七

卷7은 『復齋集』下이다. 전체 30장이고, 文이 실려 있다. 序 4편, 記 2편, 敎書 8편, 批答 2편, 冊文 3편, 碑銘 1편, 表箋 14편, 祭文 4편, 樂章 2편, 歌謠 1편, 疏 5편이 실려 있다. 卷尾에 皇甫良이 지은 跋文이 붙어 있다.

8) 西原世稿卷之八

卷8은 拾遺와 附錄으로 전체 7장이다.

3. 내용

卷1에는 鄭誧의 仕宦期에 창작된 작품들이 실려 있다. 구체적인 시기는 충숙왕 13년(1326)~충혜왕 복위 2년(1341)으로 鄭誧의 나이 18세~33세에 해당하는 때이다. 이 시기에 지어진 작품들은 「送羅州倅南大藩之官」, 「次韻示同里諸君」, 「送人赴都」, 「贈李天覺」, 「復用前韻」, 「戲陽坡」 등 儒者로서 나라의 혼란함에 대한 근심과 부패한 사회에 대한 비판, 宦路에 대한 갈등을 표현한 것과 「舟行」, 「漢陽途中」, 「惠陰院途中」, 「江口」 등 순수 敍景으로서의 자연에 대해 읊은 것이 주를 이룬다.

卷2에는 정포가 流配期에 蔚州와 福州에서 지은 작품들과 만년에 중국에서 창작한 작품들이 실려 있다. 구체적인 시기는 충혜왕 복위 3년(1342)~충목왕 1년(1345)으로 이 시기는 鄭誧의 나이 34세~37세에 해당하는 때이다. 卷2 처음부터 「癸未冬北還題廣州草坪莊」까지가 蔚州와 福州 유배기에 지어진 작품들이고, 그 뒤 「奉表將之燕都黃崖嶺道中」부터 나머지 5수는 유배에서 풀려나서 연경에서 죽기 전까지 지어진 작품들이다. 유배기 작품들 가운데에는 「題蔚州官舍壁」, 「寄松京諸友人」, 「次韻家兄思謙見寄」 등과 같이 정치현실에서 소외된 불우한 자아의 형상을 표현한 것이 주를 이룬다. 이 외에 「蔚州八景」, 「東萊雜詩」 등 자연 속에서의 自樂의 정서를 형상화한 것과 「梅花用思謙兄韻」, 「梅」 등 자연물에 자아를 투영시켜 혼란한 시대적 상황 속에서 은거자로서 처세하는 자신의 모습을 상징적으로 형상화한 것도 있다. 이 가운데 「蔚州八景」은 詞體로서 『輿地勝覽』에도 실려 있다. 文은 表 2편, 藝文修製 10편, 序 1편이 실려 있다. 鄭誧의 시에서 주목할 만한 점은 李穡이 「雪谷詩稿序」에서 그의 시를 "맑아도 苦孤하지 않고 화려해도 음탕하지 않아, 辭氣가 우아하고 심원하여 저속한 글자를 하나도 쓰지 않았다." 하여 높은 수준의 詩境을 성취한 것으로 평가한 것처럼, 平澹한 시어 속에 깊은 뜻을 담고 있는 것이다.

卷3에는 鄭樞가 20대 초반부터 1366년(나이 34세) 東萊縣令으로 좌천되어 나갈 때까지 창작한 詩 122題가 창작 시기 순서대로 실려 있다. 맨 앞에 실린 「遺懷」는 先君 鄭誧의 『雪谷集』안의 韻을 써서 지은 것으로 尊親의 뜻을 나타낸 것이다. 1361년 홍건적의 개경 함락으로 인해 御駕를 호종하는 도중에 머물렀던 福州·尙州·淸州 등지에서 지은 詩가 많으며, 1364년(나이 32세) 지방관으로서 關東地方을 여행할 때 지은 시들 가운데는 雄豪한 기상을 느낄 수 있는 것들이 많다. 1366년 東萊로 좌천되어 가는 도중에 웅천을 지나며 지은 「過熊川」에는 암울한 현실 속에서의 올바른 처세에 대한 고민을 담았다. 젊은 시절 창작된 작품들에는 주로 현실을 음험한 것으로 인식하고 그러한 현실을 초월하고자 하는 의지가 웅호한 기세에 실려 표출되고 있다.

卷4에는 1366년~1371년에 걸친 유배시기와 만년에 창작된 鄭樞의 시 115題가 창작

시기 순서대로 실려 있다. 만년의 작품에는 「病中感懷寄呈韓山君」, 「次韻張春州書懷」 등 자연물을 비롯한 세상의 모든 현상을 자연의 理法에 따른 변화로 인식하고 자신 또한 본성대로 自如한 삶을 살아갈 것을 希求하는 면모가 드러난다. 李穡은 정추의 시를 '雄贍'하다고 평하였고, 權近은 이를 부연하여 "氣雄而詞贍, 淸高而瀏亮"이라 하였다. 그의 개성적인 기질과 시의 특질을 아우른 평어로서, 원대하고 강직한 성품으로부터 표출된 시상이 풍부하고 다채로운 시어의 운용을 통해 잘 표현되었음을 말한 것이다.

卷5에는 정추가 창작한 銘箴 5편, 賦 1편, 冊文 4편, 牋 3편, 疏 6편이 실려 있다. 銘箴에는 陶隱 李崇仁을 위해 지은 「觀物齋箴」을 비롯하여 저자 자신의 自號銘인 「圓齋銘」 등이 있는데, 그중 4편이 『東文選』에 실려 있다. 「六友堂賦」는 惕若齋 金九容이 驪江에 귀양와서 세운 亭子인 六友堂에 대하여 지은 것으로 『輿地勝覽』 驪州牧 條에 全文이 실려 있다. 冊文은 王后에게 尊謚를 더하는 冊文으로 3편 모두 『東文選』에 실려 있다. 牋은 「賀天秋牋」 2편과 「奇皇后受冊賀太子牋」이다. 疏는 「太祖神聖王忌晨齋疏」, 「華嚴三昧懺法席疏」 등 모두 忌晨齋와 불교의 교리에 관한 것이다.

卷6에는 鄭摠이 창작한 150題의 시가 詩體別로 수록되어 있다. 창작 시기는 주로 과거에 급제하여 관리생활을 시작한 1376년으로부터 1395년 명나라에 印信과 誥命을 청하러 갔다가 그곳에 억류되어 있을 때까지이다. 「聞倭賊侵楊廣道州郡」, 「丙寅十二月二十日書事」, 「木州途中」, 「戊辰四月十四日赴西都行在金郊驛途中作」 등 내우외환으로 도탄에 빠진 민생의 참상과 암울한 정치 현실에 대한 불만을 형상화한 것과 「晩晴」, 「次金狀元子粹詩韻」, 「冬至日次鄭三峯韻」 등 혼란한 현실에서의 올바른 처신에 대한 고민을 형상화한 것이 주를 이룬다. 「金陵卽事」, 「無題」, 「聽歌」 등은 사신으로 가서 억류되어 있는 처량한 처지에 대한 감회를 읊은 것이다. 鄭摠 시의 특징은 安崇善이 序文에서 언급하였듯이 질박하나 속되지 않은 표현 속에 자신의 정회를 토로하고 있다는 것과 詩風格이 淸新하고 浩澣하다는 것이다.

卷7에는 鄭摠이 지은 序, 記, 敎書, 表箋, 碑銘, 樂章, 疏 등의 文이 실려 있다. 『朝鮮經國典序』와 『經濟文鑑序』에는 조선을 개국하는 과정에서 새로운 법전이 효율적으로 시행되기를 바라는 염원을 담았다. 記文에는 信州守와 宋居中의 부탁으로 지어 준 「信州鄕校記」와 朴子安이 강화도에 부임하여 이룬 치적을 기록한 「江華立寶記」가 실려 있다. 교서 중에는 金方慶의 공을 기려 후손 金士安에게 내리는 교서를 비롯하여 정몽주가 排佛崇儒하여 王道를 실현하려 했던 공로를 치하하는 「敎門下贊成事鄭夢周書」, 공양왕 3년 천재지변으로 인해 의견을 구하는 「求言敎」 등이 있다. 碑銘으로 태조의 父인 桓祖 李子春의 定陵碑가 있으며, 「本命星醮祭文」 등 3편의 제문은 醮祭文으로서 고려시대 도교풍속에 관련된 글이다. 「王大妃封崇豐安樂章」과 「國大妃封崇豐安樂章」은 고려시대 음악을 알려주는 자료이다. 「天變地怪消災道場疏」와 「乙亥年王和寺行水陸齋疏」는 천재지변을 막기 위해 하늘에 기원하는 인간의 염원을 잘 담고 있다.

卷8에는 鄭琣의 詩 3題, 鄭頫의 詩 1題, 鄭擢의 詩 7題, 鄭孝文의 詩 1題, 鄭柟의 詩 1題, 鄭永通의 詩 2題가 수록되어 있다. 鄭柟과 鄭永通의 詩가 실려 있는 부분은 판심에 '附錄'이라는 표기가 있다.

4. 서지적 특성 및 가치

현재 성암고서박물관에 소장되어 있는 『雪谷集』은 저자의 아들 鄭樞가 모아 1361년경 前·後集 2권으로 편집한 후에 李齊賢·李穡의 序文을 받고, 이것을 1376년 安東都護府使인 李邦翰에게 부탁하여 2권 1책의 목판으로 간행한 것이다. 이 해제본은 그 후 8대손 鄭逑가 저자 외에 鄭樞, 손자 鄭摠의 文集과 조부 鄭琣를 비롯하여 후손들의 시문을 合編하여 1607년경 『西原世稿』로 간행한 중간본이다.

현재 고려대학교 중앙도서관 만송문고에 소장되어 있는 『圓齋藁』는 저자의 아들 鄭擢이 수집·정리하여 1418년 寧越에서 목판으로 간행한 초간본이다. 鄭擢은 1405년과 1406년에 각각 權近과 河崙에게 序를 받고, 1418년에 강원감사 洪汝方에게 문집 간행을 부탁하였다. 이에 홍여방이 영월군수 許衡으로 하여금 간행하도록 하여 이 문집이 간행되었다. 이 초간본은 上卷 제14~17板과 中卷 9~12판 부분이 落張되어 있고, 자획이 刓缺되어 있는 곳이 많다. 이 해제본은 그 후 1607년경 8대손 鄭逑가 雪谷 鄭誧 · 圓齋 鄭樞·復齋 鄭摠의 祖·子·孫 3대의 문집을 合集하여 8권의 『西原世稿』로 간행한 중간본이다.

현재 澗松미술관에 소장되어 있는 『復齋集』은 저자의 仲子인 鄭孝忠이 蒐集·編次하고 강원도 관찰사 李先齊·都事 鄭浩然·襄陽府使 皇甫良의 도움으로 1446년 양양에서 목판으로 간행한 초간본이다. 현재 국내에는 전하지 않으며 日本 內閣文庫에 소장되어 있는 『復齋集』은 저자의 동생인 鄭擢의 『春谷集』과 아들인 鄭孝文의 『判牧公集』, 曾孫인 鄭永通의 『寺正公集』을 함께 附集하여 후손 鄭崐壽가 1585년 原州에서 木板으로 간행한 중간본이다. 중간본에는 初刊 때의 安崇善의 序가 없고, 자획이 刓缺된 곳이 부분적으로 보인다. 이 해제본은 1607년에 8대손 鄭逑가 鄭誧의 『雪谷集』·鄭樞의 『圓齋集』과 合集하여 『西原世稿』로 간행한 것이다.

해제본의 각 판본은 缺字와 落張된 부분이 없고 글자가 선명하여 문집의 完整한 형태를 파악하기에 좋은 자료이다. 아울러 鄭誧, 鄭樞, 鄭摠 등을 비롯한 西原 鄭氏 문학에 대한 통시적인 고찰을 통해 고려후기 사대부 문인들의 문학 세계를 조명하는 데에 일정한 기여를 할 수 있는 자료라고 할 수 있다.

【김진경】

[색인어]

雪谷 鄭誧, 圓齋 鄭樞, 復齋 鄭摠, 淸州鄭氏, 西原世稿, 鄭述 編.

[참고문헌]

· 『雪谷集』(『韓國文集叢刊』3, 민족문화추진회, 1990)
· 『圓齋藁』(『韓國文集叢刊』6, 민족문화추진회, 1990)
· 『復齋集』(『韓國文集叢刊』7, 민족문화추진회, 1990)
· 『韓國文集叢刊解題』1(민족문화추진회, 1991)
· 裵珠姸, 「雪谷 鄭誧의 詩文學 硏究」(이화여자대학교 석사학위논문, 1998)
· 김진경, 「圓齋 鄭樞 詩世界 硏究」(『한문교육연구』20, 한국한문교육학회, 2003)
· 李炫知, 「復齋 鄭摠의 삶과 시세계」(『대동한문학』19, 대동한문학회, 2003)

松穆館集

李彦瑱(1740~1766) 著. 金奭準(1831~1915) 編.

中國木板本 2卷1冊. 1860(哲宗11).
四周雙邊, 半郭 17.2×11.0cm, 有界, 9行21字,
上黑魚尾 ; 22.8×14.5cm. 中國紙.
序 : 李用休
跋 : 庚申(1860) 李尙迪
卷末: "金奭準校輯 紅藥樓藏板"

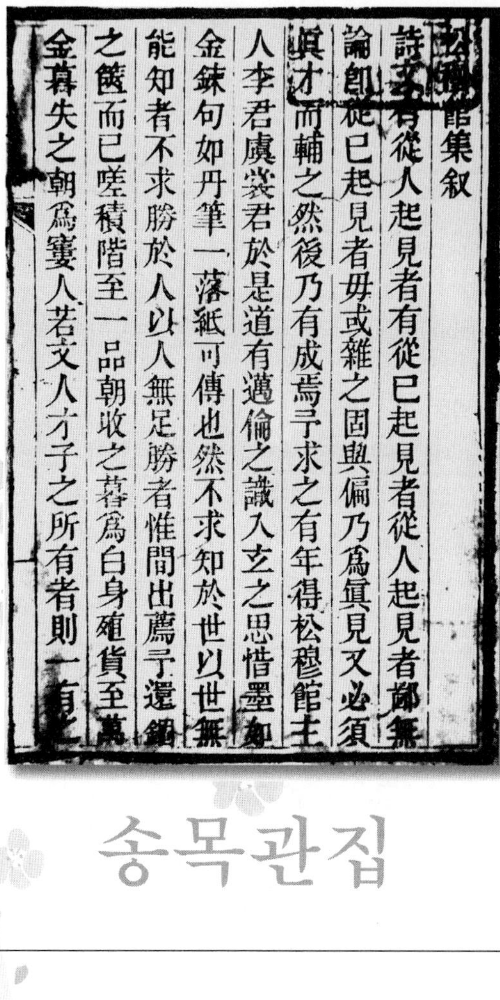
松穆館集叙
詩文有從人起見者有從已起見者從人起見者都無
論即從已起見者毋或雜之固與偏乃爲眞見又必須
眞才而輔之然後乃有成焉予求之有年得松穆館主
人李君虞裳君於是道有邁倫之識入玄之思惜墨如
金鍊句如丹筆一落紙可傳也然不求知於世以世無
能知者不求勝於人以人無足勝者惟間出薦予還錮
之篋而已嗟積階至一品朝收之暮爲白身殖貨至萬
金暮失之朝爲窶人若文人才子之所有者則一有之

송목관집

1. 저자

李彦瑱(1740~1766)의 一名은 湘藻, 본관은 江陽, 자는 虞裳, 호는 松穆館·滄起·雲我 등이다. 惠寰 李用休(1708~1782)의 애제자로 1759년(영조 35) 譯科에 합격하였다. 1763년 계미년 通信使行에 漢學押物通事로 동행하였다. 어려서부터 총기를 떨쳤으며 특히 詩文과 글씨에 능했다. 일본에 갔을 때도 文章으로 일본인들의 칭송을 크게 받았다고 한다. 27세로 요절했다.

2. 구성

이언진의 시집으로는 이상적·김석준에 의해 1860년 중국에서 목판으로 간행된 『松穆館集』(본 해제 대상임)과 같은 해 이언진의 손자 李鎭命과 宗人 李慶民 등에 의해 조선에서 목활자로 간행된 『松穆館燼餘稿』 두 종이 있다. 후자의 경우 일찍부터 『여항문학총서』(여강출판사), 민족문화추진회 한국문집총간 등에 영인 수록되어 잘 알려져 왔고 연구에 이용되었으나, 중국본의 경우 최근에야 알려졌다.[1] 후술하겠지만 이 두 종의 책은 동시기에 간행되었으면서도 저본이라든가 간행 주도자 등이 전혀 다른, 서로 다른 경로로 간행된 것이다.

조선 목활자본은 상세한 해제[2]가 있기는 하나 본 해제 대상인 중국목판본과 대비하여 간략히 기술하도록 한다.

조선 목활자본 『松穆館燼餘稿』[3]는 이언진이 스스로 詩稿를 불태운 것을 그 아내가 타다남은 일부를 수습해 일부 작품이 전한 때문에 제목이 이렇게 붙은 것이라고 한다. 앞에 李用休의 序가 있고 박지원의 「이우상전」이 本傳一로, 김조순의 것이 本傳二로 실려 있고, 이덕무의 『淸脾錄』 내 '이우상'조가 나란히 실려 있다. 詩는 총 46제 296수가 실려 있다(五言古詩 3제 3수, 七言古詩 3제 3수, 五言律詩 2제 32수, 七言律詩 4제 12수, 五言絶句 12제 23수, 七言絶句 19제 43수, 六言絶句 3제 180수). 이외에 贊 2편(「畵像自題」, 「二陽贊」), 銘 1편(「硯滴銘」), 尺牘 2편(「寄弟殷美」)이 수록되어 있다. 끝에 金鏽

1) 김영진, 「조선후기 중국사행과 서책문화」, 『연행의 사회사』, 경기문화재단, 2005/(개정고) 『19세기 조선지식인의 문화지형도』, 한양대출판부, 2006.

2) 민족문화추진회 한국문집총간 해제.

3) 半葉 9행20자, 半郭 20.6×14.8, 총53板. 같은 해 동일 목활자본으로 여항시인 유기(1807~1859)의 『史逋詩集』도 간행된 바 『송목관신여고』와 『사포시집』의 마지막장 좌측 하단에 '五官外具文眼, 百病中無錢癖'이라는 이언진의 「衕衚居室」에 나오는 유명한 싯귀가 '한장인(閑章印)'으로 찍혀 있다. 이 인장은 목활자본 『송목관신여고』에 전부 찍힌 것으로 보아 출판 당시 출판업자가 찍은 것이 분명하다.

의 跋과 張之琬의 題後(1860년)가 있다.

이제 중국에서 목판으로 간행된 『松穆館集』[4]을 살펴본다. 이 중국본은 계명대 외에 고려대 육당문고, 서울대 규장각 일사문고, 국립중앙도서관 위창문고, 영남대 동빈문고, 하버드대, 개인(수경실) 등에 소장되어 있다. 대부분 中國紙이나 육당문고본처럼 楮紙로 된 것도 있다.[5] 구성 및 작품 총목차는 다음과 같다.

봉면지 '松穆館集'(咸豊十年十月 善州金奭準署)
「松穆館集敍」(李用休)
「輓李虞裳」(李用休)
「李虞裳先生傳」(李尙迪)
松穆館集 卷上: 「山寺題壁」, 「擬古田家四時詞」, 「墨竹」, 「燈」, 「余八月踰嶺觸目田園皆詩中境也馬上口占」, 「客中秋夕」, 「祭海神」, 「壹岐島」, 「海覽篇」, 「壹陽舟中念惠寰老師言」, 「柮以自取適耳」, 「日本途中所見」, 「贈選悉齋吉野連尋遂」, 「陽明窓蟬聲滿樹」, 「無題」, 「阿母」, 「村家」, 「衕衚居室」, 「自咏」, 「新年」, 「窓光」
松穆館集 卷下: 「二楊贊」 ,「硯滴銘」, 「寄弟股美書」
「跋」(李尙迪)

스승 이용휴의 「序」 및 「挽詩」(오언절구 10수)가 앞에 있고, 史傳 集句式으로 만든 독특한 형식의 李尙迪의 「李虞裳先生傳」[6]이 있다. 卷上에는 시 총 21제 96수(5언고시 2제 2수, 7언고시 3제 3수, 5언율시 2제 32수, 7언율시 2제 3수, 5언절구 3제 8수, 7언절구 7제 18수, 6언절구 2제 30수)가 창작 연대순으로 배열되어 있다. 조선 목활자본에 비하면 수록된 작품 수는 ⅓ 가량밖에 되지 않는다. 卷下에는 贊·銘·書, 「跋」(이상적)이 실렸다. 끝에 "金奭準校輯 紅藥樓藏板"이라는 간기가 있다. 이 책의 간행을 주도한 김석준(1831~1915)은 역관으로 바로 이상적의 제자이다. 시와 서예에 이름이 있었고[7] 특히 이 시기 출판과 관련하여 중요한 역할을 하였다.[8]

---

4) 2권1책(24장), 9행21자, 반곽 17.7×11.5cm, 청 孔憲彝 題簽.

5) 『송목관집』에 실린 「衕衚居室」 제3수 싯귀에는 '打麥'으로 된 것이 있고(계명대본 등), '打乖'로 고쳐진 것(육당문고본)이 있다. 이를 보면 板木 자체도 국내로 가지고 들어와 수정판을 찍은 것으로 추정된다. 고려대 육당문고본은 종이가 楮紙에, 표지 장황도 완전히 우리 식으로 되어 있다.

6) 李尙迪의 『恩誦堂續集』 권2에 수록된 것과 거의 동일 板임. 『송목관집』은 『은송당속집』이 간행된 직후인 1860년 무렵 간행되었음.

7) 시집으로 『紅藥樓詩初集』(활자본), 『懷人詩錄』(활자본), 『續懷人詩錄』(필사본, 국립 위창문고)이 전한다.(『여항문학총서』 5에 모두 수록됨) 최근에는 시집 『硏白堂初集』(필사본 1책)에 이어 문집(필사본 1책)도 발굴되었다.

8) 1860년 『송목관집』을 북경에서 간행하였고, 1867년엔 자신이 포함된 역관 6인(이용숙, 강해수, 김병선, 김석준, 변원규, 최성학)의 시선집 『海客詩抄』를 편찬하였고(마무리는 최성학이 함. 이 책은 하버드대, 산동성도

3. 내용

이언진의 시는 조선 목활자본의 김숙 跋文에 "詩文이 前人의 것을 蹈襲하지 않고 오로지 자기 자신에게서 나온 경우를 나는 이언진에게서 보았다"고 한 것처럼 최대 특장은 '독창성'이고 그것은 '破格'과 '奇異'의 특징을 갖는다. 그의 대표작이라 할 수 있는 「衕衚居室」은 6언절구 157수의 연작시(본 해제 대상에는 20수만 실렸음)인데 6언시란 이색적인 형식 자체가 이미 그렇거니와 파격적인 발상과 비유, 詩語로는 금기시했던 語錄體의 사용, 佛·道를 넘나드는 사상적 분방성 등 기존 한시의 전통을 파괴하고 그만의 독특한 세계를 구축하였다. '동호'라는 것은 여항이란 의미로 서울의 평민들이 사는 거리를 말한다. 이언진 자신이 여항에 거처하면서 보고 듣고 느낀 일련의 것들을 시화한 것이다. 오언고시 「祭海神」, 「海覽篇」은 1763년 일본 사행을 가면서 지은 것들로 그 여정 또는 이국 풍물을 담은 것으로 박지원의 「이우상전」에도 特記되었던 것인데 매우 과장적이면서도 奇怪한 느낌을 준다.

4. 가치

본서는 아직 학계에 잘 알려지지 못해 널리 이용되지 못하고 있다. 그를 흠모하는 후배 역관들에 의해 중국에서까지 간행되었다는 사실 자체만으로도 이언진이 후배 문인들에게 끼친 영향을 잘 알게 해준다. 또 19세기 조선 시문집이 중국에서의 연속으로 간행되는 데에도 중요한 자리를 매김하고 있다.

이언진은 후배 역관(또는 중인) 시인들에게 偶像같은 존재가 되었다. 기존의 가치관 및 관념에 매몰되지 않고 주체적이고 개성적인 사유를 보였고, 예리한 관찰력과 감수성으로 사회의 萬象을 그려내었던 천재 시인의 시를 담고 있는 본서는 조선 목활자본과 제목 및 字句에서 많은 차이를 보이는 바 향후 텍스트 교감과 관련해 중요한 자료라 할 수 있다.

5. 기타

이언진의 시집은 당대부터 『嘔血草』 또는 『遊戲藁』 등의 이름으로 유통되기 시작했고,

서관에 필사본이 전하고 있다) 1869년엔 스승 이상적의 『藕船精華錄』과 자신의 『懷人詩錄』을 편집, 全史字 활자로 간행하였다.

김조순이 벗 金照(字 明遠)에게 선물한『江陽焦尾集』, 이언진의 삼종질 이기복이 엮은『松穆閣焚餘藁』[9] 등 다양한 전사본들이 있었다. 이제 현존하는 필사본 이본으로서 큰 의미를 갖는 자료 몇 종을 소개한다.

서울대 규장각 상백문고본(想白 古 819.54-Y54s)은 조선 목활자본과 거의 동일하나 몇 가지 차이점이 보이는 것으로 보아 목활자본이 나오기 이전의 필사본으로 추정된다. 이용휴의 서문이 있으나 목활자본에 있는 박지원, 김조순의「이우상전」및『청비록』기사는 들어 있지 않다. 수록작은 목활자본과 동일하나 목활자본에 있는 7언절구「題墨竹障子」가 여기에는 누락되었고, 목활자본의 7언율시「新年」이 여기에는 4구만 뽑혀 7언절구로 수록되어 있다. 끝에는 어느 간본에도 수록되지 않은 斷句가 수록되어 있다. 시 제목은 대부분 중국 목판본과 동일하다. 부록으로 이용휴의「李虞裳輓」5수가 실려 있고(중국 목판본에는 10수가 실려 있음), 벗 金潚의「和李生虞裳」(7언고시, 이언진의 原詩는 문집에 없음)이 실려 있다. 끝에는 金潚의「松穆閣集跋」이 있다.

고려대 신암문고본『松穆閣遺藁』역시 간행 이전의 필사본이다. 중요 싯귀에 圈點이 쳐있고, 작품 상단에는 이 작품을 선할 것인지 안할 것인지 표시가 되어 있다. 특히 중요한 것은「衚衕居室」이 조선 목활자본에 실린 157수 보다 12수가 더 실려 있고, 순서 및 글자에서 약간의 차이를 보이고 있다는 점이다.[10] 이 책과 거의 친연성을 갖는 개인소장본이 또 있는 바 동번 이만용(1792~1863)의 수택본으로 나손 김동욱 선생이 舊藏했던 것이다.

연세대 노산문고본『송목각시고』역시 善本의 필사본으로 보고되어 있다.[11] 또한「해람편」(이용휴·남옥 批點) 등을 수록한 이언진의 친필본『우상잉복』(1帖)도 발굴되었다. 이러한 이본적 의미를 갖는 여러 자료를 모아 교감하여 定本을 만들 필요가 있다.

【김영진】

[색인어]

譯官, 天才詩人, 李彦瑱, 金奭準 刊 중국목판본『松穆館集』(1860년) 李鎭命 刊 조선목활자본『松穆館燼餘稿』(1860년),「衚衕居室」연작시, 破格, 個性, 自我, 필사본 異本.

---

9) 柳最鎭(1791~1869)「제송목각분여고」,『초산잡저』(『여항문학총서』제6책)

10) 서발 없음. 오율(1제 32수), 오절(7제 11수), 칠절(17제 32수), 칠율(3제 11수), 칠고(3제 3수), 오고(2제 2수), 육절(1제 165수)-이 본에는 6언절구가「동호거실」만 수록되었는데 목활자본에 없는 12수가 더 들어있고 목활자본에 있는 5수가 누락되었다. 또 1편은 목활자본의「失題」에 들어 있는 것이 수록되어 있음.

11) 전게『우상잉복』105~107면.

[참고문헌]

· 이상진, 「이언진의 <衕衚居室>考」, 『한국한문학연구』 12집, 1989.
· 김영진, 「송목관집 해제」, 『규장각한국본도서해제속집 집부2』, 서울대규장각, 2003.
· 김성애, 「송목관신여고 해제」, 민족문화추진회.
· 이동순, 「이언진 시의 독창성 고찰-세계관의 검토를 통하여」, 『한국고전연구』 10집, 2004.
· 김동준, 「이언진 한시의 실험성과 <衕衚居室>」, 『한국한문학연구』 39집, 2007.
· 정 민, 「『東槎餘談』에 실린 이언진의 필담 자료와 그 의미」, 『한국한문학연구』 32, 한국한문학회, 2003.
· 강순애·심경호·허경진·구지현, 『虞裳剩馥 천재시인 이언진의 글향기』, 아세아문화사, 2008.
· 한영규, 「추사의 말년제자 김석준의 『研白堂初集』」, 『문헌과해석』 40호, 2007년 가을.
· 김영진, 「조선후기 중국사행과 서책문화」, 『연행의 사회사』, 경기문화재단, 2005/(개정고) 『19세기 조선지식인의 문화지형도』, 한양대출판부, 2006.

遠志軒文集

李達中(1697~1757) 著.

木活字本. 4卷2冊 : 30.6×20.8cm, 四周雙邊, 半郭 22.2×16.6cm, 10行20字, 內向二葉花紋魚尾.

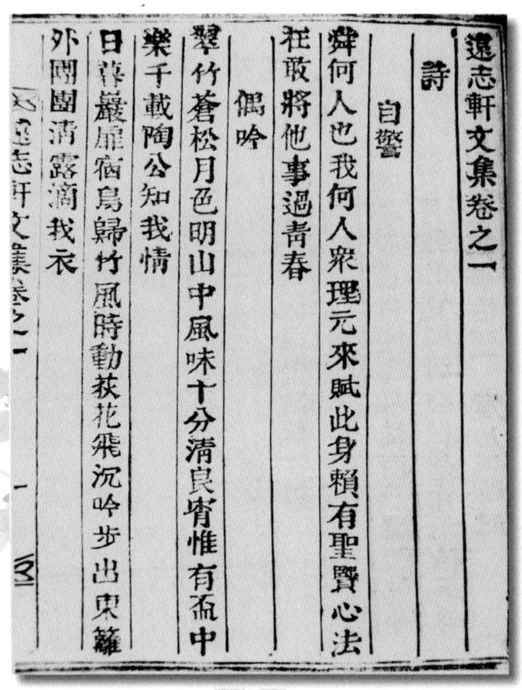
遠志軒文集卷之一

詩

自警

舜何人也我何人衆理元來賦此身賴有聖賢心法在敢將他事過青春

偶吟

翠竹蒼松月色明山中風味十分淸良宵惟有酒中樂千載陶公知我情

日落巖扉宿鳥歸竹風時動荻花飛沉吟步出東籬外閒園淸露滴我衣

遠志軒文集卷之一 一

원지헌문집

1. 저자

이달중의 字는 和彦, 號는 遠志軒이며, 本貫은 廣州이고 世居地는 漆谷이다. 從孫 默軒 李萬運의 「從祖遠志軒府君行狀」에 따르면 이달중의 가계는 廣州李氏의 始祖 李唐의 다섯 아들 중 둘째 遁村 李集 선생을 鼻祖로 하고 있으며, 그의 高祖는 仁祖朝 때 應敎를 역임하였고 좌찬성에 증직된 洛村 李道長이고, 曾祖는 道長의 장남으로 이조판서를 역임하고 領議政에 증직된 歸巖 李元禎이며, 祖는 홍문관교리를 역임한 李漢命이다.

이달중은 丁丑年(1697, 肅宗 23년) 10월 10일 성균관 생원을 지낸 부친 世瑗과 모친 缶林 洪氏 사이에서 태어났다. 이만운의 행장과 閔廷禮의 傳을 통해 확인할 수 있는 이달중은 어려서부터 성품이 단아하고 공손하였으며, 옛 道를 좋아하여 힘써 실천하는 인물이었다. 행장과 전의 글 가운데 이달중의 성품을 잘 보여주는 일화들로 다음과 같은 것들이 있다.

이달중이 5살 때 숙부 大夢齋公이 낮잠을 자면서 그에게 부채질을 시켰는데, 대몽재공이 해가 뉘엿뉘엿해 질 때 깨어나 보니 그때까지 부채질을 계속하고 있었다는 것이다. 이 일화는 그가 篤行君子의 자질을 지니고 있었음을 보여주는 것이다. 또, 이달중의 막내누이가 梅南處士 洪公과 혼인한 뒤 자식도 없이 홀로 되었을 때와 큰 누이가 隱庵 權公과 혼인한 뒤 홀로 되었을 때 이달중이 이들을 모두 데려다가 한 집에서 살았다고 하는데, 이는 이달중의 형제자매에 대한 우의를 보여주는 것이다. 그의 집이 가난하여 외가가 있던 咸寧에서 渭陽 洪氏의 집을 빌려 살 때, 담 옆의 감나무 숲에서 감이 익어 창가에 드리워 있었지만 이달중의 집안 식구 누구도 洪氏가 감을 따서 주기 전에는 절대로 먹지 않았다고 하는데, 이는 그의 廉介를 보여주는 것이다. 이달중의 집에 洪氏家에서 보내준 여종이 하나 있었는데, 한양의 부호가 그 여종을 四萬錢에 사려고 하자 이달중은 홍씨가의 돈이라며 그 돈을 홍씨가로 보냈고, 홍씨가에서도 이달중 집안의 돈이라며 받지 않았다 한다. 이와 같은 사양을 두 집안에서 서너번 하게 되자 이달중은 이 돈을 외가 형제자매 중 가난한 집안에 나누어 주었고, 그러고도 남은 돈 五千으로는 홍씨 명의로 농지를 사서 소작을 주었다. 가을에 소작인이 소출을 가져오자 홍씨 집안에 보냈으나 홍씨 집안에서 다시 이달중에게 보내오자 그는 집안에 창고를 만들어 그곳에 보관하고는 집안사람 누구도 창고를 열지 못하게 했다고 한다. 이는 그의 성품을 단적으로 보여주는 일화이다. 이러한 성품을 지녔던 이달중이기에 그는 마음가짐과 행동거지에서 義理의 실천과 虛僞·修飾의 배격을 강조했다고 생각된다.

이달중은 어려서부터 영민한 자질을 바탕으로 부지런히 학문에 임하여 功令의 문장과 各體의 詩文에 뛰어났으며, 諸子百家의 글을 두루 읽고 이를 바탕으로 문장을 지어 高

文·大篇·短章·小詞 어느 곳에도 막히는 곳이 없었다고 한다. 특히 옛 사람들이 이야기하던 '倚馬千言 七步成章'에도 별로 뒤지지 않았다고 하며, 筆法과 기억력에도 뛰어나 주변 모든 사람들이 그에게 감탄하지 않는 이가 없었다고 한다.

이런 자질과 성품, 학문을 가지고 일찍부터 과거에 응시하였으나 명이 따르지 않아서인지 대과에 급제하지 못하고 生員에 그쳤으며, 丁丑年(1757, 英祖 33년) 11월 24일 61세를 일기로 운명하였다. 配位로 安東權氏 參奉 應經의 따님에게서 두 아들을 두었으니 東春과 東著이고, 繼配로 順天金氏 日徵의 따님에게서 두 아들을 두었으니 東晉과 東憶이다. 이 외에 두 딸을 두었는데 鄭燦東, 鄭成魯와 혼인하였다. 이달중의 후예들이 이후 모두 별다른 관직을 거치지 못하였기 때문인지, 현재 그의 가문과 이달중에 대해 더 이상 살펴보기는 어렵다.

2. 구성

서문이나 발문이 없어 본 문집의 간행 경위에 관한 정보를 확인하기 어렵다. 문집의 권 1은 총 목차와 詩, 書로 구성되어 있고, 권 2는 序, 記, 跋, 上樑文, 祝文, 祭文이 순서대로 수록되어 있으며, 권 3은 권 2를 이어 祭文, 誌碣, 行狀이 실려 있다. 권 4는 부록으로 이달중에 대한 주변 인물들의 挽, 祭文, 行狀, 傳이 실려 있다.

문집 속에 수록되어 있는 이달중의 詩는 모두 70題 107首인데, 마지막에 挽詩들이 이어서 실려 있다. 書 18편, 序 2편, 記 3편, 跋3편, 上樑文 2편, 祝文 3편, 祭文 25편, 誌碣 3편, 行狀 4편이 차례대로 수록되어 있는데, 작품의 배열 원칙이나 편찬 기준을 확인하기는 어렵다.

3. 내용

권 1은 총 목차와 詩, 書로 이루어져 있다. 詩는 모두 70題 107首인데, "各體의 詩文에 뛰어났으며 옛 사람들의 '倚馬千言 七步成章'에 뒤지지 않았다"는 행장의 기록으로 보아 문집에 수록된 시가 이달중 시의 전부라고 단언하기는 어렵다고 생각된다. 오언시와 칠언시, 근체시와 고체시가 섞여있는 것으로 보아 시체별로 구성된 것은 아니다. 다만, 수록된 시를 살펴볼 때 초년에 스스로의 마음을 다잡기 위해 썼다고 보이는 「自警」으로부터 시가 시작되며, 輓詩가 56題 이후에 몰려 있는 것으로 보아 편찬자가 이달중의 시를 창작 시기와 내용을 중심으로 구분하여 배열·편찬하였다고 짐작되지만 확인할 방법은 없다.

「次內從洪竹翁國章韻」·「戱贈國章」·「芳浦與茂弘對酌」 등과 같이 주변 인물들과 주고받은 시가 문집에 수록된 시의 대부분이고, 이 외에 「自警」·「偶吟」 등과 같이 자신의 심사를 읊고 있는 시나 「洛山寺次遊客韻」·「曦陽洞口坐林亭偶吟」·「白雲臺偶吟」 등과 같이 勝地를 찾아 자신의 감회를 읊은 시도 많지는 않지만 문집에서 찾아볼 수 있다. 양적인 면에서 보았을 때 첫 번째 경향의 시가 월등히 많은 편이지만, 대상이 되는 인물이 외가를 중심으로 한 친·인척 몇 명으로 제한되는 경향을 보인다는 점에서 詩만을 보았을 때 이달중의 교유관계가 그리 넓어보이지는 않는다.

시의 마지막 부분에 모여 있는 이달중의 挽詩는 內從兄 洪守龜, 蔡霊, 尹斗應, 河大淵 등을 위해 쓴 것이다. 창작 대상이 되는 인물이 이전에 수록된 詩 보다는 확대된 양상을 보이지만 15題에 불과하기 때문에 이를 바탕으로 이달중의 문학적 명망이나 교유관계의 폭을 짐작하기는 어렵다.

문집 권 1에서 詩를 이어 나오는 書는 모두 18편인데, 저작 연대별로 편차된 것인지는 확인하기 어렵지만 대체로 인물별로 편차되어 있는 것으로 보이며 몇 편을 제외하고는 대부분 채 한 면이 되지 않을 정도로 짧다. 崔杜機에게 2편, 李國敏에게 2편, 權朝彦에게 2편의 書를 썼는데, 洪國章에게 보내고 답한 書가 모두 4편으로 가장 많다. 詩에서도 洪國章과 주고받은 詩가 모두 4題 나오는 것으로 보아 李達中과 洪國章(禹龜)의 관계가 몹시 돈독하였으리라 생각된다. 書의 내용은 대부분 개인적인 정분을 표하는 것으로 勝地를 유람하며 산수간에 물러나 살고 있는 자신의 興에 대해 밝히는 것들이다. 書 가운데 「與崔杜機士集」에서 이달중은 자신의 軒 이름을 遠志齋라고 한 이유에 대해 "거하는 곳을 東山이라고도 하는데, 東山 謝安(字 安石)의 遠志小草(處則爲遠志 出則爲小草 - 산중에 은거해 학문을 닦을 때는 큰 뜻을 지녔지만, 세상에 나와 벼슬을 할 때는 보잘 것 없는 풀이 되었네)가 지닌 뜻을 따온 것이다."라고 하여 자신의 호와 헌 이름의 의미를 풀이하고 있다. 흥미로운 것은 이달중의 書 중 「答申青泉周伯 維翰」과 「與崔杜機士集」 2편을 보았을 때, 당대 시문으로 명성을 떨쳤던 申維翰(1681~1752)·崔成大(1691~1761)와 이달중이 일정한 친분관계를 형성하고 있었다고 보인다는 것이다. 다만, 이달중의 문집이 소략하여 문집이나 문집 속의 書 만으로는 이들과의 친분관계에 대해 더 이상 살펴볼 수 없음이 아쉽다.

문집 권 2에는 序 2편, 記 3편, 跋3편, 上樑文 2편, 祝文 3편, 祭文 14편이 수록되어 있다. 「贈宗人李元賓光國序」는 광주이씨 가운데 觀察使公 禮孫을 派祖로 하는 支派의 인물 중 漢陰의 후예인 李光國에게 山水樂의 가치와 즐거움의 의미에 대해 써 준 것이다. 「東庵洪公文集序」는 그의 內從兄 東庵 洪公의 문집에 서문으로 써 준 것이다. 이 글에서 이달중은 글이란 情에서 생겨나는 것이지만, 情은 性을 근본으로 하기 때문에 글을 짓는 것은 결국 性情의 바름을 벗어나지 않는다고 하였고 또, 東庵의 글이 뛰어난 것은 그의 평소 수양이 유가적 학문세계에 충분히 잠긴 결과라고 하여 지극히 도덕적인 문학론을 보여주고 있다.

3편의 記는 「花樹軒記」·「山澤齋上梁記」·「愛敬堂重修記」인데, 「花樹軒記」는 咸昌으로 移居한 仁川 蔡氏 拙齋 蔡紹權(1480~1548)의 맏손자가 花樹로 軒의 명칭을 삼은 뜻에 대해 기록한 것이고, 「山澤齋上梁記」는 외할아버지 木齋 洪汝河의 허물어진 齋室을 새로 지으면서 상량문으로 쓴 글이다. 山澤齋라 이름한 것은 『周易』 山澤損掛에서 “山下有澤損 君子以 懲忿窒欲(산 아래에 못이 있음이 損이니, 군자는 보고서 분노를 징계하고 욕심을 막는다)”는 뜻에서 따온 것이다. 「愛敬堂重修記」는 洪文匡先生이 부모님의 묘 옆에서 시묘살이 하던 당을 새로 지으며 쓴 글이다. 문집 권 1의 詩에 「愛敬堂題詠」이라는 제목의 작품이 있는데, 이 글과 내용상 연관을 가진다.

記에 이어 나오는 3편의 跋은 「李校尉家狀跋 」·「河潭洪上舍文稿跋」·「題水月庵梁上小記後」이다. 「李校尉家狀跋」는 병자호란 당시 적장과 싸우다 목숨을 잃은 이달중의 선조로 石潭先生의 從父弟에 대해 쓴 글이고, 「河潭洪上舍文稿跋」은 이달중이 上舍 洪君의 사위 李輝觀의 부탁을 받아 그의 문집에 발문으로 써 준 글인데, 上舍 洪君은 이달중의 內弟이다. 「題水月庵梁上小記後」는 이달중의 외증조 無住 洪先生이 광해군때 혼란을 피해 太白山에 들어가 거처하였던 작은 암자를 중수하면서 그 뒤에 쓴 글이다.

上樑文은 浩然亭을 중수하면서 쓴 것과 李國敏이 새로 집을 얽을 때 쓴 상량문 2편이 있고, 祝文으로는 岀雲 南近明의 축문과 燕敬堂 李構의 告由文, 城隍祝文이 있다. 祭文은 모두 14편이 수록되어 있는데, 霽山 金振伯의 제문을 첫 머리에 수록하고 있지만 內兄 東庵 洪大龜, 姨兄 遁巖 金良鉉, 內兄 四寅堂 洪公, 內兄 洪範龜 등이 제문의 주 대상이 되고 있는 것으로 보아 제문의 대상 인물도 이전까지와 같이 이달중의 친·인척이 중심이 되고 있다고 보인다.

문집 권 3은 권 2를 이어 祭文으로 시작하는데, 권 3에 수록된 11편의 제문 역시 모두 집안 인물들을 대상으로 하고 있다. 「祭仲舅翊衛司翊衛鳳巖洪先生文」에서부터 「申養吾 浩 父子哀辭」가 이에 해당한다. 誌碣에는 「平雲君府君墓誌」 1편과 「康孝子遺墟碑銘」 1편, 「康孝子墓碣銘」 1편이 실려 있다. 行狀은 모두 4편이 수록되어 있는데, 대상이 되는 인물들은 모두 문집의 앞부분 詩文에서 저작의 대상이 된 인물들이다. 梅南處士 洪公, 從曾祖 朴谷府君, 再從弟 學生 廣陵 李君, 奉訓郎 成均館典籍 李公이 이들이다.

문집 권 4는 전체가 부록에 해당하는데, 여기에는 이달중의 저작이 수록되어 있는 것이 아니라 이달중에 대한 여러 사람들의 挽, 祭文, 行狀, 傳이 실려 있다. 挽詞는 豊山 柳澧을 시작으로 生員 趙蔡陽까지 11명의 挽詞를 수록하고 있으며, 祭文은 驪輿 李禾昷으로부터 從孫 李萬運까지 15명의 祭文을 수록하고 있다. 이 가운데 宜城 李敏政을 제외하고는 挽詞를 쓴 인물과 祭文을 쓴 인물이 겹치지 않는다. 제문의 배열 순서를 정확히 확인하기는 어렵지만 기록된 인물들로 보아 뒷부분에 이달중 직계 후손의 글을 모아둔 것이 아닌가 짐작된다. 행장은 從孫 默軒 李萬運이 쓴 것으로 李萬運의 『默軒集』에는 「從祖遠志軒府君行狀」으로 수록되어 있는데, 문집 권 4에 수록된 행장과 완전하게 일치한다. 묵헌 이만운의 행장이 문집 속에 수록된 것으로 보아 이 문집의 간행연대가 언제인지는 정확하게 알 수는 없지만 묵헌의 생몰연대(1736~1820)에 견주어볼 때 아무리 빨라도 19세기 초는 되어야 하리라 생각된다. 傳은 閔廷禮가 撰한 것인데, 행장의 내용과 상호 보완되는 부분이 많아 이달중의 생애를 보다 입체적으로 구성하는데 도움을 준다.

이달중의 『원지헌집』은 행장을 통해 본 그의 문학적 역량이나 61년이라는 그의 생존시기와 비교해 볼 때 수록된 작품의 수가 지나치게 소략한 편이다. 따라서 그의 생애와 문학적 역량을 구체적으로 확인해 볼 수 있는 다른 자료가 없는 현재 상황에서 이 문집만으로 이달중에 대해 단적으로 재단하기는 쉽지 않다. 다만 그의 문집 속에서 확인한 작품의 경향이나 문학에 대한 단편적인 언급들을 볼 때 그의 문학관이나 문학 경향이 지극히 보수적인 것이 아니었을까 유추해 볼 수 있을 듯하다. 하지만 그가 당대 시문으로 인정받던 申維翰·崔成大와 인연을 맺고 있었다는 점이나 얼마 되지 않는 소략한 문집 속에 各體의 詩文을 모두 수록하고 있다는 점에서 문학적으로 일정한 수준을 성취하고 있었다고 보아도 좋을 것이라 생각된다.

【윤재환】

[색인어]

遠志軒 李達中, 漆谷世居 廣州李氏, 남인계 문인

鐵城聯芳集

李岡·李原 著, 李陸(1438~1498) 編.

木板本, 2卷 1冊, 1476년(成宗 7) 간행. 24.5×16.3cm.
四周單邊, 半郭 18.5×13.5cm, 有界, 11行14字, 上下下向黑魚尾.
序 : 成化丙申(1476) 李陸, 成化十二年(1476) 徐居正.
跋 : 成化乙未(1475) 柳允謙, 成化十二年(1476) 尹壕.

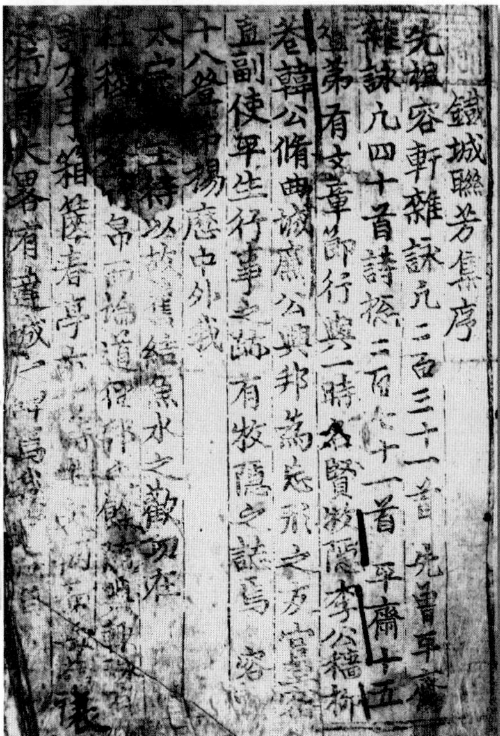
鐵城聯芳集序
先祖容軒雜詠凡二百三十一首
雜詠凡四十首詩稿三百六十一首
十八登第揚歷中外

철성연방집

1. 저자

『鐵城聯芳集』은 李陸(1438~1498)이 編한 책이다. 이육의 字는 放翁, 號는 浮休子[1] 및 靑坡居士이고, 本貫은 固城인데, 『청파집』 2권 1책을 남겼다. 그는 1476년에 그의 曾祖 李岡(1333~1368)과 祖父 李原(1368~1430)의 유고를 수집하여 2권 1책으로 合本하여 간행하였다.

李岡의 字는 思卑, 호는 平齋인데 고려 때 守門下侍中을 지낸 杏村 李嵒의 막내아들이며, 1333(忠肅復位 2)년에 태어났다. 15세가 되던 1347년에 文科에 등제하였는데 知貢擧였던 李穀으로부터 용모와 재능이 뛰어난 인물이라는 평을 받았다. 문장과 절행이 있었으며, 당대의 명현이었던 牧隱 李穡, 柳巷 韓脩, 曲城 廉興邦 등과 친교가 있었다. 1355년에 공민왕의 총애를 입어 主簿가 되어 符璽를 담당하였고, 1361년에는 慶尙道按廉使가 되었는데, 이 해에 紅巾賊의 침입으로 南巡한 공민왕을 보필하여 공을 세웠다. 1368년(恭愍王 17)에 密直副使가 되었는데, 이 해에 졸하니 향년이 36세였다. 관례상 諡號를 내릴 수 없는 품계였으나 공민왕의 특별한 배려로 文敬이라는 諡號를 받았다. 李穡이 墓誌銘을 지었다.

李原의 字는 次山, 호는 容軒이다. 1368년(공민왕 17)에 태어났는데, 태어난 지 4개월 만에 부친상을 당하였다. 5세가 되던 1372년에 자형인 陽村 權近에게 학업을 배웠고, 15세가 되던 1382년에 進士科에 합격하였다. 1385년에 圃隱 鄭夢周가 主試한 文科에 급제한 후 司僕寺丞이 되었는데, 그 후로 工曹, 禮曹左郎, 兵曹正郎, 持平, 侍史, 司憲府中丞, 楊根都守 등을 거쳐 1400년에 右副承旨, 左承旨가 되었다. 이 해 5월에 定社功臣의 號를 받았으며, 그 이듬해 5월에 輸誠協贊久勤護翊戴佐命功臣에 錄勳되고 鐵城君에 봉해졌다. 그 후 大司憲, 京畿觀察使, 承樞府副提學을 역임하고 謝恩使로 중국에 다녀왔는데, 이 때 明나라로부터 받은 『通鑑綱目』, 『十九史略』 등을 진헌하였다. 이어서 平壤府尹, 藝文館提學, 中軍摠制, 參知議政府事 兼判義勇巡禁司, 大司憲, 判漢城府事 등을 역임하고, 1408년에 慶尙道觀察使가 되었으며, 그 후 江原道東北面巡察使, 鐵城府院君, 永吉道東北面都巡問察理使가 되었고, 1413년에 推忠翊戴佐命功臣의 號를 받았다. 이어 禮曹判書, 判漢城府事, 議政府參贊, 兵曹判書, 判右軍都摠制府事, 議政府贊成이 되었다가 51세가 되던 1418년에 吏曹判書가 되었다. 이 해에 세종이 즉위하자 그를 右議政으로 발탁하였다. 1419년에 謝恩使로 중국에 다시 다녀와서는 對馬島 정벌의 중지를 啓請하였다. 1421년에 都城修築都提調, 左議政에 올랐고, 1426년에 참소를 입어 功臣錄券과 職牒을 환수당하고 礪山에서 유배생활을 하다가 1429년에 配所에서

1) 『朝野輯要』(필사본, 계명대도서관 소장본), 世祖 朝 인물 篇의 '李陸' 條에 "字放翁 號靑坡 又號浮休子 大憲, 原[李原] 孫"이라 하였다.

병으로 卒하니 향년 62세였다. 그 후 1456년에 功臣錄券과 職牒을 돌려받고 '襄憲'이라는 諡號가 내려졌으며, 1554년에 徐居正이 撰한 神道碑가 세워졌다. 재직 중에는 '立紀綱', '明賞罰' 등 10條의 상소와 '扈從備禮', '奴婢屬公' 등에 관하여 상소한 바 있다.

2. 구성

계명대학교 동산도서관에 소장되어 있는 『철성연방집』 1책은 1476년에 간행된 초간본이다. 이 책은 전체 76板인데 다음과 같이 구성되어 있다.

卷首에는 편자 이육과 서거정의 서문이 있으며, 다음에는 鄭麟趾가 1475년에 쓴 「容軒先生集序」가 있다. 그 다음에는 「鐵城李氏」의 族譜圖를 넣고 이어서 '四寸族譜之圖', '六寸族譜之圖', '八寸族譜之圖' 등을 수록했는데, 편성 방법은 자녀 출생순의 內外孫系譜이다.[2] 그 다음에는 「文貞公(李嵒)墓誌銘」과 李穡 지은 「文敬公(李岡)墓誌銘」이 들어 있고, 그 다음에는 徐居正이 지은 襄憲公(李原)의 神道碑銘[3]이 있으며, 그 다음에는 『평재집』·『용헌집』의 목록이 수록되어 있다.[4]

본 내용에는 『평재집』 1권과 『용헌선생집』 1권이 들어 있다. 『평재집』은 총 7張인데, 「省中次諸郎詩」를 포함한 32篇(40首)의 詩가 들어 있다.[5] 『용헌선생집』은 총 35張에 「次李先生(格)詩韻」을 포함한 192篇(231首)이 들어 있다.[6]

권말에는 1475년에 쓴 柳允謙의 발문, 1476년에 쓴 尹壕의 발문[7]이 들어 있다. 발문을 쓴 유윤겸은 이 책의 원고 淨書 및 族譜圖를 작성하였고, 윤호는 간행을 맡았는데, 두 사람은 용헌의 外孫이고, 서문을 쓴 서거정은 평재의 外外曾孫이다.

한편 李陸의 「序文」에 의하면 이강의 부친인 杏村 李嵒의 詩文은 모두 湮滅되어 구하지 못했다 하며, 다만 恭愍王이 친히 그린 杏村의 影幀과 容軒의 影幀을 畵工에게 작게 만들도록 하여 책의 끝에 붙였다고 하였는데, 이 책에는 들어 있지 않다.

上卷은 『평재집』 1권인데 수록된 詩는 총 32篇(40首)이고, 篇名은 다음과 같다.

---

2) 족보도 총 7張 가운데 첫 장의 앞면을 제외한 뒷면의 四寸族譜圖부터 八寸族譜圖까지의 6과 1/2張이 붓으로 補寫되어 있다. 이 부분을 초간본의 번각본과 비교해보면 四寸圖에서 '李偉'를 '李倬'으로, '李隰'을 '李隅'로 잘못 표기되어 있고, 또 八寸圖의 말미에 李嶠, 南俶, 李峋, 卞綱之, 李胤 등의 계통이 追加되어 있다.
3) '襄憲公神道碑銘'이라고 넣어야 할 篇名을 비워두고, 撰者인 '徐居正'만 표기 되어 있다.
4) 목록 총 7張 가운데 앞의 1, 2板(2張)은 붓으로 補寫되어 있다.
5) 『평재집』 총 7張 가운데 7板(1張)은 붓으로 補寫되어 있다.
6) 『용헌선생집』 총 35張 가운데 10-13板(4張)은 붓으로 補寫되어 있다.
7) 尹壕의 발문(1張)은 붓으로 補寫되어 있다.

「省中次諸郎詩」,「省中次山水圖詩」,「次吳散騎宅芍藥宴詩」,「次諸公賀許中書(佺)詩」,「戊戌冬 以右司諫 因父親左侍中相避 云云」(3), 「冬至日留金城村偶作 示妻姪鄭進士(樞)」,「直竹堂有作 寄劉少卿」,「送鄭淸風(樞) 次牧隱先生韻」,「次淸風詩韻」(2),「詩邀河郎中」,「立秋前一日 與田郎中(祿生)」,「賦來字送妻兄赴尙州 早回來之意也」,「扈從尙州次秦判事家淸風亭詩韻」,「送崔持平(德成)分司舊京次郭諫議韻」,「淸州拱北樓應製詩次諸公韻」,「次朴摠郎(衡)詩 寄慶尙廉使李中書(寶林)」,「次鄭淸風(樞)風雨詩韻」,「次郭諫議詩」,「賀河殿中侍郎」,「淸道郡村家偶作」,「次摩利山齋室板上韻」(2),「齋宮有作示同齋諸僚」,「乙巳秋八月二十日與諸公會賢聖寺峰頭」(2),「早春次諸相國賦廉侍中宅盆梅」,「訪朴常侍(大揚)壁上 有續蘭亭會記慕而有作」(2),「夜飮次金承旨韻」(3),「丙午暮春陪諸公遊中和堂誦一齋相國詩次其韻」,「中和堂又書」,「送河南郭檢閱使還」,「金壯元挽詞」,「王代言宅席上」,「柳侍中花房盆梅」

下卷은『용헌선생집』1권인데 수록된 詩는 총 192篇(231首)이고, 篇名은 다음과 같다.

「次李先生(格)詩韻」,「沙川途中」,「次廣陵板上韻」,「普興寺卽事」,「寄利城君」,「寄麻田尹少尹」,「挑燈」,「次時出亭韻」,「在檜巖寄朴知申事(錫命)」,「次鐵原東軒詩」,「安峽」,「次聚遠樓詩」,「次江華詩」,「次侍中樓子野詩韻」,「大同江舟中」,「次柳判事(謙)詩」,「述懷呈頤齋」,「次靜州板上韻」,「西望日」,「次李大提學(行)留別詩」,「介州樓」,「次仁王長老韻」,「谷山鄭使君寄詩次其韻」,「奉呈頤齋」,「贈浿水漁人(金虛舟)」,「雨中寄卞春亭」,「寧州南院樓遇李同年(室)」,「次淳昌樓詩」,「寄慶尙咸使相」,「次愚上人詩」,「次金虛舟詩」,「題高參議詩卷得朝字」,「丙戌十一月二十日夜雪」,「幽居卽事」,「用前韻呈春亭」,「寄白雲山熖上人」,「寄廣陵柳牧使」,「詠蓮」,「寄李牧使(安愚)」,「寄慶尙咸監司」,「走筆送永嘉君奉使中原」,「送玉川君赴京」,「寄許衡得碧字」,「送偰判漢城赴京」,「次四佳亭」(4),[8]「次韻送朴咸豊之任」,「次韓少尹詩」,「次古人欲歸詩韻」,「勸學愚息」,「次金教授詩」(2),「題眞觀社浴室」,「伊彦村家卽事」(2),「尙州新樓(邑守: 宋因)」,「次星州東軒詩」,「次燕子樓詩」(2),「次永嘉樓詩」,「次襄陽曲」,「次甫州板上韻」,「次驪興樓詩」(2),「次龍宮樓詩」,「次咸昌樓詩」,「寄江原尹使相」,「次淸道樓詩」,「送杉庭」,「次東萊詩」(2),「次善州樓詩」,「題彦陽東軒」,「戲贈安司諫」,「次雙梅堂月影臺詩」,「次固城詩」,「哭恩門陶隱先生」,「呈秦典農」,「題開寧門樓」,「次梁州詩」,「次金剛舍詩」(2),「次蔚州太和樓詩」,「平遠閣」,「白蓮社」,「碧波亭」,「隱月峰」,「望海臺」,「次浩亭留別詩」,「次雞林東軒詩」(2),「次松生韻」,「寄光山金同年」(2),「寄豊海咸使相」,「寄西都朴使相」,「次金山詩」,「次黃澗樓詩」,「寄金教授」,「次順興樓詩」,「自玄風往昌寧雪中 次金直講詩」(2),「次草溪鑑政樓詩」,「次昌寧龜庵四詠(4)」,「次朴松溪詩」,「己丑歲日與安司諫 次古人詩」,「次永嘉君暮春詩」(2),「尹愷妻氏挽詩」,「劉副令村舍偶吟」,「次閔執義詩」(2),「次朴生詩」,「次裵山人(裏)詩」(5),「送朴牧使之任公州」,「賀鄭司諫」,「走筆寄仰巖崔同年 兼呈法泉珪上人」,「次獨谷錢金海金公詩」,「謝李參判送桃」,「次許栢亭詠梅」(2),「次權逸民送梅竹盆詩」(3),「閑

8) 이 '次四佳亭' 4首는 四佳 徐居正과는 관련이 없는 詩다.

居卽事」(2), 「呈卞先達」, 「有感呈卞注書」, 「秋夜寄友人」, 「海棠」, 「寄友人」, 「春日訪柏亭」, 「登樓」(2), 「宿開聖寺」, 「宿觀音寺」, 「贈虛上人」, 「夏日懷友人」, 「尋僧」, 「遊山」, 「閑中」, 「燈前聽雨」, 「寄姪」, 「次順州詩」, 「次成州西樓詩」, 「次浩亭先生韻 寄卞司藝(季良)」, 「奉呈東北界監司」, 「次永寧東軒詩」, 「次龍州詩韻 寄友人」, 「次兵曹正郎李兩同年(李室, 李敢)詩」, 「次浿水漁人韻」, 「黃菊」(2), 「次虛舟卷韻」, 「次李少監詩」, 「大同館落成」(3), 「立春日次虛舟韻」(2), 「訪春亭不遇」, 「用前韻呈春亭」, 「用前韻」, 「用前韻」, 「李典書挽詞」, 「寄呈許敬差官(該) 兼呈廣州柳牧使(謙)」, 「以詩答焰師書」, 「送許公之任公州」(2), 「次友人韻」, 「次李高城詩」(2), 「次春亭韻」, 「次權觀察使詩」, 「僧伽寺 次孔漁村詩」, 「題日本僧松泉幽處卷中」, 「太宗大王挽章」, 「題普興寺」, 「寄忠淸咸使相」, 「次麻田東軒詩」(2), 「次臨津亭詩」, 「在檜巖寺洞裏 呈知申事」(2), 「次陽川亭上詩」, 「謝萬義贈扇」, 「招張議郞」, 「次張議郞詩」, 「在蓮亭招尹敎授」, 「贈金獻納(涉)」, 「次安山東軒詩」, 「寄一雲上人」, 「題安東浴室」, 「永樂年」, 「次楊州東軒詩」, 「偶吟」, 「夜飮呈坐上諸公」, 「次古人韻」(2), 「次延山府板上韻」, 「次陜川澄心樓詩」, 「次會元樓詩」, 「次嶺南樓詩」, 「次榮川東軒恩門鄭侍中詩」, 「次金獻納詩」, 「次卞春亭詩」, 「贈閔執義(渫)」(2), 「次靈山樓詩」, 「次盈德城樓詩」(2), 「次春亭題嶺庵詩」, 「次金大卿之任商山 兼寄朴江陽」(2), 「次明正庵詩」, 「又次明正庵詩」(2), 「謝權逸民惠桃」, 「題仁王長老詩卷」, 「在普興寺聞天使入京」, 「次太和樓詩」, 「次處仁詩」

3. 내용

『철성연방집』에 실려 있는 李岡의 시 40수와 李原의 시 231수 등 총 271수에 대하여 논평한 徐居正의 序文을 살펴본다.

> 翼平(權擥)이 일찍이 거정에게 "平齋와 容軒의 詩法은 杏村 李文貞公에게서 나왔다. 容軒이 또 일찍 부친을 여의고 權陽村의 손에서 컸기에 師友淵源의 올바름을 얻었다. 詩가 평재, 용헌 두 노인에게 와서야 불후의 작품이 되기 족하다." 하고서는 "이제 보니 평재의 詩가 平淡 溫醇한 것과 용헌의 詩가 淸新 雅麗한 것이 정히 家法이 있으므로 후대에 전하기 족하다. 翼平은 대개 본 바가 있어서 말한 것이다." 하였다. 또 "杜甫의 詩는 그 조부 杜審言에게서 나왔고 蘇東坡의 문장은 그 부친 老泉에게 뿌리박고 있으며, 黃庭堅은 문장으로 세상에 울렸는데 東坡의 집안에서 도움을 받은 것이다. 이제 보니 행촌은 평재의 두심언이고 평재는 바로 용헌의 노천이며, 양촌과 용헌은 황정견과 소동파의 관계와 같다." 하였다.

서거정은 李岡의 시가 平淡 溫醇하고, 李原의 시가 淸新 雅麗한 점에 대해서는 사우연원이 있다고 하여 '李嵒-李岡'과, 다시 '李岡-權近·李原' 및 '權近(1352~1409)-李原(1368~1429)'으로 연원을 설정하였다. 그리고는 이러한 사우연원이 흡사 중국의 '杜審

言-杜甫'와 '蘇洵-蘇軾·黃庭堅' 및 '蘇軾(1036~1101)-黃庭堅(1045~1105)'의 관계와 같다고 尊崇하였다.

또 이 책의 편자 이육은 이강·이원 두 선조의 시에 대하여 "詩라는 것은 性情에 따라 읊어서 발하는 것이므로, 그 詩를 읊어보면 그 사람됨을 알 수 있다"고 하여 性情論的인 입장에서 높이 평하였다.

이색이 지은 「文敬公墓誌銘」을 보면 이강은 李穡·韓脩·廉興邦과 忘形의 交友가 되었다고 하였다. 이들은 당대의 명현들이므로 李岡이 그들과 교유할 당시에 많은 작품을 남겼을 것으로 짐작되나, 이 책에 남아 있는 詩는 40首 뿐이다. 내용을 보면 「省中次諸郎詩」, 「省中次山水圖詩」, 「次吳散騎宅芍藥宴詩」, 「次諸公賀詩中書詩」, 「送鄭淸風(樞)次牧隱先生韻」, 「次淸風詩韻 二首」, 「次郭諫議詩」 등 次韻詩가 대부분이다. 이러한 시를 통하여 그가 鄭樞, 李寶林, 田祿生, 朴衡, 崔德成, 許佺, 朴大揚 등과도 교분이 두터웠음을 알 수 있다.

李原의 시 231首 가운데는 次韻詩, 贈詩, 送詩가 대부분이다. 이러한 시를 중심으로 그와 교유했던 사람들을 살펴보면 79인[9]이나 되었다. 그 가운데는 君主, 封君者, 恩門, 同年, 官僚, 先達, 스승, 승려, 우인, 친족 등 다양하게 나타난다. 李原의 폭넓은 대인관계를 살펴볼 수 있는 국면인데, 그 구체적인 명단은 다음과 같다.

李格, 利城君, 尹少尹(廱田), 朴錫命(知申事), 柳謙(判事), 頤齋, 李行(大提學), 仁王長老, 鄭使君(谷山), 金虛舟(泿水漁人), 卞季良(春亭), 李室(同年,兵曹正郎), 咸慶尙使相, 愚上人, 高參議, 焰上人(焰師), 柳牧使(廣陵), 李安愚(牧使), 永嘉君, 玉川君, 許衡, 偰判漢城, 朴咸豊, 韓少尹, 金敎授, 尹江原使相, 杉庭, 安司諫, 雙梅堂, 李崇仁(陶隱先生), 秦典農, 金同年(光山), 咸豊海使相, 朴西都使相, 金直講, 朴松溪, 尹愷, 劉副令, 閔執義, 朴生, 裴裏(山人), 朴公州牧使, 鄭司諫, 崔仰巖(同年), 法泉珪上人, 成石璘(獨谷), 金公(金海), 李參判, 權逸民, 卞先達, 卞注書, 許柏亭, 虛上人, 姪, 河崙(浩亭先生), 東北界監司, 李敢(同年,兵曹正郎), 李少監, 李典書, 許該(敬差官), 許公州, 李高城, 權觀察使, 孔俯(漁村), 松泉(日本僧), 太宗大王, 咸忠淸使相, 知申事, 萬義, 張議郎, 尹敎授, 金涉(獻納), 一雲上人, 鄭夢周(恩門,侍中), 閔滐(執義), 金大卿, 朴江陽, 處仁, 宋因

이 밖에 官僚의 의식이 드러나는 「挑燈」을 본다.

簿書紛滿案　　공부 문서 어지럽게 책상 위에 가득하니

9) 同一人인 경우는 여러 차례 나타나더라도 한 번만 실었다. 그러나 實名이 나타나지 않은 관계로 관직 변경에 따른 중복 이름이 있을 수 있으며, 前代人이 포함되었을 수도 있다. 友人으로 표기된 것은 제외하였다.

坐久更挑燈　오래도록 보고 앉아 거듭 등불 돋운다.
杜宇哭終夜　두견새는 울어서 밤을 지새우는데
月明山萬層　달 밝으니 산들이 만 겹으로 둘려 있네.

이 시에서 작가가 달 밝은 밤에 거닐고 싶은 충동을 느끼지만, 官人이었던 그는 밤새도록 공무를 처리하는 자세를 보여주고 있다.

또 「閑中」이라는 시를 본다.

閑中獨坐詠新詩　한가롭게 홀로 앉아 새로운 시 읊으니
興味悠然雨後時　흥미 유연하니 비 온 뒤였네.
一逕落花人不到　꽃잎 진 오솔길엔 사람들 오지 않은데
綠陰終日聽黃鸝　녹음에서 종일토록 꾀꼬리 소리 듣네.

산수 자연을 동경하는 작자의 의식을 읽을 수 있다. 이러한 흥취를 느낄 수 있는 작품으로 「偶吟」, 「黃菊」, 「詠蓮」 등이 있다.

이원의 시에 대하여 鄭麟趾는 "내가 생각하건대 산이 높은 까닭에 금·은·동·주석이 나오고, 바다가 깊은 까닭에 蛟龍과 魚鼈이 나오며, 氣運이 두텁기 때문에 도덕과 문장이 갖추어진다. 나는 容軒公에게서 그러한 것을 볼 수 있었다."고 하면서 "뒷사람이 두서너 편만 받들어 읽어도 족히 大人 君子의 기상을 알 수 있다."고 평하였다.

4. 가치

계명대학교에 소장되어 있는 이육 편 『철성연방집』 2권 1책본은 여말 선초에 살았던 고성이씨 가문의 官僚출신 父子 문집의 초간본으로써 가치가 있다. 다만 전체 76板중에서 14와 1/2 板을 補寫[10]하였고, 卷末에 보사한 내용과 동일한 필체로 "崇禎十二年己卯(1639년)三月日 書于院洞"이라 하였으므로, 따라서 이 책은 1639년에 院洞에 거주하고 있던 어떤 사람이 족보도를 增補하고, 훼손된 판은 붓으로 써서 끼운 것이라 하겠다.

『철성연방집』의 異本을 살펴보면 초간본 외에도 초간본과 동일한 판식으로 번각하여 壬辰亂 이전에 간행한 목판본이 있으며,[11] 1804년에 安東 伴鷗亭에서 3권 3책의 목판

10) 補寫한 14와 1/2 판은 족보도, 목록과 문집 내용의 일부, 윤호의 발문 등이다. 이를 이 책의 번각본과 대비해보면 필사하여 끼워둔 족보도를 제외하고서는 초간본의 내용과 동일하다.

11) 초간본에는 '철성이씨 족보도'의 1板의 상단에 '鐵城李氏'라 되어 있는데 翻刻本에서는 '鐵城李氏族譜之圖'라 되어 있고, 용헌선생문집의 3판 말미에 詩 「西望日」이 「西望日寺」로 되어 있다. 번각본을 보면 초간본의 판식과 書體를 그대로 수용하고 있으나, 서체에 있어서는 字劃이 전반적으로 굵게 나타나고 있다. 또

본으로 간행한 安東 重刊本이 있다. 또 1956년에는 淸道의 君子亭에서 『忘軒先生文集』을 4권 2책으로 묶어서 석판본으로 간행하였다.

안동 중간본에서는 卷首에 李嵒의 『杏村先生逸稿』를 추가하여 '卷之一 補遺'라 하고, 『동문선』과 『동국여지승람』에 수록되어 있던 「寄息影菴」, 「夜製」, 「淸州拱北樓」, 「元巖驛七老謙集」 등 4편의 詩를 실었다. 권1의 『평재집』은 초간본의 내용과 같고, 권2의 『용헌선생집』은 초간본의 내용에서 「題映湖樓詩」, 「漁隱宅 次成獨谷韻」 등 2수가 추가되어 있으며, 권3에는 李胄의 『忘軒先生文集』 1권을 추가하여 柳滏의 서문을 넣었다. 따라서 총 3권 3책이 되는데, 책머리에 鄭宗魯의 重刊序, 책 말미에 權訪, 李周楨 등의 跋文이 추가되어 있다.

청도 군자정에서 간행한 『忘軒先生文集』에는 책머리에 權相圭의 서문, 책 말미에 金在華의 발문이 들어 있다.

따라서 『철성연방집』의 초간본과 번각본, 중간본, 그리고 중간본에 실려 있는 『忘軒先生文集』과 청도 군자정에서 간행한 『忘軒先生文集』 등을 종합하여 비교 연구한다면 저자의 연구 뿐 아니라, 여말 선초의 문풍과 그 시대상까지 구명할 수 있을 것이라 하겠다.

【張仁鎭】

[색인어]

1476년 초간본, 李陸 編 『鐵城聯芳集』, 李陸・徐居正 序, 柳允謙・尹壕 跋, 李岡 『平齋集』, 李原 『容軒先生集』.

[참고 문헌]

・李陸 編, 『鐵城聯芳集』(초간본의 번각본, 壬辰亂 이전), 2권 1책.
・李陸 編, 李周楨 增補, 『鐵城聯芳集』(목판본, 안동 반구정, 1804년), 3권 3책.
・李胄, 『忘軒先生文集』(석판본, 청도 군자정, 1956년), 4권 2책.
・張仁鎭, 「嶺南 文集의 文獻的 硏究」(영남대학교대학원 박사학위 논문, 2005. 8).
・『朝野輯要』(필사본), 계명대학교 동산도서관 소장본.
・민족문화추진회, 『한국문집총간 해제집』 등.

초간본은 76판으로 구성되어 있으나 번각본은 鄭麟趾의 序文 1張(11行 15字)을 2장(8행 14자)으로 조정하여 77판으로 구성되어 있다.(이 번각본은 경기도 화성시에 거주하는 李世雄 씨 소장본인데, 경남 창원시에 거주하는 李潤福 씨가 복사하여 제공한 것임)

◉ 文集類(筆寫本)

龜隱遺稿

李肇秀(1811~1884) 著.

筆寫本. 2冊: 四周白邊, 無界, 無魚尾
12行 35字~28字, 27.9×18.4cm.

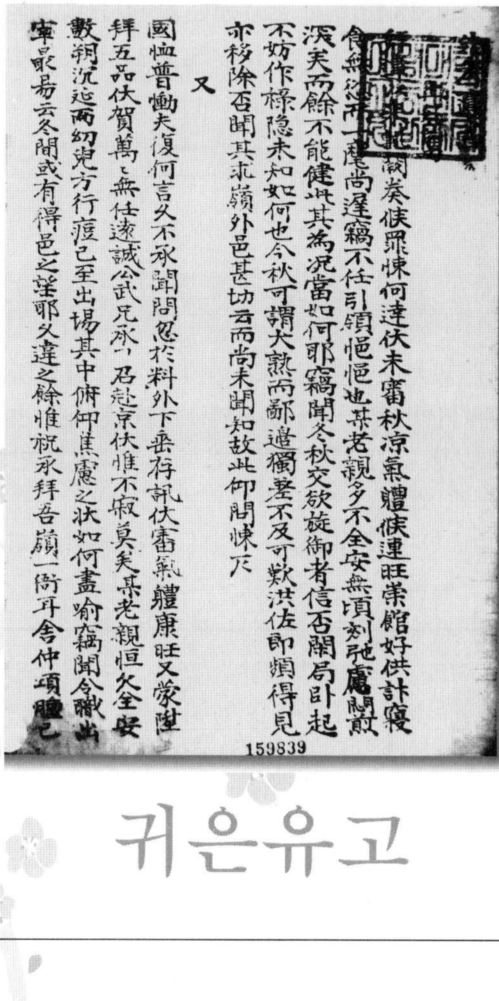
闕奏候罘悚何達伏未審秋涼氣體候連旺棠館好供許寢
食無從而一塵尚遲竊不任引領悒悒也恭老親多不全安無頃刻弛慮闕歎
泯矣而餘不能健此其為況當如何耶竊聞冬秋交欲旋御者信否閑局卧起
不妨作祿隱未知如何也今秋可謂大熟而鄙邑獨歉不及可歎洪佐郎頻得見
亦移除否聞其求嶺外邑甚切云而尚未聞知故此仰問悚仄

又

國恤普慟夫復何言久不承聞問忽於料外下垂存訊伏審氣體康旺又蒙陞
拜五品伏賀萬萬無任遠誠公武兄承召赴京伏惟不寂莫矣恭老親恒久全安
數朔沉延兩幼兒方行痘已至出場其中俯仰焦慮之狀如何盡喻竊聞今職出
宰最易云冬間或有得邑之望耶久違之餘惟祝承拜吾嶺一衙耳舍仲頃贈已

159839

귀은유고

1. 저자

李肇秀(1881~1884)의 자는 基彦이고, 호는 龜隱이며, 본관은 廣州이다. 이조수는 李肇淵으로 후에 개명하였다. 이조수는 경상북도 漆谷 石田의 廣州 李氏의 집성촌에서 태어났다. 광주 이씨는 조선의 전통 유학의 계승자라는 가풍을 지니고 있었는데, 그의 선조 李之直이 조선 유학의 시조라 할 수 있는 鄭夢周에게 수학하였다. 광주 이씨의 집성촌이 칠곡 石田인 것은 그의 선조 李克堅이 성주 목사로 오면서 그의 아들 李摯와 함께 갔는데, 이후 이극견은 조정의 내직인 좌통례로 올라갔고, 이지는 칠곡에 남아 있었기 때문이다. 이지의 5대 이후 李道長, 李元禎, 李聃命이 연이어 과거에 합격하자 칠곡 석전의 광주 이씨의 위상은 높아졌다. 특히 칠곡 석전의 광주 이씨들은 동일한 지역적 배경을 가지고 있던 寒岡 鄭逑, 旅軒 張顯光 및 그의 집안과 학문적·인적 교류 관계를 맺고 있었으며, 그의 부인 역시 仁同 張氏이다. 이조수의 고조는 李大中이며, 증조는 李東陽이며, 조부는 李泰運이고, 선고는 李以豊이다. 그의 생부는 이이풍의 동생 李以晉인데, 이이풍에게 아들이 없어 그가 큰 아버지 이이풍의 후사를 이은 것이다. 이조수가 쓴 서간의 시기와 '만사'를 살펴보면 그가 1870년 경에 敦寧府 都正을 지내며 서울에 있었음을 알 수 있다. 그의 편지글 가운데 많은 부분은 1873년 서울에 올라와 돈녕부 도정을 지내면서 아들 李相奭에게 쓴 편지이다.

2. 구성

필사본인 『龜隱遺稿』는 表題가 '龜隱遺稿', 內題가 '先考遺書'라 되어 있다. 이 책은 권수는 없이 2책으로 구성되어 있다. 1책은 편지글이 주를 이루는데, 편지의 내용은 이조수가 자신의 아들에게 보낸 것이 가장 많고 그 다음 친척에게 안부를 묻는 말이 많아 이조수 자신의 글이라 할 수 있다. 따라서 '선고유고'라는 내제가 들어간 것은 아들 李相奭이 아버지의 글들을 엮어 만든 것이라 볼 수 있다. 따라서 이 책의 편자는 저자의 아들 이상석이다.

『귀은유고』의 1책은 한 편의 輓詞와 두 편의 祭文 이외에 모두 書로 구성되어 있다. 그리고 2책은 '附錄'으로 이조수에 대한 '輓詞'와 '祭文'만이 실려 있다. 특히 2책에는 후기 영남학의 거두인 四未軒 張福樞(1815~1900)와 寒洲 李震相(1818~1886)의 '만사'가 실려 있어 당시 이조수의 교우 활동과 그 위상을 짐작케 한다. 2책은 모두 '만사'와 '제문'이므로 이를 제외하고, 『귀은유고』 1책의 전체 목차를 살펴보면 다음과 같다.

「上外舅」·「又」·「又」·「又」·「與張元謙」·「又」·「又」·「候姨兄柳濯叟」·「候內兄」·「又」·「候姊兄李舜民」·「候大坪柳令」·「候李參判」·「又」·「與李稺凝」·「又」·「候李淮陽」·「與譜廳諸族」·「與李儀可」·「復李婿」·「與鄭晉叔」·「上外舅」·「上柳相」·「與韓台」·「與李茂魯」·「寄奭兒 癸酉」·「又」·「又」(11편의 書)·「答亮孫」(3편의 書)·「答水谷柳兄」·「候姨兄柳濯叟」·「答紫巖李判書 宜翼」·「與李注書 炳敎」·「答韓判書 啓源」·「答柳相國」·「又」·「與柳慈仁 道奭」·「候李判書」·「與」·「答金都事 聚五」·「與直長族叔 以斗」·「與學元」·「與李注書 茂魯」·「與伯問」·「輓李判書」·「祭李判書文」·「寄奭兒」(15편의 書), 「祭外王母文」

3. 내용

앞의 구성에서 살펴보았듯이 『龜隱遺稿』의 구성은 1책의 3편을 제외한 모든 글이 '편지글'로 구성되어 있고, 2책이 '輓詞'와 '祭文'으로 구성되어 있다. 1책의 편지글은 시대순으로 엮은 것은 아니다. 그리고 가장 빨리 쓰여졌다고 생각되는 부분은 첫 부분의 친척의 안부를 묻는 「上外舅」인데, '國恤'이라는 부분이 나오므로 철종 승하의 시점인 1863의 편지이다. 그러므로 『귀은유고』의 글들은 이조수가 1811년생이므로 이 편지글들은 대부분 50대 초반부터 쓴 글을 모은 것이다. 그리고 '만사'와 '제문'은 이조수가 죽은 후 그의 덕을 찬탄하고 그리던 것으로, 특히 '만사'에서는 그가 교우하던 인물들을 알 수 있다. 특히 그의 교우 인물들은 이조수의 선조인 龜巖 李元禎(1622~1680)을 추숭했던 것으로 보인다.

『귀은유고』 1책에서 눈여겨보아야 할 곳은 아들 李相奭에게 보내는 癸酉年, 즉 1873년을 중심으로 한 편지이다. 『귀은유고』 1책에는 두 곳의 「寄奭兒」가 나오는데, 앞쪽에 있는 「寄奭兒」가 1873년의 정치적 상황과 사건을 위주로 기술한 편지이며, 뒤쪽에 나오는 「寄奭兒」는 정치적 상황에 대해서도 기술하고 있지만 사건을 위주로 하였다기보다는 왕에 대한 찬탄이나 친척들에 대한 걱정과 감회 등에 더욱 비중을 두고 있다. 여기에서는 앞쪽의 「寄奭兒」에 대한 내용을 중심으로 살펴보려 한다.

「寄奭兒 癸酉」의 편지에서 저자 李肇秀는 마치 일지를 쓰듯 당시의 상황들을 아들에게 전하고 있다. 당시 이조수는 敦寧府의 일을 맡아 서울에 있었다. 1873년은 그동안 왕을 대신하여 실질적인 정권을 행사하였던 흥선대원군을 대신하여 고종 자신이 직접 정치를 하겠다고 선언하던 때이다. 아울러 이 일은 명성황후와 驪興 閔氏가 그 배후에 있기도 하였다. 이 시기는 대내외적 조선의 정치적 격변기였는데, 자신이 보고들은 상황의 자신의 아들에게 편지로 전하고 있는 것이다. 이러한 편지들은 당시의 역사적 사건들을 담고 있다.

「寄繭兒 癸酉」에 이어지는 「又」에서는 자신은 잘 있으니 걱정하지 말라고 한 다음. 崔益鉉(1833~1906)의 사건을 다루고 있다. 최익현은 익히 잘 알려져 있듯 衛正斥邪派이면서 中華主義的 의식을 가진 사람이다. 그는 결국 대마도로 끌려가 倭人들이 주는 밥과 물을 먹을 수 없다하여 굶어 죽은 사람이다. 1873년 최익현은 흥선대원군의 실정과 고종의 친정을 내세워 상소를 올렸다. 이 사건을 계기로 고종이 정무를 친히 할 것을 선포하니 흥선대원군(雲宮)도 어찌할 수 없었다고 말하였다. 이 사건을 계기로 고종과 흥선대원군의 사이가 벌어졌음은 물론이고 여러 사람이 파직 또는 追削을 당했는데, 이조수는 趙秉昌·韓孝純·李玄逸·睦來善 등이 罷職·追削되었다고 적고 있다. 그러나 이조수는 이 모든 일은 명성황후의 오빠인 閔升鎬에게서 발단된 사건이라 판단하였다. 그리고 결국에는 최익현 역시 제주도에 圍籬安置되었다고 말하였다. 이 편지 뒤에는 날짜가 없지만 『고종실록』에 근거하면 10월 25일 최익현이 소를 올렸고, 11월 12일 제주에 유배갔다는 기록이 있으므로, 이 편지는 11월 말이나 12월 초에 쓴 편지이다.

이 편지를 이어 다시 「又」가 나오는 데, 여기에는 1873년 7월부터 1875년 5월까지 11편의 편지가 이어 나온다. 이 편지의 끝에는 모두 편지를 쓴 날짜가 기록되어 있다. 이 편지는 앞의 「又」보다 더 빠른 시기에서부터 3년간의 편지를 모은 것이다. 1873년 7월의 편지에서는 경상도의 水災와 旱災가 겹쳐 근심이 된다는 이야기와 七夕製에서 趙東弼과 李正來가 되었다고 하고 있다. 같은 해 12월 편지에서는 명성황후의 閔宮과 흥선대원군의 雲宮에 갈등이 있음을 말하고 있다. 또한 역시 12월 편지에서는 민승호가 정치를 농단하고 있음을 지적하고 있으며, 같은 달의 다른 편지에서는 火變이 慈慶宮·交泰展·康寧展에 일어나 왕의 거처가 사라지고, 왕이 昌德宮으로 옮겨 신하로서 황송함을 감당키 어렵다는 내용이다. 1873년 이조수의 편지를 살펴보면 명성황후를 閔妃라 하고 많은 정변의 발단을 그의 오빠 민승호에게 돌렸다. 그리고 흥선대원군을 大院位 또는 大老라고 존칭을 하는 것으로 보아 그는 당시 민씨 세력에 대해 반감을 가지고 있었던 듯하다.

이후 1874년 2월로 이어지는 편지에서는 元子의 탄생과 축하 등 여러 왕실의 상황들이 담겨 있지만, 1974년 7월에 궐내에 內營軍을 설치하고 趙寧夏를 武衛都總使로 삼아 500 여명의 군속을 배치했다는 기록과 함께, 지난달(6월) 몰려온 洋夷 및 프랑스, 미국, 일본을 어떻게 대처해야 하는지 淸에 외교적 문서를 주고 받은 사실도 기록하고 있다. 당시는 외세 세력과 첨예한 대립을 일으키던 상황이었는데, 이 편지들은 그 해 또는 그 달에 해당되는 일만 기술하였기에 이러한 상황은 짤막하게 기록되어 있다.

4. 가치 및 기타

칠곡 석전파 광주 이씨 가운데 이조수는 그리 알려진 인물이 아니다. 또한 이 책을 통해 저자 이조수의 상세한 행적이나 학문적 태도는 살펴볼 수 없다. 그러나 이 책은 이조수의 유일한 저작물이라는 데 그 의의가 있다. 이조수의 저작 가운데 『龜隱本草』(계명대 도서관 소장 필사본 2책)가 있지만, 이는 그의 아버지 李以豊의 『九巖文集』에서 뽑은 것들이다. '만사'나 '제문'을 통해서도 그가 자신의 선조인 龜巖 李元禎을 계승하고 있고, 또한 가계에 있어서도 그의 아버지 이이풍의 유지를 받들고 있음을 알 수 있다. 그의 아들 李相奭이 1920년대 선조들의 문집을 여러 종 간행하였는데, 이 간행에 이조수가 일정한 역할을 했음도 짐작할 수 있다.

【이기훈】

[색인어]

이조수, 이조연, 이이풍, 이상석, 『귀은유고』, 고종, 명성황후, 흥선대원군

[참고자료]

- 「王考遺稿」, 『계명대학교동산도서관소장 善本古書 해제집 I』(계명대출판부, 2008).
- 『조선의 명가 광주이씨 불굴과 휼민의 정치』(서울역사박물관, 2007).
- 조선왕조실록 http://sillok.history.go.kr

龜村文稿

李福老(1469~1533) 著.

필사본 1책(46장)
32.2×23cm, 四周雙邊, 半郭 24.7×19.5cm, 烏絲欄, 11行22字, 無魚尾

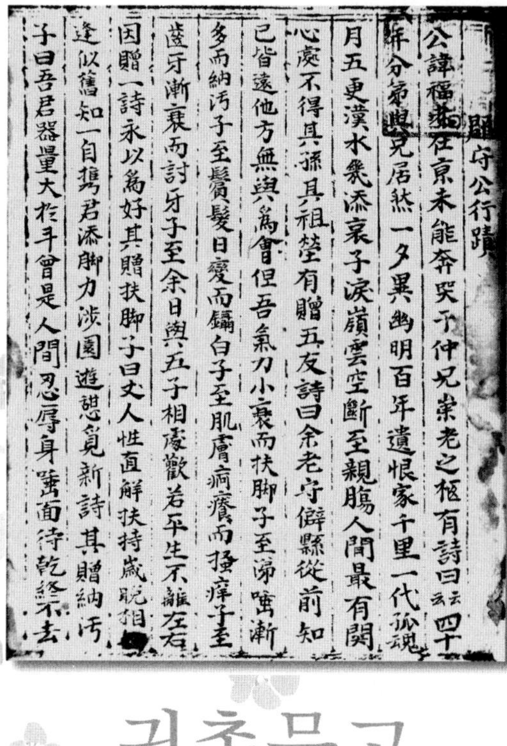

守公行蹟
公諱福老在京未能奔哭于仲兄崇老之柩有詩曰云云四十
年分第與兄居然一夕異幽明百年遺恨家千里一代孤魂
月五更漢水幾添哀子淚嶺雲空斷至親腸人間最有關
心處不得其孫其祖塋有贈五友詩曰余老守僻縣從前知
已皆遠他方無與爲會但吾氣力小衰而扶脚子至涕唾漸
多而納汚子至鬢髮日變而鑷白子至肌膚病癢而搔痒子至
齒牙漸衰而討牙子至余日與五子相處歡若平生不離左右
因贈一詩永以爲好其贈扶脚子曰丈人性直解扶持歲晩相
逢似舊知一自携君添脚力涉園遊憩覓新詩其贈納汚
子曰吾君器量大於斗曾是人間忍辱身隨面待乾終不去

귀촌문고

1. 저자

본서의 저자는 李福老(1469~1533)이다. 벗 魚得江(1470~1550)이 찬한 「郡守公墓碣」 및 年譜, 『합천이씨강양군족보』 등을 참조하여 이복로의 생애를 소개한다. 이복로의 집안은 윗대의 묘가 합천에 있는 것으로 보아, 또한 몇 수의 시를 통해 관향지인 합천에 先山 등 세거지가 있었음을 알 수 있다. 증조부 李瑤와 조부 李仲卿 兩代에 걸쳐 安東都護府使를 지내면서 안동에도 살 곳을 마련한 것으로 보인다. 이복로는 부친 李澤(1425~1487, 官 狼川縣監)과 모친 豐山 沈氏(풍산군 寘의 따님) 사이의 4남 2녀 중 3남으로 漢陽에서 태어났다. 자 百順 또는 君錫, 호는 龜村·雙峯이다. 20대 초반까지 부친의 임소 및 漢陽·楊州 등지에서 생활하였고, 22세 때 鄕邸가 있는 安東 一直에 와서 義城縣令 兪好仁(1445~1494)의 문하에서 학업을 익혔다. 23세 때 一直의 영양남씨(南八俊의 따님)를 맞아 혼인한 뒤 예안현감 金詮(1458~1523)의 문하에서 학업을 하였다. 안동에서 계속 공부를 하던 중 1495년(27세 때) 9월 생원·진사 양시에 모두 합격하여 성균관에 올라왔다가 이후 6~7년간 성균관과 고향을 오가며 학업을 계속 하였다. 1503년 모친상으로 楊州에서 侍墓하였다. 1508년(40세 때) 영천군수 李沆, 의성현령 李耔와 청량산을 유람하였다(行錄이 있다고 함). 1513년(45세 때) 式年文科에 합격하였다. 이후 3년여 서울의 인척 및 친구 집을 빌려 寓居. 博士, 養賢庫 直長, 典籍 등을 지내다가 1517년 겨울 하동현감에 제수, 이듬해 부임하였다. 1519년 진주목사 申永洪, 곤양군수 蔡忱 등과 지리산 쌍계사 유람. 1520년 여름 곤양군수 황필[1] 등과 다시 쌍계사를 유람. 1521년 '지팡이', '唾具', '족집게', '긁게', '이닦개' 등 五友에게 주는 7언절구 詩(幷序)를 지었다. 1523년 하동현감에서 체직되어 典籍이 됨. 1524년 경상도 都事, 1525년 봉상시 판관 등 지냄. 1527년 草溪郡守로 부임. 1529년 밀양부사 趙績을 만나고 돌아오다가 가야산 유람(行錄이 있다고 함), 1530년(어득강 묘갈에는 1531년) 초계군수에서 파직되어 안동으로 돌아옴. 1532년 도연명의 「歸去來辭」, 「歸田賦」, 「閑居賦」 등에 和作을 지었다고 함(逸失). 1533년 7월에 卒(향년 65세)하여 12월 安東 一直 鄕校洞에 장사지냈다. 以上에 거론되지 않은 師友로는 士人 琴元貞(字 正叔, 1501년 진사), 南欽(자 士孝, 1510년 생원, 거주 안동), 魚得江(1470~1550, 자 子游, 호 灌圃), 張昕(1495년 생원 同榜), 趙績(1477년생, 1513년 문과, 大觀齋 沈義의 장인), 李賢輔(1467~1555), 權橃(1478~1548), 金克成(1474~1540), 李長坤(1474년생), 鄭雲卿, 尹商老(廣州尹), 같은 집안의 李涵冰(자 淨夫, 호 休齋, 1525년 생원) 등이 있다.

1) 1525년 경주부윤으로 『용재총화』(목판본)의 발문을 쓴 자임.

2. 구성

『龜村文稿』는 필사본 1책으로 총 46장이다. 표지는 후대에 改裝한 것이고 후반부에 일부 마모가 있어서 근래에 배접한 부분이 있다. 필체 및 지질 등으로 보아 19세기 무렵에 필사된 것으로 추정된다. 책의 곳곳에 校訂 사항이 加筆되어 있어 간행을 위한 교정본임을 알 수 있다. 다만 이 책을 누가 엮었는지, 行蹟 및 年譜 등은 누가 찬했는지 전혀 기록이 없다. 순서는 다음과 같다.

「郡守公行蹟」, 「郡守公墓碣」, 「龜村文稿目錄總數」, 「龜村[2]年譜」, 詩(총 212수)

「龜村文稿目錄總數」에는 "賦辭 9수, 啓四六 5수, 書 6수, 說 5수, 記 10수, 序 6수, 箋狀 7수, 祭文 13수, 墓誌 8수, 雜著 8수, 長篇 22수, 排律 5수, 七言四韻 178수, 五言四韻 141수, 七言絶句 392수, 五言絶句 43수, 六言四韻 6수, 歌謠 9장"이라고 적혀 있다. 하지만 본서에는 시 외의 글은 실려 있지 않다. 수록된 시의 작품수도 목록총수에 적힌 것보다 훨씬 작은 양이다. 즉 칠언고시 1수, 오언고시 3수, 칠언율시 35수, 오언율시 25수, 칠언절구 125수, 오언절구 3수, 가요 20장[3]으로 총 212수(他人의 元韻 25수는 별도)가 실려 있다. 창작연도순으로 배열된 것으로 보인다.

3. 내용

李福老(1469~1533) 著『龜村文稿』(필사본 1책)의 내용 가운데 단연 주목을 끄는 것은 책의 가장 마지막에 실린「花山別曲」과「龜嶺別曲」2편의 경기체가이다. 현존 경기체가 총 작품이 25편 밖에 되지 않고, 또 고려 말 順興 사람 安軸(1287~1348)으로부터 조선전기 金綵(1488~1534, 醴山 거주), 周世鵬(1495~1554, 豊基郡守), 權好文(1532~1587, 安東 거주)에 이르기까지 嶺南(특히 慶北) 일대에서 특히 작품이 계속 이어지고 있다는 점[4] 등을 고려할 때 그 의미는 지대하다. 따라서 全文을 해제자의 현대역과 함께 아래 제시한다.

먼저 볼 작품은「花山別曲」六章이다.

2) '龜村'을 '雙峯'으로 고치라는 교정 부호가 있다.
3) <화산별곡> 6장, <구령별곡> 6장 외에 <草溪鄕校歌謠> 8장이 더 있다.
4) 안축 <관동별곡> <죽계별곡>, 김구 <화전별곡>, 주세붕 <태평곡> 등, 권호문 <독락팔곡>.

草岾東 竹嶺南 安東勝地	초령의 동쪽, 죽령의 남쪽인 안동 승지
望湖樓 觀風樓 憑欄開懷	망호루 관풍루 난간에 기대 가슴을 여네
巫峽在左 星山[5]控右 襟帶長江	무협은 왼편 성산은 오른편에 있는데 긴 강 띠처럼 둘렀네
偉 第一湖山景 何	아, 제일호산의 광경 어떠한가!
大都護府 形勢之地	대도호부 형세의 땅
(再唱)	(再唱)
此外無(豆舍亽)	이 외에는 없도라
民風厚 習俗美 忠義相勉	민풍은 도탑고 습속은 아름다워 충의로 권면하네
尙勤餘 務農桑 夫耕婦織	근검을 숭상하고 農桑에 힘써 남자는 밭 갈고 여자는 옷감 짜네
背筐曲車 出作入事 敦本抑末	광주리 등에 지고 굽은 수레 이용하여 근본을 다지고 말단은 누르네
偉 不事他技景 何	아, 다른 기예 일삼지 않는 광경 어떠한가!
儉而節用 唐魏遺風	검소하고 절약하는 唐魏의 유풍이어라
(再唱)	(再唱)
偉 民生富庶景 何如	아, 민생을 부유하게 하는 광경 어떠한가!
長林畔 映湖樓 絶世樓臺	長林의 가 영호루 절세의 누대
軼雲烟 納灝氣 遊身天表	雲煙이 갈마들고 큰 기운이 들어오니 하늘밖에 몸을 노닐도다
江山風月 景槩千萬 暢叙陻鬱	강산풍월 경개천만 막힌 가슴 풀어주네
偉 登覽宴集景 何	아, 루에 올라 술자리하고 구경하는 광경 어떠한가
錦字紗籠 照耀水面	비단 초롱 수면을 비추네
(再唱)	(再唱)
偉 他代無(豆舍亽)	아, 다른 대신할 것 없도다
淸凉山 文華山 烟霞洞府	청량산 문화산 연하동부
致遠臺 金生庵 神仙古跡	치원대 김생암 신선고적
墨池餘綠 聰明古井 雲隖澗底	묵지에 남은 신록 총명 옛우물 운오의 시내
偉 遊覽物外景 何	아, 물외에 유람하는 풍광 어떠한가!
暫謝塵容 閑適林泉	세속의 모습 잠시 헤어지고 임천에 한적함 누리네
(再唱)	(再唱)
偉 登山逍遙景 何	아, 산에 올라 소요하는 풍광 어떠한가!
琴召川 蓼村灘 合流爲湖	금소천 요촌탄 합류하여 강이 되네

5) 城山의 誤寫.

長波遠 水面濶 方之舟之	긴 물결 멀고 수면은 매끄러운데 배 띄우노라
江魚潑潑 半是銀唇 篝場吹火	물고기 팔딱이니 반은 은어, 심장에 불 켜져있네
偉 及時封進景 何	아, 때 맞춰 (은어) 진상하는 풍광 어떠한가!
瓦灘觀魚 湖上泛舟[6]	瓦釜灘에 고기 구경 호수 위에 배 띄우고
偉 川上行樂景 何	아, 물가에서 행락하는 풍광 어떠한가!
佳麗地 好時節 使華風流	아름다운 곳, 좋은 시절 사또의 풍류
皓齒歌 細腰舞 利園[7]弟子	하얀 치아로 노래하고 가는 허리로 춤추는 이원의 제자
管絃聲裡 杯盤狼藉 賓主交歡	관현 소리에 잔과 소반 낭자하고 손과 주인은 즐겁도다
偉 同樂大平景 何	아, 태평 시절 함께 즐기는 풍광 어떠한가!
厭厭夜飮 不醉無歸	물리도록 한밤까지 마시나니 醉치 않고는 못 돌아가는도다
(再唱)	(再唱)
偉 秉燭夜遊景 何如	아, 촛불 잡고 밤드리 노니는 풍광 어떠한가!

안동대도호부의 경승, 민풍, 토산품을 기술하고 그곳에 유람하는 작가의 감회를 담았다. 마지막 6장에서는 고을 원이 손님을 맞아 妓樂을 베풀어 질탕히 노는 장면을 담았다. 여기 나오는 고유명사들은 대동여지도의 안동부 지도에 대부분 확인이 된다. 아울러 『(신증)동국여지승람』 안동부조에 기술되어 있는 내용도 상당 부분 일치하는 것으로 확인된다. 작자 이복로가 20대부터 안동에 주로 거주하였고 임종을 그곳에서 한 만큼 이 작품의 창작년을 확정하기는 어려움이 있으나 『구촌문고』가 작품연대순으로 배열하고 있는 점, 다음 작품 「龜嶺別曲」이 벼슬에서 물러나 歸田園한 후의 작품인 점 등을 고려하면 역시 최만년 안동에서 지어진 작품일 것으로 추정된다.

이제 볼 작품은 「龜嶺別曲」 六章이다.

福州南 直城縣 雲水勝地	복주(안동)의 남쪽 직성현[8] 운수의 승지
雲山驛 ○○○ ○亽入良[9]	운산역[10] (원문 缺)
萬疊靑山 一帶長湖 翠壁千尋	만첩 청산, 일대 장호, 푸른 절벽 천심
偉 卜居閑適景 其何如	아, 한적한 곳에 복거하는 광경 그 어떠한가
登山臨水 探弄烟霞	산에 오르고 강에 임하여 煙霞를 탐하네
(再唱)	(再唱)

---

6) '再唱'이란 말이 누락되었다.

7) '梨園'之誤.

8) 일직현의 다른 이름. 신라에서 고려초까지 현을 두었다.

9) 이 부분엔 글자가 마모가 있다. 경기체가 형식상 이 행은 3·3·4의 實辭가 와야하는데 마지막 네 자가 문제가 될 듯하다. 둘째 자에 '亽'라는 토가 온 것도 이상하고, 끝의 두 자 '入良'을 어떻게 해석해야 할지도 난감하다. '入良'은 구결로서 '드러'로 풀어지나 여기서 구결로 쓰인 것인지 미상이다.

10) 안동군 일직면 운산리. 조선시대에 이곳에 驛을 두었다.

偉 從我者幾叱分	아, 날 따를 자 몇 분인가
大田山 黃浦水 雲烟相接	대전산 황포수 운연이 상접했네
對雙峯 構草堂 左右圖史	쌍봉 마주하고 초당을 지어 左圖右史 갖추었네
前後琴棊 隨緣度日 樂天知命	앞에는 거문고 뒤에는 바둑판 그때그때 날을 보내니 천명을 받자와 즐기노라
偉 頤養精神景 其何如	아, 정신을 기르는 광경 그 어떠한가!
吟風咏月 暢敍幽懷	음풍영월 그윽한 회포를 푸네
(再唱)	(再唱)
偉 萬歲(乙世伊小西)	아, 만세를 누리소서!
八龍里 南水庵 泉石村庄	팔룡리 남수암 천석촌장
淵柳亭 蒲坪堤 十里長江	연류정 포평제 십리장강
紅蓼花邊 白鷗群飛 乘舟縱棹	붉은 여귀꽃 가로 백로 떼로 날고 배 띄워 맘대로 노 젓누나
偉 泝流上下景 其何如	아, 강물 따라 오르내리는 광경 그 어떠한가!
一竿漁父 傲視三公	낚싯대 맨 어부 삼공(삼정승)을 오만히 보누나
(再唱)	(再唱)
偉 知我者無(豆舍亽)	아, 나를 알 자 없도다
洪鈞轉 暖律回 天氣秋晴	홍균이 바뀌고 따뜻함이 돌아와[11] 날씨 추청해졌네
杏花村 楊柳岸 三月三日	살구꽃 마을 버들 강가 삼월삼짇날
春和景明 水邊陽坡 芳草如烟	봄날의 화창함 강가의 따듯한 언덕 아리따운 풀엔 이내가 낀 듯
偉 踏青浩歌景 其何如	아, 답청하며 호탕한 노래 부르는 풍광 그 어떠한가!
春服旣成 風乎舞雩	봄 옷 갖춰 입고 무에 바람 쐬니
(再唱)	(再唱)
偉 曾點後我(叱分又多)	아, 증점 이후로 나뿐이로다
大火流 金風動 序屬三秋	大火가 흐르고 金風이 불어 시절은 삼추라
山楓丹 巖菊黃 九月九日	산의 단풍 붉고 바위의 국화 노란 구월 중구절
扶携妻兒 佩茱萸實 擧菊花酒	아내와 아이 데리고 산수유 열매 꽂고 국화주를 드노라
偉 登高望遠景 其何如	아, 높은데 올라 먼 데 바라보는 풍광 그 어떠한가
酬酌佳節 消避災厄	좋은 절기에 잔질하며 災厄을 피하노라
(再唱)	(再唱)
偉 千歲(乙世伊小西)	아, 천세를 누리소서

11) 중국 추연의 고사. 피리를 불면 날씨를 따뜻하게 변화시켰다고 한다.

宦海浮沈(豆) 我(卩)知(又亽)　　벼슬길의 浮沈도 나는 아노라
人間榮辱(豆) 我(卩)知(又亽)　　세상의 영욕도 나는 아노라
黃冠野服 忘形魚鳥 江湖散人(伊沙)
　　황관야복으로 몸을 잊고 魚鳥와 어울리는 강호산인이사
我(叱分又多)　　나뿐이로다

4. 가치

계명대 동산도서관에 소장된 『龜村文稿』(필사본 1책)는 조선 연산군·중종 연간에 문학으로 이름이 있었던 龜村 李福老(1469~1533)의 현존 유일본의 시문집이다. 본서의 앞에 소개된 시문 목록도 실제 문집내에 다 실려 있지도 않는 등 시문의 양은 매우 소략한 편이지만 그의 문학의 일단 및 교유 관계를 살피는 데는 충분히 유용하다. 특히 본서에 수록된 경기체가 「花山別曲」(6장)과 「龜嶺別曲」(6장)은 고전시가사 연구에 매우 큰 발굴이다. 현존 경기체가 총 작품이 25편 밖에 되지 않는다는 점에서, 이복로의 이 두 편이 내용적으로 경기체가의 본령에 닿아있다는 데서, 또 안축(순흥)-김구(예산)로부터 주세붕(풍기)-권호문(안동)으로 이어지는 영남(특히 慶北)의 경기체가 傳承의 한 중간에 자리한다는 점에서 자료 가치가 매우 높다고 하겠다.

5. 기타

이상에서 이복로의 생애와, 문집 『구촌문고』의 개황, 경기체가 두 편을 소개하였다. 이와 별도로 부수적인 문제 하나를 거론한다.

조선초기 중국어 교본으로 널리 전파되었던, 윤리 담론을 내용으로 한 중국 희곡 『오륜전비기』의 조선초기 필사본(한국학중앙연구원 장서각 소장본)에는 洛西居士의 서문(1531년)이 붙어있다. 이 자료를 처음 학계에 소개한 심경호 교수는 『국조인물고』에 실린 어득강의 「군수공(이복로)묘갈명」에 나오는 이복로의 저술 목록에 『五倫全書』가 있음을 확인하고 낙서거사가 이복로일 가능성을 제기하였다.[12] 이후 윤주필 교수는 『五倫全書』가 과연 동일 책일지 의문을 제기하며 李沆(1474~1533, 본관 星山, 尙州에 世居)

12) 심경호, 「<오륜전전>에 대한 고찰」, 『애산학보』 8집, 애산학회, 1989. 심경호, 『국문학연구와 문헌학』, 태학사, 2002.

의 호가 洛西 또는 洛西軒이었음을 새로 확인하고 낙서거사가 이 사람일 가능성을 제기하였다.[13] 이상과 같이 『오륜전비』의 서문을 쓴 '낙서거사'를 두고 이복로, 이항 두 설이 제기되어 있는 것이다. 불완전한 형태이기는 하지만 금번 이복로의 『구촌문고』가 처음 발굴됨으로써 이 문제는 다시 원점으로 돌아갈 가능성이 생겼다. 다음과 같은 두 가지 사항이 새로 확인되었기 때문이다.

하나는 『구촌문고』의 연보를 통해 1508년 여름 이복로가 영천군수 이항, 의성현령 이자와 더불어 청량산을 유람(行錄이 있다고 하였음)하였음이 확인된다. 이복로와 이항이 매우 절친한 사이였던 것이다.

또 하나는 이복로의 외가가 풍산심씨 집안이다. 沈貞·沈義 형제는 이복로의 외사촌이다. 1550년 『오륜전비』에 발문을 쓴 沈守慶(1516~1599)은 바로 沈貞(1471~1531)의 손자다. 두 편의 주목할 만한 경기체가를 지은 작가라는 점 외에, 이복로와 관련하여 해명되어야 할 것은 위처럼 몇 가지 사안이 겹쳐 있다.

【김영진】

[색인어]

龜村 李福老, 『龜村文稿』, 景其體歌 「花山別曲」 및 「龜嶺別曲」

[참고문헌]

· 김영진, 「龜村 李福老의 경기체가 -<花山別曲>과 <龜嶺別曲>」, 『한국시가연구』 25, 한국시가학회, 2008.11.

13) 윤주필, 『윤리의 서사화 - <오륜전비> 수용연구』, 국학자료원, 2004.

藍田詩稿

徐其玉(1849~1894) 著.

筆寫本. 1冊 : 四周無邊, 無界,
10行 21字, 無魚尾 ; 29.8×19.8cm.

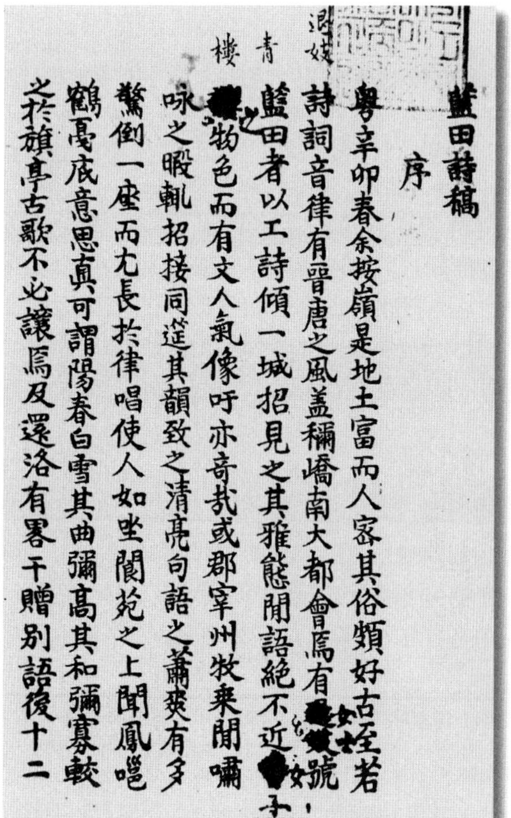
藍田詩稿

序

粤辛卯春余按嶺是地土富而人客其俗頗好古至若
詩詞音律有晉唐之風蓋稱嶠南大都會焉有[illegible]號
藍田者以工詩傾一城招見之其雅態閒語絶不近[illegible]子
[illegible]物色而有文人氣像吁亦奇哉或郡宰州牧乘閒嘯
咏之暇輒招接同遊其韻致之清亮句語之蕭爽有多
驚倒一座而尤長於律唱使人如坐閬苑之上聞鳳喤
鶴戛底意思眞可謂陽春白雪其曲彌高其和彌寡較
之於旗亭古歌不必讓焉及還洛有畧干贈別語後十二

남전시고

1. 저자

본서의 저자는 19세기 후반 대구의 기생이었던 藍田 徐其玉(1849~1894)이다. 그동안 徐其玉이라는 여성 한시 작가에 대해서는 알려져 있지 않았는데, 본서를 통해 19세기 후반을 대표하는 여성 시인으로서의 면모를 확인하게 되었다.

徐其玉은 妓名이 貴香이며, 호는 藍田이고, 본관은 達城이다.[1] '其玉'은 그녀의 어릴 때 이름이며, 대체로 '藍田'이라는 호로 불려졌다.[2] 그녀는 1849년에 大邱府 薪田洞에서 태어났으며, 11세에 大邱府 官妓가 되어 기생으로서의 삶을 살아갔다. 그러다가 20여세 무렵 經史子集 등의 한문 고전을 폭넓게 학습하고 唐宋詩를 공부하면서 새로운 삶을 추구하게 된다. 한말의 대표적인 사상가이며 애국계몽운동가였던 海鶴 李沂가 1891년 대구에 왔을 때 처음 徐其玉을 만나게 된다. 그 때 서기옥은 나이 42세로, 다음과 같이 자신의 삶을 술회하였다.

> "10 여세부터 大邱府의 妓籍에 편입되었는데, 자못 歌舞를 잘하여 수백천 금의 재화를 벌었습니다. 그러다가 옛날 班昭와 薛濤 등의 무리를 떠올려 보니, 하늘이 재주를 내릴 때 남녀를 구분하지 않았으며, 다만 제가 배우지 않았음을 병통으로 여기게 되었습니다. 이에 당나라 시인들의 오언시와 칠언시를 가져다가 자세하게 읽었습니다. 점차 한시 시구를 만들어 내어 세상사람들로부터 칭찬을 받게 되었습니다. 더불어 교유했던 이들로는 此山 裵婰, 畹山 金蘭 등이 모두 유명한 시인 명사였습니다. 그들이 내방하면 반드시 차와 술로 접대를 하였는데, 집안이 더욱 가난해지고 몸은 또한 늙어갔습니다. 천하의 情恨은 끝이 없고 詩는 더욱 심합니다. 그래서 저는 여자의 몸으로 이 세상에 살면서 한 명의 知己를 얻고 죽는다면 만족할 것입니다." (李沂, 「藍田詩稿序」)

기생으로서의 삶을 청산하고 시인으로서의 삶을 살아가기로 결심한 서기옥은 당송시를 학습하면서 한시 창작에 힘을 쏟았다. 이때부터 藍田의 詩名이 알려지기 시작했다. 그녀가 기생 생활을 언제 그만두었는지 정확하게 알려져 있지 않지만, 30세 이후에는 경상북도 漆谷郡 箕陽里에 터전을 마련하고 그곳에서 생활하였다. 이곳은 금호강이 가까이 흐르고, 팔공산과 이웃하고 있는 架山 아래에 있는 마을이었다. 대구 도회지에서의 기

---

1) 경상도 관찰사를 지냈던 李鐫永의 『嶠藩集略』(국립도서관 소장본) 5冊에 「退妓貴香, 號藍田, 居漆谷鳴淵, 而曾以詩聞, 故招來偕吟」이라는 시가 실려 있어, 徐其玉의 妓名이 貴香임을 알 수 있다. 이헌영은 『藍田詩稿』에 서문을 썼는데, 본서에 수록된 이헌영의 서문에는 일부 글자를 지우고 다시 써놓은 것이 있다. 즉 '退妓'를 '女士'로 바꾸고, '靑樓'를 '女子'로 바꾸었다. 참고로 이헌영의 『再嶠集略』(국립도서관 소장본) 1책에 「藍田妓詩集序」가 수록되어 있는데, 그곳에는 '退妓'와 '靑樓'로 기재되어 있다.

2) 海鶴 李沂가 쓴 「謝徐藍田」(『李海鶴遺書』, 권12)라는 제목의 시에 보면, "藍田, 名其玉, 本大邱妓也. 頗工於詩, 年四十餘, 退居漆谷府架山之隅"라고 밝혀놓았다. 그리고 본서에 수록된 해학 이기의 서문 중에 '其玉'이 '小名'임을 註로 적어놓았다.

생 생활을 청산하고 산촌 마을에 자리를 잡은 서기옥은 영남 지역의 시인묵객들과 교유하면서 남성들의 시사 모임과 연회에 참여하여 활발한 한시 창작 활동을 계속하였다. 아울러 그녀가 머물고 있는 기양리에 시인 묵객들이 방문하여 시회를 빈번하게 열기도 하였다. 그녀가 교유했던 인물들로는 앞서 언급한 배전, 金蘭 이외에 徐錫止, 鄭來朝, 金舜夏, 崔錫珉 등 영남 지역의 문인 학자들이 다수를 차지한다. 徐錫止(1826~1906)는 대구 지역의 대표적인 명필가로 유명했던 인물이다. 다른 한 부류로는 대구에 머무르는 중에 교유를 맺은 인물들이다. 海鶴 李沂는 1891년 대구를 찾았을 때 서기옥과 교유를 맺었으며, 그 외에 경상도 관찰사를 역임한 이헌영 등이 대표적인 인물이다.

徐其玉은 1894년 병으로 세상을 떠났다. 슬하에 3남 2녀를 두었는데, 그 중에서 딸 小桃는 호가 小藍으로, 한시 창작에 능하였고 난초 그림을 잘 그렸다. 본서의 부록에 15題 17首의 한시 작품이 수록되어 있다. 小桃 또한 19세기 후반을 대표하는 여성 예술가의 한 사람으로 자리매김될 필요가 있다.

2. 구성

『藍田詩稿』는 작품 뿐만 아니라, 서문과 발문, 目錄, 行狀, 輓章, 附錄 등이 수록되어 있다. 문집 간행을 목적으로 정서된 필사본으로 보인다. 서발문, 행장, 만장 등을 포함하여 『남전시고』의 전체적인 구성은 다음과 같다.

序文 : 李鑢永, 趙秉瑜, 李沂, 李斗錫, 蔡憲植
跋文 : 殷憲杓
總目錄 및 目次
한시 작품
輓章 : 李容直, 鄭濟斌, 李圭容, 嚴柱鶴, 池錫永, 崔英達, 盧奎南, 鄭際唐, 徐薰, 鄭來朝
行狀 : 崔德林
附錄 : 小藍 徐小桃, 雲坡 趙秉瑜의 한시

본서 맨 앞에 다섯명이 쓴 서문이 실려 있다. 서문을 쓴 시기는 서로 다른데, 이것은 훗날 간행할 목적으로 여러 해에 걸쳐 문집에 수록될 서문을 받아놓은 것을 정리했기 때문이다. 다섯 편의 서문 중 첫 번째에 실려 있는 이헌영(1837~1907)은 1881년 신사유람단의 일원으로 일본 문물을 시찰하였고 주일공사를 지내다가 1890년 귀국하였다. 그후 1891년에 경상도 관찰사로 대구로 내려왔다가 徐其玉을 만나게 된다. 이헌영이 경상도 관찰사로 재임할 때 저술한 『嶠藩集略』에는 서기옥에게 준 한시 작품이 다수 실려 전한다. 이헌영은 1902년에 다시 경상도 관찰사로 내려오게 되는데, 이때 서기옥이 죽었다는 소식을 들었으며, 『남전시고』를 편찬하여 간행하고자 한 小桃의 부탁으로 본서의 서문(1903년)을 쓰게 된다.

한말의 대표적인 학자 문인이었던 海鶴 李沂(1848~1909)는 1881년 이후로 꽤 오랜 기간 영남과 호남을 왕래하면서 생활을 하였다. 이기와 서기옥이 처음 만난 것은 李沂가 1891년 봄에 대구로 왔을 때였다. 이 무렵 서기옥에게 준 한시 두 편이 『李海鶴遺書』에 전한다. 1896년 다시 대구를 찾았을 때에 본서의 서문을 써주었다. 雲坡 趙秉瑜는 한말의 관료 문인으로 이 무렵 지방 관직을 역임하였는데, 1905년 義興郡守로 재임할 때 본서의 서문을 써주었다. 趙秉瑜는 서기옥의 딸 徐小桃와 師弟의 관계를 맺은 인연이 있는 인물이다. 徐小桃에게 써 준 작품이나 칠곡군 기양리를 소재로 한 작품 등이 본서의 부록에 徐小桃의 작품과 함께 실려 있다. 그리고 『後潭文集』(6권 2책)을 남긴 蔡憲植(1855~1933)은 대구 지역의 한학자로서, 대구 尙德祠 안에 文友觀을 창건하여 춘추로 강회를 열기도 하는 등 학문 연구와 제자 교육에 힘을 쏟았다.

본서에는 서문과 발문 이외에 輓章과 行狀도 함께 수록되어 있다. 徐其玉의 죽음을 애도하는 만장은 모두 10명이 남기고 있다. 여성 시인의 문집 안에 서발문 이외에 10명의 학자 문인들이 지은 輓章이 수록되어 있는 점은 주목할 만하다. 만장을 지은 10명 중에서 李容直은 성균관 대사성 등의 관직을 역임하고 1893년 경상도관찰사로 부임하였던 인물이다. 雨航 鄭來朝는 서기옥과 교유를 하면서 여러 편의 한시 작품을 주고 받았던 인물이며, 崔英達은 대구 지역의 문인 학자로서 문집 『玩山遺稿』를 남기고 있다. 그 외의 인물들 또한 대부분 대구 지역에 기반을 둔 문인 학자들로 추정된다. 행장은 石年 崔德林이 1931년에 작성했다. 대구 지역의 문인이었던 그는 서기옥이 거처하였던 칠곡의 기양리에 머물면서 서기옥 및 대구 지역 문인들과 시회 모임을 가졌다. 徐丙奎의 문집 『畲農詩稿』 권2에 崔德林이 지은 한시 작품이 9題 10首 실려 전한다.

한시 작품은 詩體別로 구분하여 수록하였다. 부록을 제외하고, 徐其玉의 수록 작품을 유형화하면 다음과 같다.

詩體	작품수	詩體	작품수
五言絶句	12題 12首	五言律詩	6題 6首
七言絶句	55題 61首	七言律詩	34題 35首
詞	5題 5首	賦	1題 1首

詞賦를 제외한 한시 작품은 모두 107題 118首이다. 여성 문인의 작품으로 적지 않은 분량이다. 시체별 작품수를 비교해 보면, 오언시 보다 칠언시가 압도적으로 많은 비중을

차지하고 있다. 그리고 본서에는 한시 작품 이외에 詞와 賦 작품을 남기고 있다는 점에서도 주목된다. 특히 우리나라 문인들 가운데 詞 작품을 남긴 이들이 매우 적은 가운데, 徐其玉은 詞 작품을 5수 남기고 있다.

부록을 포함하여 본서에 수록된 작품의 전체 목록은 다음과 같다.

五言絶句

「折梅」, 「述懷」, 「讀書」, 「西江送盪蔣舊伴」, 「溪上偶題」, 「獨酌」, 「權海史見訪」, 「送海史」, 「溪亭秋夜」, 「山寺」, 「有感」, 「偶吟」

五言律詩

「寒食」, 「春日題壁」, 「上元」, 「過友人別院」, 「訪鄭詞伯雨航莊」, 「秋日謾吟」

七言絶句

「山村卽事」, 「秋日寄文詞勇后山」, 「松館書懷」, 「秋夕憶鄕山」, 「山家卽事」, 「淸明記見」, 「春恨」, 「訪東隣」, 「天柱寺燒香歸寄鄭詞伯雨航」, 「把溪賞楓」, 「有所思」, 「次梅鶴亭韻」, 「奉寄良人」, 「見牧丹初開有懷」, 「示女兒小桃」, 「秋夜」, 「山村夏日」, 「田家卽事」, 「山亭避暑」, 「松館秋懷」, 「臘梅」, 「蘭」, 「竹」, 「畵菊」, 「葡萄」, 「芭蕉」, 「茅齋閒興」, 「贈別友人」, 「夏夜」, 「咏鶯」, 「石榴花」, 「小雨」, 「酒渴煮茶」, 「卽事」, 「養蠶」, 「晩酌」, 「夕陽在山」, 「山村卽事」, 「夜起獨咏」, 「同群公賞秋」, 「偶題」, 「映碧亭陪巡相題壁」, 「輓京居金成浩」, 「訪漁子不遇」, 「戱贈或人」, 「惜春二首」, 「送全詞伯一靑之湖西」, 「陪知州夜登望京樓」, 「雪」, 「晩春」, 「聞徐進士石齋住把溪寺往訪不遇」, 「惜春」, 「與諸詞伯醉中走筆」, 「題鳴淵」, 「伏呈澄淸閣五絶」

七言律詩

「松林寺同曺社溪李嗜石」, 「山堂晩興」, 「晩春共金委員止雲話」, 「閒中同諸詞宗」, 「送全一靑詞伯」, 「和金使君韻」, 「重陽」, 「水亭秋夜有懷寄崔參奉芸谷」, 「題龍山草堂」, 「親家無后晩立螟嗣喜而志感」, 「山窓記見」, 「題松館」, 「早春徐八下丈見過」, 「秋夜小集」, 「映碧亭」, 「春日卽事」, 「澄淸閣陪東蓮李巡相大人口號輒對」, 「上元踏橋」, 「琴湖江贈同伴楚月之京」, 「澄淸閣戰藝二首」, 「阮坡尹公莊小集」, 「詠歸亭陪東蓮李巡相讌」, 「澄淸閣見招」, 「山中送淇鄕親知」, 「暮春」, 「春日和諸客」, 「寒食小酌」, 「東郊餞春」, 「奉別東蓮巡相還朝」, 「七夕有懷」, 「別李美河」, 「春懷」, 「敬和呈東蓮台監寄遠」, 「重陽獨酌」,

「贈全詞伯一靑」, 「陪巡相登南門樓」, 「法聖洞書塾同諸詞伯」, 「鳴淵風浴」, 「上元同諸詞伯」

詞

「古意奉寄良人」, 「三五七言」, 「金井梧桐歌呈金石村鄭雲樵」, 「古松」, 「山丹花」

賦

「松館賦」

附錄 1 : 小藍 徐小桃의 한시(15題 17首)
「早春與女伴曺桂齋李秋塘訪徐畬農丈書室」, 「上元東門樓望月」, 「林園晴望」, 「東郊餞春」, 「閒居述懷」, 「秋夜獨坐」, 「友人見訪」, 「秋日同諸詞伯遊李公堤」, 「雪夜鄭雨航徐中山崔芸谷鄭松年金畹山諸詩社丈來訪拈韻」, 「九月十六日東岡詩社稧會同諸員登達城」, 「秋日小酌」, 「自箕陽村第到南山舊居陪義興郡守雲坡趙氏吟」, 「月城李氏宗堂」, 「淸夜又吟」, 「敬和趙雲坡丈寄詩三首」

附錄 2 : 雲坡 趙秉瑜의 한시(5題 7首)
「寄小小」, 「秋日達城二首」, 「鳴淵懷古」, 「箕陽村莊」, 「偶到星山館聞裵詞伯將掇歸村第諸彦以詩餞別遂冒拙以呈」

부록에는 徐其玉의 딸 小藍 徐小桃의 한시 작품이 15題 17首 실려 있다. 대구 지역 문인이었던 徐丙奎의 문집『畬農詩稿』에 보면,「仲春女史李秋塘(蓮玉)李小藍(小桃)來訪, 設酌留吟」이라는 한시 작품이 수록되어 있다. 徐小桃 또한 당시 대구 지역의 문인들과 활발하게 교유를 하면서 다수의 한시 작품을 창작하였음을 알 수 있다. 참고로 徐丙奎의『畬農詩稿』에는 17명의 한시작가의 작품이 부록으로 실려 있다. 그 중에서 徐小桃의 한시가 9題 10首 수록되어 있는데, 본서의 부록에 수록된 작품과 같은 내용이다. 또 다른 여성 시인인 李秋塘의 한시도 8題 8首 수록되어 있다. 徐小桃와 李秋塘은 이 시기의 여성 시인의 한 사람으로 조명될 필요가 있다.

3. 내용

본서에는 남전 서기옥이 기생 생활을 청산한 다음 경북 칠곡군의 기양리에서 머물면서 쓴 작품들이 대부분 수록되어 있다. 대구 도회지의 생활로부터 농촌 시골 마을의 생활로의 전환, 기생의 삶에서 시인의 길로의 변환이 본서에 수록된 작품들의 출발점인 셈이다. 그러한 점에서 본서에 수록된 남전 서기옥의 한시 중에서 우선 과거 기억에로의 회상과 그것과의 단절을 다루는 작품들이 주목된다.

서기옥은 20세 무렵까지 대구 관아의 기생으로 있다가, 이후 기생 생활을 청산하고 경북 칠곡의 산촌 마을에 살면서 한시 창작에 전념하였다. 과거 시절 기생 생활에 대한 기억을 떠올리며 기생으로서의 살았던 지난 삶을 되돌아보기도 하고, 기생 시절 같이 지냈던 친구들을 떠올려 보기도 한다. 그것은 회상의 형태로 나타나기도 하지만, 잊어야 할 단절의 대상으로 노래되기도 한다. 「山村夏日」에서 시인은 "예전 성 안의 봄날 기억나니 / 술잔 들고 꾀꼬리 울음과 꽃을 함께 감상했었지(憶曾城裏艶陽節, 共賞鶯花携玉觴)"라고 하면서 지난 시절의 기억들을 떠올리고 있다. 때로는 「山寺」라는 시에서처럼 "한줄기 향연기 속에서 / 아득히 지난날의 잘못 뉘우치네(一炷香烟裏, 依俙懺昔非)"라고 읊기도 한다. 退妓로서 물러나 생활하는 자신을 되돌아 보면서, 과거에의 기억을 회상하거나 때로는 그로부터의 단절을 모색하기도 한다. 이러한 과정을 거치면서 서기옥은 점차 산촌 생활에 적응해 가는 모습을 노래한다. 「田家卽事」에서는 "시골에서 농사짓는 즐거움을 점차 깨달으니 / 늙은 농부 한가로이 앉아 바윗가에 잠들어 있네(漸覺田家耕稼樂, 老農閒坐石頭眠)"라고 노래하기도 하고, 「偶唫」에서는 "산중에 이러한 즐거움 있으니 / 산중 사람의 아낙이 되어 좋네(山中有此歡, 好作山人婦)"라고 읊기도 한다. 「讀書」, 「山村卽事」, 「松館書懷」, 「山家卽事」, 「養蠶」, 「春日卽事」 등의 작품은 번화한 도회지에서 벗어나 산촌에서 생활하면서 느끼는 흥취를 노래한 시들이다. 과거 기억의 회상과 단절이라는 각도에서 보았을 때, 본서에 수록된 서기옥의 한시 작품을 통해 우리는 退妓의 삶과 그 의식의 한 단면을 이해할 수 있다.

본서에 수록된 한시 중에서 또 하나 주목되는 것은 남성 문인들과의 활발한 교유 및 시회 활동을 통해 창작된 작품들이다. 「權海史見訪」, 「訪鄭詞伯雨航莊」, 「同群公賞秋」, 「與諸詞伯醉中走筆」, 「澄淸閣戰藝」, 「春日和諸客」 등의 작품들이 그러한 예이다. 대구 지역 인근의 문인과 관료들이 徐其玉의 詩名을 듣고 직접 집을 방문하여 시를 주고 받기도 하였고, 남성들의 詩社에 나가 함께 한시를 수창하기도 하였다. 「早春徐八下丈見過」는 대구 지역의 名筆家로 유명했던 徐錫止와의 교유를 보여주는 작품이며, 「澄淸閣戰藝」, 「澄閣見招」, 「詠歸亭陪東蓮李巡相讌」 등은 경상도 관찰사가 주관한 연회석상에서 지은 작품들이다. 澄淸閣은 경상감영 내에 있는 건물의 이름이다. 「同群公賞秋」, 「與諸詞伯醉中走筆」, 「法聖洞書塾同諸詞伯」, 「上元同諸詞伯」 등은 詩社의 일원들과 함께 詩會에서 주고 받은 작품들이다. 그런데 이러한 작품들 가운데 「與諸詞伯醉中走筆」에서 "좌중에는 슬픈 노래 부르는 연나라 조나라 선비들 많으니 / 나도 또한 女俠이 되기를 바라네(座多燕趙悲歌士, 我願同爲女俠人)"라고 노래한 대목이 눈에 띈다. 답답하고 울울한 자기 심사를 토로하는 성향의 작품들에 주목할 필요가 있다. 이와 관련해 「春日戱題」, 「春恨」, 「惜春」, 「晩春」 등의 작품에 언급된 '봄날의 시름'이라는 주제에 주목할 필요가 있으며, 아울러 앞서 언급한 海鶴 李沂의 서문을 상기할 필요가 있다. 海鶴 李沂의 표현을 빌리면, 서기옥은 "성품이 또한 대범소탈하여 어디에 매이는 것이 없었다. 항상 여자의 몸으로 태어난 것으로 인해 답답해 하면서 즐겁지가 않았다. 그래서 그녀의 시에는 슬픔과 한탄이 많다."(「藍田詩稿序」)고 하였다.

한시 작품 이외에 詞와 賦 작품이 일부 실려 있어 사부 작가로서의 면모 또한 확인할 수 있다는 점에서도 주목된다. 詞 작품을 5수 남기고 있는 데에서, 詞賦 작가로서의 능력을 인정받을 만하다.

4. 가치

『藍田詩稿』는 그동안 알려지지 않았던 19세기 후반 기생 출신의 유일본 여성 한시집이다. 중세 시대 여성의 문집으로 현재까지 전하는 사례가 드물다. 100 여수를 상회하는 한시 작품을 남긴 여성 작가의 문집이라는 점에서 본서의 자료적 가치는 매우 크다고 하겠다. 본서의 저자인 藍田 徐其玉은 19세기 전반기 雲楚, 錦園, 竹西, 瓊山, 瓊春 등 이른바 운초그룹 여성 작가를 계승하고 있다는 점에서 그 시사적 위상을 갖고 있다. 실제로 雲坡 趙秉瑜는 본서의 서문에서 우리나라 여성 한시의 계보를 기술하면서, 황진이 이후 운초그룹을 언급한 다음 藍田 徐其玉을 그들의 뒤를 잇는 近世 名家로 평가하였다. 남전 서기옥은 경남 김해 출신의 기생 姜澹雲과 함께 19세기 후반을 대표하는 여성 시인으로 새롭게 조명될 필요가 있다. 徐其玉이 자신과 교유했던 인물로 此山 裵婰을 들고 있는 점으로 미루어 보아, 서기옥은 김해 지방의 기생이었던 姜澹雲의 존재에 대해 잘 알고 있었을 것으로 보인다. 한편 기생 출신의 여성 시인들의 시사적 전통은 20세기 초 울산 출신의 기생 李九簫로 계승된다. 최근에 학계에 소개된 九簫 李鳳仙(1894-1992)은 1900년대, 1910년대 기생 출신으로 한시집을 남긴 유일한 작가이다. 19세기에서 20세기 초에 이르는 기생 작가의 작품 세계를 이해하는 데에 본서는 많은 도움을 줄 것이다.

아울러 본서에는 부록에 徐其玉의 딸 小藍 徐小桃의 한시 작품이 15題 17首 수록되어 있다. 이런 점에서 보면 본서는 두 모녀의 시들을 모아놓은 합작 시집의 성격도 지니고 있다. 어머니와 딸이 모두 한시에 능하여 작품을 남기고 있는 경우가 드물다는 점에서, 그리고 徐其玉 이외에 徐小桃라는 또 다른 여성 시인의 존재를 확인할 수 있다는 점에서도 본서의 자료적 가치는 매우 크다고 하겠다.

【鄭雨峰】

[색인어]

藍田 徐其玉,『藍田詩稿』, 19세기 후반 기녀 한시집, 딸 小藍 徐小桃의 漢詩.

[참고문헌]

· 姜澹雲,『只在堂稿』, 허미자 편,『한국여성시문전집』, 국학자료원, 2004.
· 金蘭,『畹山稿』, 국립중앙도서관 소장본.
· 徐丙奎,『畬農詩稿』, 국립중앙도서관 소장본.
· 李沂,『李海鶴遺書』, 한국문집총간 347.
· 李鑢永,『嶠藩集略』, 국립중앙도서관 소장본.
· 李鑢永,『再嶠集略』, 국립중앙도서관 소장본.
· 蔡憲植,『後潭文集』, 국립중앙도서관 소장본.
· 崔英達,『玩山遺稿』, 계명대도서관 소장본.
· 박영민,「강담운, 명기의 내적 성찰과 비분의 서사」,『우리어문연구』20, 우리어문학회, 2003.
· 박영민,「李鳳仙, 관기제도 해체기 기생의 재생산과 사회적 정체성」,『고전문학연구』34집, 한국고전문학회, 2008.
· 이성혜,『차산 배전 연구』, 보고사, 2002.

聾巖遺稿·聾巖謾錄

李相奭(1835~1921) 著.

筆寫本(草稿本) 1冊(零本)
四周無邊, 無界 10行20字, 無魚尾 ; 31.7×20.0cm.

筆寫本(定稿本) 1冊(零本)
四周無邊, 無界, 10行20字, 無魚尾 ; 30.0×19.9cm.

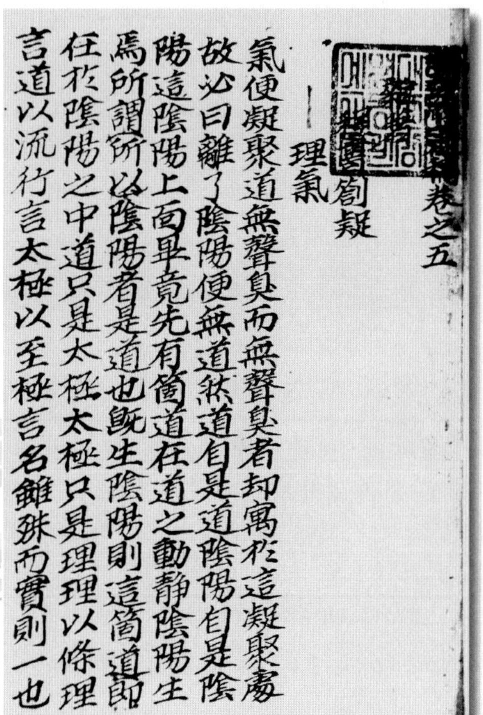
卷之五
箚疑
理氣
氣便凝聚道無聲臭而無聲臭者却寓於這凝聚處
故必曰離了陰陽便無道然道自是道陰陽自是陰
陽這陰陽上面畢竟先有箇道在道之動靜陰陽生
焉所謂所以陰陽者是道也旣生陰陽則這箇道卽
在於陰陽之中道只是太極太極只是理理以條理
言道以流行言太極以至極言名雖殊而實則一也

농암유고·농암만록

1. 저자

저자 李相奭의 자는 濟汝, 호는 聾巖, 본관은 廣州이다. 그는 1835년(헌종 1)에 칠곡군 왜관읍 석전에서 敦寧府都正을 지낸 李肇秀(1811~1884. 뒤에 肇淵으로 고침)와 仁同 張氏(縣監 錫愚 女) 사이에서 태어나 1921년 87세의 나이에 별세하였다. 庚申獄事와 관련된 文翼公 元禎의 8세손이고, 靜齋 聃命의 7세손이다. 조부 九巖 李以豐(1768~1827)이 아들이 없어 그의 막내 동생 以晉(1784~1828)의 아들 肇秀를 후사로 삼았다.

「行錄」과 「墓碣銘」에 의하면, 저자의 학문은 기본적으로 선대의 家學에 연원을 두고 있다. 仲父 龜岡公 懿秀(1805~1851)에게 受學하였으며, 일찍 科業을 그만두고 爲己之學과 후진양성에 힘썼다. 일제강점기에 접어들자 의관을 벗어던지고 罔僕(신하노릇 하지 않음)을 맹세하며 杜門謝客하였다. 그리고 거주하는 곳의 서쪽에 聾巖精舍를 지어 머물면서 『爲學要訣』·『四禮疑解』·『朱書抄類』·『朱語三傳』·『倫綱錄』 등을 纂次했고, 저서로는 『論孟剩說』·『程書箚疑』와 詩文 약간 卷을 남겼다. 爲己之學과 후진양성에 힘쓰는 한편 先祖에 대한 追遠의 마음이 깊어 再從 동생 相洛(1845~1922)과 더불어 석전동에 洛村·歸巖·靜齋 三世의 齋舍(洛村亭, 景巖齋, 紹巖齋)를 창건하였고, 『九巖文集』(1911년 刊, 목활자, 4권 2책)과 『龜岡先生文集』(1876년 刊, 목활자, 8권 4책)을 간행하는 등 崇先 사업에 치력하였다.

평생 벼슬을 하지 않고 崇先 사업과 학문에 전념 하였는바, 詞章의 글은 드물고 書, 箚疑, 序 등 실용문이 대부분을 차지하고 있다.

2. 구성

筆寫本(草稿本) 『聾巖謾錄』은 내제에 '聾巖謾錄 六' 이라고 되어 있다. 謾錄이라는 표현처럼 일정한 체계를 갖추고 있지 않으며 書, 雜著, 行狀, 說, 記로 구성되어 있다. 筆寫本(定稿本) 『聾巖遺稿』는 표제에 '聾巖遺稿 利' 라고 되어있어 전4책 중 제3책에 해당하는 것임을 알 수 있다. 목차를 살펴보면 卷之五에는 雜著가 卷之六에는 序, 記, 跋이 수록되어 있다. 시는 없고 산문만 수록되어 있다. 몇몇 작품에 年紀가 기록되어 있으나 순서가 뒤섞여 있어 순차적 기록은 아닌 듯하다. 본서에 수록된 목차는 다음과 같다.

『聾巖謾錄』

「上答敏窩丈」 第一·「候澹屋叔主」·「謝仙源鄭叔丈致龜」·「上寒洲李丈」 第五·「又」

第六·「又」第二·「又」第三·「與鄭聖欽」·「與羲賓」·「又」·「又」「答西湖族祖」·「答張周若」「上持軒叔主」第五·「候寒洲李丈」第一

「周子太極圖說」·「讀近思錄」·「四端七情說辛巳」·「理氣說」·「心說」·「人心道心」·「讀大學」·「書忠武公皇朝八賜後」·「書栗谷論朋黨疏後」·「文翼公府君家狀後語」·「副學公府君家狀後語」·「蔡子晦形性圖說」·「先考通政大夫敦寧府都正府君家狀」·「曾王考學生府君行錄」·「百榴園記辛未」·「讀論語」(伯夷叔齊, 泰伯虞仲, 泣麟, 顔淵問爲邦, 程子曰昔受學於周茂叔每令尋仲尼顔子樂處所樂何事, 顔淵喟然歎, 有心哉擊磬乎, 逝者如斯夫, 吾斯之未能信, 溫故而知新可以爲師矣)·「讀大學」「讀孟子」(王覇, 仁術, 本然之權度, 樂天畏天, 小勇大勇, 同行異情. 曾西)·「讀大山集」(忠恕, 天理人欲同行異情, 戒愼恐懼愼獨, 腔子外是滿腔子物事, 敬靜合一, 靜中有物, 理氣無限, 心無出入, 靜無資於動動有資於靜)·「讀太極圖說」·「讀近思錄」·「辨蔡子晦形性圖說」·「大祥而縞」·「祖死未殯而父死服辨」

『聾巖遺稿』利

聾巖遺稿 卷之五

雜著：「程書箚疑」(理氣, 鬼神, 心思, 性情, 仁義禮智信, 志氣, 夢寐, 敬)·「謁崇陵丙子五月」·「伏讀正廟聖教」·「讀安文敬公墓誌」·「讀松巖先生行蹟」·「讀士林通文」·「讀洛村府君答藤庵先生書」·「讀進庵書」·「讀靜齋府君鄕約通文」·「讀朱子書」·「讀六代祖考成均生員府君綱鑑大成序」·「讀曾王考輓」·「遣懷文」·「弔蜂君文」·「漫筆」·「李義士傳」

聾巖遺稿卷之六

序：「琴齋先生鄭公逸稿序」·「有華堂修契案序」·「箕南契序」·「送李君龍奎序」·「送姜戚禹七序」·「合歡契序」·「送族祖武用序」·「送族叔而善歸三河叙」·「三三契序」·「李義士文集重刊序」

記：「養浩堂記」·「泗陽書院講學記」·「梅雪軒記」·「景慕齋記」·「道南齋記」·「百榴園記」·「三患齋記」·「追遠齋記」·「洛村亭記」·「景巖齋記」·「紹巖齋記」·「持軒記」·「聾巖記」·「遺世巖記」·「惺惺齋記」·「二一軒記」

跋：「書退溪先生聖學十圖後」·「書栗谷論朋黨疏後」·「書忠武公皇朝八賜後」·「書雪庵衛谷吳氏兩世忠孝錄後」·「石塘曺公遺集跋」·「訥庵金公文集跋」·「書澗齋李公事實後」·「書李孝子柄鉉行撰後」·「書尹氏世稿後」·「書靑巳世稿後」·「謹書仲舅谷隱詩集後」·「書心經發揮或問後」·「書晩歸亭講錄後」·「書藏窩說後」·「書知非箴後」·「書花樹亭記後」·「書權巢山自序後」·「題柳甥道昇學說後」·「謹書文翼公神道碑銘後」·「文翼公家狀後語」·「靜齋府君家狀後語」·「謹書從六代祖考六代祖妣行錄後」·「謹書群書發函後」·「敬書黙

軒先生揭鑑湖堂題詠跋後」·「書淸濁翁說後」·「書石南詩稿後」·「謹書逐謄宸翰後」·「謹書仲父龜岡府君遺稿後」·「書爲學要訣後」·「書四禮疑解後」·「敬書皇考都正府君性理抄選後」·「小宗契案後識」·「書琴景涵壽母詩後」

3. 내용

사위 柳道昇이 쓴 「行錄」과 郭昌承이 찬한 「墓碣銘」에서 알 수 있듯이, 저자는 일찍 과거를 포기하고 爲己之學을 추구하였기에 남아있는 그의 글에는 이와 관련된 학술적 내용이 대부분을 차지하고 있다.

『聾巖謾錄』에는 학술적 논의를 담은 書와 雜著가 대부분을 차지하고 있다. 書는 모두 15편이고, 그 중에서 寒洲 李震相(1818~1886)에게 올린 편지가 6편이다. 經書에 대한 의문점과 心性義氣의 妙奧와 體用動靜의 根柢 등에 대해 질정, 논변하고 있는데, 당시 학풍과 저자 자신의 학문적 성격을 파악할 수 있는 자료이다.

그리고 雜著가 15편, 跋 4편, 家狀 1편, 行錄 1편, 記 1편이다. 잡저 중 많은 부분을 차지하고 있는 것이 「讀論語」 10개 항목, 「讀大學」·「讀孟子」 7개 항목·「讀大山集」 9개 항목이다. 새롭고 독창적인 견해를 제시하기 보다는 핵심 되는 부분을 거론하며 기존의 논의를 부연 심화하였다. 특히 「四端七情說辛巳」과 「書栗谷論朋黨疏後」 등을 통해 저자의 학문이 朱子와 退溪를 祖宗으로 삼고 葛菴과 大山의 학문을 계승하고자 했음을 알 수 있다. 「讀近思錄」의 경우 책 자체의 설명보다는 독서의 방법과 자세에 대해 언급하였다.

『聾巖遺稿』에는 학술적 논의를 담은 雜著와 선조에 대한 존모의 정을 담은 글이 수록되어 있다. 雜著는 총 16편인데 「程書箚疑」가 8개 항목이다. 그리고 序 10편, 記 16편, 跋 33편이다.

序는 送序가 4편, 契序가 4편, 문집의 서문이 2편이다.

記는 남의 청탁을 받고 쓴 것이 대부분이다. 그 중에서 「洛村亭記」·「景巖齋記」의 경우 선조와 관련된 글이고, 「聾巖記」는 자신의 號인 聾巖을 취한 이유를 밝힌 글이다. 동리 어귀에 귀 바위(耳巖)가 있는데 듣는 것이 없는 것이 귀가 있어도 닫고 사는 자신의 처지와 비슷하다고 했다.

跋文은 선조와 관련된 遺文의 기록과 정리에 관계된 내용이 다수를 차지하고 있다. 선조에 대한 저자의 남다른 존모의 정을 느낄 수 있는 부분이다.

잡저에 해당하는「書忠武公皇朝八賜後」는 『聾巖謾錄』과 『聾巖遺稿』에 모두 수록되어 있는데, 임진왜란 때 충무공의 뛰어난 무공이 전해지자 明나라 神宗이 내린 8종류의 유물 15점에 대한 기록이다. 1877년에 쓴 것으로 저자는 세상이 논하는 사람들이 충무공을 周瑜에 비유하지만, 충무공의 업적은 군왕의 절대적 신임과 공명의 도움을 받은 주유에 비할 바가 아니며 非常한 재주를 타고나 非常한 일을 만나 非常한 공을 이루었다고 극찬했다.

4. 가치

『聾巖謾錄』과 『聾巖遺稿』은 零本이지만 각기 초고본과 정고본으로 간행본『聾巖先生文集』의 기초 자료라는 점에서 우선적인 가치를 부여할 수 있다. 한 책씩만 남아있기 때문에 나머지 책들의 조속한 발굴을 기대해 본다. 그리고 이를 토대로 간행된 석판본『聾巖先生文集』(1971년 刊, 6권 3책)은 계명대도서관을 비롯한 여러 기관에 소장되어 있다.

앞서 언급한 바, 신종이 하사한 8종류의 유물은 현재 통영 충렬사에 실물이 소장되어 있고 보물 제440호로 지정되어 있기에 충무공과 관련된 각종 시나 산문 작품과 함께「書忠武公皇朝八賜後」도 충무공을 이해하는데 있어 좋은 자료가 되리라고 본다.

5. 기타

이원정의 후손인 이상석의 집안은 조선후기로 오면서 정치적으로 많은 제약을 받았기에 과거를 통한 관로의 진출보다는 학문 쪽으로 방향을 전환하게 된다. 저자의 증조부 李東汲, 조부 李以豐, 仲父 李懿秀 등이 남긴 문집 등과 함께 검토한다면, 19세기 영남 남인과 당시 성주 지역 학문의 경향을 파악하는데 아주 유용한 자료가 될 것이라고 본다. 그리고 초고본과 정고본이기에 글 중간에 ( )로 표시하거나 수직선을 그어 생략할 부분을 표시해 두었고, 誤字의 경우 상단에 표시하거나 옆에 써 두었다. 간행 문집과의 면밀한 대조와 검토를 거쳐 變改된 부분을 확인할 필요가 있다.

【이상동】

[색인어]

廣州李氏, 聾巖 李相奭, 爲己之學, 崇先事業

峒陰遺稿

著者 未詳.

筆寫本 1冊(43張)
四周單邊, 半郭 22.5×14.5cm, 有界(烏絲欄), 10行20字,
無魚尾 ; 29×18.5cm

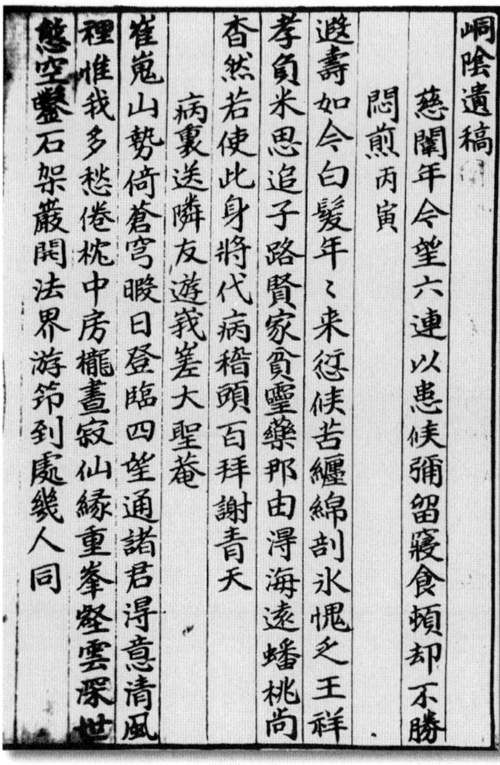
峒陰遺稿
慈闈年令望六連以患候彌留寢食頓却不勝
悶煎丙寅
遐壽如今白髮年〻來愆候苦纏綿刲氷愧乏王祥
孝負米思追子路賢家貧靈藥那由得海遠蟠桃尚
杳然若使此身將代病稽顙百拜謝青天
病裏送隣友遊峩嵯大聖菴
崔嵬山勢倚蒼穹暇日登臨四望通諸君得意清風
裡惟我多愁倦枕中房櫳晝寂仙緣重峯聳雲深世
態空鑿石架巖開法界游筇到處幾人同

동음유고

1. 저자

이 책의 著者와 筆寫者를 정확하게 알 수는 없다. 다만 漢詩 작품 중에서 산견되는 저자의 親族으로 '弩菴族兄(範翊)', '水西丈(範善)', '碧霞(承旨範祖)', '四從叔騎判(景夏)', '仁川內從(徐始淳)', '美山(建夏)', '松谷丈(範成)', '族祖湖隱(寅翊)', '四從叔毅齋丈都事(公夏)' 등이 주목된다. 이들 중에서 저자와 四從叔 관계인 '騎判(景夏)'는 '낙동염라'라는 별칭으로 널리 알려진 인물이며[1], '碧霞(承旨範祖)'라는 이름도 『朝鮮王朝實錄』이나 『文科榜目』에서 확인할 수 있다.

따라서 『峒陰遺稿』의 저자는 全州李氏 廣平大君派 인물이 분명한 것으로 판단된다. 또한 「別舍季之泰仁謫所」이라는 詩題에서 짐작되듯, 얼마간의 정치적인 풍파도 겪은 것이 아닌가 한다. 한편 그와 交遊한 벗으로 자주 擧名된 인물로, 집안사람으로 여겨지는 '秋軒丈', '穆窩 李駿鉉'을 비롯하여 '周卿', '徐相愚', '宋道憲', '橘史 李承陸', '金宗植', '內谷安子善', '李承儉' 등을 摘示할 만하다.

그리고 '洗劍亭'(「閏六月二十四日夜同子洪子順暨諸人出宿洗劍亭庫置家翌朝登臨賦詩」)'이나 '利川(「利川途中(甲戌)」)', '冠嶽(「冠嶽途中」, 「自冠嶽歸贈同伴」)', '楊根(「楊根歸路作」)' 등의 地名이나 "一日見訪謂余 曰儂家距冠嶽纔十里餘矣(「冠嶽途中」)"와 "又自虎壓寺下始興邑暮抵牧巖(「藥水菴」)"이라는 詩注 등을 총체적으로 감안해 보면, 그는 주로 서울 인근에서 활동하던 詩人으로 推斷되는 것이다.

2. 구성

필사본인 이 책의 표제는 『峒陰遺稿』이며, 비교적 방정한 글씨로 쓰여져 있다. 한편 가장 뒤에 수록된 「遊夙夢亭記(庚辰五月)」의 서술이, 遊覽의 출발에 대한 묘사 내용 - 그것도 문장의 중간 - 에서 졸연히 그치고 있다. 따라서 『峒陰遺稿』 뒷 쪽의 상당한 부분이 缺落된 것이 분명하다. 『峒陰遺稿』에 수록된 총 111題 217首의 漢詩와 2편의 散文 작

---

1) 李景夏(1811년, 純祖 11~1891년, 高宗 28) 조선 후기의 문신. 本貫은 全州, 자는 汝會. 1863년 高宗이 즉위하고 홍선대원군이 집권하자 훈련대장 겸 좌포도대장을 지냈고, 1866년 丙寅洋擾 때 프랑스군이 강화도를 공격하자 巡撫使로 발탁되어 도성 방비의 책임자로 출진하였다. 병인양요 이후로 한성부판윤·형조판서·강화부유수·어영대장·공조판서를 지냈다. 대원군이 천주교도를 탄압할 때에 포도대장으로서 교도들을 駱洞의 자기 집에서 포악하게 심문하였으므로, 사람들이 염라대왕처럼 무서워하였다고 전한다. 1882년 武衛大將으로 재직 중 壬午軍亂의 책임을 지고 전라도 고금도에 유배되었으나, 大院君의 깊은 신임으로 1884년 풀려나와 좌포도대장을 지냈다. 그해 12월에 일어난 甲申政變 때에는 조대비·명성황후·세자(純宗) 등을 아들 李範晉의 집에 피난시키기도 하였다. 주로 군사·경찰의 요직을 맡아 치안을 담당하였다. 시호는 襄肅이다.

품의 제목을, 차례대로 제시하면 다음과 같다.

漢詩;「慈闈年今望六連以患候彌留寢食頓却不勝悶煎(丙寅)」·「病裏送隣友遊峨嵯大聖菴」2首·「廣陵賞菊」2首·「奉和弩菴族兄(範翊)」·「偶咏」3首·「除夜」·「立春(戊辰)」·「病少可因拈韻敍懷」·「洪友見訪得奇字」·「次杜老韻」·「元日拈三淵韻(己巳)」2首·「歸川精舍與周卿及柳雅景三共賦」·「過龍津」·「和水西丈(範善)韻」·「暮春遊奉恩寺」·「徐友相愚來宿仍賦一律(庚午)」·「和杜工部韻」 2首·「夜坐」 3首·「逢人」·「早春夜坐次秋軒韻(辛未)」·「翌日步前韻」·「駱杜與碧霞共賦(承旨範祖)」 3首·「步放翁韻」·「奉賀四從叔騎判(景夏)壽席韻」·「送宋道憲歸懷德」·「春日」·「除夜」2首·「上元(壬申)」2首·「駱杜與碧霞共賦」2首·「登高」·「仁川內從(徐始淳)見過」·「春宵邂逅得成字」2首·「拈明詩贈周卿」·「上元前二日和秋軒丈韻(癸酉)」·「浦田途中」·「閑吟」·「訪美山(建夏)未遇」·「得淸字」·「得天字」·「坐雪夜次秋軒韻」2首·「咏梅」5首·「和松谷丈(範成)韻」·「和秋軒丈韻咏懷」·「登臨」·「對人」2首·「小疾咏懷」·「酬周卿」·「盆梅一樹自孟冬始開翌年仲春猶未落尤奇之效唐人歸鴈詩體戱賦」·「有懷碧霞回文」·「夜坐憶春梅」·「遊藥寺」2首·「雪夜獨吟」·「忽憶卯君書此以送」·「寄周卿」2首·「自龍門歸」2首·「碧霞館夜會」·「咏雪次劍南韻」·「閏六月二十四日夜同子洪子順暨諸人出宿洗劍亭庫置家翌朝登臨賦詩」·「利川途中(甲戌)」·「松雲館」·「翌日又會」 2首·「遊福泉菴」·「自福泉菴歸」·「與碧霞及尹下雲(定求)遊福泉庵」·「尙穆甯駿鉉近與相識一日見訪謂余曰儂家距冠嶽纔十里餘矣請與子同遊可乎余應曰諾遂期以季秋既望盖此際霜月甚佳楓菊正姸遊子奇觀倍有加於他時故也趂期啓行族祖湖隱(寅翊)李友橘史(承陸)諸君子偕焉又有一奚尾之而橘史則不謀而同者也凡往還六日行里百五十, 冠嶽途中」·「觀音寺」·「華藏寺(自觀音寺到此留宿)」·「藥水菴(自華藏寺獅子菴尋聲菴到此又自虎壓寺下始興邑暮抵牧巖)」·「望海菴(自牧巖過萬安橋到此)」 2首·「三幕寺(自望海菴念佛菴到此留宿)」·「戀主臺値雨(自三幕寺半月菴望月菴佛聖菴到此下宿戀主菴)」·「戀主菴」·「戀主菴滯雨留宿」·「自冠嶽歸贈同伴」·「湖隱約以明宵一醉而不至」·「悼四歲女兒」·「所居書屋迮甚蝸殼容膝猶難故欲以附舊簷增數椽而緣於事力之不逮延拕未果因吟一律以書懷」·「冠嶽秋遊篇」·「利川途中」·「楊根歸路作」·「三省齋與湖隱漫咏」20首·「洛陽途中」·「下雲館夜會」·「謾吟」4首·「龍德寺秋吟」2首·「偶題」·「悼金君一如」·「學山紹荷夜訪(戊寅)」·「佛國寺同學山拈韻」·「龍德寺同學山拈韻」·「德峯兪友寄以七古一篇韻嚴詞峭不容攀和故遂更拈他韻忘拙構呈」·「駱杜夜會」·「謾吟」·「宿淸溪寺(己卯)」·「登望景臺」·「別舍季之泰仁謫所」·「偕洞中僉丈登峒園賞花拈韋菴韻」·「餞春前一日金友宗植見訪仍偕往學山宅留宿時有風雨」·「餞春日內谷安上舍(子善)來訪要余往會于明達里李友(承儉)宅仍留宿賦二律」 2首·「偶訪弩菴次其軸中韻」·「癸未初夏靜居無事與比隣諸族兄及兒輩咏三十韻約以日拈一韻踰月而罷只爲逍遙而已其工與拙不須論也」 27首·「偶咏」·「和兒輩咏物韻(丁酉五月)梅」·「和兒輩咏物韻

(鷰)」·「和兒輩咏物韻(蚊)」·「和兒輩咏物韻(菊)」·「和兒輩咏物韻(蠶婦)」·「和兒輩咏物韻(鏡)」·「和兒輩咏物韻(錢)」·「和兒輩咏物韻(劍)」·「和兒輩咏物韻(南城夕照)」·「和兒輩咏物韻(西庵曉鍾)」·「和兒輩咏物韻(鳩峴樵歌)」·「和兒輩咏物韻(炭川漁火)」·「和兒輩咏物韻(廣津風帆)·「四從叔毅齋丈都事(公夏)自池浴還寓隣舍略加修葺歷數旬今才落成置韻迎賓兼設詩場故奉和」 2首·「奉和毅齋丈韻述懷」 14首(一~十九, 5首缺)·「奉和水西丈韻」·「水西丈次胤永福新構其廬今已落成又疊前韻以贈」·「又疊前韻述懷」 2首·「又咏」 3首·「壽慈主生朝(丁丑九月)詩」 4章·「往訪小姸書室賦一絶(戊戌十月絶筆)」.

散文; 「龍津舟遊記(癸未二月)」·「遊夙夢亭記(庚辰五月)」.

3. 내용

위에서 보다시피 漢詩에는 상당수의 干支가 附記되어 있다. 예컨대 첫 장 처음에 수록된 「어머니가 육십을 바라보는 나이에 병환이 연이어져 자리보전만 하고 식사조차 제대로 못하므로 애끓는 근심을 이기지 못하겠다(「慈闈年今望六連以患候彌留寢食頓却不勝悶煎」)라는 작품에 부기된 丙寅은 1866년으로 看做된다. 그리고 마지막에 수록된 작품 「往訪小姸書室賦一絶(戊戌十月絶筆)」에 부기된 戊戌은 1898년일 터인데, 이 해 시월에 작자는 '絶筆했다'고 부기하였다. 이처럼 1866년부터 1898년까지 30여년 동안에 창작한 111題 217首의 漢詩에다 干支를 다수 附記하고 있어서, 작품이 창작된 년도와 대략적인 창작 배경을 얼마간 짐작할 수가 있다.

『峒陰遺稿』에 수록된 漢詩에서 가장 특징적인 국면은 紀行詩가 매우 많다는 점이며, 특히 장편으로 구성된 작품들이 주목된다. 예컨대 七言 146韻의 1,022字라는 長篇古詩로 이루어진 「冠嶽秋遊篇」을 비롯하여, 동일한 旅程에서 지어진 「冠嶽途中」·「觀音寺」·「華藏寺(自觀音寺到此留宿)」·「藥水菴(自華藏寺獅子菴尋聲菴到此又自虎壓寺下始興邑暮抵牧巖)」·「望海菴(自牧巖過萬安橋到此)」 2首·「三幕寺(自望海菴念佛菴到此留宿)」·「戀主臺値雨(自三幕寺半月菴望月菴佛聖菴到此下宿戀主菴)」·「戀主菴」·「戀主菴滯雨留宿」 등이 그 대표적인 사례라고 할 만하다.

그리고 「閏六月二十四日夜同子洪子順暨諸人出宿洗劍亭庫置家翌朝登臨賦詩」와 같이, 비교적 짧은 旅行과정에서 見聞한 바를 詩作化한 작품까지 포함할 경우 『峒陰遺稿』의 절반이 遊覽詩 혹은 紀行詩로 이루어져 있다. 기실 이같은 詩作 傾向은 散文이 모두 遊記라는 점과도 일맥상통하는 바이다.

『峒陰遺稿』에 수록된 漢詩의 또다른 특징은, 다수의 詠物詩가 수록되어 있다는 점이다. 예를 들면 「和兒輩咏物韻」은 丁酉年(1897년) 五月에 창작된 작품인데, 素材적인 면에서 특기할 만하다. 총 13수의 連作詩으로 구성되어 있는 이 작품은, 매화·제비·모기·국화·거울·돈·칼과 같은 사물이나 누에치는 아낙네 그리고 남한산성의 석양 빛·서암의 세벽 종소리·구현에서 들리는 초도의 노랫가락·탄천의 고기잡이 등불·광진나루터의 펄럭이는 돛대 등의 일상적인 사물과 경치를 소재로 포착하고 이를 자식들과 詩作한 것으로 보인다. 또한 「廣陵賞菊」·「咏梅」 5首·「咏雪次劍南韻」·「夜坐憶春梅」 등도 모두 이와 동일한 범주에 속할 법한 작품으로 판단된다.

그 밖에도 총 19首로 구성된 「奉和毅齋丈韻述懷」[2]를 비롯하여 「上元前二日和秋軒丈韻(癸酉)」·「三省齋與湖隱漫咏」20首·「佛國寺同學山拈韻」·「龍德寺同學山拈韻」처럼 교유한 벗들과 酬唱하거나, 「暮春遊奉恩寺」·「宿淸溪寺(己卯)」·「龍德寺秋吟」처럼 寺刹 등지를 노닐면서 느낀 자신의 소회를 읊은 이른바 述懷詩도 분량적인 측면으로는 상당량을 차지하고 있다.

끝으로 『峒陰遺稿』에 수록된 漢詩의 내용을 一瞥할 때 느껴지는 약간의 의아함을 특기한다면, 詩世界에서 現實主義에 입각한 작품이 거의 발견되지 않는다는 점이다. 왜냐하면 19세기라는 이 당시의 時代的 狀況이나 現實을 考慮한다면 이른바 '憫時憂國'이라는 주제를 擔持한 작품을 별반 창작하지 않았다는 사실은 유의할 만하기 때문이다. 물론 이같은 傾向은 2편의 散文이 모두 遊記라는 점과 무관하지 않을 터이다.

散文은 총 2편이 수록되어 있는데, 모두 遊記이다. 다만 漢詩가 年代順으로 수록된 것과 비교하면, 창작 연대에 있어서 다른 점이 다소 의아하다. 즉 '庚辰(1880년) 五月'에 지어진 「遊夙夢亭記」가 뒷쪽에 그리고 '癸未(1883년) 二月'에 지어진 「龍津舟遊記」가 앞쪽에 수록되어 있는 점이 그러하다. 혹 이 책을 필사할 무렵에 벌써 「遊夙夢亭記(庚辰五月)」의 뒷부분 내용이 缺落되었기 때문에, 필사자로서 어쩔 수 없이 임의로 그렇게 배치한 것이 아닐지 모르겠다.

총 1,281字라는 제법 많은 분량으로 구성된 「龍津舟遊記(癸未二月)」는 己巳年(1869년)에 이미 한 차례 밟고 그 풍광을 漢詩(「過龍津」)로 읊었던 용진이라는 나루터를 14년 후인 '癸未(1883년) 二月'에 다시 배로 유람하게 된 작자의 所懷로 시작하여 形勝地로서의 빼어난 風光과 자신의 感懷를 交織하여 묘사한 것으로 되어 있다. 즉 함께 가게 된 길동무들과의 友誼, 배에서 바라본 나루터와 그 주변의 아름다운 景致, 淸和한 날씨 속에서 벌어진 흥겨운 酒宴, 무심하게 흘러가는 강물과 저물녁의 황혼 등등 갖가지 光景들을 나열하면서 거기에 作者의 敍情까지 얹어 서술하고 있는 것이다.

「遊夙夢亭記(庚辰五月)」는 유람하게 된 경위를 밝히는 것으로 시작하였다. 곧 당시

2) 「奉和毅齋丈韻述懷」는 小題가 一~十九로 되어 있으나 5首가 수록되어야 할 面이 缺落되어서, 현재 14首만 전하고 있다.

작자가 살았던 곳에서 불과 십여리쯤 떨어진 狎鷗亭 주변을 몇몇 사람과 유람한 것을 서술하고 있는 것이다. 다만 앞에서도 밝혀둔 바와 같이, 뒷부분의 내용이 缺落되어 있기 때문에 그 遊覽의 전모를 구명하기는 사실상 어렵다.

이상으로 『峒陰遺稿』에 수록된 총 111題 217首의 漢詩와 2편의 散文을 간략하게 검토해 보았거니와, 아무래도 이 시인은 당대의 社會 現實과는 얼마간 거리를 두고 전원에서 自適하고 주변의 山川을 遊覽하면서 살았던 인물로 여겨진다.

4. 가치

『峒陰遺稿』는 우선 未刊行 唯一 筆寫本이라는데 일차적인 가치가 있다. 또한 漢詩 대부분에 부기된 干支를 통해, 작품이 창작된 년도와 배경을 비교적 뚜렷하게 推定할 수 있어서 더욱 그 가치가 크다고 여겨진다. 뿐만 아니라 『峒陰遺稿』를 통해 朝鮮末期 특히 高宗 때의 서울·近畿 지역 시인들의 문학적 교유 양상을 짐작할 수 있게 한다는 점에서 주요한 자료라 할 만하다. 따라서 이 책에 수록된 작품에 대한 구체적인 검토와 주변 인물들에 대한 추가적인 연구가 요구된다.

【朴浚鎬】

[색인어]

『峒陰遺稿』, 唯一 筆寫本, 全州李氏 廣平大君派, 서울 인근, 111題 217首의 漢詩, 散文 2편.

水月軒遺稿

李集(1672~1747) 著.

筆寫本. 2冊(零本, 전3책) : 四周單邊, 半郭 20.3×16.2cm, 有界, 10行20字, 無魚尾 ; 30.5×20.9cm.

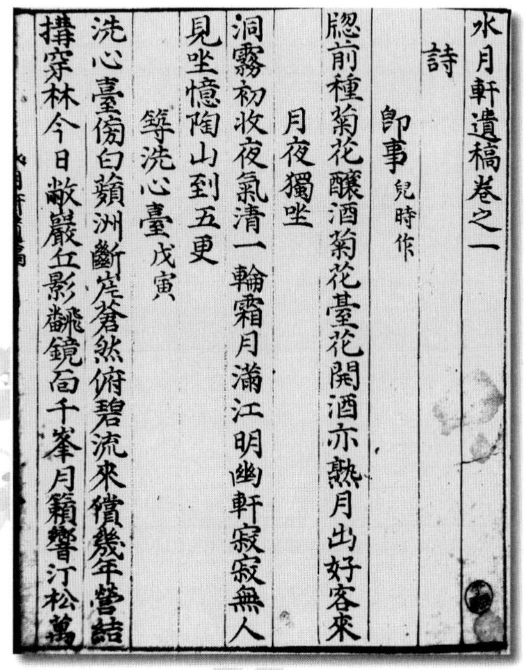
水月軒遺稿卷之一

詩

卽事 兒時作

牕前種菊花釀酒菊花臺花開酒亦熟月出好客來

月夜獨坐

洞霧初收夜氣清一輪霜月滿江明幽軒寂寂無人見坐憶陶山到五更

登洗心臺 戊寅

洗心臺傍白蘋洲斷崖蒼然俯碧流來賞幾年曾結搆穿林今日敞巖丘影蘸鏡面千峯月籟響汀松萬

수월헌유고

1. 저자

李集(1672~1747)의 자는 伯生, 호는 洗心齋 또는 水月軒, 본관은 眞城이다. 滉의 5대손으로, 敎官 英哲의 아들이다.

어려서부터 총명하고 詩·賦에 능하였는데, 李玄逸로부터 "大老선생의 문호를 완성할 사람은 반드시 이 아이일 것이다."는 칭찬을 받았다. 그 뒤 主一齋 柳厚章의 문하에서 수업하였는데, 스스로 발분하여 말하기를, "대장부의 사업은 博文篤行이 큰 것이요, 揚名은 그 다음이다."고 하며 매번 『論語』를 기본으로 삼았으며, 『心經』과 禮說에 더욱 힘을 쏟았다. 梧陰 成文夏의 문하에서 공부하면서 權斗寅·權斗經 등과 함께 도학을 강마하였다.

1709년(숙종 35) 음관(蔭官)으로 추천되어 尙瑞院 直長 등을 지냈다. 이때 상서원의 御寶 낙인과 관련된 오랜 폐단을 시정하기도 하였다. 영의정 李濡, 판서 李健命, 朴權 등이 그를 존중하여 벼슬에 추천하기도 하였다. 의금부도사·三嘉縣監 등을 지내고 향리로 은퇴하였다.

1728년(영조 4) 李麟佐의 난이 일어나자 陶山書院에서 친족들과 함께 의병을 일으키고 군량을 모집하였다. 난이 평정된 뒤 조정에서 상으로 관작을 주고자 하였으나 사양하였다.

벼슬이나 재물에 마음을 두지 않고, 오로지 학문과 수양, 그리고 후진양성에 진력하여 그 덕망이 영남일대에 칭송되었다. 또한, 봄·가을에는 도산서원에서 講會를 열어 원근에 사는 학자들과 학문을 토론하고 면학의 기풍을 진작시키기도 하였다. 1747년 75세의 일기로 사망하였고, 이조참판이 증직되었다.

저서로는 『從心錄』·『閑汨錄』·『家禮附解』·『經義』·『禮論』이 있으며, 문집 6권이 전한다고 되어 있으나[1] 정확한 현존 여부는 미상이다.

2. 구성

『水月軒遺稿』는 표지에 '천', '지' 등으로 표기된 것으로 보아 본디 6권 3책으로 구성된 것으로 판단되는데, 이 필사본은 끝 책이 일실된 4권 2책의 영본이다. 이 본의 내용은 크게 두 부분으로 나눌 수 있는데, 1~2권은 시, 3~4권은 산문으로 구분된다. 권차별 목록은 다음과 같다.

---

1) 『韓國系行譜』 진성이씨조.

1권, 280題 332首의 시.

2권, 33題 42首의 輓詞와 賦1편(「春雪賦」).

3권,

辭狀 : 「辭和順縣監上監司狀」·「辭三嘉縣監上監司狀」

書 : 「答權少章」·「答黃再叟 癸巳」·「與黃再叟 乙未」·「與金士達 癸巳」·「答洪濟兼 壬辰」·「與洪濟兼成天祥 甲午」·「與琴嚮卿 戊子」·「答金士宗 癸亥」·「答宗君益卿」·「與門中」·「答李瑞卿問目」·「答世震 戊子」·「寄子守弘守恒 庚寅」·「寄子守弘守恒 癸巳」·「答寄守弘守恒」·「答寄守弘等 甲午」·「答寄守弘等」·「寄子守弘等」·「追寄諸兒 乙未」·「寄子守弘守恒守曾守沉守欽守恬守方守貞 丙午」·「寄子守弘等」·「寄子守曾 甲午」·「寄子守沉 丁未」

4권,

雜著 : 「養正說」·「從心錄 散佚不全」·「閑汨錄 散佚不全」·「遺戒」

序 : 「日錄序」

記 : 「江亭記」·「百忍堂記」

跋 : 「書顔魯公筆後」·「題家藏筆帖警兒曺」·「書家乘後」

行錄 : 「金鶴沙先生行錄」·「伯嫂安東權氏行蹟」

祭文 : 「祭主一齋柳公文」·「祭金汝明丈文」·「祭權正字少章文」·「祭宗姪益卿文」·「哭安甥觀駿文」·「哭子守沉文」·「哭子婦八溪鄭氏文」

3. 내용

본서에 실린 시 작품은 창작 년대 순으로 편집 된 것으로 보인다. 「卽事」라는 어릴 때의 작품이 첫 번째로 실려 있는데, 어릴 때부터 시에 능하였던 이집의 詩才를 엿 볼 수 있다.

권1에는 화초나 누대 등 자연의 경물, 유람이나 연회, 벼슬살이 등에 대한 감회, 및 교유하며 화운 또는 차운한 내용들이 대부분을 차지한다. 시에 나타난 교유 인물들을 보면, 姜再弼, 吳汝時, 世震, 任世翰, 安鍊石, 權斗緯, 權斗經, 權斗紘, 南九明, 申益愰, 黃翼再, 洪道達, 都永成, 李弘基, 李元基, 李世瑗, 姜載厚, 成起寅, 文德龜, 金重謙, 姜必輔, 權相一, 金瑞必, 琴壽天, 金岱, 李光庭, 李棟完, 趙德鄰, 羅學川, 姜再恒, 權萬, 權譽 등

이 있다.
권2에는 柳厚章(主一齋), 權斗經(蒼雪齋) 등 스승이나 친구, 아들에 대한 만사와 「春雪賦」 1편이 실려 있다.
3권의 내용은 다음과 같다.
「辭和順縣監上監司狀」: 화순현감에게 올리는 辭狀으로, 어버이가 병들고, 관의 일도 사정이 달라졌으니, 팔순 된 어버이의 병구환을 할 수 있도록 빨리 처리해 달라는 내용이다.
「辭三嘉縣監上監司狀」: 음관으로 벼슬살이 하는 처지라 학식도 부족하고, 또한 젊은 사람이라야 일을 민첩하게 처리해 낼 수 있으니, 자신은 감당할 수 없다는 등의 내용이다.
「答權少章」: 지난 처신을 돌아보면 크게 어긋난 것이 많은데, 고치려 해도 힘 쓸 수 없음을 탄식하는 내용이다.
「答黃再叟 癸巳」: 역병을 피해 美洞으로 이주하였다는 것과 민생을 구제할 수 없는 탄식이 갈수록 심해진다는 등이다.
「與黃再叟 乙未」: 인행해 간 문집에 착오나 결락 된 것을 수정하려 하는데, 의견이 분분하다는 등 장문의 편지이다.
「與金士達 癸巳」: 김사달의 부인상에 대한 애통함을 전하는 것과 임금님의 몸이 편치 못하여 신하와 백성들이 걱정한다는 내용이다.
「答洪濟兼 壬辰」: 고통스런 병이 심해져 견디기 어렵다는 것과, 온통 마마가 번지고 있으니 어디로 피할지를 모르겠다는 내용이다.
「與洪濟兼成天祥 甲午」: 서로 헤어진 뒤에 그리워하며 회상하는 마음을 서술하고 있다.
「與琴嚮卿 戊子」: 江亭의 터에 좋은 경치가 없어, 몇 칸의 정사를 짓고 대나무를 심어 정취를 더하고 배를 만들어 놀고 완상하려 하지만 뜻과 일이 어긋나 개탄스럽다는 내용이다.
「答金士宗 癸亥」: 퇴계집 간행에 있어 여러 내용들에 대한 견해들이 분분한데, 지금은 급하게 진행할 일이 아니고, 또 자세히 상론해야 할 것이라는 내용이다.
「答宗君益卿」: 『언행통록』간행은 때를 잃을 수도 없고, 이곳에 소장본은 완본이 아니니 유곡에 보내어 교정해야 한다는 것과 본가의 좋은 정본을 얻어 希顔이 가져 갔는데 지금 부쳐 보냈는지 모르겠다는 내용이다.
「與門中」: 『언행통록』 간행에 대한 일로 문중에 자신의 견해를 말하는 장문의 내용이다.
「答李瑞卿問目」: 대학의 修身에 대한 것과 제사에 관한 물음에 대한 답변이다.
「答世震 戊子」: 역병으로 인해 益卿을 만나지 못했다는 것과 여러 형편상 江齋에 기와는 덮었으나 온돌은 완성하지 못하였다는 등의 내용이다.
「寄子守弘守恒 庚寅」: 아들들에게 보내는 것으로, 어머니의 병환을 잘 돌보고, 독서에 부지런히 힘쓰라는 당부의 내용이다.

「寄子守弘守恒 癸巳」: 製述과 習筆에만 힘쓸 것이 아니라 형제간에 권면 지도해야 할 것이라는 당부와 바램이다.

「答寄守弘守恒」: 매사에 근신하여 나의 뜻에 부응하라는 짧은 내용이다.

「答寄守弘等 甲午」·「答寄守弘等」·「寄子守弘等」·「追寄諸兒 乙未」·「寄子守弘守恒守曾守沉守欽守恬守方守貞 丙午」·「寄子守弘等」·「寄子守曾 甲午」·「寄子守沉 丁未」: 위의 간찰과 마찬가지로 아들에게 보내는 편지로, 대체로 집안의 대소사와 학업에 노력하라는 등의 내용이다. 이 문집의 간찰 중에 아들에게 보내는 편지가 많은 비중을 차지하고 있는데, 이집이 아들에 대한 애틋한 정과 기대가 많음을 엿 볼 수 있다.

4권은 雜著3편, 序1편, 記2편, 跋3편, 行錄2편, 祭文7편이다.

「養正說」: 개나 말도 기르기에 따라서 성질이 달라지니, 사람도 가르침에 따라 기질을 바꿀 수 있다는 취지의 내용이다.

「從心錄 散佚不全」: "때로 차록하여 마음이 황폐해지는 것을 막도록 한다."고 한 첫번째 조목으로 보아 자신을 단속하고 수양하려는 의도에서 지은 것으로 보이며, 수양에 관계되는 일화나 고사들을 기록하였다. 실려 있는 내용이 20조목으로 많지 않은데, 산일되어 완전하지 않다고 기록하고 있다.

「閑汨錄 散佚不全」: 이집이 알고 있던 인물들의 일화나 언행 및 벼슬살이 하면서 겪었던 일들에 대해 기록하고 있다. 이것도 산일되어 완전하지 못하다고 하였다.

「遺戒」: 10세 때 아버지가 돌아가시고 지금은 두 분 형님도 돌아가셔 홀로 남았으나 8남 2여를 두어 돌아가신 형님들의 후사를 있게 되었으니, 선군의 음덕이 돌보아 주신 것이라고 하며 현재의 형편을 말하고, 청렴과 검소함으로 처신하여 허물을 더하거나 원망을 생기게 해서는 안 된다고 하였다. 그리고 재산의 분배를 열명의 자식의 형편에 맞게 분배한다는 것과 제사에 신경을 쓰지 않을 수 없으니 밭을 마련하여 제사에 모자람이 없도록 하라는 내용이다.

「日錄序」: 집안의 거듭 된 화를 입어 정신이 혼미하니, 집안의 여러 일을 처리하는데 전도되고 착란되는 것이 많아 일기를 쓰지 않을 수 없다는 취지의 서문이다.

「江亭記」: 이집이 직접 건립한 江亭에 대하여 일의 진행 상황, 건축하게 된 동기 및 의미들에 대하여 지은 기문이다. 원문에「水月軒記」로 되었던 것을「江亭記」로 고쳐 놓았다.

「百忍堂記」: 이집의 친구인 琴亨卿이 아우 亨之와 매우 우애가 깊어 한 집안에 살면서 화목하였는데, 이웃이나 종족들이 모두 효우의 집안이라 일컬었다. 금형경이 집을 한 채 지어 百忍堂이라 이름하고 필자에게 기문을 요구하였는데. 그 의미에 대하여 서술하고 있다. 이 집안은 하나의 '忍'자 만으로도 충분한데. 백개의 인자로 이름한 것은 더욱더 힘쓰기 위한 것이라는 취지로 의미를 설명하였다.

「書顔魯公筆後」: 안진경의 필법은 볼 것이 없으나 사특하거나 바르지 못한 획이 없어 충신과 의사의 마음이 드러난다고 하였다.

「**題家藏筆帖警兒書**」: 40자의 짧은 글인데, 집안의 글씨를 잘 보관하지는 못할 지언정 장차 훼손하고 버릴 지경이 되었다는 탄식이다.

「**書家乘後**」: 가승은 아들인 守沈이 엮었으나 다 마치지 못하였고, 지금 자신이 그 아래에 글을 쓰면서, 또 이 부부의 기일을 적게 되는 기구한 사연을 안타까워 하고 있다. 수침이 32세의 나이로 세상을 떠났는데, 어릴 때부터 영특하던 아이가 아비의 덕이 없어 일찍 죽게 되었다는 애달픈 심정을 토로하고 있다.

「**金鶴沙先生行錄**」: 鶴沙 金應祖(1587～1667)의 행록이다. 김응조는 悠然堂 金大賢의 아홉 자제 중 여섯째이며, 자는 孝徵, 본관은 豊山이다. 안동의 勿溪書院과 영주의 義山書院에 배향되었다. 저서로 『追遠錄』2권, 『鶴沙集』6권, 『辨誣錄』, 『四禮問答』2권, 『山中錄』 등이 있다.

「**伯嫂安東權氏行蹟**」: 나이 65세로 돌아가신 맏형수 안동 권씨의 행실을 기록하였다.

「**祭主一齋柳公文**」: 이집의 선생인 主一齋 柳厚章에 대한 제문이다.

「**祭金汝明丈文**」: 金世鏡에 대한 제문이다.

「**祭權正字少章文**」: 權斗紘(1668～1747)에 대한 제문이다. 자는 少章, 호는 西巖, 본관은 安東이다. 1713년(숙종39) 增廣文科에 丙科로 급제한 후 持平을 역임하였다.

「**祭宗姪益卿文**」: 종질 李益卿의 죽음에 아들 守恬을 보내 곡하게 한 제문이다.

「**哭安甥觀駿文**」: 생질 安觀駿에 대한 제문이다.

「**哭子守沉文**」: 32세로 죽은 아들 守沉에 대한 제문으로, 아들을 잃은 지극한 슬픔이 나타나 있는 긴 제문이다.

「**哭子婦八溪鄭氏文**」: 며느리에 대한 제문인데, 아직 시집도 오지 않은 상태의 얼굴도 모르는 며느리이다.

4. 가치

본서는 『水月軒遺稿』를 간행하기 위해 편찬된 초고본으로, 자구의 교정이나 欄外에 추가된 사항을 통하여 내용의 變改를 살펴 볼 수 있다. 『水月軒遺稿』가 간행 되었는지는 알 수 없으나(『韓國系行譜』에는 문집 6권이 있다고 하였으나 확인할 수 없음), 간행되었다면 간행본의 잘못된 곳을 교감할 수 있다는 점에서 중요하고, 간행되지 않았다면 未刊稿本이라고 하는데 사료적인 가치가 크다고 할 수 있다. 또한 이현일, 류후장, 성문하, 권두인, 권두굉 등 영남학파의 사승관계나 교류를 살펴 볼 수 있으며, 아울러 퇴계 후손들의 학문적 성취를 가늠할 수 있는 자료로 판단된다.

【남춘우】

[색인어]

李集, 『水月軒遺稿』, 眞城李氏 李滉 5대손.

[참고문헌]

박능서 편, 『韓國系行譜』, 보고사, 1992.

我室遺稿

洪璄(1669~1746) 著.

筆寫本. 1冊: 四周白邊, 無界.
10行18字, 無魚尾 ; 25.0×17.2cm.

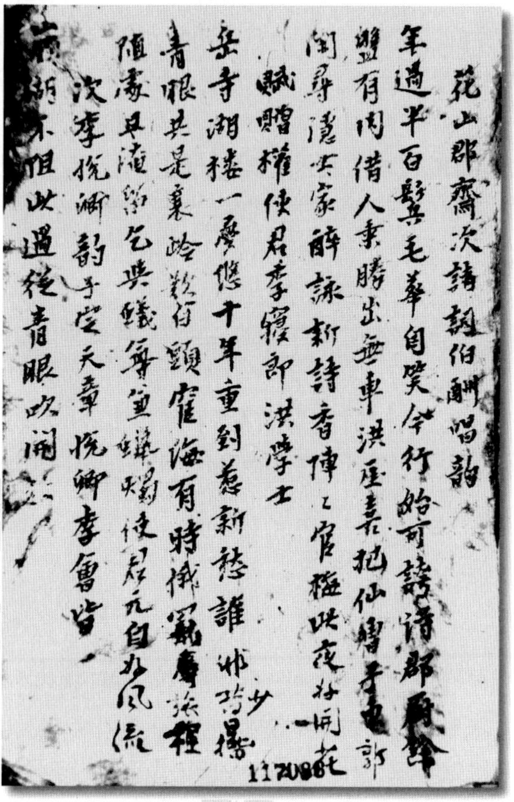

아실유고

1. 저자

洪璄은 현종 10년(1669) 6월 12일에 태어나 영조 22년(1746) 10월 17일 78세를 일기로 몰하였다. 자는 聖白[1], 호는 我室, 墨址, 관향은 南陽이다. 부친은 이조판서 南坡 宇遠(1605~1687)이고 조부는 庶尹을 지낸 榮(1567~1624)이다. 선조 때 명신 晩全 可臣(1541~1615)은 증조부이고, 조모 陽川許氏는 許篋의 딸이다. 우원은 初娶인 延原府院君 李光庭의 딸 연안이씨에게서 2남 4녀를, 再娶인 通德郎 權謙의 딸 안동권씨에게서 3남 2녀를 낳았다. 홍경은 안동권씨 소생의 둘째 아들이다. 대사간을 지낸 金元燮의 딸 선산김씨(1669~1748)와의 사이에 딸을 셋 두어 아우 沆의 아들 日寅으로 후사를 이었다.

현재 홍경의 생애에 대해서 알 수 있는 것은 전무하다고 해도 과언이 아니다. 평생 포의로 지낸데다 丘墓文이 없기 때문이다. 벗인 趙德隣이 홍경의 청으로 우원의 행장을 지으며 홍경에 대해 '淸高有節槩 能守家法 無田無宅 江湖流落'으로 표현한 것이 전부다. 그렇지만 이 17자야말로 그의 생애를 가장 압축적이고도 적실하게 서술한 것이라 생각된다. 그를 기억하는 주위의 증언은 모두 한결같이 그와 같은 생애를 언급하고 있고, 무엇보다 본 해제 대상인『我室遺稿』에서 그것을 생생히 확인할 수 있다.

安城을 세거지로 하는 홍경의 집안은 기호 남인을 대표할 만한 가문이다. 현재『我室遺稿』에서 확인되는 교유자는 대부분이 영남인사들이다. 병자호란 이후 백부 杜谷 宇定(1693~1654)과 부친 우원이 태백산 아래에 은거한 인연으로 이들과의 교류가 활발하게 이루어진 듯하다.『我室遺稿』에 보이는 교유자는 대략 다음과 같다.

權以鎭(1668~1734, 자 子定, 호 有懷堂), 洪萬遇(?~1722, 자 季會), 趙自敬(자 成之), 安日履(1661~1731, 자 吉甫, 호 洛厓), 李栽(1657~1730, 자 幼材, 호 密菴), 李浹(1663~1737, 자 悅卿, 호 東厓), 李萬敷(1664~1732, 자 仲舒, 호 息山), 黃翼再(1682~1747, 자 再叟, 호 白華齋), 洪大龜(1670~1731, 자 國寶, 호 東菴), 孫景錫(1669~1732, 자 仲百, 호 南巖), 柳聖和(1668~1748, 자 介仲, 호 西湖), 趙德隣(1658~1737, 자 宅仁, 호 玉川)

2. 구성

『我室遺稿』는 표제에 '詩', '序', '附 疏 祭文'으로 나와 있지만 엄밀히 말해서 시만 실려 있는 시집이라 할 수 있다. '序'가 1편 있지만 시를 짓기에 앞서 경위를 설명한 '幷序'이기 때문이다. 그리고 '附錄'으로 실린 것은 저자의 것이 아니고 歸鹿 趙顯命(1690~1752)의 '疏' 2편과 다른 사람이 지은 것으로 보이는 '祭文' 2편이 있다. 글씨는 모두 한 사람

1) 족보에는 홍경의 자를 '聖伯'이라 하였으나 '聖白'의 오자로 보인다.

이 쓴 듯 하며 수정을 뜻하는 지시사항이 두주로 몇 군데 보인다. 내용과 교유자가 모두 영남권인지라 홍경의 사후 영남인이 필사한 것으로 추정된다. 별도의 권차 표시와 내제도 없는 불분권 1책의 필사본이다. 『我室遺稿』의 전체 목차는 다음과 같다.

「花山郡齋次諸詞伯酬唱韻」·「賦贈權使君李寢郎洪學士」·「次李悅卿韻子定天章悅卿季會皆~」·「贈花山伯」·「贈洪季會」·「人譏余徒事詩酒賦此見懷」·「無柴戲作」·「庚申日將寢賦詩」·「憶弟姪」·「汝詳父子一時俱逝成甥日鎭相續夭述悼懷」·「鄭乃亨載送籬枝誦之以勖君青松心之句」·「贈趙自敬成之次前韻」·「挽蔡佐郎命運」·「謁陶山」·「祗謁道南書示席間諸友」·「除日」·「重尋道院賦示成之」·「舟上自天臺」·「宿道南座上恨無趙成之」·「寄安上舍吉甫」·「夜來風寒猝緊賦詩」·「次李悅卿韻」·「曉起贈花倅」·「送金瑞炯會試之行」·「趙成之卜妾未成搯念頗極戲作」·「敬次李密菴幼材韻」·「次宋台卿寄來韻」·「無薪歎」·「盆栽杜鵑方冬花開賦得」·「仄體」·「悼洪季瞻」·「丙申除夕」·「代人作挽」·「次暎湖樓韻贈權使君」·「賦別韻寄花山伯」·「還家對妻兒」·「聞李仲安訃記悼懷」·「次高蜀州韻」·「葬仲氏後聞鵑聲記哀緖」·「庚申日賦記雲嵐」·「同舍季拜墓臨別述感懷」·「自笑」·「輓鄭羲卿」·「寄食權令家臨歸賦贈」·「次友人韻」·「七夕訂誣」·「紗莊中盆梅」·「夢見亡兄於芙蓉山上覺來述悼懷」·「家乏稻種權令適遺十斗種子」·「次石泉畏癘韻」·「松簷」·「趙成之詩贈黃鷄雛一雙次韻却寄」·「無寐曉起」·「立春日上新菴値權友出他」·「謝權友惠紙筆墨」·「送李惠仲憑慰元亮謫居」·「送子定作花山府伯」·「庚子立春」·「次穎濱渡口韻」·「次栗里韻」·「有景無酒賦三五七體寄魯谷」·「次石泉臨別所贈三五七言」·「聞商牧設白場賦詩示座客擬座客代和」·「李景洪泪邀余催賦醉中以小詩應答」·「次金毅卿」·「日日」·「發閑谷述悼懷」·「步息山韻兼示東隣」·「遍示隣友促成艾會」·「戲贈花山府伯」·「輓洪吏部季會」·「挽權持平叔章」·「挽權修撰天章」·「挽孫持平玄叟」·「挽洪永同濟兼」·「挽蔡寧海」·「挽洪鳳巖先生」·「挽李密菴幼材」·「挽趙成之」·「挽李泰至」·「挽洪進士能容」·「辛丑春詞」·「新年」·「送友人赴庭試」·「羈抱」·「送李仲舒移居金泉」·「次黃再叟韻」·「寄李仲舒」·「聞侄日煥中司馬」·「李載伯以重陽約會江院余有幹滯舟川」·「善山路中遇鄭聖徵宿盧汝元家」·「上元日寄吳敬止」·「堗塞睡不穩起坐賦此」·「次竹隱軒韻」·「過義牛塚」·「東都旅店次安吉甫」·「瞻星臺」·「鳳凰臺」·「過金將軍庾信墓」·「題西岳書院」·「苦寒」·「餞歲日午時立春」·「春日道院冒雪訪李天與」·「餞春日吟得」·「送洪國寶之金剛山」·「送仲舒之楓岳」·「怕糴督賦之」·「偶吟」·「送孫仲百之古阜」·「此夜」·「梨花」·「杜鵑」·「得竹冠後又疊」·「送權信之罷官歸家」·「苦雨五旬」·「歷訪柳介仲不遇」·「送趙司諫宅仁謫居」·「石泉亭贈諸友」·「次姜聖與眼病韻」·「次寄菴族會韻」·「疊韻寄寄菴」·「諸族憫余無家將謀營造喜而賦之」·「笑妻規」·「我室詩並序」·「門巖會酌」·「客中」

3. 내용

『我室遺稿』의 시는 연대 표기가 없어 저작 시기를 파악하기가 쉽지 않다. 주위 기록들과의 대조와 본서 목차에 표시된 몇 개의 년도를 종합해 본 결과『我室遺稿』에 실린 시는 대체적으로 1716년부터 1730년까지의 작품이 실린 것으로 추정된다. 48세에서 62세까지이다. 대부분 50대의 작품인데, 저자가 78세의 수를 누린 것을 생각하면 이외에 작품들이 훨씬 더 있었을 것이라는 추측은 자연스럽다. 작품들은 일견 연도순으로 배열한 듯하지만 상관없이 앞뒤로 섞여있다. 따라서 어떤 기준으로 배열되었는지는 미상이다. 본고를 통해 확인 할 수 있는 홍경의 동선은 안동, 봉화, 상주, 선산, 김천, 경주 등 영남 북부권에 집중되어 있다.[2] 시는 모두 126제에 143수(7언 율시 85, 7언 절구 38, 5언 율시 7, 5언 절구 9, 7언 배율 1, 5언 배율 1, 3·5·7체 2)가 실려 있다.

본서에 나오는 시의 내용을 몇 가지 특징으로 나누어 정리하면 다음과 같다.

첫째. '無田無宅'과 '江湖流落'에서 오는 辛苦와 自嘲를 읊은 시들이 많다.

둘째, 수창시, 기행시, 영물시, 만시 등의 시들이 대부분인 반면, 哲理詩나 사회시 계열의 작품은 보이지 않는다.

셋째, 우리나라 한시의 특징인 7언 율시의 시체가 절대 다수이며, 희귀하게 3·5·7체가 2수 있다. 또한 연작시가 거의 없는 것도 이채롭다.

끝부분에 나오는「我室詩並序」는 저자의 당호인 '我室'의 의미를 풀어낸 글이다. '我室'이라고 하지 않더라도 모두가 다 아는 사실인데 굳이 '我室'이라고 편액 하였냐는 객의 질문에 대한 해명으로 이루어져 있다. 저자가 사는 골짜기의 이름이 '牛李谷'이고, 그 명칭이 붕쟁을 뜻하는 '牛李'인 바, 저자는 '我'자에 '우리'라는 뜻과 '室'자에 '谷'을 일컫는 속음이 있기에 '우리곡'을 '我室'로 善變한다고 하였다. 그래서 妻孥宗黨, 琴書花卉, 山水自然 등이 모두 '우리실'의 井臼煙火가 되고, 나의 '室' 뿐 아니라 그 속에 사는 사람 모두의 '室'이 '우리실'의 풍광을 누리고 있다고 하였다. '牛李谷'의 陋稱을 '我室'로 선변한 재치 이면에 저자의 삶에 대한 태도와 생각을 엿볼 수 있는 글이다.

4. 가치

홍경은 17세기 말에서 18세기 초반에 살았던 인물이다. 현재 그의 생애 및 관련 기록이 거의 전무한 바『我室遺稿』는 홍경이란 인물의 삶을 구체적으로 파악할 수 있는 유일한 자료이다. 비록 50대의 작품들이 대부분이지만 그것만으로도 매우 소중한 자료이다.

---

2) 이외 세거지인 안성 및 평택, 천안, 아산 등 주로 경기와 호서 등을 왕래한 것이 다른 기록을 통해 확인된다.

그리고 홍경은 17세기 남인의 대표적 인사였던 홍우원의 아들이다. 부친에 이어 남인시단 계승의 한 줄기를 구성할 수 있는 자료로서 『我室遺稿』는 일정한 기여를 할 것이다. 또한 18세기 초반 영남남인들과의 교유와 그들의 동향 고찰, 아울러 5편의 경주 기행시 발굴도 의미 있는 일이다.

5. 기타

홍경의 사후 靑壁 李守淵(1693~1748)은 「輓洪丈聖白」을 남겨 그를 기렸다. 여기서 그는 홍경의 삶에 대해 '浮世六十春', '南州晩移家 浮梗是計活' 이라고 언급하였다. 따라서 『我室遺稿』는 홍경의 60년 유락 생활 중 만년에 영남에 거주할 때의 작품만을 모은 것으로 짐작할 수 있다.

【임규완】

[색인어]

『我室遺稿』, 洪璄, 洪宇遠, 流落, 南人, 嶺南

梧軒稿

李秉徽(1784~1821) 著.

筆寫本, 1冊: 四周無邊. 無界, 10行20字, 無魚尾 ; 26.9×17.6cm.

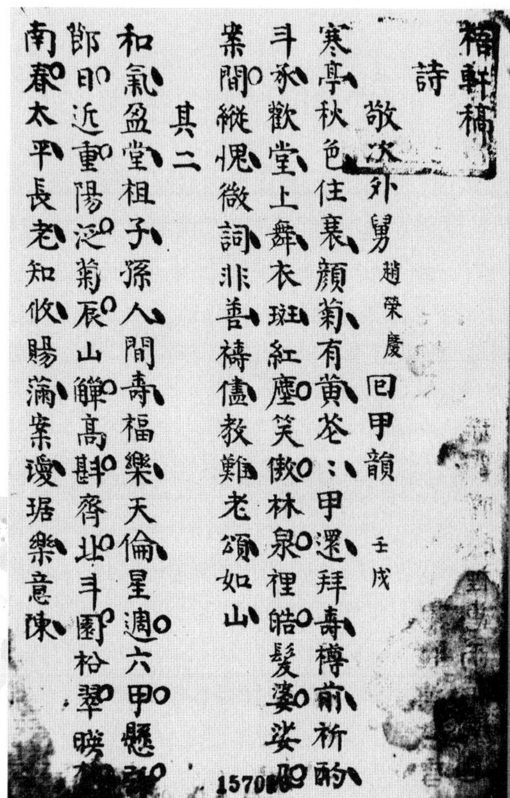
梧軒稿

詩

敬次外舅 趙榮慶 回甲韻 壬戌

寒亭秋色住衰顔菊有黃花二甲還拜壽樽前祈酌斗承歡堂上舞衣斑紅塵笑傲林泉裡皓髮婆娑業間縱愧微詞非善禱儘教難老頌如山

其二

和氣盈堂祖子孫人間壽福樂天倫星週六甲懸弧節即近重陽泛菊辰山簡高斟齊北斗圖松翠暎南春太平長老知收賜滿案邊据樂意陳

오헌고

1. 저자

李秉徽는 字가 彝叔이며 본관은 全州인데, 定宗의 아들인 守道君을 派祖로 하는 守道君派에 속한다. 아버지는 羅州牧使, 都正 등을 역임한 廷仁(1734~1817)이며, 장인은 牧使 趙榮慶이다. 순조 10년(1810) 進士가 되었으며, 순조 16년(1816) 懿陵參奉을 제수받은 바 있다. 그 밖의 행적은 뚜렷이 드러나 있지 않다. 정치적으로 老論에 속했던 것으로 보이는데, 『梧軒稿』의 내용으로 보아 적어도 만년에는 詩酒와 遊覽으로 한적한 생활을 즐겼던 인물로 보인다.(『璿源續譜』 卷4 및 『司馬榜目』 참조)

2. 구성

모두 51장인데, 183題 266首의 시가 실려 있으며, 수록된 순서는 대체로 창작 시기 순으로 추정된다. 첫 작품인 「敬次外舅(趙榮慶)回甲韻」 밑에 壬戌(1802)이라는 自註가 달려 있고, 그 뒤 「宋洞韻」(17a)에 戊寅(1818), 「北洞韻」(18a)에 己卯(1819)라고 自註가 달려 있다. 그리고, 「癸亥(1803)上元負笈於青巖寺, 僧俗待之甚薄, 故聊以作詩」(2b), 「歲丙子(1816)除拜懿陵寢郎, 秋七月旣望數三親知來訪, 詠夕拈韻共賦」(16b~17a), 「庚辰(1820)六月三十日」(44ab)처럼 제목에서 창작 연대를 밝힌 작품들이 있다. 제대로 정리하려면 해가 바뀔 때마다 제목 아래에 그 해를 밝혀 줘야 하는데, 특히 앞부분에 실린 작품들은 전혀 그렇지 못해서 정돈되지 않은 느낌이 든다. 다만, 전체적으로 그 순서는 대체로 편년을 크게 벗어나지 않는 것으로 보인다.

또, 이 책은 단순히 필사할 때의 誤書를 고친 것이 아니라 작품을 퇴고한 흔적이 곳곳에 남아 있어서, 작자의 稿本일 가능성이 높다고 생각된다(작자의 장서인까지 찍힌 것으로 보면 더욱 그러하다). 가령 「謹次靜遠梅花詩韻」五首之二(25b~26a)의 首聯은 본래 "起傍寒梅洛水濱, 玄冬花發便青春"으로 썼다가 뒤의 구를 "臘前消息已先春"으로 고친 것을 볼 수 있다. 또, 「北洞韻(代作)」二首之二(17b)에서는 首句인 "仙景桃源在此間"을 "別有桃源漢北間"으로, 「餞春(代作, 次唐詩韻)」(17b~18a)에서는 頷聯 "殘花蜂抱紅鬚落, 晩柳鶯銜白絮飛"를 "殘花燕蹴香鬚落, 晩柳鶯銜亂絮飛"로 고쳤으며, 「又代作」二首之二(21b~22a, 그 앞의 작품은 「與洛東諸益濯足貞陵水石, 拈韻共賦」이다)은 처음에 "溶溶澗水姸姸山, 坐我居然泉石間. 賴有良朋探傑句, 唱酬終日自忘還"으로 지었다가 제2구를 "盡日偸閑坐此間"으로, 제4구를 "臨流酬唱自忘還"으로 고치는 등, 특히 남들을 대신해서 지은 작품에서는 이러한 점이 더 두드러지는데, 다른 사람의 부탁을 받고 급히 지었다가 나중에 다시 퇴고한 것으로 보인다.

작자의 몰년을 감안해 보면 이 시집에는 작자 最晩年의 작품들 위주로 실려 있는 것을 알 수 있다. 다만, 작자의 고본이라면 왜 편년을 좀 더 세밀하게 밝히지 않았는지 의문이 남는다.

3. 내용

형식적으로는 칠언율시가 주류를 이루고 있고, 그 다음 오언율시가 더러 보이며, 고시는 몇 수 되지 않는다. 작품의 대부분을 차지하는 것은 산수 유람과 贈人·應酬作들이다. 또, 종실의 후예답게 왕실과 관련된 일들을 읊은 작품이 간간히 보인다.

특히 "사람됨이 본래 산수를 좋아하였다(爲人性癖好溪山)"(13b~14a, 「北漢」)는 본인의 고백처럼 유람과 관련된 작품들이 가장 많은데, 순조 3년(1803) 장인인 조영경이 군수로 있었던 錦山 일대를 유람하고 지은 「坐仙八景」, 「次遊仙亭板上韻」 등의 몇몇 작품(3b~8a)을 제외하면 주로 宋洞, 北洞, 洗劍亭, 桃花洞, 貞陵洞, 北漢山, 三角山, 南山, 駱山 등 漢陽 안팎의 명승들이 대부분을 차지하고 있다. 이러한 곳들은 모두 당시 서울 사람들이 자주 놀러 가던 곳으로, 여기서 읊은 작품들은 서울의 遊覽志를 다시 만든다면 참고가 될 만한 작품들이 많이 있다. 특히 宋洞은 지금의 鍾路區 明倫洞 일대로 尤菴 宋時烈(1607~1689)이 서울에 올라 왔을 때 살던 곳으로 아직도 석벽에 우암의 필적으로 전하는 '曾朱壁立'이라는 글씨가 새겨져 있는 바, 이곳을 두고 지은 작품들에는 그 景仰하는 마음이 잘 드러나 있어 작자의 학문적 연원을 엿볼 수 있다.

또, 작자는 자신의 집 주변의 풍경을 읊은 「梧軒十二景」에서 駱山明月, 蠶頭歸雲("喜看南嶽朝朝雲, 時際昇平瑞氣氳"이라 말하고 있어 여기서 蠶頭는 南山을 가리키며, 楊花津 근처의 蠶頭峰이 아니다) , 紫禁松聲, 青門柳色, 宋洞水石, 桃園花卉, 東園幽鳥, 西疇香蔬, 南池紅蓮, 北嶽晴嵐, 泮宮絃誦, 廣橋市井을 그리고 있다. 駱山에 뜬 달을 감상하고, 창덕궁 후원의 솔바람과 성균관의 책 읽는 소리가 들리고, 동대문 주변의 버드나무가 보인다고 언급하고 있는 것 등으로 보아 한양의 동쪽에 살았던 것으로 보인다.

그리고, 다른 시집에서 어쩌다 한두 수 보이는 雜體詩가 여러 종류 있는 것도 중요한 특징이다. 「魚友壽卿以回詩及藏頭詩二律投示要和, 故謹次其韻」, 「又次藏頭詩韻」, 「鄭致善作聯珠體十韻要和, 故謹步其韻」, 「致善用唐人浮碧樓體作城北洞詩要和, 故謹次其韻」(이상 18b~20a), 「以語助字拈韻, 答魚友」(30b), 「蟬聲, 連環絶句三首」(47b) 등이 바로 그 예이며, 그 중에는 작품 해설을 하자면 따로 글을 써야 할 정도로 상당히 규모가 크고 복잡한 작품이 섞여 있어, 매우 고심해서 지었음을 알 수 있다. 지면의 제약으로 이 중에서 비교적 짧고 간단한 「蟬聲, 連環絶句三首」를 소개하면 다음과 같다.

新秋消息聽寒聲　　초가을 소식을 찬 울음에 듣노라니
長嘯五音雨後淸　　긴파람은 五音 섞여 비온 뒤에 시원하네.
綠水靑山深谷裏　　물 푸르고 산도 파란 깊은 산 골짝에서
苦吟鎭日問何情　　하루 종일 우는 것은 무슨 사연 때문인가?

苦吟鎭日問何情　　하루 종일 우는 것은 무슨 사연 때문인가?
秋色不堪長短聲　　가을 경치 속에서는 소리 차마 못 듣겠네.
出自糞壤兼五德　　흙 속에서 자라나도 다섯 덕을 겸했으며
引風含氣慕虛淸　　바람 끌고 氣 머금고 虛淸함 사모하네.

引風含氣慕虛淸　　바람 끌고 氣 머금고 虛淸함 사모하여
無限夕陽更盡情　　다함없는 석양에 더욱 슬피 우는구나.
睡罷淸窓凉意足　　잠이 깬 맑은 창가 서늘함이 넉넉한데
新秋消息聽寒聲　　초가을 소식을 찬 울음에 듣는구나.

모두 칠언절구 세 수로 되어 있는데, 첫 작품의 마지막 구를 두 번째 작품의 첫 구로, 두 번째 작품의 마지막 구를 세 번째 작품의 첫 구로 삼았으며, 다시 세 번째 작품의 마지막 구는 첫 번째 작품의 첫 구를 그대로 가져다 썼다. 그래서 "連環"이라는 명칭을 붙인 것이다.

또, 뒷부분(48a~49b)에는 「秋月」, 「秋夜」, 「秋日」, 「秋風」, 「秋懷」, 「秋興」, 「秋雨」, 「秋願」 등의 가을 연작시들이 실려 있는데, 이러한 가을의 정서를 담은 작품들을 거듭 지은 것이 19세기 전반기 서울 詩壇의 유행 중의 하나를 반영한 것이다. 이러한 경향은 지금까지는 주로 申緯(1769~1847)나 丁學淵(1783~1859) 같은 유명 작가들을 중심으로 논의된 바 있다. 이 시집에 실린 것을 보았을 때 그 유행의 파급을 한층 더 짐작할 수 있게 해 준다.

이밖에 「應祥洗冊日, 與洞中親知相會一飮, 拈韻共賦」는 오늘날에도 그 유풍이 남아 있는 '책씻이(洗冊)'와 관련된 퍽 흥미로운 작품인데, 다른 문집들에서 흔하게 볼 수 있는 바가 아니므로 여기 옮겨 적고 번역해 둔다.(『韓國文集叢刊』에 실린 문집들 중에서는 趙顯命의 『歸鹿集』 卷1에 「伯兒洗冊日醉草」, 金鍾厚의 『本庵集』 卷1에 「洗冊歌, 爲族弟伯善、鍾元作」와 『續集』 卷1에 「季冬十三日稷子小學書卒業, 爲洗冊會, 拈韻」가 보일 뿐이다) 應祥은 작자의 맏아들인 東根으로 보이며, 순조 20년(1820)에 지은 것으로 추정된다.

城東花柳暮春時	한양 동쪽 꽃과 버들 봄도 다 저무는 때
樂事今朝會有期	오늘 아침 좋은 일로 모일 기약 하였구나.
頭角稍長年五度	頭角은 점점 자라 다섯 살이 되었는데
聰明漸就字千知	총명이 차츰 늘어 『千字文』을 다 떼다니!
俗傳洗冊禮難廢	요새 풍속 책씻이를 거르기가 어려워서
筵侈請賓事亦奇	야단스레 손님 불러 거창하게 벌였구나!
乃父心中無限願	네 아비 마음속엔 소원이 끝 없으니
從今學業益孜孜	이제부터 학업에 더욱더 힘을 쓰렴.

4. 가치

작자 이병휘는 당대의 한시사를 좌우할 정도로 비중이 큰 인물은 아니지만, 以上에서 살펴보았듯이, 다양한 경향의 시를 남기고 있다. 지금까지 알려진 작자의 문집으로는 이 책이 유일하며, 더구나 저자의 稿本으로 판단되기 때문에 19세기 전반기의 한시사 연구와 서울의 명승지를 연구하는 데 일정한 의의를 가진다고 판단된다.

【이현일】

[색인어]

李秉徽, 全州李氏 守道君派, 李廷仁, 趙榮慶, 老論, 『梧軒稿』, 183題 266首의 시, 詩酒와 遊覽, 閑寂.

靑下私集

趙濟華(1816~1891) 著.

筆寫本(定稿本). 1冊(零本): 四周單邊, 半郭 18.8×16.8cm.
烏絲欄, 11行 16字, 無魚尾; 23.4×20.3cm.
印記: '季實', '靑下', '趙濟華印'

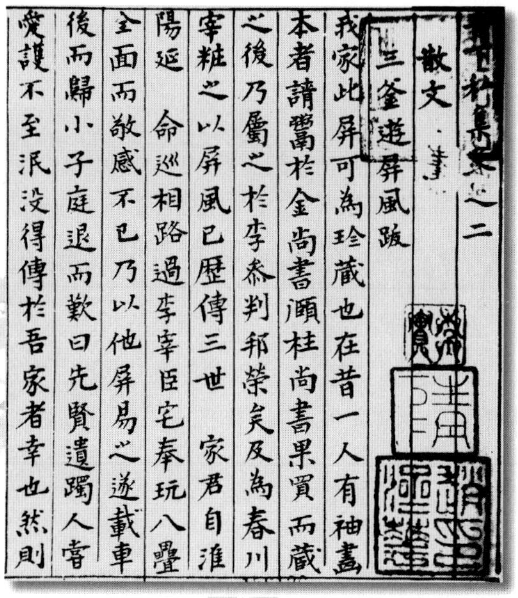
靑下私集卷之二
散文
三釜遊屛風跋
我家此屛可爲珍藏也在昔一人有袖畫
本者請鬻於金尚書顚柱尚書果買而藏
之後乃屬之於李叅判邦榮矣及爲春川
宰粧之以屛風已歷傳三世 家君自淮
陽延 命巡相路過李宰臣宅奉玩八疊
全面而敬感不已乃以他屛易之遂載車
後而歸小子庭退而歎曰先賢遺躅人嗇
愛護不至泯沒得傳於吾家者幸也然則

청하사집

1. 저자

趙濟華(1816~1891)[1]의 자는 季實, 호는 靑下[2], 관향은 漢陽이다. 우의정 涓의 14대손이며, 대제학 龍洲 趙絅(1586~1669)의 7대손이다. 부친은 진사를 지낸 錫耆(1783~1823)이고, 조부는 鼎基(1737~1755)이다. 생부는 승지를 지낸 錫龜(1783~1844)이다. 2남 1녀 중 차남으로 태어났다. 1859년 44세에 사마시에 입격하였고, 1870년 55세의 늦은 나이로 忠良文科에 급제하였다. 이 때 고종이 조경의 冑孫으로 參榜한 것이 기이하고도 다행하다고 하며 특지를 내려 곧바로 부수찬을 제수하였다고 한다. 이후 수찬, 동부승지, 승지, 대사성, 이조참의, 이조참판, 대사헌 등을 지냈다. 1891년 6월 16일 76세를 일기로 몰하였다. 부인 淸州韓氏(1817~1891)와의 사이에 3남 2녀를 두었다. 鄕邸는 10대조 壽崑 이하 포천에 있었다.

조제화의 집안은 대표적인 기호 남인이다. 외증조부는 錦帶 李家煥이고 性齋 許傳은 조제화의 고모부이다. 스승은 孤山 尹善道의 후손인 尹鍾濂이고, 교유한 벗으로는 粤山 韓致應의 손자인 韓敦源 등이 있다. 그의 문집에 나타나는 영남인 들과의 관계는 바로 이러한 맥락에서 이해된다. 조제화의 丘墓文은 현재 확인되지 않는데, 문장가이자 애국지사인 修堂 李南珪(1855~1907)는 「故參判趙濟華致祭文」을 지어 그를 기렸다. 족보에 유고 2권이 있다고 하는데 아마 본서를 지칭한 듯 하다. 글씨에도 뛰어났다 전한다.

2. 구성

『靑下私集』은 표지에 『靑下私集 坤』, 권수제에 「靑下私集卷之二」라고 되어 있는 것으로 보아 모두 2권 2책이 완질임을 알 수 있다. 계명대학교 소장 『靑下私集』은 '坤'만 있는 영본 1책이다. 표제와 내제에 모두 '散文'이라고 적혀 있는 바, 앞 책 '乾'은 모두 詩로 구성되었으리라 추측된다. 24세이던 1839년부터 작고한 해인 1891년까지 연도순으로 배열되어 있다. 烏絲欄에 11행 16자의 반듯한 글씨로 중국종이에 필사되어 있다. 저자가 직접 편집한 手定稿本으로 보이며, 중간 중간에 수정을 뜻하는 간단한 지시사항이 첨지로 붙어 있다.

『靑下私集 坤』의 전체 목차는 다음과 같다.

---

1) 그 동안 각종 인명사전에는 조제화의 몰년을 알 수 없는 것으로 처리하였으나 이번에 족보를 통해 1891년임을 밝혔다.

2) '靑下'란 호는 향저가 있는 포천 '靑城山下'에서 취한 듯하다. 그의 문집에 청성산 아래에 있었다는 기록이 여럿 보인다.

「三釜遊屛風跋」(1839)·「先考進士公回甲茶禮祭文」(1843)·「文簡公書丌記」(1843)·「家狀」(1844)·「本生祖妣全州李氏祭文」(1845)·「祭尹芹泉先生文」(1854)·「本生曾祖考再回甲墓茶禮祭文(代仲父撰)」·「文簡公別廟重建記」(1857)·「鹿門公四回甲墓茶禮祭文」 (1861)· 「漢陽趙氏文獻序」(1864)·「祭從弟濟尙文」·「從高祖贈吏參公行狀」(1865)·「謹書急難圖後」·「柳相國閤下致仕還鄕之行」(1872)·「正朝箋文」(1874)·「甲戌正月二十五日差定獄案詳査官 順天府致死人李官成」(1874)·「龍崗縣致死人李雄五」·「三和府致死人李學仁」·「寧邊郡致死人皮得川」·「本州德達坊民金启黙被踢於馬山坊民金洛叟致死」·「本州高峴面民洪必汝被踢於同里民洪永尙致死」·「送韓尙書敦源之燕之行」(1876)·「監役濟升東遊錄序」(1876)·「妹貞夫人行狀」(1877)·「辭吏曹參議疏」(1877)·「應避疏」·「從君濟說回甲識喜」(1877)·「辭嘉善加資疏」(1878)·「辭同敦寧疏」(1879)·「族案序」 (1879)·「八美堂記」(1880)·「書朴匡西家藏鎭江府牌文後」(1880)·「本生祖考再回甲茶禮祭文 代季父撰進」·「書靈珠記行後」(1881) ·「長子婦淑人全州李氏行錄」·「盧愚如堂滈淵墓碣文」·「題皇壇參班記後」(1882) ·「從君濟揆回甲識喜」(1883) ·「李南原光鎭墓碣銘」(1883) ·「驪興李公治範墓碣銘」(1883) ·「一伸疏」(1883) ·「德水處士趙公行狀」 (1883)·「本生祖妣李氏再回甲茶禮祭文」·「族譜重刊序」(1884)·「一伸疏」(1885)·「卜居說」(1886)·「林齋趙公俶墓誌銘并序」(1883)·「祭許性齋先生文」(1886) ·「止于窩李公行狀」(1885) ·「朴一翁集跋」·「書老稼亭曺公行蹟後」·「李萬頃種馝墓碣銘并序」·「李萬頃種馝墓誌銘并序」·「校理鍾雲甲日識喜」(1888)·「辭吏曹參判疏」(1890)·「祭宗氏正言錫萬文」·「回巹日述懷」(1891)

3. 내용

『靑下私集』은 연대순으로 작품이 나열되어 있다. 사마시에 합격한 44세(1859년) 이전 청장년 시절 작품은 얼마 되지 않고, 1870년 55세로 문과에 합격한 이후의 작품이 대부분을 차지하고 있다. 관료로서의 직무들과 직위의 승차에 따른 활동을 반영하고 있다. 76세의 장수를 누렸기에 물론 더 많은 작품이 있었으리라 추측되지만 아마도 이를 엄선한 듯, 모두 57편만 작품을 남겨놓았다. 문체로는 여러 가지 양식이 섞여 있다. 대표적인 작품과 내용은 다음과 같다.

「三釜遊屛風跋」은 金頤柱에서 李邦榮으로 다시 저자의 부친인 錫龜에게 전해진 8폭 병풍의 전래 내역을 간단히 밝혀 놓은 글이다. 「文簡公書丌記」는 文簡公 조경이 興海군수로 있을 때 淸河의 尹洛이란 사람이 동해에서 건진 白檀 一板을 선물로 주었던 바,

조경은 그것을 書架로 만들면서 그 경위를 80자에 담아 기록하였다. 세월이 흘러 다시 손을 보니 선조의 수택이 완연하여 남다른 느낌이 든다는 내용이다. 「家狀」은 생부 錫龜의 가장이다. 錫龜의 자는 國寶, 호는 錦華이다. 1813년 생원시, 1814년 庭試 급제하여 이후 정언, 은율현감, 수찬, 승지 등을 역임하고 형조참의와 대사간을 지냈다. 생모인 韓山李氏(1779~1837)에 대한 내용도 뒤쪽에 기술되어 있다. 「祭尹芹泉先生文」은 스승 芹泉 尹鍾濂에 올린 제문이다. 材德이 있었으나 恬約自守하며 평생을 처사로 지낸 것에 대한 안타까움을 곡진히 서술하였다. 저작이 약간 있었다고 하나 산일되었다고 한다. 「鹿門公四回甲墓茶禮祭文」은 6대조인 鹿門 趙威鳳(1621~1675)의 四回甲에 올린 제문이다. 조위봉의 자는 子羽, 호는 鹿門이다. 1660년 문과 급제, 수찬, 응교 등을 지냈다. 조경의 아들이며, 장인은 관찰사 李命雄이다. 필법이 遒勁古奇하였다고 한다(『玉川集』) 「漢陽趙氏文獻序」는 從高祖 守道(1689~1894)가 편집한 『漢陽趙氏文獻』에 쓴 글로, 시조에서 수도까지 世系, 行業, 文章, 祭文, 輓詞의 목록으로 분류되어 있다고 하였다. 「從高祖贈吏參公行狀」은 從弟 濟喬(1836~1894)의 청으로 지은 守寬(1721~1802, 자는 仲栗)의 행장이다. 효에 뛰어났던 일화를 특기하고 있다. 「柳相國閤下致仕還鄕之行」은 75세로 치사하고 고향인 상주로 내려가는 柳厚祚(1798~1876)에게 부친 글이다. 柳厚祚는 1867년 고종을 인견할 때 조경을 『忠良錄』에 추가해 넣을 것과 그 후손이 皇壇의 享班에 참석하도록 주청하여 그 허락을 받았다. 조제화는 이 일에 대해 감사한 마음을 가지며 기록의 일부로 남겼다. 「送韓尙書敦源之燕之行」은 사은사로 중국에 가는 韓敦源에게 부친 글이다. 한돈원(1820~1882)의 자는 公允, 久菴 百謙의 9대손이다. 조부는 粤山 韓致應, 부친은 退峯 韓鎭庭이다. 조부 이하 삼대가 판서를 지냈으며, 또한 삼대가 入燕하였다. 저자의 벗인 동시에 처남 매부간이기도 하다. 「監役濟升東遊錄序」는 족제 愚山子 濟升(1819~1880)의 금강산 유람기인 東遊錄에 쓴 글이다. 「妹貞夫人行狀」은 삼남매 중 막내인 여동생(1820~1877)의 행장이다. 한돈원의 부인으로, 혈육으로서 지켜본 모습을 애절히 그려내었다. 저자는 여동생을 '女子之通才'라 하였다. 「八美堂記」는 옛적 조경과 허목이 노닐었던 백운산의 골짜기 시냇가에 場巖이 있는데, 이 장암 동쪽에 茅堂 數間을 지은 종제 濟秉(1836~1912, 초명 濟昞, 자 公一)에게 써 준 글이다. 「書朴匡西家藏鎭江府牌文後」는 天啓 연간에 만주지역이 크게 기근이 들어 유민들이 많이 생기자 당시 順天府의 원이었던 朴匡西가 運餉使로 鎭江府의 유민들을 구제하였던 바, 도독인 孫承宗이 명나라 조정에 알려 직급을 올리고 패문을 주어 獎勸하였다는 내용이 담긴 글이다. 「書靈珠記行後」는 사위 許憲의 靈珠(冠岳山 靈珠臺) 기행에 부친 글로 선조인 허목의 유풍을 잘 계승한 글쓰기라고 하였다. 「盧愚如堂滈淵墓碣文」은 光州盧氏 盧滈淵(1843~1868)의 묘갈이다. 노호연의 자는 永若, 호는 愚如堂으로 定軒 李鍾祥과 性齋 許傳의 제자이다. 맏형 泌淵의 차남 相稷(호 小訥)으로 후사를 이었다. 「題皇壇參班記後」는 大報壇의 祀典을 기록한 『皇壇參班記』를 간행하고자 아들 秋柏燁

이 저자에게 一言을 부탁한 것이다. 「從君濟揆回甲識喜」는 대대로 장수하는 사람이 많아 壽門淸族이라 일컬어졌던 저자의 가문에 대해 언급하며 여기에 한 자리를 더 보태는 濟揆(1823~1900)의 회갑을 축하하는 글이다. 「李南原光鎭墓碣銘」은 1646년에 진사하여, 형조정랑, 의금부 도사, 남원 부사 등 9군의 원을 지낸 李光鎭(1616~1693, 자 叔謙)의 묘갈이다. 이광진의 관향은 驪州로, 少陵 李尙毅의 一門이다. 청약한 삶에 治民에 뛰어나 현종에게 옷을 하사받았으며, 군자들에게 '治民有李氏家法'이란 칭상을 들었다고 한다. 막내아우 昌鎭과 사이가 각별하였으며, 詩名이 있어 湖洲 蔡裕後는 약관의 그에게 盛唐의 操格이 있다고 칭찬하였다. 「驪興李公治範墓碣銘」은 李治範(1775~1833)의 묘갈명이다. 이치범의 자는 法陳, 호는 醴翁이다. 淸隱 尙信의 후손으로, 성호 이익에 종유하였던 依楸齋 載德은 조부이고, 부친은 是鏐이다. 부인은 고산 윤선도의 6세손인 海南尹氏이다. 「德水處士趙公行狀」은 한양인 趙俊翊(자는 大一, 호는 稼圃)의 행장이다. 「卜居說」은 포천의 外北面에 있는 시내에 터를 잡고 그에 대한 지리적 위치 설명과 혹자의 힐난에 대해 응답한 내용이다. 「林齋趙公俶墓誌銘幷序」는 趙俶(1641~1705)의 묘지명이다. 趙俶의 자는 萬始, 호는 林齋, 관향은 한양이다. 조경에 종유하였고, 南坡 洪宇遠과 도의지교를 맺었다. 당시 시의에 저촉되어 공주 宣德里에 집을 짓고 水石으로 自娛하였다고 한다. 「祭許性齋先生文」은 기호 남인의 영수인 性齋 許傳(1797~1886)에 대한 제문이다. 「止于窩李公行狀」은 止于窩 李祥奎(1804~1881, 자 履善)의 행장이다. 이상규의 관향은 한산으로, 竹泉 德洞의 후손이다. 조부는 군수를 지낸 元龜이고, 父는 濟昇이다. 下廬 黃德吉의 제자이며 壽職으로 돈녕부 도정을 지냈다. 저서로는 『初學韻語』, 『養蒙篇』, 『大德篇』, 『孝順篇』, 『莫如篇』, 『中和篇』 등이 있다고 한다. 「朴一翁集跋」은 후손 朴正源이 갖고 온 3책의 유집에 쓴 개괄적 설명의 글이다. 一翁은 조경과 교분이 있었다고 한다. 「李萬頃種祕墓碣銘幷序」, 「李萬頃種祕墓誌銘幷序」는 固城人 李種祕(1803~1871, 자 聖立)의 묘도문이다. 조부인 文道가 지은 『世慕錄』, 『八路地乘沿革圖』, 『東國將傳』, 『攻守說』 등의 저서가 家藏되어 있다는 내용이 보인다.

4. 가치

『靑下私集』의 저자 조제화는 고종 때 활약한 관료이자 문인이다. 본서는 그의 삶의 궤적을 확인할 수 있는 기초 자료로 본서는 일차적인 가치를 지닌다. 관리로서 조정에 관련된 글과 문인으로서 실용적 성격의 글짓기를 아울러 볼 수 있는 것이다. 또한 저자는 용주 조경의 주손으로 기호 남인의 주요 집안 출신이다. 따라서 조선 말기의 남인의 동향과 그 문학적 성과를 파악하는데 본서는 일정한 기여를 할 것이다. 무엇보다 冊名과 저자의

藏書印, '當宁'라는 표현 등을 통해 알 수 있듯 저자가 직접 편집하고 필사한 手定稿本에다, 유일 필사본이라는 점에 가장 큰 의의를 부여할 수 있을 것이다.

5. 기타

앞서 언급하였듯이 본서는 『靑下私集 坤』이다. 그렇다면 앞 책인 『靑下私集 乾』도 있었을 것이다. 현재 행방을 알 수 없지만 현전한다면 언젠가 세상에 드러날 것으로 생각하며, 조속한 발굴을 기대해본다.

【임규완】

[색인어]

『靑下私集』, 趙濟華, 趙絅 7대손, 南人, 高宗.

退溪雜詠

李滉(1501~1570) 著.

필사본(친필본) 1책(33장), 1565년에서 1570년 사이에 필사
四周白邊, 無界, 10行15字, 無魚尾 ; 42.0×29.7cm.

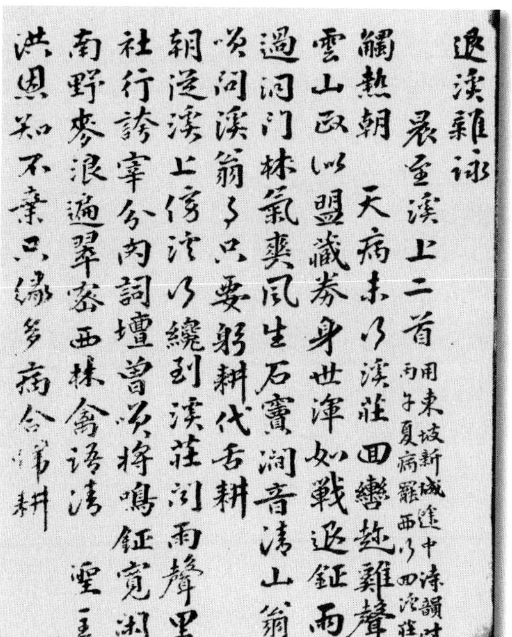
退溪雜詠
晨至溪上二首 用東坡新城道中詩韻 丙子夏病罷西乃回溪莊
觸熱朝天病未乃溪莊田巒趁雞聲
雲山政以盟藏券身世渾如戰退鉦 雨
過洞門林氣爽風生石竇澗音清 山翁
嗤問溪翁子只要躬耕代舌耕
朝從溪上倚󠄀洿乃纔到溪莊澗雨聲 里
社行誇宰分肉詞壇曾笑將鳴鉦 寬湖
南野麥浪過翠麥西林禽語清 聖主
洪恩知不棄只緣多病合歸耕

퇴계잡영

1. 저자

李滉(1501~1570)의 本貫은 眞城, 初名은 瑞鴻, 初字는 季浩, 字는 景浩, 號는 退溪·陶翁·退陶·淸凉山人, 謚號는 文純이다. 경상북도 禮安 출생이다. 12세 때 숙부 李堣에게서 학문을 배우고 1523년(중종 18) 성균관에 입학하였다. 1528년에 진사가 되고 1534년의 式年文科에 乙科로 급제하였다. 부정자를 시작으로 여러 벼슬을 거쳐 1543년에 大司成이 되었다. 1545년(명종 즉위)의 을사사화 때 삭직되었다. 1548년(명종 3) 1월, 外職을 구하여 丹陽郡守가 되고, 11월에 豐基郡守가 되었다. 1549년(명종 4) 9월, 병으로 사직하였는데, 세 번이나 감사에게 사직을 요청하였으나 회답이 없자 그대로 귀향하였다. 1550년(명종 5) 1월, 마음대로 임소를 이탈한 것에 대하여 告身 二等을 추탈 당했다. 2월에 처음으로 退溪의 서쪽에 거처를 정하고 寒栖庵을 지었다. 8월에는 兄 李瀣가 李芑의 무함을 받고 유배 도중 졸하니 竹嶺으로 가서 迎柩하였다. 1552년(명종 7) 4월, 교리에 제수되어 부름을 받고 조정으로 올라가, 5월에 執義가 되었으며, 7월에 다시 대사성이 되었다. 11월에 병으로 사직하고, 상호군이 되었다. 1554년(명종 9)에 형조참의와 병조참의, 상호군, 첨지중추부사를 시작으로 이후 여러 벼슬이 내렸으나 모두 사직하였다. 1558년(명종 13) 10월에는 대사성이 되었지만, 11월에 병으로 사면하고 상호군이 되고, 12월에 공조참판이 되었다. 1559년(명종 14) 7월, 공조 참판에서 체차되어 동지중추부사가 되었지만 사직하고, 1560년(명종 15) 陶山書堂을 낙성하였다. 이때 60세였다. 12월에 召命을 받고 이듬해 1561년 1월에 부임하려다 말에서 떨어져 병으로 사직하였다. 1568년(선조 원년)에 우찬성을 거쳐 兩館大提學을 지냈으나, 이듬해 고향에 은퇴하여 학문에 전심하였다.

理氣互發說을 주장하여, 理가 발하여 氣가 이에 따르는 것은 四端, 氣가 발하여 理가 氣를 타는 것은 七情이라고 보았다. 그의 문하생인 柳成龍·金誠一·鄭逑 등은 嶺南學派를 이루었다. 영의정에 추증되고 문묘 및 선조의 묘정에 배향되었으며 단양의 丹巖書院, 괴산의 華巖書院, 예안의 陶山書院, 안동의 廬江書院 등 전국의 수십 개 서원에 배향되었다. 저서에 『退溪全書』가 있고, 시조로 『陶山十二曲』이 있다.

2. 구성

啓明大學校 童山圖書館에 소장되어 있는 退溪手筆의 『退溪雜詠』은 『退溪雜詠』과 『陶山雜詠』이 합철되어 있다. 필사된 시기는 『退溪雜詠』의 맨 마지막 시인 「溪上與金愼仲惇叙金士純琴壎之禹景善同讀啓蒙二絶示意兼示安道孫兒」가 1565년(명종 20)에

지어졌음을 고려할 때, 1565년보다는 이후라고 추정된다. 手迹은 만년의 箴銘類 필체와 유사하다.

退溪手筆의 이 책은 계명대학교 도서관 소장의 목판본『退溪雜詠』(陶山雜詠 합철)과 비교해 보면 落張도 있고 편차상의 差異도 있다. 목판본을 기준으로 본다면 李滉은 본래 1546년(명종 원년)에 지은「晨至溪上二首」이하 48題 138首를 繕寫하여『退溪雜詠』이라 이름하고,「改卜書堂得地於陶山南洞」으로부터「梅花答」에 이르기까지 37題 116首를 繕寫하여『陶山雜詠』이라 이름 했으리라 생각된다. 하지만 계명대 소장 手筆本은 편차상 다음과 같은 점이 목판본과 다르다.

(1)『退溪雜詠』(상편) 가운데「溪堂偶興十絶」의 제2수부터「和子中閒居」의 '飮酒'까지가 없어졌다. 이것은 落張인 듯하다.「和子中閒居」는 본래 20수인데, 手筆本에는 '講學' '求志' '習書' '吟詩' '愛閒' '養靜' '焚香' '服藥' '彈琴' '投壺' '賞花' '釣魚' '曬冊' '對客' '煮蕨' '飮酒'까지가 모두 없다.

(2)『陶山雜詠』(하편) 가운데「陶山雜詠」五言絶句二十六首에서 '鶴汀' '鷗渚' '魚梁' '漁村' '烟林' '雪徑'이 없고, '櫟遷' '漆園'이 이어진 후 '江寺' '官亭' '長郊' '遠岫' '土城' '校洞'까지 없다.「陶山記」(즉「陶山雜詠幷記」)에 따르면「陶山雜詠」五言絶句는 본래 二十六絶로 그 순서는 '蒙泉' '冽井' '庭草' '澗柳' '菜圃', '花砌', '西麓', '南沜', '翠微', '寥朗' '釣磯' '月艇' '鶴汀' '鷗渚' '魚梁' '漁村' '烟林' '雪徑' '櫟遷' '漆園' '江寺' '官亭' '長郊' '遠岫' '土城' '校洞'의 순이어야 한다. 그런데 手筆本은 落張의 흔적이 없음에도 불구하고 중간의 '鶴汀' '鷗渚' '魚梁' '漁村' '烟林' '雪徑'과 뒤의 '江寺' '官亭' '長郊' '遠岫' '土城' '校洞'을 수록하지 않았다.

(3)「陶山雜詠」의 五言絶句「又五言絶句四首」가운데 '聾巖'이 없다.「又五言絶句四首」는 본래 '聾巖' '汾川' '賀淵' '屛庵'의 4수이다.

(4) 五言絶句「陶山雜詠」二十六絶과「又四詠」은 모두 30수이다. 手筆本에는 그 둘을 합한 제목을 처음에 작성하지 않았으나 뒤에 '五言絶句二十六首 逐題 又有四言詩一章'이란 注記를 행간에 적었다. 그리고 그 둘을 합하여 모두 十七首만을 수록했는데, 그 둘 사이에는 아무런 分段을 시도하지 않았다.

[종래 해제자는 이 수필본에 대해「次韻金士純」4수 가운데 제3, 제4수부터「齋中偶書」의 제목까지 없어졌다고 했으나,[1] 금번의 확인 결과「次韻贈金上舍士純」은 본래 1수만 수록하였고,「齋中偶書」는 아예 수록하지 않았다. 목판본으로 간행하면서 편수를 더욱 증보한 것인지, 단순히 해제자의 잘못이었는지 확인 재검토가 필요하다.]

1) 심경호,「錦城開刊『溪山雜詠』과 庚子本『退溪集』의 간행 경위에 대한 일고찰」.『계간 서지학보』19(한국서지학회, 1997.1). pp.65-98.

이하, 계명대본 手筆本『溪山雜詠』의 상세 내용을 보면 다음과 같다.

退溪雜詠

晨至溪上 二首
東巖言志
登霞峯(丁未三月三日)
溪居雜興 二首
寒栖, 雨後書事
和陶集移居
和陶集飮酒 二十首
寒栖, 示兒子寯·閔生應祺 二首
和老杜幽人
溪上書堂淸明(寒栖移溪北, 小異其制, 爲堂若室. 次老杜韻)
春日閒居, 次老杜六絶句
聾巖先生來訪溪堂
溪堂偶興 十絶
*[「溪堂偶興十絶」의 제2수부터 「和鄭子中閑居」의 '飮酒'까지 없음]
示金而精·李棐彦 二絶(臘望, 二君與寯兒, 往游陶山, 回言雪霽佳景. 是夜, 雪月淸甚, 家中曉起, 偶成二絶)
春日溪上 二絶
四時幽居好吟
旱餘, 大雨溪漲, 曁水落而出, 泉石洗淸, 科坎變遷, 魚之得意遠去, 其樂可知
初秋旣望, 溪上齋居, 連夜月色淸甚, 令人無寐. 今日偶出霞山, 士敬來訪, 自言其月川夜景, 適與意會, 欣然也. 然而又言前人所謂光霽者, 殆不謂此. 故感歎, 而歸得一絶, 以寄士敬云
次韻贈金上舍士純(余時溪居, 士純自陶山往來, 不避暑溽)
溪上, 與金愼仲惇敍·金士純·琴壎之·禹景善, 同讀啓蒙. 二絶示意, 兼示安道孫兒

陶山雜詠

改卜書堂, 得地於陶山南洞
再行視陶山南洞作(示南景祥·琴壎之·閔生應祺·兒子寯·孫兒安道)
秋日登臺
臺上詠懷
秋日獨游陶山夕歸(己未)
天淵臺
陶山記
(七言絶句十八首)

陶山書堂
巖栖軒
玩樂齋
幽貞門
淨友塘
節友社
隴雲精舍
觀瀾軒
時習齋
止宿寮
谷口門
天淵臺
天雲臺
濯纓潭
盤陀石
東翠屛山
西翠屛山
芙蓉峰(趙上舍士敬家, 在峰下)
* ['五言絶句二十六首 逐題 又有四言詩一章'이란 注記를 행간에 적었다. 그리고 「又四詠」의 3수를 합해 모두 十七首만을 수록했다.]
蒙泉(書堂之東, 有泉曰蒙, 何以體之, 養正之功)
冽井(書堂之南, 石井甘冽, 千古烟沈, 從今勿幕)
庭草(閑庭細草, 造化生生, 目擊道存, 意思如馨)
磵柳(磵邊垂柳, 濯濯風度, 陶邵賞好, 起我遐慕)
菜圃(節友社南, 隙地爲圃, 下帷多暇, 抱甕何苦)
花砌(堂後衆花, 雜植爛爛, 天地精英, 莫非佳玩)
西麓(悄蒨西麓, 堪結其茅, 以藏以修, 雲霞之交)
南沜(石之揭揭, 樾之陰陰, 于江之沜, 納凉蕭森)
翠微(翠微翠微, 書堂之東, 九月故事, 感慨余衷)
寥朗(寥朗寥朗, 精舍之西, 仰眺俯瞰, 孰知其倪)
釣磯(臨江苔石, 一絲颸風, 貪餌則懸, 冒利則訌)
月艇(一葉小艇, 滿載風月, 懷人不見, 我心靡歇)
櫟遷(櫟之不材, 多至壽老, 厥或不免, 乃壽之道)
漆園(漆有世用, 其割焉保, 厥或免割, 乃割之道)
汾川(在西翠屛南, 實里名也。知事之胤察訪李大成所居, 大成號碧梧)
賀淵(在西翠屛下, 承旨李公幹亭舍, 在其上)
屛庵(在西翠屛崖壁中, 上舍李大用所構, 舊有淨室, 近聞守僧改置其室, 頗夫佳致云)

濯纓潭泛月(十月旣望, 與大成·大用·文卿, 同泛)
鄭子中來訪, 俱至陶山眺覽, 旣別追寄
陶山言志
閑中戱題
夕霽登臺
次韻金舜擧題天淵絶句
秋日, 獨至陶舍, 篋中, 得趙士敬詩
示諸友
山堂夜起
壬戌立春
節友社梅花, 暮春始開, 憶往在甲辰春, 在東湖, 訪梅於望湖堂, 賦詩二首, 忽忽十九年矣. 因復和成一篇, 道余追舊感今之意, 以示同舍諸友云(皆用東坡韻)
次韻答李靜存見寄
鄭子中同泛濯纓(用九曲詩韻)
陶山訪梅, 緣被去冬寒甚蕊傷, 殘芳晩發, 憔悴可憐, 嘆息爲之賦此。
中夜雷雨, 俄頃, 霽月朗然
寄亦樂齋諸君文會(諸人構茅舍於西麓, 名曰亦樂)
暮春望日, 獨至陶山, 梅爲寒損, 尙未芬葩, 簹竹亦悴, 加之是日, 風雨連宵, 追去春律詩韻
十六日陶山觀物
十七日寓感
伏蒙天恩, 許遂退閒, 且感且慶, 自述八絶
山居四時各四詠十六絶
春四詠(朝, 晝, 暮, 夜)
夏四詠(朝, 晝, 暮, 夜)
秋四詠(朝, 晝, 暮, 夜)
冬四詠(朝, 晝, 暮, 夜)
病歸訪梅山舍
梅花答

3. 내용

『退溪雜詠』의 전반부(곧 『退溪雜詠』)는 본래 이황의 나이 46세 되던 1546년에 지은 『晨至溪上二首」부터 65세 되던 1565년에 지은 「溪上與金愼仲惇叙金士純琴壎之禹景善同讀啓蒙二絶示意兼示安道孫兒」까지 총 48제 138수를 실었을 것이다. 『퇴계잡영』에 가장 많은 시가 수록된 해가 1550년과 1560년으로, 각각 33수씩이다. 문집에 134수나 실린 1551년에는 『퇴계잡영』에 21수를 수록하였다. 반면, 출사하였던 1548년(48세), 1549년(49세), 1553년(53세), 1554년(54세), 1558년(58세), 1563년(63세)에 지은 시는 한 수도 수록하지 않았다. 『퇴계잡영』에는 이황이 퇴계에서 거처하면서 지은 시만 수록하였다. 병으로 퇴계에 와서 거처하다가 조정의 부름을 받고 출사한 49세까지의 기간을 통해서는 단 3제 4수만 수록하고, 이후에 출사했던 52세에서 55세 때에도 단 8수만을 수록하였다.[2] 또한 같은 기간에 매화를 읊은 시라 할지라도 퇴계에서 읊은 것은 『퇴계잡영』에, 도산서당에서 지은 것은 『도산잡영』에 분리하여 수록하였다.

『退溪雜詠』의 후반부(곧 『陶山雜詠』)는 이황의 나이 57세부터 66세까지 약 10년 동안 쓴 시들 가운데 도산서당 안팎에서 지은 시들을 모았다. 「陶山雜詠」 17절구 가운데 특히 철학적인 내용을 담았다고 평가되는 「盤陀石」 시도 여기에 들어 있다.

黃濁滔滔便隱形	누렇고 탁한 물이 쏟아져 흐르면 얼굴 숨겼다가
安流帖帖始分明	물이 빠져 고요히 흐를 때면 비로소 나타나네.
可憐如許奔衝裏	어여쁘다 이같이 거센 물결 속에서도
千古盤陀不轉傾	천고에 반타석은 구르거나 기울지도 않았네.

퇴계는 「도산기」에서 "반타석은 탁영담 가운데 있는데, 그 형상이 편편하여 배를 매어 놓고 술잔을 돌릴만하다, 매양 큰 비가 내려 물이 불면 소용돌이와 함께 물 밑으로 들어갔다가 물이 빠지고 맑아진 뒤에야 비로소 모습을 드러낸다."라고 했다. 그런데 이 시는 천리가 인욕에 가리워진 채로만 있지 않고 결국 온전히 발현될 것이라는 사유를 담았다고 이해된다.

李滉은 생전에 원고를 淨寫하여 보관하거나 子姪 및 門徒에게 보여주고는 하였다. 退溪와 陶山에 관련된 중요한 시들을 가려뽑아 『退溪雜詠』과 『陶山雜詠』으로 分卷하여 엮은 『退溪雜詠』도 그 가운데 하나다. 이 『退溪雜詠』은 故 李源周 님이 계명대학교 중앙도서관에서 퇴계의 手筆과 그 模刻本 및 木板本을 발견하여 영인 소개함으로써 학계에 알려졌다. 계명한문학연구회, 『퇴계학문헌전집』 총서 제23권 및 별책(『계명대 중앙도서관소장 퇴계선생친필본 퇴계잡영·도산잡영』, 학민문화사 영인)이 그것이다. 이후 이장우·장세후에 의해 『퇴계 마을의 노래』(지식산업사, 1999)라는 역주본도 나왔다.

계명대학교 도서관에 소장된 退溪手筆은 23제 73수의 시가 逸失되었다.

『退溪雜詠(陶山雜詠 合綴)』은 1576년(선조 9)에 이미 盧江書院에서 간행된 듯하다. 현재 국립중앙도서관에 소장되어 있는 판본의 하나가 이것에 해당하는 듯하다. 『攷事撮要』에 의하면 이 판본을 찍어낸 것이었으리라 추정되는 板木이 安東에 존재하였다.[3] 국

2) 금지아, 「퇴계잡영 해제」, 연세대학교 국학연구원 편, 『연세대학교 중앙도서관 소장 고서해제 VI』(평민사, 2006), pp.369-376.

립중앙도서관 소장본(귀722)의 서지사항은 다음과 같다.

> 목판본, 2卷1冊(50장), 四周雙邊 半郭 29.5×24.7cm. 10行15字
> 註雙行, 大黑口, 內向黑魚尾, 39.1×29cm.
> 상권 권수제 : '退溪雜詠'. 하권 권수제 : '陶山雜詠'
> 卷末跋文題 : '溪山雜詠'
> 卷末黙記 : 琴易堂藏
> 刊記 : 萬曆丙子(1576) 廬江書院
> 印記 : '琴易堂'

작품 수는 아래의 충남대본 및 연대본과 동일하다. 이황의 자필을 저본으로 삼은 목판본으로 권말의 발문에 刻字 기술이 좋지 못하여 이황의 글씨에 累가될까 걱정하는 겸사를 써놓았다.

그 뒤 鶴峯 金誠一은 1585년(선조 18)에 羅州에서 이 책을 다시 판각하였다.[4] 김성일의 『연보』에 의하면, 1583년(선조 16, 계미) 7월에 黃海道巡撫御史로서의 복명도 하기 전에 羅州牧使 兼春秋館編修官에 特蔭되고, 8월에 임지로 부임하였다. 그는 나주목사로 있으면서 『朱子書節要』·『自省錄』·『儀禮圖』·『鄕校禮輯』 등의 책도 출간하였다. 이 판본은 현재 충남대도서관에 소장되어 있다.

충남대도서관의 『退溪雜詠』은 목판본 상하권 1책이다. 계명대 소장 手筆本과 마찬가지로 상권의 卷首題는 '退溪雜詠', 하권의 권수제는 '陶山雜詠'이다. 그런데 그 하권의 말미에 '萬曆乙酉錦城開刊'이라는 刊記가 있으니, 만력 을유는 1585년(선조 18)이고, 錦城은 羅州의 옛 이름이다. 서지 사항을 소개하면 다음과 같다.

> 退溪雜詠 상하 1책, 목판본.
> 卷首題 : 退溪雜詠(상권), 陶山雜詠(하권).
> 版心題 : '溪詠'(상권) '陶詠'(하권)
> 四周單邊. 半郭 26.1×18.2cm, 有界, 9행 16자, 注雙行. 白口.
> 魚尾 : 上下內向二葉花紋魚尾, 三葉花紋魚尾, 黑魚尾 등 일정치 않음

---

3) 『退溪雜詠』의 안동 판목과 나주 판목을 등재한 『고사촬요』는 만력 13년(1585)의 목판본으로 알려져 있다(南文閣 影印本). 그런데 이 남문각 영인본 『고사촬요』에는 역시 八道程途' 羅州 조항에 『鄕校禮輯』과 『自省錄』의 판목이 있다고 기록되어 있다. 『향교예집』도 『退溪雜詠』과 마찬가지로 선조 18년(1585)에 학봉에 의하여 나주에서 開板되었다. 그렇다면 남문각 영인본 『고사촬요』는 그것이 간행되는 해에 판각된 판목의 목록까지 登載한 것이 된다. 과연 이것이 가능하였을까 의문이 없지 않다. 따라서 남문각 영인본 『고사촬요』의 간행 시기를 재고하여야 할 것이다. 『주자서절요』의 판목이 등재되지 않았는지 궁금한 일이다. 『고사촬요』의 책판 목록 자료는 鄭亨愚·尹炳泰, 『韓國의 冊板目錄』(保景文化社, 1995) 참조.

4) 전게 심경호, 「錦城開刊 『溪山雜詠』과 庚子本 『退溪集』의 간행 경위에 대한 일고찰」. 당시는 여강서원 판본의 존재를 알지 못하여 그 사실을 누락하였다.

刊記 : 萬曆乙酉(1585)錦城開刊.

한편 계명대소장의 『퇴계잡영』 목판본은 충남대도서관 소장의 羅州開刊 刊記를 지닌 판본과 판식이 동일하다. 연세대본 『계산잡영』 목판본(귀229)도 충남대도서관 소장본과 판식이 동일하고, 내지에 '萬曆14年(1585) 5月18日, 錦城太守金士純(鶴峯 金誠一의 字)所贈'이라 필사되어 있다.

연세대 소장본의 서지 사항은 다음과 같다.5)

退溪雜詠 상하 1책, 목판본.
卷首題 : 退溪雜詠(상권), 陶山雜詠(하권).
版心題 : '溪詠'(상권) '陶詠'(하권)
四周單邊. 半郭 26.0×18.1cm, 有界, 9행 16자, 注雙行. 白口.
魚尾 : 上下內向二葉花紋魚尾, 三葉花紋魚尾, 黑魚尾 등 일정치 않음
刊記 : 萬曆乙酉(1585)錦城開刊.

계명대 소장 手筆本과 廬江書院 開刊本, 羅州 開刊本은 모두 卷首題를 책 제목으로 취한다는 서지문헌 서술의 원칙을 따른다면 상권의 권수제인 '退溪雜詠'을 書名으로 삼아야 한다. 다만 김성일의 『연보』에 나타난 기록을 존중하고 혼란을 피하기 위하여 '溪山雜詠'이라 이름할 수도 있다.

김성일은 1583년(선조 16) 겨울에 李安道(자 逢原)가 죽은 뒤, 다음 해(1584) 초봄에 月川 趙穆에게 葬山 문제를 묻는 서한을 내어, 이안도가 살아 있을 때 『溪山雜詠』과 『鄕校禮輯』을 나주에서 간행하기로 약조하였다고 하면서, 이안도와 그 아우 李純道가 연이어 작고하는 酷變을 만나 책을 搜出하기 어렵게 되었으나, 이제 일을 늦출 수 없으니 빨리 찾아 보내달라고 부탁하였다. 1584년(선조 17) 겨울에 趙穆에게 올린 서한에서는, 그 해 가을에 이미 『朱子書節要』를 간행하였고 다시 『儀禮圖』의 판각이 끝나간다고 말하고, 『溪山集』과 傳寫本 『鄕校禮輯』을 보내달라고 청하였다. 이 때 김성일이 간행하고자 한 『鄕校禮輯』은 『퇴계잡영』이 간행된 그 해인 1585년에 역시 나주에서 開刊되었다. '萬曆十三年乙酉錦城開刊'의 간기가 붙은 초간본이 雪月堂 宗家에 光山金氏家藏으로 소장되어 있다.

김성일이 나주에서 간행한 『퇴계잡영』은 『自省錄』과 함께 퇴계를 私淑하는 이들의 珍玩이 되었다. 학봉의 동문 雪月堂 金富倫이 1587년(선조 20)에 鄭淑南을 위하여 『자성록』과 『퇴계잡영』을 구매하여 보내면서 쓴 小識를 보면 그러한 사실을 짐작할 수 있다.6)

---

5) 한국국학진흥원 소장 『퇴계잡영』도 연대본과 판식은 동일하다고 하나 직접 확인하지 못하였다.

6) 『雪月堂集』(한국문집총간본) 권4 「贈鄭景善自省錄溪山雜詠小識」. "月湖鄭君景善, 每以不登退溪先生之門爲

한편 『학봉연보』의 細注에 의하면 1585년에 『퇴계잡영』의 板刻을 마친 뒤에 趙穆에게 보낸 편지에서 "후인이 愛玩하는 데는 그 遺墨을 아울러 전하는 것만 같지 못합니다" 하고 선생의 手筆을 가져다가 정성들여 摹刻하여 2本을 만들었다고 하였다. 이 때 모각된 책이 바로 계명대 소장의 退溪手筆模刻本 殘卷일 것이다. 그리고 『퇴계잡영』의 저본으로 사용된 手筆本은 草本이 아니라 별도로 淨寫된 사본이었음이 분명하다. 그 점은 『퇴계잡영』의 하권인 『도산잡영』에 수록된 「陶山記」와 雜詠 등 일부 작품이 淨寫되기 이전의 草本 그대로 遺轉되어 金就礪의 손에 있었다는 점으로부터 추측할 수 있다. 奇大升은 「도산기」 초본을 보고 화운시를 부쳐 粧績한 일이 있다. 1570년(선조 3, 경오) 5월에 고봉이 쓴 「退溪先生陶山記文跋」에 저간의 사정이 자세하다.[7] 이것은 뒷날 목판본으로도 간행되었다.[8] 기대승은 이황의 시에 차운하여 仰質하려 하였으나, 이 해 12월에 선생의 부음을 들어야했다.

4. 가치

계명대본 退溪 手筆本은 『退溪雜詠』의 廬江書院(국립 소장본), 羅州開刊本(충남대 소장본 및 연세대소장본, 그리고 계명대 소장 목판본) 등에 선행하는 저자의 親筆本으로서 가치가 매우 높다. 落張이 있기는 하지만 거의 완전한 모습을 띠고 있다.

手筆本과 그것을 저본으로 이루어진 나주 개간본에 수록된 시의 제목이나 어구를 경자본 『퇴계집』 및 그 이후의 여러 판본들과 비교하여 보면 異同이 적지 않다. 手筆本과 나주 개간본을 대조하면 手筆의 誤寫를 정정한 예도 있기는 하지만, 字句 異同은 미미하다. 계명대 소장 手筆本에 남아 있는 시편을 대상으로 조사하면, 목판본에서 異體字를 정리한 예가 몇 가지 있다. 글자가 달라진 예들은 목판본의 잘못이 아닌가 생각된다.

『퇴계문집』은 1600년 초간본인 경자본이 나온 이래 복각본, 중간본, 교정본이 나왔는

恨. 若得遺文, 則其愛悅敬誦, 不啻如陳了翁之於程伯子. 頃者, 以書來, 欲得蒿紙, 印『自省錄』·『溪山雜詠』, 以爲案上珍玩. 二書則同門金士純, 牧錦城時所刊也. 適有山僧倂二書來賣者, 遂捐俸購得, 敢此寄送. 吾知景善焚香披閱, 必有得於心中者, 豈特爲珍玩而已哉. 萬曆丁亥秋, 光山後學金富倫惇叙書."

7) 『高峰集』(한국문집총간본) 속집 권2 「退溪先生陶山記文跋」. "右陶山記文一篇, 及逐處記事七言十八絶, 又五言雜詠二十六絶, 別錄四絶, 倂有題識, 皆先生所手寫. 間有塗改處, 蓋初間草本也. 余友金君就礪嘗遊先生之門, 得此本以歸, 重之不啻如南金和璞, 裝繕作帖, 以爲寶玩. 余嘗從金君借而玩之. 金君要余出數語跋其後. 余謹已諾之. 而風埃逆旅, 卒卒無須臾間, 固未遑於把筆抒思. 今者解官歸鄕, 幸無事, 時時披閱吟諷. 於先生之微意, 或有窺得其一二. 伏想先生當此之時, 閒居彌久, 其所自樂, 必有深於前日者. 恨不得操几杖從遊於堂壇巖臺之間, 而面承提誨也. 山川間之, 奉拜靡由. 東望飛雲, 每不覺神魂之馳遡焉. 金君又嘗要余和帖中諸詩, 余雖不敢輕諾, 而心亦許之. 玆於閒中, 輒復仰步七言十八首, 倂寫之帖末, 庶幾少見區區之意, 非敢以爲有所助發也. 蓋欲以求正于金君, 而仰質於先生云爾. 時隆慶四年庚午之歲五月日."

8) 卷首에 嘉靖 己酉(1561)에 쓴 이황의 題識가 있다. 국립도서관 소장 목판본 참조. 權好文의 「題先生陶山記後」(『松巖集』 권3)는 帖의 발문인지 목판본의 後識인지 분명치 않다.

데, 이 과정에서 이황 手筆의 『退溪雜詠』이 퇴계문집 교정에 적극 반영되지는 못했다. 1585년 나주개간본(연세대본, 충남대본, 계명대본) 『계산잡영』을 『퇴계문집』(교정본) 수록의 시문과 비교하면 이체자의 정리로 자형이 달라진 외에도 명백히 글자가 달라진 예도 적지 않고, 『퇴계잡영』 수록 편차가 뒤바뀐 예도 있고, 작품 刪定의 흔적도 보인다.[9] 나주목판본 『퇴계잡영』과 교정본 『퇴계집』 사이에는 字句의 이동이 있고, 심지어 『퇴계집』 속집 권2에 缺字가 補刻되지 못하였다. 이 사실은 중간본 이하 『퇴계문집』의 교정과 보각에 『퇴계잡영』이 참조되지 못하였음을 말해 준다. 『퇴계집』은 手錄本의 정리와 繕寫, 編摩校正, 中草本의 繕寫에 이르기까지 순탄치 않은 과정을 겪었으며, 김성일·유성룡과 조목, 그리고 烏川諸人들 사이에 편찬 체제를 둘러싸고 의견 차이도 있었다. 그러는 와중에 이황의 手迹을 전부 校合하는 일이 충분히 이루어지지 못하였을 가능성이 크다. 게다가 경자본은 병산서원 교정 때 이루어진 中草本에 기초하여 판각되었으므로,[10] 역시 교정이나 산정이 만족스럽지 못하였던 듯하다. 『퇴계잡영』이 『퇴계집』의 교정에 참조되지 못한 것도 그 때문이라 하겠다.

한편 앞으로, 「退溪雜詠」 五言絶句二十六首와 「又五言絶句四首」 가운데서 17수만을 수록한 이유에 대해서는, 그것이 이황 스스로의 自選에 의한 것인지 우연한 누락인지 구명할 필요가 있다.

【심경호】

[색인어]

李滉, 退溪手筆 『退溪雜詠』, 『退溪雜詠』·『陶山雜詠』 합철, 1576년 廬江書院 刊 『退溪雜詠(陶山雜詠 合綴)』, 1585년 錦城 刊 『退溪雜詠(陶山雜詠 合綴)』.

[참고문헌]

· 계명한문학연구회, 『계명대학교 중앙도서관 소장 퇴계선생친필본 퇴계잡영·도산잡영』, 1991, 학민문화사.
· 심경호, 「錦城開刊 『溪山雜詠』과 庚子本 『退溪集』의 간행 경위에 대한 일고찰」. 『계

9) 이에 대해서는 심경호의 앞의 논문 참조.
10) 癡翁 李彙溥가 『樊南本 退溪全書』를 편하면서 밝힌 凡例에 따르면, 光明室에 소장된 문집 초본으로는 『退陶集』 20책의 草本, 『退溪先生集』 40책의 中本, 『退溪先生文集』 30책의 定本 등 세 가지가 있다고 한다. 그 가운데 『退溪先生文集』 30책 定本이 경자본의 저본이 되었던 듯하다. 李家源 님의 「陶山全書 解題」(退溪學叢書 제Ⅱ부 陶山全書, 退溪學硏究院, 1980) 참조.

간 서지학보』 19호, 한국서지학회, 1997.1.
· 금지아, 「퇴계잡영 해제」, 연세대학교 국학연구원 편, 『연세대학교 중앙도서관 소장 고서해제 VI』, 평민사, 2006.
· 李家源, 「陶山全書 解題」, 退溪學叢書 제Ⅱ부 陶山全書, 退溪學硏究院, 1980.

寒溪集

金繼善(1758~1835) 著.

筆寫本 1冊(零本) : 四周單邊, 半郭 20.7×13.7cm,
有界, 10行20字, 內向二葉花紋魚尾 ; 29.5×19.0cm.

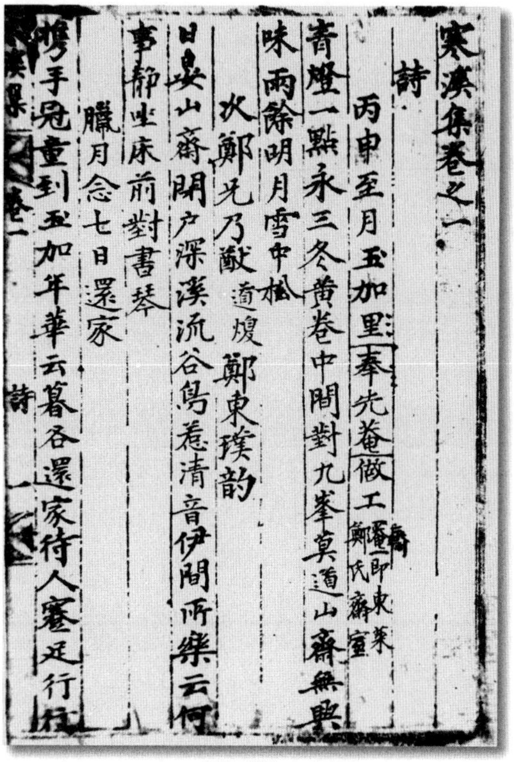
寒溪集卷之一
詩
丙申至月玉加里奉先菴做工 菴即東萊鄭氏齋室
青燈一點永三冬黃卷中間對九峯莫道山齋無興
味雨餘明月雪中楓
次鄭光乃歒 適燠 鄭東璞韵
日晏山齋閒户深溪流谷鳥惹清音伊間所樂云何
事靜坐床前對書琴
臘月念七日還家
携手冠童到玉加年華云暮各還家待人蹇足行行

한계집

1. 저자

이 책은 그간 저자미상으로 알려져 있었으나, 내용을 검토하여 저자를 밝혀내었다. 이 책에 수록된 시에는 서문이 병기된 경우가 많은데, 서문의 말미에 저자의 성명과 자호가 기록된 경우가 더러 있기 때문이다. 예컨대, 「書百聯句詩後」의 서문에는 "金孝述이 쓰다(金孝述稿)"라 되어 있고, 「次見巖同遊韻」의 서문에는 "金繼善 君述이 쓰다(金繼善君述稿)"라 되어 있다. 또한 「追遠齋新刱韻」의 서문에, "지금 저 추원재는 나의 조상 江湖·佔畢 두 선생의 墳菴이다(今夫追遠齋, 迺吾祖江湖佔畢兩先生墳菴)"라는 기록에 이어, 말미에 "후손 계선이 삼가 쓰다(後孫繼善謹稿)"라 되어 있다. 이로써 저자의 성명이 金繼善이며, 金叔滋와 金宗直의 후손이므로 본관은 善山임을 알 수 있다. 호는 寒溪를 주로 사용하였는데, 「寒溪十六咏」의 서문 내용에서 언급하였듯이 朱子의 寒泉을 따서 지은 것이다. 간혹 耐耐翁이라는 호도 사용하였다. 孝述, 君述은 字로 추정되는데, 차이가 있는 이유는 誤記이거나 저자가 중간에 바꾸었기 때문으로 여겨지지만 명확하지 않다.

이러한 사실은 이 책에 등장하는 인물들의 문집에서도 확인되는 바이다. 이 책에 수록된 「追輓林遠卿(碩馨)」은 林碩馨의 『龍菴集』 권3 부록 挽章에 김계선의 作으로 실려 있다. 그리고 「孔巖川遊韻」 서문에 "지금 주상의 17년 정축 3월 28일, 加川의 孔巖에 모이다[上之十七年丁丑暮春之廿八會于加川之孔巖]"라는 기록이 있는데, 이는 1817년(순조 17)에 해당한다. 또한 그 이듬해 지은 것으로 추정되는 「回甲後次明叔韻」의 서문에, 무인년(1818) 10월 6일이 자신의 회갑이라는 언급이 보인다. 따라서 저자의 출생연도는 1758년이다.

이상의 정보를 토대로 저자 관련 자료를 찾아본 결과, 국립중앙도서관에 소장된 『善山金氏世譜事蹟』에 저자의 간략한 전기인 「寒溪公行錄」이 실려 있음을 확인하였다. 이에 따르면 김계선은 자가 君述이며, 1758년(영조34) 10월 6일 태어나 1835년(헌종1) 10월 29일 세상을 떠났다. 家學을 계승하여 志業이 淸簡高邁하였으며, 忠信孝友에 독실하였다. 과거를 일삼지 않고 조용히 향리에 은거하였다. 의리를 劇論하여 한 시대를 바로잡으니 훌륭한 선비들이 종유하였다. 문집이 남아 있으며 사후 服享의 의론이 있었으나 아직 이루어지지 못하였다고 한다.

2. 구성

이 책은 2권 1책의 落帙이다. 책머리에 실린 총목으로 미루어보아, 『寒溪集』은 본디 8권으로, 권1은 詩, 권2는 詩, 권3은 書, 권4는 書·序·記·題跋·雜著, 권5는 墓碣·遺事·

行狀·祭文, 권6은 祭文, 권7은 祭文·哀辭·雜識, 권8은 雜識로 구성되었던 것으로 여겨진다. 이중 현재 남아 있는 것은 詩에 해당하는 권1과 권2뿐이다. 현재 完本은 발견되지 않았으나, 그 서문에 해당하는 글이 남아 있다. 저자의 외증손 鄭趾善(1839~1897)의 『兢齋集』 7권에는 「寒溪金公遺集序」가 실려 있는데, 이 책에는 실리지 않았으나 저자와 그 문집의 성격을 잘 보여준다고 생각되므로 아래에 제시한다.

> 근세의 寒溪 金公은 江湖先生(金叔滋)의 후손이다. 강호선생은 실로 우리 동방에 유학을 연 인물이며, 佔畢先生(金宗直)은 부친이자 스승인 그의 가르침을 이어 유학을 널리 펼치는 일을 맡았다. 그 뒤로 두 선생의 후손이 대대로 미덕을 지켰기에 집안의 명성을 실추시키지 않았으니, 璞齋(金紐), 四止, 陽春 등 여러 공들이 문장과 행실로 세상에 알려졌다. 아, 아름답도다. 지금 공이 남긴 문집을 살펴보건대, 弱冠으로부터 만년에 이르기까지 지은 시문이 겨우 몇 권에 불과하니, 저술을 좋아하지 않았다는 것을 대략 알 수 있다. 그의 시는 평담하고 익숙하여 조금도 꾸미려는 뜻이 없었으며, 그의 문은 말이 간략하고 이치가 순하여 일상생활의 쓰임에 가까웠다.…(중략)…공의 玄孫 鎭學이 상자 속에 보관된 약간의 시문을 모아 눈물을 흘리며 나에게 보여주기를, "그대는 한계공의 외증손이니, 한계공을 아는 사람은 자네만한 이가 없다. 자네가 한 마디 하지 않을 수 있겠는가." 하기에, 내가 그 말에 감동하여 마침내 기록한다.

서문의 내용으로 보아 이미 19세기 무렵 저자의 후손에 의해 문집이 정리되었음을 알 수 있다. 그것이 이 책과 동일한지는 확신하기 어려우나, 이 책의 欄外에 교정을 지시한 기록이 자주 나타나는 것으로 보아 문집 간행을 위해 淨寫한 것으로 여겨진다. 그리고 권2 「贈別厤田李集永」 제하 주석에, "병서는 제목 아래에 써야 하지만 선생이 손수 編定한 것이므로 썼다(並序當書題下而先生手定故書之)"라는 언급이 있으므로, 이 책은 저자의 自編 원고를 바탕으로, 제자 또는 후손이 정리한 것으로 생각된다.

3. 내용

이 책은 각권의 권두에 목록이 있으며, 수록된 작품은 다음과 같다.

권1

丙申至月玉加里奉先庵做工, 次鄭兄乃猷(道煥)鄭東璞韻, 臘月念七日還家, 丁酉四月之武陵做工, 乃猷兄家夜坐, 偶吟, 贈武陵諸友(並序), 次明叔贈韻, 又次明叔讀書韻, 次明叔冬至韻, 偶吟, 丁酉除夜, 戊戌正月述懷, 悅乎齋同苦錄韻(並序), 庚子三月八日猿鶴洞馬上口占, 圍碁後嘲林君克(之馥), 十一日將還家擬呈降仙臺遊會僉君子, 是日未果還遊降仙臺得仙字, 有感, 病中遣懷, 寄贈明叔乃猷兄, 書百聯句詩後(並序), 次鄭丈(義三)枕澗齋韻, 癸卯春初之葛川君克自靈鷲寺做工而來賦此以贈, 次君克立春韻, 游長巖洞(並序), 挽三從祖(聖鉉), 奉呈遊山諸友追謝失約, 四月初二夜坐卽事, 次明叔留惠韻追呈, 贈別李弼敬兄(攝), 仲冬往葛川賦雪示君克兄, 次呈君克兄前春留惠韻, 十五夜卽事, 寒溪十六咏(並序), 咏懷, 遣懷, 夜坐, 溪堂夏夜, 漫詠, 有懷, 拙菴詩(並序), 偶成, 卽事, 雨後出野觀稼, 秋興, 秋夜, 挽族祖(聖謙), 又代嚴君, 代嚴君挽鄭而漢(宗臣), 十月旣望夜大風雪時在葛川, 贈君克兄, 列岳隱菴以蒿取筆於當世名寫者作爲一冊以示余詩以諷之, 挽林聘君, 雨後夜卽事, 恭和御賜揚武公臣子孫詩(並序), 祭香積峯, 九千洞, 游槽潭次南屛鄭上舍韻(並序), 槽潭口號, 雨中歸葛川, 次寒棲軸中韻, 奉呈南屛寒棲別章, 追酬鍾山別章兼呈淸心丈愼命五(性淵), 次寒棲丈詩軸追用南屛韻, 又用槽潭韻, 又用寒棲贈別南屛韻, 鄭僉知錫欽慶宴次乃猷氏韻, 代慶應從(翊善)挽郭子容(思彦)(並序), 癸亥春詞三章, 癸酉三月遊錦山次公淑韻, 露梁舟中, 次公淑上山韻, 錦山烽臺, 雨滯菩薩庵, 雨晴後歷覽諸勝時海霧猶未霽, 又次公淑韻, 是夜月明吟一絶, 下山吟, 龍門寺洗塵閣次公淑韻, 花芳寺遇雨, 大源歸路贈曺允瑞, 追酬李敬述(正烈)贈韻, 代孝胤挽李聖心(正黙), 金泉店阻雨, 登金烏山, 謁洛峯書院翌日參享禮, 順忠公遺墟碑同士元訪問瞻謁, 臘月十九佳谷族從相洛帶恩來謁于別廟口占一絶, 除夕次李兄寅吉韻, 寅吉兄又題寒泉幽居次韻, 甲戌人日宿與學堂鄭伯行李擎夫金君順及棗村宗人數三來會, 與學堂立春會會者幾半鄕, 夜坐書懷, 挽庾明彦(章澤), 讀宋儒箴銘, 漫成, 有感, 觀物吟, 讀西銘, 偶吟, 長嘯吟, 至晦都子殷(慶亳)見訪吟贈, 追酬盧子仰丈(䢖)寄贈韻(並序), 又次風乎巖韻, 今年大殺歲也或曰未乃不免於死則先死者乃英雄慨然賦此, 凶年歎, 除夕, 乙亥元日大雪, 挽族侄文威(虎振)

권2

幽居早秋, 偶題, 晩興, 夜坐, 冬至, 閑中雜詠, 臘月念一夜甚寒, 自遣, 老病吟, 除夜, 丙子元朝, 四月自召南歷到介坪訪慕古盧丈同遊仙巖是夜丈索賦, 丁丑春詞, 種菊, 種梅, 孔巖川遊韻(並序), 次池洞鄭明叔韻, 水南鄭乃猷送書會中有溪神供玩之語戱贈一絶(並序), 次漁適會韻(並序), 次漁適亭元韻, 贈別廠田李集永漁適, 六月晦夜卽事, 感興, 友蓮亭會話韻(並序), 忠祠會話次蓮坡贈池洞韻, 次蓮坡投贈韻, 友蓮亭會話次蓮坡韻, 山水亭會話韻, 山水亭奉謝蓮亭僉案, 疊忠祠韻追呈水南, 追步蓮坡韻呈水南, 又得一絶追謝水南重陽見訪, 挽卞德卿, 次弦窩尹士剛(東野)壽席韻, 次水南翁回甲韻(並序), 次心穌亭重修韻, 追輓林遠卿(碩馨)(並序), 次呈李聖顔(淵黙)韻(並序), 寄贈警菴, 贈別柳光鎭,京邸酬唱(並序), 追輓李聖顔, 追遠齋新刱(並序), 回甲後次明叔韻(並序), 代孝胤挽朴汝楫(光濟), 追次西皐李聖七(東華)回甲韻, 次碧寒亭重修韻, 次鄭致俊郊居韻(並序), 初秋夜卽事, 追輓眠广李公士暉(東璧), 次水南翁鄭乃猷修譜韻, 上伽倻山上峯, 次見巖同遊韻(並序), 代人送別江陽倅(並序), 警齋翁遷葬挽, 次呈花西全華國(纘壽), 奉慰全子安, 次庾君業耕讀齋韻, 追輓鄭尙玉(孝曾), 挽李警夫(基鎬), 挽李聖七(東泰), 挽李仲吉(尙俊), 慕古齋盧公(榫)追挽, 追酬鄭明叔見寄, 代孝胤挽趙公成仲(光銖), 乙酉中秋夜吟時酒禁方嚴, 酒禁自八月爲始盖以八路飢荒也, 九月七日向龍泉精舍登子草嶺口號, 挽鄭丈道宗(東魯), 挽李孟一(尙八)(並序), 挽金而悅(爾鍊)(並序), 謹次石溪金公竪碑韻(並序), 又次遺詩韻, 挽族叔大集氏(敬成), 丙戌十月自凝川歸路訪文景明(正儒), 挽尹弦窩, 挽金護宗, 追挽李士彬(之森), 追挽全義之(秉商), 追挽都子殷(慶亳), 九日登高次卞大彦(有)韻, 邢鳴九(鶴南)枕泉齋軸中次尹弦窩韻, 挽佳谷族叔達汝(敬哲), 有感, 挽愼子庸(宅中), 又代文光七, 代孝胤輓盧叔瞻, 追挽鄭仁之(安儉), 追挽愼乃承(宇浩), 追挽魚瑞伯(有玉), 挽李貫汝(之懋), 挽玉潭尹上舍强之(勉欽)丈, 讀御製朱子雅誦序, 次鄭大夫象之(孝植)慶宴韻, 追挽沙蒕洞族弟允長(永精), 次練江亭重建韻, 追挽族從兄士集(相秉), 追挽李義甫(宜祿), 輓鄭季章(敏煥), 贈別權致行(有成)寄叟(並序), 次鄭昌俊幼儀詩韻(並序), 乙未元朝, 初六夜無寐咏懷以自遣, 人日立春, 新春至旣望杜門無聊又得長律十六韻, 漫成, 廿日夜擁爐口占, 追挽族弟直能(養善), 追挽尹聖瑞(東鳳), 追挽尹器彦(東顯), 歎老示學徒, 偶吟, 龍泉精舍韻, 又

4. 가치

저자는 이 책에서 김숙자와 김종직의 후손이라는 사실을 자주 언급하였다. 이로 보아 저자가 명문의 후예로서 남다른 가문의식을 지녔음을 알 수 있다. 참고로 서울대학교 규장각한국학연구원에는 저자의 선조인 김종직이 편찬한『彛尊錄』(想白古 181.251-G421i2)이 소장되어 있는데, 이 책에 '寒溪', '金繼善若述印' 등 저자의 것으로 보이는 印記가 있다. 저자의 手澤本으로 추정된다.

【장유승】

[색인어]

金繼善,『寒溪集』, 金叔滋, 金宗直.

[참고문헌]

鄭趾善 著, 『兢齋集』, 활자본 7권3책, 1912년, 국립중앙도서관 소장.
선산김씨종중, 『善山金氏世譜事蹟』, 목활자본 1책, 국립중앙도서관 소장.

◉ 詩文選集類

唐百家詩

[宋] 王安石(1021~1086) 編選

금속활자본(甲辰字) 1冊(零本). 明宗·宣祖 연간
四周雙邊, 半郭 22.3×15.4cm, 有界,
12行20字, 大黑口, 內向三葉花紋魚尾; 33.5×20.4cm.

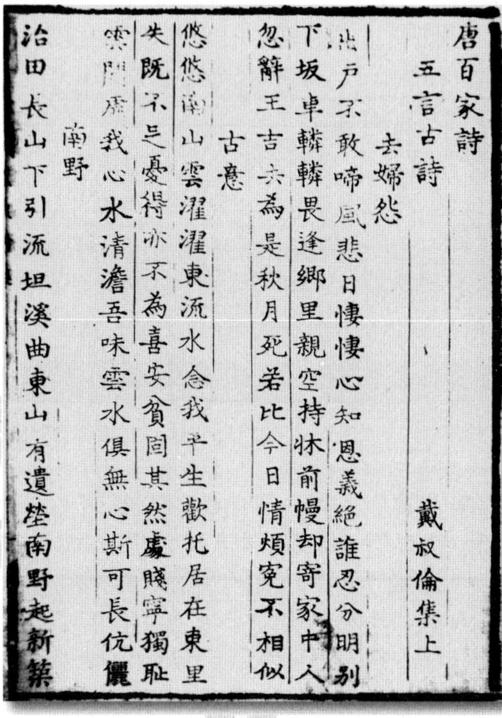
唐百家詩
五言古詩　　戴叔倫集上
去婦怨
出戶不敢啼風悲日悽悽心知恩義絶誰忍分明别
下坂卓轔轔畏逢鄉里親空持牀前幔却寄家中人
忽辭王吉去為是秋月死若比今日情煩寃不相似
古意
悠悠南山雲濯濯東流水念我平生歡托居在東里
失既不足憂得亦不為喜安貧固其然處賤寧獨耻
雲閑虛我心水清澹吾味雲水俱無心斯可長伉儷
南野
治田長山下引流坦溪曲東山有遺塋南野起新築

당백가시

1. 편저자

편자인 王安石(1021~1086)은 字가 介甫이고 號는 半山으로, 撫州 臨川(지금의 江西 撫州市) 사람이다. 北宋 仁宗 慶歷 2년(1042) 進士에 급제하여 淮南(江蘇 揚州)의 簽書判官이 된 것으로 仕途에 발을 들여, 몇몇 지방 관직을 거친 뒤 至和 원년(1054) 群牧判官이 되었다. 嘉祐 2년(1057) 자원하여 외직으로 나갔다가 이듬해 三司度支判官이 되어 서울로 돌아왔다.

嘉祐 5년(1060)에는 仁宗에게 「言事書」를 올려, 인재의 교육 및 양성의 필요성과 적극적인 '有爲' 정치를 할 것을 주장하였다. 이는 神宗 시기 그가 추진한 新法의 바탕이 되었다. 嘉祐 8년(1062) 모친의 복상 이후 江寧(江蘇 南京)에 머물면서 講學을 하였다. 神宗 熙寧 원년(1068) 황제의 부름을 받고 상경하였으며, 이듬해 參知政事가 되어 知樞密院 陳升之(1011~1079)와 함께 신법을 시행하여, 均輸法, 靑苗法, 農田水利法, 保甲法 등 일련의 개혁 정책을 발표하고 추진하였다. 熙寧 9년(1076) 判江寧府로 물러났고 이듬해 表를 올려 완전히 정계에서 은퇴하여 강녕의 鍾山에서 은거하였다. 元豐 원년(1078) 尙書左僕射, 集禧觀使가 되고 舒國公에 책봉되었고, 3년(1080) 尙書左僕射兼門下侍郞으로 특진되고 荊國公으로 개봉되었다. 8년(1085) 神宗이 죽고 哲宗이 즉위하여 司馬光을 門下侍郞으로 임용하여 신법들을 차례로 폐지하자, 그는 상심하여 지내다가 哲宗 元祐 원년(1086) 세상을 마쳤다.

왕안석은 舒州通判을 지낸 중년 이전까지는 주로 전통적 유가 관념을 정치에 구현시키고자 애쓰면서 杜甫의 시 정신을 숭상하여 문학의 사회적 기능을 중시하는 입장을 취하는 쪽으로 치중한 반면, 중년 이후에는 唐詩에 탐닉하여 시의 기교와 형식미를 점차 추구하였고, 은퇴 이후인 노년에는 시의 여운과 함축미를 중시하는 경향을 보인 것으로 평가된다. 『당백가시선』은 서주통판을 지낸 후 삼사탁지판관 시절에 엮은 것이니, 왕안석은 이 책을 엮으면서 당시에 관심을 기울인 것으로 보인다. 이 책의 「序」는 다음과 같이 말하였다.

> 나와 宋次道(次道는 宋敏求의 字)는 함께 삼사판관을 지냈는데, 이 때 次道가 그의 家藏本 당시 100여 권을 내놓고 나에게 좋은 작품을 골라달라고 부탁하였다. 次道는 그리하여 『백가시선』이라고 명명하였다. 이 일에 나날이 힘을 쏟아 부은 것이 정말 후회된다. 그렇지만 당시를 알고 싶은 사람들은 이것을 보면 충분할 것이다.(安石與宋次道, 同爲三司判官, 時次道出其家藏唐詩百餘編, 委余擇其佳者. 次道因名曰『百家詩選』. 廢日力於此, 良可悔也. 雖然欲知唐詩者, 觀此足矣.)

2. 구성

계명대 소장본은 零本 1책[1]으로 이 책에는 中唐의 시인 戴叔倫, 權德輿, 武元衡 세 사람의 시를 選錄하였다. 작품은 『戴叔倫集』에 시 125제 130수, 『權德輿集』에 부 2편과 시 103제 106수, 『武元衡集』에 시 178제 181수가 수록되어 있다. 모두 체재별로 분류하여 수록하였는데 각 詩體 별 작품 수를 정리하면 다음과 같다.

가. 『戴叔倫集』: 125제 130수

五言古詩(10제 11수) / 七言古詩(9제 9수)
五言律詩(50제 52수) / 七言律詩(15제 16수)
五言絶句(19제 19수) / 七言絶句(22제 23수)

나. 『權德輿集』: 부 2편, 시 103제 106수

賦(2편)
五言古詩(34제 35수) / 七言古詩(8제 8수)
五言律詩(32제 32수) / 五言排律(6제 6수) / 七言律詩(10제 10수)
五言絶句(5제 7수) / 七言絶句(8제 8수)

다. 『武元衡集』: 178제 181수

五言古詩(8제 8수) / 七言古詩(8제 8수)
五言長篇(古今調)(23제 23수)
五言律詩(54제 57수) / 七言律詩(19제 19수)
五言絶句(5제 5수) / 七言絶句(60제 60수)
雜言(1제 1수)

3. 내용

戴叔倫(732~789)은 潤州 金壇(江蘇에 속함) 사람으로, 代宗(763~779 재위) 大歷(766~779) 연간에 仕途에 진출하여 "淸明仁恕"하다는 평을 들었다. 大歷·貞元(785~805) 연간에 지은 시는 당시 농촌 생활을 잘 반영했다는 평을 받는다. 社會詩的 성격이 강한

1) 같은 갑진자본 『당백가시』가 국립중앙도서관, 성암고서박물관에도 각 零本 1책씩 소장되어 있다.

7언 가행체는 白居易의 新樂府體의 선구적 역할을 했는데, 소도 농기구도 없이 농사를 짓는 두 여인의 고통을 그린「女耕田行」, 북방의 한랭한 변경에서 고통 받는 군인을 읊은「邊城曲」, 가뭄과 메뚜기의 피해로 인한 흉작에다가 官의 가혹한 노역이라는 이중고에 시달리는 농부를 노래한「屯田詞」 등을 대표작으로 들 수 있으며, 이 책에 모두 선록되어 있다. 그러나 이 책에 선록된 작품 중에는 贈答詩가 26수로 가장 많고 다음으로 贈別詩, 記遊詩, 自然詩 등이 각각 10여 수 이상이다.

權德輿(759~818)는 天水 略陽(甘肅 秦安) 사람으로, 德宗(780~805 재위) 때에 仕途에 진출하여 憲宗(806~820 재위) 때에 禮部尙書 등 고위직을 역임하였다. 그는 문장의 대가로 명망이 있었는데 中唐 시기 臺閣體의 주요 작가의 하나이다. 南宋 嚴羽는『滄浪詩話』에서 그의 시가 盛唐의 시와 매우 흡사하다고 하였다. 이 책에는 증별시가 26수, 증답시가 19수로 다수를 차지하며, 그 밖에 기유시, 挽歌, 應製詩, 閨怨詩 등도 여러 수가 있다. 신라로 사신가는 韋中丞을 전송하는 증별시「送韋中丞奉使新羅」가 눈에 띄며, 庚申日에 밤을 새며 수련하는 것을 읊은「與道者同守庚申」도 재미있는 시이다.

武元衡(758~815)은 緱氏(河南 偃師 동남쪽) 사람으로 則天武后의 姪孫이다. 덕종 때 진사에 급제하여 元和(806~820) 연간에 재상까지 지냈다. 젊어서 과거에 낙제하고 실의에 젖어 쓴 시인「長安敍懷寄崔十五」와「行路難」에는 貧病을 한탄하고 불평을 토로하고 있지만 나중에 顯達해진 뒤에 지은 시들은 주로 관리들과 주고받은 應酬詩가 많아 문학적 가치가 덜하다. 그러나 7언율시 중「送崔判官使太原」,「送張諫議歸朝」,「酬嚴司空荊南見寄」 등은 동료들을 칭찬하면서도 國事와 덕행을 권면하는 내용으로 일반 응수시와 다른 면이 있다. 특히「酬嚴司空荊南見寄」는 明 胡應麟이『詩藪』에서 "中唐妙唱"이라고 극찬한 바 있다. 이 책에는 역시 應酬詩가 65수로 압도적으로 많고 증별시가 46수여서 이 두 부류가 과반을 훨씬 상회하며, 그 밖에 서경시, 기유시, 영물시, 만가 등이 모두 7~8수씩 있다.

4. 서지적 특성과 가치

이 책은 서명이『당백가시』로 사고전서본이『당백가시선』으로 되어 있는 것과 다를 뿐만 아니라, 여러 면에서 상이점이 매우 많다.

첫째, 작품 수록 면에서 큰 차이를 보인다. 즉 사고전서본에는 대숙륜의 시가 47수, 무원형의 시가 4수만 수록되어 있고 권덕여의 시는 전혀 선록되지 않은 데 비해, 이 책에는 대숙륜 130수, 권덕여 106수, 무원형 181수를 수록하여 큰 차이를 보인다는 점이다.『대숙륜집』의 130수 중 사고전서본 47수와 일치하는 것은 13수뿐이다.

둘째, 『전당시』와 비교하면 원문의 표기에서 상이한 점이 상당히 많다는 점이다. 본래 『당백가시선』에는 誤字가 많은 것으로 알려져 있지만, 이 책에도 상당한 오자가 있을 뿐만 아니라 脫字, 衍字, 缺字와 顚倒도 적잖이 발견된다. 『대숙륜집』에는 相異字 26자(이 중 최소 10자는 명백히 오자로 보임), 탈자 8자, 결자 6자가 있고, 『권덕여집』에는 상이자 61자(최소 10자는 오자), 탈자 28자, 연자 20자와 전도 2곳이 있으며, 『무원형집』에는 상이자 47자(15자는 오자), 탈자 15자, 결자 16자, 연자 2자와 전도 3곳이 있다.(『전당시』 교감본과 대조하여 '一作○'으로 주기한 것은 넣지 않았으며, 오자가 분명한 것은 韻脚이나 고유명사, 用典, 平仄, 對仗, 문맥 등을 통하여 확인 가능한 것만 넣었다.)

셋째, 세 시집의 체재가 일치하지 않은 점도 눈에 띈다. 『대숙륜집』의 시작 부분은 "戴叔倫集上"이라고 하였지만 중간에 아무런 단락도 없이 마지막에 "戴叔倫集卷下終"이라고 하여 실제로는 상·하의 구분이 없다. 『권덕여집』은 "權德輿集"이라고 시작하고 "唐百家詩權德輿集"으로 마무리하였으며, 『무원형집』은 "武元衡集"으로 시작하고 "唐百家詩武元衡集終"으로 마무리하였다.

넷째, 『권덕여집』 첫머리에 賦 2편을 수록한 것이 특이하고, 『무원형집』에는 『전당시』에 없는 「奉酬嚴司空荊州見寄」라는 시 1수가 실려 있다. 이 점은 이 책의 특징이자 자료적 가치라고 할 수 있겠다.

5. 기타

文淵閣 四庫全書本 20권에 의하면 왕안석의 『당백가시선』에는 수록된 시인은 모두 104명의 시 1,265수(『提要』에는 1,262수라고 함)가 실려 있는데, 李白, 杜甫는 물론 沈佺期, 宋之問, 張九齡, 王維, 韋應物, 元稹, 白居易, 劉禹錫, 韓愈, 柳宗元, 孟郊, 張籍, 溫庭筠, 李商隱 등 당대를 대표하는 시인들이 모두 빠져 있다. 그러면서도 그가 「唐百家詩選序」에서 이 책만 읽으면 당시를 알기에 족하다고 한 것은 선뜻 이해하기 어려운 대목이다.

사고전서본 『당백가시선』에 선록된 작가의 이름은 다음과 같다.(괄호 안은 작품 수)

제1권(8인 58수): 明皇(2), 德宗(1), 薛稷(1), 劉希夷(9), 王適(1), 韋迒(1), 盧象(10), 孟浩然(33)
제2권(1인 59수): 高適(上59)
제3권(2인 62수): 高適(下12), 岑參(上50)
제4권(6인 65수): 岑參(下31), 儲光羲(21), 崔國輔(2), 崔顥(7), 陶翰(1), 常建(3)
제5권(3인 63수): 王昌齡(23), 李頎(24), 戎昱(16)

제6권(14인 55수): 沈千運(4), 王季友(2), 于逖(2), 孟雲卿(5), 張彪(4), 趙微明(3), 元季川(4), 殷遙(2), 李嘉祐(12), 姚係(2), 雍裕之(2), 蔣渙(1), 陳羽(5), 楊衡(7)
제7권(2인 68수): 戴叔倫(47), 郎士元(21)
제8권(3인 67수): 錢起(6), 盧綸(36), 司空曙(25)
제9권(10인 56수): 耿湋(6), 李端(9), 于武陵(8), 熊孺登(1), 張繼(3), 包佶(4), 包何(1), 鮑防(2), 張登(2), 皇甫冉(上20)
제10권(1인 65수): 皇甫冉(下65)
제11권(9인 55수): 劉商(9), 羊士諤(17), 長孫佐輔(13), 李約(3), 竇常(2), 竇牟(1), 竇群(1), 竇庠(1), 竇鞏(8)
제12권(2인 70수): 楊巨源(46), 王建(上24)
제13권(1인 68수): 王建(下68)
제14권(5인 64수): 武元衡(4), 令狐楚(4), 劉言史(17), 張碧(2), 李涉(37)
제15권(7인 61수): 盧仝(13), 于鵠(3), 朱慶餘(1), 張祜(13), 曹唐(2), 賈島(23), 趙嘏(6)
제16권(3인 64수): 許渾(33), 項斯(12), 李頻(19)
제17권(11인 65수): 李遠(5), 雍陶(25), 章碣(4), 施肩吾(1), 陳陶(6), 李群玉(7), 章孝標(1), 馬戴(3), 劉得仁(2), 高蟾(3), 崔塗(8)
제18권(7인 63수): 李郢(18), 薛逢(3), 鄭畋(1), 薛能(26), 秦韜玉(4), 羅鄴(5), 皮日休(6)
제19권(11인 51수): 劉滄(4), 劉威(1), 曹鄴(1), 曹松(14), 張喬(2), 劉駕(1), 崔魯(12), 張蠙(4), 方干(2), 王駕(4), 杜荀鶴(4)
제20권(2인 86수): 吳融(27), 韓偓(59)

【송영정】

[색인어]

王安石, 『唐百家詩』, 戴叔倫, 權德輿, 武元衡, 『唐百家詩選』

[참고문헌]

· 王安石 편, 『唐百家詩選』(『文淵閣四庫全書』 영인본) 臺北: 商務印書館, 1983.
· 王安石 편, 『唐百家詩選』 臺北: 世界書局, 1962.
· 王安石 편, 『唐百家詩選』(『欽定四庫全書』 영인본)
· 王安石 편, 『王荊公唐百家詩選·一』(『古逸叢書』 영인본) 中華書局, 1986.
· 『全唐詩』 北京: 中華書局, 1979.
· 余嘉錫, 『四庫提要辨證』 香港: 中華書局, 1974.
· 柳瑩杓, 「王安石 詩歌文學 研究」(서울대학교 박사학위 논문) 1992.

大家文會

柳夢寅(1559~1623) 著

목판본 5冊(零本) 소장본: 권12-15, 19
四周單邊, 半郭 26.6×18.3cm, 有界, 11行22字,
內向二葉花紋魚尾 ; 35.0×22.5cm.

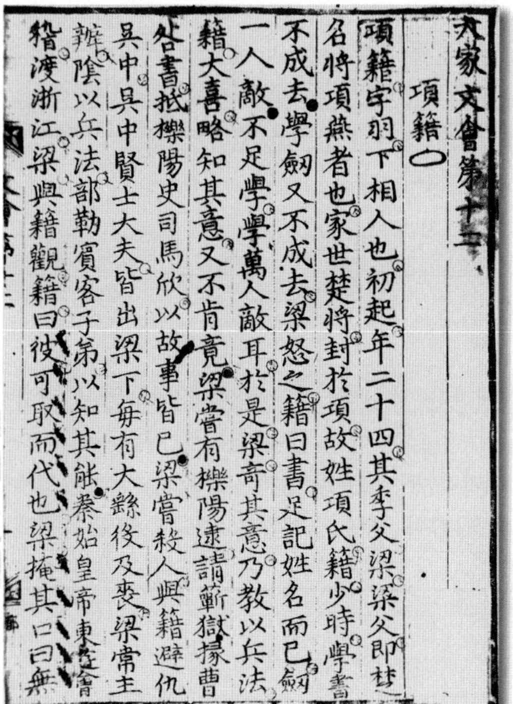
大家文會第十二
項籍
項籍字羽下相人也初起年二十四其季父梁梁父即楚
名將項燕者也家世楚將封於項故姓項氏籍少時學書
不成去學劍又不成去梁怒之籍曰書足記姓名而已劍
一人敵不足學學萬人敵耳於是梁奇其意乃教以兵法
籍大喜略知其意又不肯竟梁嘗有櫟陽逮請蘄獄掾曹
咎書抵櫟陽史司馬欣以故事皆已梁嘗殺人與籍避仇
吳中吳中賢士大夫皆出梁下每有大繇役及喪梁常主
辦陰以兵法部勒賓客子弟以知其能秦始皇帝東遊會
稽渡浙江梁與籍觀籍曰彼可取而代也梁掩其口曰無

대가문회

1. 편저자

柳夢寅(1559~1623)의 본관은 興陽, 자는 應文, 호는 於于堂, 艮齋, 默好子이다. 선조·광군 연간 최고의 문장가로 꼽혔던 인물이다. 妻姑叔인 成渾에게 수학하였다. 24세 때 사마시에 합격하여 성균관에 재학하면서 李恒福, 李廷龜 등과 교유하였다. 31세 때인 1589년 增廣試 文科에 1등으로 합격하였다. 이후 정언, 수찬 등을 지냈고, 1593년에는 問安使에 차임되어 개성에서 명나라 장수 李如松을 맞았다. 교리, 필선 등을 거쳐 1596년 38세 때 進慰使 書狀官으로 명나라에 다녀왔다. 이후 우승지, 대사성, 예조참의를 지냈고, 1606년 48세 때 遼東都司 延慰使로 의주에 가서 명 사신 朱之蕃을 접대했다. 같은 해 병조참의를 거쳐 황해감사로 나갔다. 50세 때 도승지가 되었는데 이 해 宣祖가 승하할 때 내린 遺敎를 七大臣에게 전하였다. 이 일에 연루되어 李爾瞻 일파의 탄핵을 받아 西湖에 퇴거하다. 51세 때인 1609년 聖節使 兼 謝恩使로 두 번째 중국에 가다. 귀국 후 남원부사, 한성부 좌윤, 대사간을 지냄. 1617년(광해군 9) 仁穆大妃에 대한 폐비론이 일어나자 收議에 가담하지 않았다는 이유로 논박 받아 파출되다. 이후 西湖에 우거했다가 64세 때에는 금강산에 들어갔다. 이듬해 表訓寺에서 反正 소식을 듣고, 鐵原 寶盖山을 거쳐 楊州 西山에 옮겨 우거하였다. 이 해 7월, 광해군 복위계획에 가담했다는 誣告로 체포되어 8월 5일에 사형당하다. 子 柳瀹은 국문 도중에 죽다. 1794년에 伸冤되었고, 1832년 문집 『어우집』이 간행되었다. 저서로 『묵호고』[1], 『어우집』, 『어우야담』이 있고, 편서로 『대가문회』 등이 있다.

2. 구성 및 내용

『대가문회』는 임진왜란을 겪은 뒤 書籍이 탕폐되어 겨우 경전은 간행되고 있으나 문장서들은 간행되지 못하여 읽을 책이 없는 실정에 개탄하여 1606년 유몽인이 황해도관찰사로 나가 문장의 대가라 불릴 만한 『左傳』, 『國語』, 『戰國策』, 『史記』, 『漢書』, 韓文, 柳文 등 7종의 서적에서 뽑아 간행한 것이다. 해주목사 윤휘에게 명하여 황해도 각지에서 분담하여 간행하였는데 총21권 10책이다. 저간의 사정은 유몽인의 「대가문회서」[2]에 상세하다. 전문을 보인다.

1) 유몽인의 죽은 지 얼마되지 않은 때 필사된 것으로 鮎貝房之進이 1937년 3책으로 영인했다.

2) 1832년 간행된 『어우집』에는 「대가문회발」로 들어있다. 현존 『대가문회』에는 어느 본에는 이 글이 序로 앞에 실려 있기도 하고, 跋로 뒤에 붙어 있기도 하는 바 해제자는 진주유씨 구장본에 의거 이 글을 서문으로 본다. 글의 내용도 발문보다는 서문에 더 어울린다.

나는 어렸을 적부터 고문을 좋아하였는데, 문장에 있어 눈은 높고 뜻이 커서 末世의 작품들은 손으로 찢어 침을 뱉어 버리고 오직 高古한 것만을 찾아 읽었다. 임진년(1592) 우리나라가 倭寇의 침입을 당한 이래 수백 년 전해지던 귀한 서책들이 불타 없어지지 않으면 쇠오줌 말똥처럼 하찮은 것으로 치부되었다. 이에 내가 몽매간에 평소 읽던 책을 그리워하기를 그치지 않아 지금까지 그러하다. 斯文이 점차 폐허에서 일어나 성현의 경전이 앞뒤로 목판에 새겨져 간간이 큰 고을에서 간행되었다. 그렇지만 여러 문장가의 子集은 재물이 다하고 판목이 모자란 이유로 아직 간행되지 못하고 있어 문장에 뜻을 둔 선비들이 이를 아쉬워하고 있다.

만력 34년(1606) 내가 외람되이 황해도관찰사가 되어서 개연히 해주목사 尹暉에게 말하길,

"오늘날 문장이 심히 비루한데 서책이 매우 드물다. 전에 우리 聖上께서 古文을 편찬한 뜻을 가지고 계셔서 문장을 담당한 자로 하여금 局을 열도록 하였는데 마침 나라에 변고가 있어 시행되지 못하였다. 임금께서도 애석해하셨다. 지금 내가 비록 노둔하나 또한 일찍이 제가의 子集을 대략 섭렵하였다. 고문 중 가장 高古한 것을 망라하여 한 질의 책으로 엮어서 이 시대의 문장을 새롭게 하고자 하는데 어떠한가?"

라고 하자, 윤회가 말하였다.

"매우 좋은 일입니다. 공은 뛰어난 문장을 힘써 배워 평소부터 斯文을 이끈 분입니다. 전인의 작품을 찬술하기에 마땅할진대 때를 늦추어서는 안 될 일입니다."

이리하여 창고의 곡식을 헤아려 쌀 백 斛을 얻고, 匠人의 명부를 조사하여 刻工 약 50명을 얻었다. 승려를 찾아 일을 주관할 사람으로 香林이란 이를 얻고 그에게 말하였다.

"役事를 벌임에 농사일에 방해가 돼서는 안 된다. 해주 풍속에는 중으로 있는 이가 대개 처자식을 두고 官에 부역하는 일이 없다고 하니. 네가 가서 약간의 중들을 모아 곡산·수안·신계·서흥·토산·우봉에서 나누어 판각하여 해주감영으로 넣도록 하라. 농사짓는 자는 참여시키지 말라."

8월 20일부터 해주 芙蓉堂에서 역사가 시작되었는데, 12월 초하루에 이르러 일이 끝났음을 알려왔다.

무릇 『좌전』 4권, 『국어』 2권, 『전국책』 2권, 『사기』 3권, 『한서』 3권, 한유의 글 4권, 유종원의 글 3권인데, 이들은 모두 내가 직접 가려 뽑은 것이다. 매일 관청의 일이 끝나면 밤에 학도를 모아놓고 따지기를 새벽이 되어서야 그만두었다. 제편을 엮음은 오직 내 뜻으로 하였고, 古人들의 『文選』 『崇古文』 『古文眞寶』 같이 제목에 따라 子集에서 간략히 취하는 것은 본뜨지 않았고, 모두 一家에 오로지 하여 문장을 뽑았으니 이는 모의하기에 편리하게 하고자 함이다. 箋[註]을 수록한 세 종의 책은 중국의 병부상서 石星 등이 刪定한 것에 의거하여 다시 刪하였다. 책의 제목은 '大家文會'라고 하였으니, 왜인가?

문장에는 家가 있고 家에는 大家도 있고 小家도 있다. 그 중 대가를 배우면 크게 되고 소가를 배우면 작게 된다. 자고로 家를 이룬 사람이 한둘이 아닌데 오직 이 七子의 집이 크기 때문에 내가 이를 모은 것이다. 오늘날의 문장이 큰 것인지 작은 것인지 알 수 없다. 제 한 몸이나 들일 만한 어둡고 좁은 방에 살면서도 오히려 풍족한 것으로 여기나니 오늘날 사람들이 너무 검박하다. 내가 西匠이 아니면서 阿房宮이나 未央宮처럼 사치스럽게 꾸미고자 한다

면 잘못일 것이다. 그렇지만 이 책이 세상에 유행하여 어찌 七家 외에 다시 八家나 九家가 연달아 나오게 되지 않으리라 기필할 수 있으리오?

혹자는 말하길,

“그대가 편찬한 바가 좋기는 하나 『전국책』에는 權謀에 관한 말이 많고 유종원의 문장은 刻削함을 좋아하여 申不害나 韓非子의 부류와 비슷한데 이들에게 무엇을 취하겠는가?”

하기에 내가 말하였다.

“뭐가 잘못되었으리오? 옛날 공자가 『시경』을 산정할 때에 鄭風 衛風을 산삭하지 않았다. 하물며 『전국책』은 抑揚開闔이 奇崛하여 그 거침없이 쏟아지는 웅변이 문장의 기세를 키우기에 족하고, 유종원의 문장은 정밀하고 굳세면서도 옛스럽다. 후세에 이들을 익힘이 없기에 내가 이 때문에 함께 수록하는 것이다. 대저 문장은 차라리 높을지언정 낮고자 해서는 안 될 것이요, 차라리 지나침이 있을지언정 미치지 못하고자 해서는 안 된다. 송나라 이후의 문장은 今文이다. 구양수나 소식의 문장이 세상에 많이 유행하나, 나는 일찍이 한 번도 본 적이 없었다. 그러므로 다만 先秦, 兩漢과 한유, 유종원을 취했을 뿐 宋文은 빼버렸다. 독자는 양해하기 바란다.”

통정대부 守黃海道觀察使兼兵馬水軍節度使 고흥 유몽인은 삼가 쓴다.

『대가문회』 완질본은 현재 일본 동양문고본만이 확인될 뿐 그 외에는 모두 낙질 또는 영본으로 散在해 있다(계명대, 고려대, 연세대, 성균관대, 국립중앙도서관, 한국학중앙연구원 장서각, 한국국학진흥원, 성암고서박물관, 문경새재박물관 등). 계명대 소장본은 零本 5책(권12, 권13, 권14, 권15, 권19)으로 특이하게 권19 끝에 전체 목록이 붙어 있다. 『대가문회』 낙질 중에는 제5책만이 빠지는 개인소장본(진주유씨 구장본)이 있다. 이 책에는 『대가문회』가 간행된 동시대의 인물인 柳時會(1562~1635, 본관 晉州, 자 仲嘉)의 장서인이 찍혀 있어 善本으로 간주할 수 있다. 『대가문회』가 이처럼 희귀하게 된 것은 유몽인이 인조반정 직후 ‘逆’으로 사사당했기 때문으로 보인다. 진주유씨가 舊藏의 개인소장본을 기준으로 전21권의 편목을 보이면 다음과 같다.

책	권/서명	목 차	비고
1	권 1-2 左傳	권1: 隱公(6), 桓公(4), 莊公(6), 閔公(2), 僖公(25), 文公(11) 宣公 上(8) 권2: 宣公 下(5), 成公(15) 襄公 上(23)	
2	권 3-4 左傳	권3: 襄公 下(33), 昭公 上(22) 권4: 昭公 下(38), 定公(7), 哀公(20)	
3	권 5-6 國語	권5: 周語(13), 魯語(3), 齊語(3), 晉語上(5) 권6: 晉語下(4), 鄭語(1), 楚語(10), 吳語(7), 越語(7)	
4	권 7-8 戰國策	권7: 周策(3), 秦策(14), 齊策(14), 楚策(9) 권8: 趙策(18), 魏策(13), 燕策(6), 宋策(2)	

책	권/서명	목　　　　차	비고
5	권 9-11 史記	권9: 伯夷, 老子, 韓非, 伍子胥, 子貢, 蘇秦, 張儀, 陳軫 권10: 孟嘗君, 平原君, 虞卿, 信陵君, 春申君, 范雎, 蔡澤, 樂毅 권11: 魯仲連, 屈原, 聶政, 荊軻, 李斯, 滑稽, 貨殖, 游俠	
6	권 12-14 漢書	권12: 項籍, 張耳陳餘, 韓信, 張良 권13: 陳平, 吳王濞, 酈食其, 陸賈, 蒯通, 伍被, 李陵 권14: 蘇武, 司馬遷, 竇嬰田蚡灌夫, 韓安國, 嚴助, 霍光	
7	권 15-16 韓文	권15: 原道, 原性, 原毁, 行難, 對禹問, 雜說三首, 獲麟解, 師說, 進學解, 守戒, 圬者王承福傳, 諱辯, 伯夷頌, 釋言, 愛直贈李君房別, 張中丞傳後敍, 燕喜亭記, 掌書記廳石記, 藍田縣丞廳壁記, 新修滕王閣記, 鄆州谿堂詩序, 爭臣論, 太學生何蕃傳, 答張籍書, 重答張籍書, 與孟東野書, 答竇秀才書, 上兵部李侍郎書, 上襄陽于相公書, 上宰相書, 後十九日復上書, 後廿九日復上書, 答侯繼書, 答崔立之書, 答李翊書 권16: 代張籍與李浙東書, 答李秀才書, 答陳生書, 與李翱書, 上張僕射書, 與于襄陽書, 與崔群書, 與衛中行書, 上張僕射第二書, 與祠部陸員外書, 與鳳翔邢尙書書, 爲人求薦書, 應科目時與人書, 答劉正夫書, 答殷侍御書, 答陳商書, 與孟尙書書, 答元侍御書, 與鄂州柳中丞書, 又一首, 送陸歙州詩序, 送孟東野序, 送許郢州序, 太學聽琴詩序, 送齊皞下第序, 送李愿歸盤谷序, 送董邵南序, 贈崔復州序, 贈張童子序, 送浮屠文暢師序, 送楊支使序, 送廖道士序, 送王秀才序, 送王秀才序, 荊潭唱和詩序, 送幽州李端公序, 送區冊序, 送高閑上人序, 送殷員外序, 送楊少尹序, 送湖南李正字序, 送石處士序, 送溫處士序, 送鄭尙書序, 送韓侍御序, 盛山十二詩序, 石鼎聯句詩序并詩.	
8	권 17-18 韓文	권17: 祭田橫墓文, 歐陽生哀辭, 題哀辭後, 祭郴州李使君文, 祭河南張員外文, 祭柳子厚文, 弔武侍御所畫佛文, 祭十二郎文, 施先生墓銘, 考功員外盧君墓銘, 楊燕奇碑文, 河東薛君墓誌銘, 韋公墓誌銘, 法曹張君墓碣銘, 孔君墓誌銘, 平陽路公神道碑銘, 烏氏墓碑銘, 榮陽鄭公神道碑文, 沂國公先廟碑銘, 劉統君碑, 衢州徐偃王廟碑, 袁氏先廟碑, 房公墓碣銘, 曹成王碑, 王君墓誌銘, 扶風郡夫人墓誌銘, 殿中侍御史李君墓誌銘, 董府君墓誌銘, 貞曜先生墓誌銘, 張府君墓誌銘, 劉公墓誌銘, 衛府君墓誌銘, 河南令張君墓誌銘, 隴州節度使李公墓誌銘. 권18: 唐故相權公墓碑, 平淮西碑, 南海神廟碑, 處州孔子廟碑, 柳州羅池廟碑, 黃陵廟碑, 太原王公神道碑銘, 許國公神道碑銘, 柳子厚墓誌銘, 鄭君墓誌銘, 司業竇公墓誌銘, 尙書左丞孔公墓誌銘, 殿中少監馬君墓誌, 淸河張君墓誌銘, 太學博士李君墓誌銘, 毛穎傳, 送窮文, 鱷魚文, 論佛骨表, 潮州刺史謝上表	

책	권/서명	목 차	비고
9	권 19-20 柳文	권19: 貞符, 封建論, 斷刑論, 晉文公問守原議, 駮復讐議, 桐葉封弟辯, 道州文宣王廟碑, 南府君睢陽廟碑, 段太尉逸事狀, 柳公行狀, 陸文通先王墓表, 安南都護張公墓誌銘, 先侍御史府君神道表, 故叔父殿中侍御史墓版, 先太夫人祔誌, 說漁者對智伯, 愚溪對, 對賀者, 晉問, 答問, 起廢答. 권20: 天說, 捕蛇者說, 說車贈楊誨之, 觀八駿圖說, 種樹郭槖駝傳, 梓人傳, 乞巧文, 霹靂琴贊引, 沛國漢原廟銘, 東海若, 讀毛穎傳後題, 送崔群書, 送苑論詩序, 送蕭鍊序, 送薛存義之任序, 送嚴公貺詩序, 送元秀才序, 送辛殆庶序, 送從弟謀序, 送表弟呂讓序, 遊燕南池序, 愚溪詩序, 送婁圖南入道序, 饗軍堂記, 邠寧進奏院記, 興州江運記, 戴氏堂記, 訾家州亭記, 馬退山茅亭記, 永州新堂記, 永州萬石亭記, 零陵三亭記, 零陵郡復乳穴記, 毁鼻亭神記, 龍興寺東丘記, 遊黃溪記, 始得西山宴遊記, 鈷鉧潭西小丘記, 柳州山水可遊者記.	
10	권 21 柳文	권21: 寄許京北書, 與楊京北書, 與裵塤書, 與簫翰林書, 與李翰林書, 與顧十郎書, 與韓愈論史官書, 與攵人論文書, 論石鍾乳書, 答周君巢書, 與李睦州服氣書, 與楊誨之第二書, 賀王參元失火書, 與太學諸生書, 答韋中立論師道書, 報崔黯秀才書, 上李夷簡相公書, 上權德輿啓, 上大理崔大卿啓, 祭呂衡州溫文.	

* ( )는 칙수

3. 가치

본서는 우리나라에 한문산문의 體式이 강조되고 前代에 비해 산문 수준이 현격히 올라간 시기인 16세기에 당대 대표적인 문장가 유몽인의 손에서 만들어진 한문산문선집이라는 데 큰 의의가 있다. 이 시기는 尹根壽(1537~1616), 許筠(1569~1618) 등으로부터 명대 문학의 본격적인 수입이 이루어졌고, 전후칠자를 대표로 하는 의고파의 문학이 풍미하던 시대였다. 茅坤(1512~1601)의 『唐宋八大家文抄』(164권)를 중심으로 당송파 고문의 파급이 커지던 시대이면서 또 한편으로는 秦漢의 문장 및 儒家 외에 제자백가의 문장도 많이 강조되었다. 택당 이식처럼 당송팔가문, 사서오경, 陸宣公 및 주희의 奏議, 「太極圖說」, 「西銘」 같은 宋儒들의 의리 문장 등 유가의 정통 문장만으로 문장수련을 할 것(「作文模範」)을 주장하는 인물도 있었지만 문장가들은 보다 다양한 문장들을 수련하였다. 張維(1587~1638)는 『전국책』을 選하기도 했으며, 柳夢寅(1559~1623)의 경우 『大家文會』를 편찬하면서 『좌전』, 『국어』, 『전국책』, 『사기』, 『한서』에 한유·유종원문만을 포함시켰다. 歐·蘇로 대표되는 송대의 문장은 柔弱한 時文일 뿐이라는 이유로 배제시킨 것이다. 구·소문을 유약하다고 배제한 것은 유몽인 산문관의 중요한 특징이다. 한 세기 뒤 李進에 의해 『대가문회』가 刪補되면서 구소문이 포함되기도 하였다.

조선전기만 해도 『문장궤범』, 『고문진보』를 중심으로, 거기에 당송의 특정 몇 작가의 문집 정도가 문장 학습의 範本으로 읽혔던 데(당송팔가문) 비해, 광해군·인조 연간에는 명 왕세정 등의 의고문파의 영향 및 이에 관련된 選集들의 수입 및 출간의 영향으로 제자백가 및 漢魏六朝文(『文選』류)으로 문장의 範本이 대폭 확장되었음을 알 수 있다. 예컨대 이 시기에 간행된 『西漢文鑑』, 『千古文瀾』, 『選文精粹』, 『選文掇英』 등은 漢魏六朝文이 중심된 선집들이고, 왕세정이 편찬에 간여되어 있는 『名世文宗』(30권)은 『좌전』·『국어』로부터 시작해 명대 중엽의 산문까지 뽑힌 역대산문선이다.[3] 17세기초 훈련도감자로도 간행되었다. 『명세문종』과 같은 때, 비슷한 성향의 책으로 편찬된 『古今曠世文淵評林』(30권)[4], 『鉅文』(12권)[5] 등도 조선에 들어와 읽혔다. 『대가문회』는 이러한 국내외 문단의 정황 속에 출현한 것이다. 진한 문장을 강조하고 한유 유종원의 奇崛한 문장을 추숭한 유몽인의 산문관은 『대가문회』의 편찬에서도 여실히 드러나고 유몽인 본인의 산문 작품에서도 확인되는 면모이다.

명대 의고파의 산문관은 택당 이식, 농암 김창협 등 서인계 문장가들에게 비판받으며 『당송팔대가문초』를 중심으로 당송고문으로의 회귀를 주창하는 움직임이 일어났고, 반면 허목, 신유한 등을 중심으로 의고파의 문장관이 수용, 연속되어지기도 하였다.

【김영진】

[색인어]

황해도관찰사 柳夢寅, 『大家文會』, 1606년 刊, 『左傳』, 『國語』, 『戰國策』, 『史記』, 『漢書』, 韓文, 柳文, 총21권 10책, 「大家文會序」

[참고문헌]

---

3) 이상 언급한 『西漢文鑑』, 『千古文瀾』, 『選文精粹』, 『選文掇英』, 『名世文宗』에 대한 보다 구체적인 서지 사항은 『규장각소장어문학자료문학편해설』 2(태학사, 2001) 해제를 참조.

4) 明 徐宗夔가 評選하고 屠隆이 批釋한 것(1599년 序)으로 周부터 明까지의 문장이 뽑혀져 있다. 국립, 규장각, 장서각 등에 소장되어 있다. 국립본은 朗善君 李俁(1637~1693)의 장서인이 찍혀 있다.

5) 明 屠隆이 편찬한 것으로 '宏放', '奇古', '悲壯', '莊嚴', '閑適', '綺麗' 등 6개 품격으로 나누어 先秦부터 唐까지의 글을 뽑았다. 한유 등 당송팔가의 문장에 대해 폄하하였던 도륭의 문장관이 반영된 선집이라고 하겠다. 이 책은 규장각 등에 소장되어 있는데 규장각본은 洪柱元(1606~1672)의 장서인이 찍혀 있다.

· 오세옥, 「어우집 해제」, 한국고전번역원.
· 신익철, 『유몽인 문학 연구』, 보고사, 1998.
· 김영미, 「어우 유몽인의 산문론과 산문의 서술방식 연구」, 전북대 국문과 박사논문, 2006.
· 강명관, 「16세기 17세기 초 진한고문파의 산문비평론」, 『대동문화연구』 41호, 성균관대 대동문화연구원, 2002.
· 신승훈, 「어우 유몽인 산문론 연구」, 『동양한문학연구』 18집, 2003.
· 김영진, 「조선후기의 명청소품 수용과 소품문의 전개양상」, 고려대 국문과 박사학위논문, 2003.

刪補大家文會

李進(1582~?) 編

木活字本(甲寅字體訓鍊都監字) 1冊(零本, 卷6). 17세기.
四周雙邊, 半郭 25.2×17.1cm, 有界, 10行17字,
內向三葉花紋魚尾 ; 32.6×21.4cm.

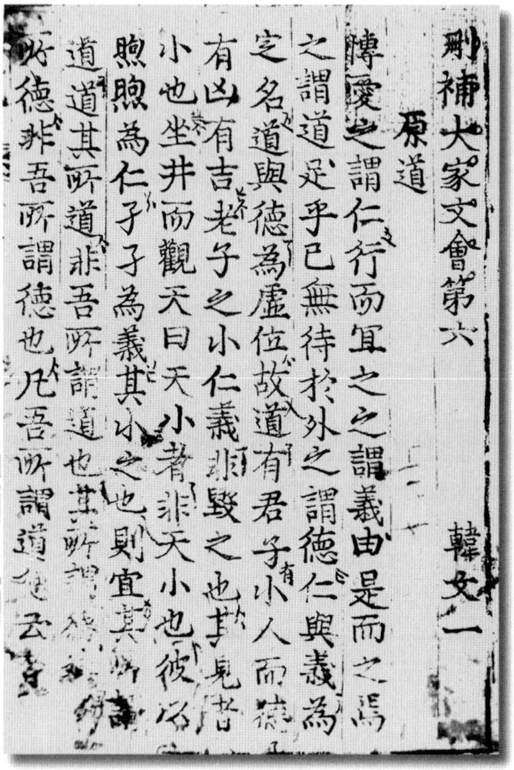
刪補大家文會第六 韓文一
原道
博愛之謂仁行而宜之之謂義由是而之焉
之謂道足乎己無待於外之謂德仁與義爲
定名道與德爲虛位故道有君子小人而德
有凶有吉老子之小仁義非毁之也其見者
小也坐井而觀天曰天小者非天小也彼以
煦煦爲仁孑孑爲義其小之也則宜其所謂
道道其所道非吾所謂道也其所謂德德其
所德非吾所謂德也凡吾所謂道德云者

산보대가문회

1. 편저자

본서의 편찬자는 申混(1624~1656)의 「書刪補大家文會後」(『初菴集』 권11)를 통해 李進임을 확인할 수 있다. 『문과방목』과 『조선왕조실록』에 보이는 단편적인 기록을 종합해 이진의 약력을 재구해본다.

李進(1582~?)의 본관은 延安, 字는 退之, 호는 挾仙이다. 인조 16년(1638) 정시문과에 57세의 나이로 합격했다. 『조선왕조실록』 광해군 8년(1616) 11월27일의 유학 元以坤의 상소를 통해 李進이 科擧 借述(대신 지어주는 것)로 인해 사헌부에 체포된 적이 있고, 문과에 급제한 직후인 인조 16년(1638) 5월19일조에도 이진이 광해군 때 李再榮과 함께 借述로 이름 높았던 자라면서 削科할 것을 청하는 사헌부의 건의가 나온다. 이로 보면 그는 평생 科擧 借述을 전문으로 하던 신분이 다소 미천한 인물이었던 것으로 추정된다. 부친은 李以恭, 조부는 李鵬祥인데 이붕상은 1599년 사은정사 한응인을 따라 명나라에 들어간 경험이 있다. 漢吏學官의 직함을 띈 것으로 보아 庶孼로 추정된다. 李進은 主簿 등의 관직을 했다.

2. 구성 및 내용

본서의 구성을 살피기에 앞서, 앞에 언급한 신혼의 「書刪補大家文會後」가 중요한 의미를 갖는다. 전문을 보이면 다음과 같다.

> 自古로 문장가가 萬數를 헤아리나 大家로 이름난 자는 또한 많지 않다. 근년에 이른바 『大家文會』라는 것이 있어 『左傳』·『國語』·『戰國策』·『史記』·『漢書』·韓愈·柳宗元의 문을 모아 하나로 만들었으니 곧 柳夢寅이 황해도관찰사를 할 때에 뽑아 간행한 것이다. 夢寅이 逆으로 伏誅되었기에 그 책이 드디어 널리 전하지 못하게 되었으나 문장을 하는 선비는 왕왕 읽으면서 좋아하였다. 다만 그 選한 것이 韓愈·柳宗元에 상세하고, 『史記』·『漢書』엔 소략한 때문에 보는 자들이 애석해하였다. 요사이 이 책을 刪補한 것이 西京(평양)에서 간행되었으니 故 主簿 李進이 刪補하였는 바, 歐·蘇 二家는 柳氏(유몽인)가 취하지 않았기에 이어서 보충한 것이다. 李進 또한 문장사로 場屋文에 가장 능하였다. 廢朝(광해군) 때에 문장 파는 것을 일삼았다. 지금 그 刪한 바가 유종원 위로는 取舍한 것이 顚倒도 된 것이 많고, 『사기』·『한서』에 이르러서는 남겨둔 것이 더욱 소략하니 배우는 자로 하여금 업을 궁구할 바가 없게 한다. 또 補한 二家(구양수·소식)의 경우 다만 과거시험용에 편리한 것만 취하여 열에 한둘도 남겨두지 못했으니 어찌 족히 大家의 補가 되겠는가! 대저 文으로 반드시 그 大家를 모은 것은 體段이 俱備되고 門路가 함께 나와 『좌전』을 하려는 자는 『좌전』이 되고, 사마

천을 하려는 자는 사마천이 되고, 반고를 하려는 자, 한유를 하려는 자, 유종원을 하려는 자 모두 되지 않는 것이 없는 것이니 마치 漢帝의 거처를 보는 자 왼편은 鳳闕, 오른 편은 神明, 千門萬戶가 오직 뜻가는대로 되는 것인데 지금 취한 것은 다만 明堂 太室 수칸의 방일 뿐이니 한갓 들보의 아름다움 柱礎의 장엄함을 상상만 해서 어찌 마루[堂]에 올라 그윽한 곳[奧]에 들 수 있으리오! 그러고도 '大家文會'라 이름하는 것은 어그러짐이 아니겠는가. 나는 이 책이 오래 전해지지 못할 것임을 알겠노라. 내가 安州에 오자마자 이 책 한 질을 方伯에게 빌려 인하여 다음과 같이 써두노라.(『初菴集』 권11)

이 글은 다음과 같은 점을 알려주고 있다.

㉮ 유몽인이 伏誅되었기에 그가 편한 『대가문회』가 널리 유통되지 못하였다.

㉯ 『산보대가문회』가 이진에 의하여 평양에서 간행되었다.

㉰ 『대가문회』에 싣지 않은 구양수 소식의 문을 실었다. 다만 科文의 이용에 편리한 것이 위주로 실렸다.

㉱ 『대가문회』가 『사기』 『한서』에서 뽑은 편수가 소략하였는데 『산보대가문회』는 더 소략하다.

㉲ 『산보대가문회』의 글 取捨는 유종원 以上의 경우 문제가 많다.

㉳ 결론적으로 '대가문회'라는 명칭에 부족함이 많은 책이다.

『산보대가문회』는 1650년 전후 훈련도감자 목활자본으로 간행되었는데 현존 책이 稀少하다. 해제자가 수년간 수집한 결과로는 전 8권 8책 가운데 제5책만 발견하지 못하였다. 이제 이들 자료를 기반으로 본서의 구성을 정리한다.

본서는 표제에서 알 수 있듯이 柳夢寅(1559~1623)의 『大家文會』(1606년 목판본 21권10책)를 李進이 刪補한 것이다. 총 8권 8책으로 구성되어 있다. 내제는 '刪補大家文會第○'으로 되어 있고, 판심제는 '文會第○'으로 되어 있다. 특이한 것은 제2책이 현재 고려대 화산문고와 영남대 남재문고에 소장되어 있는데 화산문고본은 61장(左傳)으로 끝이 났고, 남재문고본은 61장 이후 다시 '刪補大家文會第二下'라는 내제(단 '第二下'는 목활자가 아니고 墨書로 가필한 것임) 하에 30장이 더 붙어 있다. 張 표시는 '一'로 다시 시작하고 있으며, 『國語』 가운데 「周語」와 「魯語」 부분이 실려 있다. 청주고인쇄박물관 소장의 '第三上'이 「齊語」로 시작하는 것으로 보아 남재문고본의 製冊이 원형적인 모습임을 알 수 있다.

전체 8권 8책을 도표화하면 다음과 같다.

권	내 용	작 품	소장처	비고
1	左傳	隱公, 桓公, 僖公, 宣公, 成公, 襄公	개인	81장
2	左傳/國語	左傳: 襄公, 昭公, 定公, 哀公 國語: 周語, 魯語	영남대 남재문고	91장
3上	國語	齊語 등	청주고인 쇄박물관	81장
3下	戰國策	西周, 東周, 秦, 齊, 楚, 趙, 魏, 韓, 燕	개인	91장
4	史記	伯夷傳, 老子傳, 韓非傳, 子貢傳, 蘇秦傳, 平原君傳, 信陵君傳, 范雎傳, 荊軻傳, 貨殖傳, 游俠傳	국립중앙 일산문고	89장
5	漢書(추정)	미상	미발견	미상
6	韓文	原道, 原毁, 對禹問, 師說, 進學解, 圬者王承福傳, 諱辯, 伯夷頌, 張中丞傳後敍, 燕喜亭記, 藍田縣丞廳壁記, 新修滕王閣記, 爭臣論, 重答張籍書, 上襄陽于相公書, 後十九日復上書, 答崔立之書, 代張籍與李浙東書, 答陳生書, 上張僕射書, 與于襄陽書, 與崔群書, 上張僕射第二書, 與鳳翔邢尙書書, 爲人求薦書, 應科目時與人書, 答陳商書, 與孟尙書書, 送孟東野序, 送許郢州序, 送李愿歸盤谷序, 送董邵南序, 贈崔復州序, 送浮屠文暢師序, 送高閑上人序, 送殷員外序, 送楊少尹序, 送石處士序, 送溫處士赴河陽軍序, 送鄭尙書序, 歐陽生哀辭, 祭十二郎文, 施先生墓銘, 考功員外盧君墓銘, 唐河中府法曹張君墓碣銘, 貞曜先生墓誌銘, 平淮西碑, 南海神廟碑, 柳州羅池廟碑, 殿中少監馬君墓誌, 毛穎傳, 送窮文, 鰐魚文, 論佛骨表.	계명대	97장
7	柳文(추정)	미열람	개인 (취암문고)	미상
8	歐文/蘇文	歐文: 醉翁亭記, 吉州學記, 樊侯廟災記, 有美堂記, 眞州東園記, 海陵許氏南園記, 上范司諫書, 與高司諫書, 與謝景山書, 與張秀才第二書, 答陝西按撫使范龍圖辭辟命書, 答吳充秀才書, 代人上王樞密求先集書, 章望之字序, 詩譜補亡後書, 送徐無黨南歸序, 送梅聖兪歸河陽序, 梅聖兪詩集序, 送廖倚歸衡山序, 本論, 論張美人恩寵裁減箚子, 瀧岡阡表 蘇文: 代張方平諫用兵書, 代滕甫辯謗乞郡書, 乞郡箚子, 上韓太尉書, 大臣論上, 始皇論, 留侯論, 重巽以申命, 物不可以苟合, 敦敎化, 省費用, 蓄材用, 倡勇敢	개인	81장

이제 본서가 『대가문회』에서 刪補한 내용을 보이면 다음과 같다.

우선 가장 두드러진 것은 "구양수 소식의 문장이 유약한 今文"이라고 배격했던 유몽인과 달리 李進은 구양수와 소식의 문장(구양수 22편, 소식 13편)을 실었다는 점이다. 이것이 대표적인 '補'에 해당한다. '刪'의 경우는 『대가문회』의 『좌전』, 『사기』, 韓文의 경우로 대비해 본다.

(1) 『대가문회』 권1-4까지 『左傳』이 수록되어 있는바 그 칙수를 보면 다음과 같다.(괄호 내 숫자는 칙수임)

隱公(6), 桓公(4), 莊公(6), 閔公(2), 僖公(25), 文公(11), 宣公(13), 成公(15), 襄公(56), 昭公(60), 定公(7), 哀公(20)

다음은 『산보대가문회』 권1-2에 실린 『左傳』의 칙수이다.

隱公(4), 桓公(4)[1], 莊公(0), 閔公(0), 僖公(19)[2], 文公(0), 宣公(5), 成公(9)[3], 襄公(35), 昭公(25), 定公(5), 哀公(9)

以上에서 보듯 『대가문회』의 경우 『좌전』에서 총 225칙이 選錄된 반면, 『산보대가문회』의 경우 115칙이 選錄되었다. '刪'이 절대적이고 '補'는 비교적 작은 분량이다. '補'가 작은 양이기 해도 『대가문회』에 수록된 7종의 원전 가운데 『좌전』 이외의 자료는 모두 『산보대가문회』가 『대가문회』에서 '刪'만 하였는데 『좌전』의 경우 일부 '補'한 부분도 있다는 점이 특기할 만하다.

(2) 『사기』의 경우 『대가문회』에 24편을 選錄한 반면, 『산보대가문회』에서는 이 가운데 11편만 선했다.

(3) 韓文의 경우 『대가문회』에 총136편을 選錄한 반면, 『산보대가문회』에서는 이 가운데 54편만 선했다.

3. 가치

『산보대가문회』는 17세기에 편찬된 여러 문장선집 중 하나이다. 이를 통해 이 시기 어

1) 『대가문회』의 2칙이 빠지고, 새로운 2칙이 들어갔다.
2) 『대가문회』의 10칙이 빠지고, 새로운 4칙이 들어갔다.
3) 『대가문회』의 9칙이 빠지고, 새로운 1칙이 들어갔다.

떤 산문이 어떤 목적으로 주로 취사되고 읽혔는지 산문사적 측면에서 유익한 자료이다. 또 유몽인의 『대가문회』가 나온 지 50여년 만에 다시 편찬된 것이란 점에서 유몽인과 이진의 選文觀의 차이, 나아가 이 시기 산문사의 변화도 살필 수 있는 자료이다. 향후 刪補된 작품의 면밀한 분석이 요구된다.

계명대소장본 『산보대가문회』는 권6(韓文) 零本 1책이지만 현재까지 확인된 유일본이란 점에서도 큰 자료 가치가 있다.

【김영진】

[색인어]

李進, 刪補大家文會, 목활자(훈련도감자)본 8권8책, 17세기초 刊, 左傳, 國語, 戰國策, 史記, 漢書, 韓文, 柳文, 歐文, 蘇文, 申混「書刪補大家文會後」

[참고문헌]

· 申混, 『初菴集』, 목판본.
· 김영진, 「대가문회 해제」, 本書.
· 경북대 영남문화연구원 편, 『취암문고 한국학 자료의 종합적 연구』, 국학자료원, 2003.

大策正宗

편자 미상.

印書體 木活字本 12卷2冊. 肅宗年間.
上下單邊, 左右雙邊, 半郭 21.2×13.4cm,
有界, 10行 20字, 內向黑魚尾 ; 27.5×17.1cm.

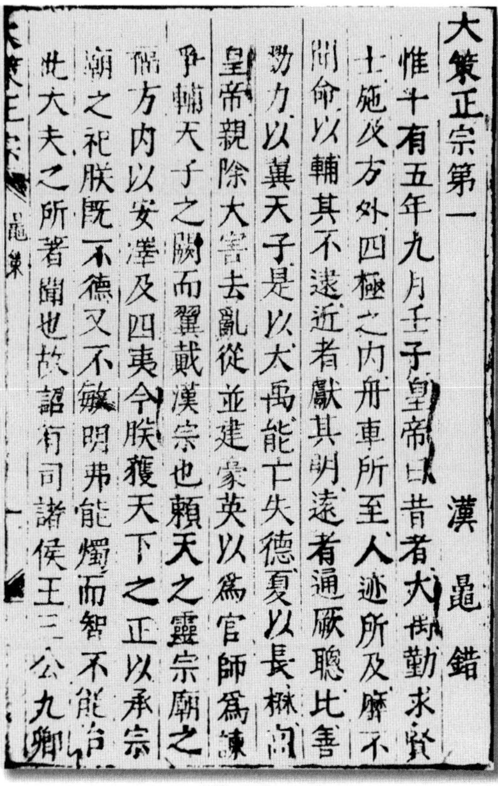
大策正宗第一 漢 鼂錯
惟十有五年九月壬子皇帝曰昔者大禹勤求賢
士施及方外四極之內舟車所至人迹所及靡不
聞命以輔其不逮近者獻其明遠者通厥聰比善
戮力以翼天子是以大禹能亡失德夏以長楙高
皇帝親除大害去亂從並建豪英以爲官師爲諫
爭輔天子之闕而翼戴漢宗也賴天之靈宗廟之
福方內以安澤及四夷今朕獲天下之正以承宗
廟之祀朕既不德又不敏明弗能燭而智不能治
此大夫之所著聞也故詔有司諸侯王三公九卿

대책정종

1. 편자

미상.

2. 구성

본서는 중국 역대 유명한 인물 12명의 책문을 모은 책이다. 漢代에서 明代까지 약 2천년 동안 漢·唐·宋·明의 네 왕조의 대표적 정략가들의 책문 15편이 수록되어 있으며 2권 2책으로 목활자본이다.

본서는 序文·凡例·跋文 등이 없고 단지 目錄만 수록되어 있어 책의 편찬 경위와 저자 등을 알 수 없다. 1책은 漢代와 唐代 8명의 책문이 실려 있고 2책은 宋代와 明代의 4명의 책문이 수록되어 있다. 본서의 구성을 구체적으로 살펴보면 다음과 같다.

1책

권1 漢 : 鼂錯(1편)·董仲舒(3편)·公孫弘(1편)
唐 : 裴垍(1편)·牛僧孺(1편)·元稹(1편)·白居易(1편)·劉蕡(1편)

2책

권2
宋 : 蘇軾(2편)·文天祥(1편)
明 : 羅倫(1편)·何忠(1편)

3. 내용

본서는 策文만 모아놓은 類書이다. 책문은 당시 가장 시급한 국가정책에 대한 질문으로 제왕의 물음과 신하의 대답으로 구성된다. 또 제왕 정치에 관한 계책을 물어 신하의 의중과 국정이 나아갈 방향을 제시하기도 한다.

책문은 한나라 文帝(BC179~BC157)때 기원하였는데, 문제가 정치의 득실을 묻고자 처음으로 '행동이 현량 방정하고 직언과 극간을 할 수 있는 자(擧賢良方正能極言極諫者)'를 뽑아 관직을 제수하였다. 이후 武帝(BC140~BC121)때는 擧賢良, 혹은 賢良文學

이라 불리며 관리를 선발하는 방법으로 사용되었다.

책문은 당시 정치·경제·군사·문화 등 다방면의 정세에 대한 문제에 대해 그 대책에 대해 서면으로 답하는 형식을 띄고 있다. 전반부는 제왕의 문제를 제출하는 부분으로 '制'라고 불린다. 후반부는 신하가 문제에 회답하는 것으로 對策, 또는 策이라고 불린다. 우리나라에서도 이 책문은 제왕과 신하의 정치와 時務, 과거 시험의 한 방법으로도 널리 이용되었다.

본서에 수록된 책문들은 대체적으로 제왕의 도리, 治民과 인재등용의 방법에 관련된 내용과 고대 堯舜 三代의 이상적 정치와 秦의 정치를 비교하며 당시 제왕의 정치적 지향점을 제시하는 내용이다. 반면 裵垍와 牛僧孺 등 당시 치열했던 朋黨의 정쟁과 관련된 작품들, 蘇軾과 文天祥 등의 富國强兵과 稅制, 軍備에 관련된 작품들이 있다.

권1에 수록된 漢代의 작품을 살펴보면, 鼂錯(BC200~BC154) 1편, 董仲舒(BC179~BC104) 3편, 公孫弘(BC200~BC121) 1편으로 대체적으로 유가 사상을 중심으로 서술되어 있다. 이들이 활약했던 시기는 西漢(BC206~AD8)의 文帝·景帝·武帝시대이다. 무제 때는 유가 독존적 시대로 公孫弘의 건의에 따라 유학 중심의 '五經博士'를 운용하던 시기였다. 그러므로 이들의 책문들도 유가 중심의 내용이 대부분이다. 鼂錯은 한나라 文帝때 활약한 인물로 그의 작품은 策文의 가장 초기 형식으로 일반적인 책문과 다른 형태를 보이고 있다. 전반부 제왕의 질문 부분은 일반적으로 '制曰'로 시작하지만 鼂錯의 책문은 '惟十有五年九月壬子'로 시작하고 후반부의 '臣對'의 형식은 여타 책문과 공통적 모습을 보인다. 내용은 宗廟와 정국의 안정, 賢士를 구하는 방법과 直言과 極諫을 할 수 있는 인재 등용에 대한 질문과 이에 대한 대답으로 중국 고대 어진 군주 가운데, 黃帝는 牧人을 얻어 五帝 가운데 으뜸이 되었고 大禹는 咎繇를 얻어 三王의 鼻祖가 되었으며 齊나라 桓公은 筦子를 얻어 五霸의 으뜸이 되었으니 어진 사람을 얻는 것은 가장 시급한 책무임을 밝힌 것이다. 董仲舒의 세편의 책문은 유명한데, 「天人三策」으로 역대로 많이 읽혀진 명작이다. 董仲舒는 武帝가 즉위하자 「天人三策」을 올려 '天人合一', '天人感應', '三綱五倫' 등의 윤리 규범을 건의하였다. 첫째 작품은 후대에 「宙殿火災對策」이라 불리는 작품으로 재난의 원인에 대해 논한 글로 공자의 『春秋』를 바탕으로 쓰여 진 작품이다. 두 번째 작품을 간략히 살펴보면 다음과 같다.

> (황제가) 制書에서 말씀하셨다. 대체로 듣기로, 순임금 때는 천자가 높다란 궁전에서 팔짱을 끼고 아무 것도 하지 않았지만 천가 태평했고 주나라 文王은 서쪽으로 해가 기울고 있어도 밥 먹을 겨를도 없었지만 세상이 잘 다스려졌다고 한다. 무릇 제왕의 도리는 그 조리가 한결같이 일관되지 않는가? 편안하게 지내는 경우와 힘써 일하는 경우가 이렇게 다른가?(制曰, 蓋聞虞舜之時, 游於巖郎之上, 垂拱無爲, 而天下太平, 周文王, 至於日昃不暇食, 而宇內亦治. 夫帝王之道, 豈不同條共貫與? 何逸勞之殊也?) (이하 생략)

신은 대답합니다. 제가 듣기로, 요임금은 천명을 받아 천하 백성의 근심을 자신의 근심으로 여기고 천자의 지위를 즐겁게 여기지 않았습니다. 따라서 亂臣들의 목을 베고 추방하였으며 賢人과 聖人을 힘써 찾았습니다. 그러므로 舜·禹·稷·卨·咎繇를 얻은 것입니다. 많은 성현들이 천자의 덕을 보필하고 어질고 능숙한 사람들이 천자의 업무를 보좌하여 천자의 교화가 크게 유행되고 천하가 화목하고 윤택해졌으며 모든 백성들은 仁에 편안하고 義를 즐겨 각각 그 마땅함을 얻은 것이고 움직일 때나 예에 응할 때는 조용히 도에 적중했던 것입니다. 그러므로 공자께서 말씀하시길, '만약 왕이 있더라도 반드시 한 세대가 지난 뒤에 백성들이 어질어 질 것이다.'라고 하신 것은 이런 경우를 말씀 하신 것입니다.(臣對. 臣聞堯受命, 以天下爲憂, 而未以位樂也. 故誅逐亂臣, 務求賢聖. 是以得舜禹稷卨咎繇. 衆聖輔德, 賢能佐職, 敎化大行, 天下和洽, 萬民皆安仁樂誼, 各得其宜, 動作應禮, 從容中道. 故孔子曰, 如有王者, 必世而後仁, 此之謂也.) (이하생략)

그의 셋째 책문은 治民의 원리를 堯·舜·禹의 3대의 정치와 공자『논어』에서 찾고 있다. 公孫弘의 책문은 上古시대의 至治와 天人의 道에 대한 질문과 답변이다.

唐代의 작품으로는 裴垍(?~?) 1편, 牛僧孺(779~847) 1편, 元稹(779~831) 1편, 白居易(772~846) 1편, 劉蕡(?~838) 1편이다. 裴垍와 牛僧孺는 唐代 牛李黨爭에 관련된 인물이다.『新唐書』,「列傳」에 의하면 裴垍는 河東 絳州 聞喜사람으로 貞元(785~804) 연간에 進士 급제, 賢良으로 大策의 제1인자로 憲宗(806~819) 때 翰林學士가 되어 李吉甫(758~814)의 지우를 받으며 皇甫湜과 牛僧孺, 李宗閔 등과 함께 당대 大策을 주도였다. 반면 牛僧孺는 李吉輔의 아들 李德裕와 치열한 당쟁을 펼쳐 牛李黨爭의 주도인물이 되었다. 본서에 수록된 이들의 책문도 당시 당쟁과정에서 펼쳐진 치열한 논쟁들이다. 元稹와 白居易는 中唐시대 진사 출신의 새로운 관료집단이 진출하여 舊門閥을 압도했는데, 원진과 백거이도 이런 혜택을 받은 인물들이다. 元稹의 작품은 인재 등용과 부국강병에 대한 책문이고 백거이의 작품은 806년 과거에 급제했을 때 지은 과거 답안지이다. 본서에는 수록된 白居易의 작품은 전반부 제왕의 질문은 생략되고 '上題(황제의 문제)'라 적혀 있고 아래에 '元和 元年(806) 원진과 백거이가 같이 과거에 응시했는데, 모두 18명이 급제를 했다. 원진은 1등이고 백거이는 2등이었다.(元和元年, 元白同應制, 策取十八人, 微之居甲, 樂天居乙.)'라 기록되어 있다. 이 기록으로 보아 白居易의 과거 답안지라 할 수 있다. 劉蕡의 작품은 治民의 원리에 대한 글이다.

권2에 수록된 宋代의 작품을 살펴보면, 蘇軾(1036~1101) 2편, 文天祥(1236~1282) 1편이다. 蘇軾의 책문 두 편은『東坡全集』45권에「御試制科策」,「擬進士對御試策」으로 수록되어 있다. 즉, 두 작품 모두 蘇軾의 과거시험 답안지인 셈이다. 소식은 송나라 仁宗 嘉祐 원년(1056) 制科에 응하면서 책문 25편을 올렸는데 이중 하나가「御試制科策」이다. 첫째 작품인「御試制科策」은 송나라가 처한 상황과 부국강병을 위해 시급한 업무, 唐代 牛李黨爭의 원인과 폐해, 軍備와 대외국가와의 외교에 대해 기술하였다. 두 번째 작품인 「擬進士對御試策」은 당시 新法黨인 王安石의 개혁 정책이었던 농민에 대한 금융정책인 靑苗法에 대한 비판 등 蘇軾이 당시 分黨과 黨爭에 대한 견해를 드러낸 글이다. 文天祥의 책문은 『文山集』 3권에 「御試策一道」로 수록되어 있으며 이 작품도 과거 시험 답안지이다. 이 책문의 내용은 '修身齊家治國平天下'를 바탕으로 제왕의 자세와 군비확충과 부국강병, 課稅의 형평성을 언급하며 漢·唐의 전성기 시대를 바라는 내용이다.

명대의 작품을 살펴보면, 羅倫(1431~1478) 1편, 何忠(?~?) 1편이다. 羅倫의 책문은 『一峯文集』 1권 「廷試策」이란 제목으로 실려 있다. 何忠은 『明史』의 기록에 따르면 명나라 永樂(1403~1424)때 進士에 급제하여 監察御使에까지 이른 인물이다. 羅倫과 何忠의 작품은 모두 과거 시험 답안지로 時務와 時弊를 여과 없이 과감하게 지적한 내용들이다.

4. 가치

본서는 중국 역대 책문의 정수들만 모은 책이다. 이 책은 현재 국립중앙도서관에 소장된 『大策正宗』과 같은 시기에 출간된 것으로 보이고 규장각과 경기대학교 소장본은 모두 零本이다. 그러므로 본서는 국립 중앙도서관 소장본과 함께 完本으로 추정할 수 있다. 본서에서, 大策은 제왕이 중대한 모략이나 계책을 결정할 때 신하의 의견을 말하며 正宗은 최초의 정통을 계승함을 의미한다. 그러므로 본서의 이름을 『大策正宗』이라 함은 역대 책문 가운데 가장 모범적이고 꼭 인지해야 할 작품들을 모은 책을 의미한다. 그러나 본서가 국가적 차원에서 출간되었는지 여부와 폭넓게 읽혔는지는 분명치 않다. 대체적으로 책문이 과거 시험으로 이용되었기에 과거를 준비하는 사람이나 조정 관료들이 선호했던 책으로 보여 진다. 본서에 수록된 작품들이 모두 중국 원전이고 唐代 이후의 작품들은 대체적으로 과거 시험지이므로 우리나라 문인들의 문학을 이해하거나 문학적 표현을 학습하기 위하기보다는 과거 등 일정한 목적이 있었음을 충분히 확인할 수 있다.

【鄭敬薰】

[색인어]

策文, 鼂錯, 董仲舒, 公孫弘, 裴垍, 牛僧孺, 元稹, 白居易, 劉蕡, 蘇軾, 文天祥, 羅倫, 何忠.

東文粹

集賢殿 編, 金宗直(1431~1492) 增修 改編.

木版本 1冊(零本). 간행년 未詳
四周單邊, 半郭 20.5×14.8cm, 有界, 9行17字, 內向黑魚尾 ; 32.5×20.0cm.

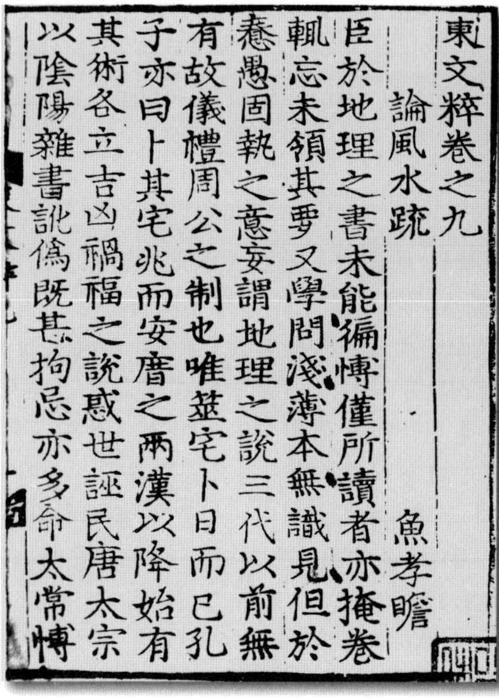
東文粹卷之九
論風水疏
魚孝瞻
臣於地理之書未能徧博僅所讀者亦掩卷
輒忘未領其要又學問淺薄本無識見但於
惷愚固執之意妄謂地理之說三代以前無
有故儀禮周公之制也唯筮宅卜日而已孔
子亦曰卜其宅兆而安厝之兩漢以降始有
其術各立吉凶禍福之說惑世誣民唐太宗
以陰陽雜書訛僞既甚拘忌亦多命太常博

동문수

1. 저자

본 자료는 조선전기 佔畢齋 金宗直(1431~1492)이 신라에서 조선전기까지 29명의 작가가 쓴 135편의 문장을 문체별이 아닌 작가의 시대 순으로 선문한 선문집『東文粹』중 권9에 해당하는 자료이다.『東文粹』의 간행연대는 확실하지 않으나, 김종직의 문하생인 申從濩가 1488년(성종19년)에 쓴 跋文이 있다.

이 책의 편찬자인 점필재 김종직(1431~1492)의 문학관은 道學家의 입장에서 詞章을 배격하면서, 宗經論과 經文一致觀을 강하게 내포하는 것이었다. 그리고 그의 載道的 文學觀은 문예미학적 측면이나 시문의 효용과 가치를 부정하지 않는 바탕위에서, 문장은 도를 드러내기 위하여 존재해야 한다는 鮮初 道學派의 문학관에 접근해 있다. 그러므로 김종직은 15세기의 보편적인 문학관을 뛰어 넘으면서, 16세기 중엽 퇴계, 율곡에 의해 이론적 체계가 확립된 도학파 문학을 성립시키는 데 일정한 역할을 담당한 도학파 문학의 선구자로서 15세기 후반 훈구관료 세력이 주체가 된 국가적 편찬물이면서 형식미를 선호한『동문선』의 選文 태도를 부정적으로 인식하고서, 당대의 문사들에게 시문의 전범을 제시하고자 成三問이 생존 시에 집현전 학자들과 편찬 작업을 하다가 완성을 보지 못하고, 秘閣에 넣어 둔『東人文寶』의 편찬태도를 옳게 여겨 작품을 증삭하고 새롭게 수록하여 시선집으로는『청구풍아』와 문선집으로는『동문수』를 기획 편찬하였다.

2. 구성 및 내용

『동문수』에는 총 135편의 문장 가운데 序·記·說·論과 같은 事理의 始末이나 순서, 이치 등을 밝히는 간결한 문체가 82편으로 전체의 60%를 넘어서고 있고, 화려한 수식에 치중하는 表, 箋 등은 극소수에 불과하며, 의례문과 道·佛의 종교적인 문체는 완전히 배제되어 있다. 특히 일의 시말을 순서 있게 기술하여, 直達과 方整함을 要諦로 여기는 序·記가 59편으로, 이 책에 선문된 문장의 44%에 이르는 것은 주목할 만한 특징이다. 이러한 문체의 양적 안배 수치를 전형적인 관각적 문학관의 산물인『동문선』과 비교하면,『동문수』의 성격이 보다 선명하게 드러난다.『동문선』에 수록된 시문 4240여제 가운데 고·근체시 1140여제를 제외하면 나머지는 거의 문장인데, 詔勅·敎書·制誥·批答·奏議·箚子·牒·策題등의 政敎關係 문장과, 冊·表箋·狀·頌·致語·祝文·疏·道場文·齋詞·靑詞등의 唯美的 性格을 지닌 문예위주의 문장이 거의 대부분을 차지하고 있다. 이들을 합한 수는 1130제 가량인데, 이 가운데 특히 화려하고 장식적인 수사적 특성과 의례성이 강한 表·箋이 460여제로 이 책 전체 55종 4240여제의 10%를 넘어서고 있다. 이와 같이『동문선』이 전형적인 관각적 문학관의 소산이라면,『동문수』는 唯美主義的이고 형식적인 문체에 대한 부정적 시각의 소산인 것이다. 이러한 점은『동문수』의 편찬자인 김종직의 문학적 好尙과는 정면으로 대치되는 고려전기의 문풍에서 이루어진 작품들 중에서, 고려전기 고문의 대표적 작품으로서 전하여지는 金緣의「淸燕閣記」, 金富軾의「上金國誓表」및「進三國史表」등의 세 편이 집중적으로 선집되어진 것에서도 분명하게 살필 수 있다.

그리고『동문선』은 유교국가의 관찬서이면서도 道場文·齋詞·靑詞와 같은 道·佛의 의례문을 선집하여 유교이념의 불철저성을 드러내고 있는 반면에『동문수』는 각 문체의 전형이라 할 만한 문장이라도 道·佛의 의례문은 단 한편도 싣지 않고 있다. 이와 같이『동문수』는 형식미와 기교주의적인 표현기법을 배격하는 한편 道·佛의 의례적 문체 또한 완전히 배제하면서, 간결한 문장형태를 주로 하는 고문에 주안을 둔 선문집이다.

『동문수』의 내용과 주제적 특성에 대하여 申從濩는『동문수』跋文에서 "惟切世用明義理 然後取之"라고 하여,『동문수』가 내용적인 면에서는 經世的 效用性과 윤리도덕, 즉 士林의 실천유도정신을 담은 문장들을 선집한 선문집임을 밝히고 있다. 이러한 선문태도는『동문수』3권에 수록된 이제현의「彦陽府院君金公墓誌銘」에서 文의 가치를 經世效用性에 둔 載道的 文學觀으로서는 선택의 의미가 없는 傳記體인 誌 부분은 삭제하고 金公의 忠孝를 선양한 銘 부분만 뽑은 선문태도에서도 선명하게 살펴볼 수 있다. 이러한 선문태도의 실체는『동문수』에 선집된 문장들의 주제가 排佛崇儒, 士林意識의 高揚이라는 주제로만 이루어진 것에서 분명하게 확인할 수 있다.

먼저『동문수』에서는 유가적 입장에서 불가를 옹호하거나, 불가의 교리를 담고 있는 문장을 철저하게 배제하고 있다. 뿐만 아니라 불교를 비판하는 내용의 문장을 적극적으로 수용하고 있다. 구체적으로 예를 들면「送僧禪智遊金剛山序」,「上鄭達可書」·「心氣理三篇」·「佛氏昧於道器之辨」,「闢佛疏」,「送法冏道者序」등을 수록하고 있는 것이 바로 그것이다.『동문수』에는 이렇게 排佛을 내용으로 한 문장이 집중적으로 선집된 반면, 단 한편의 작품도 승려작가의 작품이나, 불교를 찬양한 내용의 문장은 선집되어 있지 않다. 이러한 선문태도는「進三國史表」와 더불어 金富軾의 대표적 古文으로서,『東文粹』의 문체적 특성으로 보아서는 반드시 선문되었어야 할「惠陰寺新創記」가 그 내용이 佛事라는 이유로 선문되지 않은 것에서도 분명하게 살필 수 있다. 이와 같이『동문수』에서는 崇佛와 관련된 내용의 문장을 철저하게 배제되었다.

또한『동문수』에 선집된 문장들의 내용을 살펴보면, 排佛과는 표리관계에 있는 崇儒를 내용으로 한 문장이『동문수』전체를 통하여 나타나고 있음을 살필 수 있다. 이러한 문장으로는「箕子廟碑銘」,「淸燕閣記」,「與皇甫若水書」·「益齋亂藁序」·「贈李生序」·「贈朴生序」,「浩然記」·「遁村記」·「復齋記」,「三王頌」·「農桑輯要後序」·「論風水疏」등이 있다. 이와 같이『동문수』에는 조선조 문화를 바람직한 방향으로 전진시키려는 의식에서, 문화의 유교화를 지향한 내용의 문장들이 崇儒意識에 의해 집중적으로 선집 되어 있다.

그리고『동문수』에서 나타나고 있는 崇儒에 대한 또 다른 단서는, 자국의 역사에 소략하였던 비주체성을 극복하고, 유가적 역사의식과 유교적 역사체계를 빌어서 자국의 역사를 재구성하고자 한 내용의 문장들이 선집된 사실이다. 『동문수』에 선집된 이러한 내용의 글은 「進三國史表」, 「宗室傳序」, 「進高麗史節要箋」, 「讎校高麗史序」 등이다.

다음으로 『동문수』를 살펴보면 그 주제들과 내용이 忠孝·節義·至治라는 士林意識에 철저히 부합되고 있다. 먼저 충효를 주제로 한 문장들로는 「金就礪行軍論」, 「彦陽府院君金公墓誌銘」, 「鷄林府院大君王公墓誌銘」, 「漢陽府院君漢公墓誌銘」, 「新羅神武王復讎論」, 「馬氏思親堂圖序」, 「鄭公畵像贊」, 「送崔注簿歸養詩序」, 「追慕錄序」, 「趙苞忠孝論」, 「杯羹說」, 「師說」, 「與同年崔趙兩公書」, 「送新進士韓有紋序」 등이 선집되어 있다. 初期士林의 중요한 가치로 자리 잡았던 절의를 내용으로 한 문장으로는 「哀秋夕辭」, 「讀東亭陶詩後序」, 「密蜂說」, 「吉再先生詩卷後序」 등이 있다.

이상에서 살핀 충효라는 실천윤리사상과 절의사상 등은 15세기 선초 사림의식의 중요한 근원을 이루고 있지만, 사실상 이러한 측면과 아울러서, 治平의 大道를 밝히고 실천하는 것이 사림의식의 주된 본령이었다. 이러한 실천유학의 지치주의를 내용으로 하는 문장들 또한 충효·절의를 내용으로 한 문장들과 함께 집중적으로 선집 되었으니 살펴보면, 「尹司業安撫南原頌」, 「送金晦翁赴化平府序」, 「送揭理文序」, 「迎日縣新城記」, 「夢松樓記」, 「送李侍史知南原序」, 「泰安郡壁記」, 「畜牧書序」, 「送安梁州序」, 「送李慕之赴淸州牧序」, 「鷹鷄說」 등의 문장이 있다.

3. 가치

이상과 같이 『동문수』는 사상적으로 麗末의 圃隱·冶隱의 학통을 이어 받은 아버지 江湖 金叔滋에게서 성리학을 배웠을 뿐만 아니라, 東方理學의 연원 계보 속에서 조선성리학을 열어준 一時의 儒宗인 金宗直의 유가적사상이 철저하게 투영된 선문집이라 할 수 있다. 그리고 더 나아가서는 15세기 후반 영남사림의 대표라는 김종직의 위치로 인하여, 15세기 후반 도학파들이 지향한 문장관을 실체적으로 제시한 귀중한 자료이다.

【김종철】

[색인어]

金宗直, 申從濩, 『東文選』, 『靑丘風雅』, 도학파 문장관, 사림의식.

[참고문헌]

·『동문수』, 「동문수 해제」, 민창문화사, 1996.
·김종철, 「동문수의 문체양상과 선문의식」, 경북대 교육대학원 석사논문, 1990.

東人之文四六

崔瀣(1287~1340) 編

慶尙道 晋州牧 刊, 刊行者 및 刊行年 未詳
木板本 1冊(零本, 권7-9), 四周單邊, 半郭 26.3~27×16.0~16.6cm,
無界, 9行 16~25字, 註雙行, 下向黑魚尾: 33.5×20.4cm.

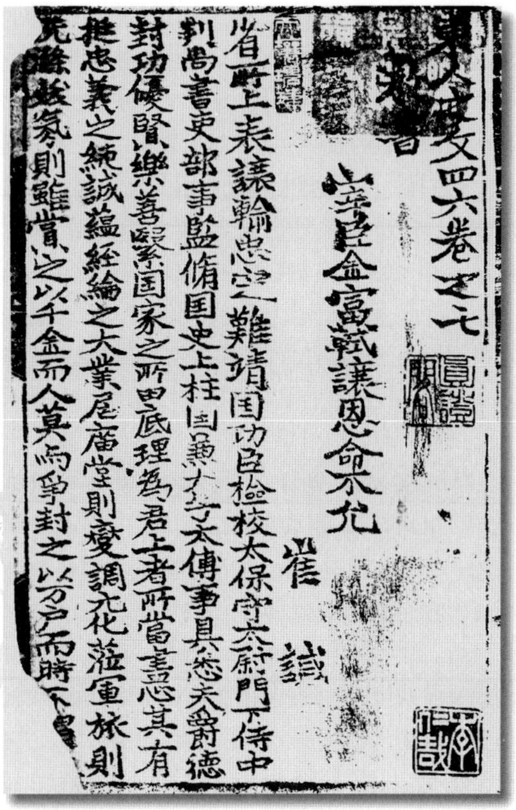
東人之文四六卷之七
宰臣金富軾讓恩命不允
崔 瀣
省所上表讓輸忠定難靖國功臣檢校太保守太尉門下侍中
判尚書吏部事監脩國史上柱國兼太子太傅事具悉夫爵德
封功優賢樂善繄國家之所由底理爲君上者所當盡心其有
挺忠義之純誠蘊經綸之大業居廟堂則變調元化莅軍旅則
克殄妖氛則雖賞之以千金而人莫爲爭封之以万戶而將

동인지문사륙

1. 編者

崔瀣(1287~1340)의 字는 彦明父 또는 壽翁, 號는 拙翁 또는 拙齋, 自號는 猊山農隱, 謚號는 文正이며, 본관은 慶州로 신라 말의 문인 崔致遠의 12대손이다. 崔瀣의 집안은 경주에서 대대로 살아온 土着 鄕吏였으나 그의 아버지 崔伯倫이 장원으로 급제하고 중앙 정계에 진출하여 정4품 民部議郞을 역임함으로서 신진관료로 부상하였다. 최해는 어려서부터 詩才가 있어서 9세 때 이미 주위 사람을 놀라게 했다고 하며, 1302년 國子監試, 1303년 春館試에 합격(知貢擧: 金台鉉)하고 成均學官이 되었다. 그러나 최해의 벼슬살이는 지나치게 직선적이었던 성격상의 이유 등으로 인하여 순탄하지 못했으며, 벼슬 초기부터 우여곡절을 겪었다. 成均學諭(종9품)를 두고 벌어진 李守와의 경쟁에서 좌절을 맛본 그는 1307년에 藝文春秋館 檢閱(정9품)이 되었으나 1309년에 長沙監務로 貶職되어 3년의 세월을 고독과 소외감에 시달리며 보냈던 것 같다. 1320년 藝文春秋館 主簿(정8품)가 되었고, 같은 해 長興庫使(종5품)로 있으면서 征東行省 鄕試에 응시하여 安軸, 李衍宗 등과 함께 원나라 制科에 응시할 자격을 획득하였다. 1321년 원나라의 制科에 혼자 합격(43인중 21등)하고 장원급제한 宋本 等과 교유하였으며, 이와 같은 교유과정에서 우리나라 작품을 보여달라는 원나라 사람들의 요청에 부응할 수 있는 책이 없음을 부끄럽게 여기고 우리나라 사람들의 시문선집을 편찬하겠다는 뜻을 세웠다. 과거급제 후 遼陽路 蓋州判官이 되었으나 외딴 곳의 변변치 못한 벼슬이었으므로 5개월 만에 병을 핑계로 사임하고 돌아왔으며, 이때 藝文, 成均, 典校의 三館이 迎賓館에서 맞이하기도 했다. 1323년 成均館丞 藝文應敎知製敎(정5품), 1326년 檢校成均館大司成 藝文提學 同知春秋館事(정3품)를 맡았다가 1330년 경 물러남으로 벼슬살이를 그만둔 것으로 짐작된다. 그러나 벼슬살이를 그만두게 되면서 최해는 절대적인 빈곤에 시달렸다. 그리하여 마침내 그는 불교에 대한 신랄한 비판자였음에도 불구하고 獅子山 아래 은거하며 獅子岬寺의 승려로부터 토지를 빌어 농사를 지으면서 대단히 어려운 만년을 보냈다. 하지만 바로 이와 같은 경제적 궁핍 속에서도 최해는 당시까지의 우리나라의 한시문 가운데 우수한 작품을 가려 뽑아 정리하는 숙원사업에 심혈을 기울여 문학사에 우뚝한 걸출한 저술을 남겼다. 1336년에 자신이 살고 있던 忠烈王 때까지의 우리나라 한시를 가려 뽑은 『東人之文五七』, 四六騈儷文을 가려 뽑은 『東人之文四六』, 古文을 가려 뽑은 『東人之文千百』을 합하여 편찬한 『東人之文』과, 1338년에 기존의 『東人之文四六』을 증보하여 별도로 편찬한 『東人之文四六』이 바로 그것이다. 우리나라가 과거 당당하게 중국과 문화적인 교류를 했던 문화국이라는 자존의식을 바탕으로 하여 오랜 기간동안 시간과 열정을 투자하여 완성한 이와 같은 편찬서들이야말로 그의 문집인 『拙藁千百』과 함께 최해가 남긴 위대한 문학사적 업적이라 할 수 있을 것이다.

2. 간행과정

『東人之文四六』의 간행과정에 대해서는 이미 천혜봉과 윤병태 등이 자세히 언급한 바 있다. 그러므로 여기서는 기존의 연구 성과를 수렴하되, 해제의 대상이 되는 계명대학교 동산도서관 소장 진주판을 중심으로 하여 간명하게 언급하고자 한다. 현존하는 『東人之文四六』은 모두 1336년 『東人之文』의 일부로 '五七', '千百'과 함께 편찬된 '四六'이 아니라 『東人之文』의 일부로 편찬된 '四六'을 1338년에 증보한 『東人之文四六』인데, 이 증보판 『東人之文四六』에는 福州板(안동)과 晋州板이 있다. 1354~1355년에 간행되었던 복주판은 비록 낙질이긴 하지만 여러 곳에 소장되어 있는 반면에, 진주판은 高麗大學校 晩松文庫에 소장된 7-9권 1책(보물 710-5호)과 啓明大學校 童山圖書館에 소장된 7-9권 1책(보물 710-6호)이 전부인 것으로 알려져 있다.

현존하는 진주판 『東人之文四六』에는 刊記가 남아 있지 않아 이 판의 간행 과정을 확실하게 알 수는 없으며, 제 7권의 끝 부분에 있는 '晋州牧 開板'이라는 단 하나의 기록을 통하여 이 판이 진주판임을 알 수 있을 뿐이다. 그러나 1354년 8월 같은 진주에서 판각된 최해의 『拙藁千百』에 다음과 같은 刊記가 남아 있어 진주판 『東人之文四六』의 간행 과정을 짐작해볼 수 있는 실마리가 된다.

至正十四年甲午八月 日 晉州開板
色 戶長 正 朝鄭 吉
刻手 正連 行明 思遠 高淸烈
司錄參軍事兼掌書記通仕郎典校寺校勘金 乙珍
判官通直郎版圖正郎兼勸農使李 臣傑
牧使中正大夫典校令兼管內勸農使崔 龍生
按廉使奉善大夫內書舍人藝文應教知製教兼春秋館編修官郭 忠守

다같이 진주에서 개판된 『拙藁千百』과 『東人之文四六』을 비교해 보면 흡사한 점이 대단히 많다. 우선 左右雙邊, 每 半葉 9行, 板心 上下에 黑魚尾가 있는 등 板式이 같다. 게다가 이 두 판본에는 간간이 黑魚尾에 刻手의 머리글자로 생각되는 '正'字와 '高'字가 음각으로 새겨져 있는데, 그 글자의 모양과 조각 수법이 꼭 같다. 그러므로 이 글자들은 같은 사람이 새긴 것으로 추정할 수 있으며, '正'과 '高'는 『拙藁千百』을 새긴 4명의 각수 중에 포함되어 있는 正連과 高淸烈이 분명해 보인다. 이렇게 볼 때 진주판 『東人之文四六』은 1354년 진주에서 『拙藁千百』이 간행될 무렵에 같이 판각된 것으로 보아도 무방할 것으로 판단된다. 위의 간기를 통해서 볼 때 『拙藁千百』의 간행을 주도한 사람은 진주목사 崔龍生이라고 생각되며, 따라서 진주판 『東人之文四六』도 최용생의 주도로 개판된 것으로 짐작된다. 고려시대 간행된 서적이 대개 그렇듯이 이 책에서도 역시 고려 역대왕의 諱를 缺劃과 代字 등의 방법으로 避諱하고 있어 高麗本이 지닌 시대적 특징을 그대로 보여주고 있기도 하다.

복주판과 진주판이 모두 1354~1355년 경에 개판되었으므로 학계에서는 비슷한 시기에 복주와 진주에서 각각 『東人之文四六』이 판각된 것으로 이해하고 있으나 여기에는 약간의 의문이 있다. 왜냐하면 현존하는 『東人之文四六』 가운데 진주판은 모두 7-9권만 남아 있고, 다수가 남아 있는 복주판 가운데는 7-9권이 발견되지 않고 있기 때문이다. 요컨대 『東人之文四六』 15권을 두 곳에서 각각 간행한 것이 아니라 7-9권은 진주에서 간행하고 그 나머지는 복주에서 간행하여 이 둘을 합했을 가능성도 생각해 볼 수 있으며, 진주판의 간행을 주도했던 최용생이 복주판의 간행을 주도했던 최재의 종질이었음을 고려하면 그 가능성은 매우 높다고 판단된다.

3. 구성 및 내용

이 책의 구성과 내용을 간명하게 제시하기 위하여 채상식의 연구를 수정 보완하여 수록된 작품의 갈래, 작품의 제목과 작자, 그리고 참고삼아 다른 문헌 수록여부, 추정되는 창작 연대, 기타 특이 사항 등을 도식화하면 다음 표와 같다.

〈東人之文四六 7-9권 수록 작품〉

*東: 東文選. 李: 東國李相國集. 高: 高麗史

東人之文四六	作品名	作者	創作年代	其他 收錄文獻	特異事項
卷七 教書	宰臣金富軾讓恩命不允	崔誠	1136	東29,批答	
卷七 教書	門下平章文公仁乞退不允	崔誠		東29,批答	
卷七 教書	任元敳讓東北面兵馬使兼知行營兵馬事不允	崔惟淸		東29,批答	
卷七 教書	李仲讓同前兵馬事不允	李之茂		東29,批答	東 題目: 李仲讓東北面兵馬事不允
卷七 教書	平章崔濡辞知貢擧不允	崔誠		東29,批答	
卷七 教書	再辭宜允	崔誠		東29,批答	
卷七 教書	平章庾弼讓同知貢擧不允	許洪材	1148	東29,批答	
卷七 教書	門下侍中金富軾累表乞退不允	崔惟淸	1142	東29,批答	
卷七 教書	叅政李軓乞退宜允仍令致仕	鄭克永		東29,批答	
卷七 教書	知樞密院金富儀卒吊其孤	崔誠	1136	東23,教書	

東人之文四六	作品名	作者	創作年代	其他 收錄文獻	特異事項
卷七 教書	肅王遺敎	金緣	1105	東23,敎書 高12	
卷七 教書	睿王遺敎	金富軾	1122	東23,敎書 高14	
卷七 教書	仁王遺敎	亡名	1146	東23,敎書 高17	
卷七 批答	邵台輔讓□部尙書知三司事不允批答	朴浩	1091	東29,批答	
卷七 批答	某讓戶部尙書餘如故不允批答	崔惟淸		東29,批答	
卷七 批答	崔弘義讓金吾衛上將軍□刑部尙書不允	亡名甲		東30,批答	東 作者: 權適
卷七 批答	任元濬讓國子祭酒不允	崔惟淸		東29,批答	
卷七 批答	李時敏讓給事中兼太子典□不允	崔惟淸		東29,批答	東 題目: 李時敏讓給事中不允
卷七 批答	鄭襲明讓秘書少監東宮侍讀學士知制誥不允	崔惟淸		東29,批答	
卷七 批答	文奎讓千牛衛大將軍不允	亡名甲		東30,批答	
卷七 批答	上將軍李祿千請老三表依允	崔惟淸		東29,批答	
卷七 批答	大將軍楊仁孟請老三表依允	崔惟淸		東29,批答	
卷七 批答	禮部侍郎林光讓監試試官不允	崔惟淸			
卷七 批答	大司成金富軾讓撰圓敎國師碑不允	權適	1101	東30,批答	
卷七 祝文, 宗廟祭祝	春享	金克己			
卷七 祝文, 宗廟祭祝	夏享	金克己			
卷七 祝文, 宗廟祭祝	秋享	金克己			
卷七 祝文, 宗廟祭祝	冬享	金富軾			
卷七 祝文, 宗廟祭祝	薦氷	金克己		東110,祝文	
卷七 祝文, 宗廟祭祝	告望兼薦麥櫻桃	李奎報		李40,釋道疏祭祝	
卷七 祝文, 宗廟祭祝	告望兼薦麻	金克己			
卷七 祝文, 宗廟祭祝	告朔兼薦稻	金克己			
卷七 祝文, 宗廟祭祝	臘兼薦魚	李奎報		東110,祝文 李40,釋道疏祭祝	
卷七 祝文, 宗廟祭祝	閏告望	李奎報		李40,釋道疏祭祝	

東人之文四六	作品名	作者	創作年代	其他 收錄文獻	特異事項
卷七 祝文, 宗廟祭祝	寒食	李奎報			
卷七 祝文, 宗廟祭祝	端午	金克己			
卷七 祝文, 宗廟祭祝	五祀	金富軾			
卷七 祝文, 宗廟祭祝	中霤	金克己			
卷七 祝文, 社稷	春大社	金克己			
卷七 祝文, 社稷	后土	金克己		東110,祝文	
卷七 祝文, 社稷	大稷	金克己			
卷七 祝文, 社稷	后稷	金克己			
卷七 祝文, 社稷	秋大社	李奎報		李40,釋道疏祭祝	
卷七 祝文, 社稷	后土	李奎報		李40,釋道疏祭祝	
卷七 祝文, 社稷	大稷	李奎報		李40,釋道疏祭祝	
卷七 祝文, 社稷	后稷	李奎報		李40,釋道疏祭祝	
卷七 祝文, 社稷	臘大社	金富軾			
卷七 祝文, 社稷	后土	金富軾			
卷七 祝文, 社稷	大稷	金富軾			
卷七 祝文, 社稷	后稷	金富軾			
卷七 祝文, 釋奠二丁	先聖	金富軾			
卷七 祝文, 釋奠二丁	先師	金富軾			
卷七 祝文, 釋奠二丁	先聖	金克己			
卷七 祝文, 釋奠二丁	先師	金克己			
卷七 祝文, 圓丘	上辛祈穀上帝	李奎報		李40,釋道疏祭祝	
卷七 祝文, 圓丘	五帝通行	李奎報		李40,釋道疏祭祝	

東人之文四六	作品名	作者	創作年代	其他 收錄文獻	特異事項
卷七 祝文, 圓丘	(配帝?)	李奎報		李40,釋道疏祭祝	
卷七 祝文, 圓丘	□□□□	金克己			
卷七 祝文, 圓丘	(五帝通行?)	金克己			
卷七 祝文, 圓丘	配帝	金克己			
卷七 祝文, 籍田	上齊祈穀神農	金克己			
卷七 祝文, 籍田	后稷	金克己			
卷七 祝文, 籍田	仲農神農	李奎報		李40,釋道疏祭祝	
卷七 祝文, 籍田	后稷	李奎報		李40,釋道疏祭祝	
卷七 祝文, 籍田	後農神農	金克己			
卷七 祝文, 籍田	后稷	金克己			
卷七 祝文, 籍田	風師	金克己		東110,祝文	
卷七 祝文, 籍田	雨師	金富軾			
卷七 祝文, 籍田	祈雨北郊	李奎報		東110,祝文 李40,釋道疏祭祝	
卷七 祝文, 籍田	再郊	金克己		東110,祝文	
卷七 祝文, 籍田	藏氷司寒	李奎報		李40,釋道疏祭祝	
卷七 祝文, 籍田	開氷司寒	李奎報		東110,祝文 李40,釋道疏祭祝	
卷七 祝文, 籍田	鎭祭	金克己		東110,祝文	
卷七 祝文, 籍田	報祀	金克己			
卷七 祝文, 籍田	馬祖	金克己			
卷七 道詞	乾德殿醮禮青詞	金富軾		東115,青詞	
卷七 道詞	又	金富軾		東115,請詞	
卷七 道詞	又	金富軾		東115,請詞	
卷七 道詞	又	崔惟清		東115,請詞	
卷七 道詞	又	金克己		東115,青詞	

東人之文四六	作品名	作者	創作年代	其他 收錄文獻	特異事項
卷七 祝文, 圓丘	(配帝?)	李奎報		李40,釋道疏祭祝	
卷七 祝文, 圓丘	□□□□	金克己			
卷七 祝文, 圓丘	(五帝通行?)	金克己			
卷七 祝文, 圓丘	配帝	金克己			
卷七 祝文, 籍田	上齊祈穀神農	金克己			
卷七 祝文, 籍田	后稷	金克己			
卷七 祝文, 籍田	仲農神農	李奎報		李40,釋道疏祭祝	
卷七 祝文, 籍田	后稷	李奎報		李40,釋道疏祭祝	
卷七 祝文, 籍田	後農神農	金克己			
卷七 祝文, 籍田	后稷	金克己			
卷七 祝文, 籍田	風師	金克己		東110,祝文	
卷七 祝文, 籍田	雨師	金富軾			
卷七 祝文, 籍田	祈雨北郊	李奎報		東110,祝文 李40,釋道疏祭祝	
卷七 祝文, 籍田	再郊	金克己		東110,祝文	
卷七 祝文, 籍田	藏氷司寒	李奎報		李40,釋道疏祭祝	
卷七 祝文, 籍田	開氷司寒	李奎報		東110,祝文 李40,釋道疏祭祝	
卷七 祝文, 籍田	鎭祭	金克己		東110,祝文	
卷七 祝文, 籍田	報祀	金克己			
卷七 祝文, 籍田	馬祖	金克己			
卷七 道詞	乾德殿醮禮靑詞	金富軾		東115,靑詞	
卷七 道詞	又	金富軾		東115,請詞	
卷七 道詞	又	金富軾		東115,請詞	
卷七 道詞	又	崔惟淸		東115,請詞	
卷七 道詞	又	金克己		東115,靑詞	

東人之文四六	作品名	作者	創作年代	其他 收錄文獻	特異事項
卷八 道詞	上元靑詞	李奎報		東115,請詞 李40,釋道疏祭祝	
卷八 道詞	冬至太一靑詞	金克己		東115,靑詞	
卷八 道詞	又	李奎報		東115,請詞 李40,釋道疏祭祝	
卷八 道詞	乾興節太一靑詞	金克己		東115,靑詞	
卷八 道詞	王本命靑詞	金克己		東115,靑詞	
卷八 道詞	又	李奎報		東115,請詞 李40,釋道疏祭祝	
卷八 道詞	北斗靑詞	李奎報		東115,請詞 李40,釋道疏祭祝	
卷八 道詞	年交道場兼醮詞	李奎報		東115,請詞 李40,釋道疏祭祝	
卷八 佛疏	神聖王親製開泰寺華嚴法會疏	神聖王 (太祖)	940	補閑集上(一部)	
卷八 佛疏	興王寺弘敎院華嚴會疏	金富軾		東110,疏	
卷八 佛疏	轉大藏経道場疏	金富軾		東110,疏	
卷八 佛疏	又	鄭知常		東110,疏	
卷八 佛疏	金光明経道場疏	金富軾		東110,疏	
卷八 佛疏	消災道場疏	金富軾		東110,疏	
卷八 樂語	咸寧節御宴致語 句合曲	韓安仁		東104,致語	
卷八 樂語	冊王太子御宴致語 句合曲	鄭知常		東104,致語	
卷八 樂語	燈夕致語 句合曲	林宗庇		東104,致語	
卷八 樂語	八関致語	林宗庇		東104,致語	
卷八 樂語	重修大內後大宴致語	朴椿齡		東104,致語	
卷八 樂語	西都君臣大宴致語	尹鱗瞻	1168	東104,致語	
卷八 樂語	西京龍堰宮大宴致語	金富佾	1116	東104,致語	
卷八 樂語 卷八 樂語	西京大花宮大宴致語 句合曲	李之氏		東104,致語 東104,致語	
卷八 樂語	宴宋使日女隊念語 抛球樂致語 入問 花心答 出退	李之氏		東104,致語	
卷八 樂語	蓮花隊致語 花心答 出退	李之氏		東104,致語	
卷八 樂語	喜相逢致語 出退	李之氏		東104,致語	

東人之文四六	作品名	作者	創作年代	其他 收錄文獻	特異事項
卷八 上梁文	宣慶殿上梁文	崔詵		東108,上梁文	
卷九 陪臣表狀	入宋謝差接伴表	金富軾	1116	東34,表箋	
卷九 陪臣表狀	謝郊迎表	金富軾	1116	東34,表箋	
卷九 陪臣表狀	謝天寧節垂拱殿赴御宴表	金富軾	1116	東34,表箋	
卷九 陪臣表狀	謝睿謨殿侍宴表	金富軾	1116	東34,表箋	
卷九 陪臣表狀	謝宣示御製詩仍令和進表	金富軾	1116	東34,表箋	
卷九 陪臣表狀	謝法服參徒三大禮表	金富軾	1116	東34,表箋	
卷九 陪臣表狀	謝冬祀大禮別賜表	金富軾	1116	東34,表箋	
卷九 陪臣表狀	謝許謁大明殿御容表	金富軾	1116	東34,表箋	
卷九 陪臣表狀	乞辞表	金富軾	1117	東42,表箋	
卷九 陪臣表狀	謝御筆指揮朝辞日表	金富軾	1117	東35,表箋	
卷九 陪臣表狀	謝二學聽講兼觀大晟樂表	金富軾	1117	東35表箋	
卷九 陪臣表狀	謝宣示大平睿覽圖表	金富軾	1117	東35表箋	
卷九 陪臣表狀	謝赴集英殿春宴表	金富軾	1117	東35表箋	
卷九 陪臣表狀	謝回儀表	金富軾	1117	東35表箋	
卷九 陪臣表狀	謝獎諭表	金富軾	1117	東35表箋	
卷九 陪臣表狀	謝使副及上節都轄已下十九員各賜單公服表	鄭知常		東34,表箋	
卷九 陪臣表狀	謝釋奠陪位表	金端		東35表箋	
卷九 陪臣表狀	謝衣對銀絹表	金端			
卷九 陪臣表狀	謝許習大晟樂表	林存		東35表箋	
卷九 陪臣表狀	入金謝差接伴表	金克己	1203	東35表箋	
卷九 陪臣表狀	謝賜詔書兼藥物表	金克己	1203	東35表箋	

東人之文四六	作品名	作者	創作年代	其他 收錄文獻	特異事項
卷九 陪臣表狀	謝朝參次客省幕賜酒食衣対表	金克己	1203	東35表箋	
卷九 陪臣表狀	謝館宴表	金克己	1203	東35表箋	
卷九 陪臣表狀	謝差館伴表	金克己	1203	東35表箋	
卷九 陪臣表狀	謝館大宴表	金克己	1203	東35表箋	
卷九 陪臣表狀	謝花宴表	金克己	1203	東35表箋	
卷九 陪臣表狀	謝正旦赴御宴表	金克己	1204	東35表箋	
卷九 陪臣表狀	謝春幡勝表	金克己	1204	東35表箋	
卷九 陪臣表狀	乞辞表	金克己	1204	東42,表箋	
卷九 陪臣表狀	謝朝辞日衣対鞍馬禮物表	金克己	1204	東35表箋	
卷九 陪臣表狀	謝館餞宴表	金克己	1204	東35,表箋	
卷九 陪臣表狀	謝離館表	金克己	1204	東36,表箋	
卷九 陪臣表狀	謝差送伴表	金克己	1204	東35,表箋	
卷九 陪臣表狀	謝東京賜餞宴表	金克己	1204	東36,表箋	

보다시피 이 책의 7권은 13편의 敎書, 11편의 批答, 51편의 祝文, 5편의 道詞 등 80편의 사륙문으로 구성되어 있으나 敎書 가운데 앞의 9편은 장르의 성격상 批答에 해당되며, 『東文選』에서도 비답으로 분류하고 있다. 작품의 제목에 이미 드러나 있듯이 이 비답들은 恩命, 벼슬, 知貢擧, 비문 창작 등을 사양하거나 벼슬에서 물러나기를 요청한 데 대한 국왕의 답변이 그 주요 내용을 이루고 있으며, 나머지 4편의 敎書 가운데는 肅宗, 睿宗, 仁宗이 별세하면서 유언으로 내린 敎書가 주목된다. 51편의 祝文은 宗廟祭祝이 14편, 社稷祝이 12편, 釋奠二丁祝이 4편, 圓丘祝이 6편, 籍田祝 5편으로 이루어져 있고, 5편의 道詞는 道敎 행사에서 사용하는 靑詞들이다. 제 8권은 8편의 道詞, 6편의 佛疏, 11편(한편의 致語 속에 포함되는 작은 작품인 句合曲, 入問, 花心答, 出退 등을 개별적 작품으로 분리하여 보면 모두 21편)의 樂語, 1편의 上梁文으로 구성되어 있으며, 제 9권은 金富軾, 金克己 등 우리나라 사신들이 중국에 머무르는 동안 그때마다의 필요

에 따라 올린 陪臣表狀 34편으로 구성되어 있다.

4. 가치

고려시대에 간행된 희귀본인 최해의 『東人之文四六』은 서지학적으로도 중요한 의미를 지니고 있지만, 무엇보다도 『東文選』의 편찬에 지대한 도움을 주었다는 점에서 대단히 소중한 가치를 지닌 책이다. 게다가 이 책에 수록된 작품들에는 『東文選』의 것과는 달리 창작 시기와 창작 배경 등 작품과 관련된 갖가지 정보를 제공해주는 주석들이 다양하게 첨부되어 있어 작품의 이해에 적지 않은 도움을 줄 수 있으며, 『東文選』에서 생략한 부분을 보완하거나 『東文選』의 오탈을 교감하는 대본으로서도 의미가 결코 적지 않다. 그러나 학계에서는 무엇보다도 『東文選』 등 그 어떤 문헌에도 수록되지 않은 작품이 적지 않게 수록되어 있다는 점에서 이 책이 지닌 자료적 가치에 주목하고 있다. 특히 계명대 소장본인 7-9권에는 『東文選』에 없는 작품이 무려 33편이나 수록되어 있으며, 게다가 太祖 王建이 친히 지었다는 점에서 크게 주목되는 「開泰寺華嚴法會疏」 같은 작품은 이 책이 아니었다면 그 전모를 살펴볼 수 없었을 것이다.

하지만 각도를 달리하여 생각해보면 『東人之文四六』의 가치를 『東文選』에 없는 작품이 수록되어 있다는 데서 찾는 태도는 온당하지 못한 것 같다. 왜냐하면 『東文選』의 편찬자들이 『東人之文四六』에 수록된 수많은 작품들을 『東文選』에 옮겨다 수록하였고, 따라서 만약 『東人之文四六』이 없었다면 『東文選』은 오늘날 우리가 볼 수 있는 것보다 훨씬 더 빈약한 책이 되었을 것이기 때문이다. 요컨대 『東人之文四六』의 진정한 가치는 이 책에 『東文選』에 수록되지 않은 작품이 적지 않게 수록되어 있기 때문이 아니라, 『東文選』에 수록되지 않은 작품을 포함하여 이 책이 아니었다면 전해지기 어려웠을 작품, 즉 『東人之文四六』에 수록된 작품 전체를 후대에 고스란히 전한 데 있다고 할 수 있다. 특히 계명대 동산도서관본은 책의 오른쪽 하단 모서리의 일부가 찢어져나가 10여장 정도는 한두 자 씩 글자를 알 수 없기는 하나 고려대 만송문고본보다 상태가 양호한 부분도 있어 상호보완이 될 수 있다는 점에서 그 자료적 가치가 결코 적지 않다고 해야 할 것이다.

【李鍾文】

[색인어]

崔瀣 編, 慶尚道 晋州牧 刊, 『東人之文』 '四六'·'五七'·'千百'.

[참고문헌]

· 徐居正, 『東文選』, 협성문화사, 1985.
· 崔　滋, 『補閑集』(고려명현집 본), 성균관대 대동문화연구원, 1980.
· 崔　瀣, 『東人之文四六』 7-9권, 진주판, 계명대학교 도서관 소장본.
· 崔　瀣, 『東人之文四六』 7-9권, 진주판, 고려대학교 도서관 소장본.
· 崔　瀣, 『東人之文四六』(고려명현집 본), 성균관대 대동문화연구원, 1980.
· 崔　瀣, 『拙藁千百』(고려명현집 본), 성균관대 대동문화연구원, 1980.
· 고혜령, 「崔瀣의 생애와 학문·사상」, 『高麗名賢崔瀣硏究』, 국학자료원, 2002.
· 고혜령·박한남, 「文正公崔瀣年譜」, 『高麗名賢崔瀣硏究』, 국학자료원, 2002.
· 박한남, 「14세기 崔瀣의 東人之文四六 편찬과 그 의미」, 『대동문화연구』 32집, 성균관대 대동문화연구원, 1997.
· 박한남, 「崔瀣의 東人之文 편찬과 사료적 가치」, 『高麗名賢崔瀣硏究』, 국학자료원, 2002.
· 윤병태, 「崔瀣와 그의 東人之文四六」, 『동양문화연구』 5집, 경북대 동양문화연구소, 1978.
· 윤병태, 「東人之文四六 再考」, 『鶴山조종업박사회갑기념논총』, 동 간행위원회, 1990.
· 이종문, 「東人之文四六 所載 12篇 作品의 作者에 對한 考察」, 『한문학보』 제18집, 우리한문학회, 2008.
· 채상식, 「東人之文四六의 사료 가치와 전산화 - 특히 金富軾 文集의 復元 試圖」, 『고려시대연구』 2, 정신문화연구원, 2000.
· 천혜봉, 「麗刻本 東人之文四六에 대하여」, 『대동문화연구』 제 14집, 성균관대학교 대동문화연구원, 1981.

文章大成

編者未詳

木板本. 6卷3冊 : 四周雙邊 半郭 21.3×15.4cm, 有界, 10行20字, 上三葉花紋魚尾 ; 32.2×20.5cm.

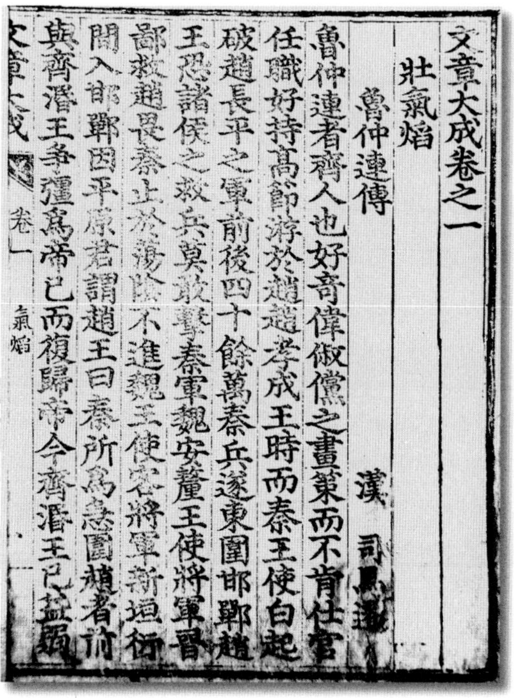
文章大成卷之一
壯氣焰
魯仲連傳　漢 司馬遷
魯仲連者齊人也好奇偉俶儻之畫策而不肯仕宦
任職好持高節游於趙趙孝成王時而秦王使白起
破趙長平之軍前後四十餘萬秦兵遂東圍邯鄲趙
王恐諸侯之救兵莫敢擊秦軍魏安釐王使將軍晉
鄙救趙畏秦止於蕩陰不進魏王使客將軍新垣衍
閒入邯鄲因平原君謂趙王曰秦所爲急圍趙者前
與齊湣王爭彊爲帝已而復歸帝今齊湣王已益弱
文章大成 卷一 氣焰

문장대성

1. 편저자

본서의 편저자는 자세하지 않다. 본서에는 序跋이 없고, 게다가 현전하는 역사자료나 문집자료에서도 본서를 언급한 기록이 좀처럼 보이지 않는다. 규장각에 소장된 동일 판본에는 권수에 沈憲之(1765~?)의 '靑松世家', '沈憲之印', '穉章氏', 그리고 총목에 '懶菴'이라는 장서인이 찍혀 있다. 심헌지는 본관이 청송이며 부친은 沈鍙, 조부는 沈裕慶, 외조는 申善溶, 처부는 남양 홍씨 洪如海이다. 1801년 사마시에 합격하였다. 책의 장정이나 형태가 상당히 양호하며, 여러 사항을 종합적으로 볼 때 18세기 전반기 경에 간행된 것으로 보인다.

2. 구성

본서는 목판본 6권 3책으로, 『莊子』, 『史記』, 『漢書』, 唐宋八家文 등에서 뽑은 총 42편의 글을 수록하였다. 주석이나 비평, 비점 없이 작가의 원 글만 실려 있다. 당송팔가문의 경우 모곤의 『당송팔대가문초』에 모두 수록되어 있고 글의 성격에 따라 壯氣焰, 發光輝, 橫波瀾, 騁雄辯, 切事情, 神變化 6개의 편목으로 나누고 이를 각권의 권차로 삼았다. 서문이나 발문은 없다. 판심 상단에 책제목인 文章大成, 중단에 권수와 편목, 저자, 제목을 절록하였고 장차를 표시하였다. 작가별로 보면 『莊子』, 『史記』에서 각 6편, 『漢書』에서 4편, 韓愈가 9편 柳宗元이 5편, 歐陽修가 4편, 蘇洵과 蘇軾이 각 3편, 蘇轍이 2편이다.

3. 내용

본서는 모범적인 문장을 모아놓은 문장선집이다. 비점이나 주석, 비평은 없지만 좋은 문장이란 기염이 장렬한 것, 광휘를 발하는 것, 파란을 일으키는 것, 웅변을 펼치는 것, 일의 실정이 간절한 것이라는 좋은 문장의 기준을 제시하고 각각의 특징을 잘 보여줄 수 있는 글을 뽑아 실었다. 각권의 구체적인 내용은 다음과 같다.

第一卷 壯氣焰

魯仲連傳(司馬遷), 霍光傳(班固), 平淮西碑(韓愈), 祭鱷魚文(韓愈), 與韓愈論史官書(柳宗元), 與高司諫書(歐陽修), 張益州畫像記(蘇洵)

第二卷 發光輝

信陵君傳(司馬遷), 竇田灌傳(班固), 送李愿歸盤谷序(韓愈), 南海神廟碑(韓愈), 豊樂亭記(歐陽修), 醉翁亭記(歐陽修), 表忠觀碑(蘇軾)

第三卷 橫波瀾

秋水(莊周), 范雎傳(司馬遷), 原道(韓愈), 與孟尙書書(韓愈), 新修滕王閣記(韓愈), 上歐陽內翰書(蘇洵), 蘇轍의 上樞密韓太尉書

第四卷 騁雄辯

齊物論(莊周), 盜跖(莊周), 貨殖傳(司馬遷), 愚溪對(柳宗元), 與崔饒州論石鍾乳書(柳宗元), 上韓樞密書(蘇洵), 倡勇敢策(蘇轍)

第五卷 切事情

養生主(莊周), 張湯傳(班固), 趙皇后傳(班固), 張中丞傳後敍(韓愈), 段太尉逸事狀(柳宗元), 上范司諫書(歐陽修), 代張方平諫用兵書(蘇軾)

第六卷 神變化

逍遙遊(莊周), 馬蹄(莊周), 伯夷傳(司馬遷), 屈原傳(司馬遷), 送楊少尹序(韓愈), 鈷鉧潭西小丘記(柳宗元), 喜雨亭記(蘇軾)

4. 가치

우선 본서는 전본이 매우 희귀하다. 현재 규장각에 6권 2책짜리 동일한 판본이 있고, 또 李謙魯 소장본이 있다. 그리고 충남대에 『文章大成抄』라는 제목으로 필사본 2권 2책이 있는데, 이는 후대에 필사된 것이고 내용도 약간 다르다. 충남대 본은 건권에 貨殖傳, 原道, 范蔡列傳, 魯仲連傳, 平淮西碑, 南海神廟碑, 信陵君列傳, 秋水篇, 齊物論이 실려 있고, 곤권에 平原虞卿列傳, 春申君列傳, 樂毅列傳, 孟子荀卿列傳, 張儀陳軫列傳, 孟嘗君列傳, 太史公自序가 실려 있다.

본서의 글은 茅坤의 『唐宋八大家文抄』에 거의 망라되어 있다. 모곤의 책은 거질이어서 그렇다고 할 수 있겠고, 조선 사람들이 많이 보았던 『고문진보』에는 본서에 실린 글 가운데 절반 정도가 실려 있다. 선진양한 고문을 강조한 김석주가 편한 『고문백선』과 비교해 보면 본서에 실린 글은 당나라 문장가들의 글은 대부분 실려 있고 송나라 문장가의 글은 대부분 실려 있지 않다. 본서는 비록 편찬자를 아직 알 수 없지만 책의 제목에서 알 수 있듯이 문장을 크게 이루려면 어떻게 해야 하는지를 壯氣焰, 發光輝, 橫波瀾, 騁雄辯, 切事情, 神變化라는 권차의 제목에서 답을 여섯 가지로 제시하고 있다. 또한 수록된 글들이 문예성이 높은 글로서 책문이나 부, 송 등이 주조를 이루는 과거시험 대비용 선집과는 다른 특징을 띠고 있다.

【백승호】

[색인어]

『莊子』, 『史記』, 『漢書』, 唐宋八家文, 총42편, 壯氣焰・發光輝・橫波瀾・騁雄辯・切事情・神變化 등 6개 篇目, 18세기 전반 간행.

文章正宗

[宋]眞德秀 撰.

金屬活字本(庚子字). 1冊(零本) 卷22下. 世宗 11(1429).
四周雙邊, 半廓 : 22.6×15.0cm, 有界, 11行21字,
大黑口, 內向黑魚尾 ; 27.7×18.5cm. 版心書名: 文.

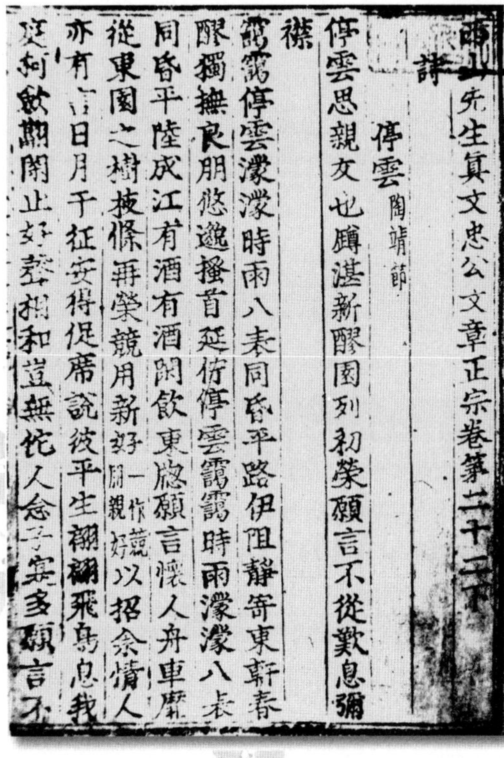
西山先生眞文忠公文章正宗卷第二十二下
詩
停雲 陶靖節
停雲思親友也罇湛新醪園列初榮願言不從歎息彌
襟
靄靄停雲濛濛時雨八表同昏平路伊阻靜寄東軒春
醪獨撫良朋悠邈搔首延佇停雲靄靄時雨濛濛八表
同昏平陸成江有酒有酒閑飲東窓願言懷人舟車靡
從東園之樹枝條再榮競用新好一作競朋親好以招余情人
亦有言日月于征安得促席說彼平生翩翩飛鳥息我
庭柯斂翮閑止好聲相和豈無他人念子寔多願言不

문장정종

1. 개요

남송 때 학자인 眞德秀(1178~1235)가 편찬한 역대 시문 선집이다. 편자가 직접 간행한 여부는 알 수 없으나, 편자의 문집인 『西山文集』에 수록된 것으로 보아 남송말기에 편찬된 것으로 보인다. 24권으로 편찬되었는데, 본서는 그 가운데 卷22下의 1책만의 殘本이다. 세종 11(1429)년에 경자자로 간행된 활자본이다.

2. 편·저자

편자 眞德秀는 자가 景元인데 후에 景希로 고쳤으며, 호는 西山이고 謚號는 文忠이다. 선대는 浙江 龍泉縣에서 살았는데, 아버지 眞嵩 때에 福建省 建寧 蒲城縣으로 이주하였다. 어머니는 吳氏이다. 眞씨는 원래 愼씨였는데, 남송 효종의 어휘[昚: 愼의 古字]를 피해 眞으로 改姓한 것이다. 경원 5년(1199)에 進士試, 개희 원년(1205) 博學宏詞科에 합격한 뒤, 秘書郎, 著作佐郎, 寶謨閣待制를 역임하였다. 이종 때 知泉州, 知福州를 거쳐, 戶部尙書, 翰林學士知制誥, 參知政事를 역임하고 病으로 사망하였다. 理氣二元論을 주장한 남송의 저명한 이학가로 朱熹의 학문을 이었다고 평가된다. 저서로는 『大學衍義』, 『讀書記』, 『心經』, 『唐書考疑』, 『西山甲乙稿』, 『眞文忠公集』, 『四書集編』, 『西山讀書記』 등이 있다. 정통년간(1436~1449)에 孔廟에 從祀되고, 성화 3년(1467) 蒲城伯에 進封되었다.

3. 편찬경위

진덕수는 『左傳』, 『國語』 등의 역사책에서 고대로부터 당말까지의 모범이 될만한 문장을 가려뽑고, 문인들의 시문집에서도 뽑아 자신의 주석을 덧붙여 편찬한 것이다. 편찬의도가 당대 이후 변천이 많아진 문사에 있어 그 원류의 정본을 알 수 있도록 하기 위한 것이었으므로 '正宗'이라 이름하였다. 편자의 문집인 『西山文集』에 수록되었는데, 생전의 간행여부는 알려지지 않았다. 이 책의 편찬에는 문인 劉克莊이 참여하였으며, 작품의 선택이 엄정한 것으로 알려졌다. 『文章正宗』은 작품의 취사선택에 있어 理에 지나치게 집착한 것이 폐단으로 지적되곤 하는데 특히 시가 부분에 두드러진다.

중국에도 송판본의 전래는 확인되지 않으며, 전래되는 판본은 元 지정 원년 高仲文 각본, 元刻 明修本, 明 정덕 15년(1520) 馬卿 각본, 가정 15년(1536) 朱鴻漸 각본, 가정

43년(1564) 蔣氏家塾 각본, 가정 44년(1565) 鍾沂 각본, 만력 46년(1618) 각본, 元刻本, 『四庫全書』本, 同治 3년(1864) 각본, 『四部叢刊』본이다. 元板本의 서명은 『文章正宗』이지만 明板本부터는 西山先生眞文忠公이 첨가되었다. 한편 북송의 글을 모은 『文章正宗』 續集 20권 송판본에는 서명에 西山先生眞文忠公이 첨가되어 있다. 여기에는 詩歌와 辭命 부분은 빠졌고 敍事와 議論만 있다. 게다가 議論의 마지막 권은 未定稿이다.

『文章正宗』의 우리나라 전래 시기는 확인되지 않았으나, 세종 10년(1428) 11월 『文章正宗』과 『楚辭』 등은 학자가 몰라서는 안 되므로 주자소에 명해 인출하라고 명한 기록이 있다. 따라서 경자자 인본은 이때의 간본이다. 시기적으로 보아 이 시기에 전래된 판본은 元刻 明修本일 가능성이 있다. 속집은 송판본이 전래되지만, 편자에 대한 의문이 있는 바 우리나라의 간본에는 속집은 별도로 간행한 것으로 추정된다. 속집은 명종 11년(1556)에 본문은 갑진자, 서문은 을해자로 인출한 활자자본이 전래된다.

4. 구성과 내용

眞德秀가 문장의 모범이 될만한 글을 모으고 거기에 자신의 주석을 덧붙여 24권으로 편찬한 것이다. 고대로부터 당나라까지의 시문을 수집하였는데, 산문은 古文, 시는 古體詩에 국한하여 수록하였다. 正集의 권두에는 綱目과 目錄이 수록되어 있고, 이어 辭命, 議論, 敍事, 詩賦의 4類로 나누어 해당 작품이 수록되었다. 편자 자신이 쓴 綱目에 편찬 취지와 선택기준을 수록하였는데, 후세에는 문사에 있어 변화가 많아 원류의 바름을 알게 하고자 편찬하였다고 했다.

권1-3은 辭命, 권4-15는 議論, 권16-21은 敍事, 권22-24는 詩賦이다. 續集 20권에는 북송의 산문을 모았다. 본서는 정집 卷22下 詩 1책의 零本으로 세종 때의 경자자 인본이다. 卷22下에는 漢 이후 晉宋齊梁唐의 古詩가 수록되었다. 여기에는 陶潛 淵明(東晉-劉宋)의 「停雲」 등 19수, 謝靈運 康樂(東晉-劉宋)의 「登池上樓」 등 8수, 顔延文 延年(劉宋)의 「五君詠」, 鮑照 明遠(劉宋)의 「東武吟」 등 5수, 謝眺 玄暉(南朝 齊)의 「夜發新林」 등 7수, 沈約 休文(梁)의 「別范安成」 등 2수, 陳伯玉 子昂(初唐)의 「感寓詩」 등 2수, 李白 太白(盛唐)의 「望廬山瀑布水」 등 16수, 杜甫 子美(盛唐)의 「自京赴奉先縣詠懷」 등 17수, 모두 76수가 수록되었다.

판본에 따라 다른 글자인 곳에는 주석에 소자쌍행으로 '一作○'로 밝히고 있다. 곳곳에 인명, 지명, 어구, 연호에 대한 찬자의 주석을 덧붙였고, 때로는 『莊子』, 『唐書』, 『晉書』, 『說苑』, 『淮南子』, 『韓非子』, 『漢書』, 『楚辭』, 『東宮遺事』, 『爾雅』, 『列女傳』, 『風俗通』, 『戰國策』, 『孫盛晉陽秋』, 『呂氏春秋』, 『魏氏春秋』, 『後漢書』, 『論語』 등을 인용하여

주석한 곳이 매우 많다. 내용을 비교하면 무신자본 권22의 중간부터 권23의 중간까지 수록된 내용이다.

5. 서지적 특성

『文章正宗』의 인본은 세종 11년(1429) 주자소에서 간행한 庚子字本, 성종년간의 甲辰字本, 영조 연간 芸閣에서 간행한 戊申字本 등이 확인되어 있다. 본서는 경자자본으로서 표지는 탈락되어 임시로 열품 백색저지로 덧씌우고 5침안 위치에 紙釘만 묶어둔 형태이다. 중품 정도의 저지로 인출되었는데, 많이 사용된 듯 모서리부분이 마손되어 있으나 상태는 비교적 양호하다. 판심에는 서명 文에 이어 권차 二十二下가 연접되어 있고, 공간을 두고 장차가 있다.

6. 가치

내용이 유가의 견해와 일치하고 도덕에 기여하는 문장만을 실었으므로 도학자에게 존중되었다. 우리나라에서는 조선초기부터 조선후기까지 중앙기관에서 금속활자로 여러 차례 간행하였다. 세종 11년(1429) 3월 26일 실록 기사에 경연에 수장하고 있는 책에는 '經筵'이란 장서인을 날인하게 하였다는 기록이 있는데, 이 장서인이 날인된 경자자본『文章正宗』이 檜淵書院과 규장각에 수장되어 있고, 장서인이 없는 경자자본이 고려대, 연세대 등에도 수장되어 있다.

조선초기부터『文章軌範』과『古文眞寶』와 함께 가장 널리 애독되던 책이다.『文章軌範』은 洪州, 密陽, 榮川, 全州, 羅州에서 간행되었고,『古文眞寶』는 南漢, 晉州, 昌原, 全州, 泰仁, 淳昌, 潭陽, 平壤, 咸興, 玉果 등지에서 간행되었다. 이에 비해『文章正宗』은 지방에서 간행된 바가 확인되지 않는다. 본서는 송대 이래 산문과 문장 선집 연구에 있어 중요한 자료라고 할 수 있다. 그러나 우리나라에서는 이에 대한 연구가 활발한 편은 아니다. 이는 顧炎武가『日知錄』에서 "『文章正宗』에 수록된 시는 천고의 비루함을 一掃해서 正旨로 돌아갔으나 지나치게 理를 宗志로 한 것이 병통이어서 많은 시인의 동감을 얻지 못하였다"고 평한 바에 원인이 있을 듯하다.

【배현숙】

[색인어]

眞德秀, 시문 선집,『文章正宗』.

[참고문헌]

· 국립중앙도서관『선본해제』외 各 圖書館 解題.
· 奎章閣 編, 洪命熹 校訂,『鏤板考』, 大同出版社, 1941.
·『韓國의 冊版目錄』(上·下·補遺), 保景文化社, 1995.

三泖詩選

[淸] 李賢挺 編

筆寫本 零本 1책(권3), 1887년.
四周雙邊, 半廓 18.8×12.5cm, 有界, 朱絲欄.
11行 15字, 註雙行, 無魚尾.

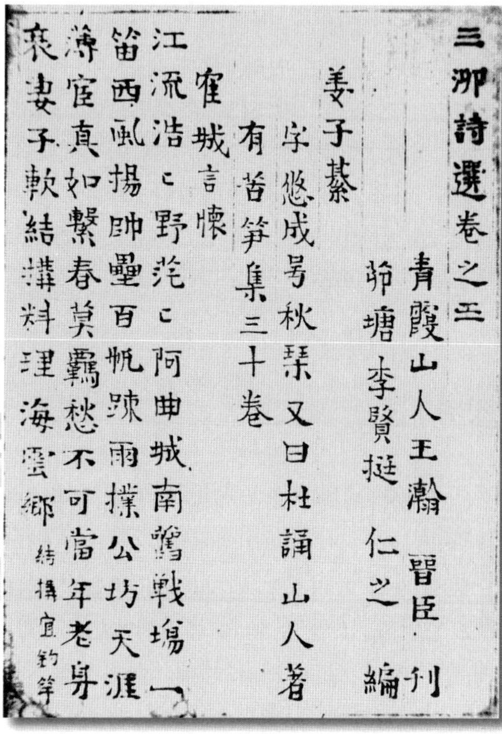
三泖詩選卷之三
青霞山人王瀚 晉臣 刋
竹塘李賢挺 仁之 編
姜子蓁
字悠成号秋琹又曰杜誦山人著
有苔笋集三十卷
雀城言懷
江流浩〻野茫〻阿曲城南舊戰場一
笛西風揚帥壘百帆跡雨撲公坊天涯
薄宦真如繫春莫羈愁不可當年老身
衰妻子軟結構料理海雲鄉 待摂宜釣竿

삼묘시선

1. 개요

『삼묘시선』은 古歡堂 姜瑋(1820~1884)를 비롯한 조선말기의 시인 16명의 시를 뽑아 엮은 책이다. 그러나 16명 중 일부를 제외하고는 대부분 그 행적이 알려지지 않은 무명 시인들이다. 권3만이 남아 있고, 서발문이 없어 편찬경위를 확인할 길이 없다. 편자인 이현정은 淸代 인물로 추정되지만 생몰년은 물론 행적 또한 확인할 길이 없다. 또한 封面紙를 보면 간행했다는 기록이 있어, 간본을 필사했을 것으로 추정되지만 간본이 확인되지 않아 실제로 간행된 책을 필사했는지 여부를 확인할 길이 없다. 결국 『삼묘시선』은 청대의 인물이 조선인의 시를 뽑아 엮은 책임이 분명해 보이지만, 편찬 경위나 간행 여부를 확인할 수 없는 책이다.

2. 편저자

『삼묘시선』의 권3의 권수제 다음에는 '靑霞山人王瀚 晉臣 刊'의 기록이 있고, 줄을 바꿔 '茆塘 李賢挺 仁之 編'이란 기록이 있다. 이를 보면 이 책의 편자는 李賢挺임을 알 수 있다. 茆塘은 그의 호이고 仁之는 그의 자로 추정되는데 생몰년은 물론 행적도 확인할 길이 없다. 그 밖에는 이 책의 편저자에 관한 기록이 어디에도 나타나 있지 않다. 아마 첫 권이 남아 있다면 서문도 있을 것으로 추정되지만, 현재로는 계명대학교에 소장되어 있는 『삼묘시선』 이외에는 그 전본이 확인되지 않고 있어 편자에 대한 정보를 확인할 수 없다.

3. 편찬 및 간행 경위

앞서 살펴본 것처럼 『삼묘시선』의 권3의 卷首題 다음에 있는 '靑霞山人王瀚 晉臣 刊'과 다음 줄에 있는 '茆塘 李賢挺 仁之 編'이란 기록이 이 책의 편찬 및 간행 사실을 확인할 수 있다. 이 기록만으로 보자면 이현정이 편찬한 이 책을 靑霞山人 王瀚(자는 晉臣으로 추정)이 간행한 것으로 보인다. 또한 첫 장의 봉면지에는 '三泖堂板'이란 글자와 함께 '靑霞山人 丁亥 開刊'이란 기록이 있다. 이를 통해 『삼묘시선』이 정해년, 즉 1887년에 간행되었다고 볼 수 있다. 지질이나 책의 형태 등을 볼 때 1827년이나 1947년으로 보기는 어렵기 때문이다. 특히 1827년은 『삼묘시선』에 등장하는 시인 중 그 생몰년이 확인되는 許薰(1836~1907), 李建昌(1852~1898)이나 朴文逵(1805~1888)의 경우 태어나기

전이거나 아직 나이가 어린 시절이기 때문에 1827년을 간년으로 볼 수는 없다. 다만 서발문이 없어 편찬이나 간행의 경위를 확인할 수는 없다. 한편 통상적으로 봉면지는 첫째 권에 있는데 반해, 이 책의 경우 권3 앞에 봉면지가 있다. 이를 통해 이 책 앞부분에 해당하는 권1-권2의 내용이 권3의 내용과는 다른 체제로 되어 있을 가능성이 있다고 추정할 수 있다. 또한 봉면지의 '三泖堂板'이란 문구를 통해 『삼묘시선』 이란 서명은 '三泖堂'에서 취한 것으로 볼 수 있다. 그렇다면 三泖堂은 이현정의 별호일 가능성이 크다.

4. 구성과 내용

『삼묘시선』은 16명의 조선시인들의 시 중에서 127수를 뽑아 엮은 책이다. 四針眼訂의 중국식 장정이며 표지는 비단으로 되어 있다. 朱絲欄이 그어져 있는 중국 종이에 필사되어 있다. 첫 장에는 봉면지가 있는데 封面紙에는 '三泖堂板'이란 글자와 함께 '靑霞山人丁亥 開刊'이라 필사되어 있다. 다음 장에는 '三泖詩選第三卷詩總'이라는 제목 아래로 시신의 이름과 선발한 시의 총수를 기록해 놓았다. 수록된 시인과 選拔한 詩數를 보면 다음과 같다.

姜子蓁 30수, 尹相殷 15수, 金日常 9수, 全秉天 5수, 李建昌 1수, 李瑨昱 1수, 金蘭 35수, 朴文逵 2수, 韓鎭昌 5수, 李泰璘 3수, 鄭惟本 5수, 許薰 2수, 崔克昌 4수, 成憲永 7수, 金近淵 1수, 徐晦輔 2수

그 다음으로는 '三泖詩選第三詩員並十四人十六員姓名'이란 기록과 함께 16명의 字號와 본관이 기록되어 있다. 그 내용을 보면 다음과 같다.

姜子蓁 字 悠成 號 秋琴 晉陽人
尹相殷 字 景任 號 一農 坡平人
金日常 字 而衆 號 楚雅 盆城人
全秉天 字 彛老 號 澹嵒 旌善人
李建昌 字 鳳藻 號 寧齋 完山人
李瑨昱 字 伯裕 號 東村 完山人
金　蘭 字 晦夫 號 晼山 廣州人
朴文逵 字 霽鴻 號 天游 密城人
韓鎭昌 字 文愈 號 蕣士 淸州人

李泰璘 字 雲瑞 號 左村 永川人
鄭惟本 字 固卿 號 雲樵 東萊人
許　薰 字 舜歌 號 舫山 金陵人
崔克昌 字 致明 號 石庄 曲江人
成蕙永 字 子湘 號 南坡 昌寧人
金近淵 字 聲遠 號 九樵 延安人
徐晦輔 字 根汝 號 惠春 達成人

그 다음장에는 '三泖詩選卷之三'이란 권수제가 있고, 다음에는 '靑霞山人王瀚 晉臣 刊'과 '茆塘 李賢挺 仁之 編'이란 編刊 기록이 있다. 그 다음에는 시인의 이름이 있고, 다음 줄에는 시인에 대한 간략한 설명이 있다. 이어서 시의 제목이 있고, 다음 줄에는 시가 수록되어 있다. 이 곳에 실린 시인들의 약력을 살펴보면 다음과 같다.

(1) 姜子綦 : 자는 悠成, 호는 秋琴 또는 杜誦山人이다.
저서로『苦笋集』30권이 있다.
(2) 尹相殷 : 자는 景任, 호는 一農이며, 坡平人이다.
庇仁 현감을 지냈고 저서로『農齋藁』2권이 있다.
(3) 金日常 : 자는 이중(而衆), 호는 楚雅, 滄浪子이며, 盆城人이다.
저서로『蕩山藁』20권이 있다.
(4) 全秉天 : 자는 彝老, 호는 澹嵓이며 旌善人이다.
(5) 李建昌 : 자는 鳳藻, 호는 寧齋이며 完山人이다.
저서로『澹寧集』이 있다.
(6) 李瑨昱 : 자는 伯裕, 호는 東村이며 完山人이다.
(7) 金　蘭 : 자는 晦夫, 호는 畹山 또는 小玄眞子이며, 廣州人이다.
저서로『苕雪藁』6권,『自警集文』5권이 있다.
(8) 朴文逵 : 자는 霽鴻, 호는 天游이며, 密城人이다.
(9) 韓鎭昌 : 자는 文愈, 호는 莠士이며 淸州人이다.
(10) 李泰璘 : 자는 雲瑞, 호는 左村이며 永川人이다.
(11) 鄭惟本 : 자는 固卿 호는 雲樵이며 東萊人이다.
(12) 許　薰 : 자는 舜歌, 호는 舫山이며 金陵人이다.
저서로『舫齋藁』10권이 있다.
(13) 崔克昌 : 자는 致明, 호는 石庄이며 曲江人이다.
저서로『羊灣集』이 있다.
(14) 成蕙永 : 자는 子湘 호는 南坡 또는 佩芳齋이며 昌寧人이다.

(15) 金近淵 : 자는 聲遠, 호는 九樵이며 延安人이다.
(16) 徐晦輔 : 자는 根汝, 호는 惠春 또는 東木館이며 達成人이다.

이현정이 어떤 기준으로 『삼묘시선』에 수록한 시를 선발했는지는 알 수 없다. 5언과 7언의 절구와 율시가 섞여 있고, 아무런 설명이 없기 때문이다. 선발한 시인들의 기준 또한 확인할 길이 없다. 다만, 『삼묘시선』에 수록된 시인들이 古歡堂 姜瑋(1820~1884)와 어느 정도 관련을 맺고 있었을 것으로 추정된다. 강위가 당시 詩壇의 맹주였기 때문이다. 특히 李建昌(1852~1898)은 강위의 詩弟子라 自署했을 정도였고, 成蕙永 역시 강위의 제자였다. 따라서 『삼묘시선』에 수록된 인물들 대부분이 무명에 가까웠지만 강위와는 어느 정도 관련을 맺고 있던 인물들로 추정된다. 더욱이 강위는 燕行을 통해 중국에 시명을 떨쳤고, 많은 친구들과 교유했기 때문에 강위를 통해 조선 시인들의 시가 중국 쪽에 전달되었을 가능성이 크다.

이들 중에서 강위와 이건창의 문집이 간행된 사실은 잘 알려져 있지만, 김란의 경우에도 『畹山稿』란 시집이 간행된 바 있고(일제강점기), 박문규의 경우에는 『天游詩集』(1918), 『天游集古』(1936) 등의 시집이 간행된 바 있으며 『雲巢山房集』이 필사본으로 전하고 있다. 허훈의 경우에도 23권 12책의 『舫山先生文集』(1909)이 목판본으로 간행되었다. 성혜영의 경우에는 『佩芳齋詩抄』가 필사본으로 전하고 있다.

5. 가치

『삼묘시선』은 서발문이 없지만, 그 간본이 확인되지 않고 있다는 면에서 우선 그 가치를 찾을 수 있다. 더욱이 여기에 수록된 대부분의 인물들이 거의 주목을 받지 못하던 조선말기의 시인들인데, 『삼묘시선』을 통해 그 이름과 약간의 행적을 확인할 수 있게 됐다는 점에서도 가치가 있다고 할 수 있다. 특히 조선말 최고의 시인으로 알려진 강위의 경우 그 행적이나 생평에 대해서도 잘 알려져 있는데, 이름과 자 바꾸기를 좋아했다고 한다. 그래서 그의 처음 이름은 性澔, 자는 惟聖이었지만, 이후로 여러 번 바꾸었기 때문에 모두 기억할 수 없을 정도였고, 그가 일본에 갈 때 조정에서는 그에게 假監役의 官名을 주었는데, 그 때서야 이름을 瑋 자를 韋玉으로 정하였다고 한다. 국내외에서 그를 좋아하는 사람들은 秋琴, 慈屺, 古懽이라 하였는데, 모두 그의 별호들이다. 하지만 그가 姜子綦로 불린 것이나 자를 悠成 호를 杜誦山人으로 쓴 것은 『삼묘시선』을 통해 처음 알려진 사실이다. 또한 저서로 『苦笋集』 30권이 있었다는 사실 또한 처음 알려진 것이다.

또한 조선말기 朝淸 교류사에서도 『삼묘시선』의 가치는 크다고 할 수 있다. 조선후기

조청 교류사에서 가장 중요한 사건 중의 하나는『韓客巾衍集』의 편찬과 이를 통한 양국 문인들의 교류 확대인데, 강위 역시『韓四客詩選』이라는 시선집을 편찬하고 이를 중국의 문인들에게 보이고 비평을 받은 바 있었다. 이는『韓客巾衍集』의 뒤를 잇는 문화사적으로도 의미 있는 사건이었다. 한편 청나라의 문인들 중에는 조선 시인들의 시를 모아 편찬하는 일이 있었는데, 董文煥은 조선시인들의 시를 모아『韓客詩存』을 편찬한 바 있는데, 이현정의『삼묘시선』은 그 뒤를 잇는 저작으로 조청 교류사에서 의미 있는 저작이라 할 수 있다.

【박철상】

[색인어]

강위, 이현정,『삼묘시선』,『韓客詩存』,『韓四客詩選』,『韓客巾衍集』

[참고문헌]

· 박철상,「고환당 강위가 엮은『한사객시선』」,『문헌과해석』33호, 2005.12.

蘇文抄

蘇軾(宋) 著.

木活字本 3卷3冊. 高興. 1616(光海8).
四周單邊, 半郭 23.0×12.7cm, 有界, 10行16字,
內向三葉花紋魚尾 ; 32.8×21.7cm.
跋 : 萬曆丙辰(1616) 許實.

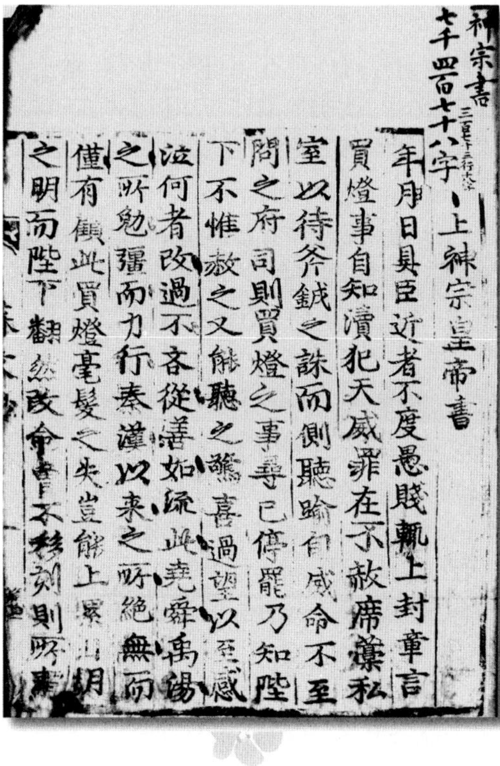
神宗書 七千四百七十八字

上神宗皇帝書

年月日具臣近者不度愚賤輒上封章言買燈事自知瀆犯天威罪在不赦席藁私室以待斧鉞之誅而側聽逾月威命不至問之府司則買燈之事尋已停罷乃知陛下不惟赦之又能聽之驚喜過望以至感泣何者改過不吝從善如流此堯舜禹湯之所勉彊而力行秦漢以來之所絶無而僅有顧此買燈毫髮之失豈能上累日月之明而陛下翻然改命曾不移刻則所

소문초

1. 저자

蘇軾(1037~1101)은 北宋代의 대문호로 자는 子瞻, 호는 東坡居士, 眉山(지금 四川省 眉山縣) 사람으로, 大蘇로서 부친인 老蘇 蘇洵(1009~1066) 및 아우인 小蘇 蘇轍(1039~1112)과 함께 '三蘇'로 불려지며, 坡公 또는 坡仙이라는 애칭도 있다.

21세(1057) 때 진사에 급제하였는데, 당시 과거고시를 주관한 歐陽修(1007~1072)가 그의 문장을 보고 '快哉快哉'를 연발하였다고 한다. 신구 당쟁이 격렬한 당시의 정치 상황에서 소식은 新法黨의 주장에 반대하였을 뿐만 아니라, 舊法黨의 입장에도 동조하지 않았기 때문에 벼슬길이 매우 순탄하지 못했다. 王安石(1021~1086)과 司馬光(1019~1086)으로부터 모두 배척받아 여러 차례에 걸쳐 귀양살이를 경험하며 주로 지방관을 지냈고, 수도에서는 中書舍人, 翰林學士, 知制誥와 吏部·兵部·禮部尙書 등을 역임하였다. 마지막에 신법당이 다시 세력을 잡음에 그는 중국 최남단의 瓊州(지금 海南島)로 유배되어 그곳에서 7년 동안 귀양살이를 하던 중, 徽宗(1101~1127 재위)의 즉위와 함께 귀양살이가 풀렸으나 돌아오던 도중 常州(지금 江蘇省 武進縣)에서 65세를 일기로 세상을 떠났다.

杭州刺史로 근무하던 시절에 高麗 사신에 대해 적대적인 태도를 취하고, 고려가 문화적, 정치적으로 강국이 되는 것을 경계하여 고려에 서적을 판매하는 것에 대해 반대하는 입장을 취하는 등 우리나라와의 관계에 있어서는 비우호적이었던 것으로 알려져 있다. 그는 사람됨이 천성적으로 호방하고 소탈한 자유인으로 다방면에 걸쳐 발군의 재능을 발휘하였으며, 자유롭고 구속됨이 없으며 진솔한 인생관을 지녔다. 또 좌담을 좋아하고 유머감각이 뛰어나 누구에게나 호감을 주었으므로 많은 문인들이 그의 주변에 모여들었다. 사상면에서 소식은 儒佛道 三教의 영향을 두루 받았다. 기본적으로 유교적 입장을 견지하였지만, 정치상의 좌절을 겪고 외직을 전전하는 동안 그의 사상은 점차 道佛의 색채를 띠게 되었다. 그는 일찍부터 莊子에 심취하였고, 杭州에 온 이후로는 여러 승려들과 시로 교유하였으며, 黃州(지금 湖北省 黃岡縣)로 와서는 향을 피우고 묵좌하여 깊이 스스로를 성찰하기 위해 하루 이틀에 한 번씩 安國寺에 아침에 갔다가 저녁에 돌아오기를 5년이나 계속하였다. 아울러 黃州에서 天慶觀이라는 道觀을 빌려 49일 동안 재계와 심호흡 등 道教의 養生術을 수행하기도 하였다. 이처럼 소식의 사상적 배경이 될 만한 행적은 다양하였지만, 적극적으로 세상에 나가 자신의 이상을 펴는 忠君愛民하는 유교 사상이 가장 두드러진다. 이는 지방관으로 재임하는 동안 백성들의 고통에 동정을 표시하고 많은 善政을 베푼 데에 잘 나타나 있다.

문예의 전능자답게 소식의 최대 성취는 역시 문학예술 방면에 있다. 그는 詩·詞·賦·散文 등 각종 장르의 문학에 모두 탁월한 성취를 이룩하였을 뿐 아니라, 서예와 회화 등에서도 빼어난 일가의 경지를 이루었다. 산문 창작에 있어 제반 체재의 글을 두루 잘 써서, 唐宋八大家 중에서도 가장 유명한 작가로 손꼽힌다.

그의 작품이 지닌 가장 큰 특징은 그 무엇에도 구속받지 않는 자유분방함이다. 다시 말해서 변화무상하면서도 평이하고 자연스러움을 잃지 않은 점이 송대 산문의 일반적 특성을 지니고 있으면서도 여타 작가와 구별되는 소식 나름의 독특한 면모이다. 이는 자연스러움을 숭상하고 속박을 반대한 자신의 문예에 대한 생각이 그대로 구현된 것이라고 할 수 있다.

2. 구성

이『蘇文抄』는 許實(1574년생, 1606년 문과)이 蘇軾의 산문을 뽑아 1616년(광해군 8년/萬曆 丙辰年)에 전라도 高興에서 간행한 것이다. 이 책은 上(58版), 中(56版), 下(56版)의 3卷 3冊에 55편의 문장이 수록되어 있는데, 上卷의 冒頭에 '目錄' 3版이 별도로 들어 있고, 下卷 마지막에 편찬자인 許實이 쓴 '跋文'이 붙어 있다. 中卷의 12版은 원판을 망실한 때문인지 자세한 사정은 미상이지만 筆寫로 보충되어 있어 版型과 書體가 다른 점이 눈에 띄고, 目錄의 제목이 본문과는 다르게 한두 글자가 생략되어 있거나 誤字인 경우도 더러 있다. 이 책은 서울대학교 규장각에 하권 1책이 남아 있고, 고려대학교 晩松文庫에도 3권 3책의 완질본이 있다. 권별로 選錄된 작품을 일련번호를 붙여 제시하면 다음과 같다.

上卷

1)「上神宗皇帝書」, 2)「擬進士對御試策一道」(목록에는 '一道'가 빠져 있음), 3)「代張方平諫用兵書」, 4)「代滕甫論西夏書」, 5)「代滕甫辨謗乞郡書」('辨'자가 목록에는 '辦'자로 잘못 되어 있음), 6)「朝辭赴定州論事狀」, 7)「上富丞相書」, 8)「上韓太尉書」

中卷

9)「上梅直講書」, 10)「黃州上文潞公書」(목록에는 '黃州'가 빠져 있음), 11)「始皇論」, 12)「戰國任俠論」, 13)「范增論」, 14)「留侯論」, 15)「賈誼論」, 16)「鼂錯論」, 17)「荀卿論」, 18)「續楚語論」, 19)「刑賞忠厚之至」, 20)「重巽以申命」, 21)「物不可以苟合」, 22)「王者不治夷狄」, 23)「策略三」, 24)「策略四」, 25)「策略五」, 26)「專任使」, 27)「決壅蔽」, 28)「敦教化」, 29)「蓄材用」, 30)「倡勇敢」

下卷

31)「敎戰守」, 32)「策斷下」, 33)「六一居士集序」, 34)「樂全先生文集序」(목록에는 '文'이 빠져 있음), 35)「錢塘勤上人詩集序」, 36)「醉白堂記」, 37)「王君寶繪堂記」, 38)「李君藏書房記」(목록에는 '君'이 '氏'로 되어 있음), 39)「放鶴亭記」, 40)「文與可畵篔簹谷偃竹記」(목록에는 '文與可篔簹谷竹記'로 되어 있음), 41)「喜雨亭記」, 42)「凌虛臺記」, 43)「超然臺記」, 44)「石鐘山記」, 45)「大悲閣記」, 46)「四菩薩閣記」, 47)「潮州韓文公廟碑」, 48)「表忠觀碑」, 49)「司馬溫公神道碑」, 50)「三槐堂銘」, 51)「德威堂銘」, 52)「王元之畵像贊」, 53)「祭歐陽文忠公文」, 54)「問養生」, 55)「日喩」

55편의 작품 중에서 茅坤(1512-1601)이 편찬한『唐宋八大家文鈔』의『東坡文鈔』에 실리지 않은 것은「王者不治夷狄」(일련번호 22) 1편뿐이므로, 작품 선정에 있어『東坡文鈔』를 참고한 것이 분명해 보인다. 권별 수록 작품을『東坡文鈔』의 체재 분류를 좇아 정리하면 다음과 같다.

上卷 : 8편/上書 : 4, 制策 : 1, 狀 : 1, 書 : 2
中卷 : 22편/書 : 2, 論 : 8, 試論 : 4, 策 : 8
下卷 : 25편/策 : 2, 序 : 3, 記 : 11, 碑 : 3, 銘 : 2, 贊 : 1, 祭文 : 1, 雜著 : 2

3. 내용

소식은 조정에서 벼슬살이할 때는 정치, 역사, 시사 등의 문제를 다룬 議論體 문장을 많이 짓고, 지방관으로 귀양살이할 때는 서사와 서정문을 많이 남겼다. 그중 후자에 특히 질박하며 꾸밈이 없이 평담하고 자연스러운 가운데 인생에 대한 투철한 깨달음을 담은 명작이 많다.

이 책에 수록된 작품은 전자에 속하는 글이 많다. 55편 중 上書, 制策, 狀, 論, 試論, 策 등에서 정치 평론과 역사 평론을 통해 時務를 다룬 것이 대다수를 차지하고, 碑, 銘, 贊, 祭文 등의 실용성 문장도 일부 들어 있다. 이밖에 예술적 완성도가 높은 記가 11편으로 5분의 1에 해당하는 분량이라 어느 정도 균형을 맞추고 있지만, 소식 산문 예술의 정화라 할 수 있는「赤壁賦」와 같은 작품은 들어 있지 않다.

몇 작품을 예로 들어보면, 우선「上神宗皇帝書」(일련번호 1)는 다른 판본에서 제목을「萬言書」라 했을 정도로 거의 8,000자에 달하는 長篇 大論인데, 王安石의 과거고시 개혁과 燈 매입 건 등 신법에 반대하면서 민심의 향배가 정권의 안위에 관건적 요소라는 뜻을 담아 신종(1068-1085 재위) 황제에게 올린 상소문이다. 「敎戰守」 (일련번호 31)는 北宋과 遼·西夏 간의 和議가 오래가지 못할 것임을 예견하고 백성들에게 공격과 방어에 관한 무예를 익히게 하여 유비무환의 태세를 갖추어야 할 것임을 역설한 정치 평론이다. 역사 인물평인 「留侯論」 (일련번호 14)은 사소한 울분을 참고서 큰 계책을 이루는 책략적 견해를 피력하였다.

한편, 記文은 서사와 경물 묘사 및 정감의 토로를 한 데 무르녹게 하여 소식의 개인적 정회와 번득이는 개성 속에 인생과 우주의 이치에 대한 깊은 깨달음을 잘 표현하였다. 이를테면 「石鐘山記」 (일련번호 44)는 현장 조사를 통해 '石鐘山'이란 이름이 붙여진 원인을 밝히고, 직접 눈으로 보거나 귀로 듣지 않고 주관적 억측을 하게 되면 오류에 빠지고 만다는 이치를 아름다운 문장 속에 형상화시키고 있다. 그리고 「潮州韓文公廟碑」 (일련번호 47)는 신화적 분위기 속에 韓愈(768-824)의 유학과 문학 및 정치 등 다방면에 걸친 탁월한 성취를 칭송하고 있다.

4. 가치

蘇軾은 그의 詩文이 우리나라에 전래된 고려 중기 이후로 문학 창작의 모델이 되었으며, 고려 高宗(1213-1259 재위) 때에는 全州에서 문집이 간행되기에 이르렀다. 이처럼 고려시대에 시문 모두 최고로 추앙되었지만, 조선조에 들어오면 불교와 도교까지도 포용한 그의 사상 경향이 유학을 국시로 채택한 조선왕조와 다소 어긋난 탓에 위축되기도 했다. 이런 경향은 시에서 더욱 두드러졌고, 산문의 경우는 상대적으로 덜하여 그가 韓愈, 歐陽修와 함께 나란히 숭상되었다.

이 책은 許實의 발문에 의하면 그의 막내 숙부인 許筠(1569-1618)이 遂安郡守로 있을 때 간행한 『蘇文抄』 (현존 여부 미상)가 번다하다고 느끼던 차에, 군수로 있던 高興에 책이 귀하여 수중에 소식의 문장 한 질만 있어 그것을 精選한 것이라고 한다. 허균은 구양수의 산문 68편과 함께 소식의 산문 72편이 선록된 『歐蘇文略』을 편찬한 적도 있는데, 이 역시 현존 여부는 미상이라 서로 비교해볼 수 없는 것이 아쉽다. 다만 허실이 허균의 『蘇文抄』를 번다하고 느낀 것으로 보아, 거기에는 『東坡文鈔』에 실린 249편에는 미치지 않겠지만 적어도 72편 이상의 작품이 수록되어 있을 가능성이 많아 보인다.

또 발문에 의하면 허실이 科文에 능하지 못해 과거에 합격하지 못하고 있을 시절에, 허균이 『蘇子瞻集』을 건네주며 읽어보고 좋아하는 문장을 뽑아보라고 권했다고 한다. 따라서 이 책의 편찬은 소식의 글을 좋아한 허균의 영향이 절대적이었으며, 허실이 여러 해에 걸쳐 소식의 글을 숙독한 뒤 大科에까지 급제한 사실로 미루어볼 때, 당시 사대부들이 소식 산문 읽기를 경홀히 여기는 경향을 바로잡고자 한 뜻도 담고 있지만, 과거공부용 교재로 기획되었을 가능성이 높아 보인다. 실제 모곤의 『唐宋八大家文鈔』도 『四庫全書總目提要』에서 "과거 공부를 위해 설계된"(爲擧業而設) 것이라는 평을 받았다.

【이종한】

[색인어]

蘇軾, 『蘇文抄』, 3권3책, 55편, 許實, 許筠, 모곤 『唐宋八大家文鈔』

[참고문헌]

· 김영진, 『蘇文抄』(서울대학교 규장각, 古貴895.115Sols) 해제.
· 이종한, 『당송산문선』(대구 : 계명대출판부), 2003. 6.
· 許捲洙, 「蘇東坡 詩文의 韓國的 受容」, 『中國語文學』 14, 1988. 7.

續文範

安瑺(생몰년 미상, 16세기) 編.

목판본 1책(零本, 권2) : 四周單邊, 半郭 22.4×16.8cm, 有界,
10行21字, 大黑口, 內向黑魚尾 ; 30.0×19.8cm.
명종 20년(1565) 평안도 中和 刊
識 : 中和郡守 竹溪 安瑺
印記 : '寧越辛長吉'

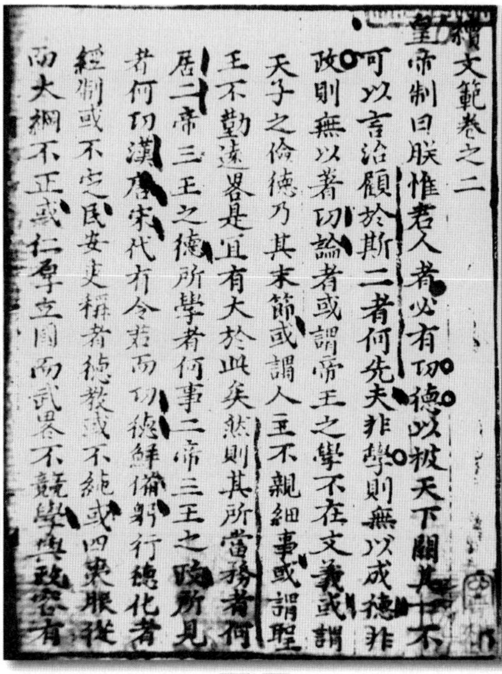
續文範卷之二
皇帝制曰朕惟君人者必有功德以被天下闕其一不
可以言治顧於斯二者何先夫非學則無以成德非
政則無以著功論者或謂帝王之學不在文義或謂
天子之儉德乃其末節或謂人主不親細事或謂聖
王不勤遠畧是宜有大於此矣然則其所當務者何
居二帝三王之德所學者何事二帝三王之政所見
者何功漢唐宋代有令君而功德鮮備躬行德化者
經制或不定民安吏稱者德教或不純或四裔服從
而大綱不正或仁孚立固而武畧不競學與政各有

속문범

1. 편자

이 책의 편자는 발문을 쓴 中和郡守 安瑺이다. 안상은 본관이 竹溪 곧 順興이니, 安珦의 후손이다. 자는 季珍이다. 벼슬은 判決事에 이르렀다. 安舜弼의 아들로 지중추부사 安瑋(1491~1563)와 좌의정 安玹(1501~1560)의 아우이다. 어머니는 군수를 역임한 趙庸門의 따님이다. 아들은 安孝善(1542년생, 1568년 생원)이다. 伊山書院을 창건했다.

安瑋는 자가 伯珍이다. 1621년(중종 16) 별시 문과에 동생 안현과 함께 급제해서 藝文館 檢閱이 되었다. 그뒤 禮曹佐郞, 司憲府 掌令을 지내고 1539년 執義가 되어서 蘇世讓과 함께 尹任을 탄핵하다가 1542년 충주 목사로 좌천되었다. 1547년(명종 27) 파주목사를 거쳐 편수관을 겸하여 『中宗實錄』의 편찬에 참여하였다. 1554년 淸洪道觀察使, 1555년 兵曹參議를 거쳐 同副承旨·左副承旨가 되고, 1558년 전라도 관찰사가 되었다. 그 후 刑曹參判을 거쳐 1560년 병조판서에 특채되었으며, 뒤에 知中樞府事가 되었다. 시호는 文簡이다.

安玹은 자가 仲珍, 호는 雪江, 조선 중기의 문신이다. 1521년(중종 16) 별시 문과에 급제하여 校書館權知副正字가 되고, 1524년 檢閱이 되었다. 1528년 注書에 재직 중 佐郞 朴光祐의 무고로 삭직당하고 투옥되었다가 혐의가 없어 석방되었다. 1533년 사헌부 持平, 1534년 應敎·掌令·司諫을 역임했고, 1535년 執義로 敬差官을 겸했다가 副提學이 되었다. 명종 원년인 1546년에 경상도 관찰사가 되어, 紹修書院의 설비를 충실히 했다. 1547년에 漢城府左尹을 거쳐 判尹에 승진되고, 1551년 兵曹判書·右參贊, 1552년 戶曹判書, 1553년 吏曹判書·右贊成, 1555년 左贊成을 거쳐 1558년 右議政·左議政이 되었다. 시호는 文僖이다.

安瑺은 문과를 거치지 않고 음보로 관직에 나간 듯하다. 1556년(명종 11)에는 榮川郡守로 있었다. 퇴계 이황이 그 해에 영천군수 安瑺에게 보내려고 초한 「擬與榮川守論紹修書院事」에서 紹修書院 일을 논한 바 있다. 그 서찰의 초고는 『退溪集』 권12에 수록되어 있다.

그 뒤 安瑺은 1565년(명종 20)에 中和郡守로 있다가 그 후 德源府使를 지냈다. 선조 6년(1573) 1월 3일(갑신)의 『실록』 기사에 보면, 간원이 咸鏡道災傷御史 宋應漑가 죄 없는 德源府使 安瑺과 穩城府使 高景軫을 파면하도록 그릇되게 청한 잘못을 들어 그 벼슬을 파면하라는 청을 한 기사가 있다. 그런데 金誠一의 『鶴峯逸稿』 제3권 「北征日錄」의 1579년(선조 12) 10월 1일의 기록에 보면, "오전에 德源에 도착하였다. 城池와 기계, 군기 등의 물품이 낱낱이 정돈되어 있는 바, 부사 安瑺이 국사에 온 힘을 다했음을 알 수가 있었다. 안상은 일찍이 백성을 다스리는 데 첫째간다는 이유로 堂上에 승진되었으며, 또 仍任하도록 하여 이미 10년이나 되었다고 하는데, 아전과 백성들이 부모와 같이 여기니, 매우 가상하다."라고 하였다. 安瑺이 상당히 오랫동안 德源府使로 있었음을 알 수가 있다.

2. 구성

본 계명대 동산도서관 소장서는 목판본 2권 2책 가운데 권2의 1책만 남은 殘本이다. 이 권2에는 중국의 策問 對策 8편을 싣고, 東國壯元策 가운데서 成三問의 對策 1편을 부록으로 실었다. 그리고 安瑺의 識와 刻手 및 刊刻 關係者의 名簿가 붙어 있다. 殘本 권2의 구성을 살펴보면 다음과 같다.

(1) 중국의 策問對策 8편

① 帝王之學에 관한 策問과 朱希周의 對策 : 張1-a부터 張9-b 1행까지
② 致治之大法에 관한 策問과 倫文叙의 對策 : 張9-b 2행부터 張17-a 2행까지
③ 治天下之大體大用에 관한 策問과 顧鼎臣의 對策 : 張17-a 3행부터 張24-b 1행까지
④ 大學與帝王學에 관한 策問과 唐皐의 對策 : 張24-b 2행부터 張31-b 7행까지
⑤ 創制立法에 관한 策問과 姚淶의 對策 : 張31-b 8행부터 張42-b 9행까지
⑥ 王伯論(王覇論)에 관한 策問과 龔用卿의 對策 : 張42-b 10행부터 張52-b 6행까지
⑦ 宗子之責에 관한 策問과 錢福의 對策 : 張52-b 7행부터 張60-a 8행까지
⑧ 安天下之方에 관한 策問과 毛澄의 對策 : 張60-a 9행부터 張69-b 5행까지

(2) 附 : 東國壯元策

○ 問革私兵待大臣政院權重復政房의 策問과 成三問의 對策 : 張69-b 7행부터 張76-a 5행까지

(3) 中和郡守 竹溪 安瑺 지: 張76-b 1행부터 張77-a 2행까지

余到郡, 首聚儒生, 以試所純, 能尙詩賦, 而無一人有志於江都之學, 故乃於暇日效愣林編次文範之意, 而精選皇朝程策可以爲式者若干篇, 分爲二卷, 而以文丞相萬言書爲首, 成謹甫重試對爲終, 而名之曰續文範, 遂鋟梓藏于淸凉書院, 學者誠能熟讀而玩味, 則其於應對場屋, 豈無小補之哉! 嘉靖乙丑良月上澣中和郡守竹溪安瑺識.

(4) **刻手 및 刊刻 關係者名簿** : 張77-b 1행부터 張77-b 10행까지(제1행부터 제10행까지 서열의 역순으로 배열되어 있다)

		道 堅
		天 心
		竺 習
		信 行
		法 明
刻手	僧人	學 祖
	僧人	釋 敏
	律生	廉世光
書寫	幼學	鄭 洽
都色	中和鄕吏	張漢良

한편, 中和郡守 竹溪 安瑞의 識로부터 유추하면 권1에는 文丞相 곧 文天祥의 「御試策」을 시작으로 중국의 對策文들을 수록하였음을 짐작할 수 있다.

3. 내용

이 책은 文科 廷試의 對策을 연마하기 위한 교재로서 편찬된 책이다. 특히 對策文을 선별 집성했다는 점에서 『御制策』의 계보를 잇는다고 말할 수 있다.

中和郡守 竹溪 安瑞의 識를 보면, 安瑞은 中和郡守로 부침한 이후 儒生들을 모아 純熟한 바를 시험하였더니, 詩賦에는 능했으나 '江都之學'에 뜻을 둔 자가 한 사람도 없었다고 했다. '江都之學'이란 科擧에서도 文科의 大捷을 뜻하는 듯하다. 본래 당나라 李緖는 江都王에 봉해졌는데, 그는 勇力이 있어서 말을 타고 일곱 자 병풍을 뛰어넘는 등 輕捷을 즐겼다. 文科 壯元을 大捷이라 하므로, 그 輕捷함에 비유한 듯하다.

安瑞은 餘暇에 '樗林'이 『文範』을 編次한 뜻을 본받아, 皇朝 즉 중국의 程策 가운데 모범으로 삼을 만한 것들 약간 편을 精選해서 2권으로 분책했다고 한다. 여기서 '樗林' 編次의 『文範』이 무엇을 가리키는지 분명치 않다.

'文範'의 명칭과 유사한 과거 대비 수험참고서로는 『文章軌範』과 『續文章軌範』이 있으나, 이 둘은 對策文만 수록한 것이 아니다. 따라서 安瑺이 모범으로 삼은 '樗林' 編次의 『文範』은 이 두 책과는 다른 별도의 수험참고서였던 듯하다.

『文章軌範』은 南宋末의 충신 謝枋得의 撰이다. 원래 과거의 수험 참고서로서 그 모범을 집성한 것이다. '문장을 배우는 자는 처음은 大膽, 끝에는 小心해야 한다' 는 뜻에서 전체를 放膽文과 小心文의 둘로 나누어 1, 2권을 방담문, 뒤를 소심문으로 했다. 모범 문장으로서 채록한 것은 韓愈, 柳宗元, 歐陽脩, 蘇洵, 蘇軾 등의 古文이다. 한편 『續文章軌範』은 명나라 때 福建 사람 鄒謙之가 7권으로 펴낸 책이다. 鄒謙之는 謝枋得을 본떠서 전체를 放膽·小心의 두 개로 분류하고, 춘추전국시대의 屈原에서부터 明代의 王陽明의 글까지 광범위하게 수록했다. 이 가운데 『文章軌範』은 조선시대 과거 준비서 및 문장 학습서로서 널리 이용되었다.

이와는 별도로 金正國이 1527년(중종 22) 季秋에 俗文을 교정하려는 뜻에서 『史記』와 『漢書』의 각 편에 놓인 序文만을 拈出해서 『文範』을 엮었다고 하나, 그 책은 이 『續文範』과는 성격이 전혀 다르다. 金正國의 『文範』은 현전하지 않는 듯하고, 다만 『思齋集』 권3에 「文範序」가 수록되어 전한다.

계명대 동산도서관 소장의 殘本 『續文範』 권2에 對策이 수록된 중국인들은 朱希周, 倫文敘, 顧鼎臣, 唐皐, 姚淶, 龔用卿, 錢福, 毛澄 등 8명은 모두 進士試에서 狀元한 인물들이다. 하지만 급제한 순서대로 배열하고 있지는 않다. 그것은 日本 京都大學 人文科學硏究所 所藏 『明狀元圖考』의 狀元人 名簿와 비교하면 알 수가 있다.

錢福 : 弘治三年 庚戌 狀元
毛澄 : 弘治六年 癸丑 狀元
朱希周 : 弘治九年 丙辰 狀元
倫文敘 : 弘治十二年 己未 狀元
顧鼎臣 : 弘治十八年 乙丑 狀元
唐皐 : 正德九年 甲戌 狀元
姚淶 : 嘉靖二年 癸未 壯元
龔用卿 : 嘉靖五年 丙戌 狀元(龔用卿의 이름이 『明狀元圖考』 제3권 권두 명부에는 龔用鄕으로 되어 있으나, 본문에서는 龔用卿으로 되어 있다. 그는 중종 32년인 1537년에 太師의 직에 있으면서 欽差使臣으로 조선에 왔다.)

『明狀元圖考』에는 進士 狀元의 관향, 자, 나이, 가족 등의 사실과 과거 응시 때의 일화 등을 상세하게 전하되, 對策文을 실어 두지는 않았다. 따라서 계명대 동산도서관 소장 『속문범』을 통해서 적어도 상기 8명의 對策文을 살필 수가 있게 되었다.

그리고 成三問의 對策은 重試 때의 對策이다. 『成謹甫集』 권2에 '重試對策'으로 실려

있다. 주석에는 "世傳丁卯秋, 設重試, 策問一道, 入格者二十餘, 優等者八, 考官難於高下, 稟定科次. 世宗大喜, 命八人再試, 御題八駿圖, 或箋或賦, 或詩·贊·銘·頌, 任從所製. 先生始以策優等, 及再試, 以箋居魁云."라고 되어 있다. 세종 29년, 1447년의 重試 對策임을 알 수가 있다.

한편, 安瑺은 이 對策文 選集을 『續文範』이라 하고, 그것을 鋟梓한 후 '淸凉書院'에 板木을 소장했다고 했다. 僧門의 板刻 기술을 빌려 鋟梓한 후 '淸凉書院'에 板木을 소장하여 사람들로 하여금 冊紙를 가져와 인쇄해가도록 한 듯하다.

4. 가치

계명대학교 동산도서관 소장의 殘本 『續文範』은 서지학적으로도 중요하고, 문화사적으로도 매우 중요하다.

(1) 殘本 『續文範』은 16세기 중엽에 과거 수험용으로 편찬된 각종 문체별 학습서의 하나로서 주목된다.

이를테면 해제자 본인 소장의 『東國論選』은 科試 대비용으로 論類의 佳篇을 선별해서 편찬한 것으로, 선별된 작품 가운데는 科文의 우수작이 상당수 들어 있다. 예를 들면 羅世纘의 「崇節義」는 중종 20년(1525)의 庭試 初試에서 으뜸으로 뽑힌 글이고, 또 「抑戒」는 중종 33년(1538)의 擢英試에서 으뜸으로 뽑힌 글이다. 이 『동국논선』의 간행 하한은 적어도 1583년이 된다.(심경호, 「木活字本 東國論選에 관하여」, 『季刊 書誌學報』 제11호, 한국서지학회, 1993.12, pp.130-153. ; 심경호, 『국문학연구과 문헌학』, 태학사, 2002, 「木活字本 東國論選」)

또한 판식이나 서적의 성격으로 보아 이 『동국논선』과 같은 시기에 나왔을 것으로 추정되는 판본이 여럿 있다. 우선 李仁榮의 『淸芬室書目』에 보면 중종·선조 연간에 목활자로 간행된 『儷語編類』(殘本 2권 2책), 『殿策精粹』(2권 1책), 『東人策選』(1권 1책), 『東國壯元策』(甲集 1권 1책), 『策文』(1권 1책) 등이 있다. 모두 편찬자를 알 수 없다고 하였으나, 『동국장원책』만은 동일 종류의 판본이 현재 국립중앙도서관, 서울대도서관 一蓑文庫, 山氣文庫(故 李謙魯씨 文庫)에 소장되어 있다. 그 편찬자는 金驥孫으로 되어 있다. (국립중앙도서관에서 1979년에 영인본을 펴냈다.) 한편 이인영은 위의 책들의 간행 시기를 중종 · 선조 연간이라고 추정하고, 『東人策選』과 『東國壯元策』은 倣乙亥字小字의 목활자본이라고 밝혔다. 그 밖에도 중종 · 선조 연간의 科文 選集으로서 山氣文庫에 『東國策選』과『『東策精粹』가 현전한다. 『東國策選』은 방을해자소자본이고 『東策精粹』는 '목활자본'이라고 한다. 이것들은 중종조에 을해자로 간행되었다는 『東人策問(乙集)』10

권 및 『東人策選』 1권과 관련이 있을 듯하다. 그런데 이인영이 過眼한 『殿策精粹』에는 "嘉靖丁未歲仲秋下瀚慶州京邸開印"이라는 印記가 붙어 있다고 하였으니, 이 판본은 1547년(명종 2)에 開刊되었다.

특히 殘本 『續文範』은 『東國壯元策』으로부터 成三問의 重試對策을 취해 와 그것을 卷末에 再收錄하였으므로, 『東國壯元策』의 유행에서 촉발을 받은 것임에 틀림없다.

(2) 殘本 『續文範』은 평안도 中和에서 僧門의 板刻 기술을 이용해서 開板되고 板木은 中和의 淸凉書院에 보관되었다. 中和의 淸凉書院에 대해서는 달리 자료가 없어서 그 板木의 傳存 여부를 확인할 수 없다. 하지만 이 책은 지방, 그것도 상대적으로 서적의 板刻이 활발하지 않았던 평안도 中和에서 板刻된 책으로서, 지방 인쇄문화를 이해하는데 매우 귀중한 시사를 해 준다.

16세기 중엽 북부 지방에서는 평양의 인쇄문화가 발달한 것으로 알려져 있되, 평양에서 판각된 서적으로는 『漢書』가 널리 알려져 있다.(윤병태, 「朝鮮時代 平壤의 印刷文化」, 『고인쇄문화』 창간호, 1993, pp.74~77을 참조). 이외에 申公濟가 간행한 목판본 『韓文正宗』이 해제자 본인에 의해 보고된 바 있다. 이 『韓文正宗』은 1532년(중종 27)에 간행되었는데. 謝枋得의 批點을 지니고 있으며, 현재 고려대 晩松文庫에 실물이 소장되어 있다.

『續文範』은 특히 卷末에 판각에 기여한 승려들과 書寫人의 명부가 실려 있어서, 中和를 포함한 평안도 지역의 16세기 刊刻技術者들의 분포 상황을 이해하는데 매우 소중한 자료가 된다.

(3) 『續文範』의 편찬자이자 刊刻 主宰者인 安瑞은 安珦의 후손으로, 安舜弼의 아들로서 지중추부사 安瑋와 좌의정 安玹의 아우이다. 安瑋와 安玹의 문화사적 업적에 대해서는 비교적 널리 알려져 왔으나, 安瑞의 경우는 그 행적이 잘 알려져 있지 않았다. 이 『續文範』의 발굴을 계기로, 竹溪(順興) 安氏 一家가 16세기 중반에 한국문화사에 기여한 공적을 면밀하게 고찰할 필요가 있다.

(4) 殘本 『續文範』 권2는 명나라 중엽에 進士試에 급제한 朱希周, 倫文叙, 顧鼎臣, 唐皐, 姚淶, 龔用卿, 錢福, 毛澄 등의 對策을 수록하고 있으므로, 중국측 자료에서 미비된 것을 보완할 수 있다.또한 이본 대조의 저본으로도 활용할 수가 있다.

5. 기타

『續文範』은 1585년 목판본 『攷事撮要』(南文閣 影印本)과 그 일본 寫本의 평안도 中和 조항에 冊版 목록이 기재되어 있다. 그 책판이 곧 安瑞 편찬의 『續文範』을 판각한 책판이었을 가능성이 높다. 그런데 이후 1613년 內賜의 훈련도감자본 『攷事撮要』에서는 『續文範』의 책판 이름이 빠져 있다. 아마도 임진왜란 무렵에 板木이 훼손된 듯하다. 또한 1585년 목판본 『攷事撮要』(南文閣 影印本)과 그 일본 寫本의 평안도 中和 조항에 『續文範』과는 별도로 『文範』의 책판 이름이 등재되어 있다. 그 책판이 '槜林' 編次 『文範』의 책판이었을 가능성이 높다. 安瑺이 中和에서 『續文範』을 편찬하고 그 판각을 주재한 것은 기왕에 中和에 『文範』 板木이 있고 그 책이 그 지역에 유통되고 있어서 자극을 받았기 때문인 듯하다.(『고사촬요』의 제 판본에 대해서는 윤병태·정형우, 『한국의 책판목록』, 보경문화사를 참조).

安瑺 편찬의 『續文範』은 단국대학교 퇴계기념도서관에도 권2의 1책만 소장되어 있다. 그 형태사항은 다음과 같다.

卷1冊(76張, 缺帙) : 四周單邊 半郭 22.8×16.7cm, 有界, 10行21字, 黑口, 內向黑魚尾 ; 30.6×20.7cm.

향후 권1을 포함한 完本이 발견된다면 16세기 중엽의 지방 목판인쇄 문화사를 이해하는데 더욱 큰 도움이 될 것이다.

【심경호】

[색인어]

『續文範』, 安瑺, 中和郡 淸凉書院, 1565년(명종 20), 槜林 編 『文範』, 중국의 策問對策, 東國壯元策

[참고문헌]

· 심경호, 「木活字本 東國論選에 관하여」, 『季刊 書誌學報』 제11호, 한국서지학회, 1993. 12.
· 심경호, 『국문학연구과 문헌학』, 태학사, 2002.
· 윤병태, 「朝鮮時代 平壤의 印刷文化」, 『고인쇄문화』 창간호, 1993.
· 윤병태·정형우, 『한국의 책판목록』, 보경문화사.
· 『攷事撮要』, 南文閣 影印本.
· 李仁榮, 『淸芬室書目』, 보련각 영인본.

新刊類編歷擧三場文選對策

劉霖(元) 編, 劉仁初(元) 類編,

木板本(庚子字覆刻後刷). 1冊(零本) 壬集 卷1-4.
四周雙邊, 半廓: 21.6×14.7cm, 有界,
11行21字, 註雙行, 黑口, 內向黑魚尾 ; 30.8×18.5cm 版心書名: 文.

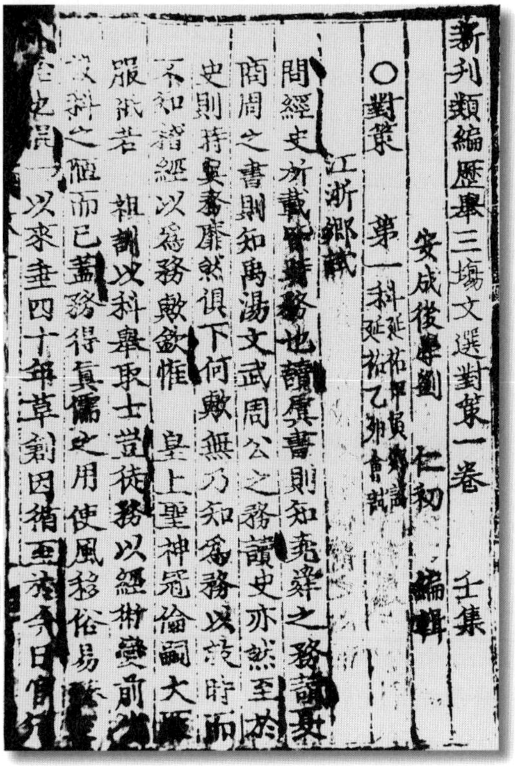
新刊類編歷擧三場文選對策一卷　壬集
安成後學劉　仁初　編輯
○對策　第一科 延祐甲寅鄉試 延祐乙卯會試
江浙鄉試
問經史所載皆實務也讀虞書則知堯舜之務讀夏
商周之書則知禹湯文武周公之務讀史亦然至於

신간유편역거삼장문선대책

1. 개요

元대의 유학자 劉霖과 劉仁初 등이 원대에 실시한 江浙鄕試, 江西鄕試, 湖廣鄕試에서 제출한 우수한 답안과 中書堂 會試에서 제출한 우수한 답안을 對策, 經疑, 古賦의 3문체로 분류해서 편찬한 것이다. 같은 문체의 답안을 과거시행시기로 三場으로 나누어 수록하였다. 본서는 그 가운데 對策의 권1-4만 있는 零本이다. 경자자본을 복각한 목판본으로 추정된다.

2. 편·저자

『歷擧三場文選』은 元대의 유학자 劉霖 등이 편찬한 것인데, 그 뒤 元의 劉仁初가 이 책을 주제별로 분류하여 새로 간행한 것이다. 劉霖과 劉貞에 대한 사적은 알려진 것이 없다. 수록된 문장을 통해 볼 때 劉霖은 順帝년간의 인물로 추정된다. '安成後學 劉仁初 輯'이라는 권두의 기록과 수록된 대책문의 저작 시기 등을 통해 劉仁初는 吉州 安成縣 출신으로 元代 후반기에 활동했던 인물이었음을 추정해 볼 수 있을 뿐이다. 仁初는 字이며, 名은 貞이다.

3. 편찬 또는 간행경위

고려 말에도 원의 과거에 급제하는 것은 출세에 있어 유리한 요인으로 작용하였다. 원의 과거에서 『朱子集註』를 시험과목으로 채택하였으므로 고려 출신의 급제자는 고려에 주자학을 도입하고 보급하는데 큰 역할을 하였다. 그런 까닭으로 고려말에 『三場文選』을 간행할 필요가 있었고, 조선에까지 판을 거듭해서 간행할 요인이 되었다. 지정 1년(1341) 간행의 원나라 초간본이 고려에 전래되어 고려에서는 충혜왕 2년(1341)에서 고려가 원나라가 아닌 명나라로 과거 응시생을 파견하기 시작한 공민왕 19년(1370) 사이에 간행된 것이 초간으로 추정된다. 조선본의 간행은 계미자를 주조한 태종 3년(1403)부터 경자자를 주조한 세종 2년(1420) 사이에 간행된 것으로 추정된다. 이 판본은 계미자 인출에 사용된 소자로 인출되었으므로 종래에 계미자 소자본이라 했던 것이나, 최근 연구를 통해 고려 書籍院活字로 밝혀졌다.

4. 구성과 내용

이 책은『新刊類編歷擧三場文選』에서 對策 부분이다. 대책이란 정치, 경제 또는 학문에 관한 문제를 제시하여 그에 대한 응시자의 의견을 묻는 글이다. 이는 임금이 직면하고 있는 시정책을 물은 것으로 그 대안과 책략을 진술하는 것을 말하는 것이다. 선비 또는 현직 대부가 科擧와는 관계없이 사사로이 시무책을 논하여 임금에게 올리는 것은 制策, 試策, 進策이라 한다. 선비에게 책략을 묻는 제도는 중국 漢나라 文帝시대부터 시작하여 면면히 계승되었다. 對策은 한문 문체의 하나로 주로 과거 시험에 쓰였다. 策略의 뜻으로서 고시관이 당면한 문제를 응시자에게 제시하면 그 해결책을 구상하여 대답하는 것이다. 시험문제는 策問 또는 策題라고 하여 詔令體이고, 답안은 對策이라 하여 奏議體에 속한다.

이 책 권두에는 목록이 수록되어 있고, 권1에는 연우 1년(1314) 갑인-2년(1315) 을묘, 권2는 연우 4년(1317) 정사-5년(1318) 무오, 권3은 연우 7년(1320) 경신-지치 1년(1321) 신유, 권4는 지치 3년(1323) 계해-태정 1년(1324) 갑자까지 수록되었다. 낙권인 권5에는 태정 3년(1326) 병인-4년(1327) 정묘, 권6에는 천력 2년(1329) 기사-3년(1330) 경오, 권7에는 지순 3년(1332) 임신 -4년(1333) 계유, 권8에는 지원 1년(1335) 을해까지 수록되었다. 모두 8권 가운데 권1-4만 남아있다.

본서에 수록된 中書堂會試 대책의 주제는 農桑學校, 書春秋之所始終史記通鑑之所以制作, 五經諸儒傳義同異, 水利, 錢楮之法, 易書詩春秋及先儒諸書 등이다. 鄕試의 주제는 禮樂題見本文, 治道十事, 大江之西士風民習, 士之學術心術儒之文名善名, 吳越閩厚倫成俗之義, 河圖洛書太極圖皇極經世書同異, 經史切於今日之務孰爲當先漢唐臻帝王之盛孰爲至要, 吏治八計, 周官之制, 孟子周子本無二道易與太極圖初無二理, 浙右公田兩浙鹽利, 旱災救荒, 風俗學校, 吏治五事, 古之治道今之時務, 時務六事 등이다. 시험종류 다음에 策題가 수록되고, 이어 대책문이 수록되는데, 석차, 성명, 출신지에 이어 대책의 본문이 수록되어 있다.

5. 서지적 특성

이 책은 경자자 인본을 복각한 목판본이다. 사주쌍변, 11행21자, 판심은 상하흑구에 상하내향흑어미다. 앞 표지는 탈락되고 뒷표지도 원 표지는 아니다. 5침안이지만 綴絲가 훼손되었는데, 임시로 백사를 사용해 서배를 둘러 침안마다 따로 따로 묶은 형태이다. 목록 장1-3이 손상되고 탈락되었고, 장2의 전면 하부와 장2 앞면은 남아있다. 권4 말미도 손상되어 장22부터 탈락되었으나 장23전면은 남아있다.

이『歷學三場文選』은 원 지정 1년(1341) 劉貞의 서문이 있는 원판본이 우리나라에 전래되어 보급되었다. 전래하는 판본을 토대로 추정하면 우리나라 판본은 고려 書籍院活字로 충혜왕 2년(1341) 이후 공민왕 19년(1370) 사이에 간행된 것으로 추정되는 초간본, 고려의 서적원활자에 보자를 넣어 태종 3년(1403)부터 세종 2년(1420) 사이에 간행한 것으로 추정되는 활자본, 세종 3년(1421)부터 세종 16년(1434) 사이에 간행된 것으로 추정되는 경자자본, 단종 2년(1454) 밀양에서 간행한 경자자복각본으로 조선초에는 빈번하게 간행된 것을 볼 수 있다. 경자자복각본에는 甲戌(1454)八月 日密陽府開刊이란 간기가 있다.

고려본과 조선본에 있어 문자 배치에 있어 차이가 나타난다. 명의 탄압에 시달린 조선은 원 황제에 대한 공경 표시부분을 격하시키게 되었을 것이며, 이로서 고려본의 판심서명은 '策'인데, 선초본에는 '文'으로 변경되었고, 이후에는 아예 생략해버린 것으로 나타난다. 권두서명에 이은 권차표기와 후속의 표기에 있어 고려본은 '六卷 壬集'인데 비해 선초본은 '卷之六 任集'으로 나타나고, 격행해서 고려본은 '安成後學 劉 仁初 編輯'인데 비해 선초본은 '安 成 後 學 劉 仁初 編輯'으로 표기되어 있다. 본문 내용에 있어서도 고려본에는 天朝, 聖君, 恩德, 廟堂, 聖天子, 聖代 등을 별행으로 인출했으나, 선초본에는 隔字하거나 連書하게 된 것으로 나타났다.

본서는 판심서명은 '文'이고, 권차표기와 후속의 표기는 '一卷 壬集'이며, '安成後學劉仁初 編輯'이다. 따라서 본서는 경자자본의 복각본 계통이다. 전반적으로 목리가 많이 보이므로 판각된 뒤 상당한 시간이 경과된 후 인출된 것으로 추정된다. 권2 尾題의 말미에 卷之二 다음 壬集이 壬焦로 오각되어 있다. 권3과 권4의 권차표기는 '卷之三'과 '卷之四'이나, 권4의 尾題는 탈락되어 있다.

6. 가치

고려말에 원나라의 과거에 급제하는 것은 출세에 있어 유리한 요인으로 작용하였다. 명나라로 과거 응시생을 파견하기 시작한 공민왕 19년(1370) 이후에도 과시를 대비한 수험서의 필요성은 여전하였을 것이고 또한 조선의 과거도 명의 영향을 받았을 것이므로 수요는 여전하였다. 그러나 조선은 명의 압박에 시달리게 되어 성종년간(1470~1494)에는『文選對策』으로 서명을 바꾸어 을해자소자로 간행하였고, 중종년간(1506~1544)에는 갑진자로『文選對策輯略』을 간행하였고, 성종년간(1470~1494)에는『御試策』으로 개명하여 을해자소자로 간행하였고, 성종말(1490)부터 연산군말기(1504)에 갑진자로

『御試策』을 간행하였고, 중종초기(1505~1514)에 갑진자로 『御試策』을 간행하였고, 중종년간(1506~1544)에 을해자체목활자소자로 『御試策』을 간행하였다. 『御試策』은 지방에서 간행된 기록이 확인되지 않으나, 『文選對策』은 의성에서 중종-명종년간에 목판으로 간행된 것으로 나타난다.

潘吉星이 1997년 '중국이 세계 최초로 금속활자로 서적을 인쇄하였으며, 그 인본으로 『御試策』'을 들고 나온 이후 『御試策』에 대한 연구가 활발하게 진행되었다. 이후 이와 연관하여 계미자에 대한 연구의 결과로 『新刊類編歷擧三場文選』을 연구하여 계미자 인본이 아니고 고려 書籍院活字로 인출된 것을 밝히는 등 서지학분야의 연구는 활발하게 진행되었다. 이 책은 원대에 시행된 과시에서의 답안을 살필 수 있는 자료로 고려말에 수용된 양상을 살필 수 있는 자료이다. 또한 조선시대의 변모에 대해서도 살필 수 있는 좋은 자료이다. 앞으로 문학 또는 사회, 정치방면의 연구도 활발하게 진행될 것으로 기대한다.

【배현숙】

[색인어]

劉霖, 劉仁初, 『歷擧三場文選』, 『文選對策』, 『對策』, 『御試策』, 書籍院活字

[참고문헌]

· 국립중앙도서관 『선본해제』 등 各 圖書館 解題.
· 藤本幸夫, 『日本現存朝鮮本硏究:集部』, 京都大學學術出版會, 2006.
· 潘吉星, 「중국, 한국, 유럽의 초기 금속활자 인쇄술 비교연구」, 『동서고인쇄문화 국제심포지움자료집』, 서울: 유네스코한국위원회, 1997.
· 趙炳舜, 『高麗本 新刊類編歷擧三場文選對策 硏究』, 韓國書誌學會, 2006.
· 千惠鳳, 『日本 蓬左文庫 韓國典籍』, 지식산업사, 2003.
· 『韓國의 冊版目錄』(上下補遺), 保景文化社, 1995.

新編類聚大東詩林

柳希齡(1480~1552) 編

금속활자(丙子字), 5卷1冊(零本, 권31-35), 中宗年間.
四周雙邊, 半郭 24.0×15.6cm
有界, 11行21字, 黑口, 內向三葉花紋魚尾,

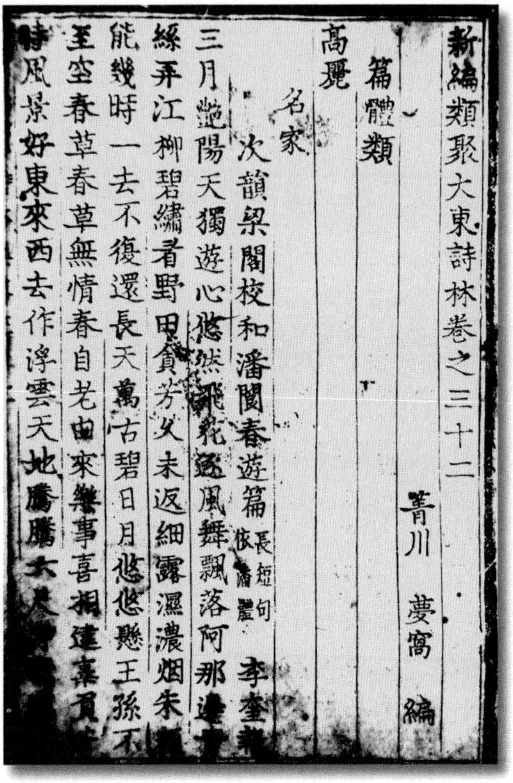
新編類聚大東詩林卷之三十二
菁川 夢窩 編
篇體類
高麗
名家
次韻梁閣校和潘閬春遊篇 長短句依潘體 李奎報
三月艷陽天獨遊心悠然飛花逐風舞飄落阿那邊[illegible]
絲弄江柳碧繡着野田貪芳久未返細露濕濃烟未[illegible]
能幾時一去不復還長天萬古碧日月悠悠懸王孫不
至空春草春草無情春自老由來樂事喜相違[illegible]
時風景好東來西去作浮雲天地騰騰[illegible]

신편류취대동시림

1. 저자

편저자 柳希齡의 자는 元老·子罕, 호는 夢菴·夢窩·夢老·夢草이며, 본관은 晉州이다. 이조판서 柳文通의 손자이고, 예조참의 睡齋 柳仁貴의 아들이며, 어머니는 星州李氏 縣監 李長生의 딸이다. 그는 성종 11년(1480) 10월에 태어났다. 연산군 7년(1501) 22세 때 金安國 밑에서 진사 3등에 入格하였고, 중종 11년(1516) 37세의 나이로 別試文科에 급제하였으며, 이후 예문관검열(1516), 사헌부감찰(1518), 공조좌랑(1518)을 역임하였다. 중종 14년(1519) 己卯士禍가 일어나서 季父 柳仁淑이 화를 당하자 벼슬에서 물러나 고향 文山(지금의 文義)으로 돌아가 잠시 유생들을 가르치며 생활하였다. 그러나 이듬해 다시 관직에 나아가 사간원정언(1520) 端川郡守(1523) 등을 역임하였고, 중종 19년(1524)부터 5년간 경상도 永川郡守를 지내기도 하였다. 중종 37년(1542) 공조참의로 재임할 때 그의 대표작인 『新編類聚大東詩林』과 『唐宋聯珠詩格附錄』을 왕에게 올려 간행하도록 하였고, 이 해 5월 聖節使로 명나라를 다녀와서 공조참의로 재임하였다. 명종 즉위년(1545) 을사사화에 연루되어 제주도로 유배당하였는데, 후에 다시 錦山으로 移配되어 그곳에서 생활하다가 명종 7년(1552) 73세의 나이로 유배지 錦山에서 세상을 떠났다.

2. 편찬경위

유희령은 중종 37년(1542) 『大東詩林』 원고를 왕에게 바치면서 「進大東詩林箋」이란 글을 함께 지어 올렸다. 그리고 이 글에서 『大東詩林』을 찬술하는데 거의 三紀(36년)가 걸렸다고 하였다. 중종 1년(1506) 27세 무렵 이 책의 편찬을 시작하여 중종 37년(1542) 63세 때 비로소 완성하였다는 뜻이다. 그런데 이 보다 17년 앞서 편찬한 『唐宋聯珠詩格附錄』 서문을 보면 "대동시림 옛 초고를 검토하여 格에 부합하는 絶句를 취하였다"라는 기록이 있다. 『당송연주시격부록』을 편찬한 중종 20년(1525) 경에 이미 『대동시림』 초고가 있었으며, 이것을 『당송연주시격부록』 편찬에 활용했다는 말이다. 그렇다면 『대동시림』은 유희령이 27세 되던 중종 1년(1506) 경에 편찬을 시작하였고, 46세 때인 중종 20년(1525) 경에 어느 정도 초고를 완성하였으며, 63세 때인 중종 37년(1542) 정식으로 국왕에게 올려 간행하게 한 것이라고 정리할 수 있겠다. 그가 명종 7년(1552) 73세를 일기로 세상을 떠난 것을 감안하면, 거의 평생의 공력을 쏟은 책이라 할만하다.

유희령이 이 책을 편찬하게 된 가장 큰 동기는 기존 시문선집의 한계를 극복하고 새로운 대안을 마련하고자 한 것이었다. 그는 "崔瀣가 편찬한 『東人之文』은 거칠고 잡다한 결점이 있고, 조운흘의 『三韓詩龜鑑』은 너무 많이 삭제하여 잘못이다." 라고 하면서 기존 시문선집이 지나치게 駁雜하거나 疏略함을 아울러 비판하였다. 그리고 이런 비판적 성찰을 근거로 핵심 작품을 중심으로 수록한 박잡하지 않은 시선집, 그러면서도 다양한 작가와 작품 양식을 두루 포괄한 풍부한 내용의 시선집을 따로 편찬하려고 하였는데, 『大東詩林』은 바로 이런 편찬 의도를 구체적으로 실천에 옮긴 결과였다.

유희령은 편찬 목적을 달성하기 위하여 우선 작품 채택의 대상 시기를 고대부터 자기 당대까지 크게 확장하였다. 그리고 대상 작가를 위로는 왕실에서부터 아래로는 여성과 승려 및 귀화인에 이르기까지 다양화시켰으며, 대상 작품도 고시와 율시뿐만 아니라 각종 歌行體와 雜體詩를 두루 포괄망라 하였다. 그가 말한 대로 "많은 것을 얻으려고 힘쓰고, 작은 것도 버리지 않으려고 하였으며, 애써 빠트린 것이 없도록 두루 조사하여" 마침내 70여 권이란 거질의 『大東詩林』을 편찬하였던 것이다.

3. 구성과 내용

권문해는 『大東韻府群玉』「撰集書籍目錄」에서 유희령의 『大東詩林』을 참고하였다고 하였고, 또 같은 책 「詩林」 조항에서 "유희령이 大東詩林 70여권을 지었다"고 하였다. 그리고 魚叔權도 『稗官雜記』 권2에서 "유희령이 大東詩林 70여권을 지었다"고 하였으며, 『增補文獻備考』 「藝文考」5에도 "大東詩林 70권. 參議 柳希齡 撰"이라 하였다. 이를 보면 편찬 당시 이 책이 70권의 방대한 규모였음을 알 수 있으며, 현존 본 가운데 권63-65가 있어서 이런 사실을 거듭 확인할 수도 있다.

그러나 『대동시림』은 완질이 남아 있지 않다. 계명대학교 소장 권31-35 한 책을 비롯하여, 충남대학교에 소장된 권13-14와 권63-65, 기타 개인 소장의 권9-11과 권36-39 및 권수 미상의 抄本 한 책 등 약 18권 6책 정도만 남아 있을 뿐이다. 따라서 현재로서는 『대동시림』 전체의 구성과 내용 실상을 정확하게 파악하기가 어려운데, 현재 남아 있는 책의 경우 대략 다음과 같은 내용으로 구성되어 있다.

권9-10 : 五言古詩類, 권11 : 七言古詩類, 권13-4 : 七言古詩類
권31 : 曲體類 권32 : 篇·詠·怨體類 권33 : 吟體類
권34 : 嘆·引·謠體類, 권35-36 : 詞體類 권37 : 操體類
권38-39 : 雜體類, 권63 : 五言排律類 권64-65 : 七言排律類
권수 미상 抄本 : 小樂府類

『대동시림』은 책의 편차를 대단히 다양하고 정밀한 방식으로 구성하였다. 일차적으로 작품의 문체를 가장 기본적인 분류 기준으로 적용하였고, 그 다음에는 신라, 고려, 조선 등 왕조에 따라 2차적으로 분류하였다. 각 왕조 내에서는 御製, 宗室, 名家, 隱逸, 緇流, 投化 등 작자의 신분계층에 따라 작품을 분류하였고, 동일 신분 내에서 다시 작자의 생몰연대를 고려하여 수록 순서를 정하였다. 문체, 왕조, 신분, 생몰연대 등 4가지 기준을 차례로 시선집의 편차에 반영하였던 것이다. 계명대학교 소장『대동시림』권31-35도 이런 체계를 준수하고 있는데, 수록 작품 내역을 열거하면 대략 아래와 같다.

권31 曲體類 高麗 名家：塞上曲(洪侃) 明妃曲(李穡) 採蓮曲(李穡) 奉寄舅氏咸寧君金饒(李穡) 渡遼曲(李崇仁) 江南曲(鄭夢周). 本朝 宗室：秋夜曲(婷) 採蓮曲(深遠). 名賢：明妃曲(權近) 次天使惟南陸伯瞻(權近) 倚樓曲(李詹) 追和唐賢(孫肇瑞) 江南曲(孫肇瑞) 追和朝來曲(孫肇瑞) 淸江曲(成侃) 採蓮曲(成侃) 羅嗔曲(成侃) 採蓮曲(李承召) 江南曲(徐居正) 明妃曲(徐居正) 青春曲(徐居正) 蓮塘曲(徐居正) 午睡曲(徐居正) 傷田家曲(崔叔精) 江頭曲九絶(崔叔精) 出塞曲(崔叔精) 傷春曲(成俔) 寄遠曲(成俔) 大堤曲(成俔) 塞上曲(成俔) 春曉曲(成俔) 膜拜曲(成俔) 迎神曲(成俔) 送神曲(成俔) 瀟湘曲(成俔) 淸江曲(成俔) 胡笳曲(成俔) 入塞曲五章(金宗直) 凝川竹枝曲九章書(金宗直) 鳳臺曲(金宗直) 鴉棲曲(金宗直) 咸陽藍雷竹枝曲十絶(兪好仁) 搗衣曲(魚世謙) 伽川竹枝曲(金孟性) 度遼曲寄弟伸(曹偉) 凝川竹枝曲效佔畢齋贈雲娘(曹偉) 擬羅嗔曲(曹偉) 獐山曲(睡齋) 採蓮曲(柳仁瞻) 塞上曲(柳仁瞻). 緇類 ：涀江曲(金時習)

권32 篇體類 高麗 名家：次韻梁閣校和潘閬春遊篇(李奎報) 歸來篇(李穡) 喜雨篇(李穡) 有何不可篇(李穡) 欷戲篇(李穡) 峨洋篇(李穡) 歸來兮篇(李穡). 本朝 名家：出塞篇(姜希孟) 海濤篇(姜希孟) 驅車篇(成俔) 美人篇(成俔) 白馬篇(成俔) 明河篇(成俔) 古劍篇(成俔) 遠遊篇(成俔) 歸去來篇(徐居正) 三尺篇(徐居正) 玉前美人篇(崔叔精). **詠體類** 高麗 名家：雪詠(李奎報) 群蟲咏(李奎報) 歸田咏(李晟). 緇類：美人詠(僧禪坦). 本朝 名家：秋霖詠(李詹) 村居五詠招太虛(兪好仁) 種竹詠(辛永禧). **怨體類** 高麗 名家：柳怨長句(李奎報) 征婦怨(鄭夢周) 孤鶴怨代金代言哭(僧宏寅). 本朝 宗室：柳怨長句(婷) 秋夜閨怨寄次韶(湜) 代人作閨怨寄以禮(湜). 名家：二怨(成侃) 相思怨(徐居正) 春閨怨(徐居正) 玉階怨(成俔) 轆轤怨(成俔) 春閨怨(成俔) 閨婦怨用王維韻(李承召) 宮怨用唐人韻(李承召) 次白樂天寒閨怨(申浚) 次王少伯西宮春怨(申浚) 追和唐賢三月閨怨(孫肇瑞) 春怨(崔叔精)

권33 吟體類 新羅 名家：歸燕吟獻太尉(崔致遠). 高麗 名家：出山吟(李奎報) 苦寒吟(李奎報) 賞花吟(李奎報) 折花吟(李奎報) 送春吟(李奎報) 白絲吟(白元恒) 途中吟(李穀) 貞觀吟(李穡) 楡林關作(李穡) 龍山吟病中偶念舊遊(李穡) 織布吟(李穡) 簷溜吟(李

穡) 青山吟(李穡) 病鶴吟(李穡) 官柳吟(李穡) 牧牛吟(李穡) 鶴野吟(李穡) 胡馬吟新買生馬作(李穡) 苦寒吟(李衍宗). 隱逸 : 樂道吟(李資玄). 緇類 : 惜春吟(僧冲止) 苦熱吟(僧冲止). 本朝 宗室 : 東門吟(婷) 秋宵吟(湜) 春宵吟寄叔强次韻(湜). 名家 : 落馬吟呈圃隱陶隱浩(鄭道傳) 傷葵吟(權近) 白鷗吟(姜淮伯) 遊子吟用孟郊韻(卞仲良) 謫仙吟與李敎授別(李詹) 望海吟(徐居正) 七夕吟(徐居正) 洗心吟(徐居正) 下山吟(金宗直) 東武吟擬太白樂府(金宗直) 蠶婦吟(金宗直) 君歸吟爲輿夫作(魚世謙) 秋夜吟寄示善源(申溥) 和叔度寒夜吟(姜偉) 隴頭吟(成俔) 白頭吟(成俔) 節婦吟(成俔) 遊子吟(成俔) 雙燕吟(成俔) 賞花吟(崔叔精) 秋雨吟(崔叔精) 長城吟(崔叔精) 長城吟(李瓊仝)孤燕吟(李瓊仝) 雙驥吟(李瓊仝) 花無十日紅吟爲老妓作(姜希孟) 杏花吟(睡齋)賞花吟(柳仁瞻). 緇類 : 洞中吟(僧省敏) 歲寒吟(金時習)

권34 **嘆體類** 高麗 名家 : 促織嘆(李奎報) 辛丑十月庭前菊花嘆(鄭夢周) 竹枯嘆(李穡) 乘桴嘆(李穡) 田婦嘆(李達衷). 本朝 宗室 : 秋雨嘆(深源). 名家 : 韓柳嘆(李詹) 秋梨復花嘆(李詹) 麻浦夜雨嘆(成侃) 田婦嘆(徐居正) 遠遊嘆(徐居正) 苦雨嘆三篇寄成同年允文(徐居正) 老牛嘆(徐居正) 古釵嘆(成俔) 秋扇嘆(成俔) 養蠶嘆(成俔) 紀信嘆(成俔) 貧士嘆(成俔) 蠶婦嘆(成俔) 鞍山嘆(李瓊仝) 大風嘆(李瓊仝) 風沙嘆(崔叔精) 漉米嘆幷序(金宗直) 滅燈嘆(李鱉) 冬雨嘆(曹偉). **引體類** 高麗 名家 : 嬾婦引(洪侃) 唐城引(李穡) 甑池引(李穡). 本朝 名家 : 思歸引(徐居正) 思歸引(成俔) 飛龍引(成俔) 走馬引(成俔) 天門引(成俔) 梅龍引(金宗直). 緇類 : 留候引(金時習) 昭陽引(金時習). **謠體類** 高麗 名家 : 漢江謠(李崇仁) 倭兵後作(李崇仁) 山中謠(李穡). 本朝 名家 : 白鷗謠(崔叔精) 田家謠(徐居正) 洛東謠(金宗直) 天上謠(成俔) 玉生謠(成俔) 曉仙謠(成俔) 怪松謠(成俔) 荒塚謠(柳仁瞻)

권35 **詞體類** 新羅 名家 : 曦陽山智證禪師碑銘詞(崔致遠). 高麗 名家 : 書寢屛四時詞(李奎報) 漁父詞效東城體(李仁老) 四時詞(陳澕) 宮詞(金仁鏡) 宮詞(白元恒) 蠶婦詞(李穡) 宮詞(金九容) 送張雲韻國琛西歸詞(崔瀣) 代權一齋祭母(崔瀣) 思美人辭寄淅邱東郯士安(鄭夢周). 投化 : 秋風三疊辭(偰遜) 擬戍婦搗衣詞(偰遜) 이하 결락

4. 가치

『대동시림』은 이전에 편찬된 다른 어떤 시선집보다 규모가 방대한 책이란 점에 우선 주목할 만한 가치가 있다. 이전에 편찬된 시선집 가운데 규모가 가장 큰 책은 『東文選』 130권으로, 이 가운데 시를 수록한 것이 권4-22까지 19권이다. 그런데 『대동시림』은 시

만 70권으로, 책판의 크기가 『동문선』 보다 다소 작다는 점을 감안한다 할지라도 수록 작품 총량이 『동문선』의 3배 정도는 되었을 것으로 판단된다.

『대동시림』은 규모가 방대하기도 하지만, 획일적 형식 분류에 편중되었던 이전 시선집들과 달리, 樂府, 歌行 기타 雜體를 모두 독립 항목으로 설정하고, 王, 宗室, 隱逸, 投化, 仙鬼 등 특수 신분층의 작품을 모두 수록 대상으로 포괄시켜, 기존 시선집에서 볼 수 없던 작품을 다수 수록하였다는 점에 주목할 만한 가치가 있다. 계명대학교 본 권31-35의 경우, 篇體類 22수 怨體類 31수 謠體類 11수 操體類 13수는 모두 『동문선』에 없는 작품들이다. 그리고 詠體類 11수 嘆體類 29수 引體類 11수 중에는 『동문선』에 수록된 것이 각각 1수에 불과하며, 曲體類 14수 중 2수, 吟體類 61수 중 5수만 『동문선』에서 확인할 수 있는 정도이다.

계명대학교 소장 『대동시림』 권31-35는 전체 70권의 일부로, 『대동시림』의 특징을 가장 잘 보여주는 부분이다. 그리고 아직까지 다른 이본이 발견되지 않은 유일본으로 보이는데, 이와 같은 자료의 희소성에 또 다른 가치가 있을 듯하다.

【황위주】

[색인어]

柳希齡, 『大東詩林』, 70권, 「進大東詩林箋」

[참고문헌]

· 柳喆馨, 『晉州柳氏文貞公派世譜 · 四翰林集』.
· 黃渭周, 「夢菴 柳希齡의 漢詩選集 編纂」, 『韓國漢文學研究』 20週年特輯號, 1996.
· 黃渭周, 「朝鮮前期의 漢詩選集」, 『정신문화연구』 20권 3호, 1997.

五總龜

編著者 未詳.

筆寫本 1책. 1850년 以後
四周白邊, 無界, 12行 32字, 無魚尾, 26.0×20.0cm.

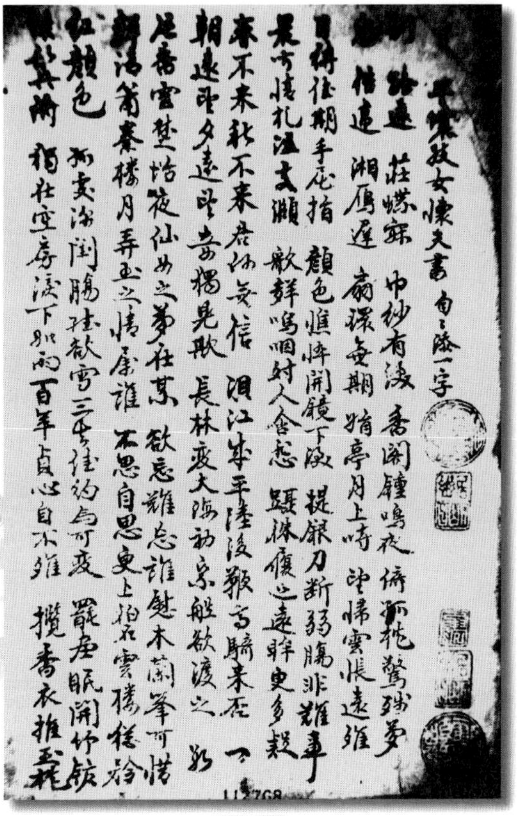

오총귀

1. 개요

『五總龜』는 조선조 문인 다섯 사람의 글을 뽑아 엮은 책으로, 筆寫本이며 편찬자와 편찬 시기는 미상이다. 다만 『五總龜』의 첫 작품으로 수록된 「平壤妓女懷夫書」가 純祖朝의 기생인 雲楚(1805년경~1851년 이후)의 詩로 알려져 있음을 감안할 때, 1850년 이후 필사된 것으로 추정할 수 있다. 不分卷 1책이며 분량은 총 82면이다. 겉표지 오른쪽 상단에 '東音'이라 적혀있고, 제목인 『五總龜』는 겉표지 왼쪽 상단에 큰 글씨로 적혀있다. '東音'은 조선조 문인들의 작품임을 의미하는 듯하며, '五總龜'라는 제목은 5인의 뛰어난 문인들의 작품을 모아놓았다는 것으로 이해된다. '五總龜'는 본래 다섯 사람의 박식한 사람을 일컫는 말로, 唐나라 때 博識함으로 이름 높았던 顔元孫·韋述·賀知章·陸象先·殷踐猷 등을 五總龜라 불렀던 것에서 유래한 말이다(『唐書·殷踐猷傳』). 서문과 발문이 없고, 목차 없이 바로 작품을 수록하였다.

2. 구성과 내용

『五總龜』에 수록된 작품은 총 52편이다. 青泉 申維翰(1681~1752)의 작품이 44편으로 가장 많고, 雲楚의 詩 1수, 簡易 崔岦(1539~1612)의 序 2편, 參奉 趙雲植(1804~1871)의 啓 1편, 그리고 작자 미상의 작품이 4편이다. 申維翰과 崔岦의 첫 작품 아래에는 작자를 밝혀 놓았으나, 나머지 작품에는 작자를 기록하지 않았다. 작품의 수록 순서나 배열원칙이 일정하지 않기 때문에 편의상 수록작품과 원 출전을 도표로 제시하면 다음과 같다. 아래 목록에 제시된 작자 미상의 작품은 동일한 작가의 작품으로 추정된다.

수록순서	작품명	작자	출전	비 고
1	平壤妓女懷夫書	雲楚	「芙蓉相思曲」	
2	琅玕卷序	崔岦	『簡易集』 권3	작자표시 있음.
3	山水屛序	崔岦	『簡易集』 권3	
4	送李東望之燕序	申維翰	『青泉集』 권4	작자표시 있음.
5	祭鳳巖崔公守慶文	申維翰	『青泉集』 권5	
6	玉溪書堂記	未詳		
7	金桂五贈別	未詳		
8	山泉齋記	未詳		
9	筆園夜話有述五十韻 幷序	申維翰	『青泉集』 권1	작자표시 있음. 序文만 수록
10	君馬黃曲 幷引	申維翰	『青泉集』 권2	詩와 序文 모두 수록

수록순서	작품명	작자	출전	비 고
11	奉和槎川李翁懸弧日韻 幷序	申維翰	『靑泉集』 권2	詩와 序文 모두 수록
12	書巢記	未詳		
13	與任谷山書 珽	申維翰	『靑泉集』 권3	
14	答沈盈德 師周 書	申維翰	『靑泉集』 권3	
15	與趙慶州 明鼎 書	申維翰	『靑泉集』 권3	
16	答李生 敏德 書	申維翰	『靑泉集』 권3	
17	答崔士集書	申維翰	『靑泉集』 권3	『靑泉集』 권3 所載 第三書
18	上南漢留守李公 宗城 書	申維翰	『靑泉集』 권3	
19	上南觀察 泰良 書	申維翰	『靑泉集』 권3	
20	與芝山李斯文書	申維翰	『靑泉集』 권3	落張 있음. 총2편.
21	答鄭進士 震瑞	申維翰	『靑泉集』 권4	
22	追和崔士集 成大 別詩序	申維翰	『靑泉集』 권4	
23	奉壽金護軍八十九序	申維翰	『靑泉集』 권4	
24	平海郡先生案序	申維翰	『靑泉集』 권4	
25	奉贐任書狀 珽 赴燕序	申維翰	『靑泉集』 권4	
26	賀元騎省 景夏 狀元序	申維翰	『靑泉集』 권4	
27	奉送冬至副使金參判 龍慶 赴燕序	申維翰	『靑泉集』 권4	
28	念佛契序	申維翰	『靑泉集』 권4	
29	送李子循 達中 游金剛山序	申維翰	『靑泉集』 권4	
30	贈朴聖光 履坤 序	申維翰	『靑泉集』 권4	
31	贈鄭幼觀 瀾 序	申維翰	『靑泉集』 권4	
32	鄭蒙仙書序	申維翰	『靑泉集』 권4	
33	奉送通信正使洪公 啓禧 往日本序	申維翰	『靑泉集』 권4	
34	送趙太史 明鼎 赴燕序	申維翰	『靑泉集』 권4	
35	贈鄭大哉元始序	申維翰	『靑泉集』 권4	
36	比鰍堂記	申維翰	『靑泉集』 권4	
37	木覓山記	申維翰	『靑泉集』 권4	
38	雲水庵記	申維翰	『靑泉集』 권4	
39	平海郡軍官廳記	申維翰	『靑泉集』 권4	
40	梧月樓記	申維翰	『靑泉集』 권4	
41	長延好會記	申維翰	『靑泉集』 권4	
42	新莅漣川縣記	申維翰	『靑泉集』 권4	
43	遊熊淵記	申維翰	『靑泉集』 권4	
44	澄波江泛月記	申維翰	『靑泉集』 권4	
45	四美亭記	申維翰	『靑泉集』 권4	

수록순서	작품명	작자	출전	비 고
46	平海客舍新修記	申維翰	『靑泉集』 권4	
47	答通信副使南公 泰耆 書	申維翰	『靑泉集』 권3	
48	答悔軒鄭伯英 儁 書	申維翰	『靑泉集』 권3	
49	與尹進士 東星	申維翰	『靑泉集』 권3	
50	送萬頃權使君 相一 莅任序	申維翰	『靑泉集』 권4	
51	杜機詩選叙	申維翰	『靑泉集』 권4	
52	乞紙啓	趙雲植		

첫 작품 「平壤妓女懷夫書」의 작자 雲楚의 성은 金이고 이름은 芙蓉이며, 雲楚는 호이다. 평안북도 成川의 몰락한 儒者 집안에서 태어나 妓女가 되었다가, 1831년 淵泉 金履陽(1755~1845)의 소실이 되었다. 金履陽은 純祖 연간에 이조판서 등을 지냈으며 손자 賢根이 純祖의 부마가 되는 등 권력의 핵심에 있었던 인물이었다. 雲楚는 金履陽이 죽은 이후, 京華閥閱의 小室들로 구성된 여성 詩壇인 이른바 '三湖亭 詩壇'의 동인으로 활동하였다. 문집으로 『雲楚堂詩稿』가 있다.

崔岦의 본관은 通川, 자는 立之이며, 호는 簡易·東皐 등이다. 宣祖 조에 李山海·李純仁·崔慶昌·白光弘·尹卓然·宋翼弼·李珥 등과 함께 '八文章'으로 일컬어졌으며, 그의 문장은 車天輅의 詩, 韓濩의 글씨와 함께 '松都三絶'로 칭송되었다. 崔岦은 4회에 걸쳐 명나라 使行을 다녀왔는데, 그 과정에서 작성한 외교문서들은 명나라 문인들의 칭찬을 받았다. 명나라 贊畫 黃裳이 '崔岦의 글을 대할 때면 반드시 향을 피우고 손을 씻은 뒤에 읽었다'고 하는 일화가 전한다. 또 『別本東文選』·『東文八家選』·『東文集成』 등 조선후기에 간행된 문장 選集에 崔岦의 문장이 수록되어 있음은 문장가로서 그의 위상을 짐작케 한다. 저서로는 문집인 『簡易集』 외에 『漢史列傳抄』·『周易本義口訣附說』 등이 있다.

申維翰의 본관은 寧海, 자는 周伯이며, 호는 靑泉이다. 25세 때 진사시에 합격한 뒤 성균관에 들어갔으며, 이때부터 그의 문장이 세상에 널리 알려졌다. 1719년 通信士의 製述官으로 일본을 방문하였을 당시 그의 글을 청하는 사람들이 구름같이 모였으며, 申維翰은 즉석에서 수백 편을 一筆揮之하여 일본 문인들로부터 찬사를 받았다고 한다. 이 때 지은 일본 여행기 『海槎東遊錄』(일명 『海遊錄』)은 기행문학의 걸작으로, 일찍부터 학계의 많은 주목을 받았다. 杜機 崔成大(1691~1762)와 각별한 교유를 나눈 것으로도 유명하다. 저서로는 문집인 『靑泉集』이 있고, 漢詩 「日本竹枝詞」가 유명하다.

『五總龜』의 마지막 수록작품인 「乞紙啓」는 작자가 밝혀져 있지 않다. 그런데 국립중앙도서관에 동일한 제목과 내용의 글이 소장되어 있고, 작자가 '參奉 趙雲植'으로 명시되어 있다. 『司馬榜目』 검색 결과 趙雲植은 1804년 생으로 본관은 漢陽, 자는 軒卿이며, 1837년 生員試에 급제하였다. 性齋 許傳(1797~1886)은 趙雲植을 애도하는 제문 「祭晴簑趙稷山雲植文」(『性齋集』 권18)을 남겼다. 이 글에서 許傳은, 當代 사람들이 '李杜爭雄'이라 일컬을 만큼 조운식의 文才가 뛰어났지만 미관말직인 陵參奉에 머물렀음을 안타깝게 여겼다. 趙雲植의 몰년은 「許傳年譜」(『性齋集』 附錄 권2)에서 확인되며, 문집은 전하지 않는다.

『五總龜』에 수록된 작자들의 면면을 살펴보면, 雲楚는 기생이었고 申維翰은 서얼 이었다. 崔岦 역시 서얼일 가능성이 높은 것으로 알려져 있다. 또 趙雲識은 陵參奉에 지나지 않았다. 말하자면 이들은 신분적 약점이 있었지만, 당대에 文才로서 그 능력을 인정받았다는 점에 공통점이 있다. 『五總龜』의 편자는, 신분적 약점에도 불구하고 오직 文才로 인정받았던 인물들의 작품을 모으려 했던 것으로 짐작된다.

『五總龜』에 수록된 첫 작품 「平壤妓女懷夫書」는 雲楚와 金履陽의 사랑을 모티브로 삼은 소설 「芙蓉相思曲」(신구서림, 1913)에 실려 전한다. 제목 아래에 '句句添一字'라는 말이 붙어 있는데, 각 구절마다 한 글자씩 글자 수를 늘려가면서 지은 일종의 戱作詩로, 이를 層詩(또는 寶塔詩)라고 한다. 左右 雙行으로 기록되어 있으며, 첫 구는 '別'과 '思'라는 한 글자가 각각 하나의 句가 되어 짝을 이루고 있다. 이후 두 글자 세 글자로 점차 늘어나면서 짝을 맞추었고, 마지막에는 18자의 句가 짝을 이루고 있다. 시의 내용은 情人을 그리워하는 애절한 여인의 마음을 노래한 것이다.

崔岦의 「琅玕卷序」는 盧稷(1545～1618)이 소장한 『琅玕卷』에 붙인 서문이다. 『琅玕卷』은 명나라 사행을 떠나는 盧稷을 위해 石陽正 李霆(1541~1622)이 그려준 10폭의 대나무 그림을 묶은 책이다. 崔岦은 이 글에서 李霆의 훌륭한 그림 솜씨를 칭찬한 뒤 노직이 사행 길에서 『琅玕卷』을 펼쳐보는 것만으로 충분한 휴식이 될 것이라 위로하였다. 「山水屛序」는 이조판서 李公(人名未詳)이 소장한 李興孝(1537~1593)의 山水畵 병풍에 붙인 서문이다. 李公은 畵工이었던 李興孝에게 산수화를 그리게 하였는데, 李興孝가 죽자 미천한 畵工의 작품임에도 불구하고 병풍으로 만들어 崔岦에게 서문을 청하였다. 崔岦은 신분을 따지지 않고 능력만을 인정하는 李公을 칭찬한 뒤, 그런 마음으로 정치에 임한다면 훌륭한 인재를 선발할 수 있을 것이라는 기대를 전하였다.

申維翰의 작품은 序 20편, 記 11편, 書 12편, 祭文 1편 등 총 44편이 수록되어 있다. 序는 자신의 절친했던 벗 崔成大에게 준 작품이 많다. 「筆園夜話有述五十韻 幷序」는 崔成大의 집에 열흘간 머물며 문학에 대해 담론한 내용이 실려 있는데, 申維翰의 문학관 및 당시 문단에 대한 비판적 견해 등을 확인할 수 있다. 「君馬黃曲 幷引」은 1712년 崔成大와 詩交를 맺고 지은 樂府이다. 「追和崔士集成大別詩序」는 1714년 申維翰이 낙향할 때 송별시를 써 주었던 崔成大의 시에 대해 和韻詩를 짓고 붙인 서문이다. 또 「杜機詩選敍」는 崔成大의 시집에 붙인 서문으로, 독창적이고 개성적인 崔成大의 詩風을 칭찬하였다. 「贈朴聖光履坤序」·「贈鄭幼觀瀾序」에서도 申維翰의 문학에 관한 생각을 읽을 수 있다.

記文 가운데 「木覓山記」는 南山에 올라 漢陽을 내려다보면서 인재 등용에 京鄕의 차별을 두고 또 당파로 나뉘어 배척하는 폐해를 지적하였다. 「平海郡軍官廳記」·「梧月樓記」·「平海客舍新修記」는 申維翰이 平海郡守 시절 지은 것이며, 「長延好會記」는 長延縣監으로 있던 崔成大를 찾아가 만났던 일을 기록한 것이다. 「新莅漣川縣記」는 申維翰이 漣川縣監으로 부임한 뒤 느낀 漣川의 實情을 서술한 글로, 과중한 租稅와 賦役 문제를 거론하였다. 또 「遊熊淵記」·「澄波江泛月記」·「四美亭記」 등은 漣川 주변을 유람하며 지은 글이다.

書 가운데 「答李生敏德書」에서는 經書의 내용만을 암기하는 科擧 제도의 폐단을 비판하였고, 「答悔軒鄭伯英僴書」에서는 儒敎와 佛敎와 道敎의 서적에 차등을 두지 않고 동일한 가치를 부여하고 있는 申維翰의 의식을 읽을 수 있다.

趙雲植의 「乞紙啓」는 어떤 사람(또는 관청)에게 종이를 달라고 부탁하는 내용이 기록된 장편의 啓이다. 좌우 쌍행으로 기록되어 있으며, 편지 형식을 취하고 있다.

작자 미상의 작품으로, 「玉溪書堂記」는 玉井山 아래 지은 玉溪書堂에 붙인 기문이다. 玉溪書堂이 官廳과 가까운 거리에 있음을 염려한 客의 물음에, 마음을 집중한다면 학문을 성취하는데 문제될 것이 없다고 말하였다. 「金桂五贈別」은 白山으로 떠나게 된 작자가 친구인 金桂五에게 자신의 마음을 전한 글이다. 세상의 교유를 面交와 心交로 나눈 뒤 자신은 金桂五와 心交를 맺었기 때문에 떨어져 있어도 잊지 않을 것임을 말하였다. 「山泉齋記」는 小隱子라는 인물이 白山 아래에 지은 山泉齋에 붙인 기문이다. 「書巢記」는 대대로 金烏山 아래에 거처하며 四書六經과 諸子百家의 글에 능통한 金君의 書室에 써 준 기문이다.

국회도서관과 경기대도서관에 『五總龜』라는 표제의 고서가 소장되어 있으나, 모두 전혀 다른 책이다.

【이성민】

[색인어]

五總龜, 雲楚 金芙蓉, 簡易 崔岦, 青泉 申維翰, 趙雲植

戰國策選

劉向(漢) 原著/ 張維(1587~1638) 選定

木板本 1冊. 羅州. 1725(英祖1).
四周單邊, 半郭 20.8×16.0cm, 有界, 10行22字, 註雙行,
內向二葉花紋魚尾 ; 30.5×20.0cm.
卷末 : 崇禎後再度乙巳(1725) 錦城刊刻, 張谿谷精選

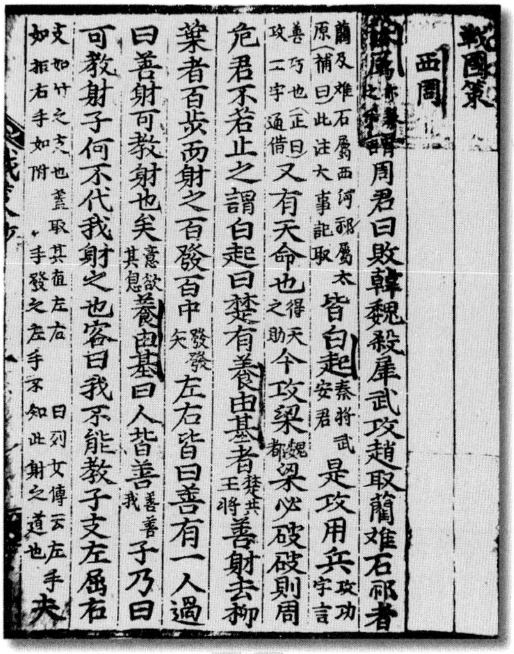

戰國策
西周
蘇厲謂周君曰敗韓魏殺犀武攻趙取藺难石祁者
藺及难石屬西河祁屬太原(補曰)此注大事記取 皆白起(秦將武安君) 是攻用兵(攻功字言) 善巧也(正曰)攻二字通借 又有天命也(得天之助) 今攻梁(魏都) 梁必破破則周
危君不若止之謂白起曰楚有養由基者(楚共王將) 善射去柳
葉者百歩而射之百發百中(發發矢) 左右皆曰善有一人過
曰善射可教射也矣(意欲其息) 養由基曰人皆善(善善我) 子乃曰
可教射子何不代我射之也客曰我不能教子支左屈右
支如竹之支也蓋取其直左右如拒右手如附 手發之左手不知此射之道也(曰列女傳云左手) 夫

전국책선

1. 개요

본 책은 조선중기 한문사대가(漢文四大家) 중 한 사람인 계곡(谿谷) 장유(張維, 1587~1638)가 선집하여 1725년에 간행된 『전국책(戰國策)』 정선본(精選本)이다. 그 내용은 유향(劉向)의 『전국책』을 기준으로 뽑았으며, 전체의 편목은 총 84개의 제목에 469편의 이야기가 들어있는 총 83장 1권의 책이다.

2. 편저자

조선 중기의 문신. 본관은 덕수(德水). 자는 지국(持國), 호는 계곡(谿谷)·묵소(默所). 김장생(金長生)의 문인이며, 효종비 인선왕후(仁宣王后)의 아버지이다. 1609년(광해군 1) 증광문과에 을과로 급제하고, 1623년 인조반정에 가담하여 정사공신(靖社功臣)에 녹훈되고 1627년 정묘호란이 일어나자 강화로 왕을 호종하였다. 그 뒤 이조참판·부제학·대사헌 대제학 등을 역임하였고, 1629년 나만갑(羅萬甲)을 신구(伸救)하다가 나주목사로 좌천되었다. 1636년 병자호란 때 최명길(崔鳴吉)과 더불어 강화론을 주장하였다.

일찍이 양명학(陽明學)에 접한 그는 당시 주자학(朱子學)의 편협한 학문풍토에 대하여 비판하였고, 천문·지리·의술·병서 등 각종 학문에 능통하고 서화와 특히 문장에 뛰어나 이정구(李廷龜)·신흠(申欽)·이식(李植) 등과 더불어 한문사대가(漢文四大家)라는 칭호를 받았다.『계곡만필』·『계곡집』·『음부경주해(陰符經注解)』가 전하며, 시호는 문충(文忠)이다.

3. 편찬 경위

본 계명대 동산도서관본 『전국책』은 책의 옆 부분에 "전책초(戰策抄)"라고 적혀 인쇄되어 있어, 『전국책』의 내용을 뽑아서 만든 책임을 밝히고 있다. 그런데 이 책을 정선한 것에 대한 서발문(序跋文)이 없고, 장유의 문집에도 『전국책』 선집에 대해 언급하지 않아, 어떠한 경위로 『전국책』을 정선하게 되었는지를 구체적으로 알 수는 없다. 다만 책의 마지막 부분에 "장계곡정선(張谿谷精選)" 이라는 선집자의 이름과 이 책이 간행된 때와 장소가 "숭정후재도을사금성간각(崇禎後再度乙巳錦城刊刻)"이라고 기록되어 되어있다. 여기에 명기된 '숭정후재도을사년'은 1725년(英祖1)에 해당된다. 금성(錦城)은 지금의 나주(羅州)로서, 장유가 나만갑(羅萬甲)을 신구(伸救)하다가 좌천되어 나주목사를 하였던 바로 그 곳이다. 그런데 이곳 나주 지방, 금성(錦城)에서 이 『전국책』의 간행이 이루진 것이다. 이는 나주목사 당시 장유가 현실에 대한 좌절감을 느꼈기에 처세술에 대해 고민했을 것이고, 세 치의 혀로 세상을 움직였던 전국시대 유세가(遊說家)들의 이야기인 『전국책』에 큰 관심을 가졌을 것으로 추측된다. 장유는 학문과 사상에 대해 개방성을 갖고 있었기 때문에 '종횡가(縱橫家)의 학술'을 담고 있다고 할 『전국책』을 학문의 대상으로 삼아 자기 개인의 독서로만 그치지 않고, 당대인에게 널리 읽히려는 의지를 갖고, 정선(精選)하여 남겼는데, 이를 그 곳의 후대 사람이 발간한 것으로 보인다.

4. 구성과 내용

원래 유향의 『전국책』이 전국시대의 나라(東周策, 西周策, 秦策, 齊策, 楚策, 趙策, 魏策, 韓策, 燕策, 宋衛策, 中山策)별로 제목이 나누어 있는 것인데 비하여, 장유의 『전국책』은 사건의 주인공이 되는 제후들을 의식하여 내용을 분류해놓았다. 장유는 『전국책』의 내용 중 우리 조선 문인들에게 도움이 될 만한 것을 엄선하여 새롭게 제목을 달고 편집해내었는데, 그가 취한 방식은 국명을 중심으로 한 것과, 국명 아래 임금명을 제목으로 잡아 배열한 것의 2가지 방식을 함께 쓰고 있다. 책의 체제는 기본적으로 '나라이름'을 분류의 상위기준으로 놓되, 그 아래에 제후국의 '임금명(昭襄王,孝文王, 始皇帝, 閔王, 宣王, 懷王, 頃襄王, 肅侯 등)'을 목차로 뽑았다. 때로는 임금의 이름만 기재해놓고, 해당시기의 내용은 생략한 경우도 있는데, 이는 전국시대 제후국의 역사와 연대를 차례로 서술 정리하려는 의식이 있었던 것으로 보인다. 장유의 『전국책』 내용과 유향의 『전국책』 원전 내용을 비교해보면, 장유가 특별히 주안점을 두고 뽑은 내용들을 몇 가지로 정리할 수 있다. 첫째, 인재 등용의 과감성을 강조. 둘째, 위기를 당했을 때 적재적소의 인재 사용의 중요성 강조. 셋째, 주로 비유를 통한 풍간, 우언의 방식을 쓴 세객의 이야기를 다수 수록. 넷째, 지나친 권모술수의 내용은 누락. 다섯째, 임금이나 신하에 대한 잔인한 시해, 폐위, 상해의 내용을 누락.

『전국책』의 내용에는 한 나라가 다른 나라와 외교적 갈등을 겪거나 첨예한 정치적 갈등을 맞는 경우 이치나 인의(仁義) 라는 도덕률을 가지고는 절대로 해결할 수 없다는 엄연한 현실논리들이 펼쳐지고 있다. 장유는 당시의 현실 문제를 해결하기 위해서 『전국책』을 읽었고, 자기만 읽는 것에 그치지 않고, 다른 독자를 위해서 정선하고 주를 다는 작업을 기꺼이 한 것으로 보인다.

5. 서지적 특성

장유는 『전국책』을 편찬하면서 중국의 기존 주석서를 상당히 많이 보고, 비교했다. 그리하여 어떤 문장의 경우에는 주석을 달면서 중국의 주석서의 해석에 대해 장유 본인은 다르게 생각한다며 자신의 의견을 밝혀놓았다. 또한 본문 내용을 분류한 기준이라고 할 '임금의 이름' 밑에는 해당 인물이 누구의 아들인지, 그 임금의 원년(元年)이 천자국의 어느 왕 때인지를 설명을 붙였다. 또한 자신이 직접 역사 기록을 비교해서 정오표를 만들어 표시하기도 하였다. (예: <閔王>조) 본문 속에서도 내용에 대한 주석과 더불어서 다른 주석본과의 비교사항을 적어놓기도 하였다. 때로는 '보왈'(補曰)이라고 붙여서 썼고, 때로는 '정왈'(正曰)이라고 하여 자신이 고쳐 썼다.(예: <哀王>조) 이러한 모습을 통해서 장유가 『전국책』의 여러 주석본을 비교, 검토했음을 확인할 수 있다.

이제 계명대 동산도서관본『전국책』과 다른 국내 소장본인 고려대본, 국립도서관본, 이화여대본 『전국책』을 비교해 살펴보도록 하겠다.

고려대 소장 『전국책(戰國策)』(만송본)은 책의 크기가 작고 직접 필사를 한 책이다. 이 책 역시 간기가 남아있지 않다. 다만 이 책의 특징은 붉은 방점이 많이 찍혀있고, 본문 위 여백에 본문 속 특정 글자에 대해 적어 넣은 것이 발견된다. 또한 본문 문장 중간 중간에는 한자에 대한 주석이 나와 있다. 다른 책과 마찬가지로 간행 경위 등에 대한 자세한 글은 없다. 다만 이 문집의 경우 "계유사월일서(癸酉四月日書)"라고 하여 필사한 날짜를 기록해두었다. 필사본인 고려대 만송본에 비교해 본다면 본 계명대본 『전국책(戰國策)』은 훨씬 더 자세한 주석이 붙어있는 셈이다.

다음으로 국립도서관 『전국책』을 보면 주석이 거의 생략되고, 본문만 필사하고 그 위에 간간히 방점만 있을 뿐이다. 이 책의 표지에는 "장계곡정선 전국책(張谿谷精選戰國策)"이라고 되어 있고, 이 책의 필사자로 보이는 '최성기(崔成基)' 라는 이름이 쓰여 있어 주목된다.

마지막으로 이화여대본 『전국책』과 비교해보면, 계명대본과 이화여대본이 동일한 판본 임을 알 수 있다. 그런데 본 계명대본에서는 목판으로 인쇄된 본문의 글자 중에서 오자가 난 부분을 붓으로 덧칠해 보다 정확하게 고쳐놓은 것을 발견할 수 있다. 그러므로 이 계명대본 『전국책』의 소장자가 상당한 학식이 있던 인물로 책을 읽으며 오자를 정정했던 것으로 보인다.

6. 가치

우리나라에 『전국책』이 언제 유입되었는가는 확실한 기록이 남아있지 않다. 조선시대에 이르러서 『전국책』에 대한 기록이 산견되는데, 조선시대 지식인들은 이 책이 유학(儒學) 사상에 어긋나는 권모술수(權謀術數)의 내용을 포함하기에 그다지 긍정적으로 평가하지는 않았다. 다만 문장수련을 위한 일종의 규범서로서만 높이 평가하기도 하였다. 이러한 속에서 『전국책』을 적극적으로 선집하여 간행되게 한 사람은 장유가 유일한 것으로 보인다. 또한 계명대본 『전국책』은 현재 이화여대본과 더불어 조선시대에 이 책이 상당히 파급력을 가졌음을 보여준다. 장유가 조선중기의 대표적인 문인으로 문단을 이끌었던 점을 상기할 때 어쩌면 당연한 결과일지 모른다. 그리하여 그의 책을 필사한 책들도 현재 남아 있게 되는 것이다. 『전국책』에 대한 독서가 그다지 긍정적으로 인정되지 않았던 조선시대에 이 정선본 『전국책』은 조선 중기 이후 문인들의 『전국책』에 대한 적극적인 관심을 증명하는 것이며, 시대상의 변화에 따른 지식인들의 독서취향의 변화를 알려주고 있다.

【남은경】

[색인어]

『전국책』, 유향, 장유, 전국시대, 독서

[참고문헌]

・劉向, 『戰國策』, 上海古籍出版社, 1998.
・張維 選, 『戰國策』, 필사본, 국립중앙도서관 소장.
・張維 選, 『戰國策』, 목판본, 이화여대 및 고려대 도서관 소장.
・김종성, 「전국책에 나타난 重士사상」, 『중국어문논역총간』 6집, 중국어문논역학회, 2000.
・남은경, 「조선중기 독서경향과 『전국책』」, 『대동한문학』 26집, 대동한문학회, 2007.

韓客巾衍集

李德懋(1741~1793) 等 著, 柳琴(1741~1788) 編.

筆寫本, 4卷1冊,
四周白邊, 無界, 10行25字, 註雙行, 無魚尾, 28.2×17.9cm.
序 : 乾隆四十二年丁酉(1777) 李調元

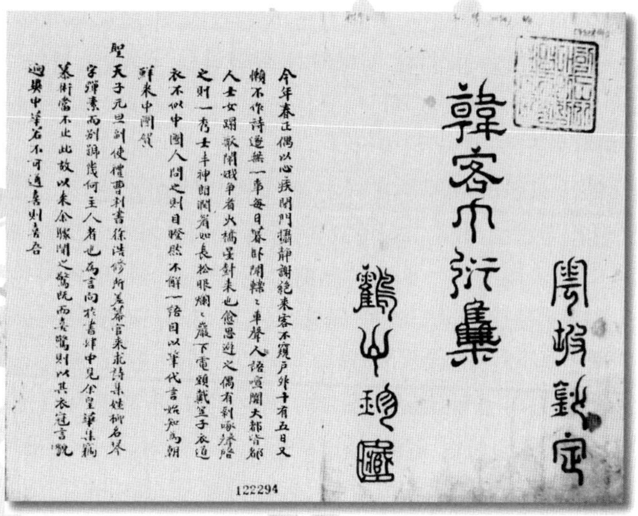

한객건연집

1. 저자

『한객건연집』은 18세기 후반의 유수한 네 시인, 李德懋(1741~1793)·柳得恭(1748~1807)·朴齊家(1750~1805)·李書九(1754~1825) 등 네 사람의 시 각 100수씩을 뽑은 것이다. 편자는 유득공의 숙부인 柳琴(1741~1788)이다. 스스로도 시에 뛰어난 실학자였던 그는 1776년 가을, 사은부사 서호수를 따라 연경에 가기 전에 네 사람의 시를 뽑아 미리 책으로 엮었다. 이들 5인이나 『한객건연집』에 대해서는 기왕의 사전류나 해제 또는 연구들에 자세하므로, 여기서는 더 이상의 서술을 생략한다.

2. 개요

본 해제대상 『한객건연집』은 표지를 제외하고 48장인데, 제일 끝 한 장은 내용이 없이 덧붙어 있다. 전체가 한 사람의 필체로 미려하게 필사되었다. 백두용이 『箋註四家詩』를 간행하기 이전, 필사본으로 유행할 때의 일반적인 『韓客巾衍集』의 체제를 그대로 따르고 있다.

이 책에서 가장 돋보이는 부분은 內紙 첫 장 안쪽 면에 쓰인 '韓客巾衍集'이라는 書名과 함께 그 양쪽의 '雲坡鈔定', '鶴山珍藏'이라는 표기다. 아쉽게도 雲坡나 鶴山을 확인할 수는 없다. 鶴山은 18세기 후반의 저명한 학자인 徐浩修의 호이기도 하지만, 鶴山이라는 호와 관련된 사람은 아주 많은데다, 책의 상태로 보아 그렇게까지 소급될 것 같지는 않다. 雲坡라는 이가 '鈔定' 곧 시를 선발해서 엮었다고 했지만, 검토 결과 다른 필사본 『韓客巾衍集』과 특별히 다르다고 할 부분은 없었다. 규장각이나 국립중앙도서관 등에 소장되어 있는 필사본들과 시의 배열이나 수록 작품의 숫자가 같다.

『한객건연집』 뿐만 아니라 필사본에서 드물지 않은 예이지만, 이 책 역시 상당수의 오자가 발견된다. 시의 본문에서도 그러하고 註에서도 마찬가지다. 이를테면 제일 첫 수인 이덕무의 7언절구 「秋燈雨急」의 제4구 "愁齋忽泛雨聲中"에서 첫 자인 '愁' 자는 '秋' 자의 잘못이다. 그 제목 「秋燈雨急」 역시 규장각본(12414), 국립중앙도서관본(古貴3643-20)과 백두용 간행본의 세 곳이 모두 「秋燈急雨」로 되어 있다. 惠陰嶺을 陰惠嶺이라고 한다거나(권1, 「碧蹄店」의 주), 趙執信을 趙信執이라고 한 것(권4, 「讀漁洋山人詩集」의 주) 등의 잘못이 보이는데, 이런 인명이나 지명은 식자들의 경우 잘못 쓸 가능성이 높지 않을 것이다. 한두 편의 시가 앞뒤로 바뀐 예가 여러 곳 보이는데, 필사 과정에서 뒤쪽 시를 잘못 당겨써서 바뀐 것이다. 따라서 미려한 글씨에도 불구하고 누군가의 의뢰에 따라 書寫를 전문으로 하는 자가 필사를 한 것이 아닐까 생각된다.

零本이기는 하나, 위 책 이외에도 동산도서관에는 필사본 『한객건연집』이 하나 더 있다. 서지를 보이면 다음과 같다.

> 韓客巾衍集 / 李德懋(1741-1793) 等著 ; 柳琴(朝鮮) 編.
> 판사항 筆寫本
> 발행사항 [刊寫地未詳] : [刊寫者未詳], [刊寫年未詳].
> 형태사항 束裝1冊(零本) : 四周雙邊, 半郭 16.3×10.5cm, 無界(朱絲欄), 9行19字, 註雙行, 上朱口, 無魚尾 ; 23.6×14.7cm.

표지와 앞뒤 빈 종이를 제외하고 48장이다. 4권 2책으로 엮였지만 앞쪽이 없고 박제가, 이서구의 시가 실린 뒤쪽 한 책이다. 권3, 박제가 시의 첫 장 우하측에 '金在鉉章'이 있다. 상태로 보아 책의 필사와 같은 시기에 찍은 것으로 보인다. 중국 종이에, 반정균과 이조원의 評批를 색깔을 넣어서 일관되게 표기하고 있다. 전체가 한 사람의 글씨체로 또박또박 쓰였다.

아직 확정할 수는 없지만, 다음 사실을 참고용으로 기록해둔다. 즉 『일성록』 정조 즉위년(1776) 10월 10일조의 기사다.

> 謝恩副使 서호수가 아뢰기를,
> "신의 일행 중에 역관 金在鉉은 현재 淸學訓導로 灣府(평안도 의주)에 있습니다. 전례에 따라 하직 인사를 생략하고 수행하도록 하소서."
> 하여, 따랐다.

김재현은 『영조실록』에도 이름이 한 차례 보이는 역관인데, 공교롭게도 『한객건연집』의 편자인 柳琴이 중국을 방문하던 같은 使行에서 함께 서호수를 수행한 역관이었다. 그러나 도장 하나뿐이고 다른 증거가 없는데다, 책의 상태로 보아 18세기 후반까지 소급될 수 있을지 확신할 수 없다.

3. 구성

본디 『한객건연집』은 4인의 시 각각 100수씩, 모두 400수를 뽑은 것이다. 모두 필사본으로만 전하고 있는 『한객건연집』은 대체로 시의 체제별로 배열되어 있는데, 그것은 이 책도 마찬가지다. 4인의 연령에 따라 이덕무, 유득공, 박제가, 이서구 순으로 편집되어 있다.

청나라의 문인 학자인 이조원과 반정균에게 받은 평어가 빠짐없이 기록되어 있기는 하지만, 둘을 구분해서 필사하지 않아 두 사람 가운데 누구의 평인지 알 수 없다. 많은 필사본들에서 붉고 푸른색을 넣어서 구별하고 있는데, 이 책은 그런 표기가 없다.

본문은 2단 편집을 해서, 제목은 각 면의 윗부분에 크게 쓰고, 본문이 되는 해당 시는 그 아래에 두 행씩 열을 지어 쓰고 있다. 제목을 제외한 본문 부분은 한 면에 10행씩이다. 한 행의 글자 수는 일정하지 않지만 대체로 5언시의 경우 25자, 7언시의 경우 28로 필사되었다. 글씨가 훌륭하고, 특히 깨알보다 작게 細字로 쓴 주석의 글씨는 정성이 놀랍다.

4. 내용

『한객건연집』은 여러 차례 연구가 되기도 하고, 전체가 번역이 되어 있다. 그 가운데 이 시집의 성격과 관련해서 특별히 언급해 둘 것은, 이 시집이 동인시집의 성격을 가졌다는 점다. 『한객건연집』 권4에 실린 이서구의 시 「수표교에서 白塔詩社의 여러 사람들과 함께 칠언 절구를 짓다(水標橋, 同白塔詩社諸人, 作七絶」)라는 제목이 잘 말해주고 있는바, 이들은 白塔詩社의 구성원들이었고, 이 시집은 그 詩社의 문학적 결과물이었다. 詩社란 시 짓는 동인들의 모임을 이르는 말이다.

이 책은 편자인 유득공의 숙부 유금이 서호수를 따라 연경을 방문한 1776년 이전에 이들 白塔詩社 동인들이 이룩한 문학적 성과가 담긴 것이다. 동인들은 더 많았지만, 이 시집에 실린 네 사람, 이덕무·유득공·박제가·이서구가 가장 두드러진 이들이다. 따라서 이들의 시 가운데는 함께 만나서 같은 제목으로 지은 시가 유독 많다. 위에 보인 「수표교에서……」라는 시의 경우 이서구와 이덕무는 각 3수, 유득공은 4수를 남기고 있다. 이덕무가 만든 종이꽃을 두고도, 이서구가 기르던 학이 우물에 떨어져 죽은 일을 두고도 함께 시를 짓고 있다.

이들의 동인 모임은 1770년대를 중심으로 10여년에 그치지만, 문학적으로는 실학파문학의 중요한 부분으로 남았고, 학문적으로는 북학 사상을 낳았다. 북학 사상이니 북학파 학자니 북학파 문인이니 하는 말들은 모두 연암 박지원을 중심으로 한 이들을 이르는 것이다.

5. 가치

『한객건연집』은 워낙 많은 필사본이 남아 있다. 아마도 우리나라의 시집 가운데 필사본으로 가장 많이 유행한 책일 것이다. 이 책은 『한객건연집』 필사본의 하나로, 내용상으로는 다른 이본들과 차이를 인정할만한 점은 없다. 그러나 지금으로서는 밝혀낼 수 없지만, 앞으로 內紙 첫 장 안쪽 면에 쓰인 '韓客巾衍集'이라는 書名과 함께 그 양쪽의 '雲坡鈔定', '鶴山珍藏'이라는 표기가 누구에 의한 것인지 해명이 된다면, 책의 가치가 새롭게 인정될 수 있을 것이다.

【김윤조】

[색인어]

『한객건연집』, 柳琴 編, 1776년, 李德懋, 柳得恭, 朴齊家, 李書九, 4인의 시 각 100수, 雲坡鈔定, 鶴山珍藏.

[참고문헌]

- 『한객건연집』, 규장각본(12414).
- 『한객건연집』, 국립중앙도서관본(古貴3643-20).
- 『箋註 四家詩』, 백두용 간행본, 1921.

四家詩抄

李德懋(1741～1793) 等 著, 李準文 編.

石版本 1冊(48張). 安東. 1936.
四周雙邊, 半郭 13.5×11.9cm, 有界,
10行23字, 註雙行, 無魚尾 ; 24.5×15.7cm.

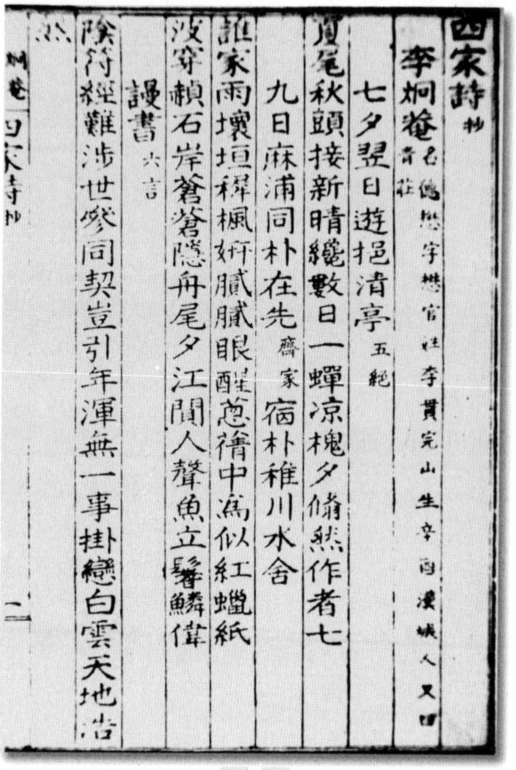
四家詩抄
李炯菴 青莊 名德懋字懋官姓李貫完山生辛酉漢城人又曰
七夕翌日遊挹清亭 五絶
賣尾秋頭接新晴纔數日一蟬凉槐夕翛然作者七
九日麻浦同朴在先 齊家 宿朴穉川水舍
誰家雨壞垣稗楓妍膩膩眼醒忽漪中篙似紅蠟紙
波穿頳石岸蒼蒼隱舟尾夕江間人聲魚立鬐鱗偉
謾書 六言
隙符縱難涉世參同契豈引年渾無一事掛戀白雲天地浩
炯菴 四家詩抄 二

사가시초

1. 편자

『사가시집』은 18세기 후반의 유수한 네 시인, 李德懋(1741~1793)·柳得恭(1748~1807)·朴齊家(1750~1805)·李書九(1754~1825) 등 네 사람의 시 각 100수씩을 뽑은 것이다. 편자는 유득공의 숙부인 柳琴(1741~1788)이다. 『사가시집』이라는 시집과 이들 다섯 사람에 대해서는 기왕의 여러 가지 자료들이 풍부하므로 여기서는 생략한다.

특별히 주목을 하게 되는 것은, 1936년에 안동에서 『사가시』가 간행되었다는 점이다. 왕조 시기와는 달리 인명을 찾기가 용이하지 않은 사정으로, 그 간행자인 李準文이라는 분 역시 아직 잘 알 수 없다. 다만, 準字가 항렬자이고, 안동 부근에 세거한 예안이씨일 것이라는 전문을 들었지만, 보다 자세한 내용은 앞으로의 과제로 남긴다.

백두용에 의한 두 차례의 『사가시집』 간행은 20세기 벽두까지 존재한 한시문집 독자층의 수요에 부응한 것이었다. 이준문에 의한 간행 역시 같은 현상으로 보아야 할 것이다. 후대로 내려올수록 筆寫記가 있는 필사본 『사가시집』이 자주 보이는데, 사가의 시가 광범위하게 유행한 양상을 확인할 수 있는 자료들이라고 하겠다.

2. 편찬 경위

18세기 후반, 1776년에 이루어진 『사가시집』은 간행되지 못하였고, 모두 필사본의 형태로만 유통되었다. 20세기에 들어서 1917년과 1921년에 서울에서, 1936년에 안동에서 각각 인쇄물로 간행되었는데, 본 해제 대상 서적은 李準文이라는 분에 의해 안동에서 간행된 책이다. 동산도서관에는 동일 판본 2책이 소장되어 있다.

이보다 앞서 1917년과 1921년에 서울에서 간행된 두 책도 동산도서관에 각각 소장되어 있는 바, 서지를 보이면 다음과 같다.

箋註四家詩 / 柳琴[抄].
판사항 鉛活字本
발행사항 京城 : 翰南書林, 1917.
형태사항 東裝1冊 : 四周雙邊, 半郭 17.5×11.7cm, 無界, 13行18字, 註雙行, 無魚尾 ; 22.3×15.2cm.
일반주기 四家 : 李德懋, 柳得恭, 朴齊家, 李書九
序 : 丙辰(1916)...尹喜求
跋 : 潘庭筠

箋註四家詩 / 柳琴[抄].
판사항 鉛活字本
발행사항 京城 : 翰南書林, 1921.
형태사항 東裝1冊 : 四周雙邊, 半郭 17.2×11.2cm, 無界, 13行28字,
無魚尾 ; 22.5×15.0cm.
일반주기 序 : 丙辰(1916)...尹喜求

곧, 1917년 초판, 1921년 再版이다. 같은 책이 판을 거듭한 것이므로, 두 책은 당연히 같아야 한다. 두 책의 제목이 '箋註四家詩'이고, 그 표제는 모두 위암 오세창의 같은 글씨로 되어 있다. 두 책이 모두 4권 1책으로 묶였고, 각 권 첫머리에는 "冽上 柳琴 彈素 抄, 桂隱 朴齊永 景吉 註, 心齋 白斗鏞 建七 校"라고, 본디 편자와 校註者가 명시되어 있다. 초판에는 心齋 앞에 '後學'이 더 있는 것이 차이라면 차이다. 두 책이 다 한 면이 13행, 한 행이 28자씩이고, 주석은 細字 雙行으로 처리하고 있다. 모두 이덕무-유득공-박제가-이서구의 순으로 시를 싣고 있고, 대체로 오절-육언-칠절-오율-칠율-오고-칠고 순, 곧 시의 형식별로 싣고 있다. 모두 白斗鏞에 의해 翰南書林에서 간행되었고, 4년의 차이에도 불구하고 정가 역시 70錢으로 동일하다. 두 책은 또, 표지 뒤쪽에 상당한 분량의 정오표를 따로 붙이고 있다. 再版에서도 誤植이 줄어들지 않고 더 늘었다.

한데, 두 책은 다른 곳도 많다. 초판에서는 炯菴 37면, 泠齋 40면 등 각 권별로 페이지를 달리하던 것을, 재판에서는 전체를 일관되게 부여해서 162면에서 끝난다. 인쇄자와 인쇄소가 달라진 것처럼, 페이지 부여 방식을 바꾼 것은 그럴 수 있겠다. 한데 내용에서도 달라진 부분이 적지 않다. 이덕무의 시를 뽑은 제1권의 첫 장에 보이는 시의 제목을 들어본다.

초판

謾書六言(6언 1수)--秋燈急雨七絕(7절 1수)--曉發延安(7절 1수)--수표교 절구(7절 1수)--碧蹄店(7절 1수)

재판

七夕翌日, 遊挹淸亭(5절 1수)--九日麻浦, 同朴在先, 宿朴穉川相洪水舍(5절 2수)--謾書六言--秋燈急雨--漢水舟中(7절 1수)--碧蹄店(7절 2수)

초판은 6언이 제일 먼저 나오는데, 재판에서 오언절구 3수가 추가되었다. 초판의 두 번째 시 제목인 秋燈急雨七絕에서 '七絕'은 잘못 들어간 글자다. 이 시에서부터 칠절이 시작된다는 표기가 誤植이 된 것이다. 초판의 네 번째 시인 수표교 절구는 재판에는 같은 제목으로 3수가 실려 있다. 초판에는 뒤쪽에 '수표교'라는 제목이 두 차례 더 보이고, 각각 1수씩이 실려 있다(6면). 碧蹄店 역시 초판에는 2면과 5면에 각각의 제목이 보이고 각각 한 수씩이 실려 있지만, 재판에서는 한 차례 제목 아래 두 수의 시가 한꺼번에 보인다.

제1권 뿐만 아니라 4권까지 각 권마다 모두 같은 양상을 보인다. 두 책의 제목이 일치하는 경우는 없다. 그러니까 1917년의 초판은, 어떤 이유에서인지는 알 수 없지만, 편집과 교정에서 너무나 많은 실수를 범하고 있다. 같은 형식의 시에서 제목을 두 차례 세 차례 보인다거나 하는 경우를 바로잡은 것이 1921년의 再版이다. 두 책은 비슷한 분량인데, 재판 쪽이 약간 줄어들었다. 두 번 세 번 썼던 제목을 한 번으로 통합해서 편집 체제를 바로잡은 것이 원인이다. 앞에서 본대로 이덕무의 시에서는 오언절구 3수가 추가되었지만, 다른 세 사람은 그런 경우가 없는 듯하고, 朴齊永의 주석이 달라진 곳 역시 없는 듯하다.

한편, 백두용이 간행한 『箋註四家詩』에 朴齊永이 붙인 주석의 원본으로 보이는 필사본 『輯註韓客巾衍集』 4권 2책이 이화여자대학교 도서관에 소장되어 있다는 사실이 최근에 알려진 바 있었다.

3. 구성

본디 『사가시집』은 4인의 시 각각 100수씩, 모두 400수를 뽑은 것이다. 그런데 이준문의 『사가시 초』는 그 가운데서 또 뽑았으므로, 일반적으로 통행된 『사가시집』보다 더 적은 분량으로 간추려진 것이다. 그 상황을 보이면 다음 표와 같다.

	이덕무		유득공		박제가		이서구		계	
	題	首	題	首	題	首	題	首	題	首
6언	1	1	2	5			1	1	4	7
5절	2	3	1	1	1	2	1	1	5	7
7절	11	18	10	28	12	18	10	18	43	82
7율	27	34	9	17	27	45	17	17	80	113
5율	4	8	5	15	8	11	6	6	23	40
5고	1	1	4	5	4	4	3	3	12	13
7고	4	4			1	1			5	5
배율			4	4					4	4
계	50	69	35	75	53	81	38	46	176	271

애초 400수 가운데 271수가 뽑혔으므로 67.8%, 2/3가 실린 시선집이다. 자세히 보면 이덕무, 유득공, 박제가의 시는 75%가 실렸는데, 이서구의 시는 절반이 채 안 되게 뽑혔다.

네 사람의 시를 여러 가지 체제에 걸쳐서 다양하게 선발하고 있지만, 칠언시의 비중이 압도적으로 많다는 점은 특별히 지적해둘만 하다. 칠언율시가 41.7%, 칠언절구가 30.3%로, 2/3가 넘는 72%를 차지하고 있다. 우리나라 한시 작가들이 절구와 율시, 곧 근체시를 많이 창작한 것은 일반적인 경향이었다. 사가시인의 詩的 성취가 칠언시에 있었느냐와는 별개로, 20세기 초반 한시 독자들의 수요가 여전히 여기에 맞추어져 있었다고 말할 수는 있을 것이다.

4. 내용

앞의『한객건연집』내용과 중복되므로 생략한다.

5. 가치

본서는 비교적 가까운 시기에 간행되었으므로 여러 곳의 도서관에 소장되어 있고, 개인 수장가도 허다히 소장하고 있는 책이다. 사가시인들의 시가 20세기에 접어든 이후에도 독자층을 확보하고 있었음을 보여주는 한편, 지역적으로는 안동이라는 곳이 독서계의 한 중심으로 기능하고 있었음을 보여준다.

【김윤조】

[색인어]

『한객건연집』, 柳琴 編, 1776년, 李德懋, 柳得恭, 朴齊家, 李書九,『사가시』, 李準文, 1936년 安東 刊.

[참고문헌]

· 김윤조,「사가시집 연구(1)」,『민족문화』15, 민족문화추진회, 1992.
· 김영진,「한객건연집 해제」, 국립중앙도서관 홈페이지(국립중앙도서관 소장『한객건

연집』<古貴3643-20>의 해제)
· 박철상,「집주한객건연집 해제」,『이화여대 중앙도서관 소장 고서해제2』, 평민사, 2008.
· 규장각 소장『한객건연집』(2책 필사본, 奎12414) 해제, 규장각 홈페이지.

韓文碑誌抄

韓愈(唐) 著. 편자 미상.

木板本 1冊. 간행지 미상. 17세기말~18세기초 간행 추정.
四周單邊, 半郭 18.8×14.8cm, 有界, 10行18字,
內向二葉花紋魚尾 ; 28.6×19.3cm.

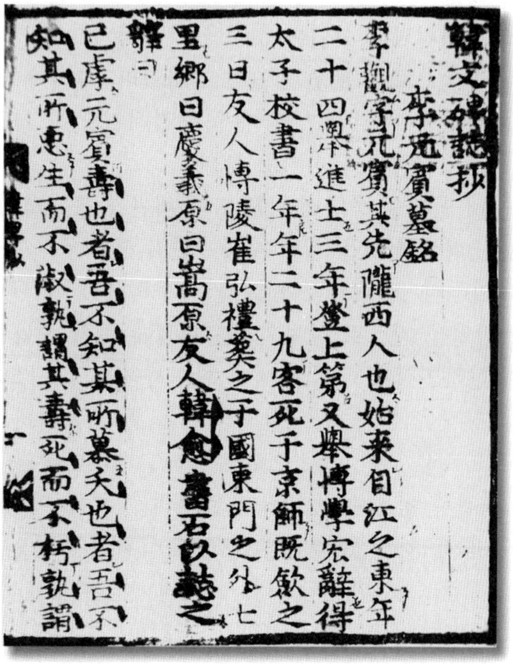
韓文碑誌抄
李元賓墓銘
李觀字元賓其先隴西人也始來自江之東年
二十四舉進士三年登上第又舉博學宏辭得
太子校書一年年二十九客死于京師既歛之
三日友人博陵崔弘禮葬之于國東門之外七
里鄉曰慶義原曰嵩原友人韓愈書石以誌之
辭曰
已虖元賓壽也者吾不知其所慕夭也者吾不
知其所惡生而不淑孰謂其壽死而不朽孰謂

한문비지초

1. 저자

韓愈(768~824)는 중국 唐나라 때의 문인 관료 겸 철학자로, 자는 退之이고 河陽(지금 河南省 孟州市) 사람이다. 스스로 자신의 郡望을 '昌黎'라고 칭하여 '韓昌黎'로 불리고, 吏部侍郎을 역임하였기에 '韓吏部', 사후에 시호가 '文'인 관계로 '韓文公'으로도 불려진다. 생후 2개월 무렵에 모친을, 3살 때에는 부친을 여윈 고아로서, 형인 韓會와 형수 鄭氏 밑에서 양육되었다.

각고의 노력 끝에 進士 고시에는 25세(792)에 네 번째 만에 합격하였지만, 吏部 주관의 관리 전형인 博學宏辭科에는 세 차례에 걸쳐 응시하고도 결국 통과하지 못했다. 董晉과 張建封 등 節度使의 幕僚를 거쳐, 36세(803)에 監察御史를 맡은 뒤 關中 지방에 큰 가뭄이 들자 백성들의 고통을 덜어주기 위해 조세의 탕감과 면제를 주장하는 上疏를 올렸다가 권세가의 미움을 사서 陽山(지금 廣東省 陽山縣) 縣令으로 좌천되었다. 淮西 지방의 반란군을 평정하는 데 공을 세우고 刑部侍郎에 발탁되었지만, 2년이 채 못 되어 궁궐에 부처 사리를 맞아들이는 것에 극력 반대하는 상소를 올렸다가, 憲宗 황제의 逆鱗을 건드려 또 潮州(지금 廣東省 潮陽縣) 刺史로 좌천되는 좌절을 경험하였다. 뒤에 조정으로 돌아와 國子祭酒, 兵部侍郎, 吏部侍郎, 京兆尹 등의 고관을 역임하였다.

한유는 魏晉南北朝를 거치면서 쇠퇴한 儒學을 부흥시키고 불교와 도교를 배척하는 주장을 전개하였으며, 정치적으로는 보수 성향이 강하였다. 그러나 軍閥의 지방 割據를 반대하고 당시의 정치적 폐단을 공격하는 데 매우 용감하였으며, 특히 지방관으로 있을 때에는 백성들을 위해 많은 치적을 남기기도 했다.

문학면에서 六朝 이래 문단을 풍미해온 騈文의 폐단을 통렬하게 지적하고, 先秦과 兩漢 이전의 古文 전통을 회복할 것을 힘써 주장하면서 柳宗元(773~819) 등 뜻을 같이하는 무리들을 이끌고 이른바 '唐代古文運動'을 주도하였다. 이론상으로 문장의 내용인 '道'와 형식인 '文'의 합일을 기조로 하여, 文體 개혁에 특히 주목할 만한 주장을 내놓아 진부함을 거부하고 참신하면서도 어법 규범에 합치하는 새로운 고문의 표준을 제시하였다. 그는 이런 주장을 창작을 통해 몸소 실천하여, 氣勢가 분방하고 변화가 다양한 각종 체재의 명문장을 남김으로써 '百代文宗'으로 추앙되고 있다. 詩歌 방면에도 창조 정신을 발휘하여, 신기하고 웅건한 풍격의 독창적인 일가의 경지를 이룩하였다.

한유의 문집은 그가 죽은 해인 長慶 4년(824)에 사위이자 문인인 李漢에 의해 『昌黎先生集』(40권+目錄 1권)으로 편찬되었다. 宋代에 전승과정에서 적지 않은 오류가 발생하자 穆修(979~1032), 歐陽修(1007~1072), 方崧卿, 朱熹(1130~1200) 등이 교감작업을 가하였고, 宋代의 주석을 모은 『新刊五百家注音辯昌黎先生文集』(正集 40권, 外集 10권)과 『朱文公校昌黎先生文集』(正集 40권, 外集 10권, 遺文 2권)이 간행되었다.

지금 전하는 통행본은 宋代 최후의 韓愈 詩文 合集으로 廖瑩中이 편찬한 『世彩堂昌黎先生集』(正集 40권, 外集 10권, 遺文 1권)을 明代에 들어와 東雅堂에서 翻刻한 것이다. 이중에서 비지문은 정집의 권24에서 35까지에 75편이 실려 있다. 淸代 이후 각종 체재의 문장을 시가와 별도로 독립시켜 편찬한 단행본이 나왔는데, 기본적으로 『東雅堂本』의 편집 순서를 따랐다.

2. 구성

『韓文碑誌抄』는 편찬자와 편찬시기 및 간행시기가 모두 미상인데, 책의 지질이나 판각 형태로 보아 17세기 말엽에서 18세기 초엽에 발간된 것으로 추정될 뿐이다. 그리고 序跋이나 卷의 구분도 없이 36편의 한유 碑誌文을 選錄하고 있는데, 수록된 작품의 제목을 한유 문집의 통행본인 『東雅堂昌黎集註』(文淵閣四庫全書本)의 卷數를 좇아 구분하여 '일련번호'를 붙여 나열하면 다음과 같다.

[권 24] 6편

1) 「李元賓墓銘」, 2) 「崔評事墓銘」, 3) 「施先生墓銘」, 4) 「考功員外盧君墓銘」, 5) 「淸邊郡王楊燕奇碑文」, 6) 「國子助敎河東薛君墓誌銘」

[권 25] 2편

7) 「襄陽盧丞墓誌銘」, 8) 「唐河中府法曹張君墓碣銘」

[권 26] 5편

9) 「唐朝散大夫贈司勳員外郎孔君墓誌銘」, 10) 「唐銀靑光祿大夫守左散騎常侍致仕上柱國襄陽郡王平陽路公神道碑銘」, 11) 「烏氏廟碑銘」, 12) 「唐故河東節度觀察使滎陽鄭公神道碑文」, 13) 「魏博節度觀察使沂國公先廟碑銘」

[권 27] 3편

14) 「劉統軍碑」, 15) 「衢州徐偃王廟碑」, 16) 「袁氏先廟碑」

[권 28] 2편

17) 「曹成王碑」, 18) 「試大理評事王君墓誌銘」

[권 29] 1편

19)「貞曜先生墓誌銘」

[권 30] 2편

20)「唐故相權公墓碑」, 21)「平淮西碑」

[권 31] 5편

22)「南海神廟碑」, 23)「處州孔子廟碑」, 24)「柳州羅池廟碑」, 25)「黃陵廟碑」, 26)「唐故江南西道觀察使中大夫洪州刺史兼御史中丞上柱國賜紫金魚袋贈左散騎常侍太原王公神道碑銘」

[권 32] 3편

27)「司徒兼侍中中書令贈太尉許國公神道碑銘」, 28)「柳子厚墓誌銘」, 29)「唐故朝散大夫尙書庫部郎中鄭君墓誌銘」

[권 33] 4편

30)「楚國夫人墓誌銘」, 31)「唐正議大夫尙書左丞孔公墓誌銘」, 32)「故江南西道觀察使贈左散騎常侍太原王公墓誌銘」, 33)「殿中少監馬君墓誌銘」(「殿中少監馬君墓誌」(或有銘字))

[권 34] 3편

34)「南陽樊紹述墓誌銘」, 35)「故幽州節度判官贈給事中淸河張君墓誌銘」, 36)「故太學博士李君墓誌銘」

이 36편은 한유 문집에 수록된 비지문 75편의 거의 절반에 해당하는 적지 않은 분량이다. 이 중에서 朝鮮시대에 널리 읽힌 茅坤(1512~1601)이 편찬한 『唐宋八大家文鈔』의 『昌黎文鈔』에 들어 있지 않은 작품이 「崔評事墓銘」, 「劉統軍碑」, 「楚國夫人墓誌銘」의 3편에 불과한 것으로 보아 작품 선정에 있어서는 『昌黎文鈔』를 일정 부분 참고한 것으로 보인다. 다만 작품 배열 순서는 '碑', '碑銘', '墓誌銘', '墓誌碣銘'으로 세분하여 재배치한 『昌黎文鈔』를 본뜨지 않고, 한유 문집의 원 텍스트를 그대로 따랐다. 그리고 「唐故

朝散大夫尙書庫部郎中鄭君墓誌銘」의 경우는 墓主의 이름을 『昌黎文鈔』에서 "君諱某"로 적고 있지만 여기서는 "君諱羣"으로 적고 있는 것도 『昌黎文鈔』를 참고하기는 했으되 그대로 모방하지 않고 원전에 더 충실하고자 한 결과로 보인다.

그런데 版刻의 면수를 매긴 숫자가 '五十一' 다음에 '又五十一', '五十二' 다음에 '又五十二'이 들어 있고, '七十一'과 '七十二'는 누락된 채 '七十'에서 '七十三'으로 바로 넘어간 경우도 있어 판각 작업의 엄밀성에 다소 누가 되는 점도 눈에 띈다. 다만 책의 본문에 細筆로 懸吐가 표시되어 있고, 書眉에 어려운 어구의 독음이나 의미 및 출전 등을 풀이한 주석이 붙어 있는 점은 돋보이는 대목이라고 하겠다.

3. 내용

이 選集에 수록된 36편의 작품에는 다양한 인물들이 포함되어 있다. 唐나라의 國紀를 뿌리 채 뒤흔든 군벌 세력인 藩鎭의 반란 토벌과 관련한 사건이나 인물을 서술한 것이 가장 많고, 愛國愛民하고 忠君하는 관리들의 治績이나 節義를 부각시킨 것도 적지 않다. 그리고 같은 부서에서 근무한 적이 있는 동료나 상관을 다룬 것도 있으며, 평생 막역한 우정을 나눈 친구와 古文運動을 함께 주도한 同志 및 奇人이나 불사약을 믿고 복용한 우매한 親知 등도 비지문의 대상자로 들어 있다. 여성을 墓主로 한 작품을 1편 뽑고 있는 점도 눈여겨 볼 대목이다. 각종 인간관계나 신분을 고려하여 한유 비지문의 등장인물들을 비교적 충실하게 반영하여 선정한 것으로 평가할 수 있다. 작품별 주요 내용을 위에서 붙인 일련번호순으로 요약하면 다음과 같다.

일련번호	주요인물	작품 주요 내용 및 작자와의 관계
1	李觀	불세출의 文才를 지닌 친구의 夭折을 애석하게 여김
2	崔翰	董晉 막부 동료의 사람됨과 치적
3	施士丐	國子博士 재직 시 19년간 太學敎授를 역임한 上官의 학문생애
4	盧東美	韓會의 친구로 君王 보좌, 당시의 평가를 통한 덕행 부각
5	楊燕奇	安史의 난 때 국가보위에 앞장 선 행적
6	薛公達	太學 동료의 요절을 애석하게 여김
7	盧某	求銘者인 盧行簡의 말을 통해 서술, 名節을 중시한 관리
8	張圓	재주와 포부가 큰 동료의 요절을 애석하게 여김
9	孔戡	盧從史의 종사관으로서 그의 불법 행위 견책, 節義
10	路應	관리로서 國計民生을 위해 행한 구체적 사적 부각
11	烏重胤	명장으로서 盧從史의 체포에 큰 공, 번진 반란 진압

일련번호	주요인물	작품 주요 내용 및 작자와의 관계
12	鄭儋	근면하고 직무에 충실한 관리로서의 形象과 治績
13	田弘正	藩鎭 割據 구도 타파에 끼친 공적
14	劉昌裔	深謀遠慮하는 장군, 滅私奉公의 관리로서의 모습 부각
15	徐偃王	'行仁義'者得天下 부각, 仁政 학설
16	袁滋	번진 토벌에 소극적인 忠은 거론하지 않고 그의 孝만 부각
17	李皐	"旣孝旣忠", 2가지 孝行 약술, 대부분은 忠君愛國의 행적
18	王適	奇人의 행적과 懷才不遇 동정, 속임수 결혼 이야기
19	孟郊	서로 眞誠으로 대한 知己와의 우정과 그의 문학 성취
20	權德輿	六部官署 두루 역임하고 재상을 지낸 정치가, 문학가의 사적
21	裴度	吳元濟가 淮西에서 일으킨 반란 토벌 사건
22	孔戣	嶺南節度使 재직 시 南海神廟를 중수한 사건과 治績
23	李繁	處州刺史 재직 시 孔廟를 중수한 경과와 조치 칭송
24	柳宗元	柳州刺史 재직 시의 치적, 羅池神이 되어서 백성 비호
25	娥皇/女英	二妃 虞舜을 도와 위급한 재난에서 탈피한 공적 칭송
26	王仲舒	上官의 일생과 공적, 강직하며 정의로운 인품과 성격
27	韓弘	淮西 반란 평정 시의 공적과 그 이후의 부귀한 삶
28	柳宗元	탁월한 치적, 우정 중시, 불후의 문학 성취 중점 부각
29	鄭羣	동료의 和樂한 인품과 치적
30	翟氏	韓弘의 妻, 孝婦와 賢母良妻로서의 婦德 칭송
31	孔戣	上官의 嶺南節度使 재직 시의 치적 중점 부각
32	王仲舒	上官의 일생과 공적, 강직하며 정의로운 인품과 성격
33	馬繼祖	馬氏 가문과 3대에 걸쳐 교제한 인연을 중심으로 서술
34	樊宗師	知己(古文運動 동반자)의 문학 성취 중점 부각, 文論 성격
35	張徹	幽州節度府에서의 병란 시에 해를 당한 姪女婿의 節義 부각
36	李于	不老長生의 丹藥을 믿고 복용한 姪孫婿의 우매한 행위 부각

4. 가치

한유의 문집에서 비지문은 매우 큰 비중을 차지한다. 우선 작품 수에 있어서 비지문은 전체 詩文의 10분의 1, 各體 文章의 거의 4분의 1에 육박하는 분량을 점한다. 이는 한유가 당시 문단의 맹주로 널리 알려진 관계로, 위로는 왕공귀족에서부터 원근 각지의 친지나 친구 및 동향인들에 이르기까지 두루 청탁한 결과 때문일 것이다. 그런데 한유로부터 銘文을 받기 위해서는 '潤筆費'라고 하는 상당한 대가의 원고료를 지불해야 했다. 이로 인해 그의 碑誌文은 韓門의 제자격인 괴짜 劉叉에서 淸代 顧炎武(1613-1682)에 이르기까지 일부 논자들로부터 '諛墓'의 비난을 받기도 했으나 지금까지의 객관적 연구에 의하면 그런 평가는 불식된 것으로 보인다.

본래 비지문은 문체적 특성으로 인해 인물의 사적을 기술함에 있어 惡보다는 善을 드러내어 후세에 전하는 것을 위주로 하였지만, 한유의 그것은 '稱美不稱惡'의 상례를 깨고 '善惡直書'하고 '不虛美'하여 實錄의 정신을 견지한 작품도 적지 않다. 이를테면 「故太學博士李君墓誌銘」(일련번호 36)에서는 작자 자신이 직접 목도한 丹藥의 제조 기구와 약물 및 과정, 그것이 사람을 해치는 정황을 자세히 서술하고, 不老長生의 丹藥을 믿고 복용한 姪孫婿 李于의 우매함을 직설적으로 드러냄으로써 당시 세상 사람들에게 경각심을 일깨우고 있다. 그리고 「襄陽盧丞墓誌銘」(일련번호 7)에서는 盧行簡이 부모의 銘을 부탁한 사실만 그대로 적고 있을 뿐 구체적 사적에 대한 찬사는 한 마디도 보이지 않는다. 이런 맥락에서 한유의 비지문에 나타난 인물의 전기적 사실에 대한 기록은 상당한 신빙성을 확보하는 바, 역사의 미비점 내지 오류를 수정 보완할 수 있는 사료적 가치도 지닌다고 할 수 있다.

게다가 한유의 비지문은 花鳥風月과 山水를 제재로 하여 美文學을 내세운 六朝 시대와 달리, 인물의 전기적 사실을 기록함으로써 그것으로 상징된 인생 전반 내지 그 배후에까지 확장된 사회를 묘사하는 것을 문학으로 간주한 인식의 산물이라는 점도 염두에 둘 필요가 있다. 이런 의미에서 한유의 비지문은 실용적 가치를 넘어 예술적인 문학성까지 구비하였다는 평가를 받음 직하다. 따라서 宋代의 李塗(1147 前後人)는 "퇴지의 모든 비지문은 각인각색이어서 절묘하다."(退之諸碑誌, 一人一樣, 絶妙.), "퇴지의 비지문은 편마다 다 다르다."(退之碑誌, 篇篇不同.)고 했고, 明代의 吳訥(1370-1455)은 "고금의 작자들 가운데 오직 창려가 가장 뛰어나다. 행문의 서사와 수미의 면목이 전혀 이전 것을 그대로 답습하지 않았다."(古今作者, 惟昌黎最高. 行文敍事, 面目首尾, 不再蹈襲.)고 하여 매 작품마다 다른 구상 하에 서로 다른 구성으로 지었음을 높이 평가하였다. 일례를 든다면 동일 인물을 다루었더라도 작품에 따라 서술의 중점이나 방식에서 차이가 난다. 柳宗元의 경우는 서술의 중점에서 확연한 차이가 보이니, 「묘지명」(일련번호 28)에서는 유종원의 일생 사적을 서술하면서 젊은 시절 王叔文 집단에 가담한 사실에 대한 평가와 불후의 문학성취를 중점으로 부각시킨 반면에, 「묘비」(일련번호 24)에서는 柳州刺史 재직 시의 치적만 다루고 특히 사후에 羅池神이 되어서까지 그곳 백성을 비호한 일을 서술하고 있다. 王仲舒의 경우는 서술 방식에서 차이가 나니, 「묘지명」(일련번호 32)에서는 역임한 관직을 먼저 서술하고 어떤 관직을 맡았을 때 어떤 치적을 쌓았는지를 서술한 반면에, 「신도비명」(일련번호 26)에서는 역임한 관직을 서술할 때에 바로 치적과 결부시켜 서술하고 있다.

한유의 문집은 고려 후기 高宗(1213-1259 재위) 연간에 『五百家註音辯昌黎文集』이 처음 간행된 이후, 조선대에 들어오면 『五百家註音辯昌黎文集』과 『朱文公校昌黎先生文集』의 전집뿐만 아니라, 『韓文正宗』, 『韓文抄』, 『昌黎文抄』, 『唐大家韓文公文抄』, 『韓文選』, 『昌黎先生碑誌』 등의 각종 選集에 이르기까지 매우 여러 차례 다양한 형태로 간행되어 전대에 비할 수 없을 정도로 독자층을 넓혀 놓았다. 이 중에서도 한유의 비지문은 이 양식만을 뽑은 선집이 별도로 간행되어 유행할 정도로, 우리나라에서 가장 많이 읽히고 거론된 문장 체재이다.

李瀷(1681-1763)은 구차하게 墓主의 뜻에 영합하는 글쓰기의 타성에 젖어 있는 朝鮮시대 당시 사람들의 태도를 신랄하게 꼬집고, 실용적인 문장 체재를 문학성이 농후한 글로 전환시킨 한유의 공로와 비지문의 성취를 높이 평가하였다. 그 예로 「試大理評事王君墓誌銘」(일련번호 18)에서 墓主인 王適이 科擧 합격 사령서를 위조하여 속임수 결혼을 하고, 그 결과 장인인 侯高가 발광하여 물에 빠져 자살하는 일 따위를 숨기지 않고 기록한 글을 들고 있다. 전통 사회에서 웬만한 가문이라면 장례를 치를 때 碑銘이나 墓誌銘이 필요했음을 상기할 때, 역사적 사료가치와 예술적 문학성을 겸비한 한유의 비지문은 麗鮮 兩代를 거쳐 우리나라 사대부 독서계에 상당한 파장을 끼쳤을 것이다. 그 결과 『韓文碑誌抄』와 같은 책이 다량 간행되어 널리 읽혔을 것으로 생각된다.

【이종한】

[색인어]

韓愈, 36편의 韓愈 碑誌文 選錄, 17세기말-18세기초 간행.

[참고문헌]

- 金學主, 「朝鮮刊 『朱文公校昌黎先生集』 略考」, 『中國文學』 17, 1989.12.
- 심경호, 「한국 한문산문의 발달과 韓愈 문장의 수용」, 『어문논집』 50, 2004.
- 李章佑, 「朝鮮朝 刊本 『朱文公校昌黎先生集』에 관하여」, 『閒堂車柱環博士頌壽論文集』, 1981.8.
- 李鍾漢, 「韓愈 散文의 分析的 研究」(서울대 박사학위논문), 1992.2.
- ______, 「韓國에서의 韓愈 評價에 關한 研究」, 『中語中文學』 9, 1995.12.
- ______, 『당송산문선』(대구 : 계명대출판부), 2003.6.
- 許捲洙, 「韓愈 詩文의 韓國에서의 受容」, 『中國語文學』9, 1985.7.

漢史列傳抄

崔岦(1539~1612) 編

木板本, 1冊(零本).
四周雙邊, 半郭 19.2×15.4cm, 有界
10行18字, 內向一葉花紋魚尾 ; 30.0×20.0cm.
권말 : 崇禎辛未歲(1631)慶州玉山書院刊行

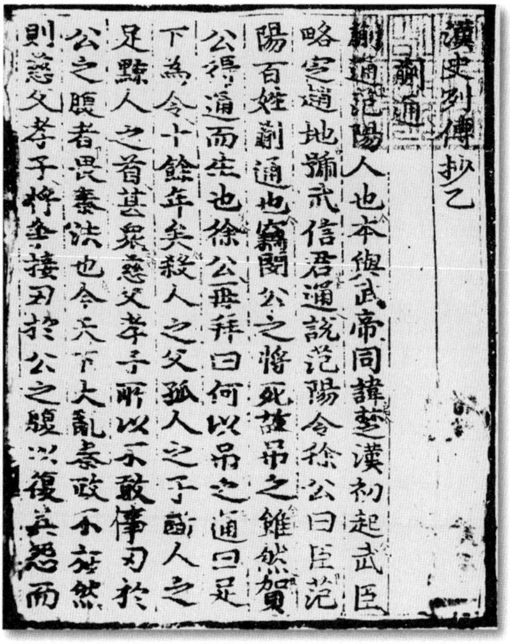
漢史列傳抄乙
蒯通
蒯通范陽人也本與武帝同諱楚漢初起武臣
略定趙地號武信君通說范陽令徐公曰臣范
陽百姓蒯通也竊閔公之將死故吊之雖然賀
公得通而生也徐公再拜曰何以吊之通曰足
下為令十餘年矣殺人之父孤人之子斷人之
足黥人之首甚衆慈父孝子所以不敢倳刃於
公之腹者畏秦法也今天下大亂秦政不施然
則慈父孝子將爭接刃於公之腹以復其怨而

한사열전초

1. 편저자

본서는 崔岦(1539~1612)이 편찬하였다. 본서만으로는 편찬자를 알 수 없으나 규장각 소장 다른 판본의 권수 하단에 '崔岦 口訣'이라 되어 있고, 李選의 『芝湖集』에 실린 「簡易堂崔公行狀」에 "이밖에 史漢列傳과 한창려의 글을 초록하여 구결단 것이 세상에 전한다"라고 밝혔으며, 최립 본인도 『簡易集』권8 「次五峯韻贈謝金生從事纂印漢史列傳訖功」이라는 시를 주어 『漢史列傳』을 간행해준 것에 대해 감사한 바 있다. 이상의 사실을 종합해 볼 때 본서의 편저자는 최립으로 정할 수 있다.

최립의 본관은 通川, 자는 立之, 호는 簡易·東皐이다. 부친은 崔自陽, 조부는 崔世瀛, 외조부는 尹芸弼, 처부는 李嗣宗이다. 이이의 문인으로 16세기 후반에 활동했던 뛰어난 문장가이다. 金得臣의 『終南叢志』에는 최립이 漢書를 5000번 읽었고 項籍傳에 대해서는 1만 번을 읽었다는 일화가 실려 있다.[1] 최립은 이밖에도 『周易本義口訣附設』이라는 책을 杆城府使 시절 製進하였는데 이 역시 본서와 성격이 유사한 저작이다.

2. 구성

본서는 처음 간행된 『한사열전초』와 계통이 다른 판본이다. 『漢史列傳抄』는 처음에 경진자로 간행되고 후에 훈련도감자로 간행되었으며 이들 각각을 목판본으로 다시 간행한 본 4종의 간행본이 있다. 이를 원간본 계통이라 지칭한다. 계명대학교 소장 본서는 원간본과 판식과 형태가 완전이 다른 별개의 계통이다. 원간본은 본디 甲·乙·丙 3권 4책으로 되어 있고 한문으로 된 원문에 한글로 현토하고 여기에 한문으로 된 주석을 쌍행으로 부기하였으며 구두점도 표시하였다.

甲권은 『漢書』에서 項籍, 張耳, 陳餘, 韓信, 張良, 陳平, 王陵, 黥布의 열전을 실었다. 이들의 전은 『사기』에도 실려 있다. 『한서』 가운데 『사기』의 문장을 節約한 것으로, 초학자들이 익숙히 읽어서 필력을 얻기에 유리한 글을 다시 뽑았다는 것을 목록에서 밝히고 있다.

乙一은 『史記』에서 周나라와 秦나라 이전 글은 권모술수와 변설이 난무하는 문장이므로 배우는 이들에게 적합하지 않아 제외하고, 한나라 때의 일을 실은 글을 선별하여 사마천의 필력을 온전히 보도록 하였다. 韓王信, 盧綰, 酈食其, 陸賈, 朱建, 劉敬, 叔孫通, 季

1) 김득신, 『終南叢志』, "我東文章多讀書者 金馹孫讀韓文千遍 尹潔孟子千周 盧蘇齋論語杜詩二千回 林白湖中庸八百遍 崔簡易漢書五千周 項籍傳一萬回 車滄洲周易五百遍 李東岳杜詩數千周 柳於于莊子柳文千回 東溟鄭君平馬史數千遍"

布, 欒布, 袁盎, 鼂錯, 張釋之, 馮唐, 萬石家, 衛綰, 直不疑, 田叔, 汲長孺, 鄭當時, 李將軍 전을 실었다.

乙二는 『史記』에서 더욱 疏決하여 문장의 波瀾을 배우기 좋은 글을 선록하였는데 鄒陽, 賈生, 平津侯, 主父偃, 司馬相如, 太史公自序 그리고 『사기』의 태사공 자서 뒤에 참됨을 어지럽히는 글이 실려 있으므로 섞여서 수록하지 않고 『한서』에서 비슷한 취지의 「報任安書」를 부록하였다.

丙은 『한서』가운데 『사기』에 실려 있든지 그렇지 않든지 읽을 만한 글들을 수록한 것으로, 吳王濞 蒯通, 伍被, 竇嬰, 田蚡, 灌夫, 韓安國, 嚴助, 賈生-傳內政事疏, 鼂錯-傳內上言兵事等書, 趙充國전을 수록하였다.

그런데 본서는 『한사열전초』 원간행본과는 수록 내용과 편차가 다르다. 첫째, 본서는 갑을 2권 2책이며 수록 작품도 3권 4책본에 비해서 적다. 둘째 본서는 원간본에 있던 한글로 된 현토와 주석, 구두점이 모두 생략된 白文만으로 이루어진 완전한 개간본이다. 아마도 판각 비용을 절약하기 위해서 본문만 판각한 것으로 짐작된다. 셋째, 본서에는 '崇禎辛未歲慶州玉山書院刊行'이라는 간기가 권말에 판각되어 있어 1631년 경주부 옥산서원에서 간행되었음을 알게 해준다. 넷째, 본서는 원간본의 乙책에 있던 「太史公自序」 「報任安書」를 맨 뒤에 실어 마치 『사기열전』의 편차를 따르는 것처럼 하였다. 그리고 본서의 권수제는 '漢史列傳抄乙'이지만 사실은 원간본 丙책의 내용을 선별하여 수록하였다.

이상을 종합해 보면 본서는 원간본의 현토와 주석, 구두점을 산삭하고 글을 선별하여 원책의 분량을 줄이고 편차를 바꾸어 1631년 옥산서원에서 개간한 것으로 보인다. 하지만 본서는 후쇄본으로 몇몇 장은 훼판이 심한 상태에서 인출하였다.

현재 본서와 동일한 판본의 완질이 옥산서원, 고려대학교, 동국대학교 경주캠퍼스 등에 소장되어 있으며 이밖에 乙책이 연세대학교, 영남대학교, 경기대학교 등에 소장되어 있다.

3. 내용

본서의 권수제는 '漢史列傳抄乙'이고 蒯通, 伍被, 灌夫, 韓安國, 嚴助傳內淮南王上書, 賈生傳內政事疏, 鼂錯傳內上言兵事等書, 太史公自序, 報任安書의 순으로 글을 수록하였다. 「太史公自序」만 『사기』에서 초록하였고 나머지 글들은 모두 『한서』에서 초록하였다. 書眉에 주석이 필사되어 있는데, 이것은 원간본의 주석을 선별하여 필사한 것으로 자구의 교감, 글자의 뜻풀이, 문세를 설명하는 등의 내용이다. 본서는 한글 현토를 뺀 대신

구결을 필사해 두었다. 권말에 '漢史抄乙終', '崇禎辛未(1631)歲慶州玉山書院刊行'이라고 되어 있다.

4. 가치

본서는 제목에서 알 수 있듯이 한나라 인물의 열전을 『사기』와 『한서』에서 초록하여 책을 만든 것이다. 편찬자가 목차에서 밝혔듯이 춘추전국시대와 진나라 때의 글은 권모술수와 변설의 글이므로 배우는 자들이 익히기에는 적합하지 않기 때문이다.

본서는 古文 학습을 선도한 최립의 古文 학습 방법의 길을 간접적이나마 알 수 있게 해준다. 許穆은 최립의 문장을 閎深簡奧하여 古雅한 것이 본받을 만하다고 일컬으면서 그 앞에 최립이 평소 『한서』와 한유의 글을 즐겨 읽었다고 하였다.[2] 그렇다면 『한서』가 최립의 문장학습에 중요한 역할을 하였다는 것은 자명한데 문제는 그 과정이다. 『한사열전초』 甲책에서 『사기』와 『한서』에 동일하게 실린 인물의 열전을 굳이 『한서』에 수록된 열전으로 선택한 것은 초심자가 『사기』의 문장을 簡約化한 『한서』를 먼저 읽어 문장의 필력을 얻는 방법을 알게 하려는 의도에서 기인한 것이다. 다음 단계에서는 乙책에서 『사기』에 수록된 열전을 선택한 것은 본격적인 문장 학습단계에서는 문장의 정수라 할 수 있는 『사기』를 읽을 것을 권한 것이다. 그리고 마지막 단계에서는 『한서』에서 더 읽을 만한 글들을 모아 한 책으로 묶은 것으로 볼 수 있다.

본서는 『한사열전초』 원간본과 계통을 달리하고 또한 후쇄본이지만 역으로 이러한 것은 본서의 유통 상황을 알 수 있게 해준다. 먼저 1631년 경주 옥산서원에서 원간본을 축약하고 개판하여 개간하였다는 것은 당시에 본서에 대한 수요가 상당했음을 짐작할 수 있다. 다만 출판 비용상의 이유로 원간본의 본문만을 선별 수록한 것으로 보인다. 그리고 계명대 소장 본서에 곳곳에 판이 마멸된 채로 인출된 후쇄본이라는 사실은 이 책이 당대 뿐만 아니라 후대에도 꾸준히 수요가 있는 하나의 문장 교과서 역할을 했음을 짐작하게 해준다.

【백승호】

[색인어]

『사기』, 『한서』, 崔岦 編, 『漢史列傳抄』, 原刊本의 縮約 改刻本, 1631년 慶州玉山書院 刊,

---

2) 허목, 「簡易堂碣」, 『記言』 권18, "公平生好讀班固韓愈書, 其文閎深簡奧, 古雅可法. 東方文學, 千載一人."

[참고문헌]

· 金得臣, 『栢谷集』, 한국문집총간 영인본.
· 許穆, 『記言』, 한국문집총간 영인본.
· 김우정, 『최립 산문의 예술경계』, 한국학술정보, 2006.
· 김남기, 「간이 최립의 생애와 시세계」, 『한국한시작가연구』 6, 한국한시학회, 2001.

◉ 詩話·詩學類

東人詩話

徐居正(1420~1488) 著

木版本 2卷1冊, 1477년(成化紀元之十三年後) 刊.
四周單邊, 半郭 23.8×17.9cm, 有界, 12行20字,
註雙行, 內向二葉花紋魚尾, 32.2×21.6cm

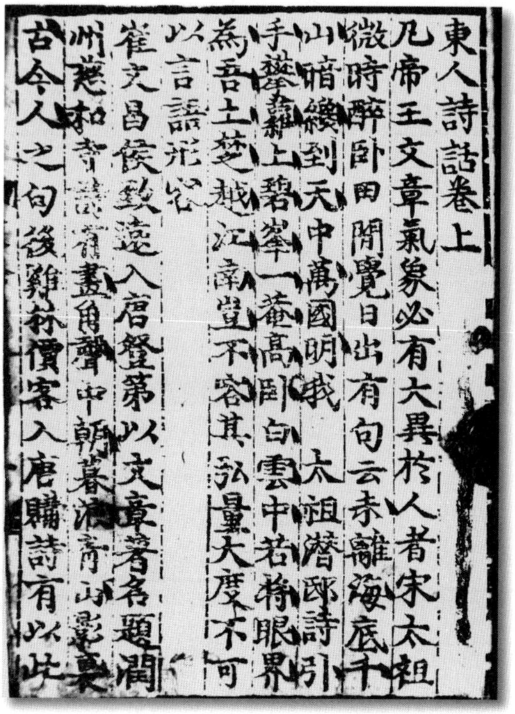
東人詩話卷上
凡帝王文章氣象必有大異於人者宋太祖微時醉卧田間覺日出有句云未離海底千山暗纔到天中萬國明我 太祖潛邸詩引手攀藤上碧峯一菴高卧白雲中若將眼界為吾土楚越江南豈不容其弘量大度不可以言語形容
崔文昌侯致遠入唐登第以文章著名題潤州慈和寺詩有畫角聲中朝暮浪青山影裏古今人之句後雞林賈客入唐購詩有以此

동인시화

1. 저자

『동인시화』의 저자 徐居正(1420~1488)은 조선조 초기의 문신·문장가이자 詞章派 문학을 표방하고 널리 전파한 대표적 인물이다. 그의 本貫은 達城이고, 자는 剛中이며, 호는 四佳亭이다. 그의 외조부이자 조선 개국 초의 문물제도 확립에 공이 큰 權近(1352~1409)은 그의 인격과 학문 세계의 형성에 크게 영향을 끼쳤다고 한다. 특히 詩文에 있어서는 권근의 詩文風이 서거정에게 連繼되어서 스스로 詞章文人으로서의 一家를 이루었다. 이같이 권근의 학문과 사상이 서거정에게 點染되었으므로 서거정의 處世 양상과 학문의 정체성은 일찍부터 그 방향성을 지니게 되었다고 할 수 있을 것이다.

서거정은 18세(1438)에 生員試에 장원한 것을 시작으로 무려 45년간이나 관직생활을 했으며, 그 중 23년을 文衡을 담당하여 조선초기의 文運을 일으키는데 크게 공헌했다. 그가 조선 초기에 강고한 정치체제 속에서 살아가며 훈구관료로서 생애에 걸쳐 보였던 사상성이나 문학관에 있어서 비판적 관점에서 본다면 논란의 여지가 있을 수 있지만, 조선 초기의 문학을 형성하고 담당해 나가는 데 기여한 공은 가볍게 평가될 수 없을 것이다. 서거정은 世人들에게 雜學에까지 그 능력을 인정받을 정도로 博學多識하였으므로 많은 수의 有爲한 저서를 남겼다. 그 대표적인 편찬서와 저서로 『東文選』, 『經國大典』, 『三國史節要』, 『諸書類聚』, 『東人詩話』, 『滑稽傳』, 『註吳子』, 『歷代年表』, 『東國輿地勝覽』, 『五行總括』, 『東國通鑑』, 『筆苑雜記』, 『四佳集』 등이 있다.

2. 구성

上·下卷 1冊으로 구성되어 있고, 上卷 앞에 崔淑精(1443~1480)이 1477년에 쓴 「東人詩話後序」와 金守溫(1410~1481)이 쓴 「書東人詩話後」가 실려 있다. 지금까지 남아 있는 여러 木版本이나 活字本 『東人詩話』에는 일반적으로 上卷 앞에 위의 두 편의 序文과 함께 맨 앞에 姜希孟(1424~1483)의 「東人詩話序」가 실려 있고, 下卷 末尾에 梁誠之(1414~1482)의 跋文이 실려 있는데, 본 『東人詩話』에는 이와는 달리 姜希孟의 序文과 梁誠之의 跋文이 上卷 末尾에 添附되어 있는 것이 특징적이다. 내용은 기존의 木版本이나 活字本과 同一하게 이루어져 있고 글자의 出入도 없다. 특이한 점은, 이 책의 표제에 『東詩話』라는 명칭을 달고 있으나 수록하고 있는 서문이나 상·하권의 내용 속에는 『東人詩話』라고 명시하고 있다는 사실로, 왜 표제에서 『東詩話』라는 명칭을 붙였는지에 대해서는 알 수 없다. 아마 추측하기로는 뒷날의 學人이 닳아서 헤진 겉표지를 새로 만들어 붙이면서 명칭을 잘못 붙였으리라고 짐작된다.

3. 내용

서거정이 『동문선』을 편찬하고 나서 지은 『동문선』의 序文에 보면 『동문선』이 편찬된 동기와 의의를 설명하고 있는데, 이것은 곧 서거정이 『동문선』의 편찬에 참여하면서 가졌던 撰觀이라고 하겠다. 그 서문의 일부분을 보면 "의리의 文은 宋·元의 문이 아니며, 또한 漢·唐의 문도 아니니 이는 바로 우리의 문이다. 그러하니 마땅히 중국 역대의 문과 더불어 천지 사이에서 병행되야 하는 것으로 어찌 인멸되어 전하지 않으리오."(我東方之文 非宋元之文 亦非漢唐之文 而乃我國之文也 宜與歷代之文 竝行於天地間 胡可泯沒而無傳也哉)라고 하였다. 이 글에서 보면 『동문선』의 편찬 동기와 그 의의가 확연하게 나타난다. 우리나라 문인들이 자신의 사상과 감정을 표출해 낸 글은 비록 그것이 중국문자로 표기되었을망정 분명히 우리 것이라는 당위성을 강조하고, 아울러 이러한 글을 반드시 후세에 전해서 미래의 후손들로 하여금 보다 진보된 문학 세계를 창조하게 하기 위해서 『동문선』이 편찬되었다는 것이다.

서거정은 詩文이 단순히 性情의 發露라는 道學的 문학관에만 얽매이지 않고 이러한 이해의 바탕은 서거정이 당시 사회의 지배 이데올로기로 기능하고 있던 성리학과 그리고 公利的인 측면에서 용인됐던 詞章의 효용성을 전반적으로 체험한 결과에서 나온 것이라고 생각된다. 여기에서 본다면 『동문선』의 편찬보다 4년 먼저 완성된 『동인시화』의 저술에 있어서도 거의 같은 동기와 의의를 찾을 수 있을 것이다. 『동문선』이 그 당시까지의 문학유산을 집대성해서 후인들에게 전하고자 했듯이 『동인시화』도 서거정 시대 이전까지의 시화를 집대성한 것이다. 『동인시화』 상권에 보면, "시는 비록 구차한 것이지만, 옛사람들이 시를 지을 때는 반드시 후세에 전해지기를 바랬다. 그러므로 두보의 시에 '이 몸 늙어 죽어지면 새로운 시 누구에게 전할꼬(老去新詩誰與傳)'라고 하였다 …… 魏·晋·唐·宋이래로부터 우리 高麗의 문사들에게 이르기까지 그러한 경향이 있었다. 근세의 뜻있는 문사들은 조금도 시에는 마음을 두지 않았으니, 하물며 후세에 전해지기를 바라겠는가. 간혹 뜻있는 사람들이 모여서서 수근대며 비웃기도 한다. 그러하니 문장의 기운과 습속이 날로 비루해지기 마련이다. 이 얼마나 해괴한 일인가."(詩雖細事 然古人作詩必期傳後 故少陵 有老去新詩誰與傳……自魏·晋·唐·宋以來 及我高麗文士尙然 近世文士有志者 少不留意於詩 况敢期於傳後哉 間或有志者 以詩文求見正於先生長者 群聚而誹笑之 文章氣習 日就卑陋 何足怪哉)라고 하여 자신이 살았던 당대의 지식인들이 문학의 전통성이나 본질을 올바로 이해하지 못하고 있음을 지적하고 있다. 중국의 위·진·당·송의 여러 왕조에 걸쳐 시문을 모으고 남기는 일에 힘썼고, 고려의 문사들도 시문의 중요성을 인식하고 전해오던 글들을 모아 후세에 남기려고 한 것에 주목하고 있다. 서거정의 이러한 생각은 고려 후기에 집중적으로 이루어진 選集 활동의 산물인 『龍樓集』, 『東

國文鑑』, 『東人之文』, 『選粹集』 등에 근거하고 있음을 알 수 있다. 따라서 서거정은 조선조 초기의 문사들이 문학의 중요성을 몰이해하여 창작하는 것 자체를 부정적으로 보고 있는 현실이 잘못되고 엉뚱한 일임을 말하고 있다. 우리는 여기에서 이러한 당대의 왜곡된 문학관을 깨뜨리고, 일면으로는 문학비평의 자료들을 널리 모아 후세에 전하기 위해 『동인시화』가 편찬된 것임을 알 수 있다. 姜希孟이 「東人詩話序」에서 언급한 것처럼 우리나라 역대 문인들의 시문과 관련되는 내용을 다 모으고 나아가 잊혀졌던 것까지도 발굴해서 새로이 정리했다고 한 것을 보면 두 撰集의 편찬 의의와 동기에 있어서 공통점을 발견할 수 있을 것이다. 아울러 『동인시화』가 나오게 된 동기를 文學史的 측면에서 살펴본다면 다음의 두 가지로 볼 수 있을 것이다.

益齋 李齊賢의 『櫟翁稗說』과 『동인시화』와의 거리는 130여 년의 間隙이 있었으므로 당시의 시학 부문에 있어서 새로운 詩話集이 출현될 수 있는 蓄積이 있어왔다고 볼 수 있다. 이러한 문학사적인 맥락에서 「東人詩話序」를 찬술하였고, 나아가 당시 동양문학권에서 시화를 하나의 문학장르로 分科化하려는 경향을 올바로 인식한 것에서 이루어진 작업임을 짐작할 수 있다.

또 하나는 중국 시화의 영향에 의한 것으로 볼 수 있다. 「東人詩話序」에서 말한 것처럼 당시까지 『總龜集』·『苕溪魚隱叢話』·『菊莊玉屑』 같은 宋代의 시화가 고려말에서부터 본격적으로 유입되었기 때문에 우리나라 評壇에 크게 자극을 주었을 것이고, 이에 따라 시화에 대한 이해가 새로와져 『동인시화』가 시화집다운 면모를 갖추고 나타난 것으로 생각된다.

4. 가치

『동인시화』에서 서거정이 시를 어떻게 보고 있느냐 하는 것은 서거정의 문학을 이해하는데 중요한 관건이 되겠고 또한 『동인시화』의 비평문학적 가치를 좌우하는 요인이 된다고 본다.

『동인시화』 하권에 보면 "시라는 것은 작은 재주라고 하겠으나 혹 어떤 시에는 세교에 관계되는 것도 있으니 군자가 마땅히 취해야 할 것이 있다. 어찌 소기라고 하여 소홀히 하겠는가."(詩者 小技 然或有關於世教 君子宜有取之 是焉可以小技而少之哉)고 하여 시를 단지 小技라고 말하고, 시에 있어서는 世敎에 관한 것을 취할 만하다고 했다. 그러나 여기에서 '소기'라는 말을 단순히 시의 존재가치를 축소시키는 것이라고 본다면 서거정의 시관을 잘못 이해하고 있는 것이다. 역대의 중국 문인의 글이나 서거정 이전의 우리나라 문인의 글에서도 시를 小技라고 언급하고 있는 것을 서거정이 그대로 사용한 것에 불과하다. 이것은 經典을 바탕으로 삼고 있던 유교사회에서 경전 외의 모든 것을 낮추어서 일컫던 관습에 의해서 생긴 것으로 볼 수 있다. 그리고 위의 인용문에서 서거정이 세교(世敎)에 관계있는 내용의 시만을 중요시했다고 하기보다는 시의 다양한 경향 가운데 세교에 해당하는 효용성을 강조하고 있을 뿐이다. 이러한 예는 『四佳集』에 나오는 시를 보면 대부분이 세교에 관한 것보다는 미묘한 감정 상태와 생활의 진솔함을 정감적으로 표현하고 있는 시라는 사실에서 살펴볼 수 있다. 따라서 서거정은 시에 대한 관점은 도학이 지배 이데올로기로 신봉되던 현실적 제약 하에서도 시의 가치를 沒却하였다거나 세교와 관련된 내용만을 추구한 것이 아니라 시를 깊이 이해한 결과 시가 지니는 효용적 가치를 부각시킨 것에 지나지 않는 것이다.

그는 『동인시화』 속에서 문학의 詞章的 가치에 주목하고 있다. "文昌侯 崔致遠이 唐에 들어가 과거에 올라 문장으로 이름을 날렸고……學士 朴仁範……參政 朴寅亮 등의 시가 중국의 『方輿勝覽』에 모두 실려 있다. 우리나라 사람들이 시로써 중국에 이름을 떨친 것은 이 세 사람으로부터 시작되었으니, 문장이 이처럼 나라를 빛낼 만하였다."(崔文昌侯致遠 入唐登第 以文章著名……朴學士仁範……朴參政寅亮……方輿勝覽皆載之 吾東人之以詩鳴於中國 自三君子始 文章之足以華國如此.)<상권>

서거정은 위에 인용되고 있는 문인들의 작품이 사상적인 편향성을 지니고 있다기보다는 개인의 보편적 정서에 충실한 내용을 지니고 있고, 더욱이 표현대상을 그려내는 표현기법이 뛰어나 문화적 선진대국인 중국 사람들을 감동케 한 사실에 주목하고 있다. 위에서 예거하고 있는 최치원의 「題潤州慈和寺」와 박인범의 「題涇州龍朔寺」와 박인량의 「題泗州龜山寺」 등의 시들이 사물의 이치를 표출하고 있다기보다는 표현대상물에 대한 미적 형상화가 전범이 될 만하고 나아가 精緻하면서도 的確한 표현기법이 범상치 않은 작품이다. 서거정이 이러한 시들이 중국에 널리 알려지고, 이로 인해 우리나라의 문화적 위상이 높아졌다는 언급에서 『동인시화』의 문학사적 가치를 충분히 엿볼 수 있다.

따라서 우리 문학의 秀越性을 간파하고 새롭게 전개해 나간 『동인시화』는 우리나라에서 '시화'라는 명칭을 처음 붙인 것으로 본격적인 시화집임을 알 수 있다. 『동인시화』에서 논의되고 있는 사실 또한 가치 있는 내용으로 조선 전기의 시학을 鳥瞰할 수 있는 귀중한 자료다. 따라서 순수시화로서의 『東人詩話』가 우리나라 詩學史에서 차지하고 있는 위치는 확고한 것이다. 뒤이어 李齊臣의 『淸江詩話』, 許筠의 『惺叟詩話』 등의 순수시화를 산출시킨 濫觴이 된다고 하겠다.

【박성규】

[색인어]

詞章, 詩眼, 李奎報, 新意, 用事, 氣節

[참고문헌]

· 서거정 편찬 / 박성규 역주, 『동인시화』, 집문당, 1998.

詩學指南

편저자 미상

木版本 1책(零本). 인조 8년(1630). 召文縣(義城縣)
四周單邊, 半郭 20×19cm, 有界,
12行14字, 大黑口, 內向黑魚尾 ; 29.0×22.0cm.

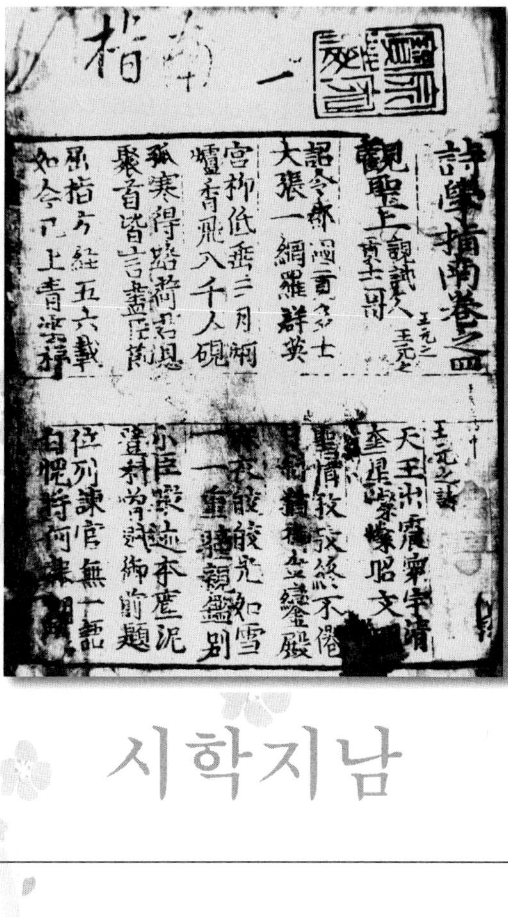

시학지남

1. 편저자

미상.

2. 편찬 경위 및 구성

본서는 1630년(인조 8)에 慶尙道 義城縣에서 간행된 편·저자 미상의 목판본 시선집으로, 전체 6권 중 권4와 권6만 1책으로 합철된 결본이다. 『詩學指南』이라는 책명은 시학의 나침반 역할을 하겠다는 뜻을 담은 것이다. 끝 장에 "宗家寶藏"이라는 장서인이 찍혀 있다. 결본이기는 하지만 17세기 중반의 詩學書로서 당시 조선의 學詩 대상과 풍토를 확인케 해준다는 가치가 있으리라 본다.

본서는 상하 2단, 각단 6間 12行의 형태로 판각되어 있다. 판각솜씨와 글자의 모양이 그다지 빼어나지는 않다. 각 張 내의 본문에서 따로 補刻된 글자는 없는 듯 보이며, 드물기는 하지만 약간의 誤刻字가 보인다. 서울대학교 규장각에도 같은 제목의 『詩學指南』(권1, 권2 缺, 6권 4책)이 전하고 있는데, 편차와 본문이 일치하기는 하지만 판목과 글자가 교체된 부분이 더러 보인다. 둘의 선후는 따지기 곤란하나, 글자의 인쇄상태가 고르지 못한 부분에 대해서는 판목을 교체하여 보판한 것으로 판단된다.

편찬경위에 대해서는 권6 끝 張의 跋文을 참조할 만하다. 원문은 다음과 같다.

"學詩, 先須拔其材調, 次要恢張地步, 然後更加收斂, 又欲其發越精神, 故今之編次, 不以家之大小, 時之先後, 而專以步驟爲主, 洪纖高下, 幷取俱收, 學者詳味熟讀, 則自當因其性之近而得之. 由此而進步詞壇一頭地, 亦非迂路矣. 此所謂先導之指南也. 夫凡五絶八十首, 七絶百十七首, 詩五百五十首. 崇禎庚午, 壽梓于召文縣."

발문에 따르면, 이 책은 五言絶句 80수, 七言絶句 117수, 詩(대부분 七言古詩임) 550수를 수록한 것으로 되어 있다. 그런데 그 편차 기준에 대하여 작가의 역량 및 작품의 시대를 준거로 삼지 않고, 오로지 작품의 步驟를 위주로 하여 폭넓게 자료를 수집하고자 하였음을 밝혔다. 말하자면 작가의 시대순을 따르는 시선집의 일반적 편차기준과 다른 것이다. 이는 학습자의 材調(재주)에 따라 그 地步를 넓히고 그런 연후에야 학습 대상을 포괄적으로 수렴하는 한편, 학습자의 精神을 發越시켜야 한다고 본 편찬자의 학시 태도에서 비롯된 것이다.

책의 구성은 편찬자의 의도를 직접적으로 반영했을 것으로 보인다. 앞서 언급한 규장각 소장본『詩學指南』의 경우, 권3의 전반부에는 杜甫의 시를 중심으로 한 五言古詩가 편차되어 있고, 권3의 후반부부터 杜甫와 韓愈를 비롯한 역대 名家의 七言古詩가 선발되어 있다. 이는 오언고시보다 칠언고시의 학습이 어렵다는 편찬자의 판단에 의한 것으로 보인다. 또한 이런 편차 방식으로 미루어 권1과 권2에 오언절구 및 칠언절구를 수록하였을 것으로 보인다. 전체적으로 오언절구, 칠언절구, 오언고시, 칠언고시의 순서로 학습의 난도를 파악하고 있는 셈인데, 한시 학습의 표준격인 七言律詩를 중심으로 삼지 않은 까닭은 미상이다.

3. 내용

대부분 唐·宋 명가의 명편이 선발되어 있으나 명나라에서는 유독 李東陽의 작품을 뽑은 것이 특색이다. 권4, 권6의 수록 작품을 들면 다음과 같다. 판각된 작가명과 작품명을 제시하되, 괄호 안에 歷朝와 본명, 오각 및 참조 사항을 밝혀둔다.

卷之四

王元之(宋 王禹偁)「觀聖上親試貢士歌」, 吳融(唐)「畫山水歌」, 馬子才(宋, 馬存)「浩浩歌」, 張文潛(宋 張耒)「七夕歌」, 盧仝(唐)「茶歌」, 謝疊山(宋 謝枋得)「菖蒲歌」, 韓退之(唐, 韓愈)「石鼓歌」, 白居易(唐)「江南遇天寶樂叟歌」, 白居易「長恨歌」, 李嶠(唐)「汾陰行」, 王翰(唐)「古長城吟」, 劉禹錫(唐)「百舌吟」, 王介甫(宋 王安席)「明妃曲」, 元稹(唐)「連昌宮辭」, 韓子蒼(宋)「題太乙真人蓮葉圖」, 馬子才「燕思亭」, 曾子固(宋 曾鞏,『사고전서』에는 작자를 증공으로 본 예가 없음)「虞美人草」, 李長吉(唐 李賀)「刺年少」, 宋之問(唐)「明河篇」, 黃山谷(宋 黃庭堅)「題磨崖碑」, 宋之問「有所思」, 謝幼槃(唐 謝薖)「陶淵明寫眞圖」, 邢郭夫(宋 邢居實, 郭夫는 敦夫의 誤刻)「李伯時畵圖」, 李長吉「將進酒」, 李長吉「高軒過」, 盧仝(唐)「有所思」, 馬子才「邀月亭」, 馬子才「長淮謠」, 白樂天(唐 白居易)「太行路」, 白樂天「七德舞」, 張文潛「 磨崖碑後」, 張乖崖(宋 張詠)「勸酒惜別」, 釋貫休(唐, 貫休는 貫休의 誤刻)「古意」, 歐陽永叔(宋 歐陽修)「廬山高」

卷之六

黃山谷(宋 黃庭堅, 이하 李東陽까지 모두 황정견의 작품임)「演雅」,「送王郎」,「次韻李之純少監惠硯」,「送謝公定作竟陵主簿」,「次韻子瞻武昌西山」,「以團茶洮州綠石研贈無咎文潛」,「次韻答張沙河」,「次韻晁補之廖正一贈答詩」,「再次韻呈廖明略」,「走答

明略適堯民來相約奉謁故篇末及之」, 「答明略并寄無咎」, 「再次韻呈明略并寄無咎」, 「再答明略二首(又)」, 「二十八宿歌贈別無咎」, 「贈趙言」, 「贈張仲謀」, 「次韻子瞻題郭熙畵山」, 「次韻王炳之惠玉版紙」, 「聽宋宗儒摘阮歌」, 「題榮州祖元大師此君軒」, 「再用舊韻寄孔毅甫」, 「還家呈伯氏」, 「次韻郭明叔長歌」, 「別蔣穎叔」, 「答王道濟寺丞觀許道寧山水圖」, 「送劉道純」, 李東陽(明, 이하 모두 이동양 작품) 「赤壁圖為衍聖公題」, 「風雲際會圖為木齋閣老題」, 「憶昔行贈黎叅議本端」, 「明山草亭為王侍郎作時王致仕歸」, 「鷺鷥圖」, 「題丁御史同年墨竹長句」, 「題程亞卿所藏劉進畵魚」, 「送金太守致仕」, 「赤壁圖歌」, 「深宮美人圖」, 「送武昌徐翁南歸」, 「送沈仲威之南京」, 「荷鷺圖爲薛御史作」, 「舜咨歸省尙書公」, 「朱中孚秋官竹園書屋歌」, 「山水圖」, 「畵山水」, 「賞夜歸圖」, 「外舅成國耒公壽六十」, 「東山圖」, 「悼鸜鵒」, 「竹林七賢圖」, 「雪用坡翁聚星堂禁體韻」, 「題篴菴先生耆英圖鉅軸」, 「題宋徽宗春禽圖卷」, 「畵魚詩」

이상에서 확인할 수 있듯이 권4에 칠언고시 34수, 권6에 칠언고시 52수가 수록되어 있다. 주로 唐과 宋의 작품을 수록하였으나 작가별 시대순을 엄격하게 따르지는 않았다. 그렇더라도 宋 江西詩派 일원인 黃庭堅과 明 擬古文派의 일원인 李東陽의 작품이 말미에 배치되고 있어서 학시의 난도 및 작가의 시대순이 적지 않게 고려되었음을 알 수 있다. 시의 내용에 따른 뚜렷한 편차 기준도 적용되지 않은 듯하나, 다만 詠物, 所懷, 登高, 送別 등의 소재보다는 題畵詩가 상대적으로 뒤쪽에 배치되어 있음을 확인할 수 있다. 즉, 학습자의 步驟를 밟아갈 경우 題畵詩가 가장 어렵다는 편집자의 의중을 알 수 있는 셈이다.

4. 가치

이 책은 무엇보다도 1630년대 조선의 문단에서 주로 학습하고자 했던 한시 작품 및 학습 성취도에 따른 수련 단계를 얼마간 확인하게 해준다는 점에서 그 가치가 높다. 한성부의 권역이 아닌 경상도 의성 지방에서 판각된 사실로 미루어, 이 책에 수록된 작품은 당시 조선의 일반적 학시 풍토를 짐작하게 해준다. 중앙이 아닌 지방의 판본이기 때문에, 중앙의 동향을 이미 파악했을 가능성이 있기 때문이다.

이 책이 지닌 또 하나의 가치는 黃庭堅과 李東陽의 작품이 권6에 집중적으로 선발되어 있다는 사실에서 당시의 학시 풍토를 가늠할 수 있다는 것이다. 黃庭堅의 작품이 海東江西詩派의 유행에 기초한 반면, 李東陽의 작품은 명나라 擬古文派가 국내에 끼친 영향을 감지하게 해준다. 이는 곧 해동강서시파에서 명나라의 의고문파 학습으로 넘어가는

17세기 중반 조선시단의 전환을 상징적으로 알려주는 현상이라 해석할 수 있다.

그러나, 송나라 강서시파 가운데서도 蘇軾과 陳師道의 시가 아닌 황정견의 시에 집중한 이유, 명나라 의고문파 가운데서 何景明, 王世貞, 李攀龍 등을 배제한 이유는 자세하지 않다. 아마도 편찬자가 충분한 자료를 갖추지 못했던 데서 기인한 결과라 보이지만, 한편으로 이러한 현상은 곧 당시 지방의 독서범위와 정보력을 가늠해보는 자료가 될 수도 있을 것이다.

【김동준】

[색인어]

『詩學指南』, 召文縣(義城縣), 材調, 地步, 步驟, 黃庭堅, 李東陽

[참고문헌]

· 서울대학교 규장각 한국학연구원 도서해제(인터넷)

海東詩話抄

趙彦林(1784~1856) 等 著.

筆寫本 1책.
四周無邊, 無界, 8行24字, 韻文雙行, 無魚尾 ; 25.5×16.5cm.

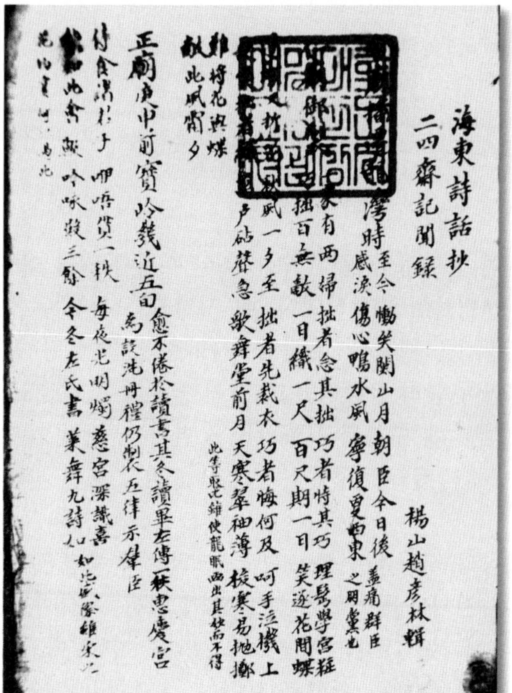
海東詩話抄
二四齋記聞錄
楊山趙彦林輯

해동시화초

1. 편저자

이 책의 편자와 편찬 시기는 알 수 없다. 洪萬宗의 『詩話叢林』에 수록된 시화를 抄出한 바탕 위에서 『二四齋記聞錄』을 새로 편입시키고, 다시 제목불명의 시화 한 종과 隋唐 이하 중국의 시화를 뽑은 책을 부록으로 붙여서 만든 시화선집이다. 『시화총림』에 수록된 시화는 널리 알려진 것이고, 중국의 시화는 이미 알려진 여러 시화에서 뽑은 것이므로 이 시화에서 가장 중요하고 가치 있는 저작은 『二四齋記聞錄』이다. 여기에 제목불명의 시화도 관심을 기울일 필요가 있다. 따라서 이 책은 『이사재기문록』이 자료적 가치의 중심에 놓여 있으므로 해제 역시 이 자료를 중심으로 작성한다.

『이사재기문록』 편자는 趙彦林으로 字는 美卿이다. 1784년에 태어나 1856년에 죽어 73세를 살았다. 부인은 密陽 朴長殷의 딸이다. 아버지는 泰巖(1741~1793)으로 자는 醇父이고 호는 石巢이다. 할아버지는 恒錫(1694~1763)으로 자는 季常이다. 이 시화가 학계에 거의 알려지지 않은 것처럼, 저자의 구체적인 생활이나 문학 활동도 학계에 알려진 내용이 거의 없다. 행적과 관력도 문헌에서 확인하기가 어렵다. 시화의 본문에 당대의 저명한 시인이었던 李羲師로부터 시를 배웠다고 하였고, 시화에 담긴 내용과 인물, 교유범위를 통해서 서울이나 서울에 가까운 지역에 거주한 시인으로 추정할 수 있다.

2. 편찬경위

이 책의 편찬 경위는 분명하지 않다. 우선 조선 후기에 널리 읽힌 洪萬宗의 『詩話叢林』에서 7종의 시화를 선택하여 수록하였다. 이 시화도 모든 내용을 그대로 필사하지 않고 축약하여 수록하는 방식을 택했다. 실제로 『시화총림』의 분량이 많기 때문에 관심 있는 내용만을 축약한 선집이 널리 유통되었고, 그러한 선집이 지금도 필사본 형태로 남아 전한다. 여기에 『詩話叢林』에 수록된 시화와는 구별되는, 여러 가지 시화에서 뽑은 제목과 편자 미상의 시화가 『水村漫錄』 뒤에 첨부되었다. 이상 조선 시대의 시화는 모두 54장의 분량이다.

책의 후반부는 중국의 시화에서 뽑아 만든 시화로서 분량은 35장이다. 한편, 『이사재기문록』의 경우, 편찬 시기나 동기를 밝힌 序跋이 없어, 저작과 관련한 구체적 사실을 확인하기 어렵다. 제작 시기는 19세기 중반으로 추정할 수 있다. 시화의 제목에 쓰인 二四齋는 아무래도 편자인 趙彦林의 齋號로 보아야 하고, 記聞錄은 저자 자신이 평소에 알고 있던 내용이나 남으로부터 들은 이야기를 기록한다는 의미이다. 기문록이라는 명칭을 놓고 보면, 일반적인 筆記로 간주하기 쉽지만 모든 내용이 시화로 채워진 專編詩話이다.

3. 구성과 내용

이 책은 10종의 서로 다른 詩話를 선집한 선집으로 수록된 책과 저자를 차례로 보면, 二四齋記聞錄 / 趙彦林 輯, 芝峯類說 / 李睟光, 惺叟詩話 / 許筠, 霽湖詩話 / 梁慶愚, 於于野談 / 柳夢寅, 終南叢志抄 / 金得臣, 壺谷詩話 / 南龍翼, 水村漫錄 / 任埅, 제목불명의 시화 / 지은이 미상이다. 그리고 부록으로 『隋唐以下詩話』 (지은이 미상)가 후반부에 첨부되어 있다. 한국과 중국의 詩話 10종을 선집한 詩話選集이다.

구성과 내용 역시 『이사재기문록』을 중심으로 서술한다. 이 시화의 내용은 대략 120則의 詩話로 구성되었다. 대체로 한 則의 기사가 길지 않고 짤막하다. 일화의 제시나 品評이 장황하지 않고 간명하다. 간혹 길게 제시한 것이 없지는 않지만 전체적으로 간명한 작품의 소개와 품평을 원칙으로 삼았다.

이 시화에서 논의에 올린 시인은 대부분 18세기 중반 이후에서 19세기 전반기에 활동했다. 이런 기준에서 벗어난 작가는 예외적인 몇 사람에 불과하다. 그러므로 저자와 동시대 시인의 시를 품평한 幷世詩話로 論斷한다.

이 시화에서 다룬 시인은 결코 적은 수가 아니다. 널리 알려진 유명 시인에게도 지면을 많게 배분하였음은 말할 나위도 없지만, 학계에 그다지 널리 알려지지 않은 시인들도 적지 않게 소개되었다. 비중 있게 다뤄진 시인을 보면, 申光洙, 李庭綽, 姜世晃, 睦萬中, 丁範祖, 蔡濟恭, 李羲師, 申光河, 權永佐, 李平凉, 鄭樵夫 등이 있다. 대체로 봐서 畿湖南人 계열의 시인들에게 주목한 정황으로 보아 南人系 詩話의 범주로 편입시킬 수 있다. 저자의 色目이 논의대상 범주의 큰 테두리를 정하였다.

논의 범주가 제한되어서 18세기 후반으로부터 19세기 전반기까지 시단의 宗匠으로 군림했던 白塔派 詩人이나 申緯, 丁若鏞, 金正喜는 비중이 줄어들었다. 저자의 개인적 성향이 투영된 영향도 없지 않겠으나, 색목에 따른 편향된 시각과 19세기 이후 시단이 구심점을 찾지 못하고 분파를 형성했던 현상에도 이유가 있다.

이 시화에서 논의에 올린 시인을 정리하면 대략 다음과 같다.

宣祖, 仁祖, 正祖, 任叔英, 洪瑞鳳, 鄭太和, 宋時烈, 柳赫然, 金昌協, 金昌翕, 蔡彭胤, 吳光運, 朴胤東, 趙文命, 李匡德, 朴文秀, 李光呂, 申光洙, 宋瑣, 李庭綽, 姜世晃, 許佖, 安錫儆, 吳尙濂, 盧尙夏, 睦天任, 申維翰, 睦萬中, 丁範祖, 蔡濟恭, 任希曾, 尹塾, 李羲師, 申光河, 徐有寧, 李天輔, 李性源, 李秉模, 李晩秀, 洪羲浩, 洪奭周, 林配垕, 李正儒, 金鍾秀, 李用休, 李壽鳳, 朴長鉉, 趙得永, 趙衍德, 金履翼, 李在誠, 沈象奎, 金履陽, 金祖淳, 權永佐, 南尙中, 崔德種, 李鼎受, 李端夏, 李平凉, 鄭樵夫, 徐起, 李亶佃, 趙秀三, 宋聚行, 曺夏望, 蔡弘韻, 任珽, 尹鑴, 許穆, 金履度, 許瓚, 李是鍵, 黃옥, 洪和輔, 崔鴻

晋, 朴道翔, 李書九, 林漢浩, 趙璥, 洪世泰, 許格, 朴齊家, 柳得恭, 申正彦, 曺得運, 李友善, 金箕晳, 梁宣洙, 徐世輔妾, 東營妓錦鶯, 沈大孚, 尹守慶

여타의 시화에서 관심을 기울이지 않은 18·9세기 시인들이 대거 명단에 포함되었음을 알 수 있다.

이 시화는 조선 후기의 시사와 시인에 큰 관심을 보였지만 그 중에는 다른 분야에 관한 언급도 들어 있다는 점을 주목할 필요가 있다. 대표적인 것이 바로 소설과 판소리 명창에 관한 내용이다. 李庭綽이 장편소설 『玉麟夢』 15권을 지은 저자임을 밝힌 것과 이 소설을 중국인이 보고 80권으로 개작했다는 정보는 19세기 소설사의 고증을 위한 가치 있는 자료이다. 또 19세기의 판소리 명창으로 유명한 禹春大의 호방한 면모를 소개한 일화도 흥미롭다.

『이사재기문록』은 조선 후기 시단을 이해하는 중요한 시화의 하나임에도 불구하고 학계에서 오랜 동안 활용하지 못했다. 가람 이병기 선생이 위에서 언급한 소설에 관한 내용을 『國文學全史』에서 인용한 이후 오랜 기간 활동하지 못했다. 하지만 그 이후 학계에서는 이 시화의 소재를 찾지 못했다. 그 이유는 이 시화가 단행본으로 존재하지 않고 현존하는 3종의 이본이 모두 『해동시화』의 일부로 전해져서 시화선집의 끝부분에 초라하게 묶여져 존재하였기 때문일 것이다. 이후 해제자에 의해 1997년 『문헌과해석』 창간호에 표점을 달아 교감하여 소개되어 본격적으로 활용되기에 이르렀다. 하지만 그 때 교감의 대상에 본 계명대본이 참조되지 않았기에 완전을 기하지 못했다.

이에 다시 3종을 비교 검토한 결과 내용의 편차와 字句의 異同, 記事의 出入이 적지 않다. 그 가운데 계명대 본에만 있는 기사는 다음과 같다.

> 奉朝賀 金履翼이 일찍이 남인과 북인의 갈등을 해결하고자 했으나 그들이 말을 듣지 않았다. 이에 시를 지었는데 그 한 연에 "세상사는 鹿皮에 가로 曰字요, 남의 말을 쇠귀에 경 읽기로 듣는구나"라고 하였다. 비유를 잘 하였다.
>
> 金奉朝賀履翼嘗欲解紛南北, 而不聽. 有一聯"世事鹿皮書曰字, 人言牛耳讀經文." 善喩.

한편, 계명대 본에는 3종 가운데 선본이라 볼 수 있는 국립본의 오류를 보완할 내용도 적지 않다. 다음에 두 가지 사례를 든다. 국립본에는 "醉松之<鳳凰臺>一聯曰: '靑山吾欲老, 流水爾誰催.' 其詩料則同, 而用意力功拙懸矣."로 되어 있는 기사가 계명대 본에는 "醉松之<鳳凰臺>一聯曰: '靑山吾欲老, 流水爾誰催.' 李進士<山行>詩: '靑山吾欲老, 流水爾何知.' 其詩料則同, 而用意力功拙懸矣."로 되어 있다. "그 시재료는 같지만 用意함과 工拙이 현격히 차이가 난다."는 品評내용으로 볼 때 비교의 상대가 있어야 하므로 계명대 본이 정확한 내용을 가지고 있다.

또 국립본에는 "沈進士斗永<湖中>一聯曰: '風雷下送平談笑, 天地中虛任起居.' <詠月出山>曰: '胡僧張舞歸天竺, 大馬粧鞍立冀州.'"로 되어 있는 내용이 계명대본에는 "沈進士斗永, 湖中人也. 詠雷電: '昏眸直到三千里, 白首回思五十年.' 又詠木蘗: '十尋風雨前生夢, 數葉春秋不死枝.' <金剛>一聯曰: '風雷下送平談笑, 天地中虛任起居.' <詠月出山>曰: '胡僧張舞歸天竺, 大馬粧鞍立冀州.'"로 되어 있다. 내용으로 볼 때 계명대본에 있는 "湖中人也. 詠雷電: '昏眸直到三千里, 白首回思五十年.' 又詠木蘗: '十尋風雨前生夢, 數葉春秋不死枝.' <金剛>" 대목을 국립본에서 누락하고 필사한 것이 분명하다.

이처럼 계명대본은 국립본과 고려대본의 오류를 수정할 수 있는 중요한 이본의 하나이다.

4. 서지적 특성

이 시화는 현재 3종의 필사본이 전한다. 첫 번째로 국립도서관에 소장되어 있다. 총 48장의 『海東詩話抄』에는 『芝峯類說』·『於于野談』·『終南叢志』·『水村漫錄』의 시화와 더불어 『이사재기문록』 15장이 수록되었다. 『海東詩話抄』 같은 몇 종의 시화를 필사 초록한 편찬서 중 하나이다. 이 필사본이 가장 선본에 속한다고 평가할 수 있으나 필사 상태나 내용의 정확성, 誤脫字의 측면에서 부족한 점이 많다.

고려대학교 도서관에도 『海東詩話抄』가 소장되어 있고, 9종의 시화가 필사 초록되어 있다. 여기에도 끝 부분에 『이사재기문록』이 9장 실려 있는데 국립본에 견주어 볼 때 매우 소략하다. 특히, 작품을 평가하는 부분이 거의 대부분 생략되었고, 시에 얽힌 일화를 기록한 부분도 대폭 축약되었다. 그 뿐만 아니라, 내용 전체가 국립본의 ⅔에 불과하다. 이러한 정황으로 놓고 볼 때, 고려대본은 국립본을 필사자의 의도에 따라 축약한 것으로 볼 수 있다.

계명대본은 전체적으로 보아 고려대본과 같은 계열이다. 국립본과 비교하여 글자의 異同이 심하다. 국립본에 비하여 내용이 적다. 특히, 작품을 평한 부분과 일화를 서술한 부분이 계명대본에서는 대거 축약되어 전체적으로 보아 시의 감상 위주로 필사하였다. 그렇지만 간혹 국립본에 비해 작품평이나 일화가 확대된 것도 몇 則이 있다.

5. 가치

『이사재기문록』을 중심으로 평가할 때, 『해동시화』는 다음과 같은 가치를 지닌다. 18

세기 후반과 19세기 전반기에 만들어진 시화에 동시대 작가들을 대상으로 한 시화가 몇 종류가 있다. 『並世才彦錄』·『淸脾錄』·『修眉淸史』·『三溟詩話』·『滄海詩眼』 따위가 여기에 속한다. 『이사재기문록』은 이러한 시화들과 함께 비슷한 시기의 시인들을 품평함으로써 漢詩史에서 주목을 받지 못했던 시인들에 관한 정보를 현재에 전해준다.

이러한 점은 중요한 가치를 지닌다. 18세기 전반의 시인만 하더라도 그 이후의 작가나 평자의 안목을 거쳤기 때문에 객관적인 문학사적 조명을 받았다고 할 수 있다. 그러나 18세기 중반 이후의 시인군은 그러한 평가의 과정을 제대로 거치지 못했다. 19세 이후 문단의 난맥상과 정치적 소용돌이로 인해 지난 시기의 문학을 차분하게 정리하는 작업이 수행되지 못했기 때문이다. 따라서 이 시기 시인들을 평가한 다양한 문학 자료의 발굴에 힘입어 한시사의 풍부한 유산을 되살리고, 한시사의 큰 흐름을 더듬어야 한다. 그런 차원에서 동시대 시화가 큰 기능을 한다. 『이사재기문록』이 그러한 요구에 부응할 만한 의미 있는 자료의 하나이다.

【安大會】

[색인어]

『海東詩話抄』, 韓·中 詩話 10종, 洪萬宗의 『詩話叢林』, 趙彦林 『二四齋記聞錄』, 近畿南人系 幷世詩話, 19세기 초.

[참고문헌]

· 안대회 표점·교감, 『二四齋記聞錄』, 『문헌과해석』 창간호, 태학사, 1997.
· 안대회, 『조선후기시화사』, 소명출판, 2000.

◉ 其他類

野言

申欽(1566~1628) 著.

木版本, 1625(仁祖3), 1冊
27×20.3cm 四周單邊, 半郭 20.8×17.2cm, 無界, 7行13字, 無魚尾.
跋: 天啓五年(1625) 玄翁.

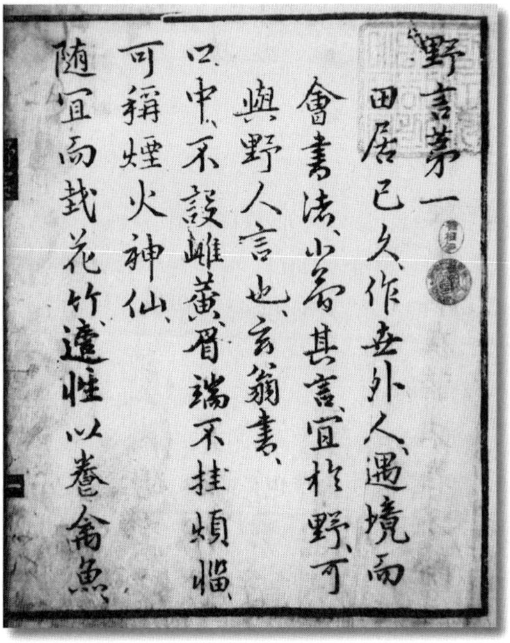
野言第一
田居已久作世外人遇境而
會書法必當其言宜於野可
與野人言也玄翁書
口中不設雌黃眉端不挂煩惱
可稱煙火神仙
隨宜而栽花竹適性以養禽魚

야언

1. 저자

申欽(1566~1628)은 조선중기의 학자이자 문신으로 자는 敬叔, 호는 象村·玄軒·玄翁·放翁이며, 본관은 평산이다. 1585년(선조 18)에 진사가 되고 이듬해 별시문과에 급제하여 예문관봉교·사헌부감찰·병조좌랑 등을 역임하였다. 1592년 임진왜란 때 良才道察訪으로 三道巡邊使 申砬을 따라 조령전투에 참가하였고, 都體察使 鄭澈의 종사관이 되었다. 이어 이조참의·대사간을 거쳐 성균관대사성·도승지·병조판서를 차례로 지내고, 광해군이 즉위한 1608년에는 대사헌으로 세자의 책봉을 청하는 주청사가 되어 명나라에 다녀왔다. 선조로부터 영창대군의 보필을 부탁받은 遺敎七臣의 한 사람으로 1613년 계축옥사 때 파직되어 김포와 춘천에 방축되었다가 1621년 풀려났다. 인조반정(1623) 후 대제학·좌의정을 역임하고, 1627년 정묘호란이 일어나자 세자를 수행하고 전주로 피난했으며, 돌아와 영의정에 올랐다가 곧 세상을 떠났다.

상촌은 어린 시절부터 학문에 전념하여, 벼슬하기 이전부터 문명이 있었다. 벼슬에 나가서는 서인인 李珥와 鄭澈을 옹호하여 동인의 배척을 받았으나, 선조의 신망을 얻어 대명외교문서의 제작, 시문의 정리, 여러 의례문서의 제작 등 당시의 문운 진작에 크게 기여하였다. 그리하여 李廷龜·張維·李植과 함께 '月象谿澤'이라 병칭되면서 조선중기 한문학을 대표하는 문장 사대가로 손꼽힌다. 시호는 文貞이며, 문집으로 『상촌집』이 전한다.

2. 구성

이 『야언』은 상촌이 계축옥사 때 파직되어 전야에서 생활하면서 편술했던 잡록을 1625년에 목판본 1책으로 간행한 것이다. 金言·名句·淸言에 해당되는 짧은 문장들을 크게 두 부분으로 나누어 「野言第一」에 50칙, 「野言第二」에 78칙을 수록하였다. 상촌은 서두와 말미에 간략한 서문·발문을 붙여, 유배된 몸으로 전야에 살면서 역대의 전적을 보다가 마음에 맞는 구절을 뽑고 간혹 자신의 견해를 적기도 했으며, 그것이 야인과 더불어 말할 만한 내용이라서 '야언'이라 이름했다고 하였다.

3. 내용

상촌은 관직에서 물러나 전야에서 방축되어 지내는 처지에서 자신의 생활 이상을 다양하게 표출하여 독서, 학문, 취미, 처신, 양생 등에 관한 명구들을 체계를 갖추지 않고 자유롭게 열거하였다. 다만 「야언제일」에는 문학적인 아포리즘을, 「야언제이」에는 철학적 아포리즘을 구분하여 수록하였다.

「야언제일」에 실린 50칙 가운데 주목할 만한 문구를 들어보면 다음과 같다.

> 입 속에 시비의 말을 담지 않고 미간에 번뇌의 그림자를 드리우지 않으면, 인간세의 신선이라고 이를 수 있다.[「野言第一」 1. 口中不設雌黃, 眉端不掛煩惱, 可稱煙火神仙.]

> 인후하게 하느냐 각박하게 하느냐의 여부가 長과 短의 관건이 되고, 겸손하게 자신을 제어하느냐 교만을 부리느냐의 여부가 화와 복을 초래하는 관건이 되고, 검소하게 하느냐 사치하게 하느냐의 여부가 가난과 부귀를 결정짓는 관건이 되고, 몸을 보호하여 양생을 하느냐 욕심대로 방자하게 행동하느냐의 여부가 죽음과 삶의 관건이 된다. [「野言第一」 24. 仁厚刻薄, 是修短關, 謙抑盈滿, 是禍福關, 勤儉奢惰, 是貧富關, 保養縱欲, 是人鬼關.]

> 산중 생활을 위해서는 여러 經籍과 諸子・史冊을 갖추어둠은 물론 藥材와 方書도 구비해야 한다. 그리고 좋은 붓과 이름있는 비단(종이)도 여유있게 비치하고 맑은 술과 나물 등속을 저장해두는 한편 고서와 명화도 비축해두면 좋다. 그리고 버들가지로 베개를 만들고 갈대꽃을 모아 이불을 만들면 노년 생활을 보내기에는 충분할 것이다. [「野言第一」 49. 凡山具設經籍子史, 備藥餌方書, 儲佳筆名繭, 留淸醪雜蔬, 畜古書名畫, 製絮枕蘆被, 足以遣老.]

위의 예문은 사대부로서의 삶에 교훈이 될 만한 금언·명구이거나 전원 생활의 한적한 운치를 선망하는 내용으로, 「야언제일」의 대부분이 이런 류의 문구이다. 상촌은 역대 문헌에서 뽑은 문구와 자신이 직접 쓴 구절을 구분하지 않았는데, 첫 번째 예문은 상촌이 직접 쓴 것으로 여겨지며, 뒤의 예는 각각 명나라 沈佳胤이 편집한 척독 모음집 『翰海』와 陳繼儒의 잡록 『巖棲幽事』에서 인용한 것으로 확인된다.

「야언제일」에 실린 구절 가운데 20여 칙은 인용처가 확인되는바, 당나라 陸龜蒙의 『笠澤叢書』에 한 조목(제48)을 뽑았고 나머지는 모두 명대의 전적에서 선별하였다. 즉 費元祿의 『甲秀園集』(제3)과 『鼂采館清課』(제45), 張一中 編의 『尺牘爭奇』(제4), 樊良樞의 『密庵卮言』(제8), 屠隆의 『娑羅館淸言』(제12)과 『考槃餘事』(제40), 진계유의 『太平淸話』(제13), 李栻 編의 『困學纂言』(제15), 李樂의 『見聞雜紀』(제23), 高濂의 『遵生八箋』(제33·34) 등에서 한 두 칙을 뽑았다. 상촌은 특히 진계유의 『암서유사』(제42·44·46·49)와 심가윤이 편집한 『한해』(제9·16·24·25·32)에서 여러 칙을 인용하였다. 인용서에 청과·청언·청화라는 명칭이 붙은 데서 확인되듯, 인용한 문헌은 대체로 만명시기의 청언류 소품서에 해당된다. 『고반여사』·『사라관청언』·『준생팔전』·『태평청화』·

『암서유사』 같은 책은 허균이 『한정록』에서 인용한 이래, 18세기 이후 『산림경제』·『증보 산림경제』·『임원경제지』 등에서도 주요하게 활용된 소품서들이다. 그동안 상촌의 '야언'이 명대의 문헌을 일부 참조했다는 언급은 있었지만 이렇게 만명의 소품에서 여러 조목을 인용했다는 점은 새롭게 확인한 사실로, 『한정록』과의 대비적 고찰이 요구된다.

「야언제일」이 주로 서정적 운치의 청언인데 비해, 「야언제이」의 78칙은 理氣, 양생 등을 논한 구절들이다.

> 양생하는 선비는 먼저 精을 귀하게 여겨야 한다. 정이 충만해지면 氣가 강장되고 기가 강장되면 神이 왕성해진다.[「野言第二」 1. 養生之士, 先寶其精, 精滿則氣壯, 氣壯則神王.]

> 천하의 일을 보건대, 옳은 것이 그른 것으로 변화할 수도 있고 그른 것이 옳은 것으로 변화할 수도 있으며, 은인이 원수로 바뀔 수도 있고 원수가 은인으로 바뀔 수도 있다. 이런 까닭에 성인은 정상적인 상황에 처해서도 변화의 가능성을 염두에 두는 것이다.[「野言第二」 7. 天下之事, 是或化爲非, 非或化爲是, 恩或化爲讎, 讎或化爲恩, 是以聖人居常慮變.]

> 몸은 寂然한 상태로 놔두어야 하고, 마음은 洞然한 상태로 놔두어야 하고, 세상은 混然한 상태로 놔 두어야 하고, 일은 자연적인 상태로 놔두어야 한다.[「野言第二」 9. 委身寂然, 委心洞然, 委世混然, 委事自然.]

유배 시기의 상촌은 제자백가를 두루 열람하고 주역과 邵雍의 象數學에 몰두하는 등 학문적 관심이 매우 다층적었다. 「야언제이」에서 이런 다원적 지식 추구와 사유의 개방성을 확인할 수 있다. 위의 예문은 각각 元代 陳致虛의 『金丹大要』, 周나라 尹喜의 『關尹子』, 元代 李道純의 『中和集』에서 인용한 것인데, 「야언제이」에는 특히 이 세 문헌에서 다수의 조목을 인용하였다.(『금단대요』: 제1～6 ; 『關尹子』: 제7·8, 20, 23, 26 ; 『중화집』: 제9～13, 15～17, 27·28) 『관윤자』는 神仙方術과 불교 논리를 혼합한 도교류 제자서의 하나이고, 『금단대요』와 『중화집』은 삼교합일적 관점에서 內丹術을 설파한 책으로 역시 도교류 문헌이다. 상촌은 특히 『관윤자』에 흥미를 느껴 송나라 陳顯微가 이 책을 주석한 『關尹子言外經旨』(제18·19)와 『關尹子文始眞經注』(제20)를 인용하기도 하였다. 이밖에 五代의 譚峭가 지은 『齊丘子』(제24), 명나라 宋嶽의 『書永編』(제25), 張載의 『張子全書』(제55·58) 같은 문헌을 인용하였고, 특히 주역을 해석한 楊萬里의 『誠齋易傳』(제29～31), 徐師曾의 『今文周易演義』(제40) 등을 참고하였다. 요컨대 상촌은 「야언제이」에서 도교, 주역류의 문헌을 주로 인용하면서 천명·천리의 변화 등 형이상학적 아포리즘을 인용하거나 창작하였다. 이런 특성은 燕閑에 초점을 맞춰 정취있는 문구를 주로 발췌한 『한정록』과 대비되는 『야언』의 독특한 면모이다.

이 『야언』의 128칙은 1636년에 간행된 『상촌집』(규장각본)에 대부분 실려있으면서도 얼마간의 유의미한 출입이 발견된다. 즉 「야언제일」은 『상촌집』 권47, 「야언제이」는 『상촌집』 권48과 유사하지만 20여 조목을 취하지 않았고, 「야언제이」의 뒷부분은 『상촌집』의 「彙言」(권41~46), 「先天窺管」(권55), 「求正錄」(권51~54)에서 일부 구절만을 선별한 것이다. 특히 「휘언」과 「구정록」은 본래 여러 권의 분량으로 된 것인데, 본서에는 각각 27칙(제32~59), 12칙(제67~78)만을 선별하였다. 즉 상촌은 유배시기에 지은 아포리즘을 1625년에 다시 편집하면서, 「野言」을 중심에 놓고 거기에 「휘언」·「선천규관」·「구정록」에서 일부 구절을 뽑아 새로운 『야언』을 편성한 것이다. 그러므로 '상촌야언'에는, 『상촌집』의 「야언」과 새롭게 재편집한 본서 『야언』이라는 별도의 두 문헌이 존재하는 것이다.

4. 가치

『야언』은 유배시기에 지은 4종의 잡록을 상촌이 조정으로 복귀한 뒤 다시 선별하여 간행했다는 점에서 독특한 가치를 지닌다. 즉 60세의 상촌이 직접 정선하여 펴낸 것이므로, 이를 기준으로 이 시기 그의 학문관과 문학적 지향을 가늠할 수 있다.

또한 이 책은 17세기에 간행된 청언소품류 문헌이라는 점에서 중요한 의의를 지닌다. 허균의 『한정록』이 주로 중국 문헌을 인용하는 데 그친 것에 반하여, 이 『야언』에는 인용과 아울러 상촌 자신의 문장이 많은 양을 점하고 있다. 새로운 지식을 활용하는 것과 동시에 그것을 소화하여 자신의 아포리즘을 창작하였다는 점이 주목된다.

이 책은 상촌이 이해한 새로운 지식체계의 규모를 파악하는 데에도 좋은 자료가 된다. 그동안 『지봉유설』과 『한정록』이 참고한 중국 문헌은 널리 알려진 데 비하여, 상촌의 경우는 충분한 탐색이 이루어지지 못했다. 그런데 이 『야언』이 참고한 서적 중에는 이수광과 허균에게서 볼 수 없는 『한해』 『조채관청과』 『관윤자』 같은 문헌이 발견된다. 상촌의 다원적 지식 추구와 사유방식의 유연함이 유래한 바를 살필 경우, 이 『야언』에 인용된 문헌이 중요한 참고자료가 될 수 있을 것이다.

5. 기타

이 『야언』 목판본은 계명대 동산도서관 외에 국립중앙도서관, 연세대, 고려대, 대구카톨릭대 등에 남아 있고 또 동일한 내용의 필사본이 성암고서박물관에 소장되어 있다. 이로 보아, 유통 범위가 협소하지 않았던 문헌임을 알 수 있다.

【한영규】

[색인어]

申欽, 1625년 木版本, 明 文獻 引用, 淸言, 養生, 17세기 淸言小品集

[참고문헌]

· 김경희, 「상촌고 해제」, 『한국문집총간해제』 3, 민족문화추진회, 1999.
· 한영규, 「'閑適'의 선망과 『한정록』」, 『문헌과해석』 19, 문헌과해석사, 2002.
· 한영규, 「조선후기 청언소품의 특징」, 『조선후기 소품문의 실체』(안대회 편), 태학사, 2003.

遊松都錄

蔡壽(1449~1515) 等 著. 蔡壽(1449~1515) 編次.

木版本. 1책(35장) 간행지 및 간년 未詳,
四周雙邊, 半郭 17.8×13.2cm, 有界, 11行16字, 黑口,
內向黑魚尾. 23.3×15.8cm.

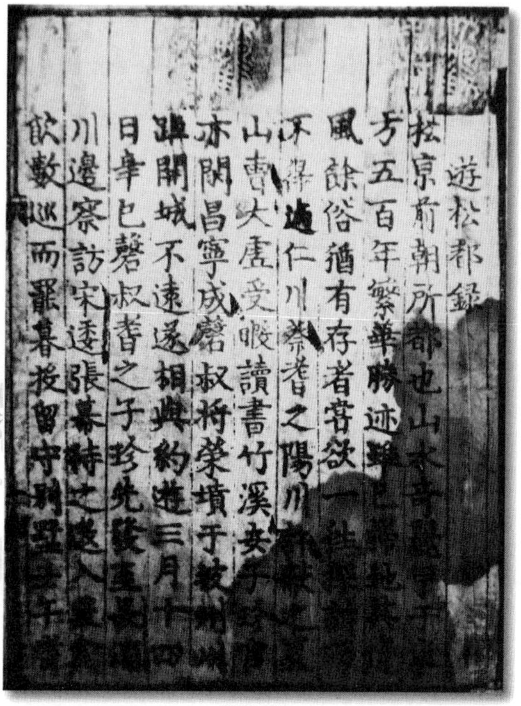
遊松都錄
松京前朝所都也山水
兮五百年繁華勝迹
風餘俗猶有存者嘗欲一
不得適仁川蔡耆之陽川
山寺大虛受暇讀書竹溪安子
亦閑昌寧成磬叔將榮墳于
距開城不遠遂相與約遊三月十四
日皐巳磬叔耆之子珍先發
川邊察訪宋
飮數巡而罷暮投留守

유송도록

1. 저자 및 편자

저자 및 편자인 蔡壽(1449~1515)의 본관은 仁川, 자는 耆之, 호는 懶齋이다. 고려조에 大將軍을 지낸 愼徵과 禮部尙書를 지내고 문장으로 이름났던 寶文 父子가 각각 저자의 12대조와 11대조가 된다. 祖父는 世子侍講院左弼善을 지낸 倫이고, 父는 南陽府使를 지내고 邵城君에 봉해진 申保이다. 母는 文化柳氏로 承順의 딸이고, 妻는 安東權氏로 府使 以順의 딸이다. 채수는 안동 권씨와의 사이에서 모두 3남4녀를 두었는데, 金勘, 金安老, 李耔가 그의 사위다.

채수는 어린 시절부터 뛰어난 자질로 학문과 시문 모두에서 두각을 나타냈다. 특히, 시문은 金宗直으로부터 크게 평가를 받았다. 또한 山經과 地誌에 해박하여 사행 시 중국인들을 놀라게 하였으며, 김종직과 함께 1차 완성된 『동국여지승람』의 보완 작업에 참여하기도 하였다.

1468년(세조14년) 司馬試에 합격하고, 이듬해 문과에 장원하여 사헌부감찰이 되었다. 특히 채수의 對策은 館試·會試·殿試에서 모두 일등을 차지하여 당대에 傳誦되기도 하였다. 1476년(성종7년) 채수는 權健·許琛·兪好仁·曹偉·楊熙止 등과 함께 賜暇讀書의 기회를 얻었는데, 이때의 인연으로 함께 송도 유람의 계획을 세우고 이듬해 결행하였다.

이후 성종의 文治 중심 정책에 의해 문학선비로 제일 먼저 선발되어 예문관수찬이 되었다. 예문관에서 홍문관으로 명칭이 바뀐 뒤에도 교리·지평 등을 역임하면서 『세조실록』·『예종실록』의 편찬에 참여하였다. 특히 음률에 밝아 이조정랑 겸 掌樂院僉正에 선임되기도 하였다. 홍문관 응교로 재직 시 任士洪의 비행을 탄핵하다 곤경에 처한 바 있으며, 좌승지를 거쳐 대사헌으로 있을 때 폐비 윤씨에 대한 예우를 주장하다 왕의 노여움을 사서 국문을 받기도 하였다. 3년이 지난 뒤에야 다시 서용되어 충청도관찰사, 한성부좌윤, 호조참판 등을 역임하였다.

연산군 즉위 후 예조참판, 형조참판을 거쳐 평안도관찰사가 되었는데 임기를 채우지 않고 사직하였다. 갑자사화 무렵에는 과거 승지로 재직 시 貞熹大妃가 諺書로 적은 폐비 윤씨의 죄상을 한문으로 번역하여 史官에게 내려줄 것을 청한 일이 문제가 되어 丹城으로 杖配되었다.

중종반정이 일어나자 奮義靖國功臣에 녹훈되고 仁川君에 봉해졌다. 이 무렵 채수의 벗들은 모두 저 세상 사람이 되었는데, 채수는 면식조차 없는 후진들과 함께 조정에 머무는 것을 탄식하며 벼슬을 버리고 낙향하였다. 이후 咸寧에 퇴거하여 快哉亭이란 정자를 짓고 음주와 시문으로 여생을 보냈다. 하지만, 그가 지은 「薛公瓚傳」이 중종반정을 빗댔다 하여 사림의 비난을 받았고 급기야는 사헌부에서 絞首로 단죄해야한다는 탄핵을 받기에 이르렀다. 결국 「薛公瓚傳」은 괴이하고 허탄한 말로 정도를 어지럽히고 인민을 선동하였다는 죄목으로 불살라지고 그 역시 파직되기에 이른다. 사후 襄靖이란 시호가 내려졌다.

채수의 시문은 현손 蔡有隣이 유고를 수습하여 1568년 1차 간행하였으나 현재 전하지 않고, 그 후 후손 蔡之洗이 초간본 『懶齋集』에 誌文·年譜·世論 등을 덧붙여 木版으로 간행하였다. 蔡之洗은 본래 世稿 간행을 목적으로 하였기 때문에, 編首題가 『仁川世稿』라고 되어있다. 그러나 본래 계획이 무산되어 현전 『인천세고』에는 『나재집』만이 수록되어 있다. 『나재집』은 1938년에 후손 蔡基德·蔡鴻儀 등에 의해 石印本 4권 2책으로 다시 한 번 간행되었다. 석인본은 중간본에 빠진 저자의 遺文을 수습하고 문체별로 재편집한 것이다. 『遊松都錄』 중 채수의 「遊松都錄」은 중간본 『나재집』의 권1과 석인본 『懶齋先祖文集』 권4에 수록되어 있다.

2. 구성

본서의 표제는 『遊松都錄』이다. 不分卷으로 앞부분 「遊松都錄」에는 송도 유람의 경위와 유람한 내용이 실려 있고, 뒷부분에는 송도 유람 시 지은 시들이 실려 있다. 詩題 아래에는 작가의 자 혹은 이름이 부기되어 있다. 일본 尊經閣文庫, 충남대도서관 등에 소장된 동일본과 비교해 볼 때, 序跋이 누락되어 있음을 확인할 수 있다. 책머리에는 徐居正과 金宗直의 序가, 시편 뒤에는 李希輔의 跋이 붙어 있다. 서거정과 김종직의 序는 송도 유람 한 해 뒤인 1478년에 작성되었으며, 이희보의 발은 1515년에 작성된 것이다. 앞부분의 글은 채수의 「遊松都錄」으로 후일 그의 문집 『나재집』에 재수록된다. 후반부의 시는 송도 유람에 참여한 許琛, 曹偉, 安琛, 成俔, 成世明, 成世源 등의 작품으로, 유람한 송도의 勝景을 詩題로 하거나, 동일한 시운을 함께 차운한 작품이 수록되어 있다. 이들 작품은 상당수가 작가 개인의 문집에서도 확인된다. 『유송도록』에 실린 시는 총 27題 114首이다. 시체는 절구, 율시, 고시가 활용되고 있는데, 그 중 칠언율시 형식이 다수를 점한다.

수록된 작품의 시제와 작가를 살펴보면 다음과 같다.

「坡州途中」(成俔), 「臨津」(曹偉), 「又」(許琛), 「自籍田乘月入開城」(成俔), 「登演福寺層閣」(成俔, 安琛), 「又」(蔡壽), 「又」(許琛), 「又」(大虛), 「花園」(安琛), 「又」(蔡壽), 「又」(成俔), 「又)(曺偉), 「又」(許琛), 「又」(成世明), 「穆淸殿」(安琛), 「又」(成俔), 「又」(成俔), 「又」(許琛), 「又」(蔡壽), 「成均館」(安琛), 「又」(蔡壽), 「又」(成俔), 「又」(許琛), 「又」(曺偉), 「王輪寺」(成俔), 「又」(許琛), 「又」(蔡壽), 「又」(安琛), 「安和洞水落石」(成俔), 「又」(許琛), 「又」(蔡壽), 「又」(曺偉), 「又」(安琛), 「又」(成世明), 「本闕古基」(曺偉), 「又」(許

琛),「又」(蔡壽),「又」(安琛),「又」(成俔),「壽昌宮」(成俔),「又」(蔡壽),「又」(安琛),「又」(曺偉),「福靈寺」(蔡壽),「又次壁上韻」(蔡壽),「又次」(安琛),「又」(曺偉),「又」(成俔),「又」(許琛),「朴淵」(許琛),「又」(成俔),「又」(成世明),「又」二首(曺偉),「又」(蔡壽),「又」(安琛),「觀音窟前溪夜飮」(許琛),「又」二首(曺偉),「又 」(蔡壽),「又」(成俔),「又」(安琛),「又」(成世明),「雲居寺」(安琛),「又」(許琛),「又」(曺偉),「又」(成俔),「又」(蔡壽),「花潭」(許琛),「又」(曺偉),「又」(安琛),「又」(蔡壽),「又」(成俔),「皺岩」(蔡壽),「又」(許琛),「又」(安琛),「又」(曺偉),「又」(成俔),「靈通寺次壁上韻」(曺偉),「又」(安琛),「又」(許琛),「又」三首(蔡壽),「歸法寺古基」(曺偉),「又」二首(許琛),「飮歸法前溪」(安琛),「又」二首(成俔),「又」(曺偉),「東郊觀獵」(成俔),「又」(安琛),「又」(許琛),「又」(曺偉),「大平館夜飮」(成俔),「又」(曺偉),「次大虛韻」(安琛),「又」(許琛),「又」(蔡壽),「又」(成世明),「敬天寺」(미상-曺偉),「又」(成俔),「又」(許琛),「又」(安琛),「又」(蔡壽),「長源亭」(許琛),「又」(曺偉),「用大虛韻」(成俔),「又」(安琛),「又」二首(蔡壽)

이 중 「敬天寺」라는 작품의 작가가 미상으로 처리된 것은 해당부분이 손상되어 확인이 불가능하기 때문이다. 그러나 이 부분을 동일본으로 추정되는 충남대도서관 소장본과 비교해본 결과 曺偉의 작품임을 확인할 수 있었다.

3. 내용

이 책은 1477년(丁酉, 成化13년, 成宗8년) 蔡壽가 許琛(1444~1505)·曹偉(1454~1503)·安琛(1445~1515)·成俔(1439~1504)·成世明(1447~1510)·成世源(?~?) 등과 함께 송도를 유람하고 시를 지은 기록이다. 이들의 유람은 한 해 전인 1476년(丙申, 成化10年, 成宗7년)에 계획된 것이다. 賜暇讀書의 기회를 얻어 藏義寺에 머물던 蔡壽·許琛· 曹偉·兪好仁·權健·楊熙止 등은 송도 유람을 계획하고 이듬해 3월 출발하기로 약속을 했다. 하지만 유호인과 양희지는 직무로 인해 참가하지 못했고, 채수·허침·조위만이 송도유람을 떠나게 된다. 여기에 관직이 한가로운 安琛과 坡州로 성묘를 가던 成俔이 동행하고, 나중에 성현의 조카인 成世明·成世源 형제가 참여하였다. 열흘이 채 못 되는 기간 동안 이들은 백 편이 넘는 시를 지어가지고 돌아왔다. 이때의 유람경위를 기록한 것이『遊松都錄』에 수록된 蔡壽의「유송도록」이며, 후반부에 수록된 시들은 송도 유람 중 이들이 함께 지은 작품들이다. 이때의 유람을 놓친 유호인은 이를 몹시 아쉬워하여 다음 달인 4월에 양희지·申從濩와 함께 송도를 다녀왔는데, 유호인 역시「遊松都錄」(『濡谿集』卷七)이란 기록을 남기고 있어 참고가 된다.

먼저, 채수의「유송도록」에 기록된 여정을 날짜순으로 소개하면 다음과 같다.

3월 14일(辛巳): 서울에서 蔡壽·安琛·成俔이 먼저 출발→長湍→察訪 宋遴의 영접과 酒宴→開城留守의 別墅에 투숙

3월 15일(壬午): 籍田→(성묘를 마친 成俔 동행)→判官 鄭希仁이 베푼 酒宴→保定門(宋京)

3월 16일(癸未): (成世明·成世源 형제 참여)→演福寺→花園→穆淸殿→成均館→紫霞洞→王輪寺→安和洞 입구의 水落石→昭格殿→本闕古基→經歷 林秀卿이 술을 가지고 찾아와 滿月臺에서 술을 마심→豐德訓導 具繼重이 琴을 가지고 옴→날이 저물어 散會할 무렵 서울로부터 曺偉와 許琛이 도착함

3월 17일(甲申): 福靈寺→朴淵 폭포→觀音窟寺에서 술 마시며 시를 짓고 琴을 연주함

3월 18일(乙酉): 雲居寺→佛會寺→廣明寺

3월 19일(丙戌): 炭峴門→花潭→巉巖→鼓岩→靈通寺→歸法寺→前溪寺

3월 20일(丁亥): 開城留守와 함께 龍遁坪으로 사냥 구경을 나감→太平館에서 經歷·都事·察訪이 餞別宴을 베품

3월 21일(戊子): 承濟門→敬天寺→長源亭→豐德郡守 宋叔琪의 酒宴→豐德

3월 22일(己丑): 成俔·蔡壽·安琛은 서울로 돌아가고, 許琛·曺偉는 주인에 이끌려 大橋에 가서 고기잡이 구경을 함.

3월 25일(壬辰): 서울로 돌아옴

다음으로, 수록된 시 중 주목할 만한 작품들을 소개하면 다음과 같다.

血射無成便自嗔	피 담긴 가죽주머니 쏘아 이룸이 없음에 곧 스스로 성내니
到頭兵氣繞鉤陳	마침내 전쟁의 기운이 鉤陳星을 에워싸네
聚車未必能遮道	수레를 모은다고 반드시 길을 막을 수 있는 것이 아니건만
橫槊空勞枉殺人	창 비껴들고 공연히 죄 없는 사람 죽이느라 힘썼다네
運去君臣同掩涕	운이 다한 임금과 신하는 함께 눈물을 흘리고
惡浮天地不容身	죄악이 넘치니 천지에 몸을 둘 곳이 없구나
蒼皇一罷繁華夢	허둥지둥 한 번 번화한 꿈을 마치니
廢苑殘花寂寞春	황폐한 동산엔 꽃은 져가고 봄은 적막하기만 하구나
	(許琛, 「花園」)

3월 16일(癸未)에 채수 일행이 연복사를 구경한 뒤 방문한 花園은 본래 공민왕이 2층으로 팔각전을 세우고 주위에 화초를 심어 잔치하고 놀이하던 장소이다. 후일 이성계가 우왕의 요동정벌 명령을 거부하고 위화도에서 回軍하였을 때, 최영의 부대와 마지막 접

전을 벌인 곳이기도 하다. 허침의 시는 이때의 일을 소재로 하고 있다. 첫 구절에선 殷武乙이 자루에 피를 담아 활을 쏘아 맞춘 뒤 '射天'이라고 했던 고사를 끌어와 우왕과 최영 등 당시 집권층의 부패와 국제정세 오판을 질타하고 있다. 이후 경련까지의 내용은 회군한 이성계의 군대에 맞서 싸운 최영의 이야기를 담고 있다. 최영은 이성계의 군사를 막기 위해 수레를 모아 길을 막는 등 고려의 사직을 지켜내기 위해 고군분투하였으나, 결국 패전하여 화원으로 쫓겨 들어가게 된다. 분을 못이긴 최영은 애꿎은 문지기를 찔러죽이기도 했지만, 대세는 이미 결정이 난 뒤였다. 우왕은 寧妃(최영의 딸)· 최영 등과 더불어 팔각전에 숨어 있다가 결국 반란군에 끌려 나오게 된다. 이때 우왕은 최영의 손을 잡고 울며불며 작별하였다는 일화가 전한다. 왕조교체의 역사적 사건이 일어난 이 화원은 폐허가 되었는데, 허침의 시는 과거사의 회고를 통해 고금의 변화상을 부각시키고 있다. 같은 장소에서 지어진 成俔의 시 가운데 "당시의 팔각전이 부질없이 남아 있네(當時八角殿空存)"란 구절을 보면, 이 무렵까지는 건물이 남아있었음을 알 수 있다.

傑閣荒凉不見僧	높은 전각 황량한데 중은 보이지 않고
黃金大士獨崚嶒	황금 관세음보살만이 홀로 우뚝하다
塵埋禪榻風爲箒	禪榻을 덮은 티끌은 바람이 비질하고
夜暗窓櫳月作燈	창살에 어둠이 드니 달이 등불이 되네
野叟耕田穿古砌	촌노는 밭을 갈다 옛 섬돌을 찾아내고
行人問路轉高陵	행인은 길을 묻다 능묘를 향해가네
巉巖一片溪頭石	깎아지른 듯이 선 한 조각 시냇가 바위는
萬古無言閱廢興	만고토록 말없이 흥망사를 보고 있구나
	(成俔,「王輪寺」)

같은 날 穆淸殿, 成均館, 紫霞洞을 거쳐 도착한 왕륜사에서 지어진 작품이다. 왕륜사는 과거엔 대찰이었지만 이들이 도착하였을 때는 전각 하나 만이 남아있을 뿐이었다. 이곳은 공민왕이 노국공주 사후 신돈에 미혹되어 공주의 影殿(仁熙殿)을 무리하게 건설한 장소이기도 하다. 성현의 시는 대찰의 황량한 모습과 대비되는 황금 불상의 모습으로 시작된다. 왕륜사는 이제 쇠락하여 과거의 모습을 찾을 길 없는 고적한 산사일 따름이다. 시인은 절 부근 시냇가에 우뚝하게 서있는 바위를 통해 고금의 흥망사를 반추하며 상념에 젖는다. 安琛도 같은 장소에서 "성쇠하고 얻고 잃는 것이 인간사거니, 흥망을 가지고 부질없이 마음 상하지 말게나 榮枯得失人間事, 莫把興亡枉斷魂"라고 읊은 것을 보면, 다른 일행 역시 왕륜사의 정경에서 유사한 느낌을 받았던 듯하다.

造物神功亦壯哉	조물주의 신령스런 공 성하기도하구나

谽谺一洞若天開	골짜기 한 동굴이 하늘처럼 열려있네
山如鳳翥晴猶潤	산세는 봉황이 비상하는 양 맑게 개어 빛나고
水到龍淵碧更洄	물은 深淵에 이르러 푸른 물결 다시 역류하네
翠壁千尋懸素練	천 길 푸른 절벽에 흰 비단이 달아매져 있고
丹霞十里吼驚雷	십 리 붉은 노을에 우레 소리 소스라치게 울리네
幽人自是多詩思	그윽한 이는 절로 詩想이 많아져
終日空矼獨往來	종일토록 빈 징검다리를 홀로 오고 가네
	(蔡壽, 「朴淵」)

3월 17일(甲申) 福靈寺를 거쳐 朴淵 폭포 구경을 하고 지은 작품이다. 박연 폭포는 天磨山과 聖居山 사이에 있는 폭포로, 그 가파른 외양과 웅장한 형세로 인해 역대로 수많은 인물들의 찬탄을 받아왔다. 박연에 관해서는 박씨 성을 가진 선비가 笛을 불다가 龍女에게 끌려 못 속으로 들어갔다는 전설과 고려 문종 때 인물인 李靈幹이 용을 내리쳐 못물이 다 붉어졌다는 이야기가 전한다. 또, 박연 주변에는 怛怛朴朴과 努肹不得이라는 두 石佛이 위치하고 있기도 하다. 「유송도록」에 따르면, 채수는 송도의 勝景 중에서도 특히 이곳에 큰 인상을 받았던 듯하다. 그는 박연 폭포를 보고 "조물주가 이 지경까지 이를 줄은 몰랐으니, 만약 와서 보지 않았다면 정말 항아리 속의 해계를 면치 못했을 것이다 不知造物之至此也, 若不來觀, 眞瓮中之醯鷄耳"라고 감탄하고 있다. 시에서도 박연 폭포의 장관이 생생하게 형상화되어 있다. 깊은 산속에 위치한 폭포의 가파른 형세와 폭포의 포말이 못 속으로 떨어졌다 다시 솟구쳐 오르는 모습, 그리고 아스라한 절벽 위에서 우레 치듯 떨어지는 물줄기의 소리 등이 역동적으로 그려지고 있다.

송도를 유람한 일행들은 대개 사가독서의 기회를 부여받은 촉망받는 인재들로서 가는 곳마다 좋은 술과 음식으로 환대를 받았다. 또, 현지의 관료 및 지우들과 함께 송도의 승경을 마음껏 구경하였으며, 서울로부터 온 일급의 악공들과 함께 수준 높은 예술의 향연을 누릴 수 있었다. 이에 따라 『유송도록』에 수록된 시문으로부터 '遊樂'의 범위를 넘어선 심각한 작가의식을 기대하기는 어렵다. 송도의 쇠락한 모습을 애상하는 회고적 정조의 시들과 조선개국의 정당성을 내세우고 우왕·신돈·최영 등을 비판하는 작품 정도가 특징적인 예에 속한다. 하지만, 이 역시도 송도 혹은 고려조에 대한 특별한 의식의 소산이기보다는 유적을 통해 시간의 경과나 인간사 흥망성쇠를 반추해보는 일반적 수준에 그치고 있다.

4. 가치

본서는 15세기 후반 송도 유람의 기록으로서 일정한 가치를 지니고 있다. 송도는 前朝의 首都로서 조선 개국 이래 침체의 길을 걸었다. 정치, 문화, 학문의 중심지가 새 수도인 한양으로 옮겨감에 따른 자연스러운 변화이겠지만, 송도의 유적들은 폐허가 되거나 쇠락하게 되었다. 채수의 『유송도록』은 일차적으로 사가독서를 함께 한 유망 신진관료들의 유람의 기록이지만, 조선전기의 송도 관련 기록으로서도 일정한 의의를 확보하고 있다. 유람 과정에서 이들이 목도한 송도는 조선 개국 후 1세기가 채 되기 이전의 모습으로서, 전대·후대의 기록과 비교할 경우 조선시대 송도의 변화사를 파악할 수 있는 소중한 자료이다. 한편, 이들이 송도 유람 중에 남긴 작품들은 이들이 가진 문학적 역량에 비례하여 당시에 높은 평가를 받았던 것으로 보인다. 서거정은 『유송도록』의 서에서 이들이 송도 유람 중 지은 시들을 높이 평가한 바 있으며, 일부 작품은 『신증동국여지승람』과 『속동문선』에 선록되기도 하였다. 다만, 계명대도서관 소장본의 경우 序跋이 누락되어 있고, 상대적으로 책의 보존상태가 양호하지 못하다는 점이 아쉬움으로 남는다.

5. 기타

『遊松都錄』은 앞으로 작자 및 편자 문제와 관련하여 좀 더 면밀히 검토될 필요가 있다. 앞부분의 「유송도록」은 말미에 "仁川蔡壽謹識"란 기록이 부기되어 있고, 채수의 문집인 『懶齋集』(卷1)에도 수록되어 있어, 채수의 글임이 분명해 보인다. 하지만, 「유송도록」의 서술내용과 관련기록을 검토해보면 몇 가지 미심쩍은 부분이 발견된다. 우선, 채수 자신에 대한 기록이 제삼자에 대한 기록처럼 서술되었다는 점을 들 수 있다. 「유송도록」의 기록에서 채수는 다른 인물들과 마찬가지로 字로 호칭되고 있다. 이 점은 통례에 비추어 볼 때 채수가 작자라는 사실을 반드시 의심해야 할 사항은 아니나, 서술의 흐름상 필자 자신이라 하기에 매끄럽지 않은 것도 사실이다. 다음으로 글 말미의 내용 중 '일이 있어 장단으로 간 (以事向長湍)' 인물이 누구냐는 문제를 들 수 있다. 3월 22일(己丑)의 기록을 보면, "成俔·蔡壽·安琛은 먼저 서울로 돌아가고, 許琛·曺偉는 주인에 이끌려 士諤과 함께 大橋에 가서 고기잡이 구경을 하였다 (己丑, 磬叔·耆之·子珍, 發還京城, 獻之·太虛, 爲主人所挽, 與士諤觀漁于大橋)"란 구절이 보인다. 그 뒤에 예시한 문장이 나오는데, 장단으로 간 인물은 바로 앞의 허침이나 조위일 수도 있지만, 문맥으로 볼 때 이 글의 별도의 저자일 가능성이 있다. 마지막으로 『유송도록』에 수록된 김종직의 서(『佔畢齋集』 卷二, 「遊松都錄跋」이라 되어 있음)에 채수가 저자 혹은 편자라고 언급된 사실이 없다는 점을 들 수 있다. 『유송도록』이 편찬되기 이전의 송도에서 지은 시편들만을 보았기 때문에 별다른 언급이 없을 수도 있지만, 이때의 기록을 김종직에게 가져다 준 인물은 조위라고 기록되어 있다.

하지만, 이상의 사항만으로 채수가 저자가 아니라고 추정하는 것은 위험한 일일 것이다. 의심 가는 부분이 있기는 하지만, 다른 사람이 저자라고 할 만한 분명한 증거 역시 발견되지 않기 때문이다. 여기서는 일단 이런 의문점만을 제시하고, 앞으로 관련 자료의 발굴을 통해 이 문제가 석연하게 究明되기를 기대해 본다.

【임준철】

[색인어]

『遊松都錄』, 1477년 松都 遊覽 여정 및 시, 시 27題 114首, 蔡壽·許琛·曹偉·安琛·成俔·成世明·成世源의 작품.

[참고문헌]

· 고유섭, 『송도의 고적』, 열화당, 1977.
· 오세옥, 「나재집 해제」, 『한국문집총간해제』 1, 민족문화추진위원회, 1991.
· 兪好仁, 『濡谿集』, 한국문집총간 15, 민족문화추진위원회, 1996.
· 임준철, 「朝鮮中期 松都文人 詩에 나타난 審美傾向의 特質」, 『국어국문학』 제122호, 국어국문학회, 1998.12.
· 蔡壽, 『懶齋集』, 한국문집총간 15, 민족문화추진위원회, 1996.
· 蔡壽, 『懶齋先祖文集』, 石版本, 4권2책, 국립중앙도서관 소장본.
· 藤本幸夫, 『日本現存朝鮮本硏究 集部』, 京都大學學術出版會, 2006, 54·1131면.
· 朴能緖 撰, 『韓國系行譜 人』, 보고사, 1992, 2533-2534면.
· 『국역 신증동국여지승람』 I , 민족문화추진회, 1971.

◉ 國文詩歌類

小有亭歌

朴仁老(1561~1642) 著.

필사본(國漢混用), 6幅 兩面의 摺冊本.
每幅 13~20행, 1행 21자 내외, 31.7×24.6cm.

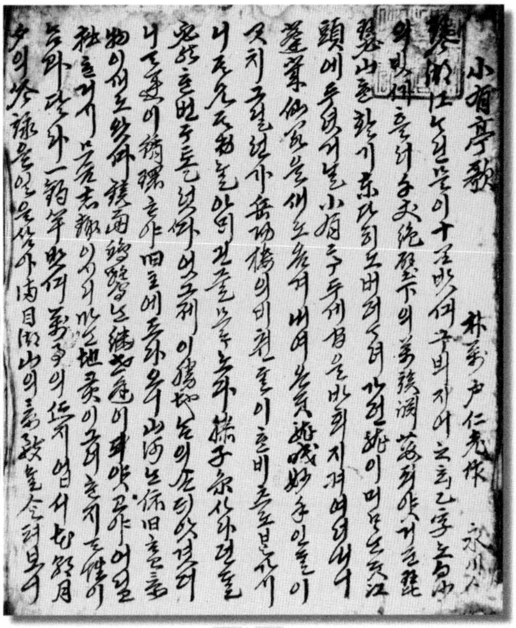

소유정가

1. 저자

「소유정가」는 1980년 김문기 교수에 의해서 발굴된 가사작품으로 현존 유일본이다. 이후 계명대 동산도서관에서 구입하여 현재는 계명대도서관에 소장되어 있다. 발굴자는 이 작품의 제목 아래쪽에 '朴萬戶仁老作 永川人'이라고 작가가 명시되어 있을 뿐만 아니라 「소유정가」가 박인로 가사의 보편적 특징을 그대로 지니고 있고, 이미 알려진 그의 작품에 구사된 구절이 대단히 많다는 것을 근거로 하여 이 작품을 박인로의 작품으로 판단하였다.

박인로는 조선 중기 때의 문인이자 무인으로, 본관은 밀양, 호는 蘆溪이다. 영양 도천리(현 경북 영천군) 출생으로, 그의 82세의 생애를 크게 둘로 나누어 보면, 전반생이 임진왜란에 從軍한 武人으로서의 면모가 두드러졌다면, 후반생은 선비로서의 독서·강학과 문인 가객으로서의 면모를 보인다.

그는 31세 때 임진왜란이 일어나자 의병활동에 가담하였다. 1599년 무과에 등과하여 수문장, 선전관을 제수받고, 거제도 말단인 조라포에 만호로 부임하였다. 이 때부터 가사와 시조 창작이 본격적으로 시작되어 「태평사」·「선상탄」 등을 지었다.

그가 문인으로서 본격적으로 활약한 것은 은거 생활에 든 40세 이후로 경전주석 연구에 몰두하였고, 여러 도학자들과 교유하였다. 李德泂의 빈객으로 가사 「사제곡」·「누항사」를 지었고, 말년에는 「영남가」·「노계가」 등을 지었다. 현재까지 발굴된 그의 작품은 「소유정가」를 포함하여 가사가 모두 9편이고, 시조는 68수에 이른다. 그의 작품들은 3권 2책으로 이루어진 『노계집』에 실려 있고, 「소유정가」만 별도의 필사본에 실려 있다.

2. 구성

「소유정가」는 박인로의 다른 가사 작품과 같이 문장이 중후하면서도 유려하고 사실적인 표현이 많이 나타날 뿐 아니라 구문의 구성도 특이한 점이 있다. 「소유정가」는 내용, 형식, 표현 등으로 볼 때 기존 박인로 歌辭의 특징을 그대로 지니고 있다.

박인로 가사의 특징 가운데 고사성어를 많이 구사하는 것이 두드러진 특징이라고 할 수 있는데, 「소유정가」에도 龍眠妙手, 雲影川(天)光, 於刃(于淵)魚躍, 天慳地秘, 張翰江東去, 風乎詠而歸, 正値秋風, 須臾羽化, 擊壤歌, 落霞齊飛, 富春形勝 등 흔히 쓰이는 고사성어가 많이 나타나고 있다. 또한 그의 가사의 주제는 주로 安貧樂道, 江湖閑情, 忠孝 등이고 투영된 사상은 철저한 유교사상인데 「소유정가」의 주제와 투영된 사상도 이와 같다. 그리고 破格句文과 감탄적인 隻辭가 많이 쓰인 것이 특징인데 「소유정가」에도 파격구문이 많고 歎辭가 나타나고 있다.

이와 더불어 「소유정가」에는 노계의 기존 작품에 쓰인 句節과 같거나 비슷한 것이 많다. "天地秘ᄒᆞ야 나ᄅᆞᆯ주랴 남과덧싸"(「蘆溪歌」와 동일), "이시면 粥이요 업스면 굴물만정"(「陋巷詞」와 동일)과 같이 기존 가사의 문구와 동일한 行이 16번이나 나오며 단어나 어구의 차이는 있지만 行의 의미구조가 같은 경우가 11번이나 나온다. 이러한 점에서 「소유정가」를 後人이 박인로의 작품을 모방한 것이 아닌가 의심하는 경우도 있다. 「소유정가」는 비슷한 내용이 다소 중복되는 면이 있기 때문에 그 構想이 치밀하다고는 볼 수 없다. 그러나 「소유정가」는 가집이 엮어지기 전에, 가사 작품 중에서 문자로 가장 먼저 정착된 것이다. 특히 그는 가사를 書床에 앉아서 짓고 다듬은 작가가 아니라 즉석에서 가사를 唱하는 작가이기 때문에 가집이나 『노계집』이 편찬되기 이전에는 작품이 각 곳에 산재해 있었다는 것을 염두에 두어야 한다.

「소유정가」는 239句 116行으로 이루어져 있는데 파격구문이 19행이나 되는 것이 특징이다. "ᄒᆞ물며 八公山 건너보니 노프락 ᄂᆞ즈락"과 같이 감탄적인 嘆辭가 結詞뿐 아니라 가사의 중간에도 쓰여 5음보를 이루는 특징을 갖고 있다. 그리고 "아뼈락 뒤뼈락 五五 三三이 李杜詩ᄅᆞᆯ 섯거읍고"와 같이 2음보를 基底律格으로 하는 6음보 1행이 7번이나 나오는 것도 율격상의 특징이다. 이 6음보격 1행과 같은 파격구문은 조선조 후기의 서민가사에 빈번히 나타나므로 율격적인 측면으로 볼 때 「소유정가」를 비롯한 박인로의 가사는 음영서민가사의 原流가 아닌가 생각된다. 실제로 그는 가사를 노래로 불렀다는 기록이 많이 남아 있다.

위와 같이 「소유정가」는 내용, 형식, 표현 등 모든 면에서 박인로 가사의 특징을 그대로 잘 지니고 있으며, 가사를 즉석에서 노래 불렀다는 증거를 보여 주는 작품이라 하겠다.

3. 내용

「소유정가」는 소유정 주변의 승경과 화자의 서술로 되어 있는 序詞와 이 승지에서의 산책과 정서의 표현으로 되어 있는 本詞, 그리고 짧은 結詞로 되어 있다. 소유정의 승경과 더불어 樂山樂水하고 安貧樂道하는 儒者의 모습을 읊고 있는 이 작품은 3단으로 구성되어 있다. 제1단은 소유정 주변의 빼어난 경치와 소유정의 내력을 읊고 있는데 이는 序詞의 성격을 띠고 있다. 제2단은 樂山樂水之癖과 釣魚之樂, 春興과 秋興을 읊은 것으로 여기까지가 본사이고, 제3단은 結詞로서 태평성대와 聖主萬歲를 희구하고 있다.

서사의 첫머리는 소유정의 창건에 대해 말하고 있다. 이 서사의 표현에는 송순의 「면앙정가」에서 따온 표현도 보인다. 이어 본사에서는 소유정을 둘러싼 화자의 산책과 감상이 주를 이룬다. 여기서는 「노계가」의 내용이 상당부분 겹쳐져서 나타난다. 팔공산에 대한 서경에 이어 春遊와 秋遊의 서사가 이어진다. 秋遊를 마치고는 자기를 되돌아본다. 이 부분이 화자의 정서가 드러나는 부분으로 포의의 신분으로 이러한 승경을 즐길 수 있음은 聖恩 때문이라 하고, 이를 갚기 위해 최선을 다하고자 하는 의지가 드러난다. 결사에서는 곤궁한 자와 영달한 자의 길이 달라 영달하지 못한 자로 군주를 모시지 못하고 초야에 묻혀 있으나 聖恩에 대한 보은 의식을 강하게 드러내면서 끝을 맺는다.

지금까지 학계에서는 이 내용을 바탕으로 하여 「小有亭歌」의 창작 시기를 1617년 東萊에서 溫泉浴을 하고 돌아오던 寒岡 鄭逑의 小有亭 방문과 연관시켜 이해하여 왔다. 1617년 9월 2일 동래에서 돌아오던 한강 정구가 박인로가 살던 마을에 유숙하였으므로 그를 찾아뵈었을 것이고, 이틀 후 한강 정구를 모시고 소유정에 들렀을 때 이 노래를 지었을 것이라는 것이다.

그러나 이러한 견해는 박인로가 단 한번밖에 소유정에 들리지 않았고, 그 때가 바로 한강 정구를 모시고 들렀을 때라는 것을 암묵적으로 전재하고 있다. 하지만 여러 가지 상황을 감안해보면 박인로는 소유정에 여러 차례 찾아갔을 가능성이 많다. 그러므로 「소유정가」의 창작 시기를 한강 정구의 소유정 방문과 관련시켜 이해하는 것은 재론의 여지가 있다.

4. 가치

「소유정가」는 박인로의 현존 가사 작품 중에서 문자로 정착된 연대가 가장 오래된 작품이라 하겠다. 『蘆溪集』에 실린 판본 가사는 1831년에 새겨진 것이고, 『노계집』 古寫本의 가사는 18세기 초엽(『靑丘永言』 편찬 이전)에 문자로 정착된 것인 데 비해, 「소유정가」는 1692년(숙종 18)에 필사되었기 때문이다. “모소유정게호액자설”은 채응린의 외증손인 愼默齋 李鳴宇가 지은 것이 틀림없는데 이명우의 출생이 戊寅 즉 1638년(인조 16)이므로 이 說을 지었다는 “壬申 十月”은 1692년 10월이 된다. 이 說의 筆體나 가사의 필체가 동일하므로 「소유정가」의 필사 연대와 이 설을 지은 연대는 같다고 볼 수 있다. 결국 이명우가 이 지방 학문의 중심지였던 外曾祖父宅에 출입하면서 소유정은 소실되었으나 當代 명필이었던 裵大維(1563-?)가 쓴 ‘소유정’ 편액이 먼지 투성이로 전해지는 것을 보고 이를 摸寫하고 모사의 동기와 과정을 밝히는 說을 쓰면서 그 때까지 외증조부댁에 전해지던 소유정가를 필사하여 소유정가 가첩을 만든 것으로 보인다. 따라서 이 「소유정가」는 박인로 가사 중에서 문자로 가장 먼저 정착된 작품일 뿐만 아니라 일반 가사 작품 중에서도 그 정착연대가 확실하고 가장 오래된 작품에 속하기 때문에 그 가치는 지대하다고 하겠다.

이 「소유정가」가 발굴됨으로써 1979년에 발굴된 「立巖別曲」을 박인로의 작품으로 인정한다면 그의 가사 작품은 총 9편으로 늘어나 가사문학사상 최다작의 작가가 되었다. 특히 善歌者인 박인로는 신분이 낮고 후손이 잘나지 못하여 그의 작품이 제대로 전하여지지 못했고 문집도 사후 189년에야 겨우 엮어져서 가사와 시조는 물론이고 한시, 한문 등도 많이 逸失되었기 때문에 그의 생활 근거지를 중심으로 세밀한 조사를 실시한다면 새로운 작품이 더 발굴될 수 있으리라 여겨진다.

「소유정가」의 현장인 소유정은 1673년 방화로 인해 소실된 후 다시 세워지지 못했다. 같은 위치에 나란히 서 있다가 함께 소실된 狎鷺亭은 1796년 중건되어 여러 번에 걸친 보수 끝에 지금도 거의 완전한 모습으로 남아 있으나 안내판도 하나 없이 방치된 상태다. 현재 압로정에는 소유정 간판과 함께 소유정 관련 시문들도 다수 걸려 있는데다 소유정 터가 압로정과 지척에 위치하고 있어 사실상 소유정은 압로정 속에 살아 있다고도 할 수 있으며, 결과적으로 압로정의 보존이 소유정의 보존이기도 하다. 수많은 학자들과 문인들이 來往하며 다수의 시문을 남김으로써 조선시대 한 때 대구 문화의 상징적 명소였던 이곳은 「소유정가」에 표현된대로 금호강을 굽어보고 팔공산을 바라보는 대구시 북구 검단동의 전망이 빼어난 곳에 위치하고 있다. 압로정은 문화재로 지정하여 홍보하고 보존할 만한 가치가 있다고 판단된다.

5. 기타

「소유정가」는 문집 『노계집』에 수록되어 있지 않고 필사본으로만 전해오기에 몇몇 부분에서 학설의 차이가 있다. 우선 편찬 연대에 있어 1617년설과 1614년부터 1620년 사이의 어느 시점설이 있다. 그리고 이 「소유정가」에는 박인로의 다른 작품의 표현들이 상당수 포함되어 있어, 오히려 이 작품이 박인로의 가사 작품들을 조합하여 후인이 만든 것이 아닌가하는 견해도 있다.

【한창훈】

[색인어]

박인로, 소유정가, 소유정, 모소유정게호액자설

[참고문헌]

· 김문기, 「박인로의 <소유정가> 고찰」, 『국어국문학』 84집, 국어국문학회, 1980.
· 김문기, 「<소유정가>의 특징과 가치」, 『한국학논집』 16집, 계명대 한국학연구소, 1989.
· 윤영옥, 「<사제곡>과 <소유정가>의 연구」, 『한민족어문학』 40집, 한민족어문학회, 2002.
· 이종문, 「蘆溪 朴仁老 文學의 創作 空間과 遺蹟 關聯 몇 가지 探索」, 『대동한문학』 29집, 대동한문학회, 2008.

詩餘

編著者 未詳.

筆寫本 1冊(22張). 四周單邊, 半郭 24.0×17.7cm, 有界(烏絲欄), 12行24字, 無魚尾 ; 31.5×21.5cm.

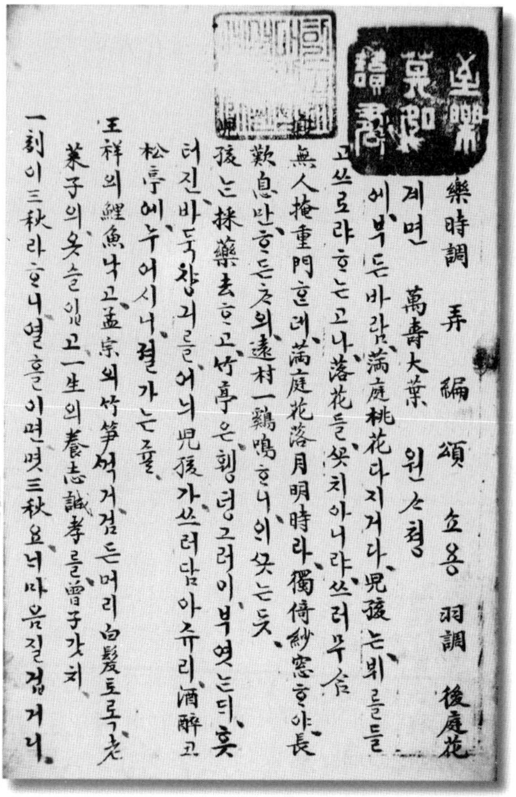
樂時調 弄 編 頌 쇼용 羽調 後庭花
계면 萬壽大葉 원々청
에부든바람滿庭桃花다지거다兒孩는뷔를들
고쓰로랴ᄒᆞᄂᆞᆫ고나落花ᄂᆞᆫ꼿치아니랴쓰러무ᄉᆞᆷ
無人掩重門ᄒᆞᆫ데滿庭花落月明時라獨倚紗窓ᄒᆞ야長
歎息만ᄒᆞ든ᄎᆞ외遠村一鷄鳴ᄒᆞ니의ᄭᆞᆺᄂᆞᆫ듯
孩는採藥去ᄒᆞ고竹亭은휑뎅그러이부엿ᄂᆞᆫ듸혓
터진바독쟝긔를어ᄂᆡ兒孩가쓰러담아쥬리酒醉고
松亭에누어시니졀가는쥴
王祥의鯉魚낙고孟宗의竹笋썩거검든머리白髮토록老
萊子의옷슬닙고一生의養志誠孝를曾子갓치
一刻이三秋라ᄒᆞ니열흘이면멧三秋요너마음질겁거니

시여

1. 편저자

미상.

2. 구성

『詩餘』는 필사본 1책으로 이루어진 시조창 계열 가집이다. 편저자를 알 수 없으며 시조 사설 170수(사설시조 59수)가 수록되어 있다. 필사 시기는 20세기 초로 추정된다. 李仁哉 선생 舊藏本으로 학계에서는 '『詩餘』 李氏本'으로 통칭된다.
『詩餘』의 편제와 특성은 다음과 같다.

① 표제 : 詩餘
② 차례 : 樂時調 弄 編 頌 쇼용 羽調 後庭花 계면 萬壽大葉 원ᄉ청
③ 본문 : 악곡 구분 없이 사설 170수 수록
④ 소춘향가

②는 권두에 배열된 악곡 목록이다. 배열된 악곡은 가곡창의 파생곡들이다. 이 가운데 '萬壽大葉'은 『해동가요』(일석본)에 용례가 확인되는 바 '蔓橫'의 이칭이다. '원ᄉ청'은 어떤 악곡을 지칭하는지 알 수 없다. 배열된 시조 사설에 악곡 정보 표시가 전혀 없어 권두에 이와 같이 악곡명을 배열한 이유와 수록된 시조 사설과의 관계는 현재로서는 파악이 곤란하다. 아울러 시조창 가집의 권두에 가곡창의 악곡 목록을 수록한 이유도 불분명하다. 시조창 파생곡이 '평시조', '지름시조', '사설시조' 등인 점을 감안할 때 이들 악곡이 가창의 실질과 무관하다는 점은 분명하다. 한편 『詩餘』의 악곡 목록이 『남훈태평가』(1863)의 권두에 수록된 것과 같다는 점이 흥미롭다. 다만 『남훈태평가』 목록에 보이던 '잡가'와 '가사' 항목은 생략되었다.

③은 시조 사설을 수록한 부분이다. 악곡 구분 없이 사설만 170수를 수록하였다. 이 가운데 사설시조가 59수이다. 여타 시조창 가집과 같이 종장 말음보를 생략하였다. 1면에 12행씩 사설을 배열하였는데 처음부터 끝까지 필체가 일관되고 매우 정연하다. 표기 형태는 국한문을 혼용하였다. 시조창 계열 가집 대부분이 순국문 표기 형태를 취한 것과 대비된다. 작품 마다 시작 부분을 한자씩 높이고 구절마다 붉은 점으로 句點을 찍었다. 句點은 歌唱 혹은 律讀의 필요성에 의해 필사 후 첨가된 것으로 보인다. 붉은 글씨로 두 군데 한글 오탈자를 바로잡고 여섯 군데 한자음을 병기한 것이 이를 말해준다.

④는 잡가 「소춘향가」 사설이다. 「소춘향가」는 『남훈태평가』에 수록된 것과 같다. 『남훈태평가』의 경우 잡가편과 가사편을 구분하고 잡가편에는 「소춘향가」, 「믹화가」, 「빅구사」를, 가사편에는 「춘면곡」, 「상사별곡」, 「쳐사가」, 「어부사」 등 총 7편을 수록하였으나 『詩餘』에는 잡가편 가사편을 구분하지 않고 「소춘향가」 1편만 실었다.

3. 내용: 다른 가집과의 관계

『詩餘』와 가장 친연성이 있는 가집은 『남훈태평가』와 『時調』(池氏本)이다. 『詩餘』와 『남훈태평가』는 편제가 유사하다. 권두에 배열된 악곡명이 같을 뿐만 아니라 『詩餘』 수록 사설 170수 가운데 156수가 『남훈태평가』와 중출한다. 중출율이 무려 91.8%에 달한다. 더욱이 『詩餘』 1-156번까지의 사설 배열순서도 『남훈태평가』와 유사하다. 이 가운데 다른 가집에 등장하지 않고 오직 『詩餘』와 『남훈태평가』에만 수록된 사설은 총13수(『詩餘』 19, 22, 31, 35, 63, 87, 99, 102, 122, 127, 132, 138, 152번)이다.

그렇다면 『詩餘』와 『남훈태평가』의 관계는 어떻게 보아야 하는가? 『詩餘』는 『남훈태평가』 수록 사설을 두 차례에 걸쳐 발췌해서 전사한 가집으로 판단된다. 우선 『남훈태평가』의 1번에서 224번까지 순서에 따라 사설을 발췌하여 『시여』의 1번에서 119번으로 수록하였다. 이어 처음으로 돌아가 발췌에서 빠졌던 사설을 다시 선별하여 120번에서 157번으로 수록하였다. 그리고 여기에 다른 가집에서 발췌한 사설 14수를 추록하여 『詩餘』라는 별도의 제목으로 엮은 가집으로 판단된다. 물론 그 반대의 가능성도 상정할 수 있다. 『詩餘』가 필사본 가집이고 국한문 혼용 표기를 취했다는 점에서 『詩餘』가 『남훈태평가』의 저본이었을 가능성도 배제할 수 없을 것이다.

한편 이와 유사한 양상이 『時調』(池氏本)에서도 확인된다는 점은 대단히 흥미롭다. 『時調』는 池憲英 선생이 소장한 시조창 가집이다. 『時調』를 소개한 沈載完 선생에 따르면 이 가집은 소장자의 처남인 吳南植氏의 증조부가 필사한 것이라고 한다. 그는 충북 청원 현도에 거주하였고 五衛將을 지낸 인물인데 기독교 신자로서 풍류객이었다고 한다. 이런 점을 고려하면 『時調』의 필사 시기는 19세기말에서 20세기 초일 가능성이 높다.

『時調』에는 시조 사설 125수와 「믹화가」, 「빅구亽」, 「츈면곡」, 長短點이 수록되어 있다. 이 가운데 97수(77.6%)가 『詩餘』와, 118수(94.4%)가 『남훈태평가』와 중출한다. 특히 1-117번까지 수록 순서가 『남훈태평가』와 유사하다. 이로 보아 『詩餘』와 마찬가지로 『남훈태평가』 수록 사설을 발췌하여 전사한 가집으로 판단된다. 따라서 『남훈태평가』와 『詩餘』, 『時調』는 계열 관계라고 볼 수 있다. 『詩餘』 수록 사설 가운데 다른 가집에 등장하지 않고 오직 『남훈태평가』와 『詩餘』, 『時調』에만 수록된 사설은 총24수(『詩餘』

23, 27, 32, 34, 37, 40, 41, 45, 50, 53, 58, 62, 66, 71, 82, 96, 97, 100, 101, 116, 126, 131, 134, 135번)이다. 특히 『詩餘』와 『時調』는 坊刻本 가집인 『남훈태평가』의 대중적 영향력이 필사본 가집을 산출한 사례라는 점에서 주목된다.

그렇다면 『詩餘』의 필사 시기는 언제일까? 『詩餘』의 底本이 『남훈태평가』인 만큼 그 시기는 『남훈태평가』가 방각본으로 간행된 1863년 이후가 확실하다. 그런데 가집의 지질이나 필사 상태를 확인한 결과 20세기 들어서 필사되었을 가능성이 더 크다. 『詩餘』는 단정한 글씨로 매우 정성들여 필사하였고 지질도 매우 깨끗하다. 주지하는 바 『남훈태평가』는 1863년 石洞에서 방각본으로 간행된 이래 다시 상·하 분권본으로 간행되었고 1920년, 1932년 한남서림에서 印刊된 바 있다. 1913년 신문관에서 딱지본 형태로 륙전소설 시리즈의 제1권으로 간행되기도 하였다. 이러한 사실을 통해 우리는 『남훈태평가』가 20세기 초에도 여전히 대중들 사이에서 폭넓게 유통되고 있었다는 사실을 확인할 수 있다. 『詩餘』는 바로 이러한 영향권 아래서 20세기 초에 『時調』와 더불어 『남훈태평가』를 底本 삼아 편찬된 가집으로 판단된다.

4. 가치

『詩餘』는 시조창 가집의 대중적 기반과 그 분화 양상을 확인 할 수 있다는 점에서 중요하다. 특히 대중적으로 폭넓게 유통되던 坊刻本 가집이 필사본으로 수용되는 사례를 보여 준다는 점에서 시가사적 의미가 각별한 자료라 하겠다.

【권순회】

[색인어]

『시여』 이씨본, 『남훈태평가』, 『시조』 지씨본

[참고문헌]

· 심재완, 「시조의 문헌적 연구」(세종문화사, 1972).
· 성무경, 「보급용 가집 『남훈태평가』의 印刊과 시조 향유에의 영향(1)」, 『한국시가연구』 18 (한국시가학회, 2005).

靑丘永言

朴良佐(생몰년 미상) 編.

筆寫本 1冊, 四周無邊, 無界, 12行24字, 無魚尾 ; 33.4×20.2cm.

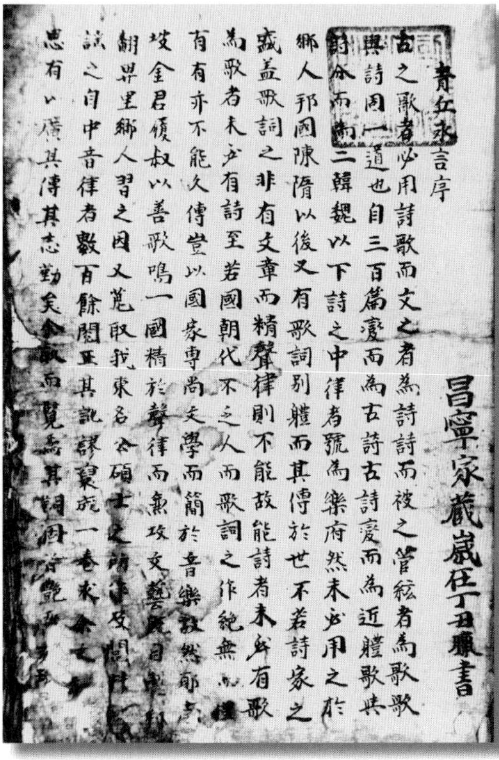
青丘永言序

古之歌者必用詩歌而文之者為詩詩而被之管絃者為歌歌
與詩固一道也自三百篇變而為古詩古詩變而為近體歌與
詩分而為二韓魏以下詩之中律者號為樂府然未必用之於
鄉人邦國陳隋以後又有歌詞別體而其傳於世不若詩家之
盛蓋歌詞之非有文章而精聲律則不能故能詩者未必有歌
為歌者未必有詩至若國朝代不乏人而歌詞之作絕無而僅
有有亦不能久傳豈以國家專尚文學而簡於音樂故然耶
坡金君履叔以善歌鳴一國精於聲律而兼攻文藝既自製
翻界里鄉人習之因又蒐取我東名公碩士之所作及閭
謠之自中音律者數百餘闋正其訛謬裒成一卷求余
患有以廣其傳其志勤矣余取而覽焉其詞

昌寧家藏歲在丁丑臘書

청구영언

1. 편저자

『青丘永言』(계명대본)의 편찬자는 朴良佐라는 사람이다. 그는 가집을 편찬하면서 후미에 자작 시조 53수와 발문을 추록하였는데 발문에 그에 관한 단편적인 사실들이 나와 있다. 발문에 의하면 朴良佐의 字는 暎日이고 號는 愚叟이다. 海南 黃原面에서 태어나 성장했다. 평생 '尋山訪水之志'를 간직하고 있었지만 뜻을 이루지 못하고 康津 薪智島의 江湖邊에서 말년을 보낸 인물이다. 이처럼 江湖散人이었다는 것 이외에 그에 관한 정보는 현재로서는 파악이 곤란하다.

2. 편찬 경위 및 필사 시기

朴良佐의 시조 발문에는 이 가집의 편찬 경위가 나온다. 그는 康津 薪智島의 江湖邊에서 세속의 名利를 구하지 않고 소일하던 중 「誡子曲」·「四時歌」·「各意撰曲」을 지어 我國의 '三聖君', '名賢', '卿相', '高節士', '豪客', '名娼'과 麗朝時 各人의 歌詞集錄에 추록하였고 그 가운데 「誡子曲」은 자녀들의 훈계를 위해, 「四時歌」와 「各意撰曲」은 강호 생활의 풍류와 다양한 소회를 피력하기 위해 창작한 작품임을 밝히고 있다.

편찬 경위에 밝힌 바와 같이 『青丘永言』(계명대본)은 두 번에 걸쳐 필사가 이루어진 것으로 판단된다. 필사 시기를 추정할 수 있는 단서는 다음 두 가지이다. 먼저 卷頭 「青丘永言序」 밑에 '昌寧家藏歲在丁丑臘書'라는 기록이 있다. 이를 근거로 판단할 때 『青丘永言』(계명대본)은 애초에 '昌寧家'에 소장되어 있던 가집을 필사한 것으로 추정된다. 丁丑年은 1877년과 1937년에 해당한다. 또 뒤표지에 '昭和肆年己巳〇十一月二五日臨淮面松月里寓留時加裝'이라는 기록이 보인다. 昭和 肆年은 1929년(己巳年)이다. 그렇다면 필사 시기를 어떻게 추정할 수 있을까? 아마도 1877년에 '昌寧家' 소장 가집을 底本으로 1차 필사가 이루어졌을 것으로 추정된다. '昌寧家' 소장 가집은 『청구영언』(진본)에 수록되었던 鄭來僑의 序文이 轉載되어 있고, 가집의 編制가 『해동가요』 계열 가집과 유사한 것으로 보아 18세기 가집의 재필사본일 가능성이 높다. 발문에서 밝힌 바 名賢들의 歌詞集錄이 바로 이를 지칭하는 것으로 보인다. 그리고 朴良佐는 여기에 자작 시조 53수를 추록해서 1929년에 현재의 형태로 묶고 표지를 加裝한 후 '東國明賢歌謠詞集錄'이라는 표제를 붙였던 것으로 판단된다.

3. 구성

『靑丘永言』(계명대본)은 필사본 1冊으로 이루어진 가곡창 가집이다. 동산도서관 소장 목록에는 이 가집의 제명이 『靑丘永言』으로 나와 있는 바 이는 卷頭部에 수록된 「靑丘永言序」에 근거한 것이다. 총112면인데 이 가운데 1-100면까지 총473수의 시조 사설이 수록되어 있다. 나머지 12면은 시조와 관계없는 내용이다. 하단의 귀퉁이가 일부 마모되어 후대에 배접한 흔적이 여러 군데 보인다. 한 면당 12行 24字씩 정연한 필체로 배열하였다. 이 가운데 206수가 신출 작품이다. 106인의 작가가 등장한다.

『靑丘永言』(계명대본)의 第次는 다음과 같다.

표지 : 東國明賢歌謌詞集錄
卷頭部 : 靑丘永言序-昌寧家藏歲在丁丑臘書
昔陰康氏時~
古之秦青~
各調體格
本文 *( )은 작품수

初中大葉(1)
二中大葉(1)
三中大葉(1)
北殿(1)
二北殿(1)
初數大葉(1)
二數大葉
① 列聖御製 : 太宗大王(1) / 孝宗大王(5) / 肅宗大王(3)
② 麗末 : 李穡(3) / 鄭夢周(1) / 孟思誠(6)
③ 金宗瑞(2) / 成三問(4) / 朴彭年(3) / 王邦衍(4) / 李賢輔(11) / 徐敬德(2) / 李彦迪(1) / 曺植(6) / 洪暹(3) / 李滉(4) / 宋純(1) / 宋寅(7) / 鄭澈(6 附眞玉 1) / 李珥(10) / 李陽元(3) / 金玄成(2) / 徐益(1) / 李恒福(5) / 洪迪(2) / 李德馨(4) / 林悌(3) / 李濟臣(1) / 柳自新(2) / 李廷龜(2) / 申欽(9) / 趙緯韓(2) / 權韠(1) / 李安訥(2) / 金墊(2) / 洪鳳瑞(1) / 李舜臣(2) / 金尙憲(1) / 趙存性(4) / 金光煜(6) / 具仁垕(1) / 鄭太和(4) / 蔡裕後(2) / 尹善道(5) / 曺漢英(2) / 張晩(1) / 鄭斗卿(1) / 金堉(2) / 李貴(2) / 姜栢年(2) / 許珽(1) / 麟平大君(2) / 朗原君(4) / 積善君(2) / 朴淳(2) / 宋時烈(3) / 南九萬(2) / 柳赫然(2) / 李華鎭(1) / 朴泰輔(2) / 李澤(2) / 具志禎(2) / 金盛寂(3) / 延陽君 李時白(2) / 金昌業(4) / 申靖夏(2) / 尹斗緖(2) / 張

鵬翼(1) / 兪崇(2) / 李溙(1)

④ 朴仁老(4) / 張炫(1) / 朱義植(2) / 金三賢(3) / 金聖器(4) / 金裕器(5)

⑤ 眞伊(4) / 梅花(2) / 笑春風(3) / 寒雨(1) / 松伊(1)

⑥ 許橿(2) / 朴明賢(3) / 林晋(3) / 李仲集(5) / 金應鼒(3) / 麗朝末 王鎧(5) / 林先苾(2) / 任佳人(2) / 吳煥周(3) /月仙(3) / 朴邈(3) / 兪禎(3) / 李儕(4) / 陳墻花(2) / 黃中居(2) / 朱罨(2) / 白蓮香(3) / 韓扛(4) / 朴宇道(2) / 尹此/心(1) / 朴志固(3) / 蔣淵(2) / 劉喜良(4) /

⑦ 年代欠考無名氏(115)

⑧ 愚叟誡子曲(19) / 四時歌(4) / 各意撰曲(30) / 跋

卷頭部「靑丘永言序」는 1728년에 간행된『靑丘永言』(珍本)에 수록되었던 鄭來僑의 序文을 그대로 옮긴 것이다. 다만 金萬齊를 가리키는 金樂士가 金聖器로 대치된 점이 특이하다. 권두부의 學歌舞에 관해 서술한 '昔陰康氏時~'와 善歌者에 대해 설명한 '古之秦靑~', '各調體格'은『해동가요』계열과『청구영언』(정문연본) 등에 수록된 것과 같다.

第次만 보면 이 가집은 권두부에서 무명씨까지와 이하 편찬자의 작품을 수록한 부분으로 대별된다. 권두부에서 무명씨까지는 18세기 가집의 특성을 고스란히 보여준다. 우선 중대엽 파생곡에 사설을 한 수씩 수록하였다. 이들은 당시 해당 악곡의 대표 사설로 정착된 것들이다. 二數大葉에서 '列聖御製'를 처음에 배치한 사례는『海東歌謠』계열 가집에서 부터이다.『靑丘永言』(珍本)에서는 本朝 뒤에 배치했었다. 列聖御製에 '太宗大王', '孝宗大王', '肅宗大王'을 배치한 사례는『靑丘永言』(장서각본)에 보인다. 이하 麗末, 本朝, 歌客, 妓女, 年代欠考, 無名氏 등의 순으로 배열한 것으로 파악된다. 이러한 사례는 18세기에 편찬된『해동가요』(박씨본),『청구영언』(장서각본),『시가』(박상수본) 등에서 찾아진다.

③은 本朝 부분이다. 작가 배열순서는 18세기에 편찬된『해동가요』(박씨본),『청구영언』(장서각본),『시가』(박상수본)와 크게 다르지 않다. ④는 歌客란이다. 가객란에 김천택과 김수장 작품을 제외하고 '朴仁老 / 張炫 / 朱義植 / 金三賢 / 金聖器 / 金裕器'의 작품을 수록한 점도『해동가요』(박씨본),『청구영언』(장서각본),『시가』(박상수본) 등과 같다. '朴仁老'의 경우『청구영언』(진본)에는 본조 항목에 수록되어 있는데 이들 가집에서는 가객란에 포함시켰다. 이런 점을 고려하면『청구영언』(계명대본)의 底本은 序文을 轉載하였지만『청구영언』(진본)보다 이들 가집과 친연성이 큰 것으로 판단된다.

『청구영언』(계명대본)에서 가장 특이한 부분이 바로 ⑥이다. 여기에는 23인의 작품이 수록되어 있다. 이 가운데 許橿, 朴明賢, 林晋, 李仲集, 金應鼎은 다른 가집의 年代欠考 항목에 수록되어 있던 인물들이다. 그런데 흥미로운 사실은 나머지 18인은 기존 가집에 등장하지 않는 사람들이라는 점이다. 18세기에 편찬된 가집의 年代欠考 항목에는 가집에 따라 3-5인의 작품이 수록되어 있다는 점과 대비해 보면 흥미로운 사실이 아닐 수 없다. 그렇다면 이 부분을 어떻게 보아야하는가? 金應鼎 작품까지가 18세기 가집을 필사한 부분으로 판단된다. 그리고 이하 부분은 차후에 추록된 것으로 보인다. 물론 이 부분과 아래의 '無名氏' 항목이 애초부터 저본에 있었는지, 아니면 朴良佐가 자작 시조와 함께 추록한 것인지는 알 수 없다. 이에 대해서는 추후에 좀 더 세밀한 고찰이 이루어져야 할 것이다.

⑦은 '年代欠考無名氏'라고 표기되어 있는데 다른 가집의 '無名氏' 항목에 해당한다. 수록 작품 115수 가운데 45수가 신출작이다.

⑧은 이 가집의 편찬자인 朴良佐의 자작 시조이다. 「愚叟誡子曲」 19수, 「四時歌」 4수, 「各意撰曲」 30수를 수록하고 跋文을 붙였다. 「愚叟誡子曲」은 제목에는 20수라고 표기되어 있으나 실제로는 19수만 수록되어 있다.

이처럼 『청구영언』(계명대본)은 昌寧家에 소장되어 있던 18세기 가집의 재필사본을 저본으로 삼아 필사한 후 자신이 지은 시조를 추록하여 편집된 가집으로 파악된다.

4. 특성

『青丘永言』(계명대본)의 사설 배열 방식은 여타 가집과 다르다. 통상 가집에서 사설은 개별 작품별로 행 가름을 한 후 줄글 형식으로 배열한다. 하지만 이 가집은 작가별로 작품을 연이어 줄글 형식으로 배열하였다. 그러면서도 詩行은 가곡창 방식에 따라 5장으로 구분한 점이 특이하다. 이외에 우리가 『青丘永言』(계명대본)에서 주목해 보아야 할 점은 다음과 같다.

첫째, 작품의 서발문을 대부분 생략하였다. 특히 연시조의 발문은 거의 삭제되었다. 李滉의 「陶山十二曲」이나 李賢輔의 「漁父歌」 발문이 모두 삭제된 반면 鄭澈 작품 뒤에 기생 眞玉의 희작 시조와 그 일화를 덧붙였을 뿐이다.

둘째, 작가명 표기가 정확하지 않은 예가 발견된다. '洪鳳瑞'은 洪瑞鳳(1572~1645)의 誤記이다. '金應肅' 역시 다른 가집의 年代欠考 항목에 許橿, 朴明賢, 林晋, 李仲集 등과 함께 '金應鼎' 작품을 수록한 것으로 보아 '金應鼎'의 誤記로 판단된다.

셋째, 새로운 작가가 대거 추가되었다. 우선 朴淳의 작품으로 2수가 수록되었다는 점이 주목된다. 朴淳의 시조는 다른 가집에서는 확인된 바 없다. 2수 가운데 '言忠信'은 『歌曲源流』 계열 가집에 成石璘의 작품으로 나온다. 나머지 한 수는 신출이다. 李貴와 李時白의 이 시조도 이 가집에서 처음 확인된다. 李貴의 작품은 2수 가운데 1수가 李浣의 작품으로 확인되고 나머지 한 수는 신출작이다. 현재까지 李貴의 시조가 발견되지 않았고 체재가 유사한 다른 가집의 이 위치에 李浣의 시조가 배치된 점을 감안할 때 李貴는 혹여 李浣의 誤記일 가능성도 배제할 수 없다. 李時白의 시조는 2수가 수록되어 있다. 이 가운데 'ᄃᆡ초볼'은 『靑丘永言』(珍本)의 「무명씨」 '田家' 항목에 수록된 작품이다. '淸風徐來'는 『해동가요』(주씨본), 『해동가요』(일석본), 『樂府』(서울대본)에 李鼎輔의 작품으로 수록되어 있다.

한편 18세기에 편찬된 가집의 年代欠考 항목에는 통상 許橿, 朴明賢, 林晋, 李仲集, 金應鼎 등 가집에 따라 3-5인의 작품이 수록되었으나 이 가집에는 이들 뒤에 18인이나 추가된 점이 흥미롭다. 이들은 모두 기존 가집에 등장하지 않는 사람들이다. 그렇다면 이들은 누구인가? 작가명의 주석에 따르면 '은일고사', '강호인', '협객', '명창' 등이다. 이는 편자가 발문에서 밝히고 있는 바와 같다. 우선 편자 주변의 인물을 상정할 수 있다. 하지만 이 가운데는 王鎧와 蔣淵은 고려시대 사람이라고 밝히고 있어 그렇게만 볼 수 없다. 또 이들의 시조가 모두 신출 작품은 아니다.

셋째, 작품의 작자 분류가 정확하지 않고 기존 작가의 사설에 새로운 작품을 추록한 예가 많이 발견된다. 숙종의 시조에 두 수의 신출 작품이 추가되었다. 孟思誠의 「江湖四時歌」에는 黃喜와 金宏弼의 작품으로 알려진 '삿갓에', '강호에'가 추가되어 총6수가 수록되었다. 朴彭年의 작품으로 수록된 3수는 모두 그의 작품이 아니다. 成三問의 작품으로 수록한 4수 가운데 '首陽山'을 제외한 나머지 3수는 성삼문의 것이 아니다. 王邦衍의 시조는 기존 가집에 '千萬里' 한 수만 나온다. 그런데 여기에는 막상 그 작품이 빠지고 4수의 다른 작품이 수록되어 있다. 이 가운데 '臨高臺ᄒᆞ여'는 『병와가곡집』에 李鼎輔의 작으로 나온다. 李賢輔의 작품도 11수가 수록되어 있는데 이 가운데 신출작이 5수나 된다. 특이한 것은 '漁夫詞'라는 제목 하에 9수를 수록한 점이다. 그런데 이 가운데 「어부단가」는 3수만 수용되어 있다. 편찬자가 이현보의 「어부단가」 일부에 어부 모티프가 두드러지는 작품을 선별하여 수록하고 '漁夫詞'라는 제목을 붙였던 것으로 판단된다.

南冥 曺植의 작품도 6수나 수록한 점이 특이하다. 이 가운데 '두류산'을 제외하고는 조식의 것이 아니다. 韓濩의 작으로 유명한 '짚방석'이 여기에 수록되어 있다. 한편 李彦迪의 작품으로 '梨花桃花杏花芳草들아'를 수록하였는데 이는 道學者 李彦迪의 이미지와 전혀 어울리지 않는다. 뿐만 아니라 최근까지 三數大葉의 대표 사설로 가창되는 작품이다. 李舜臣의 시조도 지금까지 '한산섬'만 알려져 있는데 이 가집에는 한 수가 더 실려 있다.

鄭澈의 작품에는 「訓民歌」가 빠져 있다. 李恒福의 시조로 수록된 5수 가운데 3수는 신출이다. 李恒福의 대표작으로 알려진 '철령 높은 봉'은 정작 무명씨 항목에 수록되어 있다. 李德馨의 작품으로 수록된 4수 가운데 2수만 그의 작품이다. '반남아'는 『靑丘詠言』(가람본), 『靑丘永言』(육당본), 『東歌選』 등에 李明漢의 작품으로 수록되어 있고 나머지 한 수는 신출이다. 申欽의 작품으로 수록된 9수 가운데 6수만 신흠의 작품이다. '자네집'은 『청구영언』(진본)에 金盛㝡의 작품으로 수록되었다. 李安訥의 시조는 기존 가집에는 1수만 확인되는데 여기서는 2수가 수록되었다. 이 가운데 '호화도'는 金壽長이 지은 것으로 판명된다. 尹善道 시조로 수록된 5수 가운데 3수만 윤선도 작품이다. 박인로의 시조로 수록된 4수 가운데 박인로 작품은 1수에 불과하였다. 이외에도 유사한 양상이 도처에서 발견된다.

한편 『청구영언』(계명대본)에서 특히 우리의 관심을 끄는 부분은 편찬자인 朴良佐의 작품 53수이다. 「愚叟誡子曲」 19수, 「四時歌」 4수, 「各意撰曲」 30수가 그것이다. 53수면 개인 작품으로는 적지 않은 분량이다. 「愚叟誡子曲」은 집안의 자녀들을 훈계하기 위해 지은 것이고 「四時歌」는 신지도에서의 강호 한정을 노래한 작품이다. 「各意撰曲」은 내용이 다양하여 일상에서의 소회를 때때로 피력했던 것을 모은 것으로 판단된다. 이 가운데 「愚叟誡子曲」은 교훈류 시조이지만 내용이나 어법은 기존의 교훈류 시조와 많이 다르다. 구체적으로 확인해 보기로 한다.

> 아희들아 글ᄇᆡ야슬라 글못ᄒᆞ면 禽獸에 비ᄒᆞ고
> 능니 하ᄂᆞᆯ의 올나도 智術이 업ᄂᆞ니라
> 우리도 文學不足으로 늙도록 애달나라 「愚叟誡子曲 2」

> 며누리 어질기도 내 아달에 잇고
> 며누리 不孝도 내 아다리 어질면 며누리 제 사오날가
> 아마도 며누리 善惡이 다 내아달의 所爲로다 「愚叟誡子曲 12」

인용 작품은 일상에서 부모들이 자식들에게 흔히 하는 말을 그대로 시조화한 것이다. 「愚叟誡子曲 2」는 공부 못한 자신의 경험을 사례로 자식들에게 학문에 힘쓸 것을 훈계한 작품이다. 다음 작품에서는 며느리는 내 아들이 하기 달렸다고 말하며 아들의 행실을 경계하고 있다.

이처럼 「愚叟誡子曲」은 훈계 방식이 기존의 교훈류 시조와 많이 다르다. 교훈류 시조가 주로 오륜의 덕목을 제시하며 실천을 역설한 반면 「愚叟誡子曲」은 마치 일상에서 자식에게 말을 걸듯이 타이르는 듯한 어법을 통해 부모 봉양, 형제 우애, 학문에 힘쓸 것 등을 훈계한다. 그러한 연유인지 4음보 율격에서 벗어난 작품들이 많고 이전의 교훈류 시조에 비해 시적 긴장력도 다소 약화된 감이 없지 않다.

5. 가치

『靑丘永言』(계명대본)은 아직까지 학계에 소개되지 않은 신자료이다. 편찬자인 朴良佐의 시조 53수를 포함하여 206수의 신출 작품을 수록하고 있다는 점에서 『청구영언』(계명대본)의 시가사적 가치는 각별하다. 작품성을 떠나서 이는 우리 시가 문학의 소중한 자산이 아닐 수 없다. 또한 『청구영언』(계명대본)은 18세기 가집의 후대적 분화 양상을 보여주는 유용한 자료이다. 아울러 서울이나 지방 관아의 敎坊 주변이 아닌 궁벽한 島嶼 지역에 우거하던 江湖散人의 시조 창작 및 가집 편찬 과정을 보여준다는 점에서도 이 가집은 값진 자료로 평가할 수 있다.

【권순회】

[색인어]

『청구영언』 계명대본, 朴良佐

[참고문헌]

· 심재완, 「시조의 문헌적 연구」(세종문화사, 1972).

海東歌謠

편저자 未詳.

筆寫本 1冊(80장), 1760년대 후반 편찬.
四周無邊, 無界, 12行25字, 無魚尾 ; 27.3×20.8cm

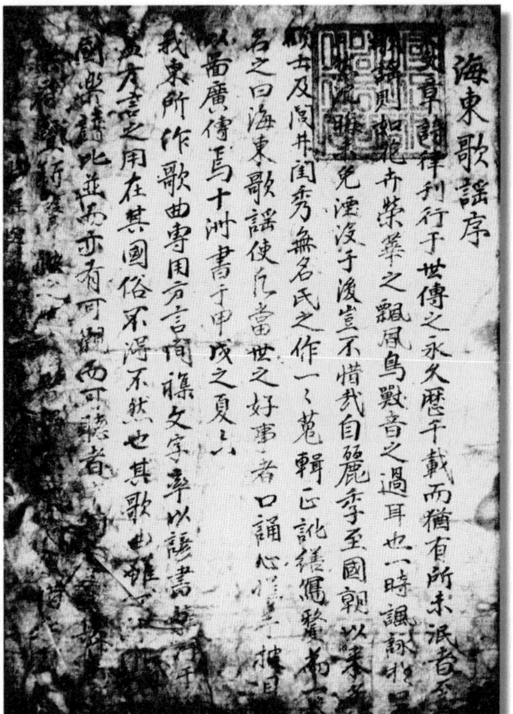
海東歌謠序
[illegible]章詩律刊行于世傳之永久歷千載而猶有所未泯者
[illegible]則如花卉榮華之飄風鳥獸音之過耳也一時諷詠[illegible]
[illegible]免湮沒于後豈不惜哉自麗季至國朝以來[illegible]
卿士及閭井閨秀無名氏之作一一蒐輯正訛繕寫爲[illegible]
名之曰海東歌謠使凡當世之好事者口誦心[illegible]
以冀廣傳焉十洲書于甲戌之夏六月
我東所作歌曲專用方言間襍文字率以諺書[illegible]
蓋方言之用在其國俗不得不然也其歌曲雖[illegible]
國樂譜比並而亦有可觀而可聽者[illegible]

해동가요

1. 편저자 및 편찬 경위

이 책에는 여타 가집에는 전혀 수록되지 않은 「영언선」 관련 기록과 韓維信(?~1765)의 작품 11수가 실려 있다. 이런 점에서 이 가집은 한유신과 밀접한 관련이 있는 것으로 보인다. 한유신은 1715년 서울에서 내려온 金裕器와 사제 관계를 맺고 가곡을 연마한 뒤 18세기 초·중반 대구를 중심으로 활동한 善歌者였다. 이 가집이 한유신과 관련이 있기는 하나 한유신이 직접 편찬했다고 볼 수는 없다. 왜냐하면 이 책에는 한유신의 「永言選序」 외에 8인의 발문이 수록되어 있는데, 이 중 일부 글은 한유신 사후에 쓴 것이기 때문이다. 한유신이 「영언선서」를 쓴 해는 임오년(1762년)이며, 8인이 쓴 발문들은 갑신년(1764년), 을유년(1765년), 병술년(1766년), 정해년(1767년) 등으로 나타나고 있다. 따라서 이 가집은 한유신 사후인 1760년대 말 대구 지역에서 활동하던 한유신의 제자 중 한 명이 편찬한 것으로 추정된다.

한편 이 책에는 편찬 경위를 추정할 수 있는 여러 편의 서·발문이 실려 있다. 우선 권두에 갑술년(1754년)에 쓴 金壽長(1690~?)의 서문이 있으며, 「해동가요」라는 제하의 작품이 일단락되는 부분에 을해년(1755년)에 쓴 張福紹의 발문과 김수장의 발문이 실려 있다. 이로써 1755년에 완성된 김수장의 『해동가요』 초간본을 참조하여 편찬한 것임을 알 수 있다. 그런가하면 한유신이 쓴 「영언선서」를 비롯한 「영언선」 관련 서·발문들에는 김유기가 편찬한 『영언선』을 한유신이 보관·전승하였음을 보여주는 내용들이 기록되어 있다. 또한 한유신이 쓴 「영언선서」에는 金天澤이 편찬한 『海東歌曲』을 어떤 사람으로부터 받아 이를 베껴 보관하게 되었다는 기록이 있다. 이 『해동가곡』은 권두에 수록된 花史子의 서문(을축년, 1745년)에 나오는 『海東歌謠錄』과 동일한 것으로 보인다. 이상의 사실을 통해 이 책은 김유기의 『영언선』, 김천택의 『해동가곡』(또는 『해동가요록』), 김수장의 『해동가요』를 두루 참조하고, 여기에 한유신이 당시 대구 지역에서 널리 가창되던 무명씨 작품을 수습한 것까지 포함하여 1760년대 말에 편찬된 것임을 알 수 있다.

2. 구성

표지에는 제목이 없으며, 내지에 「海東歌謠序」로 시작하고 있고, 시조 작품을 수록한 본문 처음에 「海東歌謠」라는 제목이 보인다. 총 80장으로 되어 있는데 이를 구체적으로 보면 海東歌謠 45.5장, 永言選 12장, 無名氏~蔓數 15.5장, 落缺 7장이다. 이 중 無名氏~蔓數 15.5장의 背面에는 후대에 添錄한 작품들이 수록되어 있다. 작품 수록 형태는, 후대에 추가된 작품을 제외하면 대체로 가곡 5장식으로 분절하여 1면 12행, 1행 25자

내외로 적고 있다.

앞서 서술한 바와 같이 이 가집은 복잡한 과정을 거쳐 편찬되었다. 뿐만 아니라 편찬된 뒤에도 일부 장을 뜯어 背面裏書하거나 면의 여백에 작품을 추가로 기록하는 등 적어도 두 차례 이상의 추록 과정이 있었던 것으로 보인다. 따라서 이 가집은 상당히 복잡한 형태를 띠고 있다. 이를 알아보기 위해 이 가집의 구성과 체제를 보이면 다음과 같다.

海東歌謠序
　夫文章詩律~ : 十洲書于甲戌之夏
　我東所作歌曲~
　余嘗有疾~ : 乙丑仲春花史子書于欲吟齋
　昔陰康氏時~
　古之秦青~
　各調體格
　"청산도 절로절로~" 등(5) : 후대 추록

海東歌謠
　初中大葉(1)
　二中大葉(1)
　三中大葉(1)
　北殿(後庭火, 1)
　二北殿(1)
　初數大葉(1)
　(二數大葉, 305) : 列聖御製, 麗末, 本朝, 名妓八人
　張福紹 발문 : 乙亥孟夏之初張福紹書于十州之觀德齋
　金壽長 발문 : 乙亥孟夏之初十州金壽長書
　無名氏(1) : 후대 추록.

　永言選序 : 崇禎三壬午孟秋後學上黨韓維信謹書
　(韓維信)(11)
　韓中樞歌敍跋 : 花溪申功書
　題永言選後 : 甲申冬至日清風金致黙題
　題永言選跋 : 乙酉四月日無名岱人書 金福鉉
　題永言選卷後 : 沙伐散人稿
　題永言選後 : 丙戌春巴陵散人李賢書
　(鷺城過客跋) : 丙戌暮春鷺城過客跋 朴師厚

(稷下散人跋) : 丁亥九月初吉稷下散人書于江陽郡齋 沈祥雲
(龍山行人跋) : 丁亥仲冬日龍山行人書巽
無名氏(38)
"楚江 漁父들아~" 등(3) : 후대 추록

接騷聳數多(大)葉可合者抄集(11)
樂時調(27)
蔓數(32)

無名氏(95) : 背面裏書
"각시네 손목을 쥐니~" 등(5) : 후대 추록
ᄉᆞ시가(가사 1편) : 후대 추록

* 괄호 속의 숫자는 해당 작품 수를 가리킴.

3. 내용

권두에 「海東歌謠序」라는 제목 하에 3편의 서문과 3편의 음악 관련 정보가 수록되어 있다. 여기 수록된 글들은 대부분 『해동가요』(주씨본)에도 실려 있는 것이지만, 세 번째 글인 花史子의 서문은 『해동가요』가 아닌 『靑丘詠言』(가람본) -이 책은 표제가 『해동가요록』으로 되어 있다- 에만 실려 있는 것이라는 점에서 주목된다. 서문이 끝나는 마지막 면 여백에서 다음 면에 이르기까지 "청산도 절로 절로~" 등 다섯 작품이 필사되어 있는데, 이는 필체가 완전히 다른 것으로 보아 후대에 추가로 적어 넣은 것이 확실해 보인다. 다음으로 「海東歌謠」라는 제목 하에 시조 본문이 시작되고 있는데, 초중대엽부터 초삭대엽까지는 각 1수씩의 작품이 수록되어 있다. 초삭대엽에 이어 이삭대엽에 해당하는 곡이 305수 이어지는데, 이삭대엽이라는 악곡명은 제시하지 않고 생략하였다. 이삭대엽은 다시 열성어제, 여말, 본조, 명기 팔인 등으로 세분되어 있다. 대체로 『청구영언』(진본)의 세부 분류를 따르고 있으나, 列聖御製가 맨 앞으로 이동한 점, 여항육인과 年代欠考에 해당하는 인물들의 작품이 수록되어 있으나 별도의 독립 명칭을 사용하지 않은 점에서 차이가 있다. 특히 여항육인과 관련해서는 박인로를 이에 포함시켜 장현, 주의식, 김삼현, 김성기, 김유기의 작품을 이 자리에 배치시키고, 김천택의 작품은 연대결고에 해당하는 작가의 작품이 끝난 뒤에 배치시킴으로써 김수장의 작품과 연결되도록 수록한 것이 특징이다.

김수장의 작품이 끝난 뒤에는 장복소의 발문과 김수장의 발문이 수록되어 있다. 김수장의 발문이 끝난 마지막 면 여백에 '無名氏'라는 제하에 "듯터비 져 두터비~"로 시작하는 사설시조 한 수가 실려 있는데 역시 후대의 추록으로 보인다. 이어서 「영언선」 관련 기록들이 수록되어 있는데, 이는 한유신의 서문과 한유신 자신의 작품으로 보이는 시조 11수, 한유신이 활동했던 대구 지역 문인 8명의 발문으로 구성되어 있다.

「영언선」 뒤에는 '무명씨'(41수)가 이어지고 있는데, 이 중 끝에 수록된 3수는 앞의 것들과 필체가 확연히 다르므로 역시 후대의 추록으로 보인다. '무명씨' 끝 부분에 "壬辰六月十九日覓謄"이라 적혀 있는데, 필체로 보아 무명씨 전체를 필사한 시기가 아니라 마지막 3수를 추록한 시기를 나타낸 것으로 보인다. '무명씨' 다음에는 '接騷聳數多(大)葉可合者抄集', '樂時調', '蔓數' 등이 수록되어 있다. 이 중 낙시조 24번 작품 -玉鬢紅顔 苐一色인 줄을 나는 너를 아라니와 明月黃昏- 과 만삭 마지막 작품 -(昔人이 已乘)黃鶴去ᄒᆞ니 此地空餘 黃鶴樓ㅣ라 黃鶴이 一去不- 은 한 줄만 적은 미완성으로 끝나고 있어 여기에 각각 낙장이 있음을 보여준다.

이상에서 살핀 부분까지 -후대의 추록이 명백한 일부 작품 제외- 가 이 책의 원래 모습인 것으로 보인다. 여기서 「영언선」 관련 부분을 이삭대엽 유명씨부에 포함시켜 이해하게 되면 이 가집은 초중대엽, 이중대엽, 삼중대엽, 북전(후정화), 이북전, 초삭대엽, 이삭대엽(유명씨, 무명씨), 접소용삭다(대)엽가합자초집, 낙시조, 만삭 등 10개 악곡으로 분류하여 일관된 체제를 갖추었다고 볼 수 있다. 그리고 이는 소용과 삼삭대엽을 합친 것을 제외하면 초기 가집의 악곡 배치와 일치하는 것이다.

한편 '무명씨' 작품이 시작되는 장부터 그 배면에는 또 다른 무명씨 작품이 수록되어 있다. 이는 이 가집이 전승되는 과정에서 한 차례 증보된 것임을 보여주는 것이다. 또한 여기 수록된 95수도 한꺼번에 필사된 것은 아닌 듯하다. 앞의 78수는 한꺼번에 필사된 듯하지만 뒤의 17수는 후에 다시 추가된 것으로 보인다. 78번째 작품 다음에 여백이 남았음에도 이어 적지 않았고, 17수 중 이미 앞에 나온 작품과 동일한 작품이 2수 포함되어 있기 때문이다. 이 무명씨 작품의 다음에는 4면에 걸쳐 5수의 작품이 실려 있는데, 필체가 졸렬하고 형태가 불완전한 작품이 포함되어 있는 것으로 미루어 후인의 추록으로 보인다. 그리고 마지막에는 가사 「ᄉᆞ시가」가 3면에 걸쳐 실려 있다.

4. 가치

이 책은 원래 朴永弴님 소장본인 까닭에 『해동가요 박씨본』으로 통용되어 왔었다. 그런데 이제 계명대학교 동산도서관으로 소장처가 바뀌었으므로 앞으로는 『해동가요 계명대본』으로 불러야 할 것 같다. 아울러 「영언선」 관련 자료가 덧붙어 있다는 점에서 『海東歌謠 附永言選』으로 불리기도 했으나 앞서 검토한 바와 같이 일관된 체제를 갖추어 편찬하는 가운데 그 일부로 「영언선」 관련 내용을 배치한 것이므로 더 이상 그렇게 부를 필요가 없는 것으로 판단된다.

이 책의 전반부 -「해동가요서」에서 「김수장 발문」까지- 는 『해동가요』 초간본의 모습에 근접한 것으로 추정된다는 점에서 중요하다. 김수장의 서문과 발문, 그리고 장복소의 발문을 참조할 때 『해동가요』 초간본은 1754년에 시작하여 1755년에 완성된 것으로 보인다. 그런데 이 때 편찬된 초간본의 온전한 실체는 아직까지 발견되지 않고 있다. 따라서 이를 참조하여 편찬된 이 책의 가치는 그만큼 클 수밖에 없다.

중간에 실려 있는 「영언선」 관련 기록을 통해 김유기가 『영언선』이라는 가집을 편찬했다는 사실을 알려주고 있는데, 이는 이 책에만 등장하는 정보라는 점에서 중요하다. 아울러 한유신의 「영언선서」와 권두의 花史子 서문을 통해 1745년 무렵 김천택이 『해동가곡』(또는 『해동가요록』)을 편찬했음을 알 수 있는데, 이는 김천택이 『청구영언』(진본) 편찬 이후 또다른 가집을 편찬했음을 시사한 것이라는 점에서 크게 주목된다 하겠다.

한편 이 책은 주로 대구 지역을 중심으로 활동한 한유신과 그 주변 인물에 의해 편찬된 가집이라는 점에서 18세기 중반 대구 지역의 가창 실상을 일정하게 반영하고 있을 것으로 보인다. 따라서 향후 연구에서는 무명씨 작품을 중심으로 이를 해명하는 작업이 필요할 것으로 생각된다.

마지막으로 이 가집에는 한유신의 작품 11수 전부, 김천택의 작품 중 2수, 김수장의 작품 중 5수를 비롯하여 다수의 무명씨 작품 등 여타 가집에 수록되지 않은 작품이 풍부하게 수록되어 있다.

【이상원】

[색인어]

김수장, 김유기, 김천택, 대구, 『영언선』, 한유신, 『해동가곡』, 『해동가요』 계명대본(구 박씨본)

[참고문헌]

・김용찬, 「18세기 가집 편찬과 시조문학의 전개양상」, 고려대 국문과 박사학위논문, 1997.

· 朴魯春, 「朴氏本 「海東歌謠」의 資料的 價値性」(乾)·(坤), 『국회도서관보』 137, 138호, 1979.
· ______, 「朴氏本 「海東歌謠」의 資料的 價値」, 『국어국문학』 81호, 국어국문학회, 1979.
· 朴永弴, 「海東歌謠 異本書誌 小考와 因緣記」, 『韓國文學』 通卷六三號, 韓國文學社, 1979.
· 沈載完, 「韓維信과 永言選」, 『모산학보』 3집, 모산학술연구소, 1992.
· 李相寶, 「異本 海東歌謠 및 永言選 考察」, 『韓國文學』 通卷六三號, 韓國文學社, 1979.
· ______, 「海東歌謠 · 附永言選 解題」, 『海東歌謠 附永言選』, 奎章文化社 영인, 1979.
· 이상원, 「조선후기 가집 연구의 새로운 시각-『海東歌謠 朴氏本』을 대상으로」, 『시조학논총』 18, 한국시조학회, 2002.
· 조규익, 「『영언선』의 정체와 가집 편찬사적 의미」, 『시조학논총』 15, 한국시조학회, 1999.
· 황충기, 「박씨본 <해동가요>에 대하여」, 『어문연구』 23호, 한국어문교육연구회, 1979.

◉ 小說類

江陵秋月傳

저자 미상.

筆寫本(한글) 1冊(103장).
四周無邊, 無界, 10행22자 내외. 33.6×22.2cm.

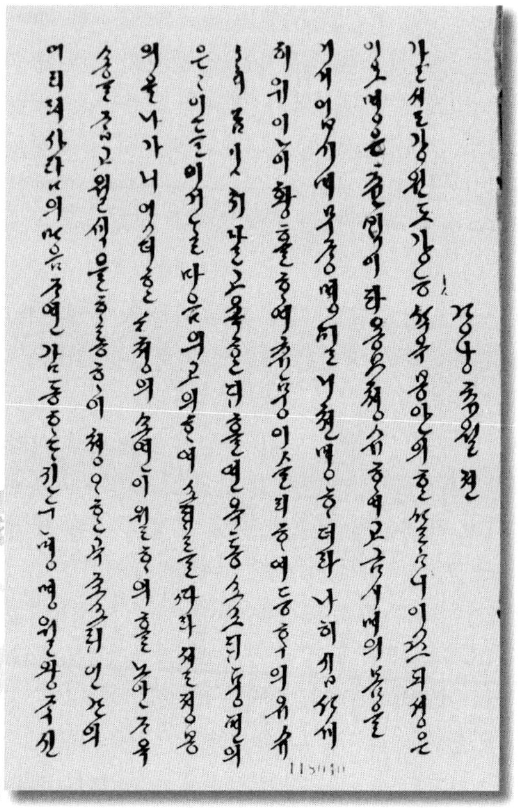
강능 츄월 젼

강능추월전

1. 저자

미상.

2. 구성

강원도 강능 삭옥봉에 용모가 뛰어난 이춘백은 천상선관에게 '강능추월'이라 새긴 옥소를 선물받았다. 이춘백은 옹문동의 채약할미의 중매로 중국 여남 조상서의 딸과 결혼한다. 이춘백 부부는 강능 삭옥봉에 도착해서 그간의 일을 부모에게 말한다. 그때 조부인은 금강산 여승에게 춘백의 명과 복을 빌어달라고 부탁한다.

이춘백은 알성과에 급제해 황해감사로 부임했지만 해중의 도적을 소탕하지 못했다. 임기를 마치고 고향으로 돌아가던 이춘백 부부는 해적의 습격을 받아서 이별한다. 이춘백은 겨우 목숨을 건져 중국 조상서를 찾아갔지만, 조낭자와 결혼한 사실은 말하지 못했다. 이춘백은 여남 자개산 노인에게 육도삼략과 병서를 배우면서 세월을 보낸다.

조부인은 도적의 소굴에 잡혀갔는데 훼절하라고 요구하던 계집들을 꾸짖었다. 수모를 당한 조부인이 자결하려고 할 때 천불암 여승이 도망치도록 도와주었다. 조부인은 복중의 자식을 키워 이공의 후사를 잇기 위해서 강릉으로 돌아가다가 노승을 따라 백운암에 은거한다. 조부인이 아들 운학을 낳았으나 절에서 키울 수 없어 서영국의 양자로 보냈다. 그런데 도적 장수백이 운학을 데려가 양자로 삼고 이름을 장해용으로 지었다. 15세가 된 해용은 어천추의 딸과 결혼했는데 장인은 사위에게 옥소를 전해준다. 해용이 '강능추월' 옥소를 불어보니 청아한 소리가 났다.

장해용이 과거를 보러 가다가 광풍을 만나 강능에 도착해서 이감사댁에 들어갔다. 이감사는 해용의 '강능추월' 옥소를 보고 자식의 것임을 확인하고 슬퍼한다. 급제한 장해용은 황해도어사에 제수되어 행색을 숨기고 울람도 도적의 말을 엿들었다. 자신의 정체성을 확인한 어사는 서영국을 찾아가서 그간의 사정을 들었다.

다음날 백운암을 찾아가는데 도인이 약병을 주어 기절한 어머니를 살려내고 모자가 상봉한다. 어사는 울람도 도적을 소탕한 뒤에 장수백은 살려주었으나 아내의 애원에도 불구하고 장인을 처벌했다. 이렇게 도적을 소탕한 공으로 이운학은 강원어사에 제수되어 이별했던 가족을 만나게 된다.

한편 중국의 변란으로 이운학이 중국 사신으로 발탁되었다. 조부인은 중국에 가는 아들에서 편지와 신표를 주어 부모 소식을 알아보라고 당부한다. 한편 자개산 도사는 이춘백에게 갑옷을 주며 세상의 공명을 세우고 고국으로 돌아가라고 당부한다. 이춘백은 황성으로 가다가 최양홍과 연분을 맺은 다음 천자를 알현했다. 이춘백과 최양홍은 서변 평정을 위한 천자의 위로연에서 칼춤을 추고, 이운학은 '강능추월' 옥소를 불어 부자 상봉한다. 이춘백 부자는 대장군이 되어 옥소를 불어 적장을 물리친다. 그때 적장 황만적이 귀순해 적군을 물리치고 변왕의 항복을 받아 승전고를 울리고 귀환했다.

이춘백 부자는 여남 조상서댁을 찾아가서 옹서 사이라고 말했다. 의심하던 조상서 부부는 조부인의 편지와 징표를 보고서 극적으로 상봉한다. 조상서의 편지를 가지고 이춘백 부자는 고국으로 귀향했다. 왕은 이운학을 부마로 간택하고 이춘백과 최양홍을 결혼시키는 등 각각 벼슬을 내린다. 이춘백 부자는 강릉에 도착해 모든 가족을 상봉하여 태평성대를 누린다.

한편 북적이 침략하여 이춘백 부자와 최양홍이 출전했다. 북적을 물리치고 귀환하다가 이춘백 부자는 신병귀졸에게 포위되어 죽을 위기에 처한다. 그때 이운학은 어소저의 원혼을 만나 과거의 장인을 처벌한 사건을 뉘우치고 아내의 원혼을 풀어주었다. 어소저는 효열로 시부모와 남편을 구하려고 장수백에게 도움을 요청했다. 장수백이 어장군과 용장군의 군사를 설득하여 퇴각시킨다.

임금이 어소저의 효열을 칭찬하며 비각을 지어 정표한다. 어소저는 조부인의 병을 구해주고 선물을 받았으나 다시 돌려준다. 임금이 이춘백 부자의 승전에 대한 칭찬과 벼슬을 내린다. 어소저의 효열 덕분에 이춘백 집안은 다시 화목해져 옥소를 불며 세월을 보낸다.

3. 내용

『강낭추월전』은 주인공이 친부모를 습격한 도적의 딸과 결혼하게 되면서 자신의 정체성을 찾고, 이별한 가족이 극적으로 만나는 과정을 역동적으로 그려낸 소설이다. 도적의 손에 양육된 주인공이 부모의 원수가 장인이라는 사실을 알고 아내의 애원에도 불구하고 장인을 처벌한다. 이 작품은 유복자로 출생한 아들이 친부모의 원수를 어떻게 해결하는가에 따라서 다수의 이본이 파생되었다.

『강낭추월전』은 중국소설 「소지현나삼재합」의 영향과 조선후기 사회상의 반영, 조선후기 고소설의 영향을 동시에 수용하여 필사본 제1계통본이 형성되었다. 제1계통본이 당대의 독자들에게 유통되면서 여성의 효열 의식을 강조하기 위해 재생을 첨가하여 제2계통본으로 변모되었다. 그리고 제3계통본은 1915년 활자본으로 간행되면서 남녀의 화합을 강조하기 위해 필사본을 모본으로 새롭게 개작되었다. 따라서 『강낭추월전』은 이본 계통의 형성과 변모를 통해서 제1계통본, 제2계통본, 제3계통본 등으로 끊임없이 변모되고 재창작되는 과정을 뚜렷이 보여준다.

이렇게 『강낭추월전』은 중국소설의 영향을 받았다고 할지라도 필사본에서 활자본을 거치면서 끊임없는 변모와 토착화를 모색한 작품이다. 특히 정절과 결혼 화소를 수용하여 새로운 내용의 첨삭과 다양한 변화를 모색했으며, 군담을 첨가하여 영웅 및 여성영웅의 활약과 충효를 강조했다. 이러한 측면에서 『강낭추월전』은 동아시아 한문 문명권의 보편성과 조선후기 고소설의 개별성을 동시에 보여준다는 점에서 주목된다.

필사본 『강낭추월전』에는 여성 향유층의 증가와 여성 필사자의 생활을 반영한 기록이 등장하고 있다. 필사기에 나타난 독자층은 대부분 여성이고, 실제로 작품을 소장한 여성을 통해서도 구체적으로 확인된다. 『강낭추월전』은 필사본 제1계통본에서 제2계통본으로 변모하는 데 여성 향유층이 일정한 역할을 수행하고 있다. 필사 시기와 기간은 제1계통본이 농한기에 주로 필사되었다면, 제2계통본은 농번기와 세책점에서 필사된 것으로 보인다. 제1계통본의 신분 계층은 몰락 양반의 학자와 선비 집안의 여성이라면, 제2계통본의 신분 계층은 양반 집안의 여성이다. 따라서 『강낭추월전』의 여성 향유층은 몰락 양반에서 양반 집안으로 신분 계층이 변화하면서 필사본 계통의 변모가 발생한 것으로 보인다.

4. 가치

『강낭추월전』은 중국 명나라 『경세통언』 제11화 「소지현나삼재합」의 영향을 받았지만 조선후기 고소설로 변모되고 재창작되었다. 계명대본 『강낭추월전』은 필사본 제2계통본의 성격을 내포하고 있다. 이 작품은 플롯 전환을 통한 서사 구조의 변화와 서사 전개의 재구성을 통해서 분량의 장편화로 나타난다. 군담 영웅을 통한 인물의 성격 변화는 군담 영웅의 활동이 첨가되고, 새로운 인물의 성격과 기능의 변화가 나타난다. 옹서 대립을 통한 주제의 변화는 원전에는 없던 옹서 대립을 첨가하여 작품의 주제를 변화시키고 있다. 시·공간의 자국화를 통한 배경의 변화는 조선에서 중국으로 확장되는 변모를 보여준다. 이러한 토착화 양상은 조선후기 고소설로 지속적 변모를 거듭하여 재창작된 『강낭추월전』의 특징이다.

『강낭추월전』은 84종의 이본이 존재하고 있어서 25번째로 이본이 많은 작품이다. 이 작품의 이본 계통은 제1계통 기본형, 제2계통 부연형, 제3계통 변이형 등으로 구분된다. 제1계통본은 부모의 원수인 장인을 처벌하고, 제2계통본은 장인을 처벌한 사실을 뉘우치고 용서를 구할 뿐 아니라 아내의 원혼을 풀어준다. 제3계통본은 장인을 처벌하지 않고 용서, 화해할 수 있도록 서사 전개를 변모시켰다. 이렇게 보면 『강낭추월전』은 필사본 제1계통본이 형성, 유통된 뒤에 제2계통본의 재생 대목을 첨가하는 방향으로 변모했으며, 제3계통본 활자본으로 개작되면서 약 150년간 끈질긴 생명력을 보여주었다.

『강낭추월전』은 가족 이합의 구조를 토대로 조선후기에 유행하던 적강, 군담, 영웅, 가문, 판소리계 소설 등을 수용하여 재창작된 소설이다. 이 작품은 천상 인물의 적강과 회귀 의식이 첨가되고 여성영웅의 군담을 첨가해 입신양명과 가족의 극적 상봉을 보여주고 있다. 특히 제2계통본에서 부연·확대된 어소저의 재생과 원혼 풀어주기 대목은 판소리계 소설의 구조와 유사하다. 이러한 재생을 수용한 『강낭추월전』은 유교적인 이념을 실천한 여성의 원혼을 풀어주고자 하는 한국 고소설의 특징을 잘 보여준다.

『강낭추월전』 계통본의 공통적 특성은 천상적 인물의 적강과 회귀, 혼례의 첨가와 여성의 관심 유발, 군담의 첨가와 가족의 극적 상봉 등이다. 이러한 적강, 혼례, 군담 대목은 세 이본 계통본의 공통적 특성은 당대의 독자층을 의식한 조선후기 고소설의 보편성을 보여준다. 계통본의 지속과 변모 대목은 양자 삼기 대목이 필사본에 첨가되어 가족 계승의식을 강조하는데 반하여, 여성영웅 대목은 필사본에 첨가되어 개가한 여성영웅의 활약을 강조하였다. 개별적 특성은 제1계통본에서는 남성의 충효 의식을, 제2계통본에서는 여성의 효열 의식을, 제3계통본에서는 남녀의 화합 의식을 각각 강조하고 있다.

이러한 『강낭추월전』의 지속적 변모와 토착화를 통해서 조선후기 고소설의 자생적 창조력을 엿볼 수 있다. 이본의 변모 과정에서 끊임없이 재창작되었던 『강낭추월전』의 창조적 생명력이 바로 한국 고소설의 특징이라 할 수 있다. 이렇게 외부의 문화 수용과 내부의 자생적 창조력이 결합되어 조선후기 고소설로 재창작되었던 『강낭추월전』의 생명력을 높이 평가해야 한다.

【김재웅】

[색인어]

『강릉추월전』, 이본 계통, 소지현나삼재합, 여성 향유층, 변모, 재창작

[참고문헌]

- 김재웅, 「『강낭추월전』의 이본 형성과 변모에 관한 연구」(계명대 국문과 박사논문, 2003).
- 김재웅, 『강릉추월전 작품군의 종합적 이해』(보고사, 2008).
- 김재웅, 「『강낭추월전』의 독자층과 독자 수용의 태도」, 『어문학』 75집(한국어문학회, 2002).
- 김재웅, 「『강낭추월전』 연구」, 『한국학논집』 26집(계명대 한국학연구원, 1999).
- 박광수, 『강릉추월전연구』 (충남대출판부, 2002).

곽분양튱장녹

저자 미상.

筆寫本 1책(51장)
四周白邊, 無界, 12行20字 내외. 25.8×22.5cm.

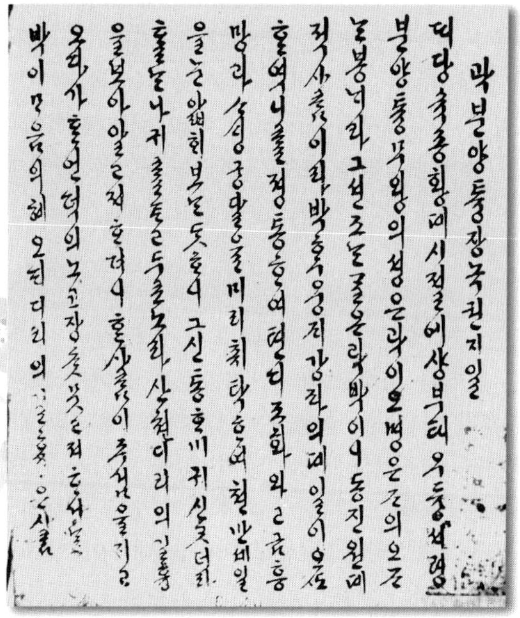

곽분양튱장녹

1. 개요

『곽분양튱장녹』은 계명대학교에 소장되어 있는 국문 소설로 落帙인 卷之一 1冊만이 남아있다. 조희웅의 『고전소설 이본목록』(집문당, 1999)에서 처음 언급·소개되었고, 現傳하는 이본 중 유일한 필사본이다. 表題는 '곽분양튱장녹'이며 內題는 '곽분양튱장녹 권지일'이라 표기되어 있다. 紙質과 필사 상태는 상당히 양호한 편인데 脫字를 다른 색으로 삽입한 부분들이 보이는 것으로 보아 底本이 있었을 것으로 추정된다.

『곽분양튱장녹』의 題名은 '忠將 곽분양에 대한 기록'이라는 의미이다. 題名의 '곽분양'은 주인공 郭子儀(697~781)가 안녹산의 亂을 진압한 공을 세운 이후 汾陽王에 봉해진 封號에서 비롯된 것이다. 다른 이본에서는 『곽분양튱장녹』 이외에도 『곽분양실기』, 『빅ᄌᆞ쳔손 곽분양젼』 등의 題名으로 표기되어 있다.

2. 필사 시기 및 원작의 창작 시기

『곽분양튱장녹』의 필사년도는 정확한 기록으로 남아있지 않다. 단, 卷之一 말미의 '경진뎡월이십ᄉᆞ일 샹'이라는 필사기를 통해 그 대략적인 필사시기를 추정할 수 있을 뿐이다. 필사기의 경진년은 1760년, 1820년, 1880년, 1940년 중 하나로 보이는데 정확하게 알 수는 없다. 그러나 필사된 종이 안쪽에 別例로 올리는 省記(省記는 兵曹의 郎官이 매일 궁성을 경비하는 장관에게 교부하는 군호와 기타 궐내 각처의 入直人員, 各營·各門의 入直將士의 성명을 적어 승정원을 거쳐 上奏하는 문서로 궁궐과 도성의 주요 관청 및 출입문 등을 경비하기 위하여 정기적으로 상부에 보고하는 문서)인 別省記가 있어 보다 구체적인 추정이 가능하다.

우선 이 別省記에는 侍講院이나 翊衛司의 명단과 관직이 같이 기재되어 있는데, 시강원 기록을 보면 1889년(고종 26)에 보강된 典書官, 掌書官의 명단이 없다. 익위도 1895년에 폐지되었기 때문에 이를 토대로 볼 때 別省記는 늦어도 1889년 이전 것으로 보인다. 또한 別省記에 기재된 이름 중 '李奎鉉'에 대한 기록을 『謨訓輯要』(1818)를 비롯한 여러 자료에서 찾아볼 수 있어 필사시기를 알 수 있는 단서가 되고 있다. 別省記에는 李奎鉉의 관직이 '侍講院 兼文學 李奎鉉'라 기록되어 있다. 『朝鮮王朝實錄』 순조 16년(1816) 7월 16일 기사에 '獻納李奎鉉疏略曰'이라는 대목이 있다. 이때 獻納은 정5품에 해당한다. 侍講院 兼文學도 정5품이다. 그렇다면 別省記 기록 시기는 1816년 전후로 추정할 수 있다. 이를 토대로 필사기의 '경진년' 추정 시기는 좁혀질 수 있다. 1760년은 이규현의 벼슬시기와 거리가 멀기 때문에 대상에서 제외되므로 『곽분양튱장녹』의 필사 시기는 그 이후가 되어야 한다. 그리고 別省記로 쓰였던 종이를 근 육십에서 백년 이상 후에나 필사종이로 사용했다는 것에는 무리가 있다. 결국 『곽분양튱장녹』의 필사 시기는 1820년이 가장 유력하다.

『곽분양튱장녹』 원작의 창작 시기에 대해 연구자들은 1800년대 이전 작품으로 보기 어렵다고 추정하고 있는데, 이것은 방각본과 활자본만을 검토했기 때문이다. 이제 계명대본 『곽분양튱장녹』의 존재를 통해 원작의 창작 시기를 1820년 이전으로 추정할 수 있다.

3. 이본상황

『곽분양튱장녹』의 이본은 20여종에 이르고 있지만 판각본과 활자본이 대부분이다. 필사본은 현재 完帙로 전하는 것은 없고 1卷 1冊으로 된 落帙 1종 즉, 『곽분양튱장녹』만이 유일하게 존재한다. 이들 판각본과 활자본은 20종이나 존재하는데 반해 이본간 변별이 거의 보이지 않는다. 그렇기에 본 해제에서는 소장처별 이본들의 차이를 언급하는 대신 판별 이본 상황에 대해 간략히 소개하도록 하겠다.

판각본은 전체 69장으로 분권 상태에 따라 2卷 2冊, 3卷 3冊, 3卷 1冊으로 나뉜다. 3卷으로 된 이본들은 한남서림에서 1920, 1921년 출판된 것이 주를 이루고 있고 完帙과 落帙, 분권의 정도에서 차이를 지닐 뿐 동일한 판각본이라 할 수 있다. 임성래의 「동양어문화대학 도서관 소장 한국 고문헌 목록」(『열상고전연구』 7집, 열상고전연구회, 1988)에 보이는 프랑스 동양어문화대학교 소장 2卷 2冊은 그동안 실물이 확인되지 못하여 이창헌(『경판방각소설 판본 연구』, 태학사, 2000)이 3卷 3冊의 판각을 통한 추정만 했을 뿐인데, 국립중앙도서관에 복사본이 들어옴으로써 최근 확인되었다. 검토 결과 이창헌의 논의대로 3卷 3冊의 卷中 끝부분과 卷下 시작부분 등에서 판각 형태의 변이가 보이고 있는 것이 2卷을 3卷으로 분권하기 위해 補刻했기 때문임이 확인된다.

활자본의 경우도 題名과 발행 사항의 차이만을 보일 뿐 내용 및 체재가 판각본과 동일하다. 1913년 신구서림, 박문서관에서 '빅ᄌ쳔손 곽분양젼'으로, 경성서적에서도 같은 題名으로 1926년에 초판을 발행했다. 이 외의 활자본들도 출판사가 다를 뿐 그 내용과 구성은 신구서림과 경성서적에서 출간한 판본과 차이가 없다. 판각본 2卷2冊이 3卷3冊보다 先本이고 활자본의 이본들이 판각본과 거의 차이를 보이지 않는다는 점을 고려했을 때, 판각본 2卷 2冊이 3卷인 활자본들 이전에 출판되었을 가능성이 있다.

4. 구성과 내용

다음으로 『곽분양튱장녹』의 구성과 내용을 살펴보겠다. 『곽분양튱장녹』은 卷之一 1책만이 전해지고 있어 정확한 전체 구성과 내용을 알 수 없다. 그렇기에 판각본과 활자본을 역으로 추적해 그 내용을 추정해 볼 수 있을 뿐이다.

『곽분양튱장녹』의 구성과 내용을 살피기에 앞서 우선 판각본과 활자본의 내용과 구성을 살펴보도록 하자. 이 작품은 영웅의 일대기 구성을 지닌다. 전반부는 곽자의가 '안녹산의 亂'에 참여하기 이전으로 과거에 급제하고 8子 7女와 화락하는 부분에 해당한다. 전반부만 분리해서 보아도 될 정도로 완결된 영웅소설의 서사구조를 지닌다. 반면 후반부는 역사적 사건인 '안녹산의 亂'을 배경으로 하면서 實事와 허구가 일정한 방식에 따라 결합되어 있다. 亂의 진행과정은 역사를 수용하고 그와 관련된 군담들은 허구가 주를 이루는데, 군담 중 實事를 수용한 경우에는 요약적 진술로 축약하였다. 또한 실제 亂의 진행 기간과 안녹산의 아들 안경서 死後의 사건을 대폭 축소·변이하여 곽자의의 성공적 亂의 진압과 부귀공명의 획득에 초점을 맞추었다.

전체적으로 영웅소설의 일대기 구성을 따르고 있지만 동시에 군담에 치중하여 역사적 사실을 보다 생동감 있게 소설화하고 있다. 이 작품에는 역사 수용과 더불어 설화의 화소나 인물 삽입, 연의소설의 기법 등 다양한 허구적 장치들이 수용되어 있다. 무엇보다 역사에 근간을 둔 소설화 작업이라는 특징적 면모를 바탕으로 영웅들을 규합하는 과정과 전투 방법에 있어 연의소설의 기법이 두드러지게 나타나고 있다.

활자본과 판각본은 필사본을 축약한 것으로 추정되기 때문에 현재 유일한 필사본인 『곽분양튱장녹』과의 비교에서 나타나는 변별된 지점은 이 작품의 소설사적 의의를 고찰함에 있어서 중요하다.

이제 『곽분양튱장녹』의 내용과 구성을 살펴보겠다. 『곽분양튱장녹』 卷之一은 곽자의의 초기 고난이 주된 내용이다. 연이은 부모의 죽음 이후 외숙 왕숙진의 집에 의탁한 곽자의는 왕숙진의 아들 왕부의 모함으로 도망을 가던 중 동생과 헤어진다. 그 후 곽자의는 삭방절도사 이호철과의 만나 그의 딸 이소저와 결연을 하고 토번을 진압하는 과정에서 잃어버렸던 동생 자균과 상봉한다. 卷之一의 내용은 자균이 삭주절도사 위숙의 딸과 결연하는 부분에서 끝난다.

『곽분양튱장녹』 卷之一의 내용은 3卷 3冊 계열의 上권과 비교해 볼 때, 23장으로 구성된 上권 중반부에 해당하는 내용까지 필사되어 있다. 동일한 서사전개를 지녔지만 『곽분양튱장녹』의 분량은 51장이나 되어(3卷 3冊은 12장 정도임) 다른 이본에 비해 삽화가 더 풍성하다. 이를 볼 때 필사본 完帙이 존재했다면 現傳하는 이본들보다 많은 卷帙이었을 것이며 내용도 풍부했으리라 추정된다. 필사본 『곽분양튱장녹』은 다른 이본들과 비교했을 때 몇 가지 차이를 보인다.

첫째, 신이성과 초월성이 다른 이본에 비해 두드러진다. 『곽분양튱장녹』에서는 초월존재가 자연스럽게 개입되는 반면 다른 이본에서는 삭제 혹은 약화되어 곽자의가 영웅적 인물임을 드러내는 상징적 역할에 그치고 있다. 한 예로 곽자의가 노인을 만나 책과 검을 얻게 되는 장면이 있다. 『곽분양튱장녹』에서는 이후 노인을 따라 반년간의 수련 과정을 거쳐 초월적 영웅성을 획득하게 된다. 이때 검과 책의 용도에 대한 자세한 서술, 수련을 쌓는 과정 등이 삽입되면서 천상의 조력자를 만나 신이성을 획득해 가는 과정이 보다 자세하게 묘사되어 있다. 『곽분양튱장녹』에서는 노인이 그 이전에도 등장하여 곽자의가 하늘이 내린 영웅임을 노래를 통해 예언한다. 그러나 다른 이본에서는 이런 과정이 모두 삭제되고 노인은 곽자의에게 책과 검을 전달하기만 한다. 결국 神物과 예언의 전달을 위한 매개자 이상의 의미를 지니지 못한다.

둘째, 『곽분양튱장녹』에서는 주변인물과의 관계가 보다 치밀하고 개연성이 있으며 인물의 성격도 대화나 상황을 통해 자연스럽게 묘사되고 있다. 다른 이본과 달리 곽자의와 혼인하는 이소저의 형상이 개성적으로 그려진다는 점이 흥미롭다. 한 예로 이소저가 兵書를 읽는 것에 대해 곽자의가 나무라는 부분이 있다. 곽자의의 나무람에 대해 이소저는 옛 성현의 말을 인용하여 논리적으로 맞받아치고, 곽자의에게 화난 이소저의 모습도 생동감 있게 그려진다. 반면 다른 이본에서 이소저는 직접 문면에 등장하지 않는다. 이소저와 곽자의 사이에 실질적으로 오간 대화 내용이 전혀 없으며 곽자의와 결연을 이루는 과정에서 이름만이 등장할 뿐이다.

이 외에도 『곽분양튱장녹』에서는 판각본이나 활자본 같은 다른 이본에 비해 가문 내 인물과 사건에 많은 비중을 두고 있다. 예를 들어 곽자의가 가정을 이루어 아들을 낳고 그 아들이 외할아버지 이공의 사랑을 받는 부분이나, 동생 자균과의 해후와 위숙 딸과의 혼사과정, 곽자의 형제의 우애 등이 상세하게 서술되고 있다. 그러나 다른 이본들에서는 이와 같은 곽자의와 관련된 주변 인물과 사건의 서술이 축약되어 있다. 그렇기 때문에 판각본과 활자본에서는 인물의 성격이 상대적으로 몰 개성화 되고, 사건의 진행과정 속 일부분으로 묻혀버리거나 곽자의의 행적을 뒷받침하는 소극적 역할만을 하게 되었다.

지금까지 『곽분양튱장녹』의 화소들이 판각본과 활자본에서는 축약, 생략된 것을 확인했다. 이를 통해 필사본에서 방각본으로 유통되면서 가정 내 문제로 인물간의 관계에서 발생되는 소소한 흥미소들이 삭제되고 '*安史之亂*'을 중심으로 한 곽자의의 영웅적 행적만이 부각되는 방향으로 변모했음을 알 수 있다.

5. 가치

계명대본 『곽분양튱장녹』의 존재가 검토되기 전까지 이 작품 전반에 대한 연구는 판각본과 활자본에 나타난 내용이 중심이 되었다. 몇몇 연구자들은 필사본의 존재가 없다고 전제하고 논의를 진행하기도 했다. 『곽분양튱장녹』은 卷之一의 落帙이지만 이를 통해 판각본과 활자본만을 대상으로 하던 기존 연구의 부족한 면을 채울 수 있다.

『곽분양튱장녹』의 서지적 검토를 통해 원작의 창작시기가 1820년 이전으로 밝혀진 점은 판각본과 활자본의 출판 상황만으로는 정확히 밝히기 힘든 부분이다. 그 내용과 구성에 있어 이본간의 변이가 거의 없었던 판각본·활자본과 달리 필사본 『곽분양튱장녹』은 화소의 출입에서 차이가 보이고 있다는 점 또한 중요하다. 연장선에서 『곽분양튱장녹』을 통해 필사본에서 방각본으로 유통되면서 주변 인물이 축소되고 安史之亂을 중심으로 한 곽자의의 영웅적 행적이 부각되는 방향으로 개작되었다는 점 또한 확인할 수 있다. 完帙의 필사본이 발견되지 않은 현재 『곽분양튱장녹』의 존재는 이후 이본들의 유통상황과 그 향유의식을 추정해 볼 수 있는 유일한 단서인 셈이다.

【박혜순】

[색인어]

『곽분양튱장녹』, 『郭汾陽傳』, 곽자의, 唐 玄宗, 安史之亂

[참고문헌]

・박혜순, 「<郭汾陽傳>硏究 - 구성과 인물 형상을 중심으로」, 고려대학교 국문과 석사논문, 2006.12.

金李兩門錄

저자 미상.

한글 필사본 1책(76면)
四周無邊, 無界, 10行15字 내외, 無魚尾 ; 26.3×18.2cm.

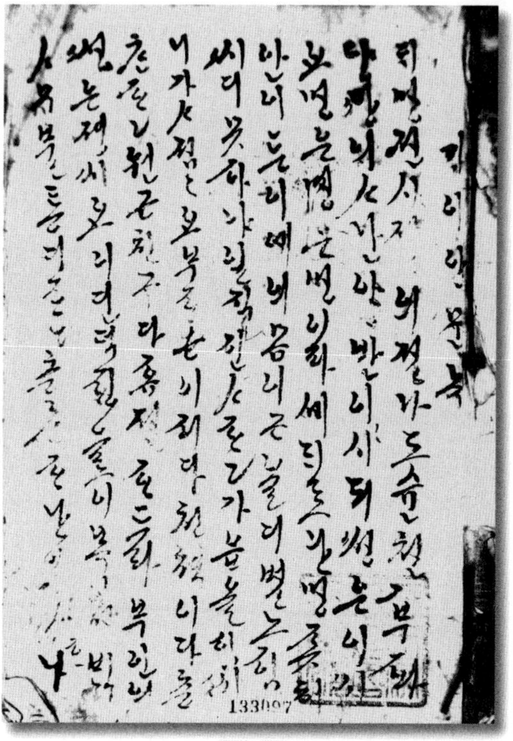

김이양문록

1. 저자

저자는 미상이다. 다만, 작품에 등장하는 경상도 지역어로 보아 필사자는 경상도 여성으로 추정된다.

2. 구성

대명시절 전라도 순천부 화양 땅에 관명을 쫓지 않고 진사에 급제해 가업에 힘쓰는 이명이라는 양반이 있었다. 부인 정씨는 월궁선녀가 득죄해 품에 들어오는 꿈을 꾸고 딸을 낳아 이름을 소애라 짓는다. 소애가 출생한 뒤에 정씨 부인은 병으로 사망하고 계모 송씨가 들어와서 1남 2녀를 낳았다. 시집갈 나이가 된 소애는 용모와 품행이 뛰어나 여러 사람들이 구혼했으나 마땅한 혼처를 찾지 못했다. 그래서 이진사는 소애의 화상을 그려 경성에 보내 혼처를 찾았다.

김판서는 슬하에 자식이 없었는데 석씨 부인이 북두칠성에 축원하여 태을선동이 천상에서 죄를 얻어 부인 품에 들어오는 꿈을 꾸고 태을을 낳았다. 태을의 준수한 용모를 보고 여러 명문거족이 구혼했으나, 김판서는 천상에서 하강한 며느리를 구하였다. 그때 김판서가 소애의 화상을 보고 구혼한 뒤에 태을의 화상을 그려 보낸다.

계모 송씨는 태을의 인물을 보고 자기 자녀가 뒤떨어지는 것을 애통해 하며 묘책을 꾸민다. 송씨의 계략에 따라 낭인은 신혼방에 들어오던 태을과 소애를 칼로 위협한다. 이때 신랑은 놀라서 부친을 깨워 집으로 돌아가고, 소애는 신혼방에서 한 걸음도 나오지 않는다. 계모 송씨는 가문이 좋은 이진사 댁에서 이런 변고가 발생한 것을 조롱하였다.

김판서는 다른 곳에 태을을 혼인시키려 했으나, 태을은 산문에 들어가 공부하였다. 7년의 세월이 흐른 뒤에 알성과에 급제한 태을이 순천부 이진사에게 원수를 갚으려 하였다. 그래서 태을은 백성진무와 도적 소탕을 내세워 전라도 어사를 자원하여 내려간다. 어사가 노귀할미집에서 그간의 사정을 염탐할 때 이진사는 관장과 양반을 초청하여 생일잔치를 열고 있었다. 할미는 예전의 소애와 태을이 혼인할 때 계모 송씨가 방해했음을 알려주었다. 계모의 모해로 억울한 누명을 쓴 소애는 정절을 지키면서 그 방에서 7년 동안 나오지 않아 생사가 위급하다고 말해준다.

한편 소애는 7년 동안 정절을 지켜왔지만 계모의 누명을 벗지 못하여 자결하려고 했다. 그때 할미는 소애가 꾸었던 꿈이 길몽일 뿐만 아니라 진사의 잔치에 자결하면 불효가 된다고 말해주었다. 암행어사가 된 태을은 이진사의 잔치에 거지차림으로 들어가 후원 별당에서 옛 모습을 살펴보고 분을 참지 못한다. 태을은 암행어사 출도하여 모든 것이 계모 송씨의 계략임을 밝혀내었다. 소애는 그제야 방에서 나와 송씨의 죄를 사면해주고, 부친이 송씨를 버리지 못하도록 글을 받아달라고 암행어사에게 청하였다.

어사는 소애와 다시 택일하여 혼례를 치른 뒤에 할미에게 고마움을 표하였다. 계모 송씨는 정씨 부인의 딸 모해와 7년 금고죄로 염라대왕 앞에 잡혀가서 지옥과 천상을 구경한 뒤에 돌아와 개과천선한다. 소애와 태을이 결혼한 뒤에 태을은 경성의 부모에게 그간의 사정을 말하여 소애를 데려간다.

조정의 소인이 충신을 참소하여 김판서는 벼슬을 버리고 낙향하여 조상의 제사를 받들며 가난한 사람이 있으면 재물을 아끼지 않고 도와주었다. 가산이 빈궁해진 김판서는 흥원 김철원에게 빌려준 은자 300냥을 아들에게 받아오라고 보낸다. 은자를 받아오던 태을은 큰 반석에서 남매의 딱한 사정을 듣고 적선하였다. 수십 년이 흐른 뒤에 소진사 남매는 자신을 도와준 태을의 은혜에 감사하며 비석을 세워준다.

새로 등극한 왕이 어진 신하를 재기용하여 김판서의 가세가 회복되었다. 김판서는 병부상서로 복직되고 태을은 예부상서에 제수되었다. 그리고 소진사와 이진사도 병부와 형부 시랑에 제수되었고 소애는 정경부인에 봉해졌다. 소애는 5자 2녀를 낳았는데 모두 재능이 뛰어나 국가의 중신이 되었다.

3. 내용

『김이양문록』은 경성의 김판서 아들 태을과 전라도 순천부 이명의 딸 소애의 결혼과정에서 발생한 계모 송씨의 계략으로 이별한 주인공이 7년 뒤에 다시 만나는 내용을 담고 있다. 이러한 『김이양문록』은 천상적 징표를 가진 주인공 태을과 소애의 결혼이 계모의 모해로파혼되었으나, 남편이 계모의 죄상을 밝혀 소애의 억울한 심정을 해소하여 재결합하는 계모형 가정소설의 성격을 보여준다.

『김이양문록』은 조선후기 고소설 향유층들이 선호하는 판소리 「춘향가」의 일부를 수용하여 재창작했다는 점에서 주목된다. 이 작품은 판소리 「춘향가」의 암행어사 출도 대목과 유사한 내용이 수용되어 있다. 산문에 들어가 7년 동안 공부한 태을이 과거에 급제하여 전라도 암행어사를 자청하여 민정을 살피는 대목은 「춘향가」의 이도령을 연상시키기에 충분하다. 『김이양문록』에는 판소리 「춘향가」의 내용뿐만 아니라 판소리 문체도 수용하고 있다. 소애의 아름다운 모습과 결혼해 신방으로 들어가는 장면, 계모의 지시를 받은 한양 낭인놈이 모해하는 모습 등에서 "거동보소"와 같은 판소리 문체가 나타나고 있다.

이러한 판소리 문체가 수용된 것은 19세기 말에서 20세기 초반에 유통된 계명대본 『김이양문록』의 이본적 특징이라 하겠다. 계명대본 『김이양문록』은 필사본 향유자가 판소리 「춘향가」의 내용과 문체를 수용하여 재창작했던 것으로 보인다. 계명대본 『김이양문록』은 조선후기 향유층의 인기를 모았던 판소리 「춘향가」의 내용과 판소리 문체까지 두루 수용하였다. 이러한 『김이양문록』의 창작방법은 조선후기 여성 향유층의 의식을 투영하여 새로운 작품을 파생시키는 원동력으로 작용한 것이다.

『김이양문록』은 서사구조에 천상적 인물의 적강담, 결혼담, 적선과 보은담 등과 같이 기존 작품의 일부를 수용하고 있다. 작품에 수용된 적강담이나 적선과 보은담은 작품의 구조와 유기적으로 연결되지 못하고, 결혼담은 계모에 의해 혼사장애가 발생하는 점으로 보아 가문간의 갈등으로 확장되지도 못하였다. 그런데 필사본 『최호양문록』은 쟁총형 가정소설에서 가문창달을 도모하는 가문소설의 영향을 받은 것으로 보인다. 이런 점에서 『김이양문록』은 전처의 자녀와 계모의 갈등을 다룬 조선후기 계모형 가정소설의 구조적 특징을 보여준다.

4. 가치

첫째, 지금까지 『김이양문록』은 필사본 3종이 존재하고 있다. 그 중에서 계명대본은 작품의 후반부인 보은담 대목이 생략되어 있다. 작품의 후반부에 첨가된 김판서 아들의 보은담은 서사 전개상의 불필요한 내용으로 볼 수도 있다. 이런 측면에서 계명대본은 서사 전개의 불필요한 대목을 과감하게 생략하여 구조적 완결성을 보여준다고 하겠다.

둘째, 계명대본 『김이양문록』에는 경상도 방언의 음운적 특징인 목적격 조사 "을/얼"이 등장하는 것으로 보아 19세기 말에서 20세기 초반에 유통된 것으로 보인다. 계명대본과 이수봉본 『김이양문록』을 비교해보면 동일한 서사전개를 보여주고 있다. 다만, 계명대본의 시간적 배경은 "딕명전 시절의 절나도 슌천부 화양"으로 나타난다면, 이수봉본은 "딕명 고려시절에 졀나도 슌천부 하냥"으로 나타나고 있다. 이러한 작품의 시간적 배경 차이를 제외하고는 서사단락의 변모를 발견하기 어렵다.

셋째, 필사본 『김이양문록』은 조선후기 향유층의 인기를 모았던 판소리 「춘향가」의 내용과 문체를 수용하여 재창작되었다. 작품에 등장하는 태을이 거지차림으로 이 진사의 생일에 들어가는 대목, 암행어사의 출도대목, 소애의 꿈 해몽 대목, 주점 할미에게 소애의 정절을 확인하는 대목 등은 「춘향가」의 이도령의 모습과 너무도 유사하다고 하겠다. 특히 계명대본 『김이양문록』은 판소리 「춘향가」의 내용과 문체까지 수용하여 재창작되었다는 점에서 주목된다.

넷째, 『김이양문록』은 서사구조에 천상적 인물의 적강담, 결혼담, 적선과 보은담 등과 같이 기존 작품의 일부를 수용하고 있다. 작품에 수용된 적강담이나 적선과 보은담은 작품의 구조와 유기적으로 연결되지 못하고, 결혼담은 계모에 의해 혼사장애가 발생하는 점으로 보아 가문간의 갈등으로 확장되지 못하였다. 이런 점에서 『김이양문록』은 전처의 자녀와 계모의 갈등을 다룬 조선후기 계모형 가정소설의 구조를 내포하고 있다.

다섯째, 『김이양문록』과 『최호양문록』을 비교해보면 『김이양문록』은 작품의 구조가 단순한 반면에 『최호양문록』은 복잡한 구조를 내포하고 있다. 『김이양문록』은 계모형 가정소설의 성격을 내포하고 있다면 『최호양문록』은 쟁총형 가정소설의 성격을 내포하고 있다. 이밖에 등장인물의 성격이나 영웅적 인물의 군담과 가문창달 등에서 두 작품은 차이를 보여준다. 따라서 『김이양문록』은 저승담을 첨가하여 계모형 가정소설의 변모를 보여준다면, 『최호양문록』은 쟁총형 가정소설에서 가문창달을 도모하는 가문소설로 전환될 가능성이 높다고 하겠다.

여섯째, 『김이양문록』은 조선후기 계모형 가정소설의 성격과 의미를 내포하고 있다. 『김이양문록』은 현실세계에서는 효성의 논리로 계모를 용서하고 화합하지만, 저승세계에서는 계모를 처벌하는 것으로 나타난다. 이러한 이중성은 유교적 효성을 강조하면서도 계모를 처벌하는 여성 향유층의 양면적 성격을 반영한 것으로 보인다. 따라서 『김이양문록』은 저승담을 첨가하여 계모의 개과천선을 유도하여 가족의 화합을 도모했다는 점에서 그 소설사적 의미를 찾을 수 있다.

【김재웅】

[색인어]

『김이양문록』, 계모형, 가정소설, 『최호양문록』, 판소리, 재창작, 효성, 가족화합, 여성 향유층

[참고문헌]

· 김재웅, 「『김이양문록』의 창작방법과 가정소설적 의미」, 『영남학』 12호(경북대 영남문화연구원, 2007).
· 김재웅, 「대구·경북 지역에 유통된 필사본 고전소설의 종류와 독자층에 관한 연구」, 『대구경북학 연구논총』 3집(대구경북연구원, 2006.12).
· 백두현, 『영남 문헌어의 음운사 연구』(태학사, 1992).
· 이수봉, 「김이양문록 연구」, 『한국문학연구』(최정석박사 회갑기념논총간행위원회, 1984).

김태백전

저자 미상.

한글 필사본 1책(156장)
四周白邊, 半郭 19.5×12.3cm
有界(烏絲欄), 10行 20字, 上黑魚尾 : 23.8×15.7cm,

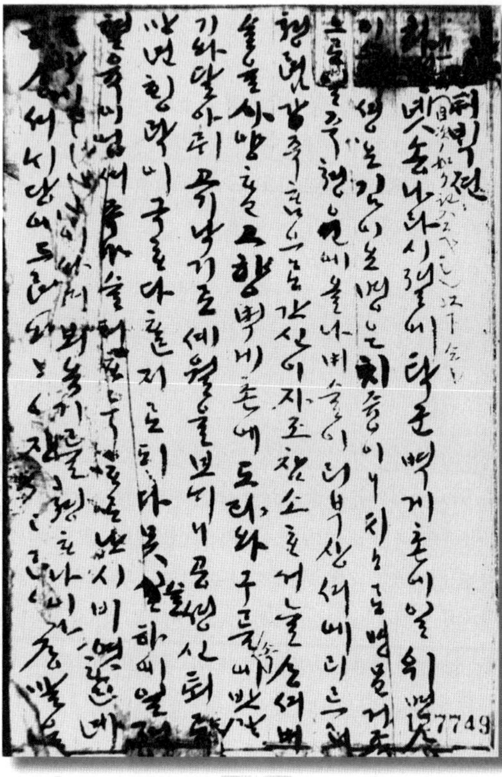

김태백전

1. 저자 및 창작 시기

『김태백전』의 작가 및 창작 연대는 알 수 없다. 그렇지만 이 책은 작가가 직접 쓴 초고본이다. 또한 이 책은 烏絲欄이 있는 근대 무렵의 종이라는 점, '지나'라는 표현을 쓴다는 점, 교정 표시를 한 부분에 일본어가 몇 자 씌어 있다는 점 등을 통해 볼 때, 그 저작 시기는 근대 이후의 것으로 볼 수 있다.

이 책 마지막 장에는 '開豊郡 大成面 古郡里 金區長 冊'이라는 대목이 있다. '개풍군'은 지금의 개성(開城) 일대를 말하는데, 작가가 개성 인물일 가능성이 높다. 또한 책 표지 뒷장에는 '高陽郡 崇仁面 金區長 殿'이라는 기록이 씌어 있는데, '고양군 숭인면'은 지금의 서울 성북구 일대를 말한다. 이런 점을 고려할 때, 이 책은 개성에 살던 김구장이 서울에 사는 김구장에게 보이려고 한 책일 가능성도 있다.

2. 구성

『김태백전』은 군담을 위주로 한 전형적인 영웅소설이다. 이 책은 작가의 초고본으로, 작가가 직접 교정을 본 흔적이 여러 군데 남아 있다. 그 중 이 책 중간에 장회를 나누려고 한 흔적이 있는데, 이를 통해 볼 때 작가는 이 책을 13회로 나누려고 했음을 알 수 있다. 장회의 제목은 붙이지 않았는데, 9회에만 '됴도독은 승젼흔 쳡셔를 씌우고 황셩으로 힝ᄒᆞ다'라는 제목이 있다.

3. 내용

『김태백전』의 장회에 따라 그 내용을 요약하면 다음과 같다.

1회 : 송나라 탁군 벽계촌에 사는 김치중은 자식이 없이 고향에 내려와 사는데, 하루는 한 중이 찾아와 시주를 요청한다. 김치중은 시주하고, 부처님께 자식을 점지해 줄 것을 요구한다. 중은 불공을 드리겠다고 하고 돌아간다. 그 후 김치중의 아내 장부인은 선동이 품 안에 드는 꿈을 꾸고, 십삭만에 아들을 낳는다. 아들의 이름은 태백이라 한다. 태백이 7세 되자, 문장에 뛰어난 재주를 보인다.

한편 소주 백운동에는 김치중의 친구이면서 함께 벼슬을 하직하고 고향에 내려온 정문익이란 인물이 있었다. 정문익은 1남1녀를 두었다. 딸은 명주, 아들은 충국이다. 하루는 정문익이 김치중을 만나는 꿈을 꾸고 그를 찾아간다.

정문익은 김치중과 만나 태백을 본다. 그는 태백이 명주의 짝임을 알고 김치중을 데리고 자기의 집으로 가서 명주를 보인다. 명주의 재주를 사랑한 치중은 태백과 명주의 혼사를 의논하고, 명주가 준 대모살적 반쪽을 가지고 온다. 치중의 아내는 태백의 짝을 만남을 기뻐하나 신물을 꺾어서 준 것에 대해 불행이 있을 것을 짐작한다.

2회 : 태백이 15세 되던 해에 정문익은 병으로 죽는다. 김치중은 문상을 가서 3년 상을 마친 후에 태백과 명주의 결혼식을 하기로 한다. 그러나 3년이 지날 무렵에 정문익의 아내 역시 죽고 만다. 이에 김치중은 다시 3년 후에 혼사를 시키기로 한다.

이 때 좌승상 왕일청은 아들의 짝을 구하다가 명주의 어짊을 듣고 매파를 보내나 명주는 이를 거절한다. 왕일청은 이게 김태백과 혼담이 있었기 때문으로 알고, 김치중을 제거하려고 한다. 이에 왕일청은 임금께 주달하여 김치중을 절강 순무어사를 삼아 변방을 지키게 한다. 김치중은 어명을 받들어 곧바로 절강으로 간다. 왕일청은 자객 우영을 시켜 절강에서 김치중을 죽이도록 한다.

배를 타고 가던 김치중은 우영을 만나 죽을 지경이 되었지만, 갑자기 광풍이 일며 배가 뒤집어진다. 마침 김치중은 간밤에 예시를 받은 오낙구에게 구출되어 함께 지낸다.

한편 김치중 일행이 죽었다는 소식을 들은 장부인은 정신을 잃는다. 태백은 아버지의 생사 여부를 확인하겠다면서 절강으로 떠난다. 집을 떠난 태백이 형산에 이르자, 한 선동이 와서 와룡선생을 뵙게 한다. 태백은 그 곳에서 머물며 무술을 배운다.

왕일청은 김치중이 죽었다는 말을 듣고 다시 매파를 보내 명주를 취하려 한다. 명주는 다시 꾸짖어 보내자, 일청은 이에 심복 성익삼을 보내 김치중의 집을 방화한 후 돌아오는 길에 명주를 탈취해 오도록 한다.

장부인이 불공을 드리러 떠난 사이에 성익삼은 치중의 집을 방화한다. 집으로 돌아온 장부인은 터만 남은 집을 보고 망연해 하다가 남편의 흔적이라도 찾겠다며 시비 월섬과 함께 절강으로 떠난다. 절강에 이른 장부인은 남편을 수소문하여 결국 치중과 만난다. 둘은 함께 지내며 태백과 다시 만나기만 고대한다.

성익삼은 다시 명주를 취하여 왕일청의 집으로 돌아온다. 왕일청은 명주를 자신의 딸 옥패의 방에 둔다. 그런데 사실 성익삼이 탈취한 명주는 가짜 명주로, 그는 명주의 동생 충국이었다. 명주는 이런 일이 있을 줄 알고 미리 충국과 자리를 바꾸고, 자신은 외가가 있는 제남부로 간다. 그러나 이미 외가는 망해 자신을 구제할 수 없음을 알고, 그 근처의 칠보암에 머물며 지낸다. 한편 충국은 옥패와 한 방에 있으면서 인연을 맺고, 옥패의 도움을 입어 왕일청의 집에서 빠져나온다.

3회 : 주점에 머물던 충국은 그 곳에서 조응천을 만나 의형제를 맺고 같이 지낸다. 그날 밤 충국은 꿈에 '영화산 자운선생을 찾아가라'는 부친을 뵙고 그 곳으로 간다. 그리고 그 곳에서 무술을 익히며 지낸다.

남만왕 달세홍은 중국을 침략한다. 천자와 왕일청은 남만에 대응하기 위해 출전한다.

왕일청은 적장 성길과 성춘을 죽이지만, 합사덕과의 싸움에서는 패한다. 이에 왕일청은 두려워 성 문을 닫고 밖에 나오지 않는다.

한편 왕일청과 친밀한 서여국 왕은 천자가 출전한 것을 알고 황실을 향해 출전한다. 서여국과 밀통을 한 왕일청은 천자에게 서여국을 막겠다며 몰래 진을 나온다.

4회 : 남만왕을 보좌하는 산음도사는 천문을 보고 송나라에 내란이 있다면서 총공격을 명령한다. 천자는 졸지에 당한 공격에 급히 도망을 가다가 가맹관에서 남만왕에게 잡힐 위기에 처한다. 이에 천자는 자결하려고 한다.

한편 김태백은 천문을 보고 송 천자에게 위험이 있는 줄 알고 와룡선생이 주는 무기와 말을 얻어 출전한다. 태백이 가맹관에 이르러 항복하려는 왕을 본다. 이에 태백은 적진으로 달려들어 왕을 구한다. 한편 정충국과 조웅천도 자운선생의 지시에 따라 가맹관으로 향한다. 산음도사는 뜻 밖에 패배를 입은 후, 다시 계책을 내어 김태백을 호로곡에 유인하여 죽이려고 한다.

5회 : 김태백은 산음도사의 계책을 미리 알고 부장 소운길과 정순화를 불러 그에 대비할 뿐 아니라, 오히려 적군을 궁지에 몰아넣을 계교를 낸다. 정순화는 전투 중 남만왕에게 죽을 지경에 당하는데, 그 때 정충국과 조웅천이 나와 그를 구한다. 김태백은 정충국과 조웅천을 보고 마치 형제를 만난 것처럼 기뻐한다.

6회 : 한편 서여국 왕은 황성을 점령하여 황후와 왕자를 가두고 왕일청이 입성하기만 기다린다. 천자는 정충국과 조웅천에게 황성으로 가서 왕일청을 돕게 한다.

왕일청은 정충국이 자신을 도우러 온다는 말을 듣고, 정충국과 서여국과의 전투 상황을 보고 어느 쪽이든 이기는 쪽에 붙기로 하고 일부러 서여국에 사로잡힌다. 정충국은 적장 맹세달을 죽이니, 왕일청은 정충국의 기세 높음을 보고 안에서 반란을 일으켜 적장 사인귀를 죽이고 정충국을 맞이한다. 정충국은 왕일청의 행위를 의심하지만 사사로운 혐의는 두지 않는다.

7회 : 정충국은 왕일청에게 황실을 지키게 하고 다시 남만왕과 전쟁 중인 가맹관으로 떠난다. 한편 조웅천은 서여국을 치러 가는데, 도독 최인귀가 길을 잘못 인도하여 단단국을 치고 만다. 그런데 단단국에는 무예가 출중한 칠보공주가 있는데, 최인귀와 조웅천 모두 칠보공주에게 사로잡힌다. 단단국 왕은 조웅천에게 칠보공주와 혼사를 맺도록 한다.

8회 : 조웅천은 혼인을 하고 도망을 가다가 다시 칠보공주에게 잡힌다. 칠보공주는 조웅천을 보내준다. 조웅천은 다시 서여국과 전쟁한다. 조웅천이 패배할 즈음에 칠보공주가 와서 도와준다. 결국 조웅천은 서여국을 평정한다. 칠보공주와는 훗날을 기약하며 이별한다.

9회 : 정충국과 조웅천의 승전 소식을 들은 천자는 기뻐한다. 그리고 김태백은 소운길과 정순화를 데리고 남만왕과 전쟁을 벌인다. 결국 남만왕은 소운길과 정순화에게 사로잡힌다. 김태백은 천자께 남만왕을 용서하도록 요구한다. 남만왕은 용서 받는다.

10회 : 김태백은 부모의 흔적을 찾겠다며 절강 지역을 떠나고, 정충국은 명주를 찾겠다며 남강으로 떠나며, 천자는 황성으로 돌아간다.

한편 서여국의 화평공주는 원수를 갚고자 하여 여러 경로를 통해 왕일청의 딸 옥패와 조응천과의 혼인을 주선하도록 천자께 주달한다. 천자는 이를 허락하고, 결국 조응천은 옥패와 혼인한다. 조응천은 칠보공주를 꺼리고, 옥패는 정충국을 꺼리지만 왕명인지라, 결국 혼인을 행한다.

11회 : 조응천이 혼인한 날 밤, 신부는 조응천을 죽이려 한다. 그러나 이를 눈치 챈 조응천은 오히려 칼을 빼앗아 신부를 죽인다. 그러나 거꾸로 조응천은 이유 없이 신부를 죽인 것으로 의심을 받는다. 이에 조응천은 옥에 갇힌다.

한편 칠보공주는 단단국에서 자식을 낳고 조응천을 기다리나 소식이 없자, 조응천을 찾아 황성으로 온다. 칠보공주는 수소문하여 조응천을 찾아 옥으로 간다. 그리고 조응천의 가동(家僮)인 것처럼 하고 조응천과 함께 옥살이를 한다.

한편 정충국은 누나 명주를 찾지 못하고 황성으로 돌아온다. 충국은 조응천의 소식을 듣고 옥을 찾아가서 사연을 듣는다. 둘은 김태백이 돌아오기만 기다린다.

한편 옥패는 실제 조응천과 결혼하지 않고 별실에 있다가 조응천이 무고하게 옥에 갇혔음을 안다. 그렇지만 자신이 나서면 아버지 왕일청이 죄를 받을까 걱정한다. 이에 옥패는 집을 떠나 자살을 하고자 한다.

12회 : 마침 옥패의 자탄 소리를 들은 창두가 이 사연을 정충국에게 보고한다. 정충국은 이에 하인들을 데리고 옥패를 숨겨둔 왕일청의 집을 급습한다. 그러나 이미 옥패는 자살하러 집을 떠난 상태라, 정충국은 이유 없이 왕일청의 집에 침입했다는 죄를 입는다. 이에 정충국도 옥에 갇힌다.

한편 김태백은 칠보암에 들렀다가 명주를 만나고, 오낙구의 집에서 부모도 만난다. 태백은 이러한 사연을 갖춰 천자께 올리고 황성으로 돌아온다. 돌아오는 길에 태백은 자살하려는 옥패도 만나 함께 온다. 태백은 황성에 돌아와 천자께 보고한다. 그리고 왕일청을 포함한 모든 사람을 불러 취조한다. 그리고 그 날 죽은 여인은 화평공주의 시녀였음을 확인한다. 이에 왕일청은 사형을 시키고, 옥패는 정충국과 혼인을 시킨다.

13회 : 천자는 명주를 정열부인으로, 옥패를 숙렬부인으로, 칠보공주를 왕렬부인으로 책봉한다. 김태백·정충국·조응천 세 집안은 화목하게 지낸다. 조응천은 칠보공주 사이에서 난 아이의 이름을 화운이라 한다. 이후 김태백은 일용, 정충국은 백호라는 아들을 낳는다.

이후 과거 시험에서 다섯 사람이 문과에 급제하는데, 제1은 김일용, 제2는 조화운, 제3은 정백호, 제4는 소운길의 아들 소운, 제5는 정순화의 아들 정광이다. 또한 이들은 문과에 이어 무과에도 모두 급제한다. 이렇게 다섯 집안은 모두 즐거워한다.

4. 가치

『김태백전』은 유일본 소설로, 우리 문학사에서 주목할 만한 작품이다. 그렇지만 이 책의 갖는 가치는 단지 유일본이고, 작가의 수고본이라는 데에 있지 않다. 또한 이 책의 내용도 그렇게 주목할 성질의 것이 아니다. 정작 이 책의 가치는 유일본이라는 점도, 뛰어난 내용 때문만이 아니다. 정작 이 책에서 주목할 요인은 이 책의 후기에 있다. 『김태백전』의 후기는 다음과 같다.

> 딕져 소셜이라 ᄒᆞ난 거슨 혹은 실디사젹을 드러 발힝ᄒᆞ난 것도 잇고, 혹은 무ᄉᆞ실ᄒᆞᆫ 거슬 신져작ᄒᆞ여 발힝ᄒᆞ난 것도 이스나 딕기 취지는 오륜삼강을 버셔나지 아니ᄒᆞ고 권션증악의 취지로 사회를 발달을 고취ᄒᆞ는 한극미미(閑隙美味)의 직담이라. 실업상(實業上) 직미를 붓칠 거슨 안이로되 혹시 노는 심ᄉᆞ 울젹ᄒᆞᆫ 젹에 간혹 보게 되면 울울ᄒᆞᆫ 마음도 위로되고 사상과 지식도 널거지나니 이상의 져작ᄒᆞᆫ 김틱빅젼으로 말삼ᄒᆞ면 지나에서 본시 ᄉᆞ젹이 잇는 말노지나 연극게에서 유명이 흥힝ᄒᆞ난 오호평남과 오호평셔를 절츙ᄒᆞ여 져작ᄒᆞᆫ 거시온딕 본 져작자가 어단필둔ᄒᆞ와 익독ᄒᆞ시는 각위의 장절쾌절ᄒᆞᆫ 흥미난 무ᄒᆞ오나 김뎡됴 삼인의 ᄉᆞ젹은 오륜상강의 사표되난 ᄉᆞ젹이요, 문무의 쌍젼ᄒᆞᆫ 거슨 고금 학자이 안목을 송연케 ᄒᆞᆯ지요 명쥬옥픽 양소져와 칠보공쥬의 유신유용ᄒᆞᆫ 힝젹은 렬졀이 관일ᄒᆞ고 지사렬녀의 고진감릭ᄒᆞᆫ ᄉᆞ실을 ᄒᆞᆫ번 보면 가히 사회상 젼감(前鑑)이 될 터인 고로 본져작자난 용우ᄒᆞᆫ 말을 가지고 감히 사히동포에게 발포ᄒᆞ오니 한번 보신 후 용셔ᄒᆞ시고 황영ᄒᆞ여 주심을 간졀이 바라옵나이다.

작가는 소설이 사실을 드러낸 것도 있고 허구를 통해 새로 지은 것도 있지만, 그 목적은 권선징악을 통해 사회의 발달을 고취하는 데에 있다고 한다. 또한 소설을 읽으면 적적함을 달랠 뿐 아니라 지식도 넓어진다고 한다. 소설의 개념과 목적, 그리고 효용성까지 모두 언급한 셈이다. 작가는 소설에 대해 정확하면서도 분명한 인식을 하고 있었다. 그런 인식 아래 작가는 당시 연극으로 유명한 『五虎平南』과 『五虎平西』를 절충하여 『김태백전』을 지었다고 밝히고 있다.

『오호평서』는 14권 112회로 구성된 중국소설로, 1801년에 출간되었다. 『오호평남』은 6권 24회로 구성된 중국소설로, 1807년에 간행되었다. 『김태백전』은 이 두 소설(혹은 연극)을 보고 지은 작품임을 확인할 수 있다. 그런데 문제는 작가의 후기와 별도로 『김태백전』 내용 말미에 다음과 기록이 있다는 점이다.

> 이 칙은 이거스로 긋츨 막고 이 ᄒᆞᆫ권인즉 금방 장원급데ᄒᆞᆫ 오인 영웅이 남복 젼장ᄒᆞ난딕 신츌귀몰(神出鬼沒)ᄒᆞᆫ 직조와 의긔가 만쓰와 ᄒᆞᆫ 번 아니 보지 못ᄒᆞᆯ 지나(支那)의 유명ᄒᆞᆫ 오호평남(五虎平南)과 오호평셔가 잇쓰오니 연속ᄒᆞ여 환영ᄒᆞ여주시옵쇼셔.

이 기록을 보면 이 책에 이어서 중국의 『오호평남』과 『오호평서』를 계속해서 읽으라고 한다. 이 기록만 보면, 이 작품은 창작이 아닌 다른 작품을 필사한 것처럼 보인다. 그리고 『김태백전』은 『오호평서』·『오호평남』과 전혀 무관한 작품처럼 보인다. 이는 『오호평서』·『오호평남』을 번안한 것처럼 밝힌 앞서 본 후기와 일정한 차이가 있다.

『김태백전』은 『오호평서』나 『오호평남』처럼 군담이 중심을 이루는데, 기실 이러한 군담은 이미 기존의 영웅소설에서도 볼 수 있는 바다. 그러나 다섯 명의 영웅을 내세운 것이라든가, 유사한 서사적인 줄거리가 나타난다는 점에서 두 작품 간의 연관성을 전혀 무시할 수도 없다. 또한 『김태백전』을 볼 때, 작가는 '적어도' 『오호평서』만큼은 분명히 알고 있었다. 이러한 전제는 『김태백전』을 이해하는 시각을 더욱 어렵게 만든다. 영향 관계의 비중을 얼마큼 고려해야 하는지, 혹은 단지 가탁한 것뿐인가? 이 물음에 대한 확답은 잠시 유보해 둘 수밖에 없다. 다만 『김태백전』은 창작이든 번안이든 간에 중국소설과의 연관을 가지면서 새롭게 창작된 작품이란 점을 분명히 해둘 필요가 있다. 그것은 근대적 의미의 '작가'라는 의식을 가진 소설 창작과 그것을 소통할 수 있는 소설 환경의 변화를 기대하는 한 요인으로 설명할 수 있기 때문이다. 우리나라에는 널리 읽히지 않은 『오호평서』와 『오호평남』이 이미 당시에는 읽히고 있고, 비교적 장편의 소설을 토대로 새로운 작품을 창출하려는 노력이 『김태백전』에는 분명하게 드러나고 있기 때문이다.

【김준형】

[색인어]

『김태백전』, 영웅소설, 군담소설, 『오호평서』, 『오호평남』, 『북송연의』

[참고문헌]

- 김준형, 「계명대 동산도서관 수장 고전소설의 현황과 가치」, 『한국학논집』 37, 계명대 한국학연구소, 2008.
- 장효현 외, 『고소설 해제 - 李明善 구장본을 중심으로』, 국립중앙박물관, 2008.
- 조희웅, 『고전소설 이본목록』, 집문당, 1999.
- 江蘇省 社會科學院 편, 『中國通俗小說總目提要』, 中國文聯出版公司, 1990.

南征記

金萬重(1637~1692) 著, 金春澤(1670~1717) 漢譯

필사본 2권(상하) 1책. 「廉丞傳」 합철. 1806년 필사.
四周白邊, 無界, 10行20字, 無魚尾 ; 26.8×18.4cm.
卷末 : 崇禎紀元後三丙寅(1806)上澣夏旬 錦水旅中書

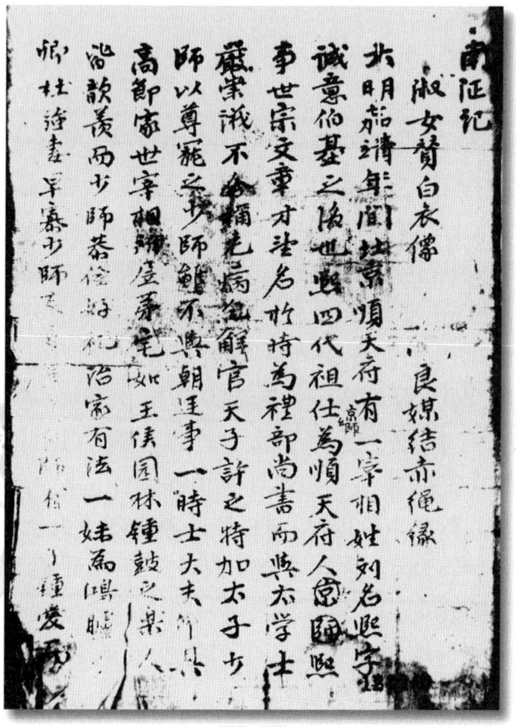

남정기

1. 개요

『南征記』는 西浦 金萬重(1637~1692)이 창작한 소설이다. 주인공의 성을 붙여 '謝氏南征記'라고도 하지만 원래의 명칭은 '南征記'로 보인다. 작품의 내용은 明나라 때 翰林學士 劉延壽의 夫人 謝氏가 첩 喬氏의 참소를 받아 가문에서 쫓겨나 고초를 겪다가, 결국 억울함이 밝혀져 돌아온다는 것이다. 가정소설 또는 초기 가문소설로서 고전소설사에 지대한 영향을 미친 작품이다. 肅宗, 仁顯王后, 張禧嬪의 관계를 우의적으로 그렸다는 견해도 있다.

金萬重은 『南征記』를 국문으로 지었으나 그 從孫인 北軒 金春澤(1670~1717)이 漢譯한 계열이 널리 보급되었다. 계명대 동산도서관 소장본 역시 김춘택 한역본 계열인데, 현존하는 김춘택 한역본 계열 중에서도 형태가 원형에 가깝고, 상태가 매우 양호하며, 필사 연대도 1806년으로 밝혀져 있어 가치 있는 이본 중 하나라고 하겠다. 그러나 부분적으로 내용이 탈락되어 있어 善本으로 삼기는 어렵다.

2. 저자 및 역자

저자 金萬重은 조선 중기의 문신으로 인조 15년(1637)에 한양에서 태어나 숙종 18년(1692)에 남해에서 죽었다. 본관은 光山. 字는 重叔, 號는 西浦, 諡號는 文孝. 禮學의 대가인 金長生의 증손자이자 金集의 손자이다. 아버지 金益謙이 병자호란 당시 강화도에서 순절하여 유복자로 태어났다. 형 金萬基는 숙종의 初妃 仁敬王后의 아버지이다.

현종 6년(1665) 文科 庭試에 甲科로 합격한 후 正言, 獻納, 司書, 副校理, 副修撰 등을 거쳤다. 현종 14년(1673) 許積을 논척한 일로 강원도 金城(현재 고성)에 유배되었다가 이듬해 석방되었다. 숙종 6년(1680) 이후로 大提學, 大司憲, 禮曹參判, 吏曹參判, 都承旨, 戶曹參判, 判義禁府事, 藝文提學 등을 역임했다. 숙종 13년(1687) 經筵에서 趙師錫이 특지로 우의정에 제수된 것이 張淑儀의 덕이라는 소문을 아뢰었다가 關西 宣川에 유배되었다. 이듬해 왕자(후에 景宗)의 탄생으로 유배에서 풀려났으나, 숙종 15년(1689) 己巳換局이 일어나 서인이 몰락하게 되자 趙師錫의 일로 재차 鞫問을 받고 南海의 櫓島에 유배되어 그곳에서 죽었다.

金萬重은 西人 명문가 출신의 고급 관료로서 치열한 정쟁의 중심에서 활동하며 서인의 당론을 대변하였다. 그래서 그의 정계 생활은 禮訟, 庚申換局, 己巳換局 등 정치권에 큰 변동이 있을 때마다 부침이 심할 수밖에 없었다.

金萬重의 저술로는 시문집 『西浦集』(1702년 10권2책의 목판본으로 간행), 비평집 『西

浦漫筆』, 소설 『九雲夢』, 『南征記』 등이 있다.

『九雲夢』은 선천 유배 시에, 『南征記』는 남해 유배 시에 창작한 것으로 추정된다. 金春澤 『北軒集』 권16의 기록, 『承政院日記』 영조 27년(1751) 3월 15일자의 기록 등에 따르면 김만중은 『九雲夢』, 『南征記』 외에도 몇 편의 소설을 더 창작했다고 한다. 李圭景의 『五洲衍文長箋散稿』 권7 「小說辨證說」은 『九雲夢』은 김만중이 어머니 정경부인 윤씨를 위로하기 위해 지었고, 『南征記』는 김춘택이 인현왕후를 폐출한 숙종의 마음을 돌리기 위해 지었다고 기록하고 있다. 『南征記』는 김만중의 원본인 국문본보다 김춘택의 한역본이 널리 보급되었기 때문에 김춘택의 작품으로 알려지기도 했다.

역자 金春澤은 조선 중기의 문신으로 현종 11년(1670)에 태어나 숙종 43년(1717)에 죽었다. 본관은 光山. 字는 伯雨, 號는 北軒, 諡號는 忠文. 숙종의 장인인 金萬基의 장손이며, 戶曹判書 金鎭龜의 아들이다. 從祖父 金萬重에게 문장을 배웠다.

金春澤은 西人 핵심 가문의 일원으로 인현왕후 복위운동에 앞장섰다. 평생 벼슬도 하지 않았지만 南人과 少論에 의해 대표적인 戚臣으로 지목받고 음모를 이용한 파행적인 정치활동을 벌였다는 비난을 받았다. 옥사와 유배로 점철된 일생을 보냈다.

숙종 20년(1694)에 재물을 써서 궁중에 내통하여 폐비 閔氏를 복위시키고 정국을 뒤엎으려 한다는 혐의로 체포당해 심문을 받았으나, 甲戌換局으로 남인이 축출되자 풀려났다. 노론과 소론이 분열하고 대립이 격화되자 노론 편에 서서 소론의 탄핵을 여러 차례 받았다. 숙종 23년(1697)에 金川, 숙종 27년(1701)에 扶安에 유배되었다가 해배되었다. 숙종 32년(1706)에 海南에 유배되었다가 張禧嬪 소생인 세자(후의 景宗)를 모해하려 했다는 혐의를 받고 濟州에 移配되었으며, 숙종 38년(1712)에 해배되었다. 사후에 吏曹判書를 추증받았다.

제주 유배 시에 김만중의 소설 『南征記』를 한문으로 번역하였다. 저술로 『北軒集』과 『漫筆』이 있다.

3. 구성

동산도서관본 『南征記』는 상하 2권으로 된 소설 본문과 부록으로 이루어져 있다. 본문은 상권 6회, 하권 6회 전체 12회의 回章으로 구성되어 있다. 회장 제목은 다음과 같다.

南征記 上
淑女贊白衣像 良媒結赤繩緣
詩咏關雎樛木 琴奏霓裳羽衣
正室夢熊 門客竊妾

孝女言告言歸 淫婦爲鬼爲蜮
君子信讒言 兇人戕愛子
糟糠下堂 舅姑感夢

南征記 下
懷沙亭呼天 黃陵廟敷衽
夫人依止空門 群小構成詩案
別船抱琵琶 甘露洗瘴癘
使君載好女 歸客逢故人
小人惡稔身斃 天道否極泰來
母子重會 逆婦就誅

부록은 모두 5편으로 제목은 다음과 같다.

謝夫人答杜夫人書
杜夫人與劉翰林書
劉翰林譏嚴崇詩
劉翰林迎謝夫人告先廟文
謝夫人祭春芳文

김춘택은 김만중의 원본『南征記』를 한역하면서 서간문 2편, 시 1편, 고묘문 1편, 제문 1편을 추가하였으나 원본 형태를 보존하기 위해 해당 부분에 넣지 않고 부록으로 붙였다. 그러나 시간이 흐르면서 대부분의 이본들은 부록을 해당 부분에 삽입하게 되었다. 따라서 동산도서관본처럼 본문 뒤에 補遺文이 부록으로 붙어 있는 형태는 김춘택 한역본의 원형을 보여주는 것이다.

『남정기』의 뒤에는『廉丞傳』이 합철되어 있다. 그리고『염승전』뒤에는 경상 감사의 진휼 장계 등이 필사되어 있다.

4. 내용

『南征記』의 줄거리는 다음과 같다.

明代 嘉靖 연간 北京 順天府에 사는 太子少師 劉熙는 아들 劉延壽가 14세에 登科하

여 翰林學士가 되자 숙녀를 구한다. 劉熙는 여동생 杜夫人과 의논 끝에 謝給事의 딸 謝貞玉을 觀音贊으로 시험해 본 후 그 재주와 덕성에 감탄하여 며느리로 맞는다. 사씨는 혼인 후 少師에게 효를 다하고 劉翰林과 화락하며 집안을 법도 있게 다스렸다.

세월이 흘러 少師가 죽고 부부가 23세가 되었으나 자녀가 없었다. 사씨는 유연수에게 娶妾을 권하고 직접 사족의 딸로서 미모와 재주를 갖춘 喬彩鸞을 천거한다. 교씨는 총명하여 유연수의 마음을 얻고 사씨를 잘 섬겼으며 곧 아들 掌珠를 낳았다. 어느 날 사씨는 교씨의 거문고 연주와 노래가 품격이 낮고 음란하다고 평하고, 이에 교씨는 사씨를 적대시하게 된다.

이후 사씨가 아들 麟兒를 낳고 유연수가 麟兒를 편애하자 자신의 입지가 위태롭다고 느낀 교씨는 方術에 능한 李十娘, 문객 董靑과 결탁한다. 계속되는 모해에도 유연수가 쉽게 사씨를 쫓아내지 않자 모해의 정도가 극단화된다.

그 사이 교씨와 사통하여 아들 鳳雛를 낳은 동청은 시비 臘梅를 시켜 掌珠를 죽이고 사씨가 살해한 것으로 꾸민다. 유연수가 마침내 사씨를 쫓아내고 교씨를 정실로 삼는다. 사씨는 친정으로 돌아가지 않고 劉氏 가문의 先塋에 의지해 있다가, 少師의 現夢으로 동청이 보낸 무뢰배를 피해 두부인이 있는 長沙를 향해 떠난다. 그러나 장사에 닿기 전에 이미 두부인이 그곳을 떠난 것을 알게 되고 여비도 떨어져서 洞庭湖 君山에 있는 水月庵에 의탁한다.

한편 시간이 흘러 유연수가 사씨의 억울함을 조금씩 깨닫게 되자, 위기의식을 느낀 동청과 교씨는 유연수를 승상 嚴嵩에게 모함하여 幸州로 유배 보낸다. 동청은 엄숭의 도움으로 陳留縣令으로 부임하고 교씨는 유씨 가문의 재물을 가지고 동청을 따라간다. 교씨는 시비 雪梅에게 인아를 죽이라고 시키지만 설매는 인아를 강가에 버린다. 유연수가 觀音의 보호로 적소에서 살아남고 마침내 해배되어 돌아오는 길에 桂林太守로 승진하여 부임하는 동청 일행과 길에서 마주친다. 유한림은 설매를 통해 모든 사실을 알게 되고, 동청과 교씨는 유한림을 죽이려 한다. 도망치던 유연수는 사씨와 수월암 여승 妙喜에게 극적으로 구원을 받고, 엄숭과 동청의 눈을 피해 武昌으로 가서 농업에 힘쓴다.

엄숭이 실각하자 유연수도 다시 조정의 부름을 받고 江西布政使가 된다. 유연수는 사씨와 정식으로 재결합하고 안정을 찾는다. 사씨는 후사를 염려하여 다시 林秋英을 첩으로 들이고 임씨의 어린 남동생이 잃어버린 인아임이 밝혀진다. 한편 엄숭이 실각하자 동청의 친구 冷振이 동청을 배신하고 교씨와 재물을 차지한다. 그러나 냉진이 재물을 모두 도둑맞고 죽자, 교씨는 살아남기 위해 창기가 된다.

유연수는 禮部尙書로 승직되고, 북경으로 돌아오는 길에 속여서 교씨를 데려온다. 유씨 일문이 모인 자리에서 교씨를 수죄하고 처형한다. 유연수는 좌승상까지 승진하고 임씨가 세 아들을 낳아 인아를 비롯한 네 아들이 모두 높은 관직에 오른다.

5. 가치

『南征記』는 金萬重(1637~1692)이 국문으로 창작한 17세기 장편소설로, 현숙한 처사씨와 간악한 첩 교씨의 갈등을 그린 작품이다. 『남정기』는 필사본, 판각본, 활자본 등 다양한 형태로 전해지며 국문본과 한문본 이본을 모두 합치면 200여 종에 이를 것으로 보인다.

동산도서관 소장본은 상하 2권 1책의 한문본으로 『廉丞傳』과 합철되어 있다. 보존 상태가 매우 좋고, 해서와 행서를 혼용한 서체도 매우 단정하여 판독하기 쉽다. 필사자가 필사하다가 실수로 빠뜨린 글자는 몇 글자 뒤나 그 행 마지막에 채워 넣고 순서를 바꾸는 교정을 꼼꼼하게 해 놓았으며, 전체는 아니지만 1/3 정도는 구결도 달려 있다.

『南征記』 한문본은 크게 김춘택 한역본 계열과 비김춘택 한역본 계열로 나누어지는데 김춘택 한역본 계열이 先本이자 善本이다. 동산도서관 소장본은 김춘택 번역본 계열에 속한다. 김춘택이 쓴 서문인 「翻諺南征記引」이나 번역 태도와 양상을 밝힌 '凡例'는 없지만, 김춘택이 지은 補遺文 5편은 부록으로 존재한다. 보유문이 본문에 편입되지 않고 부록으로 남아있다는 점에서 김춘택 번역본 계열 중에서 비교적 원형을 간직한 이본이라 하겠다.

동산도서관 소장본은 김춘택 한역본 계열 중 善本에 해당하는 규장각 가람문고본, 고려대 경화당본, 장서각본 등과 비교하여 표현에 거의 편차가 나지 않으며 글자 사용도 정확한 편이어서 상당히 우수한 이본이라 할 수 있다. 그러나 몇 군데 내용을 빠뜨리고 공백으로 남겨둔 곳이 눈에 띄는데 이는 저본의 상태가 불량하여 필사를 할 수 없었던 때문으로 보인다.

동산도서관본에서 가장 특기할 만한 것은 연대 기록이다. 대부분의 남정기 이본에 필사연대 기록이 없으며 있다 하더라도 절대 연대를 알 수 없는 반면, 동산도서관본은 '崇禎紀元後三丙寅上澣夏旬錦水旅中書'라 하여 1806년(순조6)이라는 정확한 연대를 밝히고 있다. 이것은 현재 알려진 한문본의 필사 기록 중에서 가장 이른 것이다. '上澣夏旬'이라는 부분이 약간 의심스럽기는 하지만 錦水에서 필사된 것은 확실해 보인다. 왜냐하면 책을 입수하게 된 계기와 독서 감상을 적은 기록이 「염승전」 뒤에 나오기 때문이다.

이 기록에 따르면 필사자가 錦水에서 객지 생활을 하고 있을 때 그곳의 선비 林弼이 이 책을 가져다주었다고 한다. 필사자는 작품에 대해 史氏의 필법이며 이백과 두보의 淸韻이라고 높이 평가하였으나 김만중이나 김춘택에 대한 언급은 없는 것으로 보아 작자나 번역자에 대해서 알지 못했던 것 같다.

6. 기타

본서에 합철된 『廉丞傳』은 1716년 金敬天(一名 克敬, 1675~1765)이라는 義城의 아전 출신 문인에 의해 지어진 한문본 소설이다. 1999년 학계에 처음 알려진 작품인데 현재 이본이 8종(한문본 7종, 국문본 1종)이 있고, 목만중의 축약개작본(한문본), 1926년 유원성에 의해 국문본 『염시탁젼』으로 번역 개작된 본 등이 별도로 있다. 『학산한언』을 비롯하여 5종의 야담집에도 동일 이야기가 수록되어 있다.

傔人 염시탁이 이 소설의 주인공인데, 그의 상전 許積이 1680년 경신대출척으로 몰락한 이후에 염시탁이 겪은 일들을 전개하고 있다. 이 소설은 염시탁의 淸廉과 義, 老僧 및 草屋 少娥와의 奇遇라는 큰 두 분절로 구성되어 있다.

이 작품은 당대의 사건을 소설 속에 담고 있다는 점, 아전이 창작한 소설이라는 점, 야담과 소설이 교섭되고 있다는 점, 소설의 향유가 아전 계층과 남인계에서 주로 이루어졌다는 점 등 여러 흥미로운 특성들을 갖고 있다.

【지연숙】

[색인어]

『남정기』, 유연수, 사씨, 교씨, 처첩갈등, 김만중, 김춘택, 엄숭, 『廉丞傳』

[참고문헌]

· 김영진, 「<廉丞傳> 硏究」, 『한국한문학연구』 23집, 한국한문학회, 1999. 4.
· 김영진, 「<廉丞傳> 해설·교주」, 『어문논집』 40집, 안암어문학회, 1999. 8.
· 김영진, 「<염시탁젼> 해설·교주」, 『민족문학사연구』 15호, 민족문학사연구소, 1999. 12.
· 이선형, 「<廉時度傳> 연구」, 국민대 국문과 석사학위논문, 2001.

劉氏三代錄

저자 미상.

한글 필사본, 14권 14책, 23.3×23.2cm(1, 2, 6, 14권은 크기가 큼)
四周白邊, 無界, 無魚尾, 13行 18字 내외.
필사년 : 신해년 11월~임자년 4월까지 필사.

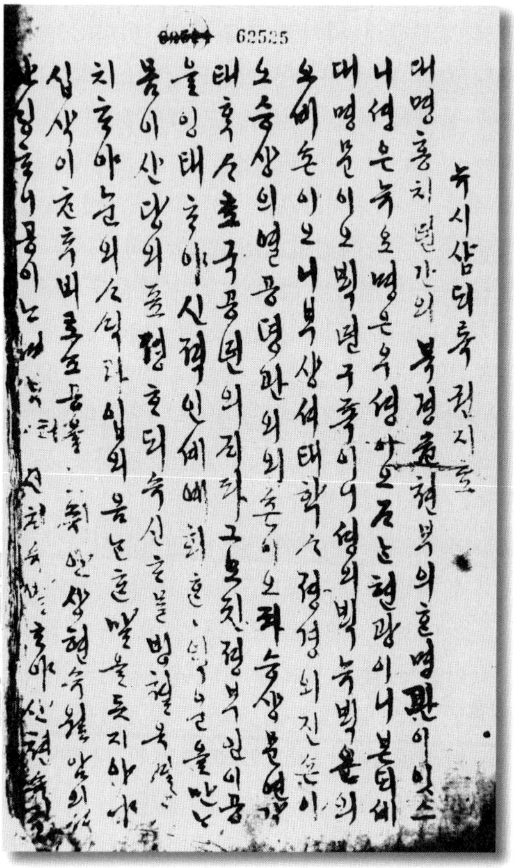

뉴씨삼대록

1. 저자

미상.

2. 구성

『유씨삼대록』은 작자 미상의 국문소설로서 유씨 가문 구성원들의 삶을 몇 대에 걸쳐 기술하는 장편소설이다. 창작 시기는 명확하게 밝혀지지 않았으나, 박지원(1737~1805)의 『열하일기』에 『유씨삼대록』이 언급되어 있고, 온양 정씨(1725~1799)가 필사한 『옥원재합기연』의 권14에도 작품명이 기록된 것으로 볼 때, 늦어도 18세기 후반에는 유행했고, 그 형성 연대는 좀 더 앞선 시기로 추정할 수 있다.

현재 『유씨삼대록』은 60여 종의 이본이 발굴되었다. 그러나 대부분은 낙질이고, 완질로 전하는 것은 몇 종에 불과하다(15권 15책-고려대, 19권 19책-국립중앙도서관본, 20권 20책-국립중앙도서관본, 18책-김광순, 18권 17책-이수봉, 20권 20책-한국학중앙연구원 장서각). 『유씨삼대록』은 홍희복(1794~1859)이 『제일기언』 서문에서 '모든 쇼셜이 슈삼십 죵이 권질이 호디ᄒᆞ야 혹 ᄇᆡᆨ권이 넘으며 쇼불하 슈십 권에 니르고 그 남아 십여 권 슈샴 권식 되는 ᄉᆞ오십 죵의 지나니'라며 지목한 작품들 중의 한 작품으로, 현재 전하는 이본들 역시 그 체재는 26권 26책, 25권 25책, 20권 20책, 19권 19책, 18권 18책, 17권 17책, 15권 15책, 14권 14책 등으로 작품 분량이 긴 소설이다.

계명대에 소장된 『유씨삼대록』은 3종이다. 원래 19권 19책의 체제이나 권지이가 소실되어 18책의 낙질본으로 전하는 것과, 권지칠 1권만 전하는 본, 그리고 본 해제 대상인 14권 14책본이 그것이다. 해제 대상인 14권 14책본의 표제는 '劉氏三代錄'이고, 내제는 '뉴씨삼ᄃᆡ록'이며 14권 14책으로 구성되어 있다. 권지십사 권두에 낙장이 있다. 이 이본의 권수차는 표제와 내제 하단에 표기했다. 책의 크기는 각기 다른데, 1권과 2권, 6권, 14권은 크고 나머지 권은 이보다 작다(23.3×23.2cm). 또 필체가 다른 글쓰기가 나타나고, 동일한 권 안에서도 다른 사람의 필체가 보인다. 각 권의 분량은 1권 146면, 2권 145면, 3권 147면, 4권 106면, 5권 83면, 6권 76면, 7권 111면, 8권 142면, 9권 171면, 10권 156면, 11권 194면, 12권 218면, 13권 136면, 14권 112면으로, 각 책의 장수는 일정하지 않고, 매 면의 행과 글자 수 또한 일정하지 않다.

이 책에 기록된 간기는 신해년, 임자년, 계유년이다. 권지이(신해 12월 3일)와 권지삼(신해 12월 7일), 권지사(임자 1월 16일), 권지오(임자 1월), 권지칠(3월 16일), 권지십(임자 1월 23일~30일), 권지십일(임자 4월 15일), 권지십이(임자 4월 15일), 권지십사

(신해 11월 1일) 말미에 필사 간기가 써 있다. 그리고 권지십삼(계유 7월 10일)에도 간기가 있다. 권지십삼의 계유년은 신해년과 임자년의 17~18년 이후이고, 덧붙여진 글쓰기가 본문의 필체와 다르며, 본문에 필사된 종이 크기도 차이가 있어 필사 18~19년 후 덧붙여진 것으로 보아야 한다. 내용도 이 책을 누군가에게 돌려주면서 소회를 적은 것이다. 따라서 권지십삼은 필사 간기가 아니다. 필사 간기가 기록되지 않은 권수를 제외하고, 다른 권에 표기된 신해년 십일월에서 임자년 사월까지를 필사 시기로 추정할 수 있다. 그러나 간기만 기록되어 있고, 정확한 연도를 밝힐 만한 단서가 없어 어느 해의 신해년인지 분명하지 않은 상황이다.

이 책의 필사자에 대한 정보를 추정할 수 있는 단서가 많지 않다. 권지오 2면에 '관어당 주인이 심심소치로 간혹 등셔ᄒᆞ나'라는 기록과 83면에 '莊洞 李判書宅 冊'이라는 기록이 있는데, '李判書'가 필사 당시 현직 관료인지, 판서직을 역임한 것이지, 추증된 관직인지는 명확하지 않다. 아울러 '宅'의 의미도 서울 출신의 판서 집인지, 지방 출신 판서의 고택을 의미하는 것인지, 지방 출신의 서울 거주 집을 의미하는 것인지 불분명하다. 다만, '莊洞'이 현재 청화대 근방 청운동과 옥인동 일대를 가리키는 것이라면, 서울 장동 이판서댁 책으로 추정 범위는 좁아진다. 그런데 '이판서' 뿐만 아니라 권지육에 '李進士宅冊'이라는 기록도 보인다. 현재로서 추정할 수 있는 사실은 이씨 가문 여성들이 집단으로 『뉴씨삼대록』을 필사했다는 점이다.

3. 내용

『유씨삼대록』은 중심 인물이 『유효공선행록』의 인물과 일치하고, 서사 내용이 연관되어 『유효공선행록』과 연작 관계에 있는 작품으로 평가된다. 『유씨삼대록』은 유연의 아들 유우성과 그 아들, 손자 및 증손까지의 이야기로 구성되었지만, 그 중에서도 유우성 그리고 둘째 아들 유세형, 유세형의 둘째 아들 유현의 이야기가 추축을 이룬다.

『뉴씨삼대록』의 내용을 살펴보면 다음과 같다.

대명 홍치 연간의 재상 유연의 아들 유우성은 어머니 정씨가 유씨 가문에서 살지 못하고 집을 나온 탓에 안상현 수월암에서 태어났다가, 10세가 돼서야 유씨 가문에 들어온다. 우성은 12세 때 이제현의 딸 명혜와 결혼하고, 장원을 거쳐 어사대부 한림학사에 임명되었다가 항주를 순무한 공으로 이부상서에 제수된다. 우성이 아들 세기를 낳으나 작은아버지 유홍의 큰아들 유백경의 장자로 입양시킨다. 정덕황제가 즉위하자 우성은 승상이 된다. 어느덧 아들 세기가 자라 한림수찬이 되고 소순의 딸과 결혼한다.

둘째 아들 세형은 『뉴씨삼대록』 이야기를 이끌어 가는 주요 인물이다. 재기발랄했던 세형이 자라 장준의 딸과 결혼을 하게 된다. 그러나 그 결혼은 천자의 명령에 의해 억지로 진양공주와 혼인하게 됨으로써 이루지 못한다. 세형이 공주와 혼인하고도 장씨 때문에 상사병을 앓자, 공주는 세형이 장씨를 계비로 삼을 수 있도록 주선해준다. 세형은 이런 진양공주의 덕을 잃고 장씨만 총애할 뿐만 아니라, 장씨의 간교한 말만 듣고 공주를 괴롭힌다. 마침내 공주는 천자와 태후의 문후를 물으러 궁궐에 들어가 후 유씨 가문으로 돌아오지 않는다. 시간이 흘러 세형은 자신의 행실을 후회한다. 그러던 중 왜구의 난이 일어나고, 유우성이 도총병 대원수가 되고 세형은 정남 부총병이 되어 출정한다. 이들 부자가 승리를 거두고 오자 천자는 유우성에게 초국공을 세형에게 진왕을 봉한다.

한편, 천자는 양귀비의 간교에 넘어간다. 간교가 진정된 후 천자는 태후의 추천을 받아 진양공주에게 궐내 모든 왕비와 군주를 다스리는 여총재 역할을 맡긴다. 여총재 직분으로 공주는 유씨 가문에 더 이상 가지 않을 이유가 생겼다. 그러자 유세형이 일부러 궁에 황친국족이 있으면 좋지 않다는 허위 소문을 냄으로써 진양공주는 유씨 가문에 돌아온다. 그러나 시가에 돌아온 공주는 여전히 장씨의 모략을 받을 뿐만 아니라, 독살의 위험에 빠진다. 이 사실을 안 태후는 장씨에게 벌을 주고, 세형과 진양공주는 사이가 좋아진다. 공주는 장씨를 용서하고 장씨의 직첩을 다시 돌려주기에 힘쓴다. 유우성의 차녀 유현영은 양선과 결혼했으나, 시계모 팽씨와 순낭의 핍박 때문에 고난을 당한다. 투기가 심했던 3녀 유옥영은 사강과 혼인했는데, 남편에게 행패를 부리다 쫓겨난다. 후에 개심하고 사강과 행복하게 산다.

천촉절도사 반란이 일어난다. 유씨 집안 부자들이 평정에 나가 승리를 거두고 돌아온다. 이 때 세창은 서촉에 남아 유람하다가 부인 설초벽을 만나게 된다. 다섯째 아들 유세필은 부인 박씨와 불화하고, 박씨는 친정아버지를 따라 운남에 간다. 이후 세필은 순화의 딸과 결혼해 돈독한 부부의 정을 이루었다. 한편, 세기가 하남과 하북 순무사로 갔다가 박씨를 만나고 시댁으로 박씨를 데리고 온다.

세월이 흘러 유씨 가문에 안정과 평화가 오는 듯하였으나, 천자가 유렵을 나갔다가 돌아오지 못하고 새로운 황제가 보위에 오른다. 태후도 붕어하고 그로 얼마 되지 않아 진양공주도 죽는다.

진양공주의 아들 유현은 방자한 기운이 있었는데, 양찬의 딸 양벽주와 결혼하고도 장설혜와 재혼을 한다. 그러나 장설혜는 투기가 심했다. 장설혜가 양벽주가 자신을 죽이려 한 듯 자해를 해 양벽주를 모해한다. 그러나 그 계획은 시아버지 세형의 혜안으로 거짓이 탄로난다.

가정 12년 변방이 혼란하자 유세형이 천하병마대원수가 된다. 간신배의 간언으로 유세형은 위기에 처하는데, 죽은 진양공주가 남긴 편지 덕택에 무고를 벗는다. 세월이 흘러 진공이 병들어 사직하려 했으나 다시 원조가 침노하여 유세형은 병중에 전장에 나간다. 아들들, 동생들과 전장에 나간 유세형은 번왕의 항복을 받고 돌아온다.

한차례 유홍의 아들들이 가문 내에서 분란을 일으킨다. 그러나 유우성과 유백경의 역할로 화평을 맞으면서 유씨 가문은 안정기에 들어간다. 이부인이 기세하고 연이어 진왕도 기세한다. 천자가 직접 제문을 짓고 모든 유씨 가문은 장례를 성대히 치른다. 이후 성의백도 죽고 소부인을 비롯한 가문 내 연로한 여러 부인들이 죽음을 맞이한다. 자손들은 대를 이어 입조함으로써 부귀와 영화를 누리는 혁혁한 가문으로 전승한다.

이와 같이 『뉴씨삼대록』은 유씨 가문 내 구성원들의 다양한 갈등 양상을 보여주고 있다. 애정 욕구에서 비롯한 남녀 간 애정 갈등과 전쟁을 통해 가문의 위상과 지위를 격상시키고 있다. 『뉴씨삼대록』의 서사 전개는 다양한 인물의 내적, 외적 여러 갈등을 묘사하는 것이지만, 궁극적으로 가문의 번영과 창달의 추구 과정을 지향한 작품이라 할 수 있다.

4. 서지적 특성 및 가치

이 소장본은 낙장이 있지만 14권 14책으로 구성되어 있는 완질본의 형태에 가깝다는 점에서 의의를 갖는다. 현재 60여 종이 넘는 이본이 발굴되었지만, 완질본은 6종에 불과하다. 이 소장본까지 아우르면 7종의 완질본이 전하는 셈이다. 권지십사의 권두에 낙장이 있고, 권지이는 낙장처럼 보이지만 낙장이 아니다. 권지일의 말미가 '슌이'로 끝나고 권지이는 '취ᄒᆞ야~'로 연결된다. 권지이 시작 부분이 단순히 권지일의 내용을 이어쓰는 형식을 취한 것은 필사 시 모본의 분권 체제를 따를 수 없었던 상황을 가르키는 것이고, 분권에 대해 의식하지 않은 채 필사했음을 의미한다. 권지삼의 경우도 124면에서 끝나고 125면부터 '뉴씨삼ᄃᆡ록 권지ᄉᆞ'라 분권 표기를 했으나, 분책되지 않고 권지삼에 이어 23면이 더 필사되어 있다. 권지삼 말미 필사 후기에 '칙당 양도 모ᄅᆞ고 두미도 모ᄅᆞ고'라고 하여, 필사자가 '권지사'를 중간에 쓴 사실을 변명하고 있다. 이는 필사 시 고충을 토로하는 것이다. 그 고충의 이유는 필사 후기에서 찾을 수 있다.

이 소장본의 필사 후기는 조선후기 필사 상황을 보여주는 자료라는 점에서 중요한 가치를 지닌다. 단지 필사 상황뿐만 아니라, 필사의 목적과 경위가 드러나 있다. 권지일을 제외하고 필사자의 필사 후기가 기록되어 있는데, 필사를 종료한 시점이나 필사 기간만을 간결하게 제시한 경우도 있고, 필사 경위나 필사 후 소회를 기술하기도 했다. 먼저 『뉴씨삼대록』의 필사기를 제시하면 다음과 같다.

> 셰진 신히 납월 초삼일 츄필셔ᄒᆞ다 갓독 괴필니 파필을 모하스니 셩ᄌᆞ 못ᄒᆞ여ᄉᆞ오니 조희가 실노 앗갑ᄉᆞ(권지이 145면)

> 신히 납월 초칠일 종셔ᄒᆞ다 괴괴망창ᄒᆞᆫ 글시뿐 아니라 칙당 양도 모ᄅᆞ고 두미도 모ᄅᆞ고 낙

자는 부디기슈요 형자가 뭇되어시니 타인은 불견홀 거신ᄅᆞ 우니[리] 직좋간 서ᄅᆞ 반기게 술나 뉘가 몬져 셰상을 이졸넌지 볼 적마다 셕ᄉᆞ롤 감상홀 ᄎᆡᆨ이로다(권지삼 124면)

임ᄌᆞ ᄆᆡᆼ츈 긔망 필셔 壬子孟春既望畢書(권지사 106면)

졀문 여편네가 ᄎᆡᆨ을 셰우 보면 가사의 ᄒᆡ롭고 사사의 두루염이 업ᄂᆞ니라 일 업ᄂᆞᆫ 늘근 신이ᄂᆞᆫ 혹 괴이치 아니ᄒᆞ거니와 일 인ᄂᆞᆫ 사람 부지릅스니 여긔 잠심 말게ᄒᆞ다(권지오 1면)

鶯何求富頁金　鷺不輕冬全體靈

셰직 임ᄌᆞ ᄆᆡᆼ츈의 관어당 주인이 심심소치로 간혹 등셔ᄒᆞ나 거연이 뇌필이 된지라 안혼증과 소견증과 근망증으로 쥴 빗둘고 획 못 곳고 ᄌᆞ 혹 ᄲᆡ여시니 보시ᄂᆞᆫ 부인ᄂᆡ 연노홈을 ᄉᆡᆼ각ᄒᆞ고 용셔ᄒᆞ시물 ᄇᆞ라ᄂᆞ이다(권지오 2면)

劉氏三代錄 莊洞 李判書宅 冊(권지오 83면)

李進士宅 冊(권지육 뒷표지 내면지)

슬프다 ᄯᅥᆨ 조흔 삼촌[춘] 망간이라 ᄂᆡ 심ᄉᆞ 쳡쳡ᄒᆞ니 살ᄂᆞᆫ흔 ᄆᆞ음을 믈시 위로코져ᄒᆞ여 족슉쟝ᄃᆡᆨ의 이르러ᄂᆞᆫ지라 우리 삼 죵슉모로 더부러 ᄂᆞᆫ지라 두 슉슉은 조흔 말솜을 일워 소딜의 어즈러옴 위회ᄒᆞ소셔 우리 삼 슉딜이 이리 흔가이 뫼와 셔ᄎᆡᆨ을 셔로 연ᄒᆞ여 셔로 의논ᄒᆞ오미 덧덧시 올ᄉᆞ온지라 엇지 슉슉 혼ᄌᆞ 슉독코져 소딜은 입을 열고져 ᄒᆞ온즉 좌위 ᄌᆞᄌᆞ이 보지 못ᄒᆞ게들 ᄒᆞ샤니 실노 익달ᄉᆞ□ 그런 ᄎᆡᆨ 보셔 옛 사람의 일을 보여건대 엇지 혼ᄌᆞ ᄎᆡᆨ들고 안ᄌᆞ 졍신 업시 슉독ᄒᆞ시ᄂᆞᆫ요 우리 삼 죵슉모ᄂᆞᆫ 셔품이 기즁 진즁그만ᄒᆞ니 그 승품을 가이 거러 언언이 업고 족슉은 승품을 가히 알 길이 업도다 우리 삼 슉딜이 양일 ᄆᆡ여 낭낭흔 담소와 그롱의 말솜 어즈럽ᄉᆞ온 즁 소딜의 무지ᄒᆞ온 언어로 두 슉슉게 불슬지설이 혹 잇ᄉᆞ오나 미거ᄒᆞ온 거살 엇지 아르시지 마르시고 용ᄉᆞᄒᆞ시기 ᄇᆞ라옵ᄂᆞ이다 슬푸다 셰상 엇지 앗갑지 아니ᄒᆞ리요 오날날 우리 삼ᄉᆞ 부인이 흔 듯 글 일워ᄂᆞᆫ지라 비록 빗ᄂᆞᆫ 진츈은 업ᄉᆞ나 타뉴 흔 존이라도 ᄯᅩ흔 즐거온지라 각각 흣터지면 어ᄂᆡ날 ᄯᅩ 즐기리요 기즁 뉘 몬져 셰상을 바리리요 만일 그런 ᄯᅢ를 당ᄒᆞ여 ᄯᅩ 오날날을 ᄉᆡᆼ각ᄒᆞ여 일컷게ᄒᆞ소셔 이젹의 ᄂᆡ 변변차ᄂᆞᆫ 글시 ᄶᅥ러트리□(권지칠 109~111면)

글시 황잡히 필셔ᄒᆞ니 보시ᄂᆞ니 족히 우으시랴 가탄탄이로다 슈연이나 ᄂᆡ 죠병디인이 타인과 언어를 상젼디 못ᄒᆞ니 ᄎᆞ고로 심시 황난홀 적 ᄌᆞ긔 병심이나 위회ᄒᆞ고 번(버)역ᄒᆞ여시나 보시ᄂᆞᆫ 부인ᄂᆡ 졍히 보시고 그러나 극녁갈딘흔 거시니 불상이 녁이소셔(권지팔 142면)

남의 ᄎᆡᆨ을 어더 보고 상ᄒᆞ여신이 ᄀᆡ이 업고 무안ᄒᆞ물 이긔지 못ᄒᆞ옵ᄂᆞ니 번역홀시 용디ᄒᆞ

오셔 조회 조치 못ᄒᆞ오니 너모 가이 업고 무안ᄒᆞ온지라 원컨ᄃᆡ 용셔ᄒᆞ소셔(권지구 뒷표지 배면지)

임ᄌᆞ 원월 념삼일 작셔ᄒᆞ야 회일 필셔ᄒᆞ나 글시 하도 괴춤ᄒᆞᆫ 필ᄌᆡ니 필ᄌᆡ나 ᄒᆞ기ᄂᆞᆫ 놀납도다 슈연이나 오라디 아녀 셕년 ᄉᆡ 되리니 뉘가 ᄂᆡ 말우 셕ᄉᆡ나 일ᄀᆞ라 볼고 한심ᄒᆞ고 우읍도다 ᄌᆡ죵형님 극녁갈딘ᄒᆞ여 번역ᄒᆞ시니 보시ᄂᆞ니 상치마ᄅᆞ소셔(권지십 156면)

임ᄌᆞ ᄉᆞ월 망일 츄필노 필셔ᄒᆞ나 우리 ᄌᆡ죵간이 농ᄒᆞᆫ 명필들이 오라디 아냐 셕년ᄉᆞ가 될지니 도로혀 비쳑비쳑ᄒᆞ도다(권지십일 195면)

글ᄌᆞ 터문업고 ᄒᆞᆫ 줄은 븟치 곳처 써ᄋᆞᆸ 오ᄅᆡ 두어 것 셩□□ ᄒᆞ여ᄉᆞᆸ마ᄂᆞᆫ 뎨ᄂᆞᆫ □□□□□(권지 십이 앞 내면지)

임ᄌᆞ ᄉᆞ월 망이[일] 필셔ᄒᆞ니 일키나 말게 ᄒᆞ소서(권지십이 217면)
글시ᄂᆞᆫ 할□□□□□□□□□ 한셕봉이가 왓ᄂᆞ가 무류ᄒᆞᆯ 듯 □□이 참괴무참 츙측괴측 ᄒᆞ오이다 보시ᄂᆞ니 족히 우ᄉᆞ시니잇가 그이 업ᄉᆞ오이다(권지십이 218면)

평ᄉᆡᆼ 보앗던 ᄎᆡᆨ을 다시 보니 반갑고 효문공 ᄂᆡ외 일을 ᄉᆡᆼ각ᄒᆞ면 텬되 무심치 아니시믈 알거시요 뉴정셰 초공을 쳐음 보고 문셩공 ᄌᆡ텬지영이 도와 펴편 일ᄆᆡᆨ이 우셩의게 ᄂᆞ려 뉴문의 쳘니귀라 ᄒᆞ미 과연 그라지 아니토다 뉴씨록 조흔 ᄎᆡᆨ을 하일 하시 다시 보랴 보ᄂᆡ기ᄅᆞᆯ 님ᄒᆞᄆᆡ 섭섭 늣거온 고로 두어 쥴 츄필을 머므르나 경화안목의 취졸이 만ᄉᆞ올 일 슈이 참안ᄒᆞ오이다 시계 계유 칠월 쵸열흘 날 근셔ᄒᆞ나 번잡ᄒᆞᄋᆞᆸ(권지십삼 137~138면)

신히 지월 일ᄋᆡ 필셔ᄒᆞ여시나 글시 망측괴측 흉증ᄒᆞ니 셩자가 아니되여 아나 볼 길 업이 남 볼가 두염도다 갓득 한필이 당ᄎᆞ시ᄒᆞ여 심신이 더욱 요란ᄒᆞ기 ᄎᆞ셔가 아니된 듯 괴약괴약 붓그럽다(권지십사 112면)

이들 필사 후기 가운데 권지삼에 '우니[리] ᄌᆡ죵간 셔ᄅᆞ 반기게 ᄉᆞᆯ나 뉘가 몬져 셰상을 이줄넌지 볼 적마다 셕ᄉᆞᄅᆞᆯ 감상ᄒᆞᆯ ᄎᆡᆨ이로다', 권지칠에 '오날날 우리 삼ᄉᆞ 부인이 ᄒᆞᆫ 듯 글 일워ᄂᆞᆫ지라', 권지십에 'ᄌᆡ죵형님 극녁갈딘ᄒᆞ여 번역ᄒᆞ시니', 권지십일에 '우리 ᄌᆡ죵간이 농ᄒᆞᆫ 명필들이 오라디 아냐 셕년ᄉᆞ가 될지니'란 내용으로 보건데, 3~4명의 오촌 숙모와 육촌 형제들이 『뉴씨삼대록』을 나눠 필사한 것을 알 수 있다. 즉 이 책의 필사는 앞서 언급한 바 이씨 가문에서 필사되었고, 족친관계의 여성들에 의해 집단으로 필사된 상황을 보여준다. 또한 필사 행위는 자신의 필적을 남겨둠으로써 추후 죽더라도 같이 필사했던 여성들의 기억에 남고자 했으며, 그들만의 추억을 공유할 수 있는 행위라는 점에서 의미가 있다. 소설이 문학으로서의 가치를 넘어 추모와 기억의 수단이 될 수 있다는 것을 보여준다.

한편, 이러한 집단 필사는 '이리 흔가이 뫼와 셔칙을 셔로 연ᄒᆞ여 셔로 의논ᄒᆞ오미 덧덧시 올ᄉᆞ온지라'라는 기록에서 보듯이, 여러 명의 필사자가 필사 분량 등을 조정한 것으로 보인다. 그렇기 때문에 권수 순서대로 필사하지 않아도 한 질을 완성할 수 있었을 것이다. 실제로 마지막권인 권지십사의 필사 시기가 신해 11월로 가장 빠르고, 권지십은 권지사, 권지오, 권지칠보다 먼저 필사되었으며, 권지십일과 권지십이는 4월 15일 같은 날에 필서를 마친다. 그러나 이러한 분량 조절이 있었다고 하더라도 권지삼 필사자의 토로처럼 양과 처음과 시작을 몰라 필사자가 고충을 겪기도 했음을 알 수 있다. 이와 같이, 이 소장본의 필사 후기는 장편소설의 집단 필사 상황을 보여주는 근거가 된다.

아울러, 이 소장본은 『뉴씨삼대록』의 향유층을 상정할 수 있게 한다. 권지오에 젊은 여자가 책을 골돌하면 가사에 해롭고 두루 일을 돌보지 않으므로 부질없이 빠지지 말라고 당부하고 있다. 이는 이덕무의 『士小節』과 채제공의 「女四書序」에서 여성들이 소설에 탐닉하는 것을 경계한 말과 상통한다. 그러나 『뉴씨삼대록』은 여성들 사이에서만 향유된 것은 아니다. '슉슉 혼ᄌᆞ 슉독코져 소딜은 입을 열고져 ᄒᆞ온즉 좌위 ᄌᆞᄌᆞ이 보게 못ᄒᆞ게 들 ᄒᆞ샤니'는 기록에서 볼 수 있듯이 남성 독자들 역시 『뉴씨삼대록』의 애독자였음을 보여준다.

5. 기타

계명대 도서관에는 이외 2종의 이본이 소장되어 있다. 간단한 서지 사항을 밝히면 다음과 같다.

1) 『劉氏三代錄』 18책. 권지일~권지십구 중 권지이 낙권. 33.6×20.4cm. 12行19字. 四周白邊. 無界.

2) 『뉴씨삼ᄃᆡ록』 1책. 권지칠. 34.8×28.7cm. 17행 字數不定, 四周無邊, 無界, 無魚尾

19권 19책에서 권지이가 전하지 않아 현재 18책으로 전하는 『劉氏三代錄』은 이수봉 소장본 18권 17책(권11과 권12가 합권)과 간략하게 대조해본 결과 이 이본은 이수봉본과 같은 계열로 파악된다. 분권의 체제까지도 거의 같은데, 서로 상이한 부분은 권9 말미로 유승상이 며느리 장씨를 맞이하면서 경계한 말이 계명대본에 몇 줄 첨가되어 있는 점이다. 그럼에도 18권 이수봉본과 19권 계명대본의 권수차가 다른 것은 계명대본 권14와 권15가 이수봉본의 권14에 해당되어, 전체적인 권수는 계명대본이 19권, 이수봉본이 18권이 되었기 때문이다.

권7만 전하는 또다른 이본은 零本으로 전체의 모습을 파악할 수 없다. 다만 권7의 내용은 진양공주의 죽음에 남편인 유세형이 제문을 지었는데, 그 제문 내용에서 권7의 필사가 끝난다.

【최윤희】

[색인어]

『유[뉴]씨삼대록』, 장편소설, 14권 14책 완질, 『유효공선행록』, 連作, 집단 필사

[참고문헌]

· 『유씨삼대록』, 이수봉소장본/고려서림, 18권 17책.
· 김현숙, 「유씨삼대록 연구-삼대기 구성을 중심으로」, 이화여자대학교 석사학위논문, 1989.
· 최길용, 「유효공선행록 연작 연구 - 유효공선행록과 유씨삼대록의 작품적 연계성을 중심으로」, 『국어국문학』 107, 국어국문학회, 1992.
· 임치균, 「연작형 삼대록 소설 연구」, 서울대학교 박사학위논문, 1992.
· 조용호, 『삼대록 소설 연구』, 계명문화사, 1996.
· 조희웅, 『고전소설이본목록』, 집문당, 1999.
· 조희웅, 『고전소설연구보정』, 박이정, 2006.

동잉힝

저자 미상.

한글 필사본. 1책. 낙질. 34.8×22.7cm, 10行21字,
四周無邊, 無界, 無魚尾.
필사년: 긔ᄉᆞ 칠월 초일.

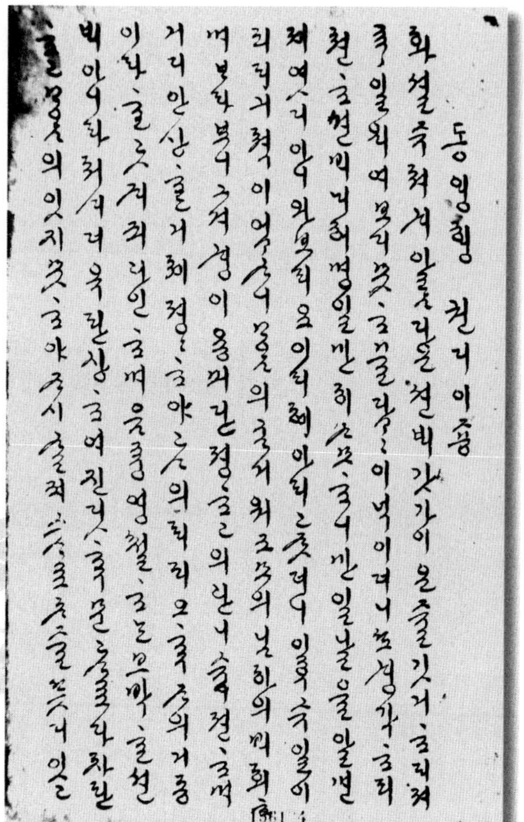

동잉힝

1. 구성

계명대학교 동산도서관에 소장(이하 계명대본)된 『동잉힝』은 고소설 『도앵행』의 이본이다. 표제는 『동잉힝』, 내제는 '동잉힝 권디이 죵'이라 쓰여 있다. 『동잉힝』은 원래 2권 2책으로 분권된 형태였을 것이나, 현재 권지일이 없고 권지이만 있는 낙질본이다.

이 책은 총 142면으로 매면 10행 21자 내외로 필사되어 있다. 그러나 『동잉힝』만 필사된 것이 아니다. 『동잉힝』은 92면에서 끝나고, 93면부터 142면까지는 「단죵대왕 츌손거」로 시작되는 『뉵신전』이 필사되어 있다. 다만 78면은 내용이 필사 되지 않고 빈 장으로 남겨져 있다.

『육신전』은 시작 부분에 작품명이 기록되지 않았으나, 필사자의 필사 후기에 『뉵신전』을 번역했다고 기록하고 있고 작품 내용도 『육신전』이다. 『뉵신전』은 「단죵대왕 츌손거」, 「뉵신젼 박참판 틍경공」(박팽년), 「셩승지젼 틍문공」(성삼문), 「하ᄉ간젼 틍녈공」(하위지), 「니교리젼 틍간공」(이개), 「뉴ᄉ예전 틍경공」(유성원), 「유총관젼 틍목공」(유응부)과 「허ᄉ직젼」(허희)으로 구성되어 있다.

이 책의 『뉵신전』 말미에 다음과 같은 필사 후기가 있다.

> 긔ᄉ 칠월 초일 츄필 죵셔ᄒ다.
> 니씨 뎡옥은 [뎡ᄒ 옥이라] 뉵신젼을 졔 외가 문젹이라 신긔롭다고 번역ᄒ여 두고 보고져 ᄒ노라 글시 미거ᄒ니 혹 보시ᄂ니 눌어 보시읍

필사 후기에 의하면, 한문으로 된 『뉵신전』을 이정옥이라는 사람이 한글로 번역한 것이다. 현재 이정옥이란 인물에 대한 구체적인 정보와 필사 간기인 '긔사년'에 대한 정확한 연도는 알 수 없다. 그러나 이 기록을 그대로 준신한다면 그리고 『뉵신전』의 번역과 필사를 이 인물이 했다면, 『동잉힝』도 같이 필사한 것이다. 『동잉힝』과 『뉵신전』의 필체가 동일하기 때문이다. 아울러 이와 함께 주의 깊게 보아야할 부분이 있다. 『뉵신전』 허희에 대한 기록이 있다.

> 박참판 유복공 후인이 여러히 되어시니 혹 글 못ᄒᄂ니 잇셔도 ᄌ셰이 알고져 ᄒ여 박참판 칠ᄃ손은 ᄃ강 긔록ᄒ노라.

위와 같은 기술이 『허ᄉ직젼』 말미에 붙어 있지만, 『허ᄉ직젼』에만 해당하는 것이 아니다. 『뉵신전』 전체에 해당하는 기술이다. 사육신에 들지 않지만, 단종에 대한 절의를 지킨 허희까지를 사육신의 동류로 판단하여 『뉵신전』에 포함한 것이다. 필사 후기와 관

련해서 살펴보자. 박참판(박팽년)의 7대손이 기록한 『육신전』 즉 계명대본의 필사 모본인 한문본에 허희의 이야기가 원래부터 존재했다. 이를 그대로 이정옥이란 인물의 외가에서 전수한 것이며, 이정옥은 이를 번역 필사한 것이다. 그렇다면, 허희 집안과 이정옥의 외가 나아가 이정옥이란 인물과의 관련성을 고려해 볼 수 있다. 설혹 번역자나 필사자가 첨가한 것이라 하더라도, 허희 이야기의 존재는 이정옥의 실체를 파악하는데 관건이 된다.

요컨대, 계명대본 『동잉힝』은 2권 2책 중 권지이이고, 『뉵신전』이 합철되어 있다. 이 책은 이정옥이라는 인물에 의해 기사년에 필사된 것으로 판단된다.

2. 내용

계명대본 『동잉힝』은 권지일이 낙질된 필사본이다. 낙질된 권지일 부분의 내용을 다른 이본을 통해 먼저 살펴보면 다음과 같다.

『도앵행』은 태원 처사 주당의 둘째 아들 주원성과 후한 광무제의 여동생 유백희 그리고 태원백 정원의 딸 정위주를 중심으로 한 이야기이다. 주당은 천하를 주유하다가 남돈에서 후일 광무제가 되는 유수의 동생 유백희의 성품과 덕행을 듣고 아들과 혼인을 시킨다. 그러나 주원성은 혼인한 지 얼마되지 않아 다시 아버지를 따라 세상을 주유한다. 반면, 주원성의 부인은 부귀권문가에 혼인을 구하던 찰나에 태원백 정원의 딸 정위주와의 청혼을 승낙한다. 주당이 태원에 돌아오자 정씨 집안과 신물을 주고받은 것을 알게 되고, 억지로 파혼시킨다. 이유는 정원이 왕망의 신하였다는 사실에 기인한다. 시간이 흘러 유수는 후한의 초대 황제로 등극하고 유백희는 영평공주가 된다. 그러자 주당은 좋아했던 영평공주조차 꺼려한다. 이유 역시 신하로서 황제가 된[臣爲君] 집안의 딸이라는 점 때문이었다.

한편, 정위주는 파혼을 당하자 주씨 집안에 대한 신의를 지키기 위해 시집가지 않겠다고 한다. 이에 화병을 얻은 정씨 부부는 세상을 뜬다. 그러자 정위주의 시비 중 장난은 영평공주궁의 궁녀로 잠입하여, 부채에 그린 시화(詩畵)로 영평공주에게 정위주의 가련한 처지를 알린다. 영평공주는 심복 궁녀 가월화를 보내 상황을 파악하고자 했는데, 정위주는 영평공주가 보낸 사람임을 알고 연화봉으로 숨어 버린다. 가월화는 영평공주의 명으로 정위주의 소식을 알아내고, 장난을 만나 다시 정위주를 위한 은밀히 계획을 세운다. 다름 아닌 정위주의 시비 녹기와 장난이 부부로 분장하고 주당의 옆 집으로 이사와 정위주의 절의와 신의에 대해 알려주고자 하는 계획이었다.

이 부분까지가 낙질된 계명대본 『동잉힝』 권지일의 내용일 것이다. 이후의 개요는 계명대본 『동잉힝』 권지이의 내용이다.

주당은 이들을 장생 부부로 알고, 장생과 교유를 맺는다. 장생의 외모과 태도 그리고 학문에 감탄하면서 장생과 매일 같이 문답을 하는데, 어느날 설전이 벌어진다. 주당은 광무제가 '신위군(臣爲君)'을 자행한 것이 아니라는 장생의 논리에 설복 당한다. 또한 관중의 말과 행동을 언급하며 반박의 여지를 주지 않는 장생으로 말미암아 주당은 '사이군(事二君)'에 대한 생각을 다시 하게 된다. 그런데 '사이군(事二君)'의 문제는 정원, 정위주와의 혼인과 결부된 문제였다. 주당은 정원이 '사이군(事二君)'한 변절한 신하가 아니라는 사실을 인식하기에 이른다.

그러나, 주당은 쉽게 정위주를 인정하지 않는다. 어느날 주당은 장생을 따라 풍광을 구경하다가 정위주가 숨어 있는 연화봉에 이른다. 이 때 마침 화재가 일어나는 것을 목격한다. 그곳은 정위주가 기거하는 장소였다. 주당은 불이 났음에도 불구하고 침착함을 잃지 않는 정위주의 엄중단아함을 보게 된다. 사실 장생은 주당을 계획적으로 정위주가 있는 근처로 데리고 온 것이며, 정위주의 시비가 주당의 관심을 끌기 위해 고의로 화재를 낸 것이다. 이러한 사실을 모르는 주당은 정위주와의 대화를 통해 정위주가 절의와 신의가 있는 사람임을 알고 주씨 집안 며느리로 받아들이기로 결정한다.

마침내, 주당은 정위주와의 갈등을 해결하는 국면을 맞이한다. 정위주는 주씨 집안에 들어와 영평공주, 주원성과 함께 평안히 여생을 즐기다 세상을 뜬다. 정위주의 시비 장난, 녹앵, 죽취, 난형은 시집을 가지 않고 벼슬을 구하지도 않으며 주인을 섬기다가, 주인이 죽은 이후에 간 곳을 모르게 되었다. 세상 사람들이 적송자를 따라 갔다는 말을 전한다.

3. 서지적 특성 및 가치

첫째, 계명대본 『동잉힝』은 『도앵행』의 이본이다. 작품 표제명과 내제명이 모두 '동잉힝'으로 되어있다. 『도앵행』 이본들의 표제들은 '도앵행' '영평공주본전', '영평일기', '영평공주전' '도행록' 등으로 나타나는데, '동앵행'은 계명대본 뿐이다. 이는 '도앵행'의 오기로 보인다.

둘째, 『도앵행』 이본은 19종이 현전한다. 이 가운데 2권 2책의 체제를 갖춘 이본은 서울대 일사문고 소장본(이하 일사본), 천리대 소장본(금서룡 구장, 이하 천리대본), 연세대 도서관 소장본(이하 연세대A본, 연세대B본), 고려대 소장본(고려대B본), 홍윤표 복사본(홍윤표 복사본), 동경대학 아천문고 소장본(이하 아천문고본), 사재동 소장본(사재동B본), 이해창본과 계명대본 『동잉힝』까지 10종에 이른다.

이들 중 일사본, 천리대, 연세대A본, 연세대B본은 정위주를 찾아 헤매던 가월화가 장난을 만나 정위주의 시비 죽취와 난형을 소개받는 내용으로 시작한다. 고려대B본은 연화봉 백옥루에 화재가 일어난 내용에서 시작한다. 이에 비해 계명대본은 주처사가 옆 집에 이사온 장난과 녹기를 아름다운 선비와 그 부인으로 여기고 흠탄하는 부분에서 권지이가 시작한다. 이 부분은 위의 2권 2책의 일사본, 천리대, 연세대A본, 연세대B본의 분권 지점과 가깝다. 이로 볼 때, 계명대본 역시 2권 2책을 모본으로 필사한 것으로 판단된다.

셋째, 위와 연관되는 문제이다. 계명대본이 2권 2책 계열에 속하지만, 이 이본만의 특징이 작품 말미에 나타난다. 『도앵행』의 작품 말미에 『후한서』의 「주당전」과 일치하는 주당 후일담이 존재한다. 앞서 언급한 2권 2책의 일사본, 천리대, 연세대A본, 연세대B본뿐만 아니라 1권 1책의 단대본, 확장 첨가 부연된 특징을 갖는 이대본도 주당의 후일담이 존재한다. 그러나 계명대본에는 주당의 후일담이 누락된 특징이 있다.

넷째, 계명대본 78면은 필사가 되지 않은 채 백지이다. 이는 필사자가 계명대본의 모본을 판독할 수 없었거나, 해당 내용이 모본 자체에 누락되었을 가능성이 농후하다. 계명대본 78면에 누락된 내용을 연세대A본으로 제시하면 다음과 같다.

> 즘연이 혼ᄌᆞ 안져 눈물노 늘을 맛ᄎᆞ니 감히 혼구를 거드지 못ᄒᆞ더니 늌네 ᄎᆞ례로 니ᄅᆞ믈 보고 당년의 부뫼 깃거ᄒᆞ며 슬허ᄒᆞ고 근심ᄒᆞ고 분ᄒᆞ야 ᄒᆞ던 일을 ᄉᆡᆼ각ᄒᆞ고 옥뉘 하슈 갓ᄐᆞ야 시식도 폐ᄒᆞ니 보뫼 위로 권면ᄒᆞ고 좌위 다 슬허ᄒᆞ더라 길일의 소셰를 초초히 ᄒᆞ고 당복이 깁의 더으지 아니며 쥬취로 수민 거시 업더라 ᄉᆞ묘의 올ᄂᆞ 하직홀ᄉᆡ 쥬뤼 화용을 즘가 탄셩읍하ᄒᆞ니 ᄋᆡ원ᄒᆞᆫ ᄐᆡ도와 ᄆᆞᆯ근 긔질이 더옥 절승ᄒᆞ더라 친영ᄒᆞ야 도라와 합근교ᄇᆡᆨᄒᆞ고 조률을 밧드러 구고게 녜로 뵈니 맛ᄂᆞᆫ 녜셩홈과 구고 일뎨로 깃거ᄒᆞ미 지극ᄒᆞ고(연세대A본 권지이 86~87면)

다섯째, 계명대본 『동잉힝』은 『늌신전』과 합철된 점에서 특이하다. 한 작품 필사 후 여백에 다른 작품을 필사하는 것은 흔히 있는 일이지만, 선택된 작품이 『육신전』이었다는 사실이 시사하는 바가 크다. 『도앵행』의 주인공 주당은 사이군(事二君)에 대해 철저히 부정하는 인물이다. 며느리들이 사이군(事二君), 신이군(臣二君)을 행한 가문의 자녀들이기 때문에 이들을 완강하게 인정하지 않으려 한 인물이다. 합철된 『육신전』 역시 단종에 대한 절의와 충절을 지킨 인물들이다. 요컨대, 필사자의 선택이든 필사자 외가 집안의 경향이든 두 편의 소설은 주제적으로 동일성을 다분히 가지고 있다. 이는 소설 향유층들의 소설 향유 태도를 섬세하고 치밀하게 읽어낼 수 있는 방증 자료가 될 것이다. 이에 계명대본 『동잉힝』의 의미가 있다.

【최윤희】

[색인어]

『도앵행』, 주당, 정위주, 유백희, 가월화, 장난, 『육신전』, 이정옥, 기사년

[참고문헌]

· 이수봉, 「도앵행전 연구」, 『한국 고소설의 재조명』, 아세아문화사, 1996.
· 이승복, 「인물형상을 통해 본 도앵행의 의미 - 옥환기봉과 관련하여」, 『국어교육』 107, 한국국어교육연구학회, 2002.
· 지연숙, 『장편소설과 여와전』, 보고사.
· 한길연, 「도앵행의 재치있는 시비꾼 연구」, 『한국고전여성문학연구』 13, 한국고전여성문학회, 2006.
· 최윤희, 「도앵행의 문헌학적 연구」, 『우리어문연구』 29, 우리어문학회, 2007.
· 최윤희, 「도앵행의 갈등 양상과 그 구성 방식」, 『어문논집』 56, 민족어문학회, 2007.

명쥬기봉

저자 미상.

필사본 1책(零本).
四周無邊, 無界, 15行23字, 無魚尾 ; 34.8×23.4cm.

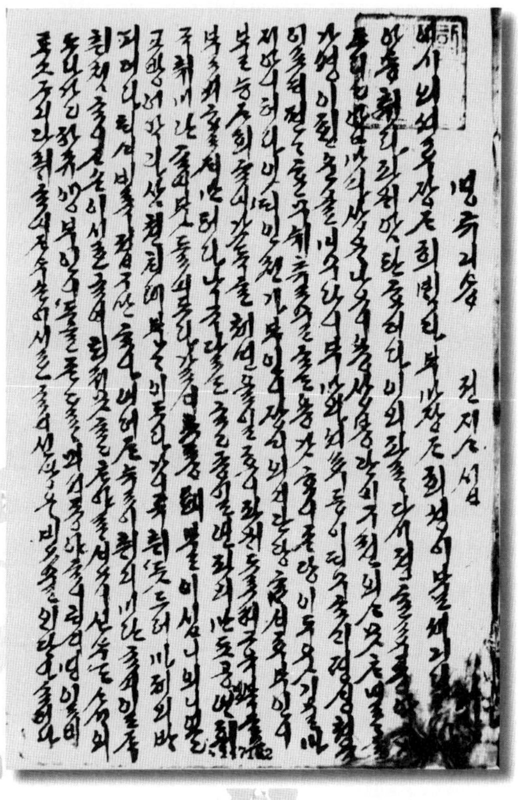

명쥬기봉

1. 개요

『명주기봉』은 『현씨양웅쌍린기』의 속편으로서 이 연작은 『현씨양웅쌍린기』 - 『명주기봉』 - 『명주옥연기합록』 - 『현씨팔룡기』로 이어지는 4부작으로 알려져 있으나 『현씨팔룡기』가 아직 발견되지 않아 현재로서는 3부작만 실체를 확인할 수 있다. 이들의 연작 관계는 일차적으로 다음과 같은 필사후기들을 통해 확인할 수 있다.

> "승샹과 댱부인의 별셰ᄒᆞ던 셜화와 웅닌 천닌 등의 취실ᄒᆞ던 긔긔ᄒᆞᆫ 셜화ᄂᆞᆫ 다 후록에 자세히 잇거ᄂᆞᆯ 차뎐은 다만 사긔시녀 난혜 가ᄉᆞ를 낫낫치 다 일긔ᄒᆞ여ᄂᆡ되 후셰 사ᄅᆞᆷ이 뎐을 지어 뼈 전ᄒᆞᄆᆡ." 『현씨양웅쌍린기』

> "대강을 긔록ᄒᆞ야시나 오히려 ᄎᆞ뎐 하회의 아ᄅᆞᆷ다온 충효ᄉᆞ적이 만흐ᄆᆡ 소셜이 잇ᄂᆞᆫ고로 이의 쓰지 아니코 승샹 졔왕 등의 ᄒᆡᆼ적이 초초히 젼을 닐우워 셰상의 뎐ᄒᆞᄂᆞ니 네 낫 진쥐 맛ᄎᆞᆷᄂᆡ 희빙의 긔연이 된지라 ᄎᆞ고로 명쥬긔봉이라." 『명주기봉』

> "ᄎᆞ후 ᄇᆡᆨ연의 이르도록 마장업시 지ᄂᆡ니 원ᄂᆡ 오진 냥공의 ᄉᆞ적은 현시냥웅쌍인긔의 ᄒᆡ비ᄒᆞ고 ᄐᆡᄉᆞ공과 졔왕의 ᄉᆞ적은 명쥬긔봉의 ᄒᆡ비ᄒᆞ고 현시 졔인의 후 ᄉᆡ적은 현시팔용긔 ᄒᆡ비ᄒᆞ나 옥화군쥬의 옥연긔합과 연의열의 명쥬긔합이 긔이ᄒᆞ므로 현승상 희ᄇᆡᆨ과 병부 희문의 ᄉᆞ적을 초출ᄒᆞ여 명쥬옥연긔합녹이라 ᄒᆞ여 후셰의 전ᄒᆞ여 션악의 보응ᄒᆞ믈 밝히미니 후인은 다시 현시 후록을 이어 볼지어다." 『명주옥연기합록』

작품간 관계를 알려주는 위의 기록 외에도 작품 등장인물들이 세대를 이어가며 지속되고 있다는 점 역시 상호 계승관계를 드러내는 요소라 하겠다. 그러나 이 작품들은 개별적으로 표제를 달리하며 독자적인 완결구조를 갖추고 있어 연작으로서의 관련성을 지니면서도 각각 독립적인 작품으로 기능하고 있으며, 구성적 측면이나 의식적 측면에서의 차별성으로 인해 동일작가에 의해 창작된 연작이 아닐 가능성이 높다.

『명주기봉』은 수종의 필사본 이본이 존재하나 대부분 한두 권만이 남은 낙질이고 완본의 상태로 현전하는 것은 낙선재본 24권 24책과 고려대본 22권 22책이다. 이 중 24권의 장서각본이 완질이면서 가장 善本으로 파악되므로 『명주기봉』전반을 다루는 경우 이를 바탕으로 소개하기로 한다.

이 작품은 현씨 가문의 자녀들을 중심으로 총 7쌍의 부부 사이에 일어나는 사건들을 다루고 있는데 이들의 천정인연을 알려주는 징표로 보옥인 명주가 제시되기 때문에 '명주로 맺어진 기이한 인연'이라는 뜻의 "명쥬긔봉"이라는 제목을 지니게 된 것으로 보인다. 각 부부별로 중심내용을 정리해 보면 다음과 같다.

현웅린은 현수문의 장자로서 스승 운현선생의 딸 예주와 혼인하지만 예주의 쌍둥이 언니로서 교활한 성품의 소유자인 영주의 모략으로 인해 아내가 유배되는 불운을 겪고 원치 않는 영주를 또 다른 부인으로 맞이하게 된다. 그러나 계속 악행을 저지르던 영주의 죄가 밝혀져 예주가 누명을 벗고 다시 조강지처의 위치를 회복하며 영주 역시 유배지에서 돌아온 후 개과천선하여 웅린부부를 둘러싼 갈등이 모두 해결된다. 현천린은 현경문의 장자로서 설씨와 결혼한 후 다시 부마로 간택되어 월성공주와 혼인하게 되나 첫부인 설씨를 못 잊어 공주를 구박한다. 설씨 역시 천린의 총애를 등에 업고 온갖 방법을 동원하여 공주를 죽이려고 하지만 실패하고 사형에 처해질 위기에 놓인다. 그러나 어진 마음을 지닌 월성공주의 도움으로 목숨을 구한 후 설씨가 회개하여 새사람이 되고, 천린과 공주 사이도 회복된다.

현경문과 첩 육씨 사이의 딸 희염이 가유진과 혼인하나 숙녀의 자질을 갖추지 못한 육씨가 사위의 가난을 문제삼아 푸대접하는 바람에 유진이 아내를 떠나버린다. 남편을 찾아 길을 나선 희염이 바다에서 도적을 만나 익사한 것을 가유진이 선약으로 살려냄으로써 부부가 해후하고 유진이 과거에 급제한 후 다시 현씨가문의 가족에게로 돌아온다. 경문의 차자 명린은 천하박색 강씨를 부인으로 맞아 정을 주지 않다가 연소저에게 반하여 강제로 희롱을 한 후 혼인을 한다. 본부인 강씨의 투기와 패악으로 강씨와 연소저가 모두 쫓겨나게 되는데 강씨는 연소저를 불태워 죽이려다 실패하고 홧병으로 죽은 후 음혼이 되어 명린을 괴롭힌다. 천린이 술법으로 강씨의 음혼을 물리친 후 명린과 연소저가 다시 화합한다.

현수문의 장녀 선염이 위독부의 아들 중양과 혼인하나 천린이 위독부의 죄상을 상소한 것에 분노한 중양이 효성을 내세워 선염을 내친다. 그러나 위독부의 종양이 악화되어 위독해졌을 때 천린이 구호하여 회생시킴으로써 모든 오해가 풀리고 중양과 선염의 사이도 회복된다. 현경문의 차녀 월염이 이기현과 혼인하나 남편의 방탕함을 못마땅하게 여겨 냉담하게 대하다가 부부관계가 악화되어 부친에게 질책을 받고 떨어져 지내게 된다. 월염은 죽음을 각오할 정도로 마음을 닫아걸고 남편을 거부하나 기현이 지극한 사랑으로 함께 죽고자 식음을 전폐하니 월염도 마음을 돌려 부부가 화해한다.

경문의 막내 아들 흥린이 천자의 사혼으로 화정윤의 딸 화옥수와 혼인하지만 장인의 소인됨을 꺼려 아내를 박대한다. 화소저는 계모 탕씨에게도 구박받던 중 모함을 입어 집을 떠나 불행하게 숨어지낸다. 흥린이 장인의 죄악을 상소하여 사형을 언도받게 하자 화소저가 세상에 다시 나와 부친 대신 죽음을 자청하는 과정에서 탕씨의 죄악이 밝혀지고 화소저의 누명이 벗겨진다. 그러나 어른들의 교화에도 불구하고 화소저가 자기 부친을 고발한 흥린을 용서하지 않고, 흥린도 여전히 장인에게 무례히 굴어 부부사이가 쉽게 회복되지 못한다. 화정윤의 몸에 종기가 돋아 위험한 것을 천린이 살려내고 이에 감복한 화공이 딸을 설득하니 화소저가 마지못해 흥린을 남편의 예로써 대접한다.

이처럼 이 작품은 여러 쌍의 부부갈등을 중심으로 이야기를 전개하나 각 사건 간의 논리적 연관성이 결여된 채 현씨 가문의 자손들이라는 공통점 하에 삽화가 나열되거나 중첩되는 모습을 보인다. 다양한 부부갈등의 양상을 통해 실제 부부 사이에서 일어날 수 있는 사건들을 보여주고 그 해결책을 제시한 것이라 하겠다.

2. 내용

계명대 동산도서관 소장본 『명주기봉』은 '권지사십'에서부터 '권지사십이'까지 총 세 권 분량의 내용을 수록하고 있으며 현흥린과 화옥수 부부사이의 이야기 중 일부분을 다루고 있다. 이는 작품 전체 내용 중 후반부에 해당하는 것으로 24권짜리 장서각본에서는 제 18권 뒷부분부터 20권 앞부분에 걸쳐 이와 동일한 내용이 서술되고 있다. 작품 전체의 내용은 위에서 대략적으로 소개하였으므로 지금부터는 동산문고본의 해당 부분을 살펴보기로 하겠다.

현경문의 막내아들 현흥린과 화정윤의 딸 화옥수가 천자의 사혼으로 혼인하였으나 흥린이 간교한 장모와 군자답지 못한 장인을 못마땅하게 생각하여 아내를 본 척도 하지 않는다. 화소저는 원래 임씨의 소생이나 일찍 어머니를 여의고 탕씨 밑에서 구박을 받으며 자란다. 세상 사람들은 화소저를 탕씨의 친생으로 알고 있다. 탕씨가 화소저의 행복을 방해하고자 혼인 후 곧바로 친정으로 데려가는데 탕씨의 조카 탕생이 화소저의 미모에 반하여 희롱하니 화소저가 자신의 귀를 베어 저항하나 탕씨와 탕생은 오히려 소저를 모해한다. 시아버지 경문이 화부에 들렸다가 소저의 경상을 보고 현부로 데려가 간호하나 흥린은 부친의 명을 받고도 마지못해 탕약만 다스릴 뿐 화소저에게는 여전히 눈길조차 주지 않는다. 화소저가 회복 기미를 보이다가 흥린이 제 공자들에게 자기 부친 화공을 세상의 간흉들에 비기는 말을 듣고 분노하여 피를 토하고 기절한다. 경문이 소유를 알고 흥린을 꾸짖어 내쫓는다.

탕생이 화소저와 자신이 연인 사이라고 거짓 진정서를 꾸며 천자에게 올리니 천자가 이를 믿고 화소저를 현부에서 쫓아내라 명한다. 경문이 사실이 아님을 아뢰나 소용이 없다. 이에 화소저가 시댁을 떠나 친정으로 갈 때 시어머니 주부인이 자신의 시비 난매를 딸려보낸다. 친정으로 돌아온 화소저를 계모 탕씨가 심하게 구박하나 화소저는 이 사실이 바깥에 알려지지 않도록 단속한다.

태후가 별세하자 월성공주가 임신한 몸으로 과도하게 슬퍼하다가 병을 얻지만 시부모인 경문과 주부인, 부마인 천린의 지극한 간호로 무사히 아들을 낳는다.

화소저는 자신을 음녀 취급하는 탕씨의 욕언을 듣고 세상과 담을 쌓고자 칼로 자해한 후 방을 폐하고 칩거한다. 흥린의 처소에 화소저의 친모인 임씨의 혼령이 찾아와 딸의 애통한 사연을 알리고 흥린과 함께 화소저의 침소에 가서 서로 눈물로 상봉하는 광경을 목격하게 한 후 사라진다. 흥린이 죽어가는 화소저를 구호하다가 문득 깨달으니 남가일몽이나 소매에 피가 묻어있고 소저에게 빼앗은 단검이 남아있어 의아해한다.

한편 탕씨와 탕생은 초췌해진 화소저를 팔아 없애버릴 계획을 세우는데 이를 안 화소저가 난매와 함께 화를 피해 가출하여 인근 친척집으로 피신한다. 집을 나서기 전 화소저는 전에 시아버지가 주었던 금낭에서 편지와 약을 발견하고 그 약으로 다친 상처를 치료한다. 소저의 먼 친척뻘인 제급사 부부는 화소저를 친손녀처럼 사랑하며 보살펴준다. 탕씨와 탕생은 소저가 사라진 것을 알고 분노하여 화소저가 음분하여 달아났다고 소문을 내니 화공과 현씨 일가는 소저의 안위를 크게 염려한다. 그러나 화공은 평소 곁에서 바른 말로 인도해주던 딸이 없어지자 마음이 방탕해져 동네의 젊은 과부에게 눈독을 들이고 탈취할 마음을 먹게 된다.

이상이 계명대 동산문고 소장본『명주기봉』권지사십에서부터 권지사십이에 해당하는 대략적인 내용이다.

3. 기타

이 책은 계명대 동산도서관에 소장되어 있는 국문필사본『명주기봉』의 일부분으로 한 책만이 남아있는 零本이다. 책의 표제는「명쥬긔봉 십이권」이라 되어 있으나 실제 내용은「명쥬긔봉 권지ᄉᆞ십」부터「명쥬긔봉 권지사십일」과「명쥬긔봉 권지ᄉᆞ십이」세 권으로 이루어져 있어 표제와 내용이 일치하지 않는다. 총 61쪽의 작품 분량 중 '권지사십'이 21쪽 6행, '권지사십일'이 23쪽, '권지사십이'가 16쪽 7행을 차지한다. 여러 사람의 글씨체가 뒤섞여 있어 한 쪽을 구성하는 행의 수가 14행에서부터 18행까지 일관되지 않고, 한 행의 글자수도 20여자에서 30여자까지 글씨체에 따라 다양하다. 첫행이나 마지막행의 끝자리를 비워 침자리를 마련한 흔적이 보인다. 필사후기 등이 없어 필사자나 필사시기를 확인하기 어렵다.

【이지하】

[색인어]

『명주기봉』, 현흥린, 화옥수, 부부갈등, 계모, 성적 모략

[참고문헌]

- 김진세, 「이조연작소설연구: 『명주기봉』의 경우」, 『논문집』 5, 서울대 교양과정부, 1973.
- 최길용, 「『현씨양웅쌍린기』 연작소설 연구 : 『현씨양웅쌍린기』와 『명주기봉』의 작품적 연계성을 중심으로」, 『논문집』 21, 전주교대, 1985.
- 이지하, 「『현씨양웅쌍린기』 연작 연구」, 서울대 국문과 석사학위논문, 1992.
- 송성욱, 「『명주기봉』에 나타난 규방에 대한 관심」, 『고전문학연구』 7, 한국고전문학연구회, 1992.

浮休子談論

成俔(1439~1504) 著.

筆寫本 6卷1冊
四周白邊, 無界, 12行32字, 無魚尾 ; 24.4×16.0cm.

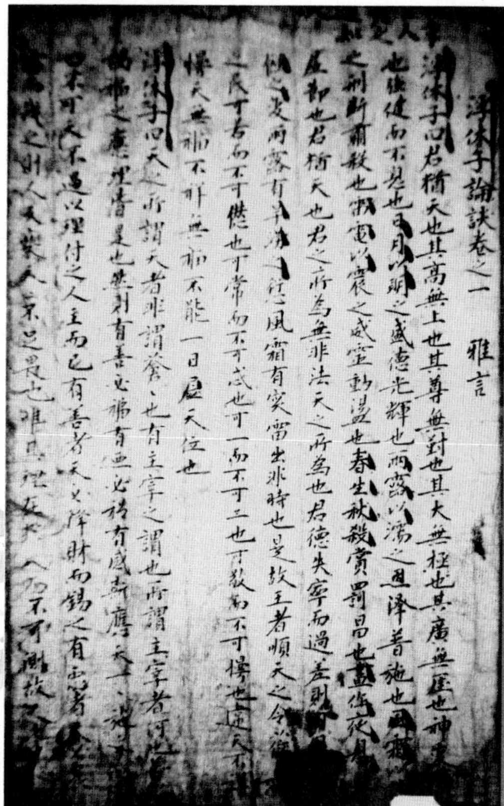
浮休子論談卷之一 雅言

부휴자담론

1. 저자

成俔(1439~1504)은 字가 磬叔이요, 號는 慵齋·浮休子·青坡居士 또는 虛白堂이며, 謚號는 文戴이다. 그는 麗末 鮮初의 저명한 文翰世家였던 昌寧 成氏의 일원으로서 아버지 知中樞府事 念祖와 어머니 順興 安氏 사이에서 셋째 아들로 태어났다. 그의 伯氏는 『太平廣記詳節』과 『太平通載』를 編刊한 安齋 成任이고, 仲氏는 『眞逸遺稿』를 남긴 眞逸齋 成侃이다.

成俔은 23세 때 文科에 급제한 이래 弘文館副提學·大司成·承旨·禮曹判書·兩館大提學과 같은 清華의 要職을 두루 거쳤다. 서울의 南大門 밖 青坡洞에 살면서 주로 京職을 역임하였던 그는 실은 官務에 골몰하지 않은 채 주로 讀書와 著述에 일생을 바쳤다. 그 결과 成俔은 15세기 관료 문인 가운데서는 유례를 찾아볼 수 없을 정도로 많은 저술을 남겼다. 『詩集』 15권, 『文集』 15권, 『補集』 5권, 『風雅錄』 2권, 『風騷軌範』 30권, 『樂學軌範』 6권, 『慵齋叢話』 10권 (이상 現傳), 『奏議』 6권, 『錦囊行跡』 30권, 『桑楡備覽』 40권, 『經綸大軌』 50卷 (이상 不傳) 등이 그것이다. 『浮休子談論』 6권 또한 그의 저술 가운데 하나이다.

2. 구성

『浮休子談論』은 雅言 2권과 寓言 2권 그리고 補言 2권의 총 6권으로 구성되어 있다. 각 권의 이야기 수를 살펴보면, 제 1권 아언에 18화, 제 2권 아언에 22화, 제 3권 우언에 17화, 제 4권 우언에 20화, 제 5권 보언에 16화, 제 6권 보언에 8화, 합계 101개의 이야기를 싣고 있다. (규장각 소장 목판본 권6 보언의 이야기 수는 16화로 되어 있다.) 그런데 『부휴자담론』 각각의 이야기에는 제목이 붙어 있지 않다. 편의상 各話 서두의 몇 글자를 취해 제목을 붙여 보면 다음과 같다.

卷1, 雅言 : 「君猶天」, 「天之所謂」, 「治天下」, 「國家」, 「君不可」, 「古昔聖王」, 「或問」, 「有國者」, 「人之所以」, 「天下」, 「大哉」, 「古語」, 「王者」, 「士莫大」, 「喜於名者」, 「道者」, 「物之神變」, 「凡爲臣」.

卷2, 雅言 : 「賢者」, 「人不可」, 「人之於親」, 「治國」, 「天聽」, 「山人問」, 「柳生問」, 「人君」, 「東里生」, 「天下」, 「劉生問」, 「孔子」, 「道之大小」, 「潮汐」, 「夏有蚤」, 「君子」, 「盧生問」, 「丁生問」, 「漫浪叟」, 「禽性」, 「或問」, 「以人之子」.

卷3 寓言 : 「樗散生」, 「華陰先生」, 「空同子」, 「士人緩」, 「朱大夫」, 「齊宣王」, 「東皐子」, 「華陽子」, 「魯伐鄒」, 「浮休子」, 「申尹芈叔」, 「衛靈公」, 「衛君」, 「中山王」, 「齊國」, 「燕有武士」, 「莎丘丈人」.

卷4 寓言 : 「齊猗氏」, 「北戎」, 「晉平公」, 「東皐子」, 「葛公」, 「子封」, 「周舍」, 「歲大旱」, 「鄭大夫」, 「東丘先生」, 「東門柳」, 「楚有士人」, 「孟嘗君」, 「魏文侯」, 「趙武靈王」, 「匡平子」, 「玄成子」, 「東郭先生」, 「江上老人」, 「有二士」.

卷5 補言 : 「魯隱公」, 「宋殤公」, 「莊公」, 「僖公」, 「宣公」, 「宋昭公」, 「楚圍宋」, 「晉伯宗」, 「襄公」, 「鄭昭公」, 「楚靈王」, 「吳王夫差」, 「吳起」, 「毛遂」, 「楚莊王獵」, 「楚莊王悅」.

卷6 補言 : 「齊桓公」, 「衛懿公」, 「梁伯」, 「秦使王翦, 「趙肅侯」, 「宋萬」, 「魯僖公」, 「晉獻公」. (목판본에 있는 다음 8개의 이야기는 이 책에 누락되어 있다 : 「齊君王后」, 「趙主父」, 「韓釐王」, 「越王句踐」, 「衛元君」, 「秦齊楚」, 「漢三年」, 「魏其侯」.)

3. 내용

『浮休子談論』은 '浮休子의 談論'이라는 뜻이다. 成俔은 '세상에 태어나 살아가는 것은 물에 떠도는 것과 같고, 죽어서 세상을 떠나는 것은 잠시 쉬는 것과 같다'는 死生觀을 지니고 있었으므로 浮休子라는 호를 썼다. 권3의 「浮休子傳」에는 이런 생각이 잘 나타나 있다. 그의 自傳이나 마찬가지이지만, 여기에서 부휴당의 배경은 조선이 아닌 중국, 춘추 전국 시대로 설정하였다. 삶과 죽음을 초월하는 경계를 지향하던 성현이 대화의 형식을 빌려 자신의 생각을 논술한 글이 『부휴자담론』이었던 셈이다.

成俔은 이 책에서 자신의 주장을 설득력 있게 전달하기 위해 비유와 인용 등의 여러 가지 수사 기법을 활용한 가상의 이야기를 많이 창작하였다. 예컨대 3의 「申尹畢叔」에서 그 수사와 구성의 탁월함을 볼 수 있다.

이 책은 雅言 2권과 寓言 2권, 補言 2권의 총 6권으로 구성되어 있다.

雅言은 '평소에 하는 말'이라는 뜻이다. 『論語』 「述而」편에는 '孔子의 雅言은 詩書와 執禮였다'는 구절이 있다. 『논어』의 編者는 공자가 평소에 하던 말씀을 기술할 때 대개 그 서두에 '子曰'이라는 어구를 사용하였다. 『부휴자담론』의 아언에서도 역시 그러한 서술 방식을 차용하였다. 成俔도 雅言에서 '浮休子曰'이라는 어구 아래 자신이 평소에 품고 있던 의견을 진술하였던 것이다. 다만 부휴자가 일방적으로 나서서 자신의 의견을 개진한 경우가 있는가 하면, 다른 사람의 질문을 받고 부휴자가 그에 대해 답변하는 형식을 취한 경우도 있다. 이처럼 부휴자가 전면에 나서서 발언하는 형식을 취하다 보니 아언의 내용은 자연히 중세의 정치나 사회 윤리에 관한 것이 그 주를 이루게 되었다. 임금의 도리, 治道의 요체, 신하의 도리 등을 논한 것이 바로 그러한 예이다.

寓言은 '寓意를 지닌 말'이라는 뜻이다. 『莊子』 「寓言」편에서 그 용례를 찾아볼 수 있다. 곧 莊子는 자신이 말하고자 하는 바를 설득력 있게 전달하기 위해 허구적인 인물의 대화나 행동을 修辭의 한 방법으로 활용하였다. 성현도 우언에서 樗散生·空同子·東皐子·鹿皮翁 등과 같은 허구적인 인물을 등장시켜 그들의 대화나 행동을 통하여 자신의 윤리적 견해를 표명하였다. 우언의 전통적인 이야기 방식을 적극적으로 차용하였던 셈이다. 이러한 성현의 우언은 대개 어리석은 자와 현명한 자가 함께 등장하여 후자가 전자의 어리석은 생각이나 행동을 풍자하거나 비판하는 내용이 그 주를 이루고 있다. 저산생이 朱氏의 탐욕을 경계한 것, 녹피옹이 동고자에게 사람의 재주가 각기 다름을 설파한 것 등이 그러한 예이다.

補言은 '보충하는 말'이라는 뜻이다. 과거에는 저술가들이 자신의 저술 속에 기존 典籍을 인용하면서 그 문장에 첨삭을 가하여 윤색하는 경우가 적지 않았다. 특히 先秦 兩漢의 문헌에서 그러한 예를 쉽게 찾아볼 수 있다. 보언이라는 표제 아래 성현도 『春秋左氏傳』이나 『史記』·『列女傳』 등과 같은 옛 史書의 특정 사건에 등장하는 인물들의 대화에 그 자신이 상당한 분량의 이야기를 加筆해 넣었다. 또한 성현은 기존 역사서의 전후에 散在한 기록을 한 곳에 모아 놓기도 하고, 기록에서 찾아볼 수 없는 인물을 새롭게 등장시켜 놓기도 하였다. 보언의 대화에는 아랫사람과 윗사람이 함께 등장하여 후자가 전자의 정치적 과오를 간하는 내용이 그 주를 이룬다. 전쟁을 일으키기 좋아하던 宋나라 殤公에게 孔父嘉가 그 부당함을 간한 것, 사냥을 즐기던 楚나라 莊王에게 樊姬가 그 잘못을 간한 것, 벼슬을 권하던 漢나라 蕭何에게 召平이 반대 의사를 표명한 것 등이 바로 그러한 예이다.

4. 가치

成俔은 『浮休子談論』에서 자신의 정치·사회·윤리적 견해를 설득력 있게 표명하기 위하여 의도적으로 다양한 글쓰기의 방법을 시도하였다. 이러한 글쓰기의 예는 우리 문학사에서 실로 드문 편에 속하는 것이다.

이 책의 現存本에는 목판본과 필사본이 있다. 목판본은 中宗 연간에 나주에서 간행이 된 듯한데 규장각에 유일하게 한 질이 남아 있다. 필사본은 몇몇 도서관과 개인이 소장하고 있다. 계명대학교 소장본도 그 필사본 가운데 하나이다. 계명대 소장 『부휴자담론』은 필사 시기가 상당히 이른 듯한 古本으로서 그 書體에는 行書와 草書가 섞여 있다. 다만 필사본 일반이 그러하듯이 이 책도 필사 과정에서 발생한 듯한 誤字 脫句와 아울러 몇 장의 落張을 포함하고 있다. 한편 이 책은 목판본을 저본으로 하여 轉寫한 것 같다. 목판본에 종종 나타나는 誤字를 그대로 옮겨 놓은 곳에서 그러한 정황을 짐작할 수 있다. 『부휴자담론』의 現存本은 數種에 지나지 않는다. 그 중에서도 이 책은 古 筆寫本이라는 점을 높게 평가할 만하다.

【이래종】

[색인어]

성현, 아언, 우언, 『부휴자전』

[참고문헌]

· 成俔, 『虛白堂集』 민족문화추진회 한국문집총간14.
· 木版本 『浮休子談論』, 규장각 소장본.
· 李來宗 역주, 『浮休子談論』, 소명출판, 2004.

刪補文苑楂橘

편자 미상.

筆寫本 2卷2冊. 필사년: 18세기 경.
四周單邊, 半郭 18.5×11.9cm, 有界(烏絲欄), 10行20字,
無魚尾; 27.5×17.4cm.

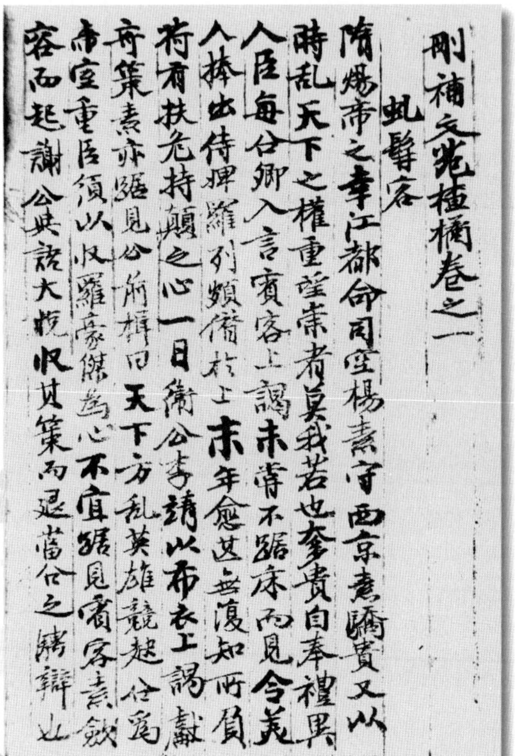
刪補文苑楂橘卷之一
虬髯客
隋煬帝之幸江都命司空楊素守西京素驕貴又以
時亂天下之權重望崇者莫我若也奢貴自奉禮異
人臣每公卿入言賓客上謁未嘗不踞床而見令美
人捧出侍婢羅列頗僭於上末年愈甚無復知所負
荷有扶危持顚之心一日衛公李靖以布衣上謁獻
奇策素亦踞見公前揖曰天下方亂英雄競起公爲
帝室重臣須以收羅豪傑爲心不宜踞見賓客素斂
容而起謝公與語大悅收其策而退當公之騁辯也

산보문원사귤

1. 저자 및 편찬 경위

저자는 未詳이다.

본서에는 서문이나 발문이 없어서 정확한 편찬 경위나 필사의 연대 추정이 불가능하다. 이 책은『刪補文苑楂橘』활자본을 저본으로 하여 전사한 것이므로 활자본의 연대 추정을 통해 대략적인 시기를 추정해볼 수 있다.

『刪補文苑楂橘』의 편찬연대는 작품의 소재와 배경으로 보건대 가장 후대의 것으로 추정되는「負情儂」이 萬曆年間(1573~1620)의 일을 기록하고 있어 萬曆 이후임을 알 수 있다. 활자본에 사용된 활자가 肅宗 10년(康熙23, 1684) 경부터 英祖 36년(乾隆25, 1760) 경에 사용된 第一校書館印書體字인 점으로 미루어 활자본은 1664년에서 1760년 사이에 간행된 것으로 보이며 이를 전사한 계명대 소장본은 18세기 경에 필사된 것으로 생각된다.

2. 구성

본서는 2권 2책이다. 권1에는 10편, 권2에는 10편 도합 20편의 작품이 실려 있다. 일부 한자에 대해서는 작은 글씨로 책 상단에 주를 달았다. 권1은 58장(목록 1장, 본문 57장), 권2는 52장으로 되어 있다. 목차에 따라 작품명을 나열하면 다음과 같다.

卷之一

「虯髥客」,「紅線」,「崑崙奴」,「古押牙」,「韋十一娘」,「義倡」,「汧國夫人」,「負情儂」,「崔鶯鶯」,「趙飛燕」

卷之二

「裴諶」,「韋鮑生」,「崔玄微」,「韋丹」,「靈應」,「柳毅」,「薛偉」,「淳于棼」,「張直方」,「東郭先生」

3. 내용

『刪補文苑楂橘』은『剪燈新話』,『玉壺氷』과 마찬가지로 중국소설로서 조선시대에 간행된 문언단편소설집이다. 권두에 序文과 刊記가 없어 이 책의 유래에 대해서 알 도리가 없으나 "깎고 기웠다[刪補]"라고 해서 원래『文苑楂橘』이 있었음을 알 수 있다. 실제로

朝鮮後期 完山李氏가 기록한 것으로 알려진『中國小說繪模本』에는 독자가 본 중국소설의 하나로『艶異編』과 함께『文苑楂橘』을 기록하고 있어 실존했음을 알려주고 있다.『删補文苑楂橘』에 실린 개별 작품의 원전 출처를 살펴보면 아래와 같다.

『删補文苑楂橘』	『太平廣記』	『艶異編』 等	作者	原典出處
		上卷		
虬髯客	卷193 豪俠	『艶異編』 卷23 義俠部	杜光庭	出『虬髯客傳』
紅線	卷195 豪俠	『艶異編』 卷23 義俠部	袁 郊	出『甘澤謠』
崑崙奴	卷194 豪俠	『艶異編』 卷23 義俠部	裵 鉶	出『傳奇』
古押牙	卷486 雜傳記	『艶異編』 卷23 義俠部 『情史』 卷4 情俠類 『類說』 卷29 「麗情集」	薛 調	出『無雙傳』
韋十一娘			胡汝嘉	
義倡		『艶異編』 卷30 妓女部	鐘將之	出『夷堅己志』, 『新編分類夷堅志』
汧國夫人	卷484 雜傳記	『艶異編』 卷29 妓女部	白行簡	出『異聞集』
負情儂		『情史』 卷14 情仇類	宋懋澄	出『九籥集』卷5
崔鶯鶯	卷488 雜傳記	『艶異編』 卷17 幽期部	元 稹	
趙飛燕		『艶異編』 卷7 宮掖部 『顧氏文房小說』, 『說郛』	伶 玄	
		下卷		
裵諶	卷17 神仙	『艶異編』 卷4 仙部	李復言	出『續玄怪錄』
韋鮑生	卷349 鬼	『類說』 卷19 「異聞錄」 『古今說海』	李 玫	出『纂異記』
崔玄微	卷416 草木	『艶異編』 卷35 妖怪部	段成式	出『酉陽雜俎』, 『博異記』
韋丹	卷118 報應		薛渙(漁)思	出『河東記』
靈應	卷492 雜傳記	『艶異編』 卷3 龍神部 『古今說海』, 『唐人說薈』		
柳毅	卷419 龍	『艶異編』 卷3 龍神部	李朝威	出『異聞集』
薛偉	卷471 水族	『古今說海』	李復言	出『續玄怪錄』
淳于棼	卷475 昆蟲	『艶異編』 卷22 夢游部	李公佐	出『異聞集』
張直方	卷455 狐	『艶異編』續編 卷12 獸部 『古今說海』	皇甫枚	出『三水小牘』
東郭先生		『國色天香』 卷9 『古今說海』, 『尋常事』	馬中錫, 林希元	出『東田漫稿』, 『次崖先生集』

위 작품들은 대개 내용에 따라 차례대로 분류되어 있다. 크게 "義俠類", "妓女類", "神仙妖怪類", "獸, 魚, 昆蟲類" 등으로 나눌 수 있다. 「虯髯客」, 「紅線」, 「崑崙奴」, 「古押牙」, 「韋十一娘」 5편은 협객 이야기이고, 「義倡」, 「汧國夫人」, 「負情儂」은 기녀 이야기이며, 「崔鶯鶯」은 애정 이야기, 「趙飛燕」은 궁중 이야기이다. 「裵諶」, 「韋鮑生」,「韋丹」 등이 "神仙妖怪類"에 해당되며, 「靈應」, 「柳毅」는 용, 「薛偉」는 물고기, 「淳于棼」은 개미, 「張直方」은 여우, 「東郭先生」은 늑대 이야기이다.

작품의 출처를 살펴보면 『太平廣記』에 15편으로 가장 많이 실려 있고, 그 다음으로 『艶異編』에 14편이 실려 있으며, 『情史』, 『九籥集』, 『異聞集』, 『國色天香』, 『東田漫稿』 등에도 일부가 수록되어 있다. 그 밖에 일부 작품들이 『古今說海』, 『合刻三志』, 『說郛』, 『唐人說薈』, 『顧氏文房小說』, 『剪燈叢話』, 『綠窓女史』 등에 재수록되어 있다. 『删補文苑楂橘』에 실린 작품들은 明末 문언소설집에 실린 원작품들과는 문자에 약간씩 차이를 보이나, 명말 문언소설집의 원작품과 비교할 때 문자에 있어서 『艶異編』에 수록된 작품과 가장 가깝다.

『删補文苑楂橘』에 실린 소설들은 대부분 唐나라 사람의 傳奇로 흔히 볼 수 있는 작품이므로 자세한 고증을 요하지 않는다. 그러나 明人의 작품인 「負情儂」과 「韋十一娘」, 「東郭先生」이 실려 있는 점은 주목해야 할 부분이다.

「負情儂」의 내용은 잘 알려진 萬曆 연간 杜十娘의 이야기로 馮夢龍의 『情史』 卷14에 실린 「杜十娘」과 같은 작품이며, 宋代 話本 「杜十娘怒沉百寶箱」(『警世通言』 卷32, 『今古奇觀』 卷5)은 이를 저본으로 부연 창작한 것이다. 『情史』의 「杜十娘」條 말미에 보면 "浙江 사람이 「負情儂」을 지었다."고 적고 있어 「負情儂」과 「杜十娘」이 동일 작품임을 알 수 있는데, 원래는 明 宋懋澄의 『九籥集』에 실려 있던 것이다.

「韋十一娘」은 程德瑜와 俠女 韋十一娘의 일을 기록한 것으로 凌濛初의 『初刻拍案驚奇』 卷4 「程元玉店肆代償錢, 十一娘雲岡縱談俠」의 저본이 되었다. 凌濛初는 "成化 연간 胡汝嘉의 「韋十一娘」에 근거하였다"고 이르고 있어 이 작품의 작자가 胡汝嘉임을 알 수 있다. 明代 문학가였던 胡汝嘉가 남긴 전기소설은 모두 일실되고 이 작품이 유일하게 남아 있는 것이기 때문에 더욱 중요한 위치를 차지한다. 이 이야기는 女俠客 이야기로 화적떼를 제압함으로써 韋十一娘의 출중한 무예를 보여주며 탐관오리의 잔학무도함을 폭로하는 등 경세적인 의미를 담고 있다.

「東郭先生」은 일명 "中山狼傳"이라고도 하는데 宋代 謝良의 작품을 근거로 馬中錫이 쓴 우언소설이다. 내용은 동곽선생이 위험에 처한 늑대를 구하였다가 오히려 늑대에게 잡아먹힐 뻔한다는 이야기이다. 李夢陽이 목숨을 구해준 康海의 은혜를 저버린 것을 풍자했다고 한다. 朴趾源의 「虎叱」은 이 작품의 영향을 받아 쓰여진 것으로 이와 동일한 소재를 가지고 당시 양반세계의 위선과 비굴함을 부각시키고 있다.

이상의 사실을 종합해보면 『删補文苑楂橘』은 중국에서 일실된 文言小說集이라기 보다는 朝鮮人이 明末에 나온 文言小說集인『艶異編』,『國色天香』,『情史』 등을 저본으로 하되, 일부는『太平廣記』,『說郛』,『唐人說薈』,『唐人說海』 등에서 작품을 뽑아 편찬한 것으로 추정된다.

4. 가치

『刪補文苑楂橘』은 1934년에서 1938년 사이 孫楷第에 의해 처음 중국에 소개되었다. 그는 日本 成簣堂文庫 소장된 것(현재 일실됨)을 보고 조선 사람이 明本을 번각한 것이거나 조선 사람이 작품을 뽑아 편집 인쇄한 것이 아닌가 추정한 바 있다.

이 책은『三國誌演義』,『剪燈新話』 등과 같이 우리나라에서 목판본이나 활자본으로 인쇄된 4~5종의 중국소설 가운데 하나다. 특히 이 책에 실린 작품 중「韋十一娘」은 중국에서는 이미 유실되어 전하지 않는 작품으로 유일하게 이 책에서만 찾아볼 수 있으며, 이 작품의 작자로 알려진 胡汝嘉의 작품 중 유일하게 남아 있는 것이기 때문에 더욱 중요한 의미를 부여할 수 있다. 이후에 나온 凌濛初의『初刻拍案驚奇』卷4「程元玉店肆代償錢, 十一娘雲岡縱談俠」은 이 작품을 토대로 하여 백화로 개작한 것이다.

현재 국내에서『刪補文苑楂橘』 활자본은 국립중앙도서관 一山文庫, 한국학중앙연구원 장서각, 고려대 도서관에, 필사본은 계명대 동산도서관 외에 국립중앙도서관, 한국학중앙연구원 장서각, 연세대 도서관, 원광대 도서관, 경기대 도서관에 각각 2권2책 완질 혹은 낙질로 소장되어 있다. 이밖에 개인 소장으로 활자본과 필사본 각 1종이 있다.

계명대 소장본은 활자본을 거의 그대로 전사한 것이나 약간의 글자 출입이 있다. 일부는 활자본에 나타난 오자를 바로잡아 적은 부분도 보인다.

【박재연】

[색인어]

『刪補文苑楂橘』, 중국문언소설, 단편소설집,「韋十一娘」,「負情儂」,「東郭先生」

[참고문헌]

· 박재연,「朝鮮 活字本『刪補文苑楂橘』에 대하여」,『茶谷李樹鳳博士停年紀念 古小說研究論叢』, 1994.

· 박재연, 『删補文苑楂橘』, 成和大學 中文系, 1994.
· 『韓國藏中國稀見珍本小說』2(燕山外史, 删補文苑楂橘, 剪燈新話句解), 中國大百科全書出版社, 1997.

西遊記

[明]吳承恩 著.

한글 筆寫本 24冊(零本). 필사년: 19세기말~20세기초.
四周無邊, 無界, 無魚尾 ; 20.9×20.2cm.

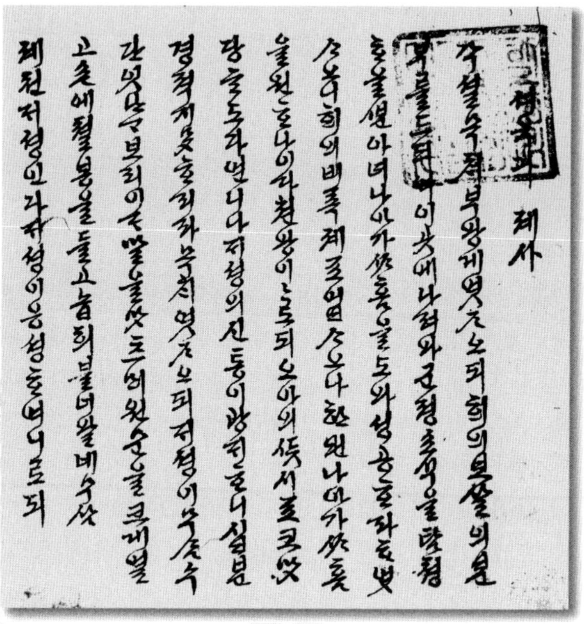

서유기

1. 저자

현전하는 明刊本에는 작자가 서명되어 있지 않다. 淸刊本에는 元初의 도사 長春眞人 邱處機가 지었다고 표기되어 있다. 이외에 청대 吳玉搢의 『山陽志遺』, 阮葵生의 『茶餘客話』와 丁晏의 『石亭記事續篇』 등에서는 天啓年間의 『淮安府志』의 기록과 『西遊記』 작품 속에 회안 방언이 많은 점을 들어 吳承恩이 지었다는 주장이 대두된다. 이후 1920년대 魯迅과 胡適의 집중적인 연구를 거치면서 비로소 오승은이 작자라는 주장이 통설로 받아들여지고 있다. 즉, 『서유기』는 唐代의 『大唐西域記』와 宋代의 『大唐三藏取經詩話』 등 수많은 고사들이 축적되고 정리되어 오다가, 대략 명대 후기(16세기 중후반) 오승은에 의해 완성된 것으로 보고 있다.

오승은(대략 1510년~1582년)은 자가 汝忠, 호가 射陽山人으로 淮安府 山陽縣(현 江蘇省 淮安市) 사람이다. 명대 嘉靖年間의 貢生으로서 長興縣丞과 荊府紀善을 역임하였으며 저술로는 文言으로 된 단편소설집 『禹鼎志』를 썼다고 하나 지금은 전하지 않고 序文만 남아있다. 이외에 그의 詩文을 내외종 손자 丘度가 모아서 간행한 『射陽先生存稿』(4권)가 전해지고 있다. 최근에는 오승은 작가설에 대해 그 근거가 빈약함을 지적하여 이론을 제기하는 학자들도 있다.

2. 구성

본서는 전체 28권 24책(권1, 10, 15, 20 缺)의 한글필사본으로 중국소설 『西遊記』를 번역한 것이다. 광곽이나 계선이 없이 반엽 11~13행, 매행 16~22자 내외이다. 표지 좌측 상단에는 한문으로 "西遊記", 그 아래로 '三之四, 五之六, 七之八……'식으로 순서가 표시되어 있으며, 우측 상단에는 '二, 三, 四……'식으로 冊次를 표시하였다. 고유명사나 생경한 한자 어휘 그리고 설명이 필요한 단어에 대해서는 雙行으로 細註를 달아 설명하였다. 빠진 단어 및 글자에 대해서는 작은 글씨로 추가하여 기입한 흔적도 보인다. 권2는 129면, 권3은 139면, 권4는 119면, 권5는 119면, 권6은 118면, 권7은 114면, 권8은 113면, 권9는 109면, 권11은 108면, 권12는 107면, 권13은 97면, 권14는 106면, 권16은 96면, 권17은 110면, 권18은 104면, 권19는 114면, 권21은 115면, 권22는 104면, 권23은 106면, 권24는 103면, 권25는 104면, 권26은 125면, 권27은 115면, 권28은 46면으로 도합 2,620면이다. 권2~권25까지는 대개 3~4회의 내용이 실려 있지만, 권26, 27은 원전의 상당부분이 축약되어 각각 7회와 5회의 내용을 담고 있다.

매권마다 回目이 제시되어 있지만 누락되거나 중국원전과 일치하지 않는 것들도 상당하며 확인되지 않는 회목도 있다. 回次가 잘못 표기된 것도 빈번하게 보인다. 각 책의 회목을 원본과 비교하면 다음과 같다. 한글로 표기한 앞부분은 본서의 회목이고, 괄호 안 한자로 병기한 것은 중국원전 회목이다. 중국원전에는 없고 본서에서만 나타나거나 다른 경우에는 밑줄을 그었으며, 회목명 없이 번역된 경우에는 { }로 표시하였다.

「西遊記 二」

명쥬졔천의미령 오공ᄃᆡ젼나탁ᄐᆡᄌᆞ(4. 官封弼馬心何足 名注齊天意未寧)·{5. 亂蟠桃大聖偷丹 反天宮諸神捉怪}·관음보회문원인 쇼성시위항ᄃᆡ셩(6. 觀音赴會問原因 小聖施威降大聖)·팔괘노즁도ᄃᆡ셩 오힝셔ᄒᆞ졍심원(7. 八卦爐中逃大聖 五行山下定心猿)

「西遊記 三」

긔음ᄉᆞ블죄번셜경문 관음보살구경연·아불조경젼극락 관음봉지상ᄌᆞᆼ안(8. 我佛造經傳極樂 觀音奉旨上長安)·진광지부임봉ᄌᆡ 강유승복수보본(9. 陳光蕋赴任逢災 江流僧復讐報本)·진강유보부오원 은승상긔병ᄎᆞᆨ강포·노룡왕줄계법쳔존 위승상유계탁명(10. 老龍王拙計犯天條 魏丞相遺書托冥吏)

「西遊記 四」

경히용왕구명ᄐᆡ종·유지부ᄐᆡ종환혼 진과ː뉴젼쇽뵈(11. 遊地府太宗還魂 進瓜果劉全續配)·{12. 玄奘秉誠建大會 觀音顯象化金蟬}·함호혈금경히악 ᄊᆞᆼ필녕빅홍유승(13. 陷虎穴金星解厄 雙叉嶺伯欽留僧)·심원귀졍 뉵졍무죵(14. 心猿歸正 六賊無踪)

「西遊記 五」

샤반뎨신암우 응슈간의슈강(15. 蛇盤山諸神暗佑 鷹愁澗意馬收韁)·{16. 觀音院僧謀寶貝 黑風山怪竊袈裟}·힝ᄌᆞᄃᆡ요흑풍ᄉᆞᆫ 관음슈복웅비괴(17. 孫行者大鬧黑風山 觀世音收伏熊羆怪)

「西遊記 六」

고노산힝자강마(18. 觀音院唐僧脫難 高老莊行者降魔)·운잔동오공슈팔계 부도산현장슈심경(19. 雲棧洞悟空收八戒 浮屠山玄奘受心經)·황풍영당승유난 반산즁팔계징션(20. 黃風嶺唐僧有難 半山中八戒爭先)·호법셜ᄌᆞᆼ류ᄃᆡ셩 슈미녕길졍풍마(21. 護法設莊留大聖 須彌靈吉定風魔)

「西遊記 七」

호셥셜장뉴ᄃᆡ셩 슈미녕길경풍마(중복)·{22. 八戒大戰流沙河 木叉奉法收悟淨}·ᄉᆞᆷ장이블망본 ᄉᆞ셩시션심(23. 三藏不忘本 四聖試禪心)·만슈산ᄃᆡ션유고은 오장원힝졔졀과(24. 萬壽山大仙留故友 五莊觀行者竊人參)

「西遊記 八」

만슈산ᄃᆡ션유고은 오장원힝졔졀과(중복)·진원션환착취경승 ᄉᆞᆫ힝ᄌᆡ뒤요오ᄌᆞᆼ관(25. 鎭元仙趕捉取經僧 孫行者大鬧五庄觀)·ᄉᆞᆫ오공이ᄉᆞᆷ도구방 관음감쳔활슈(26. 孫悟空三島求方 觀世音甘泉活樹)·시마희당ᄉᆞᆷ장 셩승ᄒᆞᆫ츅미후왕(27.屍魔三戲唐三藏 聖僧恨逐美猴王)

「西遊記 九」

시마삼희당삼장 셩승환츅미후왕(중복)·화과산군요취의 흑숑님삼장봉요(28. 花果山群妖聚義 黑松林三藏逢妖)·팔난강뉴ᄂᆡ왕포 승은팔계젼산림(29. 脫難江流來國土 承恩八戒轉山林)·{30. 邪魔侵正法 意馬憶心猿}

「西遊記 十」缺

「西遊記 十一」

평정산공조젼신 연화동목모봉(32. 平頂山功曹傳信 蓮花洞木母逢災)·외도미진셩 원심보죠심(33. 外道迷眞性 元神助本心)·외죠미진경 원심도본심(중복)·만두고산곤심원 ᄃᆡ셩등나편보ᄑᆡ(34. 魔頭巧算困心猿 大聖騰那騙寶貝)

「西遊記 十二」

외죠시위긔정셩 심원획보복ᄉᆞ마(35. 外道施威欺正性 心猿獲寶伏邪魔)·심원영체졔연복 벽화방문견월명(36. 心猿正處諸緣伏 劈破旁門見月明)·귀왕야갈당ᄉᆞᆷ장 오공신화인연아(37. 鬼王夜謁唐三藏 悟空神化引嬰兒)·영아문모시지사정 금목참연견가진(38. 嬰兒問母知邪正 金木參伭見假眞)

「西遊記 十三」

일닙금단쳔상득 ᄉᆞᆷ년고쥬세간(39. 一粒金丹天上得 三年故主世間生)·영아희화션심난 원마도쥬목모공(40. 嬰兒戲化禪心亂 猿馬刀圭木母空)·심원조화ᄑᆡ 목간ᄑᆡ마금(41. 心猿遭火敗 木母被魔擒)

「西遊記 十四」

되셩근븨남히 관음ᄌ션박홍히(42. 大聖殷勤拜南海 觀音慈善縛紅孩)·흑하요억금숭거 셔히뇽ᄌ착탈회(43. 黑河妖孽擒僧去 西洋龍子捉鼉回)·법신원운봉거역 심졍요ᄉ도쳑관(44.法身元運逢車力 心正妖邪度脊關)

「西遊記 十五」 缺

「西遊記 十六」

{47. 聖僧夜阻通天水 金木垂慈救小童}·마릉한풍표되셜 승ᄉ비블니칭빙(48. 魔弄寒風飄大雪 僧思拜佛履層冰)·삼장뉴ᄌ침슈튁 관음구난헌어람(49. 三藏有災沉水宅 觀音救難現魚籃)·졍난경둉인의욕 신혼심동우마둑(50. 情亂性從因愛欲 神昏心動遇魔頭)

「西遊記 十七」

심원공용쳔반계 화슈무공난병마(51. 心猿空用千般計 水火無功難煉魔)·오공되요금도동 여릭암시슈인공(52. 悟空大鬧金皘洞 如來暗示主人公)·션쥬탄춘회귀잉 황파운슈히ᄉ틱(53. 禪主呑餐懷鬼孕 黃婆運水解邪胎)

「西遊記 十八」

법셩셔릭봉녀국 심원졍계탈연화(54. 法性西來逢女國 心猿定計脫烟花)·싀ᄉ음희당삼장 셩졍수지불괴신(55. 色邪淫戲唐三藏 性正修持不壞身)

「西遊記 十九」

신광쥬쵸구 도믹방심원(56. 神狂誅草寇 道昧放心猿)·{57. 眞行者落伽山訴苦 假猴王水簾洞謄文}·이심요란되건곤 일제난슈진졍멸(58. 二心攪亂大乾坤 一體難修眞寂滅)

「西遊記 二十」 缺

「西遊記 二十一」

쥬힝ᄌ삼죠파쵸션(61. 猪八戒助力敗魔王 孫行者三調芭蕉扇)·쳑후셰심유쇼탑 빅마되졍닉슈신(62. 滌垢洗心惟掃塔 縛魔歸正乃修身)·이승탕괴요용궁 군션졔ᄉ획보픽(63.二僧蕩怪鬧龍宮 群聖除邪獲寶貝)·형극녕오픙뇌력 목션암숨장담시(64. 荊棘嶺悟能努力 木仙菴三藏談詩)

「西遊記 二十二」

요사가셜쇼뇌음ᄉᆞ ᄉᆞ즁ᄀᆡ죠ᄃᆡ악비(65. 妖邪假說小雷音 四衆皆遭大厄難)·졔신죠독슈미륵박요마(66. 諸神遭毒手 彌勒縛妖魔)·{67. 拯救駝羅禪性穩 脫离穢汚道心淸}

「西遊記 二十三」

쥬ᄌᆞ국당승논젼셰 숀힝ᄌᆞ시위삼졀(68. 朱紫國唐僧論前世 孫行者施爲三折肱)·심쥬야문슈약믈 국왕연상논요ᄉᆞ(69. 心主夜間修藥物 君王筵上論妖邪)·요마보방연ᄉᆞ화 오공계계ᄌᆞ금녕(70. 妖魔寶放烟沙火 悟空計盜紫金鈴)

「西遊記 二十四」

힝졔가명강괴후 관음현상복요왕(71. 行者假名降怪犼 觀音現像伏妖王)·반ᄉᆞ동칠졍미본 탁후쳔팔계망형(72. 盤絲洞七情迷本 濯垢泉八戒忘形)·졍인구환ᄉᆡᆼᄌᆡ득 심두죠마힝파견(73. 情因舊恨生災毒 心主遭魔幸破光)

「西遊記 二十五」

비구연ᄌᆞ견음심 금젼식마담도덕(78. 比丘憐子遣陰神 金殿識魔談道德)·심동구요봉노슈 당죠졍쥬구영아(79. 尋洞求妖逢老壽 當朝正主救嬰兒)·ᄐᆡ녀휵양구비우 심원호쥬식요샤(80. 姹女育陽求配偶 心猿護主識妖邪)·진희ᄉᆞ심원지괴 흑숑님산즁심ᄉᆞ(81. 鎭海寺心猿知怪 黑松林三衆尋師)

「西遊記 二十六」

심원식득단독 타녀환귀본셩(83. 心猿識得丹頭 奼女還歸本性)·난멸가지원ᄃᆡ가 법왕셩졍쳬쳔년(84. 難滅伽持圓大覺 法王成正體天然)·봉션군모쳔치한 ᄃᆡ셩권션시림(87. 鳳仙郡冒天致旱 孫大聖勸善施霖)·당삼장옥화쥬 삼왕ᄌᆡ학득무예(88. 禪到玉華施法會 心猿木母授門人)·표두산호구동봉요(89. 黃獅精虛設釘鈀會 金木土計鬧豹頭山)·{90. 師獅授受同歸一 盜道纏禪靜九靈}·{91. 金平府元夜觀燈 玄英洞唐僧供狀}

「西遊記 二十七」

삼승ᄃᆡ젼청농산 ᄉᆞ승협착셔우괴(92. 三僧大戰靑龍山 四星挾捉犀牛怪)·구원외희ᄃᆡ고승 당승불탐부귀(96. 寇員外喜待高僧 唐長老不貪富貴)·금슈호의죠마독 셩현옥혼구본원(97. 金酬護外遭魔毒 聖顯幽魂救本原)·원슈마슌방탁각 공승힝만견진어(98. 猿熟馬馴方脫殼 功成行滿見眞如)·{99. 九九數完魔剗盡 三三行滿道歸根}

「西遊記 二十八」

경회동토 오셩셩진(100. 徑回東土 五聖成眞)

『서유기』 판본은 작품의 인기만큼이나 매우 복잡한데, 명판본과 청판본간에 약간의 차이가 있다. 첫째, 명판본에는 陳光蕊가 赴任하여 災難을 당한 고사와 唐玄蕊의 출신에 관한 이야기가 없다. 그러나 청대 『西遊證道書』에서 처음으로 그 이야기를 제9회 陳光蕋赴任逢災 江流僧復讐報本에 삽입하여 기술하고 있다. 陳光蕋 고사를 보충 삽입하면서 명판본 제9회~제12회의 내용이 청판본에 제10회~제12회 3회로 합해지면서 회목명도 바뀐 양상을 지닌다. 둘째, 삽입시, 정황 설명 등 묘사적 특성을 보여주는 단락들을 의도적으로 삭제하였기 때문에 기존 명판본보다 1/3정도가 축약된 형태를 보인다. 이후 청대 100회본 『서유기』는 모두 이 『西遊證道書』에 의거하여 간행된 것들이다. 본서 역시 청판본을 번역한 필사본으로 이러한 특징들을 그대로 가지고 있다. 회목 및 순차적인 전개 구성 등을 여러 청판본들과 대조해본 결과 乾隆年間(1780)에 간행된 『西遊眞全』이 가장 근접한 원전으로 확인된다. 국내에 현존하는 상당수 판본이 바로 陳士斌이 詮解한 『西遊眞全』 이기도 하다.

회차의 오기가 심하며 회목명이 일치하지 않는 부분도 있다. 또한 회목 제시가 중국본의 회목 시작점과 차이를 보이기도 하며 誤字와 탈자 등 글자의 출입이 있다.

번역특징은 일부 부연 첨가된 부분도 있고 뒤로 갈수록 축약과 개작이 심하기도 하지만 전체 이야기의 흐름에 구애받지 않는 범위 내에서 이루어지고 있다. 이외에 오역도 있고 제74~제77회·제85~제86회·제93~제95회 등 일부 회목은 의도적으로 번역이 생략되기도 하였지만 대체로 원전에 충실한 완역본이다. 이러한 서지적·번역적 특징은 본서가 원전에 대한 초벌 번역본이 아닌 기존의 한글 필사본을 다시 필사한 전사본임을 추정케 한다.

본서의 필사 시기나 필사자를 추정할 만한 단서는 찾을 수가 없다. 다만 표기형태, 음운현상, 문법적 특징과 어휘적 특징들을 근거로 추정할 수 밖에 없는데 대략 19세기 말에서 20세기 초 민간에서 필사된 것으로 추정한다. 서체가 정갈한 궁체로 썼다가 흘려서 쓰기도 하는 등 다른 형태의 필적을 보이는데 2명이 필사한 것으로 판단된다.

3. 내용

『서유기』 100회의 내용은 주제별로 크게 세 부분으로 구성되어 있다. 첫 번째는, 손오공의 탄생과 학습과정, 그리고 그가 齊天大聖을 자칭하며 天宮에서 소동을 일으켰다가 佛門에 귀의하게 된 과정을 그린 부분으로 제1회부터 제7회까지이다. 두 번째는 삼장에 대한 이야기로 현장의 기구한 출신 내력과 불경을 얻으러 떠나게 된 연유를 쓰고 있는 부분으로 제8회부터 제12회까지이다. 세 번째는 삼장을 비롯한 손오공, 저팔계, 사오정이 경을 취하러 천축으로 가는 서행길에 겪는 81가지의 재난을 겪은 후에 마침내 불경을 가지고 돌아와 成眞하는 내용으로 제13회부터 제100회까지이다.

작자가 소설『西遊記』를 통해 허구적 환경을 설정하고 가공의 인물들을 등장시켜 이야기를 이끌어 나가는 과정에서 당시의 사회적 실태를 우회적으로 풍자, 비판하였던 낭만주의의 예술 특성을 구현하고, 등장인물들 역시 생동적인 언어를 통해 해학적인 인물을 묘사해 냄으로써 중국고전소설 발전상 대표적인 낭만주의 神魔小說 작품으로 평가받고 있다.

4. 가치

『西遊記』는 비교적 이른 고려시대 말부터 유입된 이래 조선시대 許筠을 필두로 여러 문인들에 의해 다층적으로 조명되는 등 원전 자체뿐만 아니라 한글로까지 번역 필사되어 읽혔을 만큼 대단한 주목과 인기를 누렸던 작품이었음에도 불구하고 현존하는 한글 필사본은 지극히 소수에 불과하다. 완질의 번역필사본은 없으며 대학 도서관과 개인 소장으로 한 두 책 정도의 낙질이 전하고 있다. 최근 연세대에 소장된 13권 9책본『셔유긔』가 새로 소개되기도 하였지만 이 역시 권1·2·10·12 4책이 缺本이며 의역에 가까워 원문과 대역 부분을 찾아 볼 수 없을 정도로 축약된 부분도 상당하다. 이러한 시점에서 본서는 직역에 가까운 필사본으로서 비록 4책이 결본이지만『西遊記』의 온전한 모습을 재구할 수 있는 중요한 단서를 제공한다는 점에서 그 가치가 있다. 또한 국어학적으로도 고어의 잔재가 많이 남아 있고 중국어 차용어 또한 적지 않게 출현하고 있어 당시의 다양한 어휘 사용 실태를 반영하는 의미 있는 자료이다.

본서가 善本은 아니라고 하더라도 청판본을 번역한 필사본으로서 이 시기 중국 소설의 유통과 번역 양상을 이해하는 데 있어서 중요한 참고가 되는 異本이라고 할 수 있다.

【박재연】

[색인어]

『西遊記』,『셔유긔』, 계명대본, 중국소설, 번역소설, 필사본, 신마소설, 吳承恩,『西遊眞全』

壽梅淸心錄

저자 미상.

表題: 壽梅淸心錄, 內題: 슈미청심녹
한글 필사본, 零本 1권 1책(59장),
四周白邊, 無界, 13행 20字 내외, 無魚尾, 29.5×20.5cm

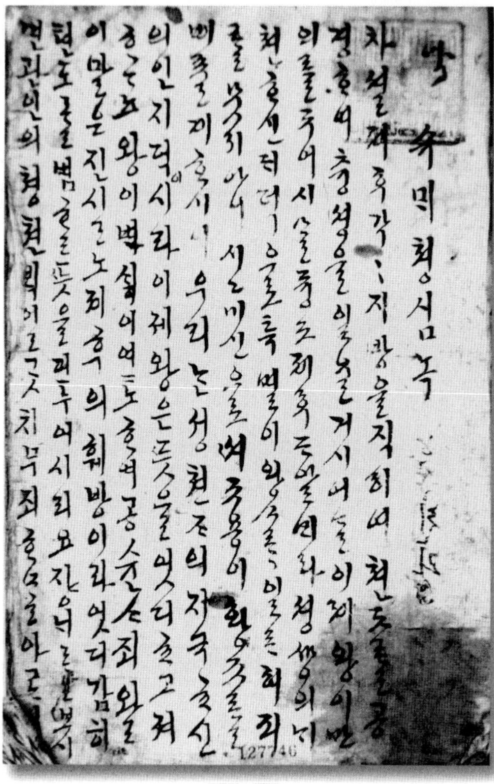

슈미청심녹

1. 저자

미상.

2. 내용

1) 개요

『슈믹청심녹』은 작자·연대 미상의 애정소설로, 남주인공 이중백과 여주인공 오현요의 애정 성취의 과정을 곡진하게 그린 작품이다. 표제는 '壽梅淸心錄', 내제는 '슈믹청심녹'이라 쓰여 있고, 제목 윗 부분에 '낙'이란 글자가 있는데, 후대 이 책의 소장자가 낙질본임을 표시한 것으로 보인다. 1卷 1冊 59張의 한글필사본으로, 매면 13행, 매행 20자 내외의 형태로 필사되어 있다. 글씨체는 처음에는 크고 또박또박하게 써 나가다가 뒤로 가면서 점점 흘림체로 썼는데, 이는 필사자가 필사에 익숙해지면서 나타난 현상으로 보인다. 한편 필사 도중에 오자와 탈자에 대해 교정을 한 흔적이 있다. 누락된 글자나 오기한 글자에 대해서는 해당 부분 오른쪽 여백에 보충하거나 고쳐 써 넣었다.

『슈믹청심녹』의 후반부 내용 중 번국의 제왕이 반의를 드러내자, 천자가 이중백을 正天使로 삼아 순무하고 돌아올 것을 명령하는 장면이 나온다. 이 책의 내용은 이중백이 임무를 충실히 수행하고 귀로에 오르는 장면부터 작품의 종결 부분까지 서술되어 있다. 이 책과 『슈믹청심녹』 이본들 가운데 서사의 결락이 없고 내용이 풍부한 한국학중앙연구원 장서각 소장 『슈믹청심녹』(丙午本)과 내용을 대조한 결과 이 책에 필사된 내용은 병오본과 동일 계열에 속하는 이본임을 알 수 있다. 본래 2권 2책의 완질이었는데, 유통 과정에서 현재 2권만 남게 된 것으로 추정된다.

한편 작품이 종결된 뒤에는 장을 달리하여 여성이 갖추어야 할 덕목과 행해야 할 도리 등을 서술해 두었다. 三從之道, 여성이 지녀야 할 네 가지 덕(心德, 言德, 容德, 才德), 七去之惡(不順, 無子, 淫亂, 妬忌, 惡疾, 多言, 賊心) 등을 나열하고 그 의미를 풀이하였으며, 지아비 섬기는 도리, 부모 섬기는 도리, 일상생활에서 지켜야 하는 법도 등을 23면에 걸쳐 적어 두었다. 이와 같은 내용이 덧붙어 있는 것으로 보아 이 책은 여성에 의해 필사된 것으로 보인다.

2) 내용

『슈믹청심녹』은 이중백과 오현요가 수많은 난관을 극복하고 애정을 성취하여 행복하게 여생을 보낸다는 내용의 애정소설이다. 이 작품의 작자와 창작연대는 알 수 없으나 다수의 필사본 이본이 전하며, 활자본으로도 여러 번 간행된 것으로 보아 당대의 독자들에게 널리 읽힌 것으로 보인다. 활자본 이본 중 가장 이른 시기의 것은 1918년에 나온 신구서림본이다. 작품의 題名이 매우 다양하게 나타나는데, 『슈믹쳥심녹』이란 제명이 가장 많이 보이고, 『閨中話談』, 『규중한화』, 『李仲伯傳』, 『리주벽젼』, 『권신랑전』, 『權龍仙傳』 등의 제명으로도 유통되었다. 필사본 이본들에 주로 보이는 『수믹쳥심녹』은 여주인공 오현요가 거처하던 곳인 '슈믹졍'과 '청심당'에서 따온 것이다. 활자본 이본들은 『권용션젼』으로 되어 있는데, 필사본에서의 남주인공 이름 '이중백'이 활자본에서는 '권용선'으로 바뀌었기 때문에 나타난 현상으로 보인다.

이 작품의 전반부 내용을 간략히 소개하면 다음과 같다. 이상서에게 아들 셋이 있는데 특히 셋째 아들 중백의 재주가 출중하다. 중백은 장원급제 후 장씨와 혼인하나 부부 금슬이 좋지 않던 중 홀연 부인이 득병하여 죽는다. 이상서 역시 병이 들어 아우 이시랑에게 가사를 부탁하고 죽는다. 한편 오상서는 뒤늦게 딸 현요를 얻는다. 현요의 나이 5세 때 화씨 부인이 죽고 이듬해 오상서마저 득병하자, 매부인 이시랑에게 오소저를 부탁한다. 중백은 숙부 이시랑을 만나러 갔다가 오소저를 보고 그 미모와 재질에 반한다. 그 해 이시랑이 솔가하여 경사로 올라오고 오소저가 상을 마치자 중백은 구혼한다. 어느 날 중백이 천자와 궁중을 거니는 모습을 회영 군주가 보고, 태후를 종용하여 천자의 혼인 허락을 받아낸다. 천자의 혼서 교지를 받은 이시랑은 중백과 오소저를 먼저 비밀리에 혼인시킨다. 중백은 오소저와 합방도 치루지 못한 채 다시 군주와 성례를 올린다. 이런 사실을 간신 주연이 알게 되어 태후에게 고하고, 태후는 몹시 노하여 중백을 취옥하고 오소저는 궁금한다. 한편 번방의 제왕이 반의를 두자 중백이 正天使로 가게 된다. 태후는 중백이 없는 틈을 타 오소저를 노국 세자의 후궁으로 가도록 위협한다. 오소저는 자결을 결심하고 거짓으로 응해 궁을 벗어난다. 남강에 도착하자 충직한 시비 쌍성이 오소저를 대신하여 투강한다. 경황이 없는 틈을 타 오소저는 유모와 함께 도망하여 중백의 표매 심씨가 사는 형주 태춘현으로 간다.

이상이 전반부의 내용이다. 이 책은 번방에서 임무를 마친 중백이 귀국하는 장면부터 서술되어 있는데, 그 내용은 다음과 같다. 제국에서는 병부상서 이중백의 영웅됨을 보고 반의의 뜻을 거두고 잔치를 배설하여 중백을 후대한다. 중백은 온갖 미희들의 유혹에도 오직 오소저만 생각하며 쓸쓸해 한다. 중백이 왕사를 마치고 돌아갈 뜻을 보이니 제국에서는 금백과 예단을 주어 보내려 하나 모두 물리치고 받지 않는다. 고국으로 귀환하던 중백은 무주 자사로 있는 재종 매부를 찾아가 경사 소식을 듣는다. 그리고 오소저가 남강에서 투사했다는 소식을 전해 들은 중백은 결국 피를 토하며 실신하기에 이른다. 이에 부처사 양린이 중백의 병이 깊어 행도를 급히 할 수 없음을 천자께 주달한다.

한편 주연은 중백이 병들었다는 소식을 듣고 사람을 보내 해할 마음을 먹는다. 이에 중백의 병이 심하니 산동부에 머물며 치료를 마치고, 그 길로 산동 순무를 한 뒤 돌아오게 하는 것이 어떠냐고 천자께 주달한다. 천자가 이를 윤허하고 조서와 어의를 보낸다. 중백은 조서를 받고 양부사를 먼저 경사로 보내고, 어의에게도 그냥 돌아가라고 한다. 천자는 어의가 돌아오자 의아해하나 주연은 오소저가 투강한 사실을 숨기고 중백이 병이 깊지 않은 모양이라고 둘러댄다.

중백은 무주를 떠나 산동 순무를 시작한다. 한편 무릉현 오상서의 고택을 찾아보고 분묘에 배알한다. 석물을 갖추어 분묘를 새로이 꾸미고 상서와 소저의 혼령을 위로한다. 이때 오상서가 꿈에 나타나 오소저가 살아 태춘현 표매 심씨의 집에 있음을 일러준다. 한편 중백은 상주 감인현의 한 객점에서 자객과 일전을 벌인다. 자객의 칼에 중백은 팔을 다치지만, 이내 자객의 머리를 베어 죽인다. 자객의 차고 있는 패를 보고 그가 주연의 부하임을 확인한다. 중백 역시 심하게 다쳤으나 수건으로 싸매고 태춘현을 향해 간다.

이보다 앞서 중백의 표매 심씨의 꿈에 이상서가 나타나 오소저가 곧 이를 것이라고 일러준다. 그때 오소저 일행이 당도하자 심씨는 몽사를 생각하고 그 본적을 탐문한 후 반갑게 맞아들여 청심당에 거처하도록 한다. 그러던 어느 날 김공자 외출했다가 돌아와 오소저가 남강에 참사했을 당시의 일이 형주 일대에 널리 퍼져 있음을 모친 심씨에게 말한다. 심씨는 시비 쌍성이 그 주인을 위해 죽은 충절을 칭사하고, 오소저와 유모 또한 쌍성의 죽음을 가슴 아파한다. 한편 중백이 심씨를 보러 온다는 연락을 받고, 오소저는 자신이 살아 있음을 알면 또다시 환란이 닥칠까 두려워 중백을 만나지 않으려 한다. 심씨는 오소저의 뜻에 따라 중백에게 오소저의 존재를 발설치 않겠다고 말한다.

마침내 중백이 심씨의 집에 도착하지만, 중백은 오소저의 생각에 토혈을 하며 실신하는 병이 더욱 깊어진다. 심씨는 중백의 증상이 심각하자 더 이상 오소저의 존재를 숨길 수 없음을 알고 중백을 청심당으로 데려간다. 오소저를 만난 중백은 그간의 심경을 토설하고, 자객에게 상한 팔을 싸매 달라고 한다. 이윽고 두 사람은 수매정에서 보내지 못한 첫날밤을 청심당에서 이루게 된다. 중백이 오소저와 지내며 여러 날이 지나도 귀경할 뜻이 없자 오히려 심씨와 오소저가 돌아갈 것을 애원한다. 그리고 이런 모든 사실이 주연에 의해 궁중에 알려지게 된다. 천자는 태자의 태부로 중백을 생각하던 차 소식을 듣고 한림학사 진자유를 보내 부르고, 주연은 오소저를 잡아오라는 태후의 명을 진자유에게 전한다.

진자유는 태춘현에 이르러 중백에게 천자의 명을 전한다. 또한 태후의 명을 전하자 중백은 자유에게 주연이 자신에게 자객을 보낸 사실을 말한다. 중백과 죽마붕우였던 자유는 장인의 불의함을 한탄한다. 명일 중백과 자유, 오소저가 경사로 행하던 중 모부인 심씨가 위중하다는 서신을 받은 중백은 자유에게 오소저의 안위를 부탁하고 먼저 경사에 이르러 천자를 뵙고 본부로 달려간다. 진자유는 오소저와 경사에 이른 뒤 먼저 천자의 누이인 명숙공주를 만나 오소저의 안위를 부탁한다. 명숙공주는 오소저를 만나보고 과애하며, 태자 역시 그간의 일을 자유에게 듣고 오부인을 사모로서 예우한다.

한편 태후는 오소저에게 독약을 보내지만, 중간에 태자에게 발각되어 뜻을 이루지 못하자 이를 분개해 오소저의 유모를 죽이려 한다. 이에 시비 일취가 대신 나아가 독주를 마시고 죽고, 이 사실을 안 오소저는 병이 들어 눕는다. 한편 심씨는 아들 중백이 돌아와 간병하자 차차 병세가 나아지고 천자와 태자는 중백이 속히 출사함을 기다린다. 주연은 태자가 중백을 더욱 공경하자 위기를 느낀 나머지 자객을 보내 태자를 죽이려 한다. 이때 중백의 부친 이상서가 태자에게 현몽하여, 중백을 죽이려던 자가 태자도 범해하려 하니 피하라고 일러준다. 위기를 모면한 태자는 천자께 알리려다 천자의 병이 중함을 생각하고 타일로 미룬다.

진자유는 중백을 찾아와 오소저가 공주궁에 있으며 병이 깊음을 전한다. 중백은 천자에게 소를 올려 주연의 과거 죄상을 낱낱이 아뢴다. 천자는 중백의 소와 태자의 고변을 듣고 대로하여 주연을 참수하려다 태후의 친남매임을 감안하여 절도에 위리안치한다. 또한 오소저를 상원부인에 봉하고 군주에게는 둘째부인의 직첩을 내린다. 태후는 주연이 찬출 당하고 자신의 죄상이 낱낱이 드러나자 분함이 병이 되어 결국 죽는다. 그후 태후의 친아들 노왕이 기병하여 반란을 일으켰다가 패망하여 죽고 군주는 연좌되어 서인이 된다.

천자의 사은으로 오소저는 공주궁에서 나와 이부로 돌아가 심부인을 비롯한 일가 친척을 모두 만나고 병도 차차 나아 중백의 가정에 화평이 돌아온다. 한편 오부인은 쌍성과 일취를 잊지 못해 남강에 가 제문을 지어 고혼을 위로하고 돌아온다. 그후 오부인이 14세가 되어 남아를 생산하자 중백은 그때서야 군주를 찾아가 합궁한다. 중백과 오부인은 슬하에 6자 3녀를 두며, 자녀들이 모두 귀히 되어 오부인을 지극 공경한다.

3) 작품 특징 및 異本 가치

이상과 같은 내용의 『슈믜쳥심녹』은 남녀 주인공이 수많은 난관을 극복하고 애정을 성취한다는 서사구조 면에서는 여타의 애정소설과 같지만, 주인공이 처한 상황이나 애정을 성취하는 과정에서 이 작품만의 특징적인 면모가 발견된다. 대부분의 애정소설의 주인공들은 꽃다운 나이에 만나 서로 사랑하게 된다는 설정이 일반적이다. 그러나 『슈믜쳥심녹』의 남주인공인 이중백은 喪妻한 홀아비로 형상화되어 있으며, 아직 나이가 어린 오소저는 중백의 적극적인 애정 공세에도 매우 소극적인 태도로 일관한다. 심지어 오소저는 중백의 표매에게 자신이 죽은 것으로 해달라고 부탁하며 중백과의 결연을 거부하기도 한다. 결국 오소저를 향한 중백의 진실이 전해져 두 사람의 애정이 성취되긴 하지만, 중백이 홀아비로서 형상화되어 있고 오소저와의 나이 차이가 매우 많이 나며, 남주인공의 지고지순한 사랑이 크게 부각되어 있는 점 등은 다른 소설에서는 볼 수 없는 특이한 점이다.

한편 이 작품은 中宗朝를 역사적 배경으로 소설화한 『윤지경전』과 전체적인 서사 구조와 인물들의 역할이 비슷하여 영향 관계에 있을 것으로 추정된다. 윤승상의 셋째 아들 지경이 최참판의 딸 연화와 결혼하던 날 연성옹주의 부마로 간택된다는 설정이나 죽은 줄만 알았던 최소저를 윤지경이 다시 만나고, 옹주의 모친인 귀인 박씨가 역모에 연루되어 처형 당한 후 윤지경과 최소저가 비로소 애정을 성취하게 된다는 설정 등이 『슈믹청심녹』의 서사 전개와 많이 닮아 있다. 특히 옹주를 박대하고 애정을 추구하는 주인공의 모습, 세자를 모해하려던 악인의 정체 탄로, 처지가 변한 옹주를 후처로 맞이하는 내용 등은 『윤지경전』이 『슈믹청심녹』의 형성에 영향을 주었음을 짐작케 한다. 『윤지경전』이 사실과 허구를 교묘히 절충하여 사실성을 강화한 반면 『슈믹청심녹』은 배경을 중국으로 옮기면서 역사적 사실을 삭제하고 허구성을 강화한 점이 다르다.

『슈믹청심녹』은 이본간에 첨삭과 변개가 심한 편이다. 크게 (1)활자본 계열, (2)박순호 소장 임진본 계열, (3)한국학중앙연구원 장서각 소장 병오본 계열로 나눌 수 있다. 활자본 계열은 주인공과 작품의 배경이 필사본과 다르며, 권용선이 형주에 있는 오소저를 만나서 회포를 푸는 장면에서 장품이 종결된다. (2)의 계열은 (3)의 계열과 전체적인 서사의 골격은 같으나 (3)에 비해 화소가 매우 소략하고 표현에 있어서 구체성이나 긴장감이 떨어진다. 현전하는 다수의 이본들은 (3)의 계열에 속하는데 이 책 역시 (3)의 계열에 속하는 이본이다. 작품의 후반부만 남아 있는 낙질본이지만 해당 부분의 다른 이본과 비교해 보면 생략된 화소가 거의 없고, 동일 화소도 다른 이본에 비해 구체적으로 표현되어 있어 이본으로서의 가치가 높다고 하겠다.

3. 기타

계명대 동산도서관에는 『슈믹청심녹』이란 제명의 이본이 2종 더 있는데, 역시 (3)의 계열에 속하는 이본이다. 그 중 한 이본(고811.35 수매청ㅅ)은 상하권 1책의 완질본이고, 나머지 한 이본(고811.35 수매청ㄱ)은 현재 '권지상'(1권 1책)만 남아 있는 낙질본이다.

【김정녀】

[색인어]

수매청심록, 권용선전, 이중백전, 권신랑전, 규중한화, 규중화담, 애정소설, 윤지경전

[참고문헌]

· 전영학, 「<水梅淸心錄> 연구」, 석사학위논문, 충북대 교육대학원, 1992.
· 김수봉, 「<壽梅淸心錄> 연구」, 『우암어문논집』 4, 부산외대 국어국문학과, 1994.
· 이혜숙, 「<권용선전>의 구조와 의미」, 『논문집』 12, 혜전전문대학, 1994.

新評龍圖神斷公案

編著者 未詳.

筆寫本 8卷4冊. 필사년 : 20세기 초.
四周單邊, 半郭 16.4×11.4cm, 有界(烏絲欄), 9行20字, 無魚尾 ; 21.4×14.3cm

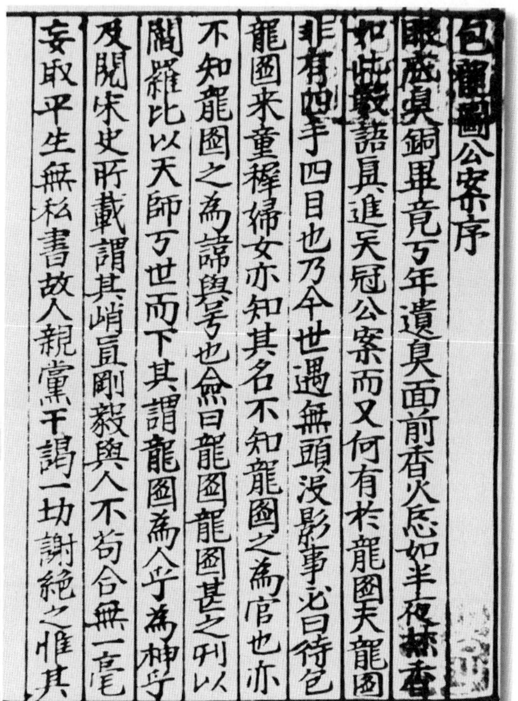

包龍圖公案序
眼底真銅畢竟百年遺臭面前香火恁如羊夜燒香
如此數語真進天冠公案而又何有於龍圖天龍圖
非有四手四目也乃今世遇無頭沒影事必曰待包
龍圖來童穉婦女亦知其名不知龍圖之為官也亦
不知龍圖之為諱與号也僉曰龍圖龍圖甚之列以
閻羅比以天師亙世而下其謂龍圖為人乎為神乎
及閱宋史所載謂其峭直剛毅與人不苟合無一毫
妄取平生無私書故人親黨干謁一切謝絶之惟其

신평용도신단공안

1. 개요

모두 8권 4책의 필사본으로, 4책은 각각 仁·義·禮·智로 분책되어 있다. 그리고 인책에는 「包龍圖公案序」라는 서문과 권1이, 의책에는 권2와 권3이, 예책에는 권4, 권5, 권6이, 그리고 지책에는 권7과 권8이 수록되어 있다. 이 작품은 중국 명대에 나온 공안소설인 『龍圖公案』 100편 중 그 절반인 50편을 가려 싣고, 거기에 '新評'을 단 것으로, 19세기 이후에 필사, 집책된 것으로 판단된다. 외표제는 '龍圖案'으로, 내표제는 '新評龍圖神斷公案'으로 나와 있다.

2. 편·저자

미상이다. 다만, '聽五齋'가 新評을 달은 것으로 보아 이 청오재가 작품을 취택하고 새로 평을 단 것인 바, 그에 의해 정리된 것으로 판단된다. 청오재는 어떤 이의 호일 텐데, 미상이다. 참고로 원작인 『龍圖公案』도 편자 미상인데, 다만 그 서문에 "江左陶浪元乃斌父, 題于虎丘之悟石軒"이라고 간사자가 나와 있다. 이 책의 서문도 『용도공안』의 서문을 그대로 옮겨놓은 것이다.

3. 편찬경위

이 책은 『용도공안』의 내용을 발췌하여 찬술하였기 때문에 따로 편찬 경위나 의도가 나와 있지는 않으나, 聽五齋의 평을 통해서 어느 정도 짐작해 볼 수 있다. 뒤에서 상술하겠지만, 청오재는 유사한 두 개의 작품을 선별·정리하고 나서 논평을 하였는데, 거기에는 신분제 사회의 잔재와 인간의 욕망에 대한 비판이 주조를 이루고 있다. 청오재가 누구인지 확인이 되지 않고 정확한 필사 시기가 확정되지 않아 단언하기 어려우나 대체로 전환기를 맞은 시기에 包公 같은 神斷을 내릴 수 있는 인물을 통해 사회정의가 실현되어야 한다는 취지에서 찬술된 것으로 판단된다.

4. 구성과 내용

이 책은 明代의 公案小說인 『龍圖公案』의 이야기를 발췌, 수록한 것으로, 4책의 구성을 보면 다음과 같다.

-仁冊: 「包龍圖公案序」 卷1: 「阿彌陀佛講和」, 「觀音菩薩托夢」, 「嚼舌吐血」, 「咬舌叩喉」, 「鎖匙」, 「包袱」

-義冊: 卷2, 「黃菜葉」, 「石獅子」, 「偸鞋」, 「烘衣」, 「龜入廢井」, 「烏喚孤客」, 「臨江亭」, 「白塔巷」, 「血衫叫街」, 「青靛記穀」. 卷3, 「裁縫選官」, 「廚子做酒」, 「殺假僧」, 「賣眞靴」, 「忠節隱匿」, 「巧拙顚倒」

-禮冊: 卷4, 「三寶殿」, 「二陰筶」, 「乳臭不琱」, 「妓飾無異」. 卷5, 「牕外黑猿」, 「港口漁翁」, 「紅衣婦」, 「烏盆子」, 「牙簪挿地」, 「繡履埋泥」. 卷6, 「金鯉」, 「玉面猫」, 「移椅倚桐同玩月」, 「龍騎龍背試梅花」

-智冊: 卷7, 「獅兒巷」, 「桑林鎭」, 「斗粟三升米」, 「聿姓走東邊」, 「地窨」, 「龍窟」. 卷8, 「江岸黑龍」, 「牌下土地」, 「木印」, 「石牌」, 「屈殺英才」, 「侵冒大功」, 「扯畵軸」, 「味遺囑」.

이상 50편의 작품이 8권 4책으로 편제되어 있는데, 이는 『龍圖公案』을 轉載한 것이다. 『용도공안』은 宋代의 명판관이었던 包拯이 복잡하고 미궁에 빠진 송사사건을 해결하는 내용으로, 명대 후반에 성립된 중국 訟事小說의 효시로 일컬어지는 작품이다. 그 100편 중 절반에 해당하는 50편을 선정하여 轉寫한 것인데, 편의를 위해 『용도공안』의 100편의 제목을 적시하면 다음과 같다.(국내에 현존하는 清代 간본의 경우)

-「包龍圖公案序」

-권1: 「阿彌陀佛講和」, 「觀音菩薩托夢」, 「嚼舌吐血」, 「咬舌叩喉」

-권2: 「鎖匙」, 「包袱」, 「葛葉飄來」, 「招帖收去」, 「夾底船」, 「接跡度」

-권3: 「黃菜葉」, 「石獅子」, 「偸鞋」, 「烘衣」, 「龜入廢井」, 「烏喚孤客」, 「臨江亭」, 「白石塔(塔巷)」, 「血衫叫街」, 「青靛記穀」

-권4: 「裁縫選官」, 「廚子做酒」, 「殺假僧」, 「賣眞靴」, 「忠節隱匿」, 「巧拙顚倒」, 「試假反試眞」, 「死酒實死色」, 「氈套客」, 「陰溝賊」, 「三寶殿」, 「二陰筶」, 「乳臭不琱」, 「妓飾無異」, 「遼東軍」

-권5: 「岳州屠」, 「久鰥」, 「絶嗣」, 「耳畔有聲」, 「手牽二子」, 「牕外黑猿」, 「港口漁翁」, 「紅衣婦」, 「烏盆子」, 「牙簪挿地」, 「繡履埋泥」, 「蟲蛀菜」, 「啞子棒」, 「割牛」, 「騙馬」, 「金鯉」, 「玉猫」, 「移椅倚桐同玩月」, 「龍騎龍背試梅花」

-권6: 「奪傘破傘」, 「瞞刀還刀」, 「紅牙毬」, 「廢花園」, 「惡師誤徒」, 「獸公私媳」, 「獅兒巷」, 「桑林鎭」, 「斗粟三升米」, 「走東邊」, 「地窨」, 「龍窟」, 「善惡罔報」, 「壽夭不均」

-권7: 「三娘子」, 「賊總甲」, 「江岸黑龍」, 「牌下土地」, 「木印」, 「石牌」, 「屈殺英才」, 「侵冒

大功」, 「扯畵軸」, 「味遺囑」, 「箕帚帶人」, 「房門誰開」, 「兎戴帽」, 「鹿隨獐」, 「遺帕」, 「借衣」

–권8: 「壁隙窺光」, 「桷上得穴」, 「黑痣」, 「靑糞」, 「和尙皺眉」, 「銅錢挿壁」, 「蜘蛛食卷」, 「屍數椽」, 「鬼推磨」, 「栽贓」, 「扮戱」, 「瓷器燈盞」, 「床被什物」, 「玉樞經」, 「三官經」

이를 비교해 보면 50편 중 어떤 이야기가 선택, 수록되었는지 확인할 수 있다. 그 수록된 이야기들의 대강을 간추리면 다음과 같다.

권1의 「阿彌陀佛講和」와 「觀音菩薩托夢」은 惡僧에 의해 부녀자가 겁간과 죽임을 당한 사건을 해결하는 내용이며, 「嚼舌吐血」과 「咬舌叩喉」는 秀才의 부인들이 주변 인물들에게 겁간과 죽임을 당했는데, 그 원혼이 나타나 사실이 밝혀지는 과정을 다루었다. 또 「鎖匙」와 「包袱」은 혼사와 관련하여 여인들이 누명을 썼다가 이를 해결하는 내용이다.

권2의 「黃菜葉」과 「石獅子」는 욕망과 출세에 눈 먼 자들에 의해 부인이 납치되고 남편은 살해를 당하거나 모함을 받는다는 내용을 다루고 있으며, 「偸鞋」와 「烘衣」는 남의 무고로 버림받은 여인과 자결한 여인의 원한과 누명을 풀어주는 내용이다. 또 「龜入廢井」과 「烏喚孤客」은 상인이 행상을 나갔다가 재물을 겁탈당하고 죽임을 당한 사건을 해결하는 과정을 다루고 있으며, 「臨江亭」과 「白塔巷」은 음란한 부인이 하인과 백정들과 통정을 하고 남편을 죽인 사건을 해결하며, 「血衫叫街」와 「靑靛記穀」은 양식과 머리 장식을 겁탈한 도둑을 꾀로 밝혀내는 내용이다.

권3의 「裁縫選官」과 「廚子做酒」는 남의 처를 매파를 시켜 빼앗았다가 발각되자 남편을 죽이려는 사건을 다루고 있으며, 「殺假僧」과 「賣眞靴」는 겁간을 당하고 살해된 여인의 시신을 찾아내고 도망한 범인을 잡는다는 내용인데 모두 승려가 등장한다. 또 「忠節隱匿」과 「巧拙顚倒」는 包公이 저승에까지 가서 여인들의 원한을 풀어준다는 내용이다.

권4의 「三寶殿」과 「二陰筶」는 과부의 원통한 죽음과 개가의 문제를 다루고 있으며, 「乳臭不琱」와 「妓飾無異」는 도둑질과 살인을 저지른 惡漢을 징치하는 내용이다.

권5의 「牕外黑猿」과 「港口漁翁」은 집안의 종이 살해되거나 위기에 빠졌다가 解寃되거나 진실이 밝혀지는 내용이며, 「紅衣婦」와 「烏盆子」는 상인이 재물욕으로 같은 장사치를 죽인 사건의 진상을 밝히는 과정이 흥미로우며, 「牙簪挿地」와 「繡履埋泥」는 일가친척이 부녀자의 겁간에 관련된 사건을 다루고 있다.

권6의 「金鯉」와 「玉面猫」는 각각 잉어요정과 쥐요정이 한 여인으로 변해 秀才와 혼인한 내용을 다루고 있는데, 이들 요정이 원래 살고 있는 여인과 똑같은 모습으로 변한 터라 이들의 진위를 가리는 사건이다. 또 「移椅倚桐同玩月」과 「龍騎龍背試梅花」는 남편으로 위장하여 신부를 간음한 바람에 신부가 자결하고, 파혼의 위기에 몰린 새신랑이 모함을 당하여 죽음의 위기에 닥친 사건을 다루고 있다.

권7의 「獅兒巷」과 「桑林鎭」은 모두 송나라 仁宗과 관련된 사건으로, 왕실의 탐욕과 시샘을 적나라하게 보여주는 사건이며, 「斗粟三升米」와 「聿姓走東邊」은 아내가 남에게 죽임을 당한 것으로 의심을 하거나 의심을 받아 관에 무고했다가 진실이 밝혀지는 내용이며, 「地窨」과 「龍窟」은 절개가 곧은 아내와 욕망에 눈이 먼 여인이 자신의 남편을 구하고 죽이는 과정을 다루고 있다.

권8의 「江岸黑龍」과 「牌下土地」는 재물이 탐나 상인과 승려를 죽인 자들이 그 응보를 받는다는 내용이며, 「木印」과 「石牌」는 베를 파는 상인이 살해를 당했는데, 포공의 지혜를 피의자를 검거하게 되는 과정을 다루고 있으며, 「屈殺英才」와 「侵冒大功」은 저승의 염라왕이 된 포공이 擧試者와 兵士의 고발한 내용을 神斷하는 내용이다. 마지막으로 「扯畵軸」과 「味遺囑」은 유언으로 남긴 유산을 독점한 사건을 판결하여 반환하는 과정을 다루고 있다.

이상이 50개의 이야기의 대강인데, 내용과 소재가 비슷한 두 개의 작품을 한 쌍으로 묶은 구성적 특징을 발견할 수 있다. 또 전체적으로는 『용도공안』의 배열 순서를 지켰으되, 『용도공안』 각 권의 앞부분에 수록된 작품들을 주로 전재했음을 알 수 있다. 그러나 뒤로 갈수록 그런 원칙도 흐트러졌으며, 권수도 편차가 있다. 현재 이들 작품의 선별 기준은 불명확한데, 주로 『용도공안』의 각 권의 앞부분의 이야기를 처음부터 전체가 아닌 그 반 정도의 50편을 임의적으로 뽑아, 수록하려 했던 것으로 판단된다.

선별된 작품과 원작인 『용도공안』의 개별 작품간의 내용 차이는 거의 없고 자간 출입 정도가 보인다. 그러나 몇몇 작품은 약간의 내용의 차이를 보이기도 하는데, 대개 작품의 끝부분이 그렇다. 이를테면, 권1의 「包袱」의 경우, 『용도공안』은 "後夏昌時亦登科甲, 官至給事."로 끝이 나는데 반해, 여기서는 "最惡姻戚, 薄恩朋友, 負義者, 盖有懲于己云."이라는 내용이 더 들어 있다. 반면 권8의 「味遺囑」의 끝부분의 경우, 『용도공안』은 "包公見其慷慨, 且二十年中, 於家業無所廢壞, 爲其略處分, 酬其心力, 知者稱爲神斷." 라고 한데 반해 여기서는 "允服供招, 共稱以爲神斷"으로 간단하게 처리하였다.

이 외에도 작품 중간의 일부분이 조금씩 차이가 나는 부분도 더러 보인다. 그럼에도 양자 사이의 개별 작품의 차이는 특별히 없다. 따라서 기본적으로 『용도공안』의 작품을 거의 그대로 전재했다고 해도 과언은 아니다.

다만, 큰 차이점이라면 聽五齋의 評이 들어있다는 점이다. 이 평은 총 11번 나오는데, 매 작품마다 있는 것이 아니라, 각각 「觀音菩薩托夢」, 「咬舌叩喉」, 「石獅子」, 「烘衣」, 「烏喚孤客」, 「白塔巷」, 「二陰筶」, 「港口漁翁」, 「烏盆子」, 「龍騎龍背試梅花」, 「味遺囑」의 끝에 첨기되는 형식이다. 처음에는 두 작품마다 평을 하다가 뒤로 가면서 회수가 줄어들더니 마지막 智冊에는 「味遺囑」 한 편에만 평이 붙었다. 권1의 「觀音菩薩托夢」에 붙은 평을 보면, 앞의 작품인 「阿彌陀佛講和」의 예를 함께 묶어 중의 악행과 불보살의 감응을 언급하면서, "人間私語, 天聞若雷, 暗室虧心, 神目如電"이라고 하여 마음과 말을 신중히 하고 경계할 것을 요청하고 있다. 또 「咬舌叩喉」과 「嚼舌吐血」를 합쳐 '過慾'으로 부녀자를 죽게 한 상층을 경계한다는 식이다. 권2에서 「偸鞋」와 「烘衣」를 합쳐 평한 부분에서는 「偸鞋」에서 악승에게 속은 것을 알고 자결한 韓氏를 두고 「烘衣」에서 역시 악승에게 속아 결혼했으나 자결하지 않고 도망가 그 사실을 밝힌 宋氏보다 행동이 지혜롭지 못하다고 평하고 있다. 評者의 貞節에 대한 인식을 살필 수 있는 대목이기도 하다. 그리고 「龜入廢井」과 「烏喚孤客」에 대한 평에서는 거북이와 까마귀가 송사를 해결하는데 결정적인 도움을 준 사례를 통해, "사람이 동물만 못한 경우가 많다(今人不如物儘多)"는 현실을 개탄하고 있기도 하다. 또 「臨江亭」과 「白塔巷」에 대한 평에서는 벗의 도리에 대해서, 권4의 「三寶殿」과 「二陰筶」에서는 孝에 대해서, 권5의 「牕外黑猿」과 「港口漁翁」에서는 아랫사람을 대하는 문제에 대해서 논급하였다. 그런가 하면 권6의 「移椅倚桐同玩月」과 「龍騎龍背試梅花」에 대한 평에서는 盜賊의 문제를 거론하며 斯文의 위기를 통렬한 어조로 논급하고 있다. 마지막 권8의 「扯畵軸」과 「味遺囑」에 대한 평에서는 嫡庶의 문제가 비단 이 두 작품에서만 한정된 것이 아니라, 이것이야말로 千古의 不平의 거리임을 강조한다.

이처럼 청오재의 평은 비록 50개의 모든 작품을 포괄한 것은 아니지만, 상층의 과욕과 절제의 문제, 인과응보, 정절과 충효의 문제, 하층에 대한 배려, 사문의 위기, 신분차별 등 전통시대의 다기한 문제들을 비교적 개안된 시각을 견지하고 있다.

5. 서지적 특성

이 책은 『용도공안』을 초록하고 논평한 필사본으로는 유일한 작품이다. 필사본이지만 오자가 거의 없으며, 필사 상태도 양호하다. 필사기는 나와 있지 않아 확정하기 어려우나 여러 가지 정황으로 보아 19세기 후반에서 20세기에 들어와서 찬술된 것으로 판단된다. 판심이 없이 원고지 형태의 종이에 필사된 지질의 상태가 그리 오래되어 보이지 않으며, 무엇보다 이 시기에 『용도공안』과 관련된 작품들이 만들어졌다는 사실이다. 1906년에 『皇城新聞』에서 『神斷公案』이라는 한문현토체 소설을 190회에 걸쳐 연재하였는데, 그 중 제1화, 제2화, 제3화가 이 『용도공안』의 「阿彌陀佛講和」, 「觀音菩薩托夢」, 「三寶殿」을 각각 번안한 것이다. 그리고 제5화, 제6화도 『용도공안』에 있는 이야기와 비슷하다. 그리고 1915년에 五車書廠에서 『包閻羅演義』(安往居 編)라는 단행본이 나왔는데, 이는 包公의 일대기와 함께, 『용도공안』의 내용 중 「屈殺英才」와 「侵冒大功」처럼 염라왕이 되어 송사를 神斷하는 내용을 서술한 回章小說이다. 또 구활자본으로 따로 『염라왕전』이 있는데, 이 또한 포공을 주인공으로 한 소설이다. 이런 분위기에서 이 작품도 이 시기에 聽五齋가 평을 집어넣어 구시대의 잔재를 비판하기 위해 選述한 것으로 판단이 된다.

6. 가치

이 『신평용도신단공안』은 중국에서 비상한 전통을 구가했던 공안소설인 『龍圖公案』을 選編하고 평을 붙인 작품이다. 『용도공안』과 관련해서는 우리나라에는 宣祖 연간에 이 책이 소개된 정황이 있으며, 현재 국내에 淸代에 나온 판본 몇 종이 소장되어 있기도 하다. 또 낙선재본 소설 중 『包公演義』(전체 9권으로, 『용도공안』 100회 중 80회가 번역된 작품으로, 현재 장서각에 소장되어 있음)는 『용도공안』을 번역한 예로, 조선후기에 『용도공안』이 꾸준하게 읽혀졌음을 알게 한다. 그러나 조선후기 소설사에서 이런 송사소설은 중국처럼 하나의 유형을 형성할 만한 흐름은 아니었다. 그러다가 근대전환기에 이르러 『황성신문』에 연재된 『神斷公案』을 필두로 다시 한 번 주목을 끌게 되는데, 이는 계몽기라는 시대적 상황과 맞물려 있었다. 앞에서 언급했던 『포염라연의』나 구활자본 소설 『염라왕전』도 이 시기에 새롭게 출현한 작품이다. 비록 그 내용은 구시대적인 내용을 담고 있으나, 인간과 사회의 잘못된 부분이나 부조리한 면을 분명하게 인식하고 이를 해결하는 判官의 면모가 근대전환기의 계몽운동의 성격과 어느 정도 맞아 떨어졌기 때문이다. 이와 비슷한 시기와 비슷한 맥락에서 나온 작품으로 판단되는 『신평용도신단공안』도 聽五齋의 평을 통해서 알 수 있듯이 인물과 사회의 부조리한 면을 정면으로 비판하고자 하는 경향이 강하다. 따라서 『신평용도신단공안』은 이 시기 공안류의 흐름 속에서 살펴볼 흥미로운 자료이다. 또한 공안소설의 전통이 미약한 우리소설사에 새로운 자료가 추가되었다는 점에서도 그 의미가 적지 않다.

【정환국】

[색인어]

『용도공안』, 송사소설, 공안소설, 包公, 聽五齋, 新評, 『포공연의』, 『神斷公案』

[참고문헌]

· 『龍圖公案』, 淸刊本 8권4책, 성균관대 소장본.
· 『包公演義』, 한국학중앙연구원 장서각 소장본.

· 한기형·정환국 역주, 『역주 신단공안』, 창비, 2007.
· 이헌홍, 「송사설화와 송사소설에 끼친 중국 공안류의 영향에 대하여」, 『고소설연구논총』, 경인문화사, 1988.
· 박재연, 「조선시대 공안협의소설 번역본의 연구」, 『중어중문학』 25집, 한국중어중문학회, 1999.
· 박명진, 「명대 공안소설 전집의 창작과 간행」, 『중국어문학』 41집, 영남중국어문학회, 2003.

雙烈玉簫錄

저자 미상.

한글 필사본, 2권 2책,
20×20.3cm, 10行 字數不定, 四周白邊, 無界,
필사년: 무오 육월 쵸팔일 필셔라(권지일), 무오 육월 쵸팔일 필셔라(권지이)

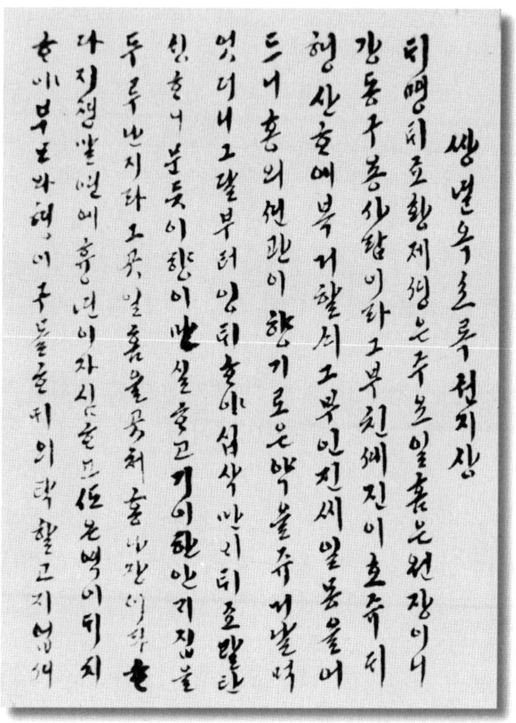

쌍녈옥소록

1. 구성

『쌍녈옥소록』은 중국 명 태조 아들 연왕과 위명과 그의 아내 양옥소를 중심인물로 삼은 작품이다. 작품의 제목에서 유추할 수 있듯이 '절의한 두 사람(雙烈)' 즉 위명과 그의 부인 양옥소가 '옥퉁소(玉簫)'로 인연을 맺고, 헤어졌다가 통소로 다시 만나기를 반복하는 이야기이다. 『쌍녈옥소록』은 이본에 따라 『쌍녈옥소봉』, 『쌍렬옥소삼봉』, 『삼생기연』 등으로도 불린다. 위명과 양옥소가 작품 전체를 통틀어 세 번의 만남을 갖는데, 이본 중 작품명에 '삼봉(三逢)'과 '삼생긔연'이라는 어휘가 나타나는 이유가 여기에 있다. 그러나 작품 서술의 분량으로 비교하면 기이한 인연보다는 위명의 절의에 대한 내용이 비중있게 다뤄진다.

현재 『쌍녈옥소록』의 이본은 다음과 같다.

『쌍녈옥소록』. 계명대 동산도서관 소장본. 2권 2책.(이하 계명대본).
『쌍렬옥소삼봉』. 국립중앙도서관 의산문고 소장본. 1권 1책.(이하 국도본).
『쌍녈옥소록』. 고려대 도서관 소장본 1책. 권지일 낙질.(이하 고대본).
『녈옥소록』. 박순호 소장본 1책. 낙질, 낙권.(이하 박순호본).
『삼생긔연』. 활자본 1책.(이하 활자본).
『쌍혈옥소봉』. 이병수 소장본. 『국어국문학』 51권 목록 제시됨.

필사본 4종, 목록만 확인된 필사본 1종, 활자본 1종으로 총 6종이 발굴되었고, 완질은 3종뿐으로 계명대본, 국도본, 활자본이 그것이다. 이 작품의 창작 시기는 현재까지 명확하게 밝혀지지 않았다. 그러나, 온양 정씨(1725~1799)가 필사한 『옥원재합기연』의 권14에 '쌍녈옥소봉'이라는 작품명이 기록된 것으로 볼 때, 늦어도 18세기 후반에는 존재했음을 알 수 있다.

계명대본 『쌍녈옥소록』은 2권 2책의 국문 필사본으로 권지일은 120면, 권지이는 109면 총 229면으로 구성된 작품이다. 매 면 10행이며, 행 당 자수는 20~25자 내외로 자수는 일정하지 않다. 권지일과 권지이가 동일인의 필체로 필사되어 있고, 권지일과 권지이의 권말에는 각각 '무오 육월 쵸팔일'이라는 동일한 간기가 기록되어 있는데, '무오 육월 쵸팔일'은 두 권 가운데 어느 한 권의 필사 종료시기로 보는 것이 적절하다. 이 필사 간기인 무오년은 오탈자를 수정한 흔적이 있는 점, 서책의 상태가 양호한 점, 고어 어휘가 적은 점 등을 고려할 때 1858년으로 추정된다.

2책으로 분권된 이본은 계명대본, 고려대본, 박순호본이다. 그러나 고려대본은 권지일이 없는 낙질이고, 박순호본 역시 낙질본이다. 그러므로 2권 2책 형태를 갖춘 완질본은 계명대본이 현재까지는 유일한 셈이다. 이 책의 권지이는 위명이 건문제에 대해 충절을 지킨 자들에 대한 사면령에 이어 자신에게 가해질 핍박을 예측하고 거짓 미친 행세를 하다가 가문을 떠나 유리 은신하는 내용으로 시작된다.

2. 내용

『쌍녈옥소록』은 연왕이 정난지변으로 건문제의 제위를 찬탈하자 이에 굴복하지 않고 건문제에 대한 충절을 지키는 위명의 이야기가 한 축을 이루고, 위명과 양옥소가 세 번에 걸쳐 기이한 만남을 이룬다는 이야기로 또 다른 한 축을 이루고 있다.

작품의 경개를 살펴보면 다음과 같다.

〈권지일〉

연왕의 태부였던 위현은 다섯 명의 아들을 두었다. 막내 아들의 이름은 위명으로 나이 13세에 급제하고 건문제로부터 한림학사를 제수 받는다. 위명은 어느 봄날 선운동에 상춘하러 갔다가 백의선생에게 옥소를 받고 천정배필을 만나게 되리라는 예언을 듣는다. 한편, 위명과 이종사촌인 양옥소도 누상에서 졸고 있던 중 선인을 만나는데, 선인은 옥소를 주며 배필을 만날 것이라며 옥소 부는 법을 배우라고 말하고 사라진다.

얼마 후, 위명은 위부에 문안 갔다가 양옥소를 보고, 양옥소와 결연을 맺고 싶어하는 마음을 시로써 양소저의 어머니에게 나타내지만 뜻대로 되지 않았다. 며칠 후 양옥소가 옥소를 연주할 줄 알 뿐만 아니라, 득음의 경지에 있는 배우자를 구하려 한다는 사실을 알지 못한 채 위명은 위상서 집에 하룻밤 머물며 옥소를 연주하게 되고, 위명과 양옥소는 서로가 천정배필임을 알고 부부의 인연을 맺게 된다.

한편, 연왕은 조카인 건문제를 폐위시키고 황제 보위에 오른 후 위부의 아들들에게 봉작을 내린다. 위명은 건문제에 대한 절의를 지키는 것이 옳다며 연왕이 용각태학사부서사인 벼슬을 거부한다. 위부에서는 연왕에게 위명이 병이 있다고 거짓말을 하나 오히려 연왕은 태의를 보낸다. 이에 위명은 울분을 못이겨 칼로 자결을 시도하지만, 위경에게 발견되어 목숨을 구한다. 연왕이 부형에게 연좌의 죄를 묻고, 집안에서는 부형들의 압박이 심해지자, 마침내 위명을 억지로 입궐시킨다.

그러나 연왕을 황제의 예로 대하지 않고, 선제의 신하임을 주장하자 금위옥에 갇히고 고초를 겪는다. 수십 여일의 고초를 받고 거의 죽게 되었는데, 꿈에 경청이 준 청심단을 먹고 목숨을 연명한다. 연왕은 고초를 무릅쓰고도 불복하는 위명을 죽이려 하다가, 위공과 백성의 상심을 생각해 위부의 사옥에 가두라 하고 처결을 위공에게 맡긴다. 위부의 사옥에 갇힌 위명이 식음을 전폐하고 거의 죽게 되던 중 전조 죽은 신하들에 대해 추증하고 그 자손들에 대한 사면령을 내린다. 이에 따라 위명도 풀려난다.

<권지이>

연왕이 위명을 예부상서로 임명하고 위명의 치료를 위해 태의를 보낸다. 위명은 태의를 거절하지만, 오히려 위공과 형제들의 개유를 받는다. 위명은 연왕과 부형이 여전히 자신을 핍박할 것을 짐작하고, 월담하고 똥흙을 주워 먹으며 집을 나가 돌아오지 않는 등 거짓으로 미친 행색을 한다.

어느날 미친 행색으로 거리를 돌아다니다가 옛 친구 설생을 만나고, 설생은 위명에게 산 속으로 들어가 숨어 살라고 권유한다. 위명은 집을 나와 떠돌다 우연히 둘째 형 위성을 만나게 되나 도망하고, 참연한 마음에 강물에 빠져 자결한다. 그러나 어부들에게 구호되어 다시 배회하다 악양루 연회에 음식을 구걸하게 되는데, 음식을 대접 받는 대가로 퉁소를 빌려 연주한다. 그런데 빌린 퉁소가 자신의 것임을 이상히 여긴 위명은 퉁소를 가진 노인을 따라 가 동정호 선상에서 양옥소를 만난다. 노인은 양옥소의 유모 남편 왕희로 연왕의 아들 진왕의 늑혼을 피해 집을 나온 양옥소가 꿈에 동정호 연회에 가라는 선인의 이야기를 듣고 위명의 옥소를 왕희에게 주어 위명과 다시 만나게 된 것이다. 부부가 만나 며칠을 지내던 중 동정호 상에서 다시 설생을 만나 설생의 배에서 하룻밤 같이 지내게 된다. 그날 밤 위명은 풍랑을 만나 다시 양옥소와 헤어지게 된다.

설생과도 헤어진 위명은 숲 속을 헤매다가 백호산 액운동에 은거하는 서달의 아들이며 둘째 형수의 친정아버지 서휘조를 만난다. 위명은 서휘조를 따라 백호산에 은거하며 마음을 평안히 하고 서공과 함께 고금문답하고 시사강논하며 고군을 기리며 지내게 된다. 한편 위공은 자신까지 핍박해 아들을 잃게 되었다고 뉘우치고, 위부인은 심병이 대발한다. 이에 위공은 여러 아들들과 의논하여 벼슬을 버리고 명산승처를 찾아 은거하기를 의논하자, 차부 서씨가 친정 아버지가 은거한 백운산을 추천한다. 양공도 딸 양옥소를 잃고 세상에 살 뜻이 없더니 위부와 같이 백호산으로 들어간다. 마침내 위명은 위공과 형제들과 해후한다.

백운산에서 서부, 위부, 양부가 함께 세월을 보내던 중 위공 부부는 위명이 혼자임을 안타까워하며 서휘조의 딸을 며느리로 삼고자 하나, 위명은 거절한다. 이듬해 봄 위명은 형제들과 완상하러 갔다가 마음이 심란하여 옛날 양옥소와 화답하던 <춘풍시> 곡조를 부른다. 그 때 <춘풍시>에 화답하는 옥소 소리를 듣게 된다. 동정호에서 위명을 잃고 유리하다가 화산 청세암에 이르러 삭발하고 승려가 되려고 하던 양옥소가 서촉 백호산 액운동 산상에 가면 옥소가 세 번 합할 것이라는 부처의 꿈을 꾸고 백호산에 와서 옥소를 부른 것이다. 이로써 위명은 양옥소와 삼봉(三逢)을 이루게 된다. 마침내 양부인은 기남 옥아를 낳고, 위명은 처사의 선술을 가져 수 백 년 지내다가 양부인과 함께 승천하고 자손들은 대대로 세상에 나오지 않고 진인처사로서 지낸다.

3. 서지적 특성 및 가치

『쌍녈옥소록』의 이본 가운데 완질본은 1권 1책의 국도관본과 활자본이다. 활자본은 20세기 초엽에 필사본을 대본으로 삼아 활자화한 것으로, 분회하고 내용의 부분적인 첨가와 변개 및 생략이 일어난 이본에 해당한다. 따라서 완질 필사본인 국도관본과 비교·조해 봄으로써 계명대본의 특성과 가치가 드러난다.

계명대본의 서두 부분을 국도본과 비교해보자.

> ᄃᆡ명 ᄐᆡ죠황제 셩은 주요 일홈은 원장이니 강동 구용사람이라. 그 부친 셰진이 호주 ᄃᆡ힝산 하에 복거할ᄉᆡ 그 부인 진씨 일몽을 어드니 홍의션관이 향기로은 약을 쥬거날 먹엇더니 그 달부터 잉ᄐᆡᄒᆞ야 십삭만의 ᄐᆡ죠랄 탄싱ᄒᆞ니 문득 이향이 만실ᄒᆞ고 기인한 안ᄀᆡ 집을 두루난지라. 그곳 일홈을 곳처 홍나장이라 ᄒᆞ다. 지정 말연에 흉년이 자심ᄒᆞ고 ᄯᅩ 온역이 ᄃᆡ치ᄒᆞ야 부모와 형이 구몰ᄒᆞᄆᆡ 의탁할 고지 업셔 황각사의 올나 승으ᄀᆡ 밥을 붓치고 밤이면 천문을 보와 시운을 살피며 ᄇᆡᆨ장고루를 ᄯᅱ여 넘고 십포장송을 잡아 ᄲᆡ니 호표난 다라나고 귀신니 놀ᄂᆡ난지라. 야심ᄒᆞᆫ 후 법당의 드러가 부쳐랄 잡아 나리와 무르되 어난 ᄯᆡ ᄂᆡ 텬자되랴? 부쳐 가로ᄃᆡ 션왕당의 가 ᄀᆡ국공신을 보라 ᄒᆞ거날 즉시 션왕당의 가 자더니 그 압 벽계촌의 뉴긔라 ᄒᆞᄂᆞᆫ 사람이 이시되 지혜와 도량이 셔촉 제갈량과 방불ᄒᆞ야 ᄉᆡ사랄 예탁하고 심산의 은거하야 시졀를 기다리더니…(하략)(동산본 권지일 1~2면)

> ᄃᆡ명 ᄐᆡ조 고황제 호원을 탕소ᄒᆞ고 뉵하을 혼일ᄒᆞ사 구쥬를 평졍ᄒᆞ시고 사히를 ᄇᆞᆰ히실ᄉᆡ 보위예 즉위ᄒᆞ사 군신을 ᄎᆞ례로 봉ᄒᆞ사 원혼 이십팔인을 ᄎᆞ례로 농연각의 올이실ᄉᆡ 셩의ᄇᆡᆨ 문셩공 뉴긔와 위공 듕삼왕 셔달이 웃듬이오 그 밧 문무를 ᄎᆞ례로 각상의 오라니 이곳 니십팔수를 조응ᄒᆞ미러라. 기듕 졔 십팔봉신 평능후 위현은 산동인이라. 자난 자강이요 별호난 운암선싱이라. 츙광절인ᄒᆞ고 문뮈 겸비ᄒᆞ고 저직 호쥰ᄒᆞ야 웅직ᄃᆡ장이요 문장학ᄉᆡ라(국도본 1~2면)

계명대본이 국도본과 극명하게 차이나는 부분이다. 주원장의 이야기로 시작되고, 하략된 부분에는 주원장의 건국 치적, 명나라 건국, 개국공신에게 공훈 수여, 주원장이 아들들에게 봉작을 내림, 연왕을 연국에 봉한 이유가 10면 정도의 분량에 서술되어 있다. 이에 비해 국도본의 서두 부분은 주원장이 건국 후 28명을 개국공신으로 삼았다는 이야기만 간략하게 서술되고 위명의 아버지 위현의 이야기가 곧바로 시작된다. 국도본은 계명대본에 비해 서두 부분이 축약됐음을 알 수 있다.

둘째, 계명대본은 국도본에 비해 위명과 양옥소의 만남이 몇 번째인지를 독자에게 확인시켜 주는 부분이 존재한다.

일변 싱각ᄒᆞ며 노귀랄 ᄊᆞ라 거름이 쵸총ᄒᆞ말 ᄭᆡ닷지 못ᄒᆞ더라 **<u>쌍녈옥소지봉ᄒᆞᆫ가.</u>**(계명대본 권지이 42면)

일변 싱각하며 노인을 ᄯᆞᆯ아 거람의 총망함ᄒᆞᄆᆞᆯ 닷 ᄭᆡ지 못ᄒᆞ더라(국도본 141면)

셜싱이 위로 왈 풍ᄉᆡ 마죠쳐도 셔로 갈ᄂᆞ 표박ᄒᆞᆫ이 ᄒᆞᆫ 둘히 아니라 굿ᄒᆞ야 익사ᄒᆞ말 어이 알니오 슌풍이 고요ᄒᆞ말 타 차자리라 어사 묵연ᄒᆞ야 능히 답지 목ᄒᆞ더라 **<u>쌍녈옥소삼봉이라</u>**(계명대본 권지이 69면)

셜싱이 차악 양구의 위로 왈 금야 풍세 마조쳐 동서로 갈나 포박ᄒᆞᄂᆞᆫ ᄇᆡ ᄒᆞᆫ둘히 아니ᄅᆞ 굿ᄒᆞ여 엇지 넘사ᄒᆞ물 알이요. 슌풍이 고요ᄒᆞ물 타 차자리라 어ᄉᆡ 묵연ᄒᆞ야 능히 ᄃᆞᆸ지 못ᄒᆞ더ᄅᆞ(국도본 166면)

첫 번째 인용문은 위명과 양옥소가 헤어졌다가 악양루 연회에서 옥소로 인연하여 다시 만나게 되는 부분으로 계명대본은 두 번째 만남을 이루게 될 것임을 암시하는 서술자의 기술이 나타난다. 두 번째 인용문은 위명과 양옥소가 풍랑으로 헤어진 부분으로 이 부분부터 백호산에서 다시 만나게 될 때까지가 삼봉을 위한 서술이 시작되는 부분이다. 이러한 특징은 계명대본을 위시로 계명대본 계열을 이루는 표지가 된다.

다음으로 계명대본의 가치와 의의에 대해 살펴보면 다음과 같다. 계명대본은『쌍녈옥소록』의 선본(善本)으로서 가치를 지닌다. 국도본과 비교한 결과 생략되거나 축약, 누락된 부분 보다 첨가된 부분이 많다. 첨가된 부분이 많다는 사실은 계명대본이 선본(先本)이 아닐 가능성을 의심해 볼 수 있으나, 국도본 및 다른 이본들과 비교하여 계명대본에 내용 변개가 크게 일어난 것은 아니므로 선본(先本)으로서의 의미보다는 선본(善本)을 확정하는 것이 낫다.

그런데 계명대본은 국도본에서 보이는 문맥적 오류나 필사 시 나타난 누락이 바로 잡혀 있다. 다음은 문맥에서 나타난 국도본의 오류가 계명대본에서 바로 쓰인 사례에 해당한다.

<문맥>

황졔 ᄐᆡ후궁의 드려가 단지 이셔 복지읍 왈 신이 불인부덕으로 지친의 변을 만나 ᄒᆞᆫ 줄 낙 줄 이답다 당초의 흑양ᄒᆞ말 한ᄒᆞ노라(국도본 56면)

황지 ᄐᆡ후궁에 드러가 복지읍 왈 신니 불연 부덕으로 지친의 변을 만나 이예 밋차니 장차 낭낭게 ᄇᆡ사ᄒᆞ고 ᄒᆞᆫ 번 쥭어 션지게 뵈오려 ᄒᆞ나이다 ᄐᆡ후 ᄃᆡ곡 왈 짐이 자식을 그릇두어 이 변을 만ᄂᆞ니 당쵸에 흑냥ᄒᆞ물 ᄒᆞᆫᄒᆞ노라(계명대본 권지일 68면)

제형이 나아가 보ᄆᆡ 이 ᄇᆡᆨ의포ᄃᆡ로 풀자리랄 의지하야 쌍안이 가날고 비위슈쳑ᄒᆞ니 단슌이 즘기고 어음이 그쳐져 평일 츈풍하기와 뉴열한 옥음을 드랄 길이 업고 다 상셔 형졔 그 졀의을 향복ᄒᆞ나 골잡하물 척ᄒᆞᆫᄃᆡ 명이 쳑연 반향의 ᄃᆡ 왈…(국도본 63~64면)

ᄌᆡ형이 ᄂᆞ아가 보니 명이 ᄇᆡᆨ의쵸ᄃᆡ로 쵸츌을 의지ᄒᆞ야 쌍안이 가날고 비위슈참ᄒᆞ니 단슌이 잠기고 어음이 긋쳐져 평일 츈풍화기와 유열ᄒᆞᆫ 우음을 드랄 길이 업고 완연이 옥셕 작인갓ᄒᆞ니 ᄌᆡ형을 보고 이러마자ᄂᆞᆫ 또ᄒᆞᆫ 말이 업거날 샹셔 형ᄌᆡ 그 졀의랄 ᄒᆞᆼ복ᄒᆞᄂᆞᆫ 부형과 가문을 보젼ᄒᆞᆫ 깁부믈 ᄉᆡᆼ각지 아니ᄒᆞ고 이갓치 고집ᄒᆞ믈 ᄎᆡᆨᄒᆞᆫᄃᆡ ᄉᆡᆼ이 쳔연반향의 죵용히 ᄃᆡ 왈…(계명대본 권지일 76~77면)

이외에 국도본은 ‘의’와 ‘에’의 조사 사용에 필사자의 혼용이 나타나고, 오자 또한 많다. 이같은 국도본의 오류를 계명대본에서 바르게 나타난 부분을 예를 들어보면 다음과 같다. 오자의 경우는 매 면에 있을 정도로 많아 일일이 언급할 수 없다. 여기서는 권지이 한 면 가량의 분량을 제시한다.

<혼용, 오자>

마참 **일의 의셔** 황셩 옛집을 찻더니 도샹의셔 시랑을 만나ᄆᆡ **져이** 거죄 참담하고 ᄉᆡᆨ풍의 변환하야 미모신ᄎᆡᆨ 크게 아라보기 어려우ᄃᆡ 셜ᄉᆡᆼ이 한 쌍 미목이 신기하말 장하야 또 발광입졀하말 드라미 잇난지라. 자못 아라보고 **한 변** 불너 반가옴을 이기지 못하니 시랑의 또한 크게 반겨 쌍누랄 거두고 사ᄆᆡ랄 잡아 별회랄 이라더니 셜ᄉᆡᆼ의 기간사랄 위문하야 **화답하기이** 미쳐난 사ᄆᆡ랄 잇글고 그윽한 고ᄃᆡ 나아가 머리랄 쓸고 종용이 문 왈 **형이** 병이 진위랄 ᄐᆡᆨ양치 못할지라 소졔 실노 **이혹하문** 진짓 광증을 가진 자난 안졍이 혼탁하고 미뫼 절노 요동하야 큰 증셰 피부와 뉴부랄 흔들ᄆᆡ 밧그로 명ᄇᆡᆨ하미 잇거니와 **의졔** 형은 썅안이 광명이 **이구하고** 기뷔 온젼하미 여상하야 일호 광질이 거동 【119-507】 동이 업사니 청컨ᄃᆡ 형은 **소졔이** 경박하말 용사하고 심ᄂᆡ랄 은회치 말나(국도본 118면~119면)

맛참 **일이 이셔** 황셩 녯집을 차자 오다가 노상의셔 시랑을 만ᄂᆞ **져의** 거짓 참담ᄒᆞ고 ᄉᆡᆨ풍이 변ᄒᆞᆫᄒᆞ야 미모신ᄎᆡᆨ 크기 아라보기 어려오되 ᄒᆞᆫ 쌍 면목이 신ᄎᆡᆨ랄 장ᄒᆞ야 또 **져의** 발광입졀ᄒᆞ말 드르미 잇ᄂᆞᆫ고로 자못 아라보고 **ᄒᆞᆫ 번** 불너 반가오말 이기지 못할 ᄉᆡ 시랑이 크기 반겨 쌍누랄 거두고 사ᄆᆡ랄 잡아 별회를 이라더니 셜ᄉᆡᆼ이 기간사를 위문ᄒᆞ니 **답ᄒᆞ기의** 미쳐ᄂᆞᆫ 사ᄆᆡ랄 인ᄒᆞ야 그윽ᄒᆞᆫ ᄃᆡ 드러가 쵸림을 혰씰고 종용히 문 왈 형의 병이 진위랄 탁양치 못할지라 소제 실노써 **의혹ᄒᆞ믄** 진짓 광증으로 병 잇ᄂᆞᆫ 자ᄂᆞᆫ 안졍이 혼탁ᄒᆞ고 비위 요동ᄒᆞ야 큰 증ᄉᆡ 피부와 육부랄 흔드ᄆᆡ 밧그로 명ᄇᆡᆨᄒᆞ미 잇거니와 **이ᄌᆡ** 형은 쌍안의 광념이 **의구ᄒᆞ고** 긔비 온젼ᄒᆞ며 애상ᄒᆞ니 일호 광질의 거동이 업사니 청컨ᄃᆡ 형은 **소ᄌᆡ의** 경박ᄒᆞ말 용사ᄒᆞ고 신

ᄆᆡ랄 은회치 말ᄂᆞ(계명대본 권지이 18~19면)

국도본에서는 한자음의 경우 오자로 쓰는 경우가 많은데, 계명대본은 이러한 오자와 오기가 바로 잡혀 있다.

탁곰ᄒᆞ말(국도본)-탁교ᄒᆞᄆᆞᆯ(계명대본)
호쳑ᄒᆞ려ᄒᆞ니(국도본)-효칙ᄒᆞ려ᄒᆞ니(계명대본)
기동옥남(국도본)-기동옥남(계명대본)
인후셩명(국도본)-인효셩명(계명대본)
졔두무언(국도본)-저두무언(계명대본)
입졀틱병(국도본)-입졀탁병(계명대본)
ᄋᆡ퉁부리(국도본)-ᄋᆡ통불이(계명대본)
진퇴추립(국도본)-진퇴출입(계명대본)

요컨대, 계명대본은 2권 2책의 완질본 계열로 문맥적 오류가 적고, 오탈자가 적으며, 조사나 어휘가 바르게 쓰인 이본으로 『쌍녈옥소록』의 선본(善本)으로서의 위치를 점유한다. 이에 계명대본 『쌍녈옥소록』의 가치와 의의가 있다.

【최윤희】

[색인어]

『쌍녈옥소록』, 『쌍렬옥소삼봉』, 『삼생기연』, 위명, 양옥소, 연왕, 정난지변

[참고문헌]

· 양혜란, 「기봉류소설연구」, 이화여대 국문과 박사학위논문, 1989.
· 박영희, 「장편가문소설의 明史 수용과 의미-靖難之變을 중심으로」, 『한국고전연구』 6, 2000.
· 조광국, 「고전소설에서의 사적 모델링, 서술의식 및 서사구조 관련양상-<옥호빙심>, <쌍렬옥소삼봉>, <성현공숙렬기>, <쌍천기봉>을 중심으로」, 『한국문화』 28, 서울대 한국문화연구소, 2001.
· 김응환, 「삼생기연에 반영된 유교적 가치관 구현」, 『한국언어문화』 22, 한국언어문화학회, 2002.

玉蓮夢

南永魯(1810~1857) 著

한글 필사본 23책.
四周白邊, 無界, 10行 字數不定 ; 32.5×21cm.
墨書 : 을사납월 일건이 셔

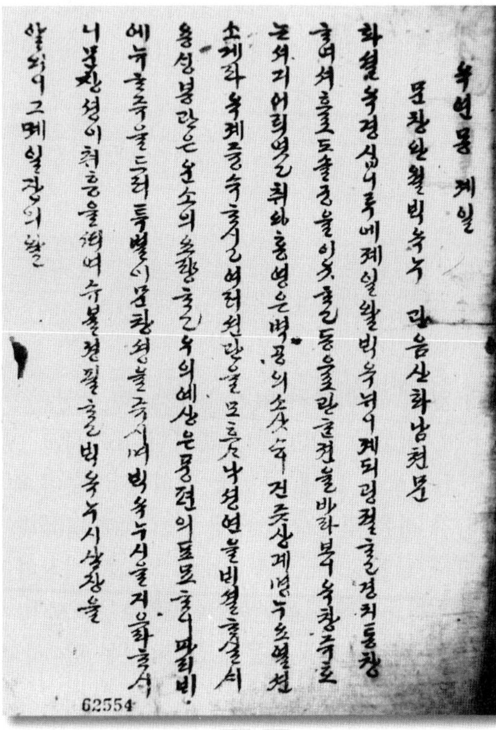

옥련몽

1. 서지

책의 겉 표지에는 한문으로 '玉樓夢'이라고 적혀 있으나, 본문이 시작되는 처음 부분에는 한글로 '옥연몽' 혹은 '옥년몽'이라고 적혀 있다. 실제의 작품 내용은 '玉蓮夢'의 그것이다.

한글 필사본 총 23책의 完帙이다. 제20책까지는 책 표지에 바르게 권수가 적혀 있으나, 제21책은 '二十二'로, 22책은 '第二十三'으로, 23책은 '第二十四'로 적혀 있다. 제21책은 136면으로 분량면에서 다른 책의 두 배 정도 되므로, 21권과 22권이 합쳐진 형태라고 보면, 총 24권 23책이 되는 셈이다. 본문만을 계산했을 때에 제1책은 70면, 제2책은 78면, 제3책은 72면, 제4책은 78면, 제5책은 93면, 제6책은 81면, 제7책은 91면, 제8책은 77면, 제9책은 88면, 제10책은 68면, 제11책은 78면, 제12책은 87면, 제13책은 72면, 제14책은 68면, 제15책은 80면, 제16책은 68면, 제17책은 70면, 제18책은 55면, 제19책은 88면, 제20책은 85면, 제21책은 136면, 제22책은 66면, 제23책은 77면이다. 모두 합하면 1826면이다. 매면 10행, 매행 22～24자 내외.

필사자에 대한 정보는 알 수 없으며, 필사 시기는 乙巳(1905), 丙午(1906), 丁未(1907)年에 걸쳐서 필사되었음을 각 책 말미의 필사기를 통해 알 수 있다. 제12책의 말미에는 '歲在壬寅上朔洒失件補充'이라 하여 壬寅(1902)年에 洒失된 것을 보충한다는 기록이 적혀 있다.

2. 작자

『옥련몽』의 작자는 潭樵 南永魯(1810~1857)로서 경기도 龍仁에 살았던 사대부의 한 사람이다.

박학서원본『옥련몽』의 앞 부분에 담겨 있는 1912년에 작성된 서문에 따르면, 南廷懿가 그의 조부 남영로가 지은 원본을 70년 만에 출간한다고 적고 있다. 또 서울대 가람문고본『六美堂記』의 卷末에는 모두 14명의 文士에 의한 評文이 적혀 있는데, 그 가운데 斗山 徐惇輔(1808~1876)가 적은 평문 가운데에 " … 吾友南潭樵玉樓夢 … "의 문구가 들어 있다. 『옥루몽』은 작자 남영로가 『옥련몽』을 스스로 개작하여 완성한 작품으로서 『옥련몽』보다 더 널리 읽힌 작품이다. 『옥련몽』과 『옥루몽』 모두 세간에는 한글 번역본이 널리 유통되었으나, 남영로는 애초에 한문으로 『옥련몽』을 짓고 그것을 개작하여 한문 『옥루몽』을 지었던 것으로 여겨진다.

남영로가 在世한 19세기 전·중반기의 48년간은 정치사회적 모순이 대단히 심화되었던 시기이다. 安東 金氏와 豊壤 趙氏의 60년에 걸친 세도정치로 인해 몇 개 가문에로의 권력집중과 부패를 낳게 되었고, 이로 인해 많은 수의 사대부들이 권력으로부터 소외되어 사회경제적으로 영락하게 되었다.

남영로 역시 정치권력으로부터 소외된 사대부 문인의 입장에서 이 시기 『옥련몽』과 그 개작본인 『옥루몽』을 짓게 되는데, 작품의 전편에는 그의 다채로운 문학적 재질 뿐 아니라 治國의 經綸이나 人倫의 規範이 도처에 제시되고 있다. 남영로가 『옥련몽』을 지은 것은 그의 23~33세 때인 1832~1842년의 일인데, 그의 기록으로 여겨지는 『玉蓮夢』 跋文에 의거해 보면,

> … 수간파옥의 소슬이 안져 셩긘 울타리의 츄풍니 삽삽ᄒᆞ고 욱어진 입싀의 비소릐 졈졈ᄒᆞ니 무료ᄒᆞᆫ 흉금을 어ᄂᆡ곳듸 부치리요 명산ᄃᆡ쳔의 임졔승지귀 업고 풍뉴음눌의 ᄯᅩᄒᆞᆫ 셩기지붕이 부족ᄒᆞ니 심의 나의 소견이 무료ᄒᆞ미여 …

자신의 경륜을 펼 기회가 봉쇄된 현실 속에서, 작품 창작을 통해 자신의 怫鬱한 심정을 달래려 했던 것을 엿볼 수 있다.

3. 구성

『옥련몽』은 대장편의 고전소설로서 章回소설의 형태로 되어 있다. 계명대본은 모두 48회의 回題로 구성되어 있는데, 51회의 回題로 구성되어 있는 博學書院 간행(1913) 『옥련몽』과 비교해 보면, 계명대본은 박학서원본의 38회 회제와 46회 회제가 빠져 각각 37회와 45회의 내용에 통합되어 있고, 박학서원본의 49회와 50회가 하나의 회제로 통합되어 있어, 모두 48회의 회제가 된 것이다. 『옥련몽』 이본 계열은 크게 '박학서원본'과 '이대무신본' 계열로 나눌 수 있는데 계명대본은 박학서원본 계열이며, 계명대본의 체제는 필자가 검토한 이본 가운데 羅孫 김동욱본 丁未本의 체제와 近似하다.

계명대본 『옥련몽』의 전체 구성을 살피기 편리하게끔 각 책 별로 回題를 제시하기로 한다. 본문에는 회제가 한글로 적혀 있으나 책의 겉 표지에 한문 회제가 적혀 있으므로, 괄호 안에 한문 회제를 병기하였다. 다만 제16책의 39회, 제17책의 40회, 제18책의 41회, 제19책의 42,43회, 제20책의 44회, 제21책의 46회는 겉 표지에 한문 회제가 적혀 있지 않다. 그 부분은 박학서원본 『옥련몽』의 한문 회제를 참고하여 적어 넣었으며, 제19책 43회 회제는 박학서원본 『옥련몽』과 달라서 한문 회제를 병기하지 않았다.

〈제1책〉

제1회 : 문창완월빅옥누 관음산화남천문 (文昌玩月白玉樓 觀音散花南天門)
제2회 : 허부인이츈류옥년봉ᄒᆞ고 양공ᄌᆞ노봉녹임긱ᄒᆞ다 (許夫人春遊玉蓮峯 楊公子路逢綠林客)
제3회 : 연강정ᄌᆞᄉᆡ회문ᄉᆞᄒᆞ고 ᄀᆡ시장가닌우ᄌᆡᄌᆞᄒᆞ다 (宴江亭刺史會文士 開詩場佳人遇才子)
제4회 : 양공ᄌᆞ탈신ᄒᆞ강누ᄒᆞ고 강남홍이변복쥬항쥬ᄒᆞ다 (楊公子脫身下江樓 江南紅變服走杭州)

〈제2책〉

제5회 : 항쥐셩슈ᄌᆡ방청누ᄒᆞ고 소쥬도ᄌᆞᄉᆡ우홍낭ᄒᆞ다 (杭州城秀才訪青樓 蘇州道刺史遇紅娘)
제6회 : 강남홍격장영초은ᄒᆞ고 양공ᄌᆞ월ᄒᆞ의봉슈ᄌᆡᄒᆞ다 (江南紅隔墻詠招隱 楊公子月下逢秀才)
제7회 : 원앙침상몽운우 연로졍젼졀양뉴 (鴛鴦枕上夢雲雨 鳶鷺亭前折楊柳)
제8회 : 도황셩창두회보공ᄌᆞ셔 망장안홍낭암긔ᄉᆞ싱셔 (到皇城蒼頭回報公子書 望長安紅娘暗寄死生書)

〈제3책〉

제 9 회 : 경도회탕ᄌᆞ긔풍파 젼당호졔기읍낙화 (競渡會蕩子起風波 錢塘湖諸妓泣落花)
제10회 : 야ᄎᆡ부시졀강구 홍낭이탁신빅운동 (孫三娘負尸浙江口 江南紅托身白雲洞)
제11회 : 공ᄌᆞᄀᆡᆨ관경악몽 연옥강두초고혼 (公子客館驚惡夢 蓮玉江頭招孤魂)
제12회 : 양한림ᄉᆞ칙쳔문 눈상셰의경여혼 (楊翰林射策天門 尹尙書議定女婚)

〈제4책〉

제13회 : 양학ᄉᆡ망월심양경 벽셩션츄야탄비파 (楊翰林望月潯陽亭 碧城仙秋夜彈琵琶)
제14회 : 옥경벽셩취옥젹 십년청누경홍졈 (玉京碧城吹玉笛 十年青樓驚紅點)
제15회 : 졍환혼쳔ᄌᆞ쥬ᄆᆡ파 영옥인동ᄌᆞᄒᆞ강쥬 (定黃婚天子主媒婆 迎玉人童子下江州)

〈제5책〉

제16회 : 소슌무치적보급경 양도독자쳔위원슈 (蘇巡撫致適報急驚 楊都督自薦爲元帥)
제17회 : 봉원슈션낭젼옥젹 힝흉계츈월이요별당 (逢元帥仙娘傳玉笛 行凶計春月鬧別堂)

제18회 : 노ᄑᆡᄆᆡ약입별당 투부음독경노친 (老婆賣藥入別堂 妬婦飮毒驚老親)
제19회 : 양원쉬ᄃᆡ쳡흑풍산 남만왕쥬입오록동 (楊元帥大捷黑風山 南蠻王走入烏鹿洞)

<제6책>

제20회 : 가낙탁복병미후동 명원쉬지취화과동 (假哪吒伏兵獼猴洞 明元帥智取花果洞)
제21회 : 천도사운룡귀본동 구만왕홍낭초하산 (薦道士雲龍歸本洞 救蠻王紅娘初下山)
제22회 : 투진법홍낭이퇴명병 젼만왕원쉬봉고인 (鬪陣法紅娘退明兵 戰蠻王元帥逢故人)

<제7책>

제23회 : 홍사ᄆᆡ계탈ᄐᆡ을동 남만왕ᄀᆡᆼ청츙융병 (紅司馬計奪太乙洞 南蠻王更請祝融兵)
제24회 : 홍혼탈변진파만병 일지연단긔투명진 (紅渾脫變陣破蠻兵 一枝蓮單騎投明陣)
제25회 : 남만부험수동학 홍ᄉᆞᄆᆡ검슐취증ᄌᆞ (南蠻負險守洞壑 洪司馬劍術取金曾子)

<제8책>

제26회 : 항만왕원슈봉쳡서 산황금츈월ᄌᆡ용계 (降蠻王元帥封捷書 散黃金春月再用計)
제27회 : 양도독교지이쳔병 홍원쉬황계슈뉴서 (楊都督交趾移天兵 紅元帥黃溪受遺書)

<제9책>

제28회 : 명병무양과오계 원쉬휴쥬청ᄌᆞ규 (明兵無恙過五溪 元帥携酒聽子規)
제29회 : 홍도왕오입솔연진 손냐ᄎᆡ암젼호ᄇᆡᆨ구 (洪都王誤入率然陣 孫夜叉暗傳狐白裘)
제30회 : 보살이작법강마왕 홍낭이단긔구도독 (菩薩作法降魔王 紅娘單騎救都督)

<제10책>

제31회 : 용타선항탈ᄒᆡ 도상님도독봉ᄌᆞᄀᆡᆨ (用鼉船元帥破脫解 到桑林都督逢刺客)

<제11책>

제32회 : 평남젹도독회군 획간인츈월피형 (平南賊都督回軍 獲奸人春月被刑)

<제12책>

제33회 : 참츈월노랑ᄉᆞ의긔 소별당슉인시군ᄌᆞ (斬春月老娘死義氣 掃別堂淑人侍君子)
제34회 : 황소졔몽뉴상청궁ᄒᆞ고 홍난셩이잉탄ᄒᆞ괴셩ᄒᆞ다 (黃小姐夢遊上淸宮 紅鸞星孕誕河魁星)

제35회 : 노틱믜츈뉴상츈원ᄒᆞ고 홍난셩이암쳔일지연ᄒᆞ다 (老太嬭春遊賞春園 紅鸞星暗薦一枝蓮)

<제13책>

제36회 : 의봉젼쳔지청악 황교졈연낭즁독 (儀鳳殿天子聽樂 黃橋店蓮娘中毒)

<제14책>

제37회 : 방도ᄉᆞ연왕야입옥청관 간쳔ᄌᆞ션낭탄금명기졍 (訪道士燕王夜入玉淸觀 諫天子仙娘彈琴命夔亭)

<제15책>

제38회 : 파니원쳔지용현신 음믹연왕회졔낭 (罷梨園天子用賢臣 飮梅酒燕王會諸娘)

<제16책>

제39회 : 쳔지현슈영츈젼 양왕회렵상님원 (天子獻壽迎春殿 兩王會獵上林苑)

<제17책>

제40회 : 홍난셩친격신문고 션슉인암축남악묘 (紅鸞星親擊申聞鼓 仙淑人暗祝南嶽廟)

<제18책>

제41회 : 곽도위기과회군 홍난셩귀로봉친 (郭都尉改過回軍 紅鸞星歸路逢親)

<제19책>

제42회 : 연왕귀젼취셩동 졔낭위션자기봉 (燕王歸田聚星洞 諸娘爲仙紫蓋峯)
제43회 : ᄌᆞ기봉상농션ᄌᆞ 딕승ᄉᆞ즁션낭봉친 (박학서원본 회제와 다름)

<제20책>

제44회 : 등용문양싱연벽 구초왕상셰츌젼 (登龍門楊生聯壁 救楚王尙書出戰)

<제21책>

제45회 : 양상셔격구참도흥ᄒᆞ고 손션싱동싱연가셔 (楊尙書擊毬斬董興 孫先生東床延佳婿)

제46회 : 셜즁ᄆᆡ젼츈회옥낭ᄒᆞ고 곽상셔셩취타쳥누ᄒᆞ다 (雪中梅餞春會玉郎 郭尙書乘醉破青樓)

〈제22책〉

제47회 : 양ᄉᆡᆼ년즁삼장시ᄒᆞ고 쳔ᄌᆞ친졍북션우ᄒᆞ다 (楊生連中三壯詩 天子親征北單于)

〈제23책〉

제48회 : 회만왕쳔ᄌᆞᄉᆞ연ᄒᆞ시고 뉴옥누보살셜몽ᄒᆞ다 (會蠻王天子賜宴 遊玉樓菩薩說夢)

본문이 모두 끝난 뒤에 연속하여 'ᄎᆞ회라 ᄉᆞ람이 셰상의 나ᄆᆡ … ' 운운의 긴 跋文이 적혀 있다. 이 발문은 작자에 의한 것으로 추정되는데, 『옥련몽』과 그 개작본인 『옥루몽』의 모든 이본에 첨부되어 있는 것이다.

4. 내용

『옥련몽』의 기본적인 결구는 天上界의 白玉樓에서 文昌星君과 帝傍玉女·諸天仙女·紅鸞星·天妖星·桃花星의 다섯 선녀가 만나 詩와 술로써 즐기다 잠깐 잠이 든 사이 옥황상제와 석가세존의 법력으로 모두 인간계에 적강하여 윤회를 겪게 되어, 각기 楊昌曲과 尹소저·黃소저·江南紅·碧城僊·一枝蓮으로 태어나 파란만장한 삶을 겪어 나가는 것으로 되어 있다.

지상계는 중국 明나라 때로서 옥련봉 밑에 사는 처사 楊賢이 마흔이 넘도록 자식을 두지 못하다가, 관음보살의 석상 앞에 기원한 뒤 창곡을 낳는다.

양창곡이 16세가 되어 과거에 응시차 상경하던 길에 활달한 성격의 기녀 강남홍을 만나 인연을 맺는데, 강남홍은 양창곡에게 杭州刺史의 딸 윤소저를 배필로 추천한다. 蘇州刺史 황여옥이 강남홍의 미모를 탐해 연회를 베풀고 그녀를 겁탈하려 하자 강남홍은 강물에 투신한다. 그러나 윤소저가 이 일을 미리 짐작하고 孫三娘을 잠복시켜 비밀리에 강남홍을 구출한다. 목숨을 건진 강남홍은 남쪽 나탁해를 표류하다가 백운도사에게 몸을 의탁한다.

양창곡이 장원급제하여 한림학사가 되니, 황각로가 자기의 딸과 혼인시키기 위해 구혼한다. 그러나 창곡이 이를 거절하고 윤상서의 딸 윤소저와 혼인하자, 양창곡은 황각로의 딸과 혼인하라는 천자의 명을 어긴 죄로 강주로 유배된다. 양창곡은 이곳에서 음률에 능한 기녀 벽성선을 만나 佳緣을 맺는다. 이후 반 년만에 유배생활에서 풀려나 예부시랑을 제수받고는 천자의 명에 따라 황각로의 딸과 혼인한다.

이 때 南蠻이 중국을 침공하여 창곡은 대원수로 출정하고, 백운도사에게서 무예와 술법을 전수받은 강남홍은 남만왕 나탁을 도와 출전함으로써 서로 대치한다. 그러나 강남홍은 상대편 장수가 명나라의 양창곡임을 알고 明陣으로 도망하여 창곡과 상봉하고 明軍의 부원수가 된다. 한편 남만을 돕기 위해 출전한 祝融國의 공주 일지련은 강남홍과 접전하다가 생포되어 명진으로 오게 된다. 명나라 진영에서 양원수를 본 일지련은 연모의 정이 생겨, 蠻陣으로 돌아가 부왕을 움직여 명나라에 항복하게 한다. 나탁은 투항했으나 홍도국이 다시 침노하는데, 홍도국왕 탈해는 용맹하고 그 아내 소보살은 술법에 능하나 강남홍의 활약으로 이들을 퇴치하고, 축융왕이 홍도국왕을 섭행토록 한다.

이 때 楊府에서는 황부인이 벽성선을 투기하여 모함을 거듭하니 벽성선은 후원의 행각에 갇혀 죄인으로 자처한다. 양창곡이 개선하니 천자는 양창곡을 燕王에 봉하고, 강남홍을 鸞城侯에 봉한다. 황부인의 죄악상이 밝혀지고, 황부인은 상계에서 투기한 여인들이 上界에서 治罪당하는 꿈을 꾼 후 개과천선한다.

부마도위 곽우진이 총애하는 석형이 음률에 밝아, 천자에게까지 총애를 입어 천자를 풍류에 빠져들게 하며 정사를 어지럽힌다. 이에 양창곡이 석형을 논죄하니, 천자가 노하여 양창곡을 운남 땅에 유배시킨다. 벽성선이 석형의 무리인 육길에게 잡혀 갔다가 기회를 얻어 천자께 음률로써 諷諫하니, 천자가 깨달아 양창곡을 용서하고 석형은 유배시키고 벽성선을 女御使에 제수한다.

연왕 양창곡과 천자의 친동생인 楚王이 황태후의 壽宴을 맞아 처첩을 거느리고 상림원에서 성대한 놀이를 한다. 이에 부마도위 곽우진이 시기하여 연왕과 초왕이 합세하여 모반을 꾀한다고 무고하자, 천자는 양창곡을 하옥시키고, 곽도위로 하여금 군사를 조발하여 초왕을 치도록 한다. 그러나 강남홍과 벽성선의 활약으로 모든 문제가 해결된다.

양창곡은 벼슬을 하직하고 취성동으로 내려와 윤부인·황부인과 강남홍·벽성선·일지련과 함께 많은 자녀를 낳고 온갖 영화를 누리다가 마침내 천상계로 돌아간다.

5. 가치

『옥련몽』을 이루는 기본적인 작품구조는 네 가지 대결의 구조로 설명될 수 있다.

그 가장 중심 부분은 주인공 양창곡과 봉건관료와의 정치적 대결이다. 한미한 신분이면서도 뛰어난 자질과 경륜을 지닌 양창곡이 과거를 통해 중앙 정치질서에 참여하게 되면서 조정에서의 대결의 양상이 계속된다. 한미한 신분으로 정계에 발을 디딘 양창곡에 대해 勒婚을 강요하는 황각로나, 천자를 풍류에 빠지게 하고 정치적 모략을 일삼는 석형,

부귀영화를 시기하여 양창곡과 초왕을 무고하는 부마도위 곽우진의 형상은 조선 후기에 정치권력을 장악하여 위세를 부린 閥閱의 성격을 투영한 것으로 볼 수 있다.

양창곡과 강남홍이 벌이는 남만국·축융국·홍도국과의 파란만장한 대결은 흥미진진한 軍談의 양상을 보여 준다. 絶域의 변경에서 온갖 고초를 겪으며 침략군과 싸워 나라와 백성의 안녕을 이루는 주인공의 형상이 부각되어 있다. 특히 주인공 양창곡을 돕는 강남홍과 일지련은 미천한 신분이면서도 양창곡 이상의 지략과 무예를 발휘하여 나라를 구하는 '여성영웅'의 형상으로 그려져 있고 발랄한 개성의 묘사에 있어 탁월하다. 조선 후기에 나타나는 일련의 여성영웅소설과 맥을 함께하는 것이다.

양창곡이 다섯 여인과 結緣을 이루어 가는 줄거리 가운데에서 가장 중심을 이루는 것은 강남홍과의 결연이다. 강남홍과의 결연은 신분이나 가문적 규범이나 예법에 구속되는 것이 아닌 순연한 사랑의 형태로서 나타난다. 기녀 신분인 강남홍은 양창곡의 용모풍채를 직접 확인하고, 문장 시재를 시험하고, 지조와 신의를 알아 본 뒤에야 비로소 그에게 마음과 몸을 허락한다. 후일 황자사의 집요한 겁박에 대해 강남홍은 투신해 목숨을 끊음으로써 항거한다. 구원된 강남홍은 후일 뛰어난 지략과 무예를 발휘하여 양창곡을 위기에서 구할 뿐 아니라 나라를 구해낸다. 신분문제와 여성문제에 대한 작자의 진전된 관심을 대할 수 있다.

벽성선과 황소저의 대결은 가정소설의 중심 줄거리를 이루어 온 이야기와 상통하면서도, 그 대결의 정도나 극복 과정은 보다 심각하고 다채롭다. 기녀 출신인 벽성선은 그 신분적 처지 때문에 더욱 혹심한 질시의 대상이 되고 고난을 겪게 되지만, 자신의 뛰어난 음악적 재능으로써 천자께 諷諫하여 그 마음을 돌리게 하고 御史의 직을 받는다.

이와 같은 네 가지 형태의 대결의 구조가 작품의 기본 골격을 이루고 있으나, 『옥련몽』 작품 전체는 다채로운 디테일로 구성되어 있고, 그 디테일의 유기적 연관 속에서 흥미로움과 함께 정치사회적·도덕적 의미를 일깨워 주고 있다.

『옥련몽』은 『구운몽』으로부터 많은 영향을 입은 것이 확인되는 작품이다. 『옥련몽』에서 문창성군과 다섯 선녀가 천상의 白玉樓에서 술에 취해 꾸는 꿈이 곧 그들의 化身인 양창곡과 강남홍 등 여주인공의 지상세계에서의 삶이 되는 셈이다. 이는 『구운몽』에서의 성진과 팔선녀, 그리고 그 化身인 양소유와 2처 6첩의 관계와 대응된다고 할 수 있다. 그런데, 『옥련몽』의 끝 부분은 『구운몽』에서처럼 양소유가 꿈에서 깨어나 성진의 삶으로 돌아가는, 이른바 覺夢의 과정이 결구되어 있지 않다. 강남홍을 비롯한 네 명의 처첩들만 각각 꿈 속에서 관음보살의 인도로 남천문에 올라 자신들의 정체를 인식하게 되고, 이들이 장차 인간세상에서의 인연이 끝나면 천상으로 되돌아 갈 것임이 밝혀져 있지만, 아직 백옥루에서의 꿈 곧 인간세상에서의 삶은 끝나지 않았으며, 작품의 결말도 그 꿈이 끝났다는 명백한 언명이 없이 맺어지고 있다. 『구운몽』에서는 육관대사가 성진에게 '인간계의 삶'이라는 하룻밤 꿈을 꾸게 하고 나아가 진정한 깨달음을 얻게 함으로써 輪廻의 苦

를 덜어주려 한 것인 반면, 『옥련몽』에서는 실제로 '인간계의 삶'을 輪廻에 의하여 겪고 죽고 난 후에 다시 천상계로 돌아가는 결구로 되어 있는 것이다.

【장효현】

[색인어]

『옥련몽』, 『옥루몽』, 남영로, 양창곡, 강남홍, 벽성선, 『구운몽』

[참고문헌]

- 성현경, 「옥련몽 연구」, 서울대 석사학위논문, 1969.
- 장효현, 「옥루몽의 문헌학적 연구」, 고려대 석사학위논문, 1981.
- 차용주, 『옥루몽연구』, 형설출판사, 1981.
- 장효현, 『서유영 문학의 연구』, 아세아문화사, 1988.
- 김종철, 「옥루몽의 대중성과 진지성」, 『한국학보』 61, 일지사, 1990.
- 신재홍, 「옥련몽과 옥루몽의 비교 검토」, 『고전문학연구』 7, 한국고전문학연구회, 1991.
- 유광수, 「옥련몽 이본과 선본계열 추정」, 『동양학』 42, 동양학연구소, 2007.

元自實傳

저자 미상.

한글 필사본 1책(37면).
필사년 : 1883년(고종20) 이전, 光緖九年癸未二月日在下遊鄕大宅書.
四周白邊, 無界, 11行 字數不定. ; 26.5×18.5cm.

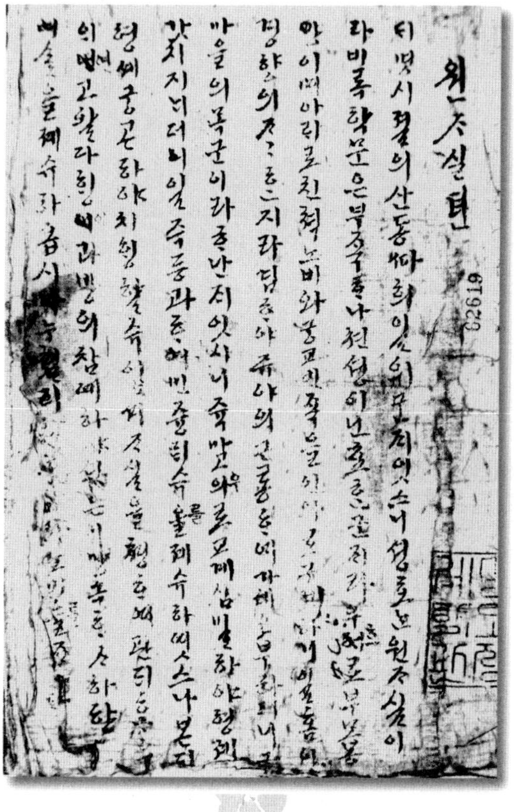

원자실전

1. 저자

『원자실전』의 작가 내지 필사자는 미상이다. 그럼에도 중국소설『전등신화(前燈新話)』 제2화「삼산복지지(三山福地誌)」를 토대로 조선후기 한글 필사본으로 재창작했다는 측면에서 한문에 능통한 선비로 추측된다.

2. 구성

대명시절 산동에 학문은 부족하지만 천성이 착하여 부모 봉양을 잘하던 원자실이 살았다. 그는 친구 목군이 민중태수로 부임할 때 차용증서도 없이 돈을 빌려주었다. 그런데 산동에 도적이 일어나고 흉년이 극심하여 원자실은 가족을 거느리고 목군을 찾아갔다. 목군은 원자실 가족을 반겨주기는커녕 냉대할 뿐 아니라 빌려준 돈도 돌려주지 않았다.

너무도 억울한 원자실은 천지신명께 선악을 살펴달라고 기원했다. 돈을 받으러 목군을 찾아갈 때마다 원자실은 암자의 도사를 만나 억울한 사정을 말했다. 세월이 흘러 설날 전에 다시 목군을 찾아간 원자실은 음식을 달라고 부탁했다. 목군은 설날 전에 음식을 보내겠다고 약속했지만 실행하지 않았다. 원자실은 분함을 참지 못해 목군을 죽여 원수를 갚으려 했으나 그 가족이 불쌍하여 그만두었다.

도사는 원자실에게 덕을 쌓으면 복록이 무궁할 것이라 하면서 그의 가족을 보살펴주었다. 마음이 울적한 원자실은 삼신산 아래 큰 우물을 통해서 저승세계인 '삼산북대'에 들어갔다. 그곳에서 도사가 준 환약을 먹은 원자실은 예전 한림학사로서 교만·패악하여 천하 선비를 현달치 못한 죄로 금세에 농부가 되었음을 깨달았다. 그리고 높은 벼슬을 한 관리의 부정부패에 대해서 엄벌을 내려야 한다고 말한다.

도사는 3년 후 병화가 일어나면 복녕 땅으로 피신하라고 당부한다. 원자실은 도사와 이별하고 돌아오다가 무수한 죄인의 처참한 심판이 벌어지는 명부를 구경했다. 그리고 많은 사람이 평화롭게 살고 있는 극낙세계도 구경했다. 원자실은 인간만사가 일장춘몽이요 부귀영욕이 일편부운이라는 사실을 깨닫고 인간 세상에 되돌아왔다.

원자실은 가족을 만나 삼신산 팔각정에서 선경과 명부를 구경했음을 말한다. 그는 가족을 돌봐준 도사에게 감사하고, 복녕촌에서 농업과 학업에 힘써 공맹의 도학을 닦았다. 그런데 목군은 가혹한 형벌로 백성을 다스리다가 도적에게 죽었다. 원자실은 공맹의 충효를 본받아 재물을 백성들에게 나눠주며 화목하게 살았다.

3. 내용

『원자실전』의 주인공은 가난을 해결하지 못한 채 친구에게 빌려준 돈을 받으러 갔으나, 아무런 성과를 거두지 못하여 자신의 신세만 한탄한다. 그러던 어느 날 삼신산의 우물을 통해서 죽음의 세계에 들어가 천국과 지옥을 구경하면서 선악에 대한 평가와 처벌을 목격했다. 원자실은 전생에 죄를 지은 사람들이 죽음의 세계에서 혹독한 고통을 당하는 광경을 목격한 뒤에 다시 현실로 복귀한다. 이러한 『원자실전』은 현실세계, 죽음의 세계, 다시 현실세계로 복귀하는 서사 구조를 뚜렷이 보여준다.

가) 대명시절 산동에 원자실은 천성이 착하여 친구 목군에게 돈을 빌려준다.
나) 흉년을 당한 원자실은 처자와 함께 목군을 찾아갔으나 돈을 받지 못했을 뿐만 아니라 냉대와 배신을 당한다.
다) 원자실은 분통을 참지 못하여 목군을 살해하려고 했으나, 그의 처자와 노모를 생각해 그만둔다.
라) 원자실은 삼신산 팔각정에서 죽음의 세계로 들어가 천국과 지옥을 구경한다.
마) 현생으로 되돌아온 원자실은 처자와 상봉하고 열심히 노력하여 풍요롭게 산다.
바) 목군의 가족은 재물 탈취에 힘쓰다가 도적에게 죽음을 당한다.
사) 원자실은 재물을 백성들에게 나눠주어 인심을 얻고 행복하게 산다.

위와 같이 현실세계는 가), 나), 다)와 마), 바), 사)이고 죽음의 세계는 라)이다. 『원자실전』은 주인공이 죽음의 세계를 여행하여 깨달음을 얻는 라)에 많은 분량을 할애하고 있다. 현실의 가난과 친구의 배신은 원자실이 죽음의 세계를 구경하도록 만들어준다. 죽음의 세계에서 펼쳐지는 정승, 대장, 감사, 군수, 판관, 현령 등의 고위 관리자들의 부정부패에 대한 고발과 간통죄, 승려와 게으른 백성, 대역부도한 간신, 그리고 목군 등에 대한 비판과 처벌을 뚜렷이 목격하게 된다. 이러한 죽음의 세계에서 가혹한 처벌을 제시하여 현실에서 올바른 삶을 살아가도록 유도하고 있다. 따라서 『원자실전』은 불교의 인과응보사상과 순환론적 세계관을 보여준다.

『원자실전』은 현생에서는 가난하게 살던 주인공 원자실이 죽음의 세계를 구경하고 다시 현생으로 복귀하는 서사구조로 구성되어 있다. 저승세계는 천국과 지옥으로 뚜렷이 구분되어 있을 뿐만 아니라 현생의 선악에 대한 심판과 처벌이 진행되는 곳이다. 그 중에서도 주인공은 지옥세계를 구체적으로 구경하고 있다는 점이 주목된다. 따라서 『원자실전』은 현생의 선악에 대한 평가를 저승세계에서 심판해 현실에서 선행을 실천하도록 강조하고 있다.

조선후기 필사본 「원자실전」은 명나라 『전등신화』 제2편에 수록된 「삼산복지지」를 모본으로 당시의 사회상에 알맞게 재창작 하는 과정에서 작가의 의식을 투영하고 있다. 두 작품은 혼란한 사회에서 전쟁과 병화가 없는 길지(吉地) 또는 복지를 찾아가서 편안히 살고 싶은 동아시아 사람들의 보편성을 담고 있다. 이 때문에 『원자실전』은 「삼산복지지」을 모본으로 선택했음에도 중국 명나라와 다른 조선후기 사회문화적 배경을 내포한 차이점도 존재한다. 특히 모본에 없는 선비의 출처관을 확장하고 일반 백성들의 근면, 성실에 대한 내용을 대폭 첨가한 것으로 보인다.

4. 가치

동산도서관에 소장된 국문 필사본 『원자실전』은 유일본이다. 이 작품은 전반적인 필체가 고르고 안정된 것으로 보아 능숙한 필사자에 의해서 씌어진 것으로 짐작된다. 『원자실전』은 능몽초의 「암내간악귀선신 정중담전인후과(庵內看惡鬼善神 井中潭前因后果」가 아닌 구우(瞿佑)의 『전등신화(前燈新話)』 제2편에 수록된 「삼산복지지(三山福地誌)」를 모본으로 새로운 내용을 첨삭한 재창작소설이다. 동아시아에서는 이러한 모본을 바탕으로 후대에 새롭게 개작·재창작하는 오랜 전통을 간직하고 있다. 따라서 필사본 「원자실전」은 중국 명나라 소설의 영향을 받았지만 조선후기 사회변화에 적합하도록 변모되고 재창작되었다는 점에서 주목된다.

『원자실전』은 현실세계, 저승세계, 현실세계로 되돌아오는 구조적 특징을 보여준다. 주인공 원자실이 현실공간에서 초월적인 저승의 공간으로 이동하여 전생의 선악에 대한 엄정한 평가가 진행되는 모습을 목격한 뒤에 다시 현실공간으로 되돌아온다. 이런 점에서『원자실전』은 저승의 세계를 설정한 「조신몽」, 「최치원전」, 『금오신화』 등과 같은 전기소설의 전통을 계승하면서도 조선후기 사회 비판의식을 강조하는 방향으로 변모된 특징을 보여준다.

『원자실전』은 지배층의 각성과 학문 탐구의 중요성을 부각하고 있다. 작가는 모본에 없는 선비의 출처관이나 백성들을 교화하는 내용을 대폭 첨가하였다. 특히 지옥의 세계는 간신, 탐욕을 일삼는 관리, 간음, 승려와 농민의 일탈 등 인간 세상에서 발생할 수 있는 사건을 제시하여, 그들이 받는 죄목이 얼마나 혹독한지를 뚜렷이 보여준다. 따라서 저승세계는 현생의 사람들에게 올바른 유교윤리를 실천하도록 일깨워주는 역할을 수행하고 있다.

『원자실전』은 흉년으로 인한 사회적 혼란과 친구간의 금전관계로 믿음이 깨지는 모습을 보여준다. 원자실과 목군의 갈등은 초반부에 돈 문제로 대립하다가 중반부에 거의 나타나지 않는다. 목군의 탐욕을 징치하는 것은 원자실이 아니라 흉년 때 발생한 도적이다. 이런 점에서 『원자실전』은 인물 갈등이 치열하지 못하다는 비판을 받을 만하다. 그런데 인물 갈등이 치열하지 못한 단점을 현실과 저승, 현실의 구성을 통해서 보완하고 있다. 『원자실전』은 문필이 뛰어난 재주를 가진 '목군'보다 친구의 우정을 소중히 여기는 '원자실'과 같은 사람을 부각하고 있다.

『원자실전』은 순환론적 세계관을 바탕으로 불교의 인과응보사상과 윤회사상을 내포하고 있다. 유교 윤리의 실천을 위해서 불교사상이나 민간신앙의 내세관을 빌려왔다는 점에서 주목된다. 천당에 대한 묘사는 간단한 반면에 지옥에 대한 묘사는 구체적으로 제시된 것으로 보아 유교적 교훈성이 부각되고 있다. 이런 점에서 『원자실전』의 작가는 당시의 혼란한 사회를 유교와 불교의 융합을 통한 관리들의 올바른 처신과 백성들의 근면, 성실을 통해서 바로잡으려고 하였다.

이런 점에서 『원자실전』은 조선후기 『삼강행실도』와 『열녀전』의 유포와 연관된 것으로 짐작된다. 이 작품은 학문을 공부하는 선비나 학자들의 유교 윤리와 처신을 담은 교훈서 역할을 했을 것으로 생각된다. 작품 말미에 기록된 "대택서"라는 필사기를 통해서도 양반들의 학문과 처신을 위한 교육에 사용된 것으로 짐작된다. 따라서 『원자실전』은 조선후기 유교적인 교훈서를 고소설로 변형하여 선비들의 출처관을 강조한 것으로 보인다.

【김재웅】

[색인어]

『원자실전』, 『전등신화』, 「삼산복지지」, 현실세계, 저승세계, 선비의 출처관, 순환론적 세계관.

[참고문헌]

· 김재웅, 「원자실전의 전기소설적 성격과 의미」, 『어문연구』 53집, 어문연구학회, 2007.
· 정용수, 『전등신화구해』, 푸른사상, 2003.
· 능몽초, 『이각박안경기』, 춘풍출판사, 1997.

유최현전

저자 미상

한글 필사본 1책(58면)
필사년: "경신년(1860 또는1920) 정월이십오일"
四周白邊, 無界, 12行 26字 내외, 無魚尾 ; 27.4×18.5cm.

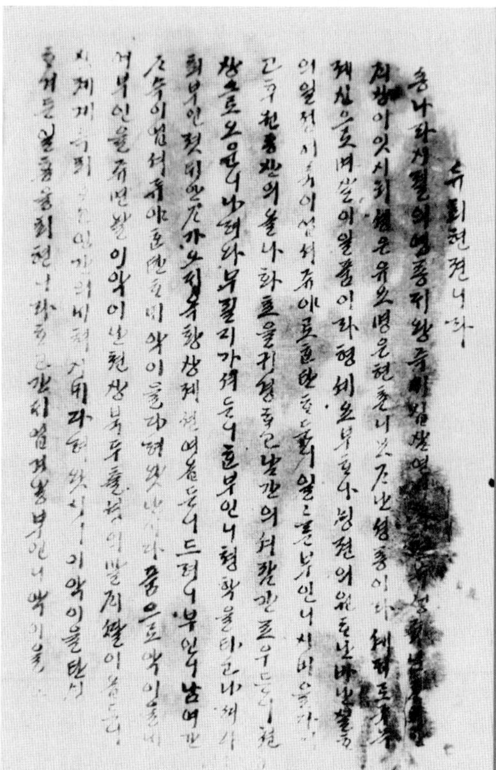

유최현전

1. 저자

미상.

2. 구성

송나라 죽림촌에 사는 재상 유현춘은 자녀가 없어 근심했다. 부인 최씨는 천상 선녀가 아기를 주는 꿈을 꾸고 딸 최현을 낳았다. 최씨 부인은 딸의 앞날을 예측한 뒤에 남편에게 재혼하여 후사를 정하고, 딸을 도와달라고 당부한 뒤 세상을 떠났다. 유승상은 정씨 부인과 재혼하여 자녀를 낳았다.

이때 이승상이 유승상의 딸 최현에게 청혼했다. 계모는 최현을 제거하기 위해서 비상밥과 비상소주를 사용하는 한편 노비 돌춘을 매수하여 살해하려 했으나 제 자식만 죽이게 되었다. 이승상의 아들 이적은 과거에 급제해 최현과 혼례를 올리는 첫날밤에 계모의 지시를 받은 돌춘의 협박으로 떠난다. 억울한 누명을 쓰고 자결한 최현의 혼령이 계모와 돌춘을 죽인다. 그때 유승상도 죽어 안장했으나 유최현의 혼령이 동네에 떠돌아 다녔다.

한편 장승상의 딸과 결혼하여 집에 머물던 이한림은 청주어사를 제수 받아 민심을 진정시키기 위해 떠났다. 패망한 죽림촌에서 자신의 과오를 뉘우친 어사는 최현을 만나러 갔다. 그런데 최현은 천자가 그녀의 정열을 칭찬하며 관리를 보내 원정을 풀어준 뒤에 어사를 만나겠다고 요구했다. 어사는 정성을 다해 아내를 환생시키고, 천자는 유최현과 장씨에게 각각 충열부인과 정열부인을 봉한다.

한편 시어머니가 아들 낳은 며느리에게 선영 봉제사를 맡기겠다고 선언했다. 정열부인은 임신한 충열부인을 모해하였다. 마침 서변의 침공으로 대원수가 된 이적은 군담을 통해서 도적을 진압했다. 이때 정열부인은 시비 금선을 매수해 속양의 대가로 충열부인에게 간음죄 누명을 씌운다. 시어머니는 충열부인을 궁문하고 옥에 가두었다. 시비 금연은 충열부인의 편지를 오빠에게 전해주고, 초매와 함께 은신처를 만든 뒤에 충열부인을 대신하여 자결했다.

충열부인은 은신처에서 출산한 뒤에 사경을 헤맨다. 이때 이적은 고향으로 돌아와 부인과 아들을 구한 뒤에 금선과 정열부인을 처벌한다. 그리고 천자께 편지하여 시비 금연과 초매를 위해 충노비를 세워줄 것을 요구하였다. 시어머니는 자신의 과오를 생각해 식음을 전폐했으나, 충열부인이 시어머니를 위로하면서 행복하게 지낸다.

천자는 승상을 지모충열지신이라 칭찬하며 벼슬을 내린다. 유최현의 모친은 선녀가 되어 딸의 영낙과 수복이 무궁함을 당부하고 친정의 백골과 선산 수호를 딸에게 부탁하며 친정부를 넘겨준다. 이승상 부부는 천상의 신선과 선녀같이 부귀영화를 누린다.

3. 내용

『유최현전』은 후기 가정소설의 유형에 속하며 전반부와 후반부가 뚜렷이 구분된다. 전반부의 계모형 구조는 전처의 딸과 후처간에 벌어지는 갈등을 보여준다면, 후반부에 내포된 쟁총형 구조는 처첩 또는 처처 사이에 발생하는 애정갈등을 보여주고 있다. 이 때문에 작품의 구조적 통일성을 약화시키는 단점으로 지적될 수도 있다. 그럼에도『유최현전』은 계모형과 쟁총형의 내용을 유기적 서사 구조로 통합하여 새로운 작품으로 변모시켰다는 점에서 주목받을 만하다.

현재까지『유최현전』의 이본은 8종인데 모두 국문 필사본으로만 존재하고 있다. 여기에『유최현전』과 내용이 유사한『정을선전』까지 포함하면 작품 수는 100여 종에 이른다. 두 작품에 대한 논란의 여지는 있으나, 대체로『정을선전』에서『유최현전』이 파생된 것으로 보인다. 특히 기존의 계모형과 쟁총형의 구조를 수용하여『정을선전』이 형성되고 여기서『유최현전』이 파생되면서 여성의 수난을 강조하는 방향으로 변모되었다. 이러한 과정에서『유최현전』은 기존의 권선징악의 윤리의식을 강조하면서도 여성 향유층의 의식을 반영하여 여성의 역할변화를 제시하고 있다.

『유최현전』은 주인공이 계모에게 박해를 받아 자결한 뒤에 재생하고 다시 후처의 모함을 받는 것으로 보아 여성의 고난이 확대되어 있다. 이러한 여성 수난이 강화된 작품은 전·후반부에 각각 계모형, 쟁총형 갈등구조를 내포한 것으로 보아 후기 가정소설의 성격을 보여준다.『유최현전』은 기존의『장화홍련전』과『사씨남정기』의 유형을 하나의 갈등구조로 통합하는 과정에서 구조의 변모와 서사단락의 첨삭이 발생하고 있다.『유최현전』은 계모형과 쟁총형 가정소설의 유형구조를 수용하여 여성 수난을 확장하는 구조로 재창출했다.

『유최현전』은 여성의 수난을 확장하는 갈등구조에서는 남편의 존재 유무가 중요하게 대두된다. 여성의 고난이 강화될수록 남편의 협조가 절실함을 보여준다. 특히 시어머니와 유승상의 인물성격, 악인으로 등장하는 계모와 정열부인의 지향점이 조금씩 다르게 나타난다. 유승상은 사망하여 집안이 패망되는 데 반하여 시어머니는 충열부인의 효열로 부귀영화를 누린다. 계모는 유최현의 혼령에 의해서 처벌되었지만 정열부인은 이본에 따라 처참, 사약, 내침 등 다양하게 나타난다. 이러한 현상은 가정을 패망시킨 계모의 죄를 응징함과 동시에 정열부인의 신분에 따라 처벌이 다양화 된 것이다. 노비들은 주인공을 도와주는 선악갈등에서 다양한 역할을 수행하여 신분제 사회에서 벗어나려는 욕구를 지속적으로 보여주었다. 따라서 『유최현전』은 조선후기 계묘형과 쟁총형 갈등구조를 통합하여 여성 수난을 확장하는 새로운 가정소설의 영역을 확장한 것이다.

4. 가치

지금까지 『유최현전』에 대한 연구는 빈약한 실정이다. 대부분의 연구는 가정소설의 후대적 변모를 살피는 과정에서 『정을선전』을 언급하고 있다. 비록 『유최현전』이 『정을선전』에서 파생되었다고 해도 여성 향유층에 의해서 지속적으로 유통되었다는 측면에서 주목된다.

『유최현전』은 필사 과정에서 주인공의 이름이 조금씩 다르게 정착되었을 뿐 전반적인 내용은 유사한 것으로 보인다. 그 중에서도 계명대본 『유최현전』이 가장 충실한 내용을 담고 있는 선본(善本)이라 하겠다. 『유최현전』은 『정을선전』에서 파생되어 1900년대를 전후하여 집중적으로 유통된 것으로 보인다. 따라서 『유최현전』은 남성 중심의 『정을선전』에서 파생되어 여성 향유층의 의식을 반영하면서 변모되었다고 하겠다.

『유최현전』은 여성 주인공이 부친 산소에 분향하고 제사를 지내는 장면에서 상당한 차이를 보여준다. 여성 주인공은 모친의 뜻을 받들어 친정의 대소사를 직접 챙기는 '친정부'를 받는 대목을 통해서 선영 봉제사를 암시하고 있다. 조선후기 남성 위주의 선영 관리와 봉제사에 대한 비판과 처가의 대소사를 여성이 담당하는 대목을 통해서 『유최현전』은 당시의 사회변화 여성의식을 뚜렷이 보여준다. 따라서 『유최현전』은 여성의 역할변화를 내포한 새로운 여성상을 제시했다는 점에서 가정소설의 지평을 확장했다는 평가를 받아 마땅하다.

『유최현전』은 여성이 친정의 일을 맡는 것으로 보아 조선후기 사회의 변화된 의식을 보여준다. 어머니가 시집간 딸에게 '친정부'를 전해주어 대소사를 맡기는 것은 극히 이례적이다. 작품에 첨가된 '친정부' 대목은 조선후기 남성 위주의 제사와 선영관리에 대한 반발과 아울러 여성도 친정의 일을 담당해야 함을 뚜렷이 제시하고 있다. 남성의 전유물인 선영관리와 봉제사를 여성이 담당한다는 의식의 변화는 주목된다. 특히 조선후기에서 개화기로 이행하는 사회적 변화와 작품의 구조적 통일성을 유지하면서도 여성의식을 제시하였다.

『유최현전』은 기존의 가정소설을 수용했으면서도 여성의 수난을 확장하는 구조로 재창출하는 과정에서 청혼담, 결혼담, 군담 등과 같은 내용이 첨가되었다. 특히 남성의 영역인 선영관리와 봉제사를 출가외인인 여성이 담당하는 장면은 여성의식의 변화와 연관되어 있다. 이러한 『유최현전』은 『정을선전』에서 파생되었지만, 여성의 역할 변화와 남성이 독점했던 선영관리와 봉제사를 담당하는 새로운 인물상을 반영하고 있다. 따라서 『유최현전』은 조선후 여성의 인식변화를 통해서 가정소설의 지평을 확장했다는 측면에서 소설사적 의미를 찾을 수 있다.

【김재웅】

[색인어]

『유최현전』, 『정을선전』, 계모형, 쟁총형, 여성수난의 구조, 가정소설, 여성 향유층

[참고문헌]

· 김재웅, 「<유최현전>의 구조적 특징과 가정소설의 지평 확장」, 『정신문화연구』 102호 (한국학중앙연구원, 2006).

· 이승복, 「처첩갈등을 통해본 가정소설과 가문소설의 관련양상」(서울대 박사논문, 1995).

· 이원수, 『고전소설의 작품세계의 실상』(경남대학교 출판부, 1996).

· 임성래, 「<유최현전>고」, 『연세어문학』 17집(연세대학교 국어국문학과, 1984).

· 한국정신문화연구원, 『고전소설의 기초 연구』(태학사, 2001).

유효공선행록

저자 미상.

한글 필사본, 5권5책.
四周白邊, 無界, 11行27字 ; 31×16cm.

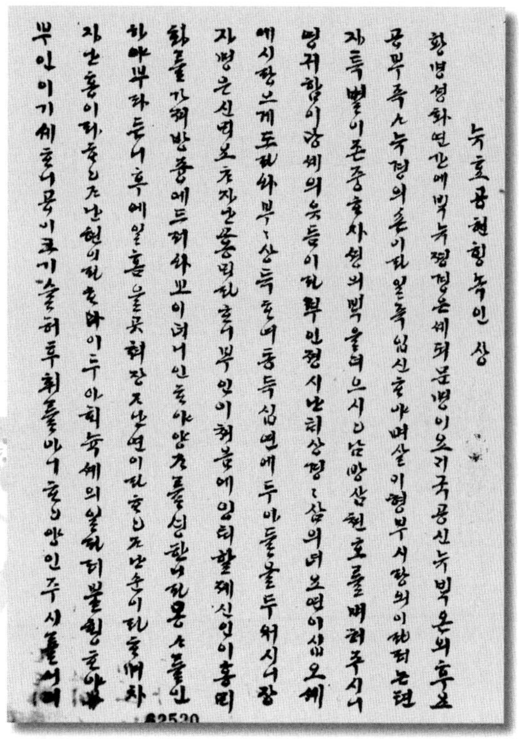

유효공선행록

1. 서지

계명대에 소장된『유효공선행록』은 5권 5책의 낙질본이다. 기실『유효공선행록』의 제명은 다양하게 나타나는데, 그 모습을 계명대에 소장된『유효공선행록』에서도 볼 수 있다. 책의 표제는 각 권마다 다르게 나타난다. 각권의 표제와 내제는 다음과 같다. 제 1권은 '劉孝公賢行錄 卷之一'이 표제이며 내제는 '뉴효공현힝녹인 상', 제 2권은 '劉孝公傳 卷之二'가 표제이며 내제는 '뉴효공현힝녹 권이', 제 3권은 '劉孝公賢行錄 卷之三'이 표제이며 내제는 '뉴효공현힝록 삼', 제 4권은 '劉孝公傳 卷之四'가 표제이며 내제는 '뉴효공현힝록권 ᄉᆞ', 제 5권은 '劉孝公賢行錄 卷之五'가 표제이며 내제는 '뉴효공현힝녹권오'로 쓰여 있다. 이렇게 제명이 다르게 적혀있다는 것이 각 권마다 다른 이본을 필사의 대본으로 삼았다든지, 아니면 전체적인 내용의 통일성을 깨트리고 있다는 의미는 아니다.

각 권은 제 1권이 55장 109면, 제 2권이 57장 114면, 제 3권이 51장 102면, 제 4권이 50장 99면, 제5권이 46장 91면으로 구성되어 있다. 필사자의 필체를 고려해 보았을 때, 각 권은 동일한 인물이 필사한 것으로 여겨진다. 각 면당 11행씩 규칙적으로 배열되어 있으며, 각 행은 평균 24자, 많게는 30자로 구성되어 있다. 그러나 30자로 되어 있는 행은 높은 비율로 나타나는 것은 아니다. 또한 필사 후 교정을 본 흔적이 남아 있다. 잘못된 글자에는 그 글자 위에 가필을 하기도 하고 잘못된 글자의 오른쪽에 고쳐 적기도 하였으며, 누락된 글자는 오른쪽에 첨가하여 기입하였다.

2. 구성

『유효공선행록』은『유씨삼대록』과 연작으로 이루어진 작품이다.『유씨삼대록』에 대한 기록이 18세기에 나타나고 있는 것으로 미루어,『유효공선행록』은 18세기 이전에 창작되었을 것으로 유추될 뿐, 그 확실한 창작 연대는 아직 밝혀지지 않았다. 계명대 소장본『유효공선행록』도 또한 작가 및 창작 연대는 확인할 수 없다. 책 주변에 부대 기록이 전혀 없기 때문에 필사자나 필사 시기 또한 확정할 수도 없다.

계명대 소장본『유효공선행록』은, 완질로 존재하고 있기에 善本으로 여겨지는 서울대본『유효공선행록』(김기동 편, 필사본 고소설 전집 15~16, 아세아문화사)과 비교했을 때, 내용의 구성상으로는 낙질임이 분명하다. 계명대 소장본의 마지막 권인 5권의 내용은, 유연이 친아들 유우성의 품성을 탐탁하지 않게 생각하고 있던 차에 유우성을 크게 혼내고 그로 인해 유우성이 자신의 처지를 한탄하는 부분에서 끝난다. 완질인 서울대본과 비교해 볼 때, 계명대 소장본은 유우성은 아버지인 유연과 갈등을 겪고, 이후 유연의 완벽한 성품에 감화되고 유배를 떠난 유홍이 돌아와 자신의 잘못을 뉘우치는 결말 부분이 누락되었다. 계명대 소장본 『유효공선행록』은 편제를 미루어 보았을 때 1권 정도의 분량이 부족하며, 완질로 존재했다면 6권 6책이었을 것으로 추측된다.

계명대 소장본을 서울대본과 비교했을 때, 전체적인 내용은 유사하다. 내용의 전개에 영향을 미칠 만한 화소가 누락되진 않았으나, 서울대본과 비교한 결과 대략 서른 곳에서 사소한 내용들이 축약된 것으로 보인다. 하지만 축약된 부분만 존재하는 것이 아니라, 어느 부분에서는 서울대본에서 누락된 부분이 존재하기도 한다. 예를 들어 살펴보면 다음과 같다.

> 셩시 만삭하야 ᄉᆡᆼᄌᆞᄒᆞ니 일가 다 깃거ᄒᆞ고 홍이 ᄃᆡ히ᄒᆞ야 뜻을 임ᄋᆡ 졍ᄒᆞ야난지라(1권 44면)

이 부분은 유홍의 부인 성씨가 아들을 낳아서 온 집안이 기뻐하는 것을 보여주는 장면이다. 서울대 본에는 위의 내용이 없다. 그러나 사소한 차이를 근거로 서울대본과 동떨어진 이본이라고 볼 수는 없다. 국문 장편소설의 경우 사소한 화소의 누락과 삽입은 동일 계열의 이본 안에서도 이루어지기 때문이다.

본문의 누락과 삽입 외에 작품에 등장하는 인물의 이름에도 계명대 소장본과 서울대본은 차이가 있다. 작중 인물 강형수는 그의 처가 요정이라는 인물의 핍박을 받아 자결하고, 그는 유연의 동생 유홍과 요정 일당들의 모함을 받아 귀향을 가게 된다. 그러자 강형수는 이름을 바꾸고 유연과 친분을 맺어 유연과 형제처럼 지내게 된다. 강형수는 서울대본에서는 '강양션'으로 개명하였는데, 계명대 소장본에서는 개명한 이름이 '강션양' 혹은 '강션향'으로 나타나고 있다. 필사본에서의 필사 관습이라는 점을 염두에 두어서 '강션양'과 '강션향'을 사소한 필사상의 실수로 처리하더라도, '강양션'과 두 이름의 차이가 나타난다는 점은 분명하다.

유연의 부인 정씨는 유연의 가문에서 쫓겨나 본가로 돌아온다. 정관은 정씨에게 개가할 뜻을 내비치게 되는데, 정씨는 아버지의 뜻을 받드는 것이 도리에 맞지 않다고 생각하여 男服을 하고 도망한다. 이때 정씨도 개명을 하는데, 서울대본에서는 '빵경'이라는 이름으로 간략하게 처리했지만, 계명대 소장본에서는 성은 '정', 이름은 '원', 자는 '상난'이라고 언급되어 있다. 이 두 인물이 개명하는 이름의 차이 이외에는 계명대 소장본과 서울대본에서 등장하는 인물의 이름은 동일하다.

> 인ᄌᆞ되야 불효함이 심하니 셰상을 ᄉᆞ코ᄌᆞ ᄒᆞ나 차마 슬ᄒᆞ를 ᄡᅥ나지 못함이라 원컨ᄃᆡ 셔모난 나의 아득한 것을 가라치소셔 주시 위로 왈 현ᄃᆡ 효난 공ᄆᆡᆼ이 다시 나지나 능히 허물을 엇지 못ᄒᆞ리니 하물며 쳡이 무식ᄒᆞ드라도 문견은 혹 잇셔 가션부션은 종험ᄒᆞ야 나오난 ᄇᆡ라 공ᄌᆞ의 힝ᄉᆞ 쌀리 ᄉᆞ람이 업슬가 ᄒᆞ나이다 공ᄌᆞ 기리 탄식 왈 ᄂᆡ 엇지 이른 과장을 당ᄒᆞ리요 인ᄒᆞ야 말을 하고자 ᄒᆞ더니 <계명대본 1권 48~49면>

인ᄌᆡ되여 불초ᄒᆞ미 심ᄒᆞ니 셰상의 잇지 말고ᄌᆞ ᄒᆞ되 참아 못ᄒᆞᄂᆞᆫ 바ᄂᆞᆫ 슬하를 ᄯᅥ나지 못ᄒᆞ미라 원컨ᄃᆡ 셔모ᄂᆞᆫ 나의 아득ᄒᆞᆫ ᄆᆞᄋᆞᆷ을 ᄇᆞᆰ키 ᄀᆞ라치소셔 ᄒᆞ더라 <서울대본, 아세아문화사 영인 86면>

이 부분에서는 유연이 서모 주씨에게 자신의 처지를 하소연하고 있는데, 계명대 소장본에서는 서모의 답변이 나타나고 있으나, 서울대본에서는 누락되었다. 대화의 전개를 미루어 볼 때, 서울대본에서도 계명대 소장본에서와 같은 주씨의 대답이 이어져야 하는데 누락되어 있는 것이다. 위에서 인용한 바와 같이 서울대본과 비교를 했을 때 나타나는 사소한 누락과 삽입이 작품 전반에 걸쳐서 존재하기는 하지만, 내용의 전개에 영향을 미칠 정도는 아니다. 하지만 작품의 완전한 이해라는 측면에서 계명대 소장본과 서울대본은 상보적인 관계에 있다고 할 수 있겠다.

3. 내용

『유효공선행록』은 유정경과 두 아들 유연·유홍이 겪는 갈등을 중심으로 엮어진 전반부, 그리고 유연이 자신의 친아들인 유우성과의 갈등이 중심이 되는 후반부로 구성되어 있다. 이 과정에서 유연의 가문은 유연의 부인 정씨와의 갈등으로 인해 정씨의 가문과 대립적인 각을 세우기도 한다. 이 갈등이 확산되어 유연의 가문은 다른 공신들의 불신으로 인해 가문 존립의 위기를 겪는다. 하지만『유효공선행록』의 시작부터 결말까지를 관통하는 갈등의 중심은 유연과 유홍의 가문 내적인 갈등이라고 하겠다.

작품의 전반부는 次子인 유홍이 長子인 유연의 孝友寬仁한 성격을 시기하여 유연을 장자의 자리에서 몰아내는 과정이 그려져 있다. 이 과정에서 아버지인 유정경은 次子인 유홍의 모함에 속아 長子인 유연의 孝友寬仁함을 자신에 대한 반항으로만 여기게 된다. 이러한 부자간의 대립적인 관계는 權臣인 요정이 강형수의 처 정씨를 겁탈하려 하자 정씨가 머리를 기둥에 받아 자결한 사건으로부터 시작된다. 강형수는 이 사건을 조정에 알리려고 하고, 조정에서는 이 사건을 유정경에게 맡긴다. 그러자 요정은 유홍이 뇌물을 좋아한다는 것을 눈치 채고 사람을 시켜 유홍에게 뇌물을 전달하게 되자, 유홍은 유정경에게 강형수를 오히려 모함한다. 유정경은 유홍의 말을 믿고 강형수가 요정을 무고하였다고 몰아세워 오히려 죄를 강형수에게 돌리게 된다. 이 판결에 대해 유연은 유정경의 잘못을 지적하고, 유홍은 요정을 두둔하면서 유정경의 판단이 그르지 않았다고 반박한다. 이런 대립으로 형제 갈등의 골은 깊어가게 되고, 유정경은 유연이 자신에게 지적한 행위가 자신의 뜻을 거스르는 것이라고 여겨 유연을 못마땅하게 생각한다.

이러한 연유로 유정경은 유연에 대한 마음이 식고, 자신의 뜻을 잘 받드는 次子인 유홍에게 마음을 쏟게 된다. 유연과의 대립적인 상황에서 유홍은 유정경에게 유연을 끊임없이 참소하게 되고, 유정경은 유홍의 참소에 속아 유연을 장자의 자리에서 몰아낼 마음을 먹게 된다. 이 때, 조정에서는 과거를 시행하게 되는데, 유연은 병을 핑계로 과거를 치르지 않으나, 유홍은 과거에서 장원을 차지하게 된다. 유홍이 과거에서 장원을 차지하자, 유정경은 유연을 장자의 자리에서 폐하기로 결심하고 一族을 모아 이러한 결정을 알리게 된다. 그러나 이러한 결정이 잘못된 것임을 알고 있는 일족들은 유정경에게 반대 의견을 강력하게 피력한다. 유연은 아버지가 자신으로 인해 난처한 상황에 처한 것을 알게 되고, 이러한 상황을 벗어나기 위해 스스로 佯狂한다. 유연의 佯狂으로 인해 일족들은 결국 유정경의 결정이 그르지 않았다고 여기고 廢長에 동의하게 된다.

유홍은 유연이 행한 佯狂이 거짓이며, 유정경이 유연의 진심을 깨닫게 된 이후를 염려하여, 요정·만염 등과 상의해서 유연을 완벽하게 해칠 모의를 한다. 유홍은 유정경에게 유연으로 하여금 과거에 응시하도록 종용하고, 유연은 결국 자신의 결심을 깨고 아버지의 뜻에 따르기 위해 과거에 응시하여 장원을 차지한다. 만염과 유홍 일당은 유연을 모함하나, 황제는 오히려 태자의 스승으로 삼는다. 유홍은 자신의 계획이 성공하지 못하자, 유연의 부인인 정씨를 모함하고 유정경은 유홍의 모함에 속아 결국 정씨를 친정으로 쫓아낸다. 정씨의 아버지인 정관은 유정경을 탄핵할 계획을 세우나 정씨의 강력한 반대로 뜻을 이루지 못한다. 그러자 정관은 정씨를 改嫁시키려 하는데, 정씨는 정관의 뜻을 미리 알고는 男服을 하고 도망한다.

조정에서는 황제가 후궁인 만귀비를 총애하여 황후를 폐하고 태자를 멀리하게 되는 상황이 발생한다. 유연은 유홍의 권유로 자신에게 죄과가 돌아올 것임을 알면서도 황제에게 황후 폐위가 부당함을 상소하고, 결국 유배를 떠나게 된다. 유홍은 유배를 떠나는 유연을 도중에서 살해할 계획을 세우고, 호송하는 관노들에게 뇌물을 주며 유연을 죽일 것을 당부한다. 그러나 우연히 남복을 입고 도망하던 유연의 부인 정씨의 시비 난향이 그 사실을 엿듣고 정부인과 함께 유연을 위험에서 구한다. 정씨는 유연을 구한 후, 유연을 찾아 配所로 떠나다가 풍랑을 만나 우여곡절을 겪은 후, 太行山으로 들어가 토굴에 살면서 자신에게 주어진 삶을 마치려 결심한다. 그러나 태행산을 찾은 유연에게 우연히 발견되어 죽음에 이르기 직전에 발견되고, 이후 유연의 보살핌을 받으면서 아들을 잉태하게 된다. 형을 죽이지 못한 유홍은 家奴를 유배지로 보내어 유연의 생활을 탐지하게 하고, 유연이 정씨와 함께 살고 있음을 알게 된다. 이 사실을 유정경에게 알리자 유정경은 유연에게 편지에 칼을 동봉해 보내며, 정씨를 죽이지 않으면 자신이 죽겠다며 협박한다. 정씨는 이러한 상황을 감지하고 스스로 산사에 들어가 중이 된다.

조정에서는 황제와 황후가 죽고, 태자가 황제로 즉위하게 되니, 태자는 유연을 解配하여 다시 조정으로 불러들인다. 조정에서는 만귀비의 일당을 모두 처결하니, 유홍의 죄과가 세상에 알려지게 된다. 유정경도 유홍이 유연을 죽이려고 했던 사건들의 전모를 알게 되어 자신의 잘못을 뉘우치고, 유연의 본심을 깨닫게 된다. 결국 유홍은 北海道로 유배를 떠나게 되고, 유연은 유홍의 아들인 유백경과 유백명을 자신이 맡아 키운다. 유정경은 정씨가 살아 있고, 게다가 아들까지 잉태하고 있다는 사실을 듣고, 유연을 종용하여 정씨를 데려올 것을 명령한다. 유연은 정관이 유씨 가문을 참소하려고 했던 사실에 대한 사과를 받지 못한 상태에서 정씨를 받아들일 수 없다고 생각하고 유정경의 명령에 불복한다. 정씨의 생환만을 바라고 있던 정관은 결국 유연에게 자신의 잘못을 빌고 정씨를 데려오게 된다.

정씨는 아들인 유우성을 데리고 오는데, 유연은 유홍의 아들인 유백경의 품성이 재주가 뛰어난 유우성보다 장자의 자리에 적합하다고 생각한다. 이러한 뜻을 알고 있는 유우성은 자신의 처지를 한탄하여 중이 될 결심까지 하게 되나, 결국 아버지의 가문을 굳건하게 이끌고 나가려는 뜻을 깨닫게 된다. 유홍은 해배되어 돌아오고, 자신의 잘못을 뉘우치며 작품은 끝을 맺게 된다.

4. 가치

『유효공선행록』은 『소현성록』과 더불어 초창기 국문장편소설을 대표하는 작품이다. 이 작품은 약 50여 종의 이본을 가지고 있는데, 아직 정확한 이본연구는 되어 있지 않은 상황이다. 하지만 중요한 이본으로 평가되는 서울대본, 나손본과 비교를 해본 결과, 단순히 화소가 축약된 점은 나타나고 있다. 하지만 완전히 생략된 화소가 존재하지 않고 또한 전체적인 내용의 변이는 이루어지지 않았으며 어느 부분에서는 오히려 서울대본에서 누락된 부분이 존재한다. 따라서 이러한 차이에 대한 비교연구를 통해 『유효공선행록』의 완전한 이해를 도울 수 있을 것이라고 생각된다. 다만 아쉬운 것은 이 책이 낙질이라는 점이다. 낙질이라는 단점 때문에 서울대본과 상보적으로 『유효공선행록』의 완전한 이해를 도울 수 있다는 가치가 퇴색될 우려가 있는 것이다.

【김성철】

[색인어]

『유효공선행록』, 『유씨삼대록』, 『소현성록』, 국문장편소설

[참고문헌]

김성철, 「<유효공선행록> 연구」, 고려대 국문과 석사학위논문, 2003.

이춘풍전

저자 미상.

한글 필사본 1권 1책(66장).
12행, 四周無邊, 無界, 11行12字, 無魚尾 ; 21.1×19.3cm.

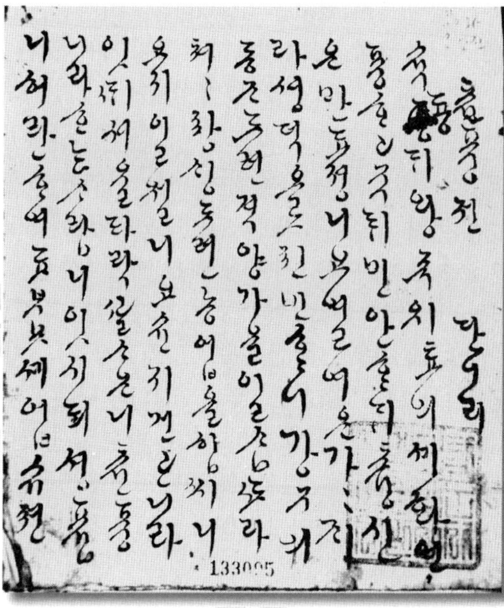

이춘풍전

1. 개요

『이춘풍전』은 1953년 장덕순에 의하여 소개되면서 학계에 알려진 소설이다. 그 이후로 『이춘풍전』에 대한 연구는 70~90년 초반까지 연구가 활발히 이루어져왔다. 『이춘풍전』 연구는 '왈자타령'의 소설화추정, 판소리계소설일 가능성, 세속소설·세태소설·풍자소설의 계열로 분류, 이본고찰 등 아주 다채로운 시각으로 연구가 되어 왔다. 현재까지 발견된 이본만해도 10여종에 가깝다. 여기에 '계명대본'이 하나 더 추가 되는 셈이다.

'계명대본'은 표제는 없고 내제에 "츈풍전 단니리" 라고 씌여 있다. 내제에 이어 소설 내용이 시작하는데, 필사는 한 사람이 한 듯하고, 아주 달필은 아니지만 한글 필사를 많이 해본 사람이 필사한 것으로 보인다. 그런데 16쪽과 17쪽은 기존 필체와 달라 보인다. 이 책을 필사한 사람은 일반 한글 필사 서법과 다른 면이 조금 있어서 쉽게 알아보지 못하는 글자가 있다. 예를 들면 'ㅅ'과 'ㅈ'의 혼동, 'ㅜ'와 'ㅗ'의 혼동, 'ㄷ, ㅌ, ㅊ'의 혼동 등을 들 수 있다. 이러한 혼동은 필사자의 독특한 서체에서 기인한 것이다. 그리고 매행 자수가 규칙적이지 않아 3-4字의 차이가 보인다. 중간 중간에 글자를 끼워 낳은 것으로 보아 다 쓴 후에 실수한 것을 고쳤다.

소설 내용이 끝나는 곳에 필사기가 보이는데 다음과 같다.

> 1) "무오연 정월 이십팔일 등셔 칙주넌 김산딕니라 戊午年 正月 二十八日夕時 單終"
> 2) "니 칙은 기뇨흔 칙니라 급히 등셔흐기로 단필 오자 낙셔 무슈니 흐여 그딕로 셩편 결칙흐여씨나 납스 뭇거렵습 혹시 심ㄷ흐거든 보시나니 우음치 마로시고 정커 보시압쇼셔"

이 필사기로만 본다면 필사지역이 나오지 않아 어느 지역에서 필사한 것인지는 알 수 없지만 책주인이 '김산'임을 알 수 있다. 필사년은 무오년인데 1858년과 1918년을 상정해 볼 수 있다. 현재 『이춘풍전』의 이본 중 가장 빠른 것은 『한성신보』에 실린 「남준여걸」로 1896년이다. 그러므로 신문에 실린 「이춘풍전」보다 앞선 작품이 있을 순 있으나, 현존한 『이춘풍전』의 필사년도를 보면, 성산본은 '乙巳(1905)'[1], 가람본은 '壬子(1912)', 국립도서관본은 '신미(1931)', 나손 ① 본은 '辛亥'(1911), 나손 ② 본은 '긔유(1909)', 나손 ④ 본은 '신히'(1911), 나손 ⑤ 본은 '壬子'(1912), 박순호 ① 본은 '긔유(1909)', 박순호 ② 본은 '을묘'(1915), 연세대본은 '경오'(1930), 조상우본은 '乙卯(1939)'로 간기가 나타나 있다. 1905년부터 시작으로 하여 1915년 사이가 대부분이다. 여기에 1939년까지 시기가 내려가는 이본도 있다.

---

1) 장덕순, 「『이춘풍전』의 해설」, 『현대문학』 46, 1958, p.267. 을사년(1905) 4월에 필사한 것으로 매장 11행의 全 28張이다. 성산본은 현대문학 46, 47, 48 50호에 현대역으로 연재되어 있다.

'계명대본'을 보면 필사시기를 짐작할 수 있는 단어가 나온다.

> 경셩의 ᄉᆡᆼ장ᄒᆞ여 청누미ᄉᆡᆨ 만니 보아(계명대본 27쪽)
> 한양으로 향ᄒᆞ거든 셔울왈ᄌᆞ 니츈풍니 평양와셔 고ᄉᆞᆼ으로 지ᄂᆡᆫᄃᆞ고(계명대본 37쪽)

에서 보듯 '경셩', '햔양'과 '셔울'을 같이 쓰고 있는 것으로 보아 필사시기가 후대일 가능성이 높다. 이로 볼 때 '계명대본' 『이춘풍전』에서 보이는 필사기의 무오는 1918년으로 보는 것이 타당하다.

그리고 위 2)와 같은 필사기도 있다. 필사기는 연도를 적는 것이 대부분이나 '계명대본'에서와 같이 길게 서술하는 경우도 있다. 단국대학교 한적실 소장 나손본 이본들의 필사한 경우를 보면, "이 ᄎᆡᆨ 등셔ᄒᆞᆫ 사람은 문필 능슈지 못ᄒᆞ여 오ᄌᆞ 낙셔 마너니 보시나니 눌너 보실기을 쳐만복앙이라", "니ᄎᆡᆨ은 님ᄌᆞ 이월에 시족 님ᄌᆞ년 초구닐 시족ᄒᆞ여 십삼닐 필초ᄒᆞ연노라 니 소졔의 필법이 업셔 글싯나 보잘거시 업고 집일이 빈고ᄒᆞ넌골노 글을 셰우지 아이ᄒᆞ고 졍초 면ᄒᆞ여 보안노라"와 같이 겸양의 표현으로 서술하고 있다.

'계명대본'도 「이춘풍전」을 기묘한 책이라 규정하고, 심심할 때 읽으라고 하면서 자신이 이 책을 급히 만들어 실수를 많이 했음을 밝히면서 독자의 양해를 구하고 있다.

2. 내용

『이춘풍전』은 왈자인 이춘풍이 청누 기생인 추월에게 재산을 탕진한 후 어진 아내의 도움으로 잃은 재산을 찾고 행복하게 살았다는 세태소설이다. 이 작품은 1950년대에 들어서야 비로소 세상에 알려지기는 했지만 이후 많은 이본들이 발견되어 내용도 편차가 심한 편이다. 그러나 '계명대본'은 아주 일반적인 내용을 주로 담고 있다. 계명대본 『이춘풍전』의 경개는 다음과 같다.

숙종대왕 즉위초에 서울 타락골에 이춘풍이라는 사람이 살았는데 성품이 허랑하여 조부모의 재산을 청누 기생들과 도박에 탕진하였다. 평소에 알고 지내던 친구들도 춘풍이 돈이 떨어지자 사이가 멀어지고 괄세를 한다. 춘풍 아내가 주색잡기는 그만 하라고 춘풍에게 만류한다. 그러나 춘풍은 주색잡기를 해도 잘 먹고 잘 산다면서 아내의 말을 듣지 않는다. 춘풍 아내가 진시황고사까지 들어가며 하소연을 하자 춘풍이 마음을 고쳐먹고 청루 출입 않기로 약속하고 수기를 써준다. 춘풍 아내는 춘풍이 마음을 잡자 집안 일을 하며 돈을 벌기 시작한다.

춘풍은 아내가 돈을 버는 것을 보고 자신도 직접 장사를 하겠다고 호조돈 삼천냥을 빌려 평양으로 장사를 가려고 한다. 춘풍 아내는 춘풍에게 평양을 알지도 못하면서 장사가지 말라며 내가 벌어다 주는 돈으로 편히 살라고 만류하지만, 춘풍은 아내에게 폭행을 하면서 결국 장사를 떠난다.

춘풍은 남대문, 연조문, 무악재, 고양, 장단, 임진강, 송학산, 대동강을 건너 평양에 당도한다. 평양에 당도한 춘풍이 짐을 풀자 평양 기생 추월이 서울서 삼천냥을 춘풍이 가지고 온 춘풍을 호리려는 계획을 세운다. 추월은 춘풍이 자신의 집으로 오도록 만들어 집구경을 시킨 뒤 운우지정을 나눈다. 이후 춘풍은 추월에서 혹하여 추월이 사달라는 것을 다 사준다. 어느 순간 춘풍은 추월에게 호조에서 빌린 돈 삼천냥을 다 탕진한다. 그러자 추월은 춘풍을 괄시하며 집에서 나가라고 한다. 춘풍은 매화타령을 부르고 신세 한탄을 하면서 추월이 집에서 잡일을 하며 세월을 보낸다.

춘풍아내는 몇 년간 춘풍이 소식이 없고, 추월에게 돈을 탕진했다는 소문을 듣고 승지영감집 일을 도와주며 대부인에게 호계비장으로 평양에 갈 수 있도록 부탁한다. 드디어 춘풍 아내 비장이 되어서 평양에 도착하니 추월이 이번에는 비장을 호리려 한다. 춘풍 아내는 춘풍을 평양에서 만나자 사령들에게 이춘풍을 잡아오라고 명한다. 그리고 모든 죄가 추월에게 있음을 춘풍에게 자백 받고 추월을 잡아 들여 옥에 가둔다. 춘풍 아내는 추월에게 호조도 삼천냥을 갚으라고 종용하자 추월은 죽을까 두려워 춘풍이 탕진한 호조돈을 다 갚아준다.

이후 춘풍 아내는 먼저 서울로 올라오고 춘풍이 서울로 올라갈 수 있도록 도와준다. 춘풍은 추월에게서 호조돈 삼천냥을 찾은 뒤 서울로 와서 장사해서 돈을 벌었다고 춘풍 아내에게 큰소리를 친다. 그리고 집에 와서는 춘풍 아내에게 음식 타박을 하며 못되게 굴자, 춘풍 아내는 다시 비장 옷을 갈아입고 춘풍에게 호통을 친다. 비장이 아내임을 안 춘풍은 다시 개과천선하여 집안 단속 잘하고 아들을 잘키웠다.

3. 가치

조선후기에는 소설 독자층이 증가하여 소설을 필사하는 일이 많아졌다. 개중에는 필사자가 소설 내용을 그대로 필사하는 것이 아니라 주관적인 관점을 가지고 필사하는 이도 더러 있었다. 그리하여 문필에 능력이 있는 필사자는 화려한 수사를 많이 사용하여 독자들의 기호에 맞도록 꾸미기도 하였다. 이들로 인하여 소설의 여러 이본이 생성되었으며, 수사가 화려하고 부연이 많을수록 후대본일 가능성이 짙다. 그러면 필사기가 명확하며 계명대본과 비슷한 필사기를 가진 나손본 ①(1911)을 선택하여 묘사를 중심으로 계명대본과 비교하면서 계명대본 만의 특색과 가치를 찾아보기로 한다.

나손본과 계명대본은 구성상으로는 커다란 차이는 없다. 하지만 두 이본 사이에는 고유명사와 시대, 지명 등의 차이가 드러나고 있으며, 이야기가 약간씩 추가되는 양상을 보인다. 그러면 소설 내용의 순차적 단락순으로 살펴보기로 한다.

> 슉둉ᄃᆡ왕 득위 쵸의 셰화연풍ᄒᆞ고 국틱민안ᄒᆞᆫᄃᆡ 츙신은 만됴졍니요 열여은 가ᄃᆞ지라 셩덕으로 친민ᄒᆞ니 강구의 동ᄌᆞ드련 격양가을 일슴쓰라 쳐ᄃᆞ 창싱드련 농업을 힘씨니 요지일월니요 요순지건곤니라 잇ᄯᆡ 셔울 타락ᄭᅩᆯ ᄉᆞ온니 츈풍니라 ᄒᆞ는 ᄉᆞ람니 잇시되 셩픔니 허랑ᄒᆞ여 됴부모 셰업 슈쳔금을 청누의 ᄉᆞᆫ진ᄒᆞᆯ졔(계명대본 1-2쪽)

나손본과 '계명대본'은 '숙종대왕 즉위 초'를 시대적 배경으로 하고 있으며 '서울 타락골'을 공간적 배경으로 하고 있다. 나손②본 '경긔도 양쥬ᄯᆞᆼ 타락골'로 되어 있고, 나손③본에서는 '安東 方谷'이 공간 배경이다. 그리고 나손본에서는 이춘풍의 부모에 대한 설명은 간단히 기술하고 있는데 반해 계명대본에서는 부모 설명은 없고 조부모의 재산을 탕진했다고 기술하고 있다. 그러나 "츈풍ᄋᆞᆫ히 모시젼골 김슌ᄌᆞᆼ의 여식으로"라 하여 춘풍 아내 아버지 이름을 '김슌ᄌᆞᆼ'으로 거명하고 있다. 몇몇 이본에서는 춘풍이 아비의 이름을 거명하고 있는데, 나손②본에서는 父 '이덕ᄃᆞᆼ', 母 '박씨'라고 기록하고 있으며, 나손④본에서는 '이순죠', 조상우본에서는 '李鍾漢'으로 기술하고 있다.

> "츈풍쳐 ᄒᆞ난 말리 평싱을 ᄂᆡ게 ᄆᆡᆨ기고 착ᄒᆞᆫ 일ᄒᆞ매 ᄋᆞᆫ져 먹고 가지ᄆᆞ오 츈풍이 ᄃᆡ쇼ᄅᆡ애 어질고 착ᄒᆞᆫ ᄋᆞᆫ히 머리치을 션졍시졍 비단감덧 상젼시젼 앤쥴 감덧 사월파일 동ᄯᅵ감덧 ᄇᆡᆨᄉᆞ공의 닷쥴감덧 홰ᄃᆞ충ᄃᆞ 가ᄆᆞ들고 이리재리 치며"(나손본)

> "슈기을 ᄂᆡ여 츈풍 압헤 도던지니 츈풍니 왜골ᄂᆡ여 어질고 착ᄒᆞᆫ 졔 안히을 머리가닥 선젼시젼 통비단 감덧 ᄉᆞ공 놈덜 돗쥴감덧 정월 보름 연쥴 감덧 휘ᄃᆞ친ᄃᆞ 감아 돌고 이리치여 져리치여"(계명대본 18쪽)

춘풍이 다시는 장사를 안하고 재산을 탕진하지 않겠다고 수기를 썼는데도 불구하고 재산을 불리겠다고 평양으로 장사를 가려 하자 춘풍 아내가 장사를 가지 못하도록 만류하는 장면을 묘사하고 있다. 장사가지 말라는 춘풍 아내의 애절한 심정을 춘풍이 몰라 주고 오히려 폭력을 일삼는다. 위의 예를 보면 나손본에서는 말의 연결이 자연스럽지 않지만, 계명대본은 나손본에 비해 비교적 자연스러운 편이다.

> "츈풍이 넛지 보니 얼골은 청천명월리요 참이실례 모란화요 봄바람의 ᄒᆡ당화요 그림속에

은은ᄒᆞ고 녹의홍상 고흔틱도 월궁의 항ᄋᆞ로다 쳔싱고흔 틱도 잉도화 ᄋᆞ침이실 머금은 듯"(나손본)

"당명황쩍 네 낫시면 양귀비가 무식ᄒᆞ고 쵸한적 네 낫시면 우미닌이 무식ᄒᆞ야 박식 될분ᄒᆞ엿구나 경셩의 싱장ᄒᆞ여 청누미식 만니 보와시되 보던빅 쳠음닐다"(계명대본 26-27쪽)

춘풍이 호조 돈을 빌려 평양에 장사갔는데 춘풍이 돈이 많다는 소문을 듣고 추월이 춘풍의 돈을 후리려고 계책을 세우는 장면을 묘사하고 있다. 나손본에서는 추월의 얼굴을 설명하면서 기존의 비유를 그대로 인용하였다면, 계명대본에서는 실제 역사적 인물을 예로 들며 추월의 미색을 칭찬하고 있다. 그러면서 경성에서 낳고 자란 춘풍이 청누에서 여러 기생을 보았지만 추월이 가장 미인이라고 세부적으로 묘사하고 있다.

지금까지의 서술을 미루어 볼 때, '계명대본'은 일반적인 내용을 기본으로 하고 있으면서 설명이 자세하다고 할 수 있다.

【조상우】

[색인어]

김산, 이춘풍, 춘풍 아내 김씨, 추월, 평양, 비장

[참고문헌]

· 손병선, 「『이춘풍전』 연구」, 한양대 석사논문, 1988.
· 장덕순, 「『이춘풍전』 연구」, 『국어국문학』 5, 국어국문학회, 1953.
· 장덕순, 「『이춘풍전』의 해설」, 『현대문학』 46, 1958.
· 조상우, 『고전산문의 발견과 활용』, 보고사, 2007.

자녀혼가전

저자 미상

한글 필사본 1책. 필사년 미상.
四周白邊, 無界, 33張, 11行 16字 : 22.0×20.8cm.

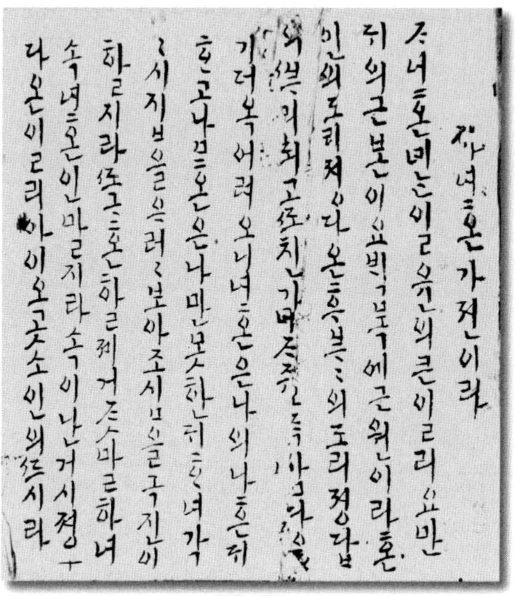

자녀혼가전

1. 저자

『자녀혼가전』의 작가 및 창작 연대는 알 수 없다. 이 책 말미에 후기가 있는데, 후기에는 70여세의 여인이 임신년에 필사하였다는 정보가 있다. 임신년은 1932년으로 추정한다.

2. 구성

『자녀혼가전』은 논설의 방식을 활용하여 각각 '자녀혼가' '부부공경편' '형제우애편' '효행편'으로 나누어 이야기를 전개하고 있다. 네 편으로 나누었다고 하지만, 기실 거의 모든 내용은 '효행편'에 집중되어 있다. 또한 앞의 세 편은 논설적인 방식으로 되어 있다면, '효행편'은 도덕소설 『진대방전』을 활용하기도 했고, 다양한 일화를 나열하기도 하는 등 앞의 세 편과 그 글쓰기 방식을 달리한다.

특히 『자녀혼가전』의 「효행편」은 『진대방전』을 요약적으로 진술한 것으로 봐도 무방할 듯하다. 다음과 같은 내용만 봐도 이 점은 쉽게 확인할 수 있다.

> 희쥬 ᄯᅡ의 사ᄂᆞᆫ 진ᄃᆡ방이라 ᄒᆞ난 사람이 잇시되 그 안ᄒᆡ 양녀로 더부러 부모씨 불효ᄒᆞ기로 ᄉᆡ어미 그 연고을 ᄐᆡ슈게 원정을 알외니 희쥬판관 김두ᄇᆡᆨ은 도덕군ᄌᆞ라 치민ᄒᆞᄂᆞᆫ 법이 ᄇᆡᆨ셩 효제 츙신 예의 념치로 슝샹코ᄌᆞ ᄒᆞ다가 이 날 고관을 듯고 ᄃᆡ경ᄒᆞ야 공사문을 닷고 회과ᄌᆞ 젹왈 (중략) 바로 ᄃᆡ방의 집에 힝ᄎᆞᄒᆞ야 ᄃᆡ방의 모ᄌᆞ 형제 양녀을 불너 뜰의 세우고 (중략) 분부ᄒᆞ되

이 점에서 『진대방전』을 요약적으로 진술한 것임을 알 수 있다. 그렇지만 『자녀혼가전』의 「효행편」을 곧바로 『진대방전』의 발췌본이라고 할 수는 없다. 그 내용이 『진대방전』과 일정 부분이 겹치지만, 우리나라 동해에 사는 효부 이야기를 비롯하여 '孝感泉'의 주인공 '吳浚'의 이야기도 싣고 있기 때문이다. 즉 「효행편」은 『진대방전』을 중심축에 두고 있지만, 그 내용은 상당 부분 작가의 구미에 맞게 재편되었음을 알 수 있다.

「효행편」에는 15편의 일화가 실려 있다. 그 중 13편은 중국의 이야기이며, 두 편은 우리나라 이야기다.

3. 내용

『자녀혼가전』은 앞의 구성에서도 보았듯이 '자녀혼가', '부부공경', '형제우애', '효행'에 대한 논설과 일화로 점철되어 있다.

'자녀혼가'는 "자녀의 혼례는 인륜의 큰일이요, 만대의 근본이요, 백복에 근원이라"고 하여, 자녀를 혼인시킬 때 명심해야 할 요소를 나열하고 있다. 얼굴만 보고 짝을 구하지 말 것, 혼인할 때 거짓말을 하지 말 것, 자녀를 일찍 성혼시키지 말 것, 사위와 며느리를 귀중하게 알 것, 며느리의 잘못을 덮고 칭찬할 것, 며느리는 시집에 대한 험담을 하지 말 것 등을 중심으로 언급하고 있다.

'부부공경'은 "부부는 만대 근본이요, 백복의 근원"이기에 서로 공경해야 함을 말한다. 부부의 도리가 정다우면 그 집이 태평한다는 내용이 골자다. 남편은 하늘이고 아내는 땅인 만큼, 남편은 강건하고 아내는 유순한 도를 다하도록 공경하며 손님처럼 대하기를 당부한다.

'형제우애'는 "형제는 모두 한 부모의 유체"로, 한 가지로 지낼 것을 말한다. 형제가 우애하고 못하는 것은 모두 아내에게 달렸으니, 아내는 남의 집에 들어가서 그 집의 법도를 지킬 것을 이야기한다. 조카를 사랑하고, 동서 간에 새암을 하지 말며, 한 집에 살며 여의치 못한 일이 있어도 참을 것을 당부한다.

'효행'은 『자녀혼가전』의 핵심 부분으로, 그 내용은 이 책의 절반 이상을 차지한다. 「효행편」은 앞서 논설과 같은 방식이 아닌 일화를 중심으로 제시한다. 일화는 『진대방전』에 기반하여 제시한다. 이는 앞서 보았던 것처럼 「효행편」의 시작 부분이 "힉쥬 싸의 사는 진딕방이라 ᄒᆞ난 사람이 잇시되"라고 되어 있다는 점을 통해서도 확인할 수 있다.

「효행편」에 실린 이야기는 『진대방전』의 형식을 준용한다. 진대방과 그의 아내 양씨가 불효하기에 진대방의 모친은 결국 그 고을 태수 김두백에게 원정을 올린다. 김두백은 왕화가 여기까지 미치지 못함을 자책한다. 이에 김두백은 진대방의 집에 행차하여 그의 가족을 불러 훈계를 하는 방식을 취한다. 김두백은 우선 천지가 생겨나고, 인륜이 생겨나며, 부모 형제가 생겨난 것으로 인륜을 지킬 것을 장황하게 이야기한다. 이어서 효행을 행한 인물들의 일화가 나열되어 있다.

나열된 인물은 ① 당나라 때 이가 없는 시어머니 장손부인에게 젖을 먹인 며느리 당부인, ② 일곱 살에 헤어진 어머니를 70여세가 지나도록 찾아다니다가 결국 어머니를 찾은 송나라 사람 주수창, ③ 수자리 떠난 남편이 '만약 자신이 돌아오지 못해도 부모님을 모시라'고 한 말을 지켜 28년 동안 평생 수절한 한나라 때의 효부, ④ 혼인할 때 혼수를 많이 가지고 온 아내에게 포선은 사치스럽다면 꾸짖자 그 혼수를 모두 돌려보내고 베옷을 입은 소군, ⑤ 당나라 때 주은 은을 다시 땅에 묻은 경양의 어머니 정씨, ⑥ 아내와 자식에게 인륜에 대해 훈계한 오나라 무시공, ⑦ 자식의 친구[범달]가 찾아오자 자신의 머리카락을 잘라 음식을 대접한 진나라 도간의 어머니, ⑧ 뽕을 따고 있는 자신에게 희롱하는 사람이 있기에 꾸짖고 집으로 돌아왔는데 희롱한 사람이 자신의 남편임을 알고 불효·불신한 사람과 살 수 없다며 자살한 추호자의 아내, ⑨ 9대가 한데 살면서 화목한 장공예의 집을 찾은 임금이 그 연유를 묻자 참을 인(忍)자 일백 번을 쓴 장공예, ⑩ 강주 진씨의 집에서는 개 100마리를 길렀는데 그 개들은 그 중 한 마리라도 오지 않으면 서로 밥을 먹지 않았던 이야기, ⑪ 제나라 안영의 마부가 되자 기뻐 거드름을 피우는 남편에게 남의 하인이 된 것을 자랑 말라고 하자 이후 행실을 조심한 마부, ⑫ 집이 가난함을 못 견디고 떠났다가 나중에 부귀한 남편의 모습을 보고 후회하다가 결국 자살한 주매신의 아내, ⑬ 공부하러 떠났다가 일년도 채 못 되어 돌아온 남편에게 베를 잘라 보이면서 꾸짖어 다시 공부를 종용한 악양재의 아내, ⑭ 늙고 병든 자신을 봉양하는 것에 미안한 시어머니가 스스로 목숨을 끊어 오히려 며느리가 의심을 받아 옥에 갇히자 그 고을이 삼년 동안 가물었다는 동해 효부 이야기, 그리고 마지막으로 ⑮ '孝感泉'의 주인공 '吳浚'의 이야기 등 총 15편이다.

4. 가치

『자녀혼가전』은 현재까지 소개된 적이 없는 유일본 소설이다. 앞의 두 장이 훼손되어 있지만, 내용을 이해하는 데에 불편을 느낄 정도는 아니다. 이 점에서 『자녀혼가전』은 유일본으로서의 가치를 갖는다. 그렇지만 정작 주목할 사항은 『자녀혼가전』이 유일본이라는 데에 있지 않다. 기실 내용만으로 본다면 이 책은 단순한 일화를 나열한 소설이라고 낮추어 볼 수도 있다. 그렇지만 『자녀혼가전』은 두 가지 측면에서 그 독특한 매력을 발산한다. 그 하나는 『자녀혼가전』이 일화를 나열했으면서도 기존 소설을 활용했다는 점이고, 다른 하나는 이 소설이 대구를 중심으로 한 지역의 규방에서 읽혔다는 점에서 규방문화의 한 흐름을 엿볼 수 있다는 것이다.

전자는 앞서 살펴본 것처럼 전대의 소설 『진대방전』을 직접적으로 활용한 소설 창작이라는 점에서 그 가치를 갖는다. 『진대방전』은 100여종이 넘는 필사본이 있을 뿐 아니라, 경판본과 안성판본과 같은 방각본으로도 간행이 된 소설이다. 또한 구활자본으로도 출간되었다는 점에서 그 인기도를 짐작할 수 있다. 『자녀혼가전』은 이처럼 널리 읽히던 소설을 활용하여 창작된 작품이라는 점에서 당시 소설 향유와 창작의 단면을 엿보게 한다. 소설 문화의 지평을 읽어내는 데에 『자녀혼가전』은 일정한 역할을 담당하는 셈이다.

후자는 『자녀혼가전』이 대구를 중심으로 한 지역의 규방문화를 엿보게 한다는 점에서 그 가치가 인정된다. 이 책은 인간이 지켜야 할 도리를 직접적으로 이야기해서 알려주는 도덕소설이다. 이는 당시 규방에서 규훈(閨訓)을 직접 제시하는 것이 아니라, 소설과 같은 오락적인 매체를 통해 자연스레 습득할 수 있도록 하고 있었음을 엿보게 한다. 실제 계명대 동산도서관에는 이 책 외에 『효경전』과 같은 도덕소설도 존재하는데, 이 작품 역시 아직까지 학계에 소개된 적이 없는 유일본이다. 이처럼 유일본 도덕소설이 이 지역에서 빈번하게 발견되는 것은 이 지역의 규방에서 이데올로기 강화를 위한 하나의 방책으로 도덕소설이 향유되던 한 양상을 짐작케 한다.

5. 기타

『자녀혼가전』에는 후기가 있다. 여기에는 필사자의 개략적인 정보와 필사 의도를 엿볼 수 있는 정보가 담겨 있다. 후기의 전문을 드러내 보이면 다음과 같다.

> 임신 정츈 념오일 등셔나 글시 황〃추필을 ᄂᆡ길여 체칙ᄒᆞ나 일신 졍신을 다 드려 벗긴 거시 칠슌지경 붓ᄃᆡ 쎨이고 졍신 혼〃ᄒᆞᆯ 쎡 만ᄒᆞ여 각금 나증이 ᄉᆞᆷ겨 쓸 슈 업시나 샹막ᄒᆞᆫ 졍신을 가다드마 벗긴 거시 더구나 졍ᄌᆞ로 쓰니 붓슨 니구ᄒᆞ고 글ᄌᆞ 아니 만드라지니 ᄎᆞᆷ 우습고 ᄋᆡ다우나 ᄉᆞ경을 ᄉᆡᆼ각 모든 부인ᄂᆡ며 제 소제 등 박소치 말고 앗길지이다. 글발은 ᄇᆡᆨ년이라도 ᄉᆞᆨ지 아니ᄒᆞ나 인ᄉᆡᆼ은 부평초와 갓탄지라. 이 곳 사후라도 보며 앗기고 앗길지어다. 소〃 한ᄉᆞ의 커나는 아희들 보일만ᄒᆞ니 보십시요.

후기를 보면 『자녀혼가전』은 임신(壬申, 1932)년에 70여세 된 여인에 의해 필사되었음을 알 수 있다. 이 여인은 또한 온갖 정성을 다해 글자 하나하나에 정성을 들여 썼음도 밝히고 있다. 실제 이 책의 본문은 후기의 글씨와 달리 매우 정결하게 씌어져 있다는 점에서 필사자의 말을 방증한다. 또한 이 책의 독서 대상자를 '모든 부인'과 '제(諸) 소저'로 직접 제시하고 있다는 점에서 이 책이 규방에서 널리 읽힌 소설임을 확인케 한다.

【김준형】

[색인어]

『자녀혼가전』, 도덕소설, 규방문화, 『진대방전』, 『효경전』

[참고문헌]

· 김준형,「계명대 동산도서관 수장 고전소설의 현황과 가치」,『한국학논집』37, 계명대 한국학연구소, 2008.
· 장효현 외,『고소설 해제 - 李明善 구장본을 중심으로』, 국립중앙박물관, 2008.
· 조희웅,『고전소설 이본목록』, 집문당, 1999.

張斗英傳

저자 미상.

한문 필사본 1책. 필사년: 井邑, 靈隱寺, 1888(高宗25). 필사자: 法眞
四周白邊, 無界, 13行 23字, 無魚尾, 26.0×21.0

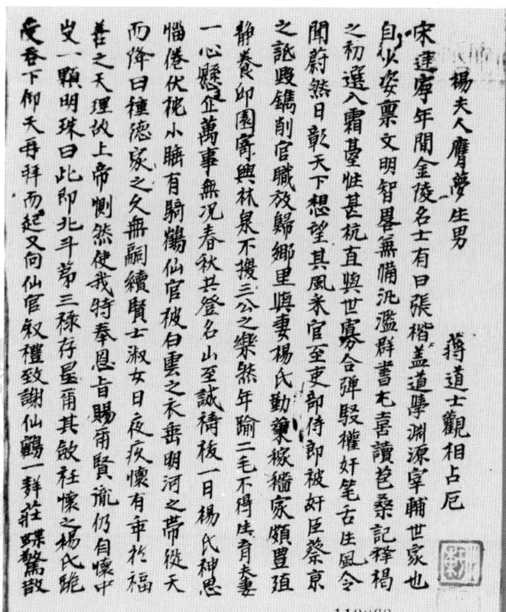
楊夫人膺夢生男　蔣道士觀相占厄
宋建[illegible]年間金陵名士有曰張楷蓋道學淵源宰輔世家也
自少姿稟文明智畧兼備汎濫群書尤喜讀芭桑記釋褐
之初選入霜臺性甚抗直與世寡合彈駁權奸筆舌生風令
聞蔚然日彰天下想望其風采官至吏部侍郎被奸臣蔡京
之誣毀鐫削官職放歸鄉里與妻楊氏勤業稼穡家頗豊殖
靜養卿園寄興林泉不換三公之樂然年踰二毛不得生育夫妻
一心懸之企萬事無況春秋共登名山至誠祈祷一日楊氏神思
惱倦伏枕小睡有騎鶴仙官被白雲之衣垂明河之帶從天
而降曰種德家之久無嗣續賢士淑女日夜疚懷有乖於福
善之天理故上帝惻然使我特奉恩旨賜爾賢胤仍自懷中
出一顆明珠曰此即北斗第三祿存星爾其歛衽懷之楊氏跪
受吞下仰天再拜而起又向仙官叙禮致謝仙鶴一聲莊蝶驚散

장두영전

1. 저자 및 편찬시기

이 책은 내제 없이 표제만 여러 군데 쓰여 있는데, 그 제목이 두 개다. 하나는'張斗英傳'이고, 다른 하나는 '金仙覺'이다. 이 중 타당한 제목은 후자인 '금선각'이다. 즉 동산도서관에 수장된 『장두영전』의 제목은 '금선각'으로 써야 할 것이며, 이 책은 곧 『금선각(金僊覺)』의 한 이본이라 하겠다. [다만 동산도서관본은 다른 책과 구분하기 위해 『장두영전』으로 통일한다.]

『장두영전』의 저자 및 편찬 시기는 분명하지 않다. 기존 논의를 참조하면 『금선각』의 저작 시기는 임자(壬子)년인데, 그는 곧 1722년 혹은 1782년일 개연성이 높다. 저자도 아직까지 확정되지 않았지만, 신경원(申景源, 1722~1797)일 가능성도 제기되었다. 아무튼 『금선각』의 작가는 서울[近畿]이 아닌 지역에서 어느 정도 경제적인 기반을 갖춘 인물이며, 최소한 생원·진사과에 합격할 정도의 문식을 갖고 있는 인물이라는 점은 지적할 필요가 있다.

『장두영전』 말미에는 '大淸光緖15年 戊子孟秋 井邑 內藏山 靈隱寺 圓寂庵 中 沙彌 法眞'이라는 기록이 있다. 이는 이 책의 필사 시기와 필사자를 밝힌 것이다. 이 책의 필사 시기는 1888년, 필사자는 내장산 영은사(靈隱寺) 원적암(圓寂庵)에서 수행하던 법진(法眞)이란 스님임을 알 수 있다.

2. 구성

『장두영전』은 장두영이란 한 영웅이 붕괴된 가문을 형성하고 유지하는 역할에 초점이 놓여 있다. 이 점에서 이 책은 초기 영웅소설의 특성을 갖는다. 『장두영전』은 초기 영웅소설의 구성처럼 크게 세 부분으로 나눌 수 있다.

첫 부분은 장두영이 가족과 분리되었다가 다시 화합하는 데까지로, 한 가문이 완전히 해체되었다가 다시금 재결합하는 부분이 이에 해당한다. 이는 '가문의 외적 창달'로 이해할 수 있다. 소설에서는 황성에 집을 짓고, 그 집에 새로운 인물들이 주거한다는 점에서 가문의 외적 창달의 결과를 보여준다. 『장두영전』의 두 번째 부분은 다시 화합한 가족 내부에서 갈등이 벌어지고, 장두영이 결국 이 갈등을 해결하는 부분까지다. 이는 가문의 번창을 위해 내부를 정비하는 과정으로, '가문의 내적 정비'로 이해할 수 있다. 집안 구성원 중 간악한 인물은 징치되고 선한 인물은 표창되는 것은 가문의 내적 정비의 결과다. 『장두영전』의 마지막 부분은 '가문의 외적 창달'과 '가정의 내적 정비'를 통해 이루어진 결과로, 그의 후손들이 영화를 누린다는 대목이다.

이를 통해 보면 『장두영전』을 통해 작가가 궁극적으로 말하고자 하는 것은 '가문을 창달하고, 가문의 창달이 이루어지면 가정 내부의 질서를 다시 정비하고, 그 결과 후손들은 끝내 영화를 누린다'는 데에 있음을 알 수 있다.

3. 내용

『장두영전』은 총 43,500여자(원고지 250매)로 되어 있는 비교적 장편의 소설로, 15회 장회체 형식을 취하고 있다. 『장두영전』을 가장 쉽게 요약하여 말하면 국문소설 『장풍운전』의 한문본이라고 할 수 있다. 즉 초기 영웅소설 중 비교적 널리 읽힌 『장풍운전』과 내용상에서 큰 차이를 보이지 않는 한문소설이라 할 만하다.

상식적으로 생각하면 『장풍운전』이 향유되는 과정에서 이 책이 한역되었을 가능성이 높다. 하지만 작품을 꼼꼼히 읽고 따져보면, 오히려 그 결과는 반대일 개연성이 높다. 즉 비교적 장편이면서 까다로운 한문 소설 『금선각』이 향유되는 과정에서 통속적이고 상업적인 형태의 국문본 『장풍운전』으로 변개되었다는 것이다.

『장두영전』의 줄거리는 상당 부분 『장풍운전』과 일치하기 때문에 굳이 그 내용을 다시금 제시할 필요는 없다. 다만 『장풍운전』과 대비할 때 불교적인 응보관(應報觀)이 강하게 나타난다는 점만은 지적할 필요가 있다.

『장풍운전』에는 읽으면서 잘 이해가 되지 않는 부분이 있다. 경파에게 노비(路費)를 얻고 나온 장풍운은 왜 그 돈을 전부 중에게 시주하고, 이후에는 전전걸식하며 지냈는가 하는 대목이다. 『장풍운전』에서는 찾을 수 없던 이유가 『장두영전』에 나오는데, 이 대목은 작품 전체에 중요한 의미를 내포한다.

> "如來大佛은 반드시 금은을 좋아한 것이 아니라, 상공의 시주를 한 정성을 사랑한 것이지요. 또한 齋供에 반드시 감격한 것도 아니요, 상공이 불교를 향한 마음에 감격을 한 것이죠. (如來大佛 不必愛金銀 而愛相公捨施之誠 不必感齋供 而感相公向道之心)"

장두영의 꿈에 대사가 나타나서 두영에게 부친을 만날 수 있음을 암시하는 말 뒤에 다시 이 말을 하였다. 즉 장두영이 앞뒤를 가리지 않고 시주한 까닭에 부친을 만난 것이고, 부인(경파)과 모친까지 만날 수 있음을 지적한 것이다. 『장두영전』에서 장두영의 시주는 곧 대사와의 첫만남이면서 마지막까지 끈끈한 연으로 이어질 수 있는 계기였던 셈이다. 이러한 점을 고려할 때, 『장풍운전』은 『장두영전』을 새롭게 만드는 과정에서 불교적인 윤회관을 약화시킨 작품이라 할 만하다.

4. 가치 및 서지적 특성

『장두영전』은 우리 문학사에서 중요한 작품 중에 하나다. 이 작품은 영웅소설의 형성과 관련하여 상당히 많은 가능성을 제기하기 때문이다. 실제 그 동안 영웅소설의 작가층으로 제시되었던 몰락 양반, 전문적 작가, 유랑지식인 등은 '적어도' 『장풍운전』에서만큼은 적용할 수 없기 때문이다. 이는 곧 영웅소설 중 일부는 한문본을 번역하는 과정에서 통속적인 방각본으로 유입되었다는 가설과 함께 방각본의 대본을 마련한 작가는 지방에 기반을 둔 식자층도 포함되어 있었음도 확인케 한다. 이처럼 『장두영전』은 영웅소설의 형성 동인과 향유 과정을 설명하는 데에 하나의 해답을 던져준다는 점에서 이 작품의 가치가 드러난다.

『장두영전』은 비교적 많은 이본을 가지고 있는데, 현존하는 이본은 총 13종이다. 그 중 한문본은 10종으로, 표제는 모두 '금선각'이다. 국문본은 총 3종으로, 표제는 '장두영전'으로 되어 있다. 다만 성균관대본은 앞 장에 뜯겨져 있어서 표제를 확인할 수 없는데, 후대에 책을 정리하면서 그 제목을 '장원수전'으로 써 넣었다. 참고로 현재까지 확인된 『금선각(장두영전)』에 대한 간략한 서지 사항을 드러내면 다음과 같다.

1) 한문본

① 고려대본: 1권 1책. 21×26.5cm. 80장, 매면 12행, 매행 20자. 庚辰年(1820년) 孟秋(7월) 필사.

② 고려대 육당문고본: 2권 2책. 21×28cm. 1권 60장, 2권 44장. 매면 9행, 매행 20자. 李明創의 도장이 찍힘. 기존 線裝에 五針綴裝法으로 철한 것을 해체하여 스테플러로 찍고, 표지도 일제 때의 종이로 다시 씌움.

③ 연세대본: 1권 1책. 23.5×20.4cm. 62장. 매면 12행, 매행 24~29자. 更子(1840년) 2월 21일 필사. 朴○○의 도장이 찍힘. 뒤에 「帝王玉璽出納記」가 첨부됨.

④ 국립중앙도서관본: 1권 1책. 25.0×21.0cm. 75장. 매면 12행, 매행 20자. 金學相의 도장이 찍힘.

⑤ 정명기A본: 1권 1책. 51장. 매면 16행, 매행 평균 24자. 癸亥年(1863, 1803년?) 필사.

⑥ 정명기B본: 1권 1책. 54장. 매면 12행, 매행 30자. 黑兎南宮上浣[癸卯(1843년) 8월] 필사. 浣西姜竹○筆.

⑦ 유재영복사본: 1권 1책. 56장. 매면 15행, 매행 24자. 앞에 장회 목차가 있음. 작가의 발문이 있음.

⑧ 김준형본: 2권 1책. 34.2×21.7cm 71장. 매면 10행, 매행 24자. 癸未年(1823,

1883년?) 菊秋(9월) 필사. '陰城進士申公景源著'라는 기록이 있음.

⑨ 성균관대본: 1권 1책. 24.8×17.0cm 110장. 매면 9행, 매행 20자. 丙辰年(1856년) 3월 필사. 표제는 '張斗英傳', 내제는 '張斗英傳 卷之單 金仙覺'. 뒤에 「雜說」이 첨부됨. 표제 여백에 '冊主忠淸南道保寧郡嵋山面開花里兪福永'이란 기록이 있음.

⑩ 계명대본 : 1권 1책. 58장. 매면 13행, 매행 25자 내외. '大淸 光緖 15年(1888) 戊子 孟秋 井邑 內藏山 靈隱寺 圓寂庵 中 沙彌 法眞'이란 기록이 있음.

2) 국문본

⑪ 단국대본: 1권 1책. 23.3×20.7cm. 52장. 매면 17행, 매행 평균 18행. 표제는 張杜靈傳卷之單. 무술월일(1838년) 필사. 뒷표지에는 甲辰元月譯이란 기록이 있음.

⑫ 박순호본: 1권 1책. 73장. 매면 14행, 매행 평균 23자. 표제는 張斗英傳. 을묘(1915년) 납월 초일일 필사. 뒷면에서 '大正五年 拾二月 貳拾貳日 絶筆閣停'이란 기록과 '振威郡 玄德面 岐山里(지금의 평택)'라는 기록이 있음. 표지는 辛未年(1934년)에 기존 소설을 이면지로 덧씌움.

⑬ 성균관대본: 2권 2책. 1책은 일실. 현존하는 책은 하권에 해당함. 앞부분이 훼손되어 표제·내제는 확인 불가. 도서관에서 임의로 「張元帥傳」이란 표제를 붙임. 23.9×21.5cm. 辛丑(1841, 1901년?) 필사. 후미에 "신츅 십월 초ᄉᆞ일 칠십칠셰 옹이 심〃ᄒᆞ기의 진셔소셜을 번역ᄒᆞᄂᆞ 경신 업고 눈 어둡고 슈젼증 잇고 필묵 그르니 글시 안되고 오자 낙셔 만코 말도 된지 만지 ᄒᆞᄂᆞ 망들ᄒᆞ고 초ᄒᆞ여씨니 부인ᄂᆡ도 가이 볼만ᄒᆞ니라"라는 후기가 있음.

이들 중 최선본(最善本)은 1820년에 필사된 고려대본이다. 고려대본을 토대로 보면 동산도서관본 『장두영전』은 후대적인 면모를 보인다. 그 중에서도 육당본, 연세대본, 성균관대본과 같은 계통에 속해 있음은 분명하다. 다음과 같은 몇 예만 봐도 이 점은 익히 확인된다.

(고려대본) : 請夫人出而俟之.. 胡氏退于私室. 通判又招張郞夫妻, 握手流涕而語曰: "二竪沉沉, 一縷奄奄. <u>南天之極輝無情</u>, <u>西山之落日欲頹</u>. 未覩東床之榮光, 遽作北邙之枯骨'.

(계명대본) : 請夫人出而俟之.. □□□□□□ □□又招張郞夫妻, 握手流涕而語曰: "二竪沉浸,一縷奄奄. <u>南極無情</u>, <u>西日欲頹</u>.

(육당문고본) : 請夫人出而竢之.. □□□□□□ □□又招張郞夫妻, 握手流涕而語曰: "二竪沉沉, 一縷奄奄. <u>南極無情</u>, <u>西日欲頹</u>.

(연세대본) : 請夫人出而竢之.. □□□□□□ □□又招張郎夫妻, 握手流涕而語曰: "二豎沉沉, 一縷奄奄. 南極無情, 西日欲頽.

(성균관대본) : 請夫人出而竢之.. □□□□□□ □□又招張郎夫妻, 握手流涕而語曰: "二豎沉沉, 一縷奄奄. 南極無情, 西日欲頽.

위의 사례만 봐도 계명대본은 육당본·연대본·성대본과 긴밀한 관련성을 보인다. 다른 이본에는 '□'로 표시한 부분, 즉 누락된 부분은 전혀 없다. 그렇지만 다른 이본들과 서로 어떻게 맞물리는가에 대한 세밀한 고찰은 이 자리에서 모두 다룰 수는 없다. 그렇지만 간략하게나마 계통을 세우면, 다음과 같다.

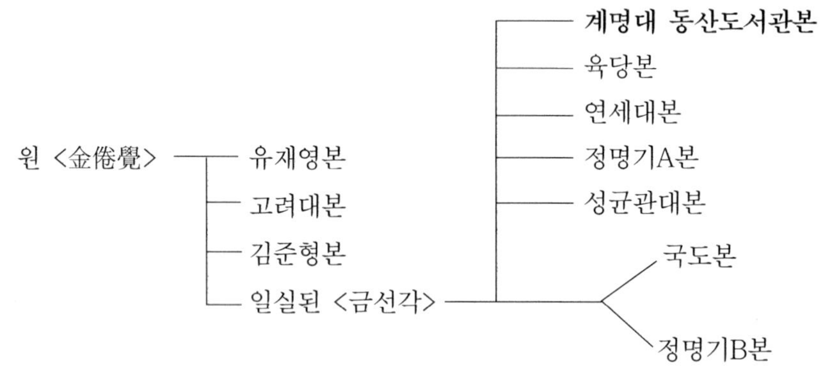

5. 기타

참고로 『장두영전』의 원 제목·저자·저작 시기는 이 책이 아닌 다른 본을 통해 확인할 수 있다. 그 자료는 유재영 복사본인데, 거기에 쓰인 발문은 아래와 같다.

> 임인년 봄에 내가 杏陰草廬에 있을 때에 우연히 무릎과 정강이 부분에 마비 증세가 와서 평상의 거적 위에 널부러진 채 문을 단단히 닫아걸고서 사람들과 더불어 소창하지 못한 것이 한 달이 넘었다. 10여세 된 아들놈은 아비의 적막함을 위로할 양으로 밤마다 베개 옆에 앉아 古談을 傳誦해 주었다. 그것은 모두 여항의 俚諺 가운데서 나온 것인데, 辭氣가 捷給하여 또한 족히 들을 만하였다. 안타까울사! 그 놈의 재주는 이언에는 능하지만 글을 짓는 데에는 능하지 못하니, 만일 말을 구성하는 것이 그 능한 바로 인해 그를 이끌어 그 능하지 못한 곳에 자연히 이르게 하는 것과 같이 한다면 어떠할까? 주변에서 늘 쓰는 문자를 모아서 古談

한 부를 집성하고 그로 하여금 독서하는 겨를에 가끔씩 눈주어 보게 한다면 가히 글을 짓는 문법에 밝아지며 말을 구성하는 방도도 깨칠 수 있고, 세속에 보탬이 있을 것이다. 날마다 일상의 정리를 담은 글을 쓰는 것에서 미루어 擧子의 小藝나 문장가의 大範에까지 이르게 된다면 또한 반드시 글을 짓고 말을 구성하는 것에 먼저 거치게 할 필요는 없는 것이다. 내가 이에 비로소 …공란… 마침 병으로 칩거하는데 …공란… ○藁와 俚諺은 서로 멀지 아니하다. 도리어 스스로 배를 움켜잡게 할 뿐인저! 이로써 …(공란)… 책 후미에 기록하노라.[壬寅春 余在杏陰草廬 偶得膝脛痿痺之病 委頓牀簟 緊閉戶牖 不與人疏暢者 月餘矣 兒子有十餘歲者 爲乃爺慰寂之策 夜坐枕邊 傳誦古談 皆從閭巷俚諺中出 辭氣捷給 亦足可聽 惜乎其才能於俚諺 不能於綴文組語 如欲因其所能而導之 馴致於其所不能處 將何以哉 拾取恒茶飯文字 輯成古談一部 使之往往寓目於讀書之暇 則可以曉綴文之法 可以解組語之方 庶幾有補於世俗 日用通情之文 推以至於擧子之小藝 文章之大範 亦未必不先由於綴文組語 吾於是 始…공란… 適値病蟄 …공란… 藁與俚諺 不相遠矣 還自捧腹也已 遂以是 …공란… 記于篇尾]

【김준형】

[색인어]

『금선각』, 『장두영전』, 『장풍운전』, 영웅소설

[참고문헌]

· 김준형, 「금선각의 발굴과 소설사적 의의」, 『고소설연구』 18, 한국고소설학회, 2004.

장학사전

저자미상

[1] 필사본 1책(52장). 1911년 필사.
10행 28자 내외. 四周雙邊, 有界(朱絲欄). 半郭 26.6×19.2cm,
전체 크기 35.7×22cm.
필사기: "ᄃᆡ한 융희 오연 일월 쵸오일 필. 한셩 북부 관광방 소격동 뉵십일통 뉵호 신의관ᄃᆡᆨ이라.", "ᄃᆡ한 융희 오연 신히 졍월 초오일 필셔"

[2] 필사본 1권1책(103장).
10행 내외. 18자 내외. 28.5×17.8cm.

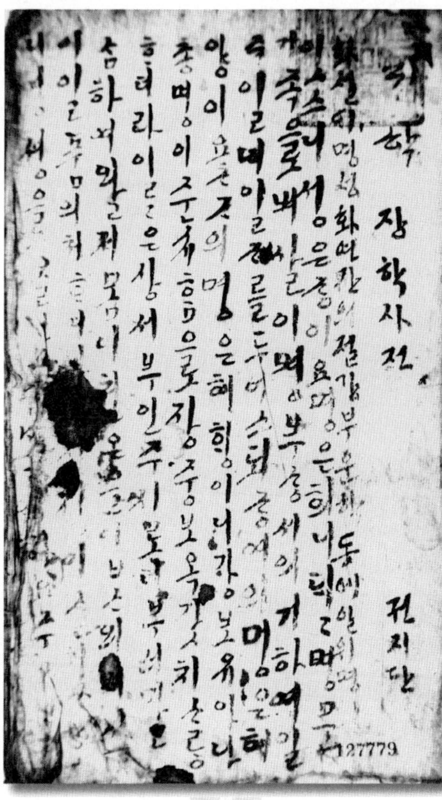

장학사전

1. 서지

『장학사젼(고811.35 장학사)』(以下 <해제본①>)은 1권 1책의 필사본으로, 권수제가 '장학사젼 권지단'으로 되어 있다. 분량은 총 52장, 매면 10행이고, 행당 자수는 장에 따라 다양한데, 대체로 28자 내외로 나타난다. 四周雙邊, 有界(朱絲欄)이고, 半郭은 26.6×19.2cm, 책의 크기는 35.7×22cm 정도이다. 마지막 장(52a)에 "ᄃᆡ한 융희 오연 일월 쵸오일 필. 한셩 북부 관광방 소격동 뉵십일통 뉵호 신의관ᄃᆡᆨ이라."라는 필사기가 있고, 앞표지에 "ᄃᆡ한 융희 오연 신ᄒᆡ 정월 초오일 필셔"라는 기록이 있어서 1911년 서울 昭格洞 신의관 댁에서 필사되었음을 알 수 있다.
『장학사젼(이811.35 장학사)』(以下 <해제본②>)는 1권 1책 필사본으로, 권수제는 '장학사전 권지단'으로 되어 있다. 책 전체는 103장인데, 이 가운데 제1장~71장이 『장학사전』에 해당한다. 면당 행수는 제1장~38장이 10행, 제39장~71장이 11행으로 되어 있고, 행당 자수는 18자 내외로 나타난다. 책의 크기는 28.5×17.8cm 정도이다. 『장학사전』의 필사기는 없으나, 책의 마지막 장(103b)에 "이 ᄎᆡᆨ은 정월 십구일의 막쥭 벡기시나 낙ᄌᆞ 마니 빠져시니 눌너보시옵"이라는 기록이 있고, 뒤표지 안쪽면에 "ᄎᆡᆨ쥬인은 지례 샹원 니소졔라"라는 기록이 있어, 어느 해 정월 19일에 필사되었고, 경상북도 知禮에 사는 이소저의 책이라는 사실만 확인할 수 있다.

2. 저자

저자 미상.

3. 구성

해제본①은 1권 1책으로 『장학사전』만 필사되어 있지만, 해제본②는 1권 1책에 『장학사전』 외에 다른 작품이 섞여 있어 주의를 요한다. 해제본②는 전체 103장으로 되어 있는데, 제1장~71장은 『장학사전』이고, 제72장~100장에는 『ᄒᆡ룡전이라』라는 작품이 필사되어 있으며, 제101장~103장에는 『장소졔 ᄌᆞ문이라』라는 제목의 제문이 필사되어 있다. 『ᄒᆡ룡전이라』는 『육효자전』의 제2회에 해당하고, 조선 영조 때 이경회라는 선비의 효행을 기술한 『이해룡전』이다.

4. 내용

『장학사전』의 줄거리를 해제본[1]을 중심으로 정리하면 다음과 같다.

명나라 때 절강부 운학동에 살던 병부상서 장희는 부인 주씨와의 사이에 딸 혜란(해제본[2]에는 혜양)과 아들 혜랑(해제본[2]에는 혜힝)을 두었다. 장희가 벼슬에 전념하기 위하여 가족을 데리고 경성으로 올라갔는데, 혜랑이 10세가 되자 공부에 매진하도록 고향으로 다시 내려보낸다. 고향에 돌아와 2년 동안 학업에 힘쓰던 혜랑이 어느 봄날 춘광을 구경코자 나왔다가 숲속에서 완월루라 현판이 붙은 집을 발견한다. 이 집은 유도영이라는 사람이 부인 김씨와 살고 있는 집이고, 난중에 부모를 잃고 동생과 헤어져 몸을 의탁하고 있는 유생의 생질녀 소소저도 머물고 있었다. 소소저는 유도영의 딸 유소저의 제안으로 완월루에 올라 함께 봄경치를 구경하고, 이 모습을 장혜랑이 숨어서 엿보게 된다. 장혜랑이 집에 돌아와 그 미녀를 마음속에 잊지 못한다.

가을이 되어 소소저가 스스로 부모의 제사 비용을 마련하기 위하여 자기가 만든 족자를 추향으로 하여금 팔아오게 하였는데, 우연히 장혜랑이 이를 발견하고 소소저의 사연을 전해 듣고서 족자를 100냥에 산다. 어느 날 장혜랑이 유생의 집을 방문하여 서로 인사하고, 며칠 후 유생이 다시 장혜랑의 집을 방문하여 두 사람이 술을 마시며 이야기를 나누다가 장혜랑이 유생에게 소소저와 정혼하고 싶은 마음이 있음을 알린다. 장혜랑이 다시 이웃에 사는 이학사를 중매로 보내 청혼하니 유생이 허락하고 택일한다. 장혜랑이 노복들의 반대를 무릅쓰고 유생의 집으로 가서 혼사를 치르고 서로 애지중지하며 지낸다.

천자가 장상서를 이부상서로 승차시키고 어진 인재를 모으라 하시니, 장상서가 고향에 기별하여 혜랑을 경성으로 올라오게 한다. 장혜랑이 과거에 급제하여 한림학사를 제수받고 고향에 소분하러 부친 장상서와 함께 내려가지만, 부친께 차마 혼인 사실을 아뢰지 못하고, 소소저에게 소식만 전한 후 다시 경성으로 올라오게 된다. 천자가 장상서에게 자신의 외손녀 후주와 장한림의 혼인을 제의했는데, 한림은 소소저 생각에 병이 나 몸져 누워 백약이 무효하게 된다. 한림의 누이 장소저가 동생의 사연을 전해 듣고 부모께 아뢰자 장상서가 크게 화를 내지만, 다시 장소저의 제의에 따라 고향으로 사람을 보내어 소소저를 불러 오게 한다. 소소저는 장상서의 친필 편지를 받고서야 경성으로 올라와 한림의 병을 구완하고 장상서 부부와 장소저를 섬기며 화락하게 지내게 된다.

천자의 사위 조부마가 장상서를 찾아와 자신의 딸 후주와 장한림의 혼사를 제의하고, 장상서가 자식의 불초함을 들어 완곡하게 거절하지만, 다시 천자가 나서서 후주와 한림의 혼사를 강권하여 길일을 잡아 성례하게 된다. 장상서 집에 온 후주가 소부인의 현숙하고 아름다움을 보고 자신의 신세를 걱정한다. 소부인의 간청에도 불구하고 장한림이 후주를 자주 찾지 않으니, 후주가 소부인에게 앙심을 품게 된다. 소부인이 아들을 낳아 장상서와 장한림의 총애가 더욱 깊어지자, 후주와 유모 윤씨가 아이를 죽일 계교를 세워 장소저의 시비 선앵으로 하여금 아이의 가슴에 돌을 올려놓아 죽게 만든다. 장한림이 추문하여 범인을 잡아내려고 하지만, 소부인과 장소저가 말린다. 소부인이 다시 잉태하여 아들을 낳아 이름을 면경이라 한다. 한편 장소저는 윤강노의 아들과 혼사를 올리게 된다. 장상서가 변방의 형주자사(해제본②에는 청주자사)로 부임하면서 손자 면경을 데리고 가니, 후주가 이 틈을 타 윤씨의 동생 윤흥을 통하여 회심단을 구하여 장한림을 먹인다. 회심단을 먹은 장한림이 소부인을 박대하고 후주를 친애하니 장소저가 이를 의심하지만 소부인은 현숙한 마음으로 이를 묵묵히 받아들인다. 후주가 잉태하여 아들을 낳았으나 급살을 맞아 죽게 되니 장한림이 소부인을 의심하여 추문코자 하지만, 장소저가 극구 만류한다. 윤강로가 득병하여 장소저가 시가로 가게 되자 후주가 장한림에게 다시 갱심단을 먹인 후 윤씨·선앵와 공모하여 소부인의 필적을 훔쳐와 그 글씨체를 모방하여 거짓 편지를 써서 소부인을 음해하니, 장한림이 분기대발하여 소부인을 집에서 쫓아낸다.

소부인이 장소저에게 혈서로 사연을 써서 운향에게 남기고, 복중 유아를 안고 추향과 더불어 촌촌걸식하여 절강으로 돌아갔으나 외숙 유도영은 이미 죽었고 숙모 김씨가 소부인을 박대하니 참혹한 마음으로 머물게 된다. 숙모 김씨가 이웃 사람에게 소부인을 재가시키려 하자, 소부인이 비참한 마음을 이기지 못하고 있다가 금강으로 달아나라는 꿈의 계시를 받고 그곳으로 가 보니, 그 곳은 회심정이라는 곳으로 원통한 사연을 기록하고 유명을 밝히는 곳이었다. 소부인이 자신의 억울한 사연을 쓰고 나서 물에 몸을 던진다. 마침 금강 백화촌에 살던 유어사가 꿈 속에서 소부인을 구하라는 계시를 받고 추향과 더불어 소부인을 건져 회생시킨 후 집으로 데려가니 소부인이 유어사와 부인 두씨를 수양부모로 섬기며 지내게 된다. 소부인이 아들을 낳아 윤경이라 한다. 유어사에게 두운이라는 수양아들이 있었는데, 두운 얻은 사연을 소부인에게 얘기하니, 바로 난리 중에 헤어진 소부인의 동생이었다.

장소저가 윤강로가 쾌차한 후 본가로 돌아와 소부인이 쫓겨난 사실을 알고 장한림을 크게 꾸짖는다. 시비 운향으로부터 소부인이 남긴 혈서를 받아보고, 또 선앵과 윤씨가 수작하던 말을 전해 듣고 크게 노하여 부모 돌아오시기만을 기다린다. 형주자사로 갔던 장상서가 다시 예부상서를 제수 받아 집으로 돌아와 가중 변고를 알아차리고 선앵과 윤씨를 엄형문초하여 죄상을 확인한 후, 후주와 장한림도 크게 꾸짖는다. 장상서가 이 일을 천자에게 고하니, 천자가 대로하여 선앵과 윤씨를 죽이라 하고, 후주도 죽이라 하나 장한림의 아들 면경과 장소저가 극간하여 후주는 목숨을 부지한다.

소부인이 금강 가 누각에서 투신했다는 사연을 전해 들은 장상서가 아들 장한림과 손자 면경을 보내어 고혼을 위로하게 한다. 장한림 일행이 금강에 도착해 소부인의 원혼을 위로하고 근처 암자에 들러 수륙재를 지낼 준비를 하는데, 마침 이 암자에 들른 소두운과 윤경이 장학사 일행을 만나지만 서로 정체를 알아차리지 못하고 이야기만 나누다가 헤어진다. 소두운과 윤경이 집에 돌아와 소부인에게 이 사연을 말하니 소부인이 윤경에게 부친 장한림에 대한 이야기를 하고, 처음 혼약시 받았던 비녀를 주며 아비를 찾아보라고 말한다. 소두운과 윤경이 경성 장한림 집을 찾아가 비녀를 통해 서로 정체를 확인하고 감격적인 상봉을 하게 된다. 장한림이 면경을 데리고 절강으로 소부인을 만나러 내려가 유어사 부부에게 사연을 이야기하고 소부인을 만나 그간 미안함을 사죄하나, 소부인은 다시 장한림을 따라 가지 않겠다고 한다. 유어사의 부인 주씨가 만류하여 돌려보내려 하자, 장상서의 명으로 납폐와 전안을 새롭게 하면 돌아가겠다고 한다. 장상서가 새로 택일하여 장한림이 소부인을 경성으로 데려와 온가족이 모두 만나게 된다. 소부인이 후주의 잘못을 용서하고 두 아들로 하여금 후주를 효성으로 섬기라 교훈한다. 세월이 흘러 장상서 부부와 유어사 부부가 별세하고, 장한림 부부와 두 아들, 장소저 그리고 소부인의 동생 등이 모두 부귀영화를 누리다가 세상을 마친다.

5. 가치

『장학사전』은 크게 전반부에 장혜랑과 소소저의 결연이, 중반부에 소소저와 후주 사이의 가정내의 갈등이, 후반부에 이러한 갈등이 우여곡절을 거치며 해결되면서 헤어졌던 가족들이 모두 만나는 재회가 배치되어 있다. 결연은 장혜랑이 소소저를 우연히 보고 연정을 품게 되면서 시작되지만, 부모에게 알리지 않고 무리하게 자신의 욕망을 실현시키려고 하는 바람에 이후 갈등의 원인을 제공하기도 한다. 이런 점에서 장혜랑과 소소저의 만남과 이별은 『춘향전』의 이도령과 춘향의 만남과 일맥상통하는 부분이 있다. 소소저와 후주 사이의 갈등은 근본적으로 천자의 勒婚이 원인이지만, 후주가 가정 내의 주도권을 잡기 위한 악행을 일삼았다는 데에 실질적인 원인이 있다. 따라서 중후반부의 전개 과정은 『사씨남정기』와 유사한 측면을 보인다.

작품의 표제로 삼은 장학사는 장혜랑이 과거급제 후 한림학사 벼슬을 제수받았기 때문에 붙여진 명칭인데, 작품 내에서 장학사(장혜랑)가 차지하는 비중이 현격하게 적고, 긍정적인 부분을 거의 가지지 못한 못난 인물로 형상화되고 있다는 점도 이 작품의 특징이라고 할 수 있다. 『장학사전』의 이본 가운데 『소씨전』이라는 제명의 작품이 있다는 사실은 이와 관련이 있는 듯하다.

『장학사전』은 현재 남아있는 이본 상황으로 볼 때, 세책본과 일반 필사본, 그리고 활판본으로 간행된 것이 확인된다. 방각본은 전하지 않는다. 또한 『장학사전』과 거의 같은 내용을 보이는 작품으로 『소씨전』이 있고, 등장인물의 성과 이름을 바꾸어 개작한 『조생원전』이 있으며, 공간적인 배경을 조선으로 설정하여 개작한 『완월루』라는 작품도 있다.

완월루는 장혜랑이 처음 소소저의 모습을 엿보게 되는 누각의 이름이다. 결국『장학사전』은 작품 자체의 완성도가 높은 작품이라기보다는, 흥미 있는 결연담과 쟁총담을 유지하면서 다양한 제명의 작품으로 개작되어 많은 이본군을 갖춘 작품이라는 점에 가장 큰 의의가 있다고 할 수 있다.

해제본 두 종의 특징적인 사항은 다음과 같다.

해제본①은 표제는 '장학사전'이라고 되어 있는데 등장 인물의 이름은 활판본『장학사전』이나 해제본②와 차이가 나고, 활판본『완월루』와 유사한 측면을 보인다. 예를 들면 장학사의 이름이 '혜랑'으로, 장학사 누이의 이름이 '혜란'으로 나타나는 것이『완월루』와 동일하다. 그러나『완월루』가 '조선시대 안동'을 배경으로 하고 있음에 반하여 해제본①은 다른『장학사전』과 마찬가지로 '대명성화 연간 절강부'를 배경으로 한다. 이는『장학사전』과 관련 이본들이 개작되고 변모해 가는 단초를 보여주는 한 근거로 이해할 수 있다. 또한 필사한 글씨체는 해제본②에 비해 훨씬 유려한 달필이지만, '금셰에'(금세에), '잇갓치'(이갓치), '팔연딕로'(발연딕로) 등 표기상의 오류가 굉장히 많아 판독에 유의해야 한다.

해제본②는 활판본『장학사전』(신구서림, 1916년, 74쪽)을 그대로 전사한 것으로 보인다. 전사하는 과정에서 발생한 오류를 제외하고는 행문상 거의 차이가 없다. 따라서 필사본 이본으로서의 독자적인 가치를 발견하기는 어렵고, 현전하는 필사본의 상당수가 활판본을 전사한 것이라는 학설을 뒷받침하는 하나의 근거가 될 수 있겠다.

【전상욱】

[색인어]

장학사전, 소씨전, 조생원전, 완월루, 결연담, 쟁총담, 춘향전, 사씨남정기

현씨쌍인긔

저자 미상.

필사본 3권 3책.
四周白邊, 無界, 10行28字, 無魚尾, 29.5×18.4cm.

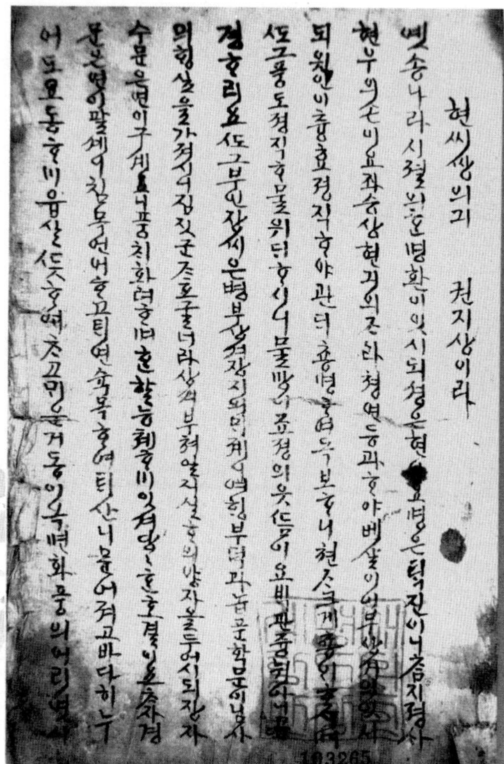

현씨쌍인긔

1. 서지

계명대본 『현씨쌍인긔』는 일명 『현씨양웅쌍린기』로 불리는 국문 장편소설의 이본으로, 3권 3책으로 분권되어 있다. 이 책의 형태사항은 四周白邊, 無界, 10行28字, 無魚尾, 29.5×18.4cm 이다. 각 장의 표지 양식은 동일하다. 표지 중간 부분에는 필사 연월이 적혀 있고, 그 왼쪽에는 큰 글씨로 '현씨쌍인긔'라는 제목이 적혀 있으며, 그 아래에 조금 작은 글씨로 '권지일' 등의 권수가 표시되어 있다. 표지를 넘기면 서사가 시작되기에 앞서, 맨 오른쪽에 '현씨쌍인긔 권지일(이,삼)이라'는 제목이 있다.

각 장은 분량은, 권지일이 155면, 권지이가 148면, 권지삼이 158면으로 모두 다르다. 각 권의 글씨가 모두 다를 뿐 아니라, 잘못 쓴 글자를 붓으로 뭉개고 그 옆에 수정하거나, 빠진 글자를 옆에다 작게 써서 집어넣는 등 교정을 본 흔적이 여실하다는 점에서 계명대본이 原作은 아님을 알 수 있다. 각 권의 필사 상태나 필사기 내용 등에서도 차이가 있는 바, 그 내용을 간단하게 표로 정리하면 다음과 같다.

	권지일	권지이	권지삼
분량 (면)	155	148	158
권표지에 기록된 필사시기	졍ᄉᆞ 이월 순칠일	졍ᄉᆞ 이월 십칠일 가의우간게정사	졍ᄉᆞ 이월 이십이일 가의우간게졍사
卷末 처리 방식	남은 말은 이 하권의 잇시니 ᄎᆞ져보소셔.	나문 말은 하회분셕하라.	
소설 필사후에 기록한 필사기 전문	현씨쌍인긔권지일둉. (바로 뒷면에 이어서 「볘틀가」와 「봉션화가」가 5면에 걸쳐 필사되어 있다.) ᄎᆡᆨ쥬ᄂᆞᆫ 님니 쥬리ᄃᆡᆨ ᄌᆞ 송용ᄒᆞ라. (이어 줄을 바꿔서 한자로 무엇인가를 한 줄 적어 놓았으나, 맨 위의 '論' 자와 맨 마지막의 '事'자 외에는 알아보기 힘들다.)	졍ᄉᆞ 이월 슌삼일의 님니 상방의셔 필셔ᄒᆞ노라. ᄎᆡᆨ 셜화 아름답기로 무주녁막필노 죵급히 긔록ᄒᆞ니 외ᄌᆞ낙셔 무슈견ᄌᆡᄂᆞᆫ 눌너 감ᄒᆞ시고 쥬송ᄒᆞ옵소셔. ᄎᆡᆨ쥬ᄂᆞᆫ 님니쥬리ᄃᆡᆨ ᄌᆞ부 송씨라.	ᄎᆡᆨ쥬ᄂᆞᆫ 님니쥬리ᄃᆡᆨ ᄌᆞ부 송용ᄒᆞ라. (행을 바꾸어서 작은 글씨로) 이 ᄎᆡᆨ 일흠을 쌍인긔라 ᄒᆞ리ᄂᆞᆫ 현공형제의 위인이 ᄒᆞᆫ 쌍 긔린갓기로 쌍린이라 ᄒᆞ옵. 졍ᄉᆞ 이월이십이일. 임니.
필사자	님니 쥬리ᄃᆡᆨ ᄌᆞ 송용ᄒᆞ라.	님니쥬리ᄃᆡᆨ ᄌᆞ부 송씨	님니 쥬리ᄃᆡᆨ ᄌᆞ부 송용ᄒᆞ
필체	또박또박 정확하게 썼음. 교정을 본 흔적이 많음.	1~3면까지는 앞 권과 같은 글씨체이나, 4면부터는 글씨체가 확연하게 달라진다. 글씨가 비교적 크다.	'권지이'보다는 알아보기 쉬우나, '권지일'처럼 작은 글씨로 빽빽하게 필사되어 있다.
	글씨 크기 및 각 행의 길이가 균일하다.	글씨 크기가 고르지 않고, 각 행이 끝나는 아랫단의 줄이 맞지 않는다. 페이지를 넘길 때 닿는 부분에는 필사하지 않았다.	글씨 크기 및 각 행의 길이가 균일하다. 페이지를 넘길 때 닿는 부분에는 필사하지 않았다.

2. 필사시기와 필사자

먼저, 계명대본『현씨쌍인긔』는 전체 표지로 보이는 것과 권지일의 표지에서 '정ᄉᆞ'년에 필사되었음을 분명하게 명시하고 있다.『현씨쌍인긔』가 필사된 丁巳年은 1917년과 1857년, 1797년 등이 가능하나, 정확한 시기를 확정짓기는 어렵다. 다만 어투가 오늘날의 말처럼 상당히 가다듬어졌을 뿐만 아니라, 해독하기 어려운 古語가 많이 사용되지 않았으며, '권지이'와 '권지삼'에는 독자들이 책을 넘길 때 잡게 되는 부분에 필사를 하지 않은 점 등으로 미루어 볼 때, 상당히 근세에 필사된 것으로 볼 수 있을 듯하다.

그러나 '권지삼'의 마지막 부분에서 "그 후의 연왕 냥위 별써말이며 쥬쇼ᄉᆞ 냥위 별써ᄒᆞᆷ과 ᄌᆞ녀 등의 혼취ᄒᆞᆫ 말이며 여러 현ᄉᆡᆼ의 ᄌᆞᆼ셩ᄒᆞᆷ과 졔후 형졔 부귀형화ᄒᆞᆫ 일은 착ᄒᆞ□다 긔록지 못ᄒᆞ엿쓰니 이만ᄒᆞ여도 현부의 거룩ᄒᆞᆫ 복녹과 남후부의 환란과 신긔한 바을 긔록ᄒᆞ여 현씨의 명망을 쳔츄유이ᄋᆞᆸ"이라고 하면서도, 정작 후편으로 널리 알려진『명주기봉』에 대한 언급은 없다는 점은, 계명대본의 필사 연대가 의외로 앞당겨질 수 있는 근거가 될 수도 있다. 물론 필사자들이『명주기봉』에 별 관심을 두지 않았기에 후편에 대한 언급을 일부러 누락했을 가능성도 있다. 정확한 필사시기를 확정하기에는 異論의 여지가 많으므로, 여기서는 여러 가지 가능성을 언급하는 선에서 그치기로 한다.

한편, 각 권마다 모두 필사자에 대한 언급이 있으며, 그 언급들에 공통된 부분이 있다는 점에서 일단 '님니 쥬리ᄐᆡᆨ ᄌᆞ(부) 송씨(용ᄒᆞ)'를 필사자로 볼 수 있다. 여기서 '님니'는 마을 이름으로 보이지만, 정확한 위치나 현재 지명을 확인하기 어렵다. 심지어는 지명이 아닐 가능성도 있다. '쥬리ᄃᆡᆨ'의 '쥬리'는 두 가지 정도로 해석해 볼 수 있는데, '州吏[지방의 큰 행정 단위인 주에 속하여 일하던 아전]'라고 보면 이 이본은 지방 도시의 아전 집안 사람이 필사한 것이 되며, '廚吏[관아의 주방에서 소용되는 물품을 맡아보던 구실아치]'로 보면 관청에서 심부름을 담당하던 집안의 사람이 필사한 것이 된다. 이로써 계명대본이 큰 도시가 아닌 작은 도시에서, 양반 계층이 아닌 아전이나 그 이하 계층에서 필사된 것임을 알 수 있다.

'송용호'라는 인물의 실존 여부나 실체 역시 현재로서는 알 수 없다. 다만 각 권마다 책주인을 'ᄎᆡᆨ쥬ᄂᆞᆫ 님니쥬리ᄐᆡᆨ ᄌᆞ 승용ᄒᆞ', '님니쥬리ᄃᆡᆨ ᄌᆞ부 송씨', '님니쥬리ᄃᆡᆨ ᄌᆞ부 송용ᄒᆞ'로 조금씩 달리 말하고 있다는 점에서 같은 집안의 여러 사람이 필사했을 가능성도 생각해 볼 수 있다. 필사지역 및 필사자에 대해서는 추후 좀 더 세심한 고찰이 필요하다.

다음으로 지적할 점은, 계명대본의 필사자가 分卷 방식에 일관성을 기하고 있다는 점이다. 다른 이본들에서는 그 권의 서사가 끝나지 않았을 때도 '하회'라는 표현이 서슴없이 나온다. 그러나 계명대본은 한 권이 끝나지 않은 상황에서 다음 내용에 대한 기대를 언급할 때는 "아ᄅᆡ를 보라."라는 표현으로 장면을 전환을 유도한다. 반면, '권지일'은 "남은 말은 이 하권의 잇시니 ᄎᆞ져보소셔."로, '권지이'는 "나문 말은 하회분셕하라."로 마무리하면서 다음 권으로 서사가 계속 이어진다는 것을 예고한다. 즉, 한 권이 종결되기 전에는 '아래'라는 표현을 써서 그 권의 서사가 계속 이어짐을 표현하되, 그 권의 서사가 마무리되는 시점에서는 대대적인 전환을 예고하는 '하권'이나 '하회' 같은 일반적 표현을 사용한다는 점에서 필사자가 단순 장면 전환과 분권의 차이를 분명히 인식하고 있었음을 알 수 있다.

마지막으로, 계명대본에서 몇몇 人名이 변경되었음을 지적해 둔다. 일반적으로 현씨 형제의 부친은 현택지로 표기되는데, 여기서는 현틱(택)'진'으로 표기했다. 또 수문의 장인이 하세걸이 아닌 '화'세걸로, 수문이 윤소저로 잘못 알고 첫날밤을 보낸 귀형녀는 귀'영'으로 나온다.

3. 내용

계명대본은 어떠한 사건을 서술함에 있어 사건에 대한 정보를 미리 알려주지 않고 事後에 알려주는 방식을 취한다. 이는 '권지이'와 '권지삼'에서 책장을 넘길 때 잡게 되는 부분에는 필사를 하지 않고 비워둔 점과 같은 맥락이라 할 수 있는데, 독자들이 독서에 몰두할 수 있게 도와주려는 의도로 읽을 수 있다.

예를 들어 이 작품의 모든 이본에는 어사 주명기가 딸과 사위의 동태가 궁금하여 딸 부부의 방을 엿보다 사위 현경문에게 들키는 장면이 공통적으로 들어 있다. 장서각본 등에서는 독자들에게 사건에 대한 정보를 미리미리 제시함으로써 흥미보다는 이해를 우선하는 듯한 입장을 보인다. 반면 계명대본은 독자들의 흥미를 유발할 수 있는 서술 방식을 취하고 있다. 주명기가 딸의 방을 엿보려는 계획을 세우는 장면이나 창밖에서 엿보는 모습은 일체 서술되지 않는다. 먼저, 경문이 인기척을 느끼고 창문을 열었을 때 한 장부가 서 있었다고 하여, 독자들로 하여금 그 장부의 정체에 궁금증을 갖게 한다. 이어서 "ᄒᆞᆫ 장부 단의침금으로 창복긔 셧다가 크게 낭픽ᄒᆞ여 연망이 갈식, 관이 두세번 버겨시며 닷는"다고 서술하여 그가 주명기일 가능성을 은근히 보여준 후에, "(경문의) ᄉᆞ광지총으로 엇지 그 악장을 모로"겠느냐는 서술자의 목소리로 사건의 전말을 정리함으로써 독자들에게 사건을 추리하며 지켜볼 수 있게 하는 것이다.

이것은 서술자가 직접 그 사람의 정체를 밝히거나 인물의 謀議 과정을 노골적으로 보여주는 대신, 정보를 차단함으로써 오히려 독자들을 서사에 몰입하게 만드는 방식이다. 독자가 서사에 몰입하여 작품 속 인물의 눈으로 사건을 바라보게 됨으로써 독서의 재미가 고조되는 것이다.

여타 국문 장편소설과 비교할 때, 본 작품은 등장 인물이 많지 않고 가문 차원의 문제에 관심이 덜하다는 점을 특징으로 지적할 수 있을 것이다. 현수문과 현경문 형제가 처한 부부 갈등의 문제를 깊이 있게 보여주려는 이 작품의 지향은 계명대본에 와서 더욱 강화된다.

장서각본 등에서는 경문과 주씨, 수문과 윤씨의 일이 빈번하게 교체되며 서술되는 한편, 장생형제가 끊임없이 현부의 일에 간섭하고, 수문과 윤소저의 갈등이 지속되는 동안에도 틈틈이 수문과 정실 화씨의 대화가 언급되며, 경문을 사모하여 스스로 빈실이 된 육취옥이 해괴한 행동을 자주하여 주위의 놀람이 끊이지 않는다는 서술이 빈번하다. 그러나 계명대본의 경우는, 수문이 윤소저를 겁탈한 후 첩으로 맞아들이기까지 수문이 화소저에게 상의하는 장면이 한 번도 없으며, 경문과 혼인한 육취옥 역시 경문과 주소저의 갈등에 밀려 언급조차 되지 않는다. 두 부부의 사건을 번갈아 보여주는 서술 방식은 변함없지만, 장면 전환의 횟수가 적어지고, 전환 속도 역시 현저히 느려졌다. 또 하나의 사건을 서술하는 동안은 주변 인물에 대한 간단한 언급도 드물었다. 이러한 점은 모두 독자들의 흥미를 배가하기 위해 서술을 집중화하고 있는 배려의 일환으로 볼 수 있다.

4. 가치

계명대본에서는 남편 경문과 대립하는 주소저의 성격과 태도를 보다 감정적이고 고집스럽게 묘사한다. 善本인 장서각본에서 경문의 일방적인 멸시에 대해 비록 냉정하긴 해도 婦德을 갖추어 행동하는 것으로 그려지던 주소저의 모습이, 계명대본에 와서는 경문과 주소저가 첫날부터 서로 지지 않으려 팽팽하게 대립하는 것으로 변개되고 있는 것이다. 이는 경문과 주소저가 不和하는 원인을 경문의 박대나 두 사람의 액운에서만이 아니라, 주소저의 고집스러운 성격에서도 일정 부분 찾고 있음을 보여주는 것이다. 여타의 이본들이 주소저를 부부 관계에서의 약자로 바라보아 동정적인 시선을 보내는 것과는 조금 다른 면모라고 할 수 있다.

반면 경문에 대해서는 다른 이본에 비해 보다 긍정적인 시각이 강화되었다. 주소저의 미모를 처음 대한 경문이 빼어난 미모에 반감을 가지면서 덕성이 없을 것이라고 생각하는 장면은 이 작품 전체를 관통하는 갈등이 시작되는 부분이라는 점에서 아주 중요하다. 계명대본은 이 부분을 서술함에 있어, '色과 德이 겸비된 숙녀는 드물다'는 경문의 생각 뒤에 '누구나 한 번 봐서는 사람의 善凡을 알기 어려운 법'이라는 서술자의 견해를 덧붙이고 있다. 이는 주소저를 심하다 싶게 멸대하는 경문의 입장을 일정 부분 변호하는 것이라고 할 수 있다.

계명대본에서의 이러한 변개는 현경문과 주소저가 대립하는 원인을 경문의 박대에서만 찾지 않고 공손하지 않은 주소저의 태도도 함께 지적하려는 의도를 반영하는 것으로 보인다. 즉, 다른 이본들이 주소저의 입장을 약자 혹은 피해자로 보면서 남편에게 순종하지 않는 그의 태도에도 불구하고 비교적 동정적인 시선을 보냈던 것과 비교할 때, 부부갈등의 원인을 양쪽 모두에게서 찾으려는 의식을 읽어낼 수 있다. 소설 독자 혹은 필사자의 실체 뿐 아니라, 그들이 서사를 바라보는 시각이 드러난다는 점에서도 계명대본 『현씨쌍인긔』의 이본적 가치와 위상은 충분히 강조될 만하다.

【김지연】

[색인어]

계명대본, 현씨양웅쌍린기, 독자, 몰입, 필사자, 집중적 서술, 독서 재미

[참고문헌]

· 이다원, 『현씨양웅쌍린기』 연구 -연대본 『현씨양웅쌍린기』를 중심으로, 연세대학교 석사학위논문, 2001.
· 김지연, 『현씨양웅쌍린기』의 단일 갈등 구조와 인물 형상의 관계, 민족문학사연구 28집, 민족문학사학회, 2005.

화산중봉기

저자 미상,

表題: 金相國傳, 內題: 화산즁봉긔.
한글 필사본, 1권1책(55장). 1889년(光緖 15년, 己丑年) 筆寫,
四周白邊, 無界, 매면 14행, 매행 23-27자, 21.7×21.5cm.

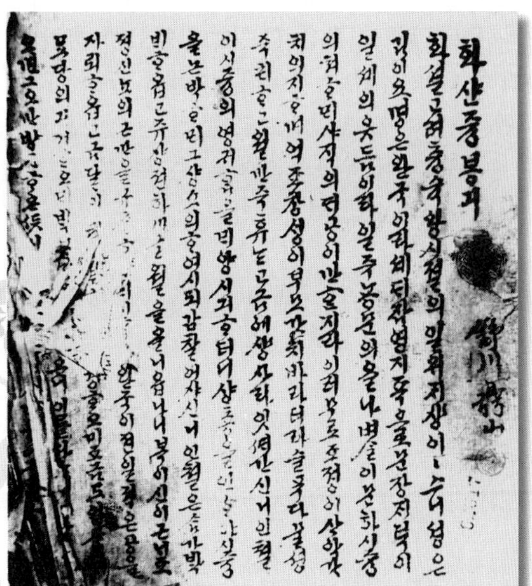
화산즁봉긔

화산중봉기

1. 저자

미상

2. 내용

1) 개요

『화샨즁봉긔』는 작자·연대 미상의 고소설로, 영웅의 일대기 구조를 지니면서도 송사소설적 특징을 공유하고 있는 작품이다. 표제는 '金相國傳', 내제는 '화샨즁봉긔'라 쓰여 있고, 제목 아래 부분에 '舒川 鼎山'이란 지명이 기록되어 있다. 1卷 1冊 55張의 한글필사본으로, 每面 14行, 每行 25字 내외의 형태로 필사되어 있다. 본문이 끝난 바로 다음 줄에 필사기가 있는데 "광셔십오년긔츅ᄉ월난동딕셔"라 되어 있다. 이에 따르면 이 책은 1889년(光緖 15, 己丑) 4월에 난동댁이 필사한 것으로 볼 수 있겠다.

한편 같은 면에 한 행을 비우고 "書人墳墓在舒川郡鼎山里酒店後甲坐 嘉善大夫宋世奎氏"란 기록이 있고, 다시 한 행을 비우고 "光緖十五年己丑四月日蘭洞宅書"라 쓰여 있다. 두 기록은 각각 필체가 다르며, 본문의 필체와도 다르다. 뒤의 기록은 앞의 필사기를 漢字로 쓴 것에 불과하고, 앞의 기록은 글쓴이의 분묘가 서천군 정산리 주점 뒤에 갑방(甲方)을 등지고 자리해 있음을 밝힌 것이다. 그런데 글쓴이[書人]이라고 밝힌 '가선대부 송세규'와 필사자인 '난동댁'을 동일인으로 볼 수는 없으므로 송세규의 정체가 무엇인지의 문제가 남는다. 송세규를 이 작품의 작자로 추정해볼 수도 있겠으나, 또다른 필사자일 가능성도 여전히 남아 있으므로 확정하기엔 이르다.

마지막 장인 다음 면에도 세 개의 기록이 보인다. (1) "아모라도니칙보거든지쳬ᄆᆞᆯ고즉시가져오옵", (2) "光緖十五年己丑四月日蘭洞宅書", (3) "庚申 六月 晦". (1)은 필사본 소설에 흔히 보이는 문구이고 (2)는 앞에서 본 필사기이니 특이할 것이 없으나 (3)은 또 어떻게 보아야 할까? 필사연대로 보이는 기축년 이후의 경신년은 1920년이므로 필사자가 작품 필사 당시 썼을 리는 없다. (1)(2)(3)의 기록은 1920년 6월 그믐에 이 책을 소지하고 있던 후대 독자의 첨기로 보인다.

2) 구성과 내용

『화샨즁봉긔』는 고려 충숙왕 때 안동의 김씨 가문에서 벌어진 주인공 김선옥의 眞假문제를 다룬 소설이다. 김선옥이 부인 이농옥의 행실을 오해하여 가출하자 재산을 탐한 칠촌종질 형옥이 가짜 선옥을 데려오는 사건이 발생한다. 이에 선옥의 부인 농옥과 가짜 선옥과의 송사가 벌어지게 된다. 가문의 후계자가 가출한 후 재산을 탐하여 벌어지는 문제를 주요 갈등으로 다루고 있다는 점에서 이 작품은 『유연전』과 비슷한 서사구조를 보인다. 그러나 이 작품은 송사를 주요 갈등으로 전면에 내세우면서도 주인공 김선옥의 일생이 영웅의 일대기 구조를 띠고 있어 작품의 유형을 송사소설로 단정짓기는 어렵다.

작품의 줄거리는 다음과 같다. 고려 충숙왕 시절 문하시중 김완국이 있었는데, 누대 잠영지족으로 문장과 재덕이 일세에 으뜸이었다. 어느 날 간신 이인철의 모함을 받아 제주에 유배된다. 부인 진씨와 아들 수증은 시중의 생사를 몰라 애태우던 중 棄世했다는 기별을 받는다. 시신을 수습하여 선산에 안장한 후 현몽한 시중의 가르침대로 고향으로 낙향한다. 안동에 돌아온 진씨는 삼년상을 치른 뒤 진주 땅 장지현의 딸과 수증을 혼인시킨다. 그후 진씨가 노환으로 세상을 떠나자 수증은 모부인을 親山에 합장한 후 삼년상을 마친다.

수증은 벼슬에 뜻이 없어 별호를 운림처사라 짓고 낮이면 농부, 어옹과 짝이 되어 지내고 밤이면 시서에 잠심하니, 향당의 제인들이 그 높은 절개에 탄복한다. 처사 부부는 사십이 되도록 일점 혈육이 없음을 탄식하다가 어느 날 해인사 화상에게 은자 일천냥을 시주한다. 며칠 후 태을선군의 제자가 해인사 부처의 지시로 의탁코자 왔다는 태몽을 꾼 뒤 부인 장씨는 태기를 느낀다. 열 달 후 영웅의 기상을 지닌 일개 옥동자를 출산하고 이름을 선옥이라 짓는다. 선옥은 점점 자라 십 세 전에 사서삼경과 백가서를 두루 통달하고 십여 세가 되어서는 무예를 익히며 국가에 대공을 세울 포부를 키운다.

한편 경주땅에 사는 통판 이성일은 일찍 벼슬을 사양하고 부인 김씨와 경주에 낙향하여 아쉬울 것 없이 지내나 늦도록 자식이 없음을 한탄한다. 어느 날 월궁항아의 제자가 의탁코자 왔다는 태몽을 꾼 뒤 열 달만에 어여쁜 여아를 낳고 이름을 농옥이라 짓는다. 농옥은 선연한 용모와 영민한 재주를 지닌 숙녀로 자라난다. 양가에서는 혼처를 구하던 중 지인지감이 있는 매파 춘임의 주선으로 선옥과 농옥이 혼인한다.

혼인 후 선옥과 농옥은 글도 창화하고 경서도 의논하며 다정하게 지내나, 김처사는 선옥의 방탕함을 염려하여 안국사라는 절에 들어가 수학하도록 한다. 그러나 선옥은 농옥을 그리워하여 밤이면 종종 내려와 회포를 푼다. 하루는 처사가 선옥의 신발이 농옥의 침소 앞에 놓인 것을 보고, 다음 날 하인을 안국사에 보내 선옥의 의관을 내려 보내라 지시한다. 선옥은 왕래를 못하게 하려는 부친의 생각인 줄 깨닫고 의관을 내려 보내나 연모지정을 못 이겨 승복을 장속하고 다시 귀가한다. 그런데 농옥의 침소 사창에 의관한 남자의 그림자가 비치는 것을 보고 선옥은 대경실색한다. 농옥을 당장 죽여 불륜의 죄를 물으려다가 집안의 명성이 떨어지고 자신의 죄과가 드러날 것이 두려워 차라리 자결코자 한다. 그러다 다시 고뇌 끝에 모든 것이 부질없다는 생각을 하며 돌연 출향하고 만다.

며칠 뒤 안국사 중 환정이 선옥의 실종 사실을 김처사에게 알린다. 김처사는 선옥의 실종 소식을 듣고 두루 채탐하나 종적을 찾을 수 없자, 누구든 선옥을 찾아오면 재산을 반분하겠다고 말한다. 이에 선옥의 칠촌종질인 형옥이 재물을 탐하여 나선다. 반전을 두둑히 받은 형옥은 3년간 팔도 군현을 두루 다니며 선옥을 찾아도 종적이 없자 낙심한다. 그러다 함경도 경흥에서 만난 김흥룡의 용모가 선옥과 흡사한 것을 이용, 그와 작당하여 선옥으로 꾸민 뒤 귀향한다.

한편 김처사는 주야로 번뇌하며 지내다 어느 날 형옥이 선옥을 데리고 돌아온다는 서신을 받는다. 며칠 뒤 형옥이 假선옥과 함께 돌아오자 처사 부부는 일성통곡에 기절하고 친척과 상하 노복은 모두 반기며 기뻐한다. 그러나 농옥은 발연변색하며 한눈에 부군인 선옥이 아님을 알아보고 흥룡을 크게 꾸짖는다. 흥룡은 도리어 농옥의 변심을 질책하고 처사 부부도 농옥이 병들었다고 여긴다. 일가 친척과 상하 비복이 모두 자신을 실성한 듯 보자 농옥은 문을 잠그고 불의에 화에 대비한다. 처사는 농옥을 달래도 소용없자 이통판에게 기별한다. 통판 부부 역시 가짜 사위를 분별하지 못하고 농옥을 만단으로 개유하다 고향으로 돌아간다.

처사 부부는 여러 달이 되어도 농옥이 고집을 꺽지 않자 관가에 원정을 올려 사건을 해결하고자 한다. 그러나 부사 역시 끝내 眞假를 분변치 못한다. 처사 부부는 부사의 판결에 따라 사당에 고한 뒤 농옥을 본가로 돌려보내고 선옥에게 재취할 것을 권한다. 이통판은 쫓겨온 농옥을 보고 몹시 노여워하나 농옥은 정절을 지켜 인륜을 어지럽히지 않은 것이라며 천도가 돌아올 때를 기다리라고 말한다. 한편 김처사가 선옥의 재취를 위해 본읍에 관자를 올리자, 부사는 순영에, 순찰사는 예부에 알리고, 예부에서 다시 임금에게 주달한다. 사건의 전말을 들은 임금은 의혹을 품고 한림편수관 진연수를 팔도도어사에 제수하여 송사를 매듭짓도록 한다.

진어사는 김처사 집과 이통판 집을 두루 살핀 뒤 농옥이 정절을 지키고 있음과 형옥의 흉계를 짐작한다. 진짜 선옥이 나타나기 전에는 사건이 풀리지 않음을 알고 선옥을 찾아 전국을 헤매고 다닌다. 그러던 어느 날 관북 단천 땅의 한 절에서 假선옥과 비슷한 한 화상을 만나는데, 화상은 자신의 본적을 끝까지 숨긴다. 진어사는 여러모로 떠보며 화상이 분명한 선옥인 것을 깨닫고 이실직고하도록 한다. 한편 선옥을 데리고 안동 관에 나아가 관계 제인을 불러들인 진어사는 처사 부부, 형옥, 假선옥, 통판 부부, 양가의 비복들을 문초한다. 이어 농옥에게 거짓으로 회과를 종용하며 형을 집행하고자 한다. 이때 선옥은 진어사의 명대로 從人으로 서 있었는데, 농옥이 이를 발견하고는 통곡혼절한다. 진어사는 사건의 전모를 모두 밝힌 뒤 농옥의 절개와 지혜를 아껴 수양딸로 삼고, 선옥은 농옥이 자신의 도복을 짓다가 수품과 장단을 재기 위해 시비 옥란에게 옷을 입힌 일이며, 옥란이 장난으로 갓을 썼던 일을 듣고 모든 오해를 푼다. 처사 부부 역시 진짜 선옥이 돌아왔음을 환히 깨닫는다.

진어사가 상경하여 임금에게 사건의 전말을 아뢰자, 임금은 흥룡과 형옥을 능지처참하고, 김처사와 선옥을 엄형정배하며 농옥을 표창하여 旌門을 내린다. 그러던 중 원자 탄생을 기념하여 김처사 부자는 죄를 사면받아 귀환하게 된다. 수년 뒤 선옥은 과거에 응시하여 장원으로 급제하고 한림학사에 제수된다. 왕명에 따라 선옥은 안동에 있는 가권을 경성으로 옮기고 진어사 부부를 친부모 같이 모신다. 임금이 김수증을 인견하시고 부친 완국의 정배지사를 뉘우치며 간의대부에 제수한다. 세월이 흘러 김간의 기세하자 부인 장씨 또한 뒤를 따른다. 이에 조정에서는 旌門을 내려 그 정절을 표창한다.

한편 일본이 변경을 침범하자 선옥이 정남도원수로 자진 출전하며 시랑 이인철을 종사로 정한다. 김원수는 접전 끝에 대승을 거두고 왜장에게 항복을 받은 뒤 개선하면서 인철의 명령 불복종을 임금께 장계로 올린다. 임금이 인철을 제주에 정배하고, 김원수의 개세지공을 치하하여 문하시중 평장사에 제수한다. 시중 부부 지극한 부귀를 누리다 팔십에 이르자 우연 득병하여 기세한다. 삼자와 일녀는 상례를 극진히 하여 선산에 안장하고, 삼년 후 각각 벼슬에 오르니 명망이 조정에 가득하다.

3) 주제 및 자료 가치

그간 인물의 眞假 문제를 다룬 작품으로 『유연전』, 『옹고집전』 등이 거론된 바 있는데, 『화샨즁봉긔』 역시 주인공 선옥의 출향, 假선옥의 등장, 농옥의 지감에 의한 송사 발생, 주인공 선옥의 귀환으로 인한 사건 해결 등이 주요 서사를 구성하고 있어 동일한 성격을 지닌다고 볼 수 있다. 이 가운데 특히 『유연전』은 『화샨즁봉긔』의 창작에 적지 않은 영향을 준 것으로 보이는데, 재물을 탐한 가짜 인물의 등장으로 가문이 위기에 놓인다는 점에서 그러하다. 그러나 두 작품은 사건을 해결해 나가는 과정에서 상당한 차이를 보이기도 한다. 『유연전』에서는 송사를 처리하는 관리들의 부패와 횡포가 심각하게 그려져 있고, 유유의 처 백씨가 남편의 진가를 분변하지 못해 시동생 유연을 무고함으로써 가문의 질서 회복과 화합이 이루어지지 않는 반면, 『화샨즁봉긔』에서는 백성을 위하고 진실을 규명하려는 관리의 도움과 선옥의 처 농옥의 지혜로 가문의 질서도 회복하고, 이후 탁월한 능력을 발휘하는 선옥의 입신양명으로 가문 창달을 이룩하는 것으로 결구되어 있다. 『유연전』이 현실적 모순과 불합리를 고발하고 비판하는 데 초점을 두었다면, 『화샨즁봉긔』는 사대부계층이 혼란을 극복하고 질서를 찾아가는 이상적인 모습을 부각시키고 있다. 작가가 당대 사회 모습과 달리 이와 같은 작품을 창작한 것은 이미 기울기 시작한 사대부계층에 대한 강한 향수를 드러낸 것으로, 복고지향적 의식의 투영이라 볼 수 있겠다.

이상과 내용과 특징을 지닌 『화샨즁봉긔』는 현재 계명대 동산도서관 소장본이 유일본이다. 하버드대 연경도서관 소장본으로 소개된 바 있는 이본은 계명대본의 복사본이므로, 이 자료의 가치가 매우 높다고 하겠다.

【김정녀】

[색인어]

김상국전, 화산중봉기, 영웅 일대기, 송사소설, 眞假 논쟁, 유연전, 옹고집전

[참고문헌]

· 이상택·이종묵 역주, 『한국고전문학전집7: 화산중봉기·민시영전·정두경전』, 고려대 민족문화연구소, 1993.
· 한국정신문화연구원 편, 『고전소설의 기초연구』, 태학사, 2001.
· 이순우, 「<華山重逢記> 연구」, 『한국고전연구』 8집, 한국고전연구학회, 2002.

화씨충효록

저자 미상.

한글 필사본 2책(권12·16). 필사년 : 임술(1862)에서 정묘(1867) 사이.
四周白邊, 無界, 12行 20字 내외, 無魚尾 ; 33.0×21.0cm.

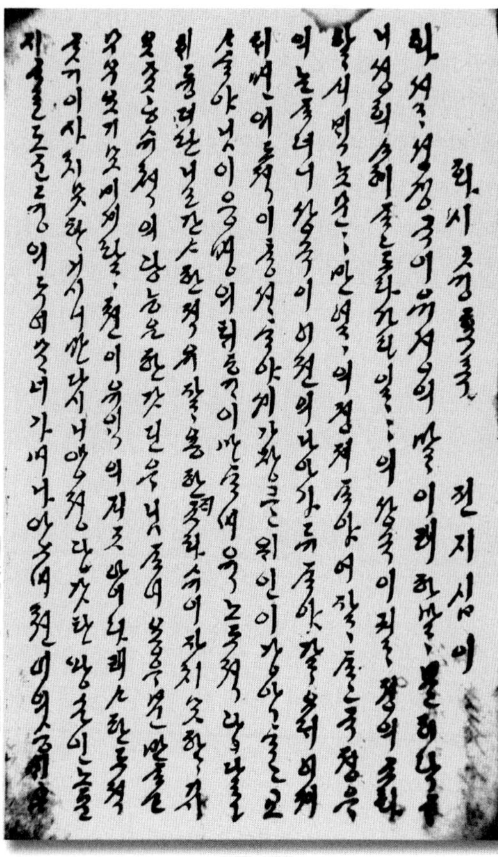
화시 츙효록 권지십이

화씨충효록

1. 저자

『화씨충효록』의 작가 내지 필사자는 미상이나, 계명대본 권16은 임진생(1832) 필사자가 을축(1865) 삼월에 필사했다.

2. 구성

대명시절 양주 땅에 여양후 화욱과 그의 부인 심·요·정씨가 있었다. 심씨는 아들 춘(경옥)을 낳고, 요씨는 딸 태강을 낳고 죽었으며, 정씨는 아들 진(형옥)을 낳는다. 화공이 경옥에게 학업을 이루지 않으면 적장의 선후를 바꾸겠다고 꾸짖는다. 얼마 후 화공과 정부인은 죽는다. 경옥은 교씨를 첩으로 맞이하나 형옥의 아내 윤·남씨의 용모를 본 후로는 교씨를 소대한다. 장원급제한 형옥을 사위 삼으려다 거절당한 엄숭은 황상께 주달하여 형옥을 삭탈관직하고 남씨를 소실로 강등한다.

한편 윤여옥의 정혼녀 진씨는 부친의 면사를 위해 양참정의 청혼을 수락한 뒤 남장을 하고 부친의 적소를 찾아간다. 도중에 난최의 청혼을 거절하고, 서대관의 아들 서귀 대신 과거를 보아 등문시킨다. 남씨는 교씨의 능욕에 자결하나 여승 청원의 도움으로 살아나고 형옥은 경옥의 아들 성흥을 죽였다는 누명을 쓴다. 범한과 장평이 윤씨를 속여 엄부에 보내려 했으나 윤여옥이 여장하고 대신 가 엄세번의 누이 월화와 동침하나 홍점은 지킨다. 형옥은 정배 가던 중 죽을 위기에서 유성희를 만나 형제의를 맺는다. 유배 중에 은진인에게 병서·병법을 배운 형옥은 변방에 난이 일어나자 백의종군한다. 형옥이 임지로 가던 중 윤부에서 머무는데 꿈에 성흥이 나타나 형옥의 아들로 다시 태어나게 됨을 알린다. 윤씨가 아들 천흥(환아)을 낳는다. 경옥은 형옥의 효우·인자함에 감복하여 회과하고 장평·범장과 교녀는 죄가 드러나 죽는다. 화원수는 윤·남씨에게 부덕을 폐하였다고 책한 뒤, 맞이하려 하나 남씨는 분하여 거절하다가 혼서를 정실로 고치고 신물을 보내어 달래자 돌아온다.

유사마의 총애를 받는 취란은 양아공주를 시기하고 팔아와 금선은 양아의 딸 장주의 태생을 의심한다. 공주가 분하여 자결하려 하자 유사마는 공주를 위해 팔아와 금선을 죽이려한다. 취란이 시비 등과 모의하여 사마에게 개심단을 먹이자 사마가 공주 모녀를 박대하고, 갓 태어난 아들까지 죽이려한다. 공주는 자녀를 화부와 윤부에 부탁하고 남복으로 사찰에 은거한다.

화승상이 사찰에 있는 이생이 공주임을 알아보고 몰래 화부에 거하게 한다. 환아가 장주를 흠모하나 기질이 녹록하지 않아 방자한 부인이 될까 염려한다. 환아가 이생의 처소에 갔다가 그가 기질이 강한 여인임을 알게 된다. 취란의 음모가 드러나자 공주와 유사마가 상봉하나 공주는 사마의 가모 소임을 거절하고, 취란을 죽여야 따르겠다는 뜻을 보인다. 유사마가 취란을 죽이자 이를 안 화승상은 장주에게 모친의 여풍이 있을까하여 걱정한다. 환아는 장주를 절제해야겠다고 결심한다.(37권 37책 장서각본)

계명대본의 내용은 이렇다. 화진이 유배지에서 곽선공과 남공을 만나고, 은진인에게 병법을 배운 후 백의종군한다. 도중에 윤부에 들러 윤씨와 상봉한 날 꿈에 성홍이 나타나 그가 환아로 재생할 것을 알린다. 윤여옥은 부모께 월화와 장하미인을 취할 뜻을 말했다가 꾸짖음을 당하고 스스로 주표를 시험하여 결백을 증명한다. 윤부에 있던 임씨가 화부로 돌아오고 유부인(태강)이 집에 들러 심부인을 위로한다.(권12) 운남을 다녀오는 길에 윤여옥이 진공의 적소를 찾아간다. 남장으로 평생 부모와 함께 할 다짐을 한 진소저의 뜻에 따라 진공 가족은 여옥을 속이나 결국 여옥이 진소저의 본색을 알아낸다. 백공 부인이 진공의 표매이므로 진소저를 경사로 보내 혼례를 치르게 한다. 윤씨는 아들을 낳았는데 그 모습이 소홍과 같았다. 홍씨는 복자에게 월화의 액수를 듣고 별원에 피우시킨 사이 엄숭 일가는 몰락한다. 월화는 암자로 피신해 있다가 백소저의 유모를 만나 백부로 가게 된다. 백소저와 진소저는 월화의 사정을 알고 여옥과의 혼례를 주선한다.(권16)

3. 내용

『창선감의록』의 단순 이본으로만 알려졌던 『화씨충효록』이 소설사에서 독자적 위상을 갖게 된 것은 근래의 일이다. 『화씨충효록』이라는 제목으로 존재하는 작품들은 계명대본을 포함하여 31종으로 내용상 『화씨충효록』 계열, 『창선감의록』 계열 그리고 기타 가문소설 계열로 나누어진다. 그 중 『화씨충효록』 계열은 13종이며 이 가운데 37권 37책의 장서각본이 유일한 완질본이다.

『화씨충효록』은 『창선감의록』을 수용하면서 부분적 변개를 보이는 전반부와 작가가 소설사적 전통 하에서 자신의 상상력을 발휘하여 새롭게 창작한 후반부로 되어 있다. 전반부는 화씨 집안을 주된 배경으로 계후권을 둘러싼 인물 간의 갈등을 주축으로 한다. 후반부에서는 유부를 중심으로 부부간 갈등과 처첩관계에서 빚어지는 갈등의 양상을 보여준다.

『화씨충효록』의 창작 방식은 『창선감의록』을 거점으로 한 장편화를 기본으로 한다. 단순한 부연이 아니라 여러 가지 장치를 통해 작품의 성격까지 변화시켰다. 『창선감의록』에 존재한 서·시참·군담과 정쟁담 등 사대부적 취향의 문학 관습을 나타내는 것들은 축소하거나 탈락시켰으며, 규방중심적 화소와 흥미소를 확대하였다. 이를 통해 작품의 지향이 '혈통중심주의에 입각한 종통의 확립'과 '가문의 안정과 유지'라는 것을 보여주었는데, 이는 『창선감의록』이 동일한 계후갈등을 다루었지만 혈통과 자질의 불일치가 빚어내는 가문의 위기를 자질론을 중심으로 해결하여, '가문의 창달과 번영'이라는 사대부적 시각의 가문의식을 지향한 것과 차이를 보인다.

『화씨충효록』의 장편화 과정은 당시 유행하던 창작 관습과 무관하지 않다. 가장 대표적인 것이 다른 작품의 인물과 사건, 구성 등을 가져다 독립된 작품을 이루는 방식과 다음 세대의 이야기를 창작하는 연작이다. 『화씨충효록』은 보편적 방식을 계승하면서도 일탈을 도모하여, 한 작품 안에서 전대의 소설을 개작함과 동시에 연작의 형태로 확장시켰다. 그리고 종결 부분을 열린 구조로 만들고 다음 세대의 이야기인 『수제월암록』의 존재를 명시함으로써 본격적 의미의 연작형으로 나아가고 있다. 따라서 본 작품은 『창선감의록』 – 개작형 연작 『화씨충효록』 – 연작 『수제월암록』의 형태를 띠게 되었다.

좀더 미시적 측면에서 장편화 방식을 접근해보면, 편력구조와 세정소설적 특성의 결합을 들 수 있다. 편력구조는 인물이 이동하는 과정을 따라 사건을 삽입하는 것으로, 중국의 신마소설이나 염정소설에서 보이며 『구운몽』과 『사씨남정기』도 이것을 차용하였다. 그러나 『구운몽』이 결연과정을 위해, 『사씨남정기』가 고난을 확대하기 위해 편력구조를 사용했다면, 『화씨충효록』은 편력구조를 통해 경험을 확대시키고 있다.

또 환경에 대면하는 인물의 형상화는 충효와 선악 등의 관념을 구현하는 인물들이 관념 속에 매몰되지 않고, 대면하는 환경에 따라 다양한 모습으로 변화하게 함으로써 관념으로부터 자유로운 모습을 드러내게 했다. 또 세속적 욕망이 강화되는 인물들은 자신의 삶과 욕망을 실현하기 위해 노력하는 모습으로 형상화된다. 이는 당시의 인심과 세태를 반영한 것으로 그동안 단선적으로 규정되었던 소설적 인물들이 좀 더 현실의 인물과 가까워지게 했다.

이러한 인물 형상화는 세정소설적 성격과 연결된다. 세정소설은 시기적으로 조선 후기에 창작되거나 향유되며, 장르 전통은 국문 장편소설 안에 있고, 변화하는 세태와 사회상에 대한 관심을 적극적으로 드러내며, 통속적인 대중물로서의 특징을 보이는 작품군을 말한다. 『화씨충효록』에서는 당시의 인정물태가 현실적인 경제관념의 반영과 관행화된 부정부패의 폭로, 단선적인 인간관의 극복과 아내 중심의 부부관계에 대한 지향으로 구체화된다. 작가는 작품 곳곳에서 당시 사회의 모습을 독자들에게 전달해줌으로써 소설이 독자가 사는 현실과도 맞물려 있다는 것을 보여주고 있다. 작품이 주는 주제의 교훈과 더불어 역동적인 현실에서 얻을 수 있는 즐거움을 동시에 추구하고 있는 것이다.

거시적 측면과 미시적 측면에서 『창선감의록』의 외연을 확장시킴과 동시에 그 경계로부터의 탈출을 시도했던 『화씨충효록』은 또 다시 새로운 작품을 탄생시키는 거점 역할을 한다. 작품의 종결부에 명시된 『수제월암록』의 실체는 발견되지 않았으나, 다행히 또 하나의 후속작인 『제호연록』이 있어 그것을 확인할 수 있다. 『화씨충효록』은 『창선감의록』

의 서사구조를 수용하면서도 인간관과 보응관, 가족 문제 그리고 세계관에 있어서 대칭적 반향의 양상을 취하고 있다. 즉 비판적 다시쓰기를 시도한 것이다. 『제호연록』은 집단공동체로서의 가문이 아닌 부부 문제에 초점을 두고 있으며, 부부 사이에 발생할 수 있는 미묘한 감정과 스쳐지는 상황에 대한 구체적 묘사를 강화한 점에서 『화씨충효록』의 특징을 계승하고 있다. 또 『화씨충효록』의 후반부 일화를 반복함으로써 『화씨충효록』의 연작임을 명시하고, 작품 전반에 걸친 작가의 시선과 주제의식에서 『화씨충효록』을 계승하고 있다. 그러나 전개되는 서사 내용은 『창선감의록』이 말미에서 요약적으로 제시한 자손대의 이야기를 구체화시키고 있다.

조선후기 국문 장편소설은 역사소설을 지향하는 경향과 영웅소설을 지향하는 것, 그리고 교양서적 성격의 소설과 세정소설적 성격의 작품으로 분화된다. 이 가운데 『화씨충효록』은 세정소설적 전통을 잇고 있으며 동시에 고전서사의 전통 중의 하나인 비판적 다시쓰기를 계승하고 있다. 비판적 다시쓰기의 양상은 한 인물에 대한 견해차를 파생작으로 해결하는 방식, 남녀의 역할 바꾸기를 통해 해소하는 방식, 인물로 하여금 작품을 품평하게 하는 방식, 선행작의 인물과 태도를 수용하면서 한 부분을 강조하는 방식 등이 있다. 『화씨충효록』은 선행작의 서사를 전체적으로 수용하면서 당대의 시각으로 새롭게 해석하는 방식을 취하고 있다는 점에서 보다 더 적극적이다.

4. 가치

계명대본 『화씨충효록』은 각각 장서각본 권19~권21(권12), 권22~권24(권16)에 해당한다. 두 작품은 모두 기존의 이본들과 달리 부제가 없으며 전체 서사 흐름은 장서각본과 동일하다. 그러나 부분적으로 장서각본에 비해 묘사에 더 치중하고 있으며, 주로 인물의 외관이나 경치 묘사 그리고 여성들의 대화가 좀더 구체화되었다. 계명대본은 모두 장서각본의 낙장부분에 대한 내용이 들어있다는 것과 묘사가 부분적으로 강화된 것을 제외하고는 표현층위까지 거의 동일하다.

그런데 몇 곳에서 변개가 일어나고 있어 주목을 요한다. 화진이 백의종군하는 길에 산동 윤시랑 댁에 들러 윤씨와 재회하는 장면에서 화진은 윤씨가 겪는 고난을 위로하다가 결국에는 모든 것이 윤씨의 운명 탓이라며 모친과 가형의 잘못은 일언도 언급하지 않는다. 이에 대해 장서각본은 윤씨가 화진의 말을 듣고 공경하여 지난 일을 언급하지 않고 시어머니의 안부를 묻는다고 했다. 그러나 계명대본은 화진이 위로의 말 가운데 '자기 집 허물을 말하지는 않고 다만 윤씨의 운액이라고만 말하였다'고 하여 약간의 서운한 빛을 드러낸다. 이러한 언술은 이 작품이 여성의 시선으로 쓰여지고 있다는 것을 암시한다.

또 장서각본에서는 진소저와 윤여옥이 재회하여 상경하고, 엄숭 일가가 패망한 사건 뒤에 동관의 호적을 정벌한 삽화와 남공이 남소저와 상봉하여 상경하는 내용이 이어진다. 그런 후 피화하여 숨어 있던 월화가 백소저의 집으로 들어가고 진소저와 백소저가 월화를 위해 윤여옥과의 가연을 맺어주려는 내용이 이어진다. 그런데 계명대본의 경우 윤여옥과 진소저의 재회 이후 엄숭 일가의 패망이 나오고 바로 이어 월화의 이야기로 넘어간다. 장서각본의 1권 분량에 해당하는 부분을 생략하고 그 후의 사건으로 넘어간 것이다. 이러한 변개는 여러 가지 가능성을 제기한다. 계명대본이 단순 필사본이라면 장서각본과는 다른 저본을 대상으로 했을 수 있다. 만약 동일한 혹은 동일 계열의 대본을 필사한 것이라면 필사자가 임의로 서사의 흐름을 조절한 것으로 볼 수 있다. 후자의 경우라면 필사자가 진소저와 여옥의 상경과 혼인 준비, 그 사이에 엄가의 패망과 월화의 피란, 그리고 다시 월화와 진소저의 만남, 진소저의 주선으로 월화가 윤여옥과 결연하는 과정으로 이어지는 것이 글의 흐름상 더 자연스럽다고 여기고 중간의 삽화는 의도적으로 삭제한 것으로 볼 수 있다. 이는 장서각본의 개작자 혹은 필사자가 여러 화소나 삽화의 교직을 장편화의 방편으로 삼은 것에 반해 계명대본의 필사자는 자신이 흥미를 가지는 부분에 나름의 논리성을 고려하여 사건의 흐름이 산만해지지 않도록 배려하고 있다고 추측해볼 수 있다. 기존 연구에서 『창선감의록』에 비해 『화씨충효록』에서 진소저의 비중이 강화되었다고 지적한 것에 비춰볼 때 진소저와 윤여옥 그리고 백소저, 월화로 이어지는 이야기선에 당대 독자들이 흥미를 느껴 그들이 이야기를 중심에 두려는 경향이 짙어진 것이라 볼 수 있다. 이것은 서사구조가 변개된 새로운 계통의 이본이 어떻게 만들어지는가를 구체적으로 보여주는 자료로 의의가 있다.

【김수연】

[색인어]

『화씨충효록』, 『창선감의록』, 개작형 연작, 세정소설, 비판적 다시쓰기, 『수제월암록』, 『제호연록』

[참고문헌]

· 김수연, 「『화씨충효록』 연구」, 이화여대 국문과 석사논문, 1998.
· 김수연, 「『화씨충효록』의 성격과 소설사적 위상」, 『고소설연구』 9, 고소설학회, 2000.
· 김수연, 「『화씨충효록』의 문학적 성격과 연작 양상」, 이화여대 국문과 박사논문, 2008.
· 허원기, 『고전산문자료 연구』, 아세아문화사, 2007.

황월선전

저자 미상.

한글 필사본 1책(29장, 권두 낙장). 1922년(대정11)필사].
四周無邊, 無界, 行字數不定, 無魚尾 ; 31.0×27.5cm.

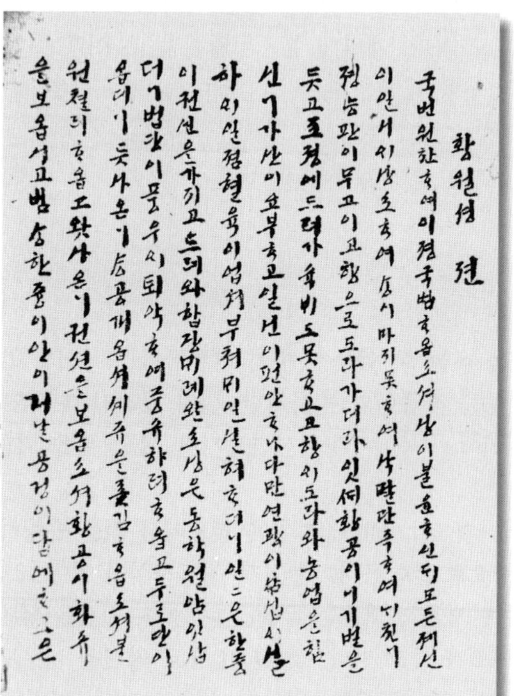

황월선전

1. 개요

이 책은 『黃月仙傳』의 이본 중 하나로, 표지의 기록에 따르면 1922년(대정11년) 음력 정월 16일 하루만에 필사된 것이다. 표지 좌측에 '황월션젼'과 '黃月星傳'이 병기되어 있으며, 내지에는 첫 행에 '황월셩 젼'으로 표기되어 있다. 권두 낙장의 29장 본으로 단일한 필사자에 의해 필사된 것으로 보이며, 필사자나 필사지에 대한 정보는 알 수 없다. 다만 발음대로 표기하고 있는데 경상도 사투리 투가 강한 것으로 보아 경상도 지역에서 필사된 것 혹은 그를 재필사한 것이 아닌가 추정할 수 있을 뿐이다.

『황월선전』은 계모형 고소설의 특징으로 지적되는 악독한 계모와 계모소생에 의한 전실소생 박해, 계모의 징치를 통한 勸善懲惡의 실현, 가부장제의 모순 폭로와 가문의식의 고취라는 설명만으로는 해결되지 않는 서사 진행을 보인다. 『황월선전』은 40여 종의 異本이 현전한다. 이 작품이 19세기 후반에 지어진 것을 감안한다면, 결코 적지 않은 숫자이다. 이 이본들은 종결부에서 다양한 양상을 보이며, 작품에 대한 독자의 의견을 반영하고 있다. <황월선전>의 이본의 변이 양상은 일차적으로는 이 작품 자체에 대한 독자의 의견의 변화를 보여주며, 나아가 계모담에 대한 독자의 요구가 어떻게 바뀌어 왔는가를 살필 수 있는 자료이기도 하다. 계명대 본 『황월선전』은 이후 이와 유사한 이본이 추가 발견될 경우 이 작품의 선행 계열을 다시 점검해야 할 필요성을 제기한다는 점에서 주목된다.

2. 내용

『황월선전』은 계열을 나눌 수 있는 다수의 이본군이 생성되었고, 계모형 고소설 논의에 있어 큰 시사점을 주는 작품이기는 하지만, 널리 알려진 작품은 아니다. 이에 善本인 『한국고소설전집』 37권에 수록된 『황월션젼권지단』 45장본을 기준으로 작품의 내용을 간략히 소개한다.

주인공 월선이 태어나기 전, 아버지 황공은 팔도어사 직을 수행하던 중 권신들의 미움을 사 파직당하고 고향으로 돌아온다. 황공 부부는 자식이 없어 고민하다 탁발승에게 시주하고 월선의 탄생과 인생을 전해주는 꿈을 꾼다. 이후 월선을 낳지만 아이가 태어난 지 삼칠일 만에 월선의 생모가 죽고 만다. 몇 년 간 홀로 월선을 키우던 황공이 미덕을 겸비한 박씨와 재혼하고 아들 월생도 얻어 안온한 삶을 보낸다. 그러던 중 황공이 중국으로 사행을 떠나게 되면서 월선과 월생에게 전답을 균등하게 분배하는데, 이것을 못마땅하게 여긴 박씨가 월선을 외당으로 내쫓고 살림을 따로 시키며 농사지을 볍씨조차 삶아 보낸다. 그러나 월선이 삶은 씨앗에서 백미가 가득찬 박을 수확하여 이웃 사람들에게 칭송을 듣게 되자 황공이 돌아와 자기 모자를 못마땅하게 여길 것을 걱정한 박씨는 무녀와 시비의 도움을 받아 월선이 낙태했다는 증거를 조작하고 월선을 압박한다. 사행에서 돌아온 황공은 박씨의 모해에 속아 월선을 죽이려 하지만 칼날까지 막아서는 월생의 만류로 월선을 죽이는 대신 내쫓는다. 쫓겨난 월선은 산 속을 헤매며 고생하다가 망모와 선관의 고지에 따라 장진사댁에 안착한다.

장진사의 아들 장위는 꿈에 선녀의 고지를 받은 후 자원하여 월선과 혼인한다. 장위는 장원급제하여 돌아오던 중 월선을 찾아나섰다가 병들어 죽을 지경에 처함 월생을 구하고 이것을 인연으로 개성유수 부임길에 월선과 함께 황공의 집에서 유숙한다. 월선은 이날 밤 예전 자신의 방에서 박씨를 만나 전실 딸의 소식을 묻고 벽상에 아버지와 동생에 대한 그리움을 담은 시를 남긴다. 개성에 도착한 후 월선이 장위에게 자신의 사연을 모두 밝히고 다시 위의를 차려 고향집으로 간다. 월선은 염치없어 숨은 박씨 방에가 찾아가 술잔마다 지난날 박씨의 잘못을 일깨우며 벌주를 먹인 후 화해를 청하고 개성으로 돌아간다. 장위가 승차를 거듭하고 월선의 자녀들도 승승장구 하던 중 황공의 백세연에서 박씨가 천벌을 받고 무녀와 운향도 잘못이 드러나 처벌을 받는다. 황공이 병들어 죽고 월선 부부도 일생 영화를 누린 후 일생을 마친다.

이 중 이본의 특이성을 구분하는 지표는 월선이 귀가하여 박씨에게 먹이는 술의 의미와 박씨가 천벌을 받는가 여부이다. 술을 먹이는 부분에서는 지난 잘못을 지적하며 벌주를 먹이고 마지막 잔으로 화해주를 권하는 경우가 대부분이지만, 이본에 따라서는 은혜를 칭송하며 위로주를 올리는 경우도 있다. 벌주를 주는 것이 원래 모습이고, 위로주로 바뀐 것은 비록 잘못을 저지른 계모이기는 하지만 자식이 어머니를 면전에 두고 그의 잘못을 하나하나 지적하며 억지로 술을 먹이는 것이 인륜에 어긋난다고 여긴 독자들의 의견이 반영된 결과이다. 따라서 이런 이본들에서는 예외 없이 박씨에 대한 처벌을 천벌이라는 형태로 구현한다. 그런데 벌주를 먹이는 경우에는 천벌로 박씨를 죽이기도 하지만, 박씨에 대한 천벌 없이 월선과 장위 부부의 영화로운 후일담으로 작품을 마무리 하는 경우도 있다. 즉 벌주 자체로 계모에 대한 한풀이를 끝낸 것이다. 지금까지의 논의는 천벌과 벌주가 모두 있는 형태로 이야기가 만들어졌으며, 독자들의 효 의식이 반영되면서 벌주가 위로주로 변형되고 천벌로 처벌하는 이본군으로 나아가거나 벌주 자체가 지닌 윤리적 의미가 충분하기에 천벌까지 내리는 것은 가혹하다는 의식이 반영되어 천벌부분이 탈락된 이본군으로 나아가는 형태로 이본이 분화되었다고 보았다.

3. 가치

일반적으로 고소설은 사건이 마무리 된 후 주인공 가계의 영화를 드러내는 후일담으로 끝을 맺는다. 그런데 천벌이 있는 이본에서는 이 후일담 후 황공의 100세 생일잔치에서 상좌를 차지할 정도로 실질적으로 영화를 누리던 박씨가 천벌을 받아 죽는다. 즉 박씨에 대한 징치는 현실적인 의미를 확보하지 못한 한풀이일 뿐이다. 이렇게 볼 때 벌주만 있고 천벌은 없는 이본군이 먼저 생성되었을 것이라고 보는 것이 타당하다. 그럼에도 원작에 벌주와 천벌이 모두 있었을 것이라고 본 까닭은, 천벌이 없는 이본군들에서 천벌이 내리지는 않지만 박씨를 꾸짖는 하늘의 소리가 들리거나, 월선이 산속을 헤맬 때 나타나는 구원자 중 다른 이본에서 장화홍련의 등장 부분과 같은 역할을 하는 인물이 등장하는 등 원본으로부터 변개된 것이 틀림없는 양상을 보이기 때문이었다.

계명대 본은 천벌 부분이 없는, 즉 벌주만으로 계모의 잘못을 밝히고 후일담으로 마무리하는 이본군에 속한다. 그런데 특이한 점은 이 계열의 이본들이 보여주는 천벌의 잔영이 없고, 월선의 고행 과정에서 보이는 후대 이본의 교착 현상도 보이지 않는다는 점이다. 즉 천벌이 없는 이본군이 후대의 파생이본이라는 근거로 제시되었던 문제 부분이 없는 이본이다. 이 이본의 발견은 이본 계열 전개를 다시 파악해야 할 필요성을 제기한다. 만약 원작이 계명대 본에서처럼 천벌이 없는 형태로 지어진 것이라면, 『황월선전』은 계모와 전실 딸의 갈등을 현실적인 관점에서 다룬 작품이며, 이후 계모에 대한 편견을 가진 독자들의 반발로 천벌이라는 보다 강력한 징치가 도입된 것으로 이해해야 한다. 또 천벌 단락이 없는 이본들도 서로 다른 성격을 지닌 두 개의 이본군으로 나누어 살펴야 한다.

계명대 본에서는 '황공' 혹은 '황정승'으로 막연하게 표현되던 주인공 아버지의 이름이 '황공열'로 보다 구체성을 가지고 제시되고, 작품 전체에 일관되게 유지된다. 황공의 이름이 '황관', '황광', '황괴', '황인', '황홍', '황춘명' 등으로 초반에 제시되는 이본이 있기는 하지만, 작품 후반에는 황공으로 지칭되고 마는 데 비할 때, 황공의 이름이 구체적이라는 것은 이 이본이 원작과 친연성을 지녔을 가능성이 큼을 추정할 수 있는 또 다른 근거이다.

그러나 이를 근거로 이 이본이 원작의 모습을 담고 있으며, 원작은 벌주만 있고 천벌은 없는 형태였다고 단정할 수는 없다. 계명대 본의 경우 다른 이본에 비해 상당히 축약되어 있다. 특정 화소가 탈락된 것은 아니라 묘사 부분이나 반복되는 서술을 생략하는 경향이 강하다. 벌주 이후 월선 가족의 후일담까지 비교해 볼 때 『황월션젼권지단』 45장본에 비해 현대 활자로 입력하여 A4 3장 가량 차이가 날 정도이다. 계명대 본이 작품 서두 부분에서 1장 가량 탈락되어 있는 결락본이라는 점을 고려하더라도 적지 않은 부분이 축약 서술된 것이다. 이 와중에 천벌이 없는 이본군 중 장화홍련의 형상을 한 두 선녀가 나타나 앞서 등장한 한 선녀가 고지한 것과 비슷한 말을 전하는 부분을 생략했을 가능성을 배제하기 어렵다. 이럴 경우 이 이본은 이본 변이 과정에서 나타난 이본 계열에 속하는 것으로 보아야 한다.

또한 계모형 고소설이 상대적으로 하층에서 향유되던 작품들이라 발음대로 표기하는 특성이 강한 편이라는 점을 고려하더라도, 이 이본은 특히 사투리 투가 강하고 필사본을 처음 접하는 현대 독자가 읽어내기 어려울 정도로 오탈자가 많다. 이는 이 이본이 여러 차례 필사과정을 거친 모본을 토대로 한 것임을 의미하는 것으로 원본과의 친연성을 단정하기 어려운 또 다른 이유이기도 하다.

이상과 같은 문제로 인해 계명대 본이 『황월선전』의 원본에 가까운 이본이라거나 이 작품의 이본 계열을 다시 논해야 한다고 단정할 수는 없다. 그러나 이 이본과 유사한 이본이 추가로 발견된다면 계명대 본 『황월선전』은 원본의 모습을 담고 있는 이본으로 평가되어야 하며, 이 경우 기존의 이 작품 이본 계열에 대한 논의는 물론 계모형 고소설의 전개 과정에서 독자의 의견이 작품을 변개하는 과정 또한 일부 수정되어야 한다는 점에서 계명대 본의 발견은 의미가 있다.

【김민조】

[색인어]

계모형 고소설, 황월선전, 이본연구, 계명대본 『황월선전』

[참고문헌]

· 김민조, 「『황월선전』 이본 연구」, 『고소설연구』 15, 한국고소설학회, 2003.
· 정산진, 「'계모형' 고전소설의 후대적 변모와 『황월선전』」, 『우암어문논집』 9, 부산외대, 1999.

會纂南宋岳鄂武穆王傳略

편저자 미상.

서명: 會纂南宋岳鄂武穆王傳略(首卷題)
목판본 1책, 간년 미상.
四周雙邊, 半郭 20.9×13.8cm. 전체 26.2×17.5cm,
有界 10行 20字, 黑12內向黑魚尾.

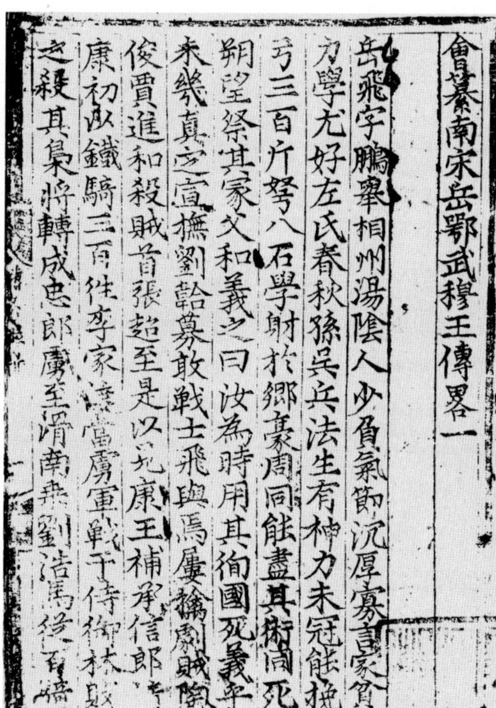
會纂南宋岳鄂武穆王傳畧一
岳飛字鵬舉相州湯陰人少負氣節沉厚寡言家貧
力學尤好左氏春秋孫吳兵法生有神力未冠能挽
弓三百斤弩八石學射於鄉豪周同能盡其術同死
朔望祭其冢父和義之曰汝為時用其徇國死義乎
未幾真定宣撫劉韐募敢戰士飛與焉屢擒劇賊陶
俊賈進和殺賊首張超至是以見康王補承信郎
康初以鐵騎三百往李家渡嘗虜軍戰于侍御林敗
之殺其梟將轉成忠郎屬至滑南與劉浩馬從百禧

회찬남송악악무목왕전략

1. 저자

이 책에는 서문과 발문이 없고, 편저자를 추정할 수 있는 다른 자료도 남아있지 않다. 다만 「會纂南宋岳鄂武穆王傳略一」, 「會纂南宋岳鄂武穆王精忠事實二」 등 卷題로 미루어 16세기 초 明代의 宦官인 麥福(?~1501)이 會撰한 『會纂南宋岳鄂武穆王精忠錄』을 요약하여 목판본으로 간행한 것으로 추정되며, 표지가 남아 있지 않아 정확한 책명도 알 수 없다. 맥복은 南宋의 武將 岳飛(1103~1141)의 충절을 기리기 위하여 당시까지 전해오던 精忠錄과 史書의 記錄, 銘記, 민간의 설화 등을 모으고 악비의 생애를 소재로 한 34장의 圖를 붙여 이 책을 간행하였다. 이 책이 우리나라에 전래된 시기와 관련하여, 柳成龍이 쓴 1585년 간행본 『회찬송악악무목왕정충록』의 跋文에 의하면, 1584년 北京의 譯官이 맥복이 편찬한 精忠錄을 보내와서 선조가 이를 읽고 감동하여 간행하게 하였다고 한다. 그러나 지질이나 형태로 보아 본고의 해제 대상인 도서가 1585년 간행된 癸酉字本 『회찬송악악무목왕정충록』보다 선행본인 것으로 판단되어 맥복이 편찬한 정충록이 16세기 중반 이전에 이미 조선에 유입되었을 가능성을 배제할 수 없다.

이 책의 주인공 岳飛는 南宋의 武將이자 학자, 서예가로 자는 鵬擧, 諡號는 武穆이다. 악비는 宋과 新興强國인 金과의 대립이 확대되어가던 崇寧 2년(1103) 相州 湯陰縣 求知鄕 孝悌里 程崗村에서 평민 계층에 속하는 농민의 아들로 태어났다. 악비의 나이 20세 때인 1122년 金軍이 遼를 공격했을 때 開封을 방어하고 있던 宗澤의 의용군에 참여하였으나 부상을 당하여 환향하였다. 22세 때 다시 일종의 의용군인 平定軍으로 종군하여 내란 평정 및 여러 차례에 걸친 金과의 전투에서 전공을 세워 하급 군관인 小隊長에서 출발하여 武將大夫를 거쳐 32세 때인 1134년에는 鄂州에 주둔하면서 淸遠軍節度使에 임명되었다. 그 뒤 武昌郡 開國公을 거쳐 34세 때인 1136년에는 襄陽으로 移屯하였으며, 武勝定國軍節度使로 湖北京西路宣撫副使에 임명되었고 中原 회복을 도모하라는 황제의 命을 받았다. 1137년에는 太尉陞湖北京西路宣撫使兼營田大使에 제수되어 中原을 회복할 계책에 대하여 논하였다. 이 때 악비는 劉光世, 韓世忠, 張俊과 함께 南宋의 대표적 武將으로 명성을 떨쳤다.

당시 南宋 조정은 금과의 전쟁을 통해 중원을 회복하고자 하는 主戰論과 和議를 통해 평화를 유지하려는 主和論이 격렬히 대립하였다. 악비는 주전파의 대표격이었으며, 주화파의 대표적인 인물은 江蘇省 南京 출신으로 金에 포로가 되었다가 탈출하여 돌아와 高宗의 신임을 받았던 秦檜(1090~1155)이다. 진회는 악비가 38세 때인 1138년 두 번째로 재상에 임용되어 극력 화의를 주장하였고 악비, 조정, 한세충 등은 화의에 반대하였다. 진회는 오랜 전쟁에 지쳐 화평을 갈망하던 高宗의 지원을 받아 주전파 무장들의 실권을 박탈하고 1139년 金과의 화의를 성립시킨다. 이때 악비는 和約에 반발하여 삭직을 청한다. 악비가 38세 때인 1140년 金은 盟約을 어기고 다시 南宋을 침략하였다. 악비는 河南北諸路招討使에 임명되어 劉錡를 도와 金軍을 대파하였다. 그러나 秦檜가 高宗을 끈질기게 설득하여 악비, 한세충 등 주전파 무장들의 실권을 박탈하자 악비는 장군직을 사임한다. 다음 해인 1141년 樞密副使에 임명되어 張俊과 함께 楚州에 가서 군대를 사열하는 등 金과의 전쟁에 대비하였으나 이 해에 다시 진회의 주도로 화의가 진행되자 악비는 장군직에서 물러났다. 이어 和議가 무르익어 갈 무렵 악비와 악비의 장자인 岳雲은 왕명을 거역하였을 뿐만 아니라 반역을 꾀했다는 진회의 무고로 하옥되어 독살되었는데, 실은 金이 和親의 조건으로 악비 제거를 요구했기 때문이다.

1155년 진회가 죽고 난 뒤 악비의 혐의가 풀리고 명예가 회복되었으며 구국의 영웅으로 추존되어 사후 37년 되던 1178년에는 武穆公이라는 謚號가 내려졌고, 1204년에는 鄂王에 追封되었으며, 1221년에는 악비의 공덕과 충심을 기리기 위하여 沆州 西湖의 서북쪽 棲霞嶺에 岳王廟가 건립되었다. 1914년 이후에는 関羽와 武廟에 合祀되어 중국인들의 추앙을 받고 있다.

유집으로는 『岳忠武王集』이 있는데 실린 작품 가운데 자신의 충절을 노래한 「滿江紅」이 널리 알려져 있으며, 그의 글씨 또한 顏眞卿 書風의 웅혼한 서품을 지닌 것으로 평가받고 있다.

2. 구성

이 책은 불분권 1冊으로 구성되어 있으나, 실제로는 '…傳略一', '…事實二'와 같은 방식으로 분권하고 있으며 현재 남아 있는 분량은 총 41張이다. 맨 마지막 장의 '附孫岳珂詩敍'라는 부록 제목으로 미루어 악비의 손자인 岳珂의 「經進百韻詩」와 「籲天辨誣通敍」가 수록되어 있었을 것으로 판단되나, 이 책에는 「경진백운시」의 일부(1장)만 남아있어 최소한 8장 정도 낙장된 것으로 보인다. 이 책에는 수록내용에 따라 板心題가 붙어있는데, 1~6장: 精忠錄傳, 7~35장: 精忠事實, 36장: 精忠詩文, 37장: 精忠詩詞, 38장: 精忠錄, 39~41장: 精忠詩文으로 되어있다. 목차에 따라 수록 작품의 제목을 소개하면 다음과 같다.

1. 會纂南宋岳鄂武穆王傳略一
2. 會纂南宋岳武穆精忠錄事實二

    跋

    「御書屯田三事跋」

檄

「奉詔移僞齊檄」

題記

「五嶽祠盟記」

「廣德軍金沙寺辟題記」

「東松寺題記」

「永州祈陽縣大營驛題記」

律詩

「題翠巖寺」

「寄浮圖慧海」

詞

「滿江紅」

「小重山」

「飛御軍之術大端有六」

「諸子」

「附孫岳珂詩敍」

排律

「經進百韻詩」

예시된 목차에서 알 수 있듯이 이 책은 대략 두 부분으로 구성되어 있다. 그러나 精忠事實의 詞 항목 안에 악비의 장병지휘술에 해당하는 「飛御軍之術大端有六」, 악비의 자식들에 대한 간략한 기록인 「諸子」가 포함되어 있는 등 구성이 산만하다.

1585년에 간행된 癸酉字本 및 1769년에 간행된 戊申字本 『會纂宋岳鄂武穆王精忠錄』과 대비해 보면, 이 책에는 序와 跋이 없을 뿐만 아니라 규장각본에 있는 악비의 초상(1장)과 정충도(34장) 및 악비가 죽은 후 내려진 표창문을 모은 「古今褒典」, 악비에 대한 후대 전기나 논설을 모은 「古今論述」, 후대인들이 악비의 충절을 기린 詩歌를 수록한 「古今賦詠」이 아예 실려 있지 않다. 악비와 손자 악가가 지은 시·서·록이 실린 『武穆著述』에 해당하는 부분도 간략하게 전재되어 있다.

3. 내용

앞에서 언급하였듯이 이 책은 대략 세 부분으로 나눌 수 있다. 이 책의 첫 머리에 실린

「會纂南宋岳鄂武穆王傳略一」은 『宋史』 「岳飛傳」의 내용을 1/4 정도로 요약한 악비의 전기이다. 수록 내용은 대체로 악비의 생애 가운데 官歷 및 전쟁에서의 영웅적인 활약상과 그의 충심을 확인할 수 있는 일화를 12단락으로 나누어 연대기 형식으로 정리한 것이다. 『宋史』 「岳飛傳」에서 당시의 시대상황, 진회와의 갈등, 진회의 횡포, 死後談, 論贊 등 악비의 충절을 찬양하는 데 긴요치 않은 부분을 산삭한 것이다.

「會纂南宋岳武穆精忠事實二」는 선조, 숙종, 영조 때 간행된 6권 4책본 『會纂宋岳鄂武穆王精忠錄』의 제2권 '武穆事實', 제3권 '武穆著述'에 실린 내용과 대동소이하다. 악비가 24세 때인 宋 欽宗 靖康 元年(1126)에서 악비가 죽은 뒤 1년이 지난 高宗 紹興 12년(1142)까지의 악비의 행적과 死後談을 26장에 걸쳐 소상히 기술하고 끝부분에 악비의 저술과 악비의 네 아들 雲, 霖, 震, 霆의 행적을 간략히 기술한 「諸子」가 첨록되어 있으며, 손자인 岳珂의 詩·敍가 부록되어 있다.

이 책이 6권 4책본의 2~3권과 다른 점은 악비의 행적을 기술한 부분 끝에 악비의 저술과 岳珂의 시·서를 부록한 연유를 밝힌 글이 5행에 걸쳐 수록되어 있다는 점이다. 여기에 수록된 악비의 저술은 송 고종이 지은 『屯田三事』라는 책의 발문인 「御書屯田三事跋」(1140년)을 위시하여 「奉詔移僞齊檄」, 「五嶽祠盟記」, 「廣德軍金沙寺辟題記」(1130년), 「東松寺題記」(1131년), 「永州祈陽縣大營驛題記」(1132년) 등 6편의 산문과 「題翠巖寺」, 「寄浮圖慧海」 등 2편의 律詩, 「滿江紅」, 「小重山」 등 2편의 詞이다. 「飛御軍之術大端有六」, 「諸子」에 이어 부록된 「經進百韻詩」는 岳珂가 조부인 악비의 충절을 노래한 장편 서사시인데 이 책에는 34句만 남아 있다. 이 작품에 이어 악비의 억울한 죽음을 하소연한 岳珂의 「籲天辨誣通敍」 등의 글이 수록되어 있었을 것이나 전편이 낙장된 상태이다.

4. 가치

우선 이 책은 계명대학교 동산도서관 이외의 다른 기관에서는 찾아 볼 수 없는 유일본이라는 점에 가치를 부여할 수 있다. 그리고 지금까지 岳飛의 행적과 관련된 우리나라의 간행물 가운데 가장 앞선 본이 1585년 선조의 명에 의해 출간된 계유자본 『會纂宋岳鄂武穆王精忠錄』인 것으로 알려져 왔으나, 이 책은 형태나 지질 등으로 미루어 계유자본이 출간되기 전에 다른 경로를 통해 유입된 明版本 精忠錄을 저본으로 하여 간행된 것으로 판단된다. 그렇다면 이 책이 악비 관련 우리나라의 간행물 가운데 最古本일 가능성이 다분한데 이 점에 대한 면밀한 고증 작업이 요구된다.

【김남형】

[색인어]

岳飛, 『會纂宋岳鄂武穆王精忠錄』, 「會纂南宋岳鄂武穆王傳略一」, 「會纂南宋岳武穆精忠事實二」

[참고문헌]

· 『岳飛傳』, 新華書店, 1985, 北京.
· 오병한, 『會纂宋岳鄂武穆王精忠錄』 해제, 서울대학교 규장각.

효경전

저자 미상.

한글 필사본 1책(40장). 1899년 필사.
四周白邊, 無界, 8行. 字數不定 : 22.8×18.5cm,

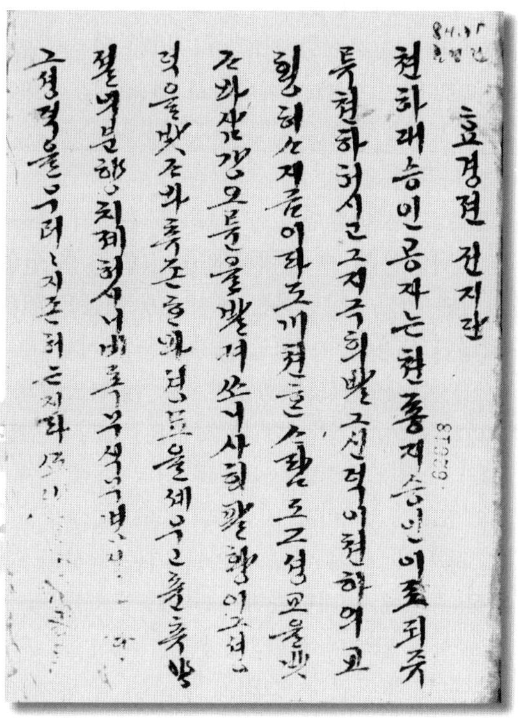
효경젼 권지단

효경전

1. 저자 및 창작시기

『효경전』의 작가 및 창작 연대는 알 수 없다. 다만 이 책 말미에 "대한 광무 삼연 긔히 사월 이십칠일 등쵸"라는 기록을 통해 이 책의 필사시기가 1899년임을 확인할 수 있다. 『효경전』 말미에는 "니 칙의 잇는 글을 명심불망ᄒᆞ야 잘 ᄇᆡ우면 나라의 츙신 되고, 부모의계 효셩 되어, 츙효을 겸젼ᄒᆞ고, 부〃 화합ᄒᆞ고, 형졔 화목ᄒᆞ며, 삼강오륜지도을 분명니 알며, 가급인족ᄒᆞ며, 국틔민안허며, 고진흥망지도가 쇼연한 고로 일권 칙을 등셔허여 쥬니 부ᄃᆡ 명심불망허여 챠실히 공부ᄒᆞ시물 ᄇᆞᄅᆡᆸ"이라는 필사기가 실려 있다. 또한 뒤표지 이면에는 "小女要覽"이라는 기록도 있다. 이 점에서 이 책은 교훈적인 목적으로 필사되었으며, 그 주된 독서층으로 어린 여성을 염두에 두었음으로 짐작할 수 있다.

2. 내용

지금까지 확인된 고전소설 목록에서는 이 책의 제명과 동일한 제명이 보이지 않는다. 이와 동일한 내용을 가진 작품도 확인되지 않는다. 다만 기존에 알려진 소위 <공자(孔子)와 동자(童子)의 문답>으로 널리 알려진 이야기의 패러디로 이해할 수 있다는 점이 흥미롭다.

『효경전』의 줄거리는 다음과 같다.

공자는 천하의 대성인으로, 사해팔황이 모두 그를 우러러 받든다. 공자에게는 도덕과 육례에 능통한 제자가 70여인인데, 그 중에서도 증자(曾子)와 안연(顔淵)을 최고로 꼽는다. 증자와 안연이 7살이던 어느 날, 증자는 공자에게 질문을 던진다. 공자는 그에 대해 하나하나 답변한다. 이러한 내용이 이 책의 대부분을 차지한다.

증자가 던진 질문은 ① '삼강오륜(三綱五倫)', ② '천지(天地)·일월(日月)·성신(星辰)이 생겨난 일', ③ '태고(太古) 적의 일', ④ '제요(帝堯) 도당씨(陶唐氏)의 도덕', ⑤ '제순(帝舜) 유우씨(有虞氏)의 도덕', ⑥ '하우씨(夏禹氏)의 행적', ⑦ '하걸(夏桀)의 무도(無道)함', ⑧ '성탕(成湯)의 도덕', ⑨ '이윤(伊尹)과 부열(傅說)의 일', ⑩ '주(紂)의 무도함', ⑪ '무왕(武王)의 도덕' 등이다. 이에 대해 공자는 기존에 널리 알려진 이야기를 토대로 하여 하나하나 차근차근 증자에게 대답한다.

무왕의 도덕에 대한 공자의 답변이 끝나자, 증자는 다시 '⑫ 위수(渭水)에서 낚시하던 강태공(姜太公)의 도덕'에 대해 묻는다. 그러자 공자는 이 말에 대해 '너로 인해 고금의 흥망성쇠와 어짊과 그렇지 못함을 의논하니 마음이 척연(惕然)해진다'면서 '이후에 명심하라'고 한 후, 강태공과 관련한 자세한 답변을 한다.

이후 증자는 다시 ⑬ '백이(伯夷)와 숙제(叔齊)의 일', ⑭ '소부(巢父)와 허유(許由)의 도덕', ⑮ '기자(箕子)의 맥수가(麥秀歌)' ⑯ '목왕(穆王)이 팔준마(八駿馬)를 타고 요지(瑤池)에 갔던 일', ⑰ '장자(莊子)의 고분지탄(古墳之歎)', ⑱ '유궁(有窮) 후예(后羿)의 일', ⑲ '유왕(幽王)의 무도한 일', ⑳ '오자서(伍子胥)의 충성' 등을 묻는다. 공자는 앞서 대답했던 방식처럼 이에 대해서도 하나하나 차근차근 이야기한다.

이윽고 증자는 공자에게 "석자(昔者)의 방흘이 문답을 들어지이다."하고 마지막 질문을 던진다. 이 말은 곧 널리 알려진 <공자(孔子)와 동자(童子)의 문답>을 말함인데, <효경전> 마지막에 이 내용을 써넣었다. 공자가 노(魯)나라 장사 지방에 있으면서 제자 3,000명을 데리고 저잣거리로 갔다가 방흘이라고 불리는 아이를 만나 봉변을 당한 이야기다.

3. 구성

『효경전』의 구성은 크게 둘로 나눌 수 있다. 그 하나는 증자가 묻고 공자가 이에 대답하는 장면이다. 다른 하나는 <공자와 동자의 문답> 부분이다.

전자는 다시 다소 철학적이며 현학적인 내용을 담고 있는 전반부와 흥미로운 일화를 담은 후반부로 나눌 수 있다. 여기에 실은 내용은 당시 누구나 알아야 할 교양이면서도 고사 중에서 흥미로운 것들로 점철되어 있다. 즉 이러한 내용은 지식을 제공하기 위한 목적으로 작품집을 만들었지만, 그 방식은 흥미로운 소재를 적극 활용하는 데에 있었음을 알 수 있다.

후자는 이미 널리 알려진 <공자와 동자의 문답>이다. 『효경전』의 작가는 이미 <공자와 동자의 문답> 이야기를 알고 있었고, 이에 대한 불만을 가지고 있었던 것으로 보인다. 그래서 그 불만을 『효경전』 후미에 집어넣음으로써 '희화화된 공자'를 제자리로 되돌리고자 하여 이 내용을 굳이 삽입한 것으로 이해할 수 있다. 즉 앞서 증자의 물음에 공자가 하나하나 대답했던 것처럼 <공자와 동자의 문답> 이야기 역시 증자가 직접 묻고, 공자 역시 이에 직접 대답하는 방식을 택한 것이다. 이렇게 함으로써 이 이야기는 공자의 자기 고백이 된다. 이러한 구성으로 인해 공자의 희화화를 그만큼 약화된다.

4. 가치

『효경전』은 현재까지 소개된 적이 없는 유일본 소설이다. 이 점 만으로도 『효경전』의 가치는 크다고 할 수 있다. 그렇지만 정작 주목할 만한 사항은 『효경전』이 단지 유일본이라는 데에 있지 않다. 이 작품은 그보다 특정한 지식을 직접적으로 알려주려는 목적으로 일부러 창작했다는 점, 동아시아에 널리 분포되어 있는 <공자와 동자의 문답> 이야기의 변형태라는 점 등에서 더욱 그 가치를 발한다.

우선 이 책이 특정한 지식을 직접적으로 알려주려는 목적으로 창작되었다는 점은 퍽 흥미롭다. 소설이 단지 흥미로운 '읽을거리'에 불과한 것이 아니라, 흥미를 통한 지식을 전달하기 위한 도구로 활용되었기 때문이다. 이 점은 조선 후기에 왜 그렇게 많은 도덕류 소설이 나왔는가를 설명하는 하나의 가능성을 제시한다. 특정한 이념을 주입하기 위해 당시 가장 오락적인 성향이 강한 소설이라는 장르를 활용하는 글쓰기가 일반화되어 가고 있었음을 짐작케 하기 때문이다. 실제 특정한 교훈을 드러내기 위해 소설 장르를 활용한 예는 『진대방전』을 비롯하여 『임각시전』·『김의백효행록』 등을 비롯하여 계명대 동산도서관에 수장된 『자녀혼가전』에서도 볼 수 있다. 이러한 현상은 분명 조선 후기 소설 창작의 새로운 경향임에 틀림없다. 이 점에서 이 책은 주목할 만한 가치를 갖는다.

『효경전』이 갖는 또 다른 가치는 기존 소설 내용에 대한 불만을 변모시켜 수록하고 있다는 점이다. <공자와 동자의 문답>은 동아시아 여러 나라에 널리 퍼져 있는 이야기 유형의 하나다. 이 이야기는 10세기 돈황(敦煌) 변문(騈文)에서도 보일 만큼 그 전승력이 오래다. 우리나라에서는 동자의 이름이 '방흘'[이외에 방훌 등]로 나오는데, 공자는 방흘과 지혜를 다투다가 결국 보기 좋게 패배한다. 최고의 성인으로 추앙받는 공자가 한낱 어린아이에게 지혜 다툼에서 패배하는 양상은 분명 흥미롭다. 따라서 이런 유형의 이본은 여러 군데서 볼 수 있다. 그렇지만 단지 흥미로 읽어 넘기기 위한 목적이 아닌 이상 이러한 내용은 중세 사회에서 그리 환영받을 수 없다. 중세 이념의 교조화가 강화되던 조선 후기 규방에서는 더 더욱 그러할 수밖에 없다. 이러한 이유로 인해 작가는 『효경전』에 <공자와 동자의 문답> 유형의 이야기를 일부러 삽입하여 넣었을 개연성이 높다. 즉 사람들에게 널리 알려진 이야기를 흥미로 받아들이지 말고, 그 역시 대성인 공자이기 때문에 가능한 일로 읽어내게끔 만든 것이다. 이 점에서 이 작품은 소설의 전승과 향유 과정에서 벌어지는 변이 양상을 엿볼 수 있는 좋은 예가 된다. 『효경전』이 지닌 가치도 이러한 양상의 반영이라는 점에서 주목할 만하다.

【김준형】

[색인어]

『효경전』, 도덕소설, 규방문화, 공자와 동자의 문답, 공자(孔子), 증자(曾子), 『진대방전』, 『자녀혼가전』

[참고문헌]

· 김준형, 「계명대 동산도서관 수장 고전소설의 현황과 가치」, 『한국학논집』 37, 계명대 한국학연구소, 2008.

· 윤주필, 「한국에서의 <공자동자문답> 전승의 분포와 그 특징」, 『열상고전연구』 23집, 열상고전연구회, 2006.

· 장효현 외, 『고소설 해제 - 李明善 구장본을 중심으로』, 국립중앙박물관, 2008.

· 전홍철, 「敦煌本 <孔子項託相問書>의 서사구조」, 『중어중문학』 15·16합호, 한국중어중문학회, 1994.

해제 (가나다순)

권순회 (한국교원대 국어교육과 교수)
김남형 (계명대 한문교육과 교수)
김동준 (동덕여대 국문과 교수)
김민조 (고려대 강사)
김성철 (고려대 강사)
김수연 (山東理工大學 교수)
김영진 (계명대 한문교육과 교수)
김윤조 (계명대 한문교육과 교수)
김정녀 (단국대 교양학부 교수)
김종철 (대구한의대 한국어문학부 교수)
김준형 (순천향대 연구교수)
김재웅 (계명대 강사)
김지연 (고려대 강사)
김진경 (고려대 강사)
남은경 (한국디지털대 교수)
남춘우 (계명대 강사)
박성규 (고려대 한문학과 교수)
박준호 (계명대 강사)
박재연 (선문대 중어중국학과 교수)
박철상 (고문헌연구가)
박혜순 (고려대 강사)
부유섭 (홍익대 강사)
배현숙 (계명문화대 교수)
백승호 (서울대 강사)
송영정 (계명대 중국어문학과 교수)
심경호 (고려대 한문학과 교수)
안대회 (성균관대 한문학과 교수)
윤재환 (단국대 강사)
이래종 (대구한의대 한문학과 교수)
이기훈 (계명대 한국학연구원 연구원)
이상동 (계명대 강사)
이상원 (조선대 국문학과 교수)
이상필 (경상대 한문학과 교수)
이성민 (성균관대 강사)
이종문 (계명대 한문교육과 교수)
이종한 (계명대 중국어문학과 교수)
이지하 (경북대 국어국문학과 교수)
이현일 (성균관대 강사)
임규완 (계명대 강사)
임준철 (고려대 민족문화연구원 연구교수)
장유승 (서울대 강사)
장인진 (계명대 동산도서관 벽오고문헌실)
장효현 (고려대 국어국문학과 교수)
전상욱 (연세대 강사)
정경훈 (충남대 강사)
정우봉 (고려대 국어국문학과 교수)
정환국 (동국대 국어국문학과 교수)
조상우 (단국대 교양학부 교수)
지연숙 (고려대 강사)
최윤희 (경희대 교양학부 교수)
한영규 (성균관대 대동문화연구원)
한창훈 (전북대 국어교육과 교수)
황위주 (경북대 한문학과 교수)

以上 해제위원 53명

교열 (가나다순)

김영진 (계명대 한문교육과 교수)
김윤조 (계명대 한문교육과 교수)
이종문 (계명대 한문교육과 교수)
장효현 (고려대 국어국문학과 교수)
최미정 (계명대 한국어문학과 교수)

자문 (가나다순)

김남형 (계명대 한문교육과 교수)
배현숙 (계명문화대 교수)
장인진 (계명대 동산도서관 벽오고문헌실)

계명대학교 동산도서관 소장
善本 古書 해제집 2 　　값 35,000원

인쇄 | 2009년 2월 25일
발행 | 2009년 2월 28일

펴낸이 | 신일희
펴낸곳 | 계명대학교출판부
대구시 달서구 달구벌대로 2800
전화 053-580-6233
팩스 053-583-5213
등록 | 1970. 9. 1. (신고번호 제347-1998-1호)

ISBN 978-89-7585-462-0 93000